Die Grenzen der Gemeinnützigkeit und die steuer- und zivilrechtlichen Folgen ihrer Überschreitung

Forum Unternehmens-, Steuer- und Bilanzrecht

Deutsche, europäische und internationale Rechtsfragen

Herausgegeben von Oliver Fehrenbacher / Michael Stöber

BAND 34

Jan Fischer

Die Grenzen der Gemeinnützigkeit und die steuer- und zivilrechtlichen Folgen ihrer Überschreitung

PETER LANG
Berlin · Bruxelles · Chennai · Lausanne · New York · Oxford

Bibliografische Information der Deutschen Nationalbibliothek
Die Deutsche Nationalbibliothek verzeichnet diese Publikation in der Deutschen Nationalbibliografie; detaillierte bibliografische Daten sind im Internet über http://dnb.d-nb.de abrufbar.

Zugl.: Kiel, Univ., Diss., 2025

DE-8
ISSN 2366-293X
ISBN 978-3-631-93888-1 (Print)
ISBN 978-3-631-94996-2 (ePDF)
ISBN 978-3-631-94997-9 (ePUB)
DOI 10.3726/b23616

Verlegt durch Peter Lang GmbH, Berlin, Deutschland

info@peterlang.com

www.peterlang.com

Kontakt zur Verordnung über die allgemeine Produktsicherheit (GPSR):
gpsr@peterlang.com

Meinen Eltern

Inhaltsübersicht

Inhaltsverzeichnis

Vorwort

Die vorliegende Arbeit wurde von der Rechtswissenschaftlichen Fakultät der Christian-Albrechts-Universität zu Kiel im Sommersemester 2024 als Dissertation angenommen. Sie entstand während meiner Tätigkeit als wissenschaftlicher Mitarbeiter am dortigen Institut für Wirtschafts- und Steuerrecht.

An erster Stelle danke ich meinem Doktorvater Prof. Dr. Michael Stöber, der mich an seinem Lehrstuhl bereits als studentische Hilfskraft in vielfältiger Weise unterstützte und mir eine Auseinandersetzung mit dem Thema des Gemeinnützigkeitsrechts empfahl. Während der Erstellung der Arbeit gewährte er mir sämtliche Freiräume und trug durch wertvolle Anregungen und Ratschläge maßgeblich zum Gelingen des Werkes bei. Ich werde die lehrreiche Zeit an seinem Lehrstuhl stets in bester Erinnerung behalten.

Außerdem möchte ich Prof. Dr. Dr. h.c. Alexander Trunk für die überaus zügige Erstellung des Zweitgutachtens danken.

Ein besonderer Dank gilt meinem langjährigen Kollegen und Freund Marvin Künsken – nicht nur für die wertvollen Gespräche und Diskussionen zur Zeit der Abfassung des Manuskripts. Er prägte meine juristischen Fähigkeiten während des gesamten Studiums wie kein zweiter. Insbesondere die gemeinsame Examensvorbereitung bleibt unvergessen.

Der größte Dank gebührt meinen Eltern Beate und Kay Fischer, ohne deren unermüdliche Unterstützung diese Arbeit nie zur Entstehung gelangt wäre. Die Fähigkeiten und das Durchhaltevermögen zum erfolgreichen Abschluss dieser Aufgabe verdanke ich den richtungsweisenden Ratschlägen meiner Mutter, die ich meinen Entscheidungen stets zugrunde lege, sowie dem einzigartigen Ehrgeiz meines Vaters, der mir seit jeher als Vorbild dient. Ihnen ist die Arbeit in Liebe gewidmet.

Auch danke ich vom Herzen meiner Großmutter Helga Fischer, die den Fortschritt der Arbeit über den gesamten Entstehungszeitraum in unvergleichlicher Weise mitverfolgte und durch ihr besonderes Interesse ebenfalls einen Beitrag zur Vollendung des Werkes leistete.

Die abschließenden Worte sind Mailin Rumpf gewidmet. Ihre unerschöpfliche positive Energie sowie ihre liebevolle Fürsprache sind als Beitrag für diese Arbeit nicht hinwegzudenken.

Wasbek, im Juni 2025 *Jan Fischer*

Abkürzungsverzeichnis

a. F.	alte Fassung
a. A., A. A.	andere(r) Ansicht
Abs.	Absatz
Abschn.	Abschnitt
ADHGB	Allgemeines Deutsches Handelsgesetzbuch
AEAO	Anwendungserlass zur AO
AfD	Alternative für Deutschland
AfP	Zeitschrift für das gesamte Medienrecht
AG	Amtsgericht
AGB	Allgemeine Geschäftsbedingungen
AGG	Allgemeines Gleichbehandlungsgesetz
AktG	Aktiengesetz
AllgPersönlR	Allgemeines Persönlichkeitsrecht
Alt.	Alternative
AnfG	Gesetz über die Anfechtung von Rechtshandlungen eines Schuldners außerhalb des Insolvenzverfahrens
AO	Abgabenordnung
Art.	Artikel
AStG	Gesetz über die Besteuerung bei Auslandsbeziehungen
Attac	association pour une taxation des transactions financières pour l'aide aux citoyens
Aufl.	Auflage
AÜG	Gesetz zur Regelung der Arbeitnehmerüberlassung
AWG	Außenwirtschaftsgesetz

Az.	Aktenzeichen
BAG	Bundesarbeitsgericht
BauFordSiG	Gesetz über die Sicherung der Bauforderungen
BayStG	Bayerisches Stiftungsgesetz
BB	Betriebs-Berater – Zeitschrift für Recht, Steuern und Wirtschaft
beckOGK	beck-online.GROSSKOMMENTAR
BeckOK	Beck'scher Online-Kommentar
BeckRS	Beck Online Rechtsprechung
Begr.	Begründer
Beschl.	Beschluss
BetrKV	Verordnung über die Aufstellung von Betriebskosten
BetrVG	Betriebsverfassungsgesetz
BewG	Bewertungsgesetz
BFH	Bundesfinanzhof
BFH/NV	Sammlung amtlich nicht veröffentlichter Entscheidungen des Bundesfinanzhofs
BFHE	Sammlung der Entscheidungen des Bundesfinanzhofs
BGB	Bürgerliches Gesetzbuch
BGBl	Bundesgesetzblatt
BGH	Bundesgerichtshof
BGHSt	Entscheidungen des Bundesgerichtshofs in Strafsachen
BGHZ	Entscheidungen des Bundesgerichtshofes in Zivilsachen
BMF	Bundesministerium der Finanzen
BörsG	Börsengesetz
BR-Drucks.	Bundesrat Drucksache
BStBl	Bundessteuerblatt
BT-Drucks.	Bundestag Drucksache
BUND	Bund für Umwelt und Naturschutz Deutschland
BVerfG	Bundesverfassungsgericht
BVerfGE	Entscheidungen des Bundesverfassungsgerichts
BVerfSchG	Gesetz über die Zusammenarbeit des Bundes und der Länder in Angelegenheiten des Verfassungsschutzes und über das Bundesamt für Verfassungsschutz
BVersTG	Gesetz über die interne Teilung beamtenversorgungsrechtlicher Ansprüche von Bundesbeamtinnen und Bundesbeamten im Versorgungsausgleich

BVerwG	Bundesverwaltungsgericht
BWahlG	Bundeswahlgesetz
bzw.	beziehungsweise
CDU	Christlich Demokratische Union Deutschlands
DB	Der Betrieb
DCGK	Deutscher Corporate Governance Kodex
DepotG	Gesetz über die Verwahrung und Anschaffung von Wertpapieren
DM	Deutsche Mark
DNotZ	Deutsche Notar-Zeitschrift
DrittelbG	Gesetz über die Drittelbeteiligung der Arbeitnehmer im Aufsichtsrat
DStJG	Deutsche Steuerjuristische Gesellschaft
DStR	Deutsches Steuerrecht
DStRE	Deutsches Steuerrecht – Entscheidungsdienst
DStZ	Deutsche Steuer-Zeitung
-E	Entwurf
e. V.	eingetragener Verein
EFG	Entscheidungen der Finanzgerichte
EFZG	Gesetz über die Zahlung des Arbeitsentgelts an Feiertagen und im Krankheitsfall
EG	Europäische Gemeinschaft
EGBGB	Einführungsgesetz zum Bürgerlichen Gesetzbuche
EG-UnthVO	Verordnung (EG) Nr. 4/2009 des Rates vom 18. Dezember 2008 über die Zuständigkeit, das anwendbare Recht, die Anerkennung und Vollstreckung von Entscheidungen und die Zusammenarbeit in Unterhaltssachen
EMRK	Konvention zum Schutze der Menschenrechte und Grundfreiheiten
ErbbauRG	Gesetz über das Erbbaurecht
ErbStG	Erbschaftsteuer- und Schenkungsteuergesetz
Erl.	Erlass
EStB	Ertragsteuerberater
EStG	Einkommensteuergesetz
EU	Europäische Union
EuErbVO	Verordnung (EU) Nr. 650/2012 des Europäischen Parlaments und des Rates vom 4. Juli 2012 über

	die Zuständigkeit, das anzuwendende Recht, die Anerkennung und Vollstreckung von Entscheidungen und die Annahme und Vollstreckung öffentlicher Urkunden in Erbsachen sowie zur Einführung eines Europäisches Nachlasszeugnisses
EuGVVO	Verordnung (EU) Nr. 1215/2012 des Europäischen Parlaments und des Rates vom 12. Dezember 2012 über die gerichtliche Zuständigkeit und die Anerkennung und Vollstreckung von Entscheidungen in Zivil- und Handelssachen
EUInsVO	Verordnung (EU) 2015/848 des Europäischen Parlaments und des Rates vom 20. Mai 2015 über Insolvenzverfahren (Neufassung)
EWiR	Entscheidungen zum Wirtschaftsrecht
f.	folgend
FamFG	Gesetz über das Verfahren in Familiensachen und in den Angelegenheiten der freiwilligen Gerichtsbarkeit
ff.	folgende
FG	Finanzgericht
FGO	Finanzgerichtsordnung
FM	Ministerium der Finanzen
Fn.	Fußnote
FR	Finanz-Rundschau
Frhr.	Freiherr
FS	Festschrift
GenG	Gesetz betreffend die Erwerbs- und Wirtschaftsgenossenschaften
GeschGehG	Gesetz zum Schutz von Geschäftsgeheimnissen
GesR	Gesellschaftsrecht
GewO	Gewerbeordnung
GewStG	Gewerbesteuergesetz
GG	Grundgesetz
ggf.	gegebenenfalls
gGmbH	gemeinnützige Gesellschaft mit beschränkter Haftung
GmbH	Gesellschaft mit beschränkter Haftung
GmbHG	Gesetz betreffend die Gesellschaft mit beschränkter Haftung

GmbHR	GmbH-Rundschau – Gesellschafts- und Steuerrecht der GmbH und GmbH und Co.
GmbH-StB	GmbH-Steuerberater
GrEStG	Grunderwerbsteuergesetz
GrStG	Grundsteuergesetz
GrStR	Grundsteuer-Richtlinien
GRUR-RS	Gewerblicher Rechtsschutz und Urheberrecht – Rechtsprechungssammlung
gUG	gemeinnützige Unternehmergesellschaft
GWR	Gesellschafts- und Wirtschaftsrecht
HeizkostenV	Verordnung über die verbrauchsabhängige Abrechnung der Heiz- und Warmwasserkosten
HessStiftG	Hessisches Stiftungsgesetz
HFR	Höchstrichterliche Finanzrechtsprechung
HGB	Handelsgesetzbuch
Hrsg.	Herausgeber
Hs.	Halbsatz
HUntPro	Haager Protokoll über das auf Unterhaltspflichten anzuwendende Recht
i. S. d.	im Sinne des/der
i. S. e.	im Sinne eines/einer
i. S. v.	im Sinne von
i. V. m.	in Verbindung mit
InsO	Insolvenzordnung
IntGesR	Internationales Gesellschaftsrecht
InvZulG	Investitionszulagengesetz
jM	juris – die Monatszeitschrift
JStG	Jahressteuergesetz
JuS	Juristische Schulung
JZ	Juristenzeitung
KI	Künstliche Intelligenz
Kita/KiTa	Kindertagesstätte
KraftStG	Kraftfahrzeugsteuergesetz
KSchG	Kündigungsschutzgesetz
KStG	Körperschaftsteuergesetz
KunstUrhG	Gesetz betreffend das Urheberrecht an Werken der bildenden Künste und der Photographie

KWG	Gesetz über das Kreditwesen
lit.	littera
LG	Landgericht
Ls	Leitsatz
LSK	Leitsatzkartei des deutschen Rechts
LWaldG SH	Waldgesetz für das Land Schleswig-Holstein
m. w. N.	mit weiteren Nachweisen
MarkenG	Gesetz über den Schutz von Marken und sonstigen Kennzeichen
MDR	Monatsschrift für Deutsches Recht
MiLoG	Gesetz zur Regelung eines allgemeinen Mindestlohns
MitbestG	Gesetz über die Mitbestimmung der Arbeitnehmer
MoMiG	Gesetz zur Modernisierung des GmbH-Rechts und zur Bekämpfung von Missbräuchen
MüKo	Münchener Kommentar
MwStSystRL	Richtlinie 2006/112/EG des Rates über das gemeinsame Mehrwertsteuersystem (Mehrwertsteuer-Systemrichtlinie)
NJOZ	Neue Juristische Online-Zeitschrift
NJW	Neue Juristische Wochenschrift
npoR	Zeitschrift für das Recht der Non Profit Organisationen
Nr.	Nummer
NStZ	Neue Zeitschrift für Strafrecht
NStZ-RR	Neue Zeitschrift für Strafrecht Rechtsprechungs-Report Strafrecht
NVwZ	Neue Zeitschrift für Verwaltungsrecht
NZA	Neue Zeitschrift für Arbeitsrecht
NZG	Neue Zeitschrift für Gesellschaftsrecht
NZI	Neue Zeitschrift für das Recht der Insolvenz und Sanierung
NZWiSt	Neue Zeitschrift für Wirtschafts-, Steuer- und Unternehmensstrafrecht
OLG	Oberlandesgericht
PartG	Gesetz über die politischen Parteien
PartGG	Gesetz über Partnerschaftsgesellschaften Angehöriger Freier Berufe
ProdHaftG/ ProdhaftG	Gesetz über die Haftung für fehlerhafte Produkte

ProstG	Gesetz zur Regelung der Rechtsverhältnisse der Prostituierten
PStR	Praxis Steuerstrafrecht
RG	Reichsgericht
RGZ	Entscheidungen des Reichsgerichts in Zivilsachen
Rn.	Randnummer
Rom-III-VO	Verordnung (EU) Nr. 1259/2010 des Rates vom 20. Dezember 2010 zur Durchführung einer Verstärkten Zusammenarbeit im Bereich des auf die Ehescheidung und Trennung ohne Auflösung des Ehebandes anzuwendenden Rechts
Rom-II-VO	Verordnung (EG) Nr. 864/2007 des Europäischen Parlaments und des Rates vom 11. Juli 2007 über das auf außervertragliche Schuldverhältnisse anzuwendende Recht
Rom-I-VO	Verordnung (EG) Nr. 593/2008 des Europäischen Parlaments und des Rates vom 17. Juni 2008 über das auf vertragliche Schuldverhältnisse anzuwendende Recht
Rz.	Randziffer
S.	Satz, Seite
S./s.	Siehe/siehe
SanktDG	Gesetz zur Durchsetzung von wirtschaftlichen Sanktionsmaßnahmen
SchwarzArbG	Gesetz zur Bekämpfung der Schwarzarbeit und illegalen Beschäftigung
SolZG	Solidaritätszuschlaggesetz
SpuRt	Zeitschrift für Sport und Recht
StAnpG	Steueranpassungsgesetz
StB	Der Steuerberater
StBW	Steuerberater Woche
StGB	Strafgesetzbuch
StuW	Steuer und Wirtschaft
StV	Strafverteidiger
StVG	Straßenverkehrsgesetz
TMG	Telemediengesetz
TTDSG	Gesetz über den Datenschutz und den Schutz der Privatsphäre in der Telekommunikation und bei Telemedien

TzBfG	Gesetz über Teilzeitarbeit und befristete Arbeitsverträge
u. a.	und andere
UKlaG	Gesetz über Unterlassungsklagen bei Verbraucherrechts- und anderen Verstößen
UmwG	Umwandlungsgesetz
UmwStG	Umwandlungssteuergesetz
UrhG	Gesetz über Urheberrecht und verwandte Schutzrechte
Urt.	Urteil
USA	United States of America
UStG	Umsatzsteuergesetz
UWG	Gesetz gegen den unlauteren Wettbewerb
v.	vom
VBVG	Gesetz über die Vergütung von Vormündern und Betreuern
VersAusglG	Gesetz über den Versorgungsausgleich
VersR	Versicherungsrecht
vgl.	vergleiche
Vor	Vorbemerkung
WärmeLV	Verordnung über die Umstellung auf gewerbliche Wärmelieferung für Mietwohnraum
WEG	Gesetz über das Wohnungseigentum und das Dauerwohnrecht
wistra	Zeitschrift für Wirtschafts- und Steuerstrafrecht
WM	Wertpapier-Mitteilungen Zeitschrift für Wirtschafts- und Bankrecht
WpHG	Gesetz über den Wertpapierhandel
WRV	Weimarer Reichsverfassung
WuW	Wirtschaft und Wettbewerb
ZEV	Zeitschrift für Erbrecht und Vermögensnachfolge
ZfPW	Zeitschrift für die gesamte Privatrechtswissenschaft
ZHR	Zeitschrift für das gesamte Handelsrecht und Wirtschaftsrecht
ZIP	Zeitschrift für Wirtschaftsrecht
zit.	zitiert
ZollVG	Zollverwaltungsgesetz
ZPO	Zivilprozessordnung

ZRP	Zeitschrift für Rechtspolitik
ZStV	Zeitschrift für Stiftungs- und Vereinswesen
Zutr./zutr.	Zutreffend/zutreffend
ZWH	Zeitschrift für Wirtschaftsstrafrecht, Steuerstrafrecht und Unternehmensrecht

Einleitung

A. Die steuerliche Gemeinnützigkeit – ein Kinderspiel?

Gemeinnützigkeit ist wie Himmel und Hölle. Denkt man dabei an das Spiel, welches früher die Böden vieler Schulhöfe verziert hat, so lässt sich tatsächlich eine Parallele zwischen der Anerkennung einer Körperschaft als gemeinnützig und der Durchführung dieses Hüpfspiels ziehen. Der Schluss, dass auch die steuerliche Gemeinnützigkeit ein Kinderspiel darstellt, ist jedoch eher fernliegend – dies wird vor allem durch das strenge Pflichtenprogramm einer gemeinnützigen Körperschaft verdeutlicht.[1] Aber stellt die steuerliche Gemeinnützigkeit für die Beteiligten wirklich Fluch und Segen dar? Ausgehend vom Sinn des steuerlichen Gemeinnützigkeitsrechts, gemeinwohlbezogenes Engagement durch steuerliche Vergünstigungen anzuregen und zu honorieren,[2] handelt es sich für die Allgemeinheit wohl eher um einen Segen. Wahrlich ist nämlich nicht nur der Staat, sondern auch der Bürger im Stande, wertvolle Beiträge für das Gemeinwohl zu leisten.[3] Körperschaften, die sich mit der Verfolgung gemeinnütziger Zwecke der

---

1 *Hüttemann*, in: Hüttemann, Gemeinnützigkeitsrecht und Spendenrecht, Rn. 1.50; *Seer*, in: Tipke/Kruse, AO/FGO, Vor §§ 51–68 AO Rn. 2.

2 *Droege*, in: Winheller/Geibel/Jachmann-Michel, Gesamtes Gemeinnützigkeitsrecht, Grundprinzipien Rn. 1; *Hüttemann*, in: Hüttemann, Gemeinnützigkeitsrecht und Spendenrecht, Rn. 1.8; *Musil*, in: Hübschmann/Hepp/Spitaler, AO/FGO, Vor §§ 51–68 AO Rn. 36.

3 *Hüttemann*, in: Hüttemann, Gemeinnützigkeitsrecht und Spendenrecht, Rn. 1.8.

Förderung der Allgemeinheit verschrieben haben und den Staat damit entlasten, werden deshalb steuerlich privilegiert.[4]

Nun scheint die Anerkennung der Gemeinnützigkeit für alle Beteiligten doch nur Positives zu versprechen. In erster Linie profitiert die Allgemeinheit. So stellt etwa die Förderung des Sports einen gemeinnützigen Zweck dar (§ 52 Abs. 2 S. 1 Nr. 21 AO). Zahlreiche gemeinnützige Sportvereine ermöglichen es der gesamten Bevölkerung der Bundesrepublik, sich (in Gesellschaft) körperlich zu betätigen.[5] Die mit einer sportlichen Betätigung einhergehenden Vorteile sind allgemein anerkannt und sollen an dieser Stelle nicht weiter erörtert werden. Als weiteres Beispiel lässt sich die Förderung des Umweltschutzes, einschließlich des Klimaschutzes (§ 52 Abs. 2 S. 1 Nr. 8 AO), anführen, zu deren Nutznießern sich sogar künftige Generationen zählen können.[6] Zudem wird der Staat durch die Betätigung gemeinnütziger Körperschaften entlastet; dieser müsste die Aufgaben – insbesondere im Bereich der Daseinsvorsorge – selbst wahrnehmen oder jedenfalls finanziell unterstützen.[7] Dies rechtfertigt auch die Steuerbefreiungen, die an den Status der Gemeinnützigkeit anknüpfen.[8] Schließlich genießen sowohl die gemeinnützigen Körperschaften selbst als auch die dahinterstehenden natürlichen Personen ein hohes Ansehen. Die Organisation erhält durch die Anerkennung der Gemeinnützigkeit ein

---

4 *Droege*, in: Winheller/Geibel/Jachmann-Michel, Gesamtes Gemeinnützigkeitsrecht, Grundprinzipien Rn. 1; *Musil*, DStR 2009, 2453 (2454); *Musil*, in: Hübschmann/Hepp/Spitaler, AO/FGO, Vor §§ 51–68 AO Rn. 36; *Seer*, DStJG 26 (2003), 11 (23 f.); *Seer*, in: Tipke/Kruse, AO/FGO, Vor §§ 51–68 AO Rn. 4.

5 Die Gesamtzahl der Sportvereine liegt bei über 86.000 (24.200.000 Mitglieder). Von den über 560.000 Vereinen sind circa 500.000 gemeinnützig i. S. d. §§ 51 ff. AO, sodass in jedem Fall über 25.000 gemeinnützige Sportvereine existieren, https://de.statista.com/themen/2198/sportvereine/#topicOverview (zuletzt abgerufen am 20.08.2024); *Leuschner*, in: MüKo-BGB, Vor § 21 Rn. 128.

6 BFH v. 13.12.1978 – I R 39/78, BStBl II 1979, 482 (486 f.) = BFHE 127, 330 zur Relevanz des gemeinnützigen Zwecks des Umweltschutzes; *Roeder*, in: Winheller/Geibel/Jachmann-Michel, Gesamtes Gemeinnützigkeitsrecht, § 52 Abs. 2 S. 1 Nr. 8 AO Rn. 1 ff.

7 *Hüttemann*, in: Hüttemann, Gemeinnützigkeitsrecht und Spendenrecht, Rn. 1.8; *Musil*, DStR 2009, 2453 (2454); *Musil*, in: Hübschmann/Hepp/Spitaler, AO/FGO, Vor §§ 51–68 AO Rn. 36.

8 *Droege*, in: Winheller/Geibel/Jachmann-Michel, Gesamtes Gemeinnützigkeitsrecht, Grundprinzipien Rn. 1; *Musil*, in: Hübschmann/Hepp/Spitaler, AO/FGO, Vor §§ 51–68 AO Rn. 36.

staatliches „Gütesiegel“[9] und auch das Bekleiden eines Ehrenamtes wird in weiten Teilen der Bevölkerung als tugendhaft angesehen.

Dieser symbiotische Effekt lässt allerdings nach, wenn sich die gemeinnützige Körperschaft nicht mehr an die „Spielregeln“ hält. Gerät die Verfolgung des gemeinnützigen Zwecks, durch den die Allgemeinheit gefördert und der Staat bei seiner Aufgabenwahrnehmung entlastet wird, in den Hintergrund, so erscheinen auch die an den Status der Gemeinnützigkeit anknüpfenden steuerlichen Privilegien nicht mehr gerechtfertigt.[10] Aufgrund der zahlreichen und teilweise komplexen Anforderungen, die in den §§ 51 ff. AO an gemeinnützige Körperschaften gestellt werden,[11] liegt ein solcher Regelbruch häufig näher, als die Beteiligten zunächst denken. Nach der gesetzlichen Anordnung (§ 63 Abs. 1 AO) endet dies dann zwingend in der Aberkennung der Gemeinnützigkeit.[12] Betrachtet man den Verlust der Gemeinnützigkeit aus der Perspektive der Betroffenen, so wird schnell deutlich: Wo Licht ist, ist auch Schatten. Neben den Wegfall der Steuerbefreiungen tritt nämlich ein Konglomerat an steuerrechtlichen und zivilrechtlichen Haftungstatbeständen. Die Darlegung der engen Verknüpfung zwischen der Aberkennung der Gemeinnützigkeit und einer weitreichenden persönlichen Haftung soll dazu dienen, ehrenamtlich tätige Menschen vor dem Weg in diese „Haftungs-Hölle“ zu bewahren.

B. Zielsetzung

Im 2. Kapitel dieser Arbeit erfolgt zunächst eine Darstellung der Grundlagen des Gemeinnützigkeitsrechts. Insbesondere die unterschiedlichen Voraussetzungen, die in den §§ 51 ff. AO an die Anerkennung als gemeinnützige

---

9 *Cremers*, npoR 2023, 126 (126); *Isensee*, DStJG 26 (2003), 93 (96); *Isensee*, FS Dürig, 33 (34).

10 Neben einer solchen „Vernachlässigung“ des gemeinnützigen Zwecks aufgrund der Verfolgung anderer Zwecke ist eine Bandbreite an Verstößen denkbar, welche im 3. Kapitel ausführlich erörtert werden.

11 *Hüttemann*, in: Hüttemann, Gemeinnützigkeitsrecht und Spendenrecht, Rn. 1.50; *Seer*, in: Tipke/Kruse, AO/FGO, Vor §§ 51–68 AO Rn. 2.

12 Aberkennung der Gemeinnützigkeit ist dabei untechnisch gesprochen. Es kann nur eine Nichtanerkennung geben, welche durch eine entsprechende Veranlagung der Körperschaftsteuer erfolgt (4. Kapitel). Wenn im Folgenden also – wie dies in der Literatur üblich ist – von der Aberkennung, dem Verlust, dem Entzug oder Ähnlichem gesprochen wird, ist dabei stets gemeint, dass eine Anerkennung als gemeinnützig nicht erfolgen wird.

Körperschaft gestellt werden, bedürfen einer kurzen Erläuterung. Denn die Unklarheit darüber, welches Verhalten geboten ist, erschwert auch das Verständnis davon, welches Verhalten verboten ist. Mit anderen Worten: Die Erläuterung der einzuhaltenden Voraussetzungen schärft die Sinne für gemeinnützigkeitsrelevante Verstöße.

Diese vielfältigen Verstöße gegen die aus den §§ 51 ff. AO folgenden Grundsätze werden sodann im 3. Kapitel untersucht. Zunächst wird aufgezeigt, welche Parallelen zwischen dem steuerlichen Gemeinnützigkeitsrecht und dem Kinderspiel „Himmel und Hölle“ bestehen. Sodann wird ein steuerrechtliches Zurechnungsmodell entwickelt. Die Notwendigkeit eines solchen Modells rührt daher, dass die Auseinandersetzung mit der Frage, welche Handlungen einer gemeinnützigen Körperschaft steuerrechtlich zugerechnet werden können, bisher sehr stiefmütterlich erfolgte. Einzig *Brill* hat im Rahmen seiner Abhandlung zu den Verstößen gemeinnütziger Körperschaften gegen die Rechtsordnung ein zivilrechtlich geprägtes Zurechnungsmodell entwickelt.[13] Anschließend werden mögliche Verstöße gemeinnütziger Körperschaften systematisiert. Eine Qualifizierung der Verstöße oder gar die Entwicklung eines Modells, in das sich sämtliche Verstöße einordnen lassen, erfolgte bisher nicht in gebotener Tiefe.[14] Dies ist auf den Umstand zurückzuführen, dass bis vor kurzem noch jeder Verstoß zum Verlust der Gemeinnützigkeit führte. In seinen neueren Entscheidungen hat der BFH nun erstmals den Grundsatz der Verhältnismäßigkeit angewendet, welcher die Körperschaften bei geringfügigen Verstößen vor den unverhältnismäßigen Folgen der Aberkennung der Gemeinnützigkeit schützen soll.[15] Die darin angelegte Differenzierung, einerseits hinsichtlich des Gewichts verschiedener Verstöße und andererseits hinsichtlich der Rechtsfolge, wird im 3. Kapitel der Arbeit zu einem Modell weiterentwickelt, welches Rechtsklarheit für alle Betroffenen schaffen soll. Die Einordnung der verschiedenen Verstöße erfolgt abhängig von der Schwere und der Häufigkeit. Vor allem aktuellere Entscheidungen des BFH dienen dabei als Gegenstand der Untersuchung.[16]

---

13 *Brill*, Der Verlust der Gemeinnützigkeit, S. 293 ff.

14 Ein solcher Ansatz befindet sich etwa bei *Seeck/Wackerbeck*, DStR 2022, 633 (636 ff.).

15 Erstmals zur Anwendung des Verhältnismäßigkeitsprinzips BFH v. 12.03.2020 – V R 5/17, BStBl II 2021, 55 (Rn. 59 ff.) = BFHE 268, 415.

16 BFH v. 26.05.2021 – V R 31/19, BStBl II 2021, 835 = BFHE 272, 335; BFH v. 18.08.2021 – V B 25/21 (AdV), BStBl II 2021, 931 = BFH/NV 2021, 1533; BFH v. 01.02.2022 – V R 1/20, BStBl II 2022, 629 = BFHE 276, 291.

Ein wichtiger Bestandteil ist das Attac-Urteil[17] des BFH, welches sich mit der unzulässigen politischen Betätigung gemeinnütziger Körperschaften befasst. Die im Urteil entwickelten Grundsätze werden aus Gründen der Rechtssicherheit präzisiert. Zudem wird stets untersucht, ob aus dem jeweiligen Verstoß die Aberkennung der Gemeinnützigkeit folgen sollte.

Anschließend erfolgt die Darstellung der Folgen des Verlusts der Gemeinnützigkeit. Im 4. Kapitel werden die steuerrechtlichen Folgen behandelt, wobei zwischen der Körperschaft und den natürlichen Personen differenziert wird. Im 5. Kapitel wird die zivilrechtliche Haftung der Beteiligten beleuchtet. Der Fokus liegt dabei auf den Haftungstatbeständen, die die Leitungsorganmitglieder, also den Vorstand eines Vereins bzw. einer Stiftung oder den Geschäftsführer einer GmbH, betreffen.

Die Arbeit beleuchtet damit gezwungenermaßen eine Schattenseite der Gemeinnützigkeit. Das Ziel ist dabei natürlich nicht die Abschreckung vor dem Engagement in gemeinnützigen Einrichtungen. Indem klar aufgezeigt wird, welche Handlungen im Rahmen des Gemeinnützigkeitsrechts unzulässig sind, kristallisiert sich automatisch heraus, auf welche Weise die Förderung des Gemeinwohls durch die Tätigkeit in einer gemeinnützigen Körperschaft ohne persönliche Nachteile ausgeübt werden kann.

---

17 BFH v. 10.01.2019 – V R 60/17, BStBl II 2019, 301 = BFHE 263, 290.

Grundlagen des Gemeinnützigkeitsrechts

A. Allgemeiner Teil des Gemeinnützigkeitsrechts (§§ 51–68 AO)

Das steuerliche Gemeinnützigkeitsrecht setzt sich aus einem Allgemeinen Teil und einem Besonderen Teil zusammen.[18] Während die verschiedenen Vergünstigungen für gemeinnützige Körperschaften in den Einzelsteuergesetzen den Besonderen Teil bilden,[19] besteht der Allgemeine Teil aus den §§ 51 bis 68 AO.[20] In § 51 Abs. 1 AO erfolgen zunächst Begriffsbestimmungen; insbesondere wird der Begriff der begünstigungsfähigen Rechtsträger (Körperschaften) definiert.[21] Anschließend untergliedert das Gesetz steuerbegünstigte Zwecke in gemeinnützige (§ 52 AO), mildtätige (§ 53 AO) sowie

---

18 *Hüttemann*, in: Hüttemann, Gemeinnützigkeitsrecht und Spendenrecht, Rn. 1.26; *Jachmann/Unger*, in: Gosch, AO/FGO, § 51 AO Rn. 2; *Seer*, in: Tipke/Kruse, AO/FGO, Vor §§ 51–68 AO Rn. 1.

19 *Hüttemann*, in: Hüttemann, Gemeinnützigkeitsrecht und Spendenrecht, Rn. 1.2, 1.26; *Seer*, in: Tipke/Kruse, AO/FGO, Vor §§ 51–68 AO Rn. 1.

20 *Hey*, in: Tipke/Lang, Steuerrecht, Rn. 20.1; *Hüttemann*, in: Hüttemann, Gemeinnützigkeitsrecht und Spendenrecht, Rn. 3.1; einen systematischen Überblick liefert *Musil*, in: Hübschmann/Hepp/Spitaler, AO/FGO, Vor §§ 51–68 AO Rn. 15; *Seer*, in: Tipke/Kruse, AO/FGO, Vor §§ 51–68 AO Rn. 1; *Waldhoff*, Non Profit Law Yearbook 2005, 75 (79).

21 *Gersch*, in: Klein, AO, Vor § 51 Rn. 2; *Jachmann/Unger*, in: Gosch, AO/FGO, § 51 AO Rn. 1, 3; *Martini*, in: Winheller/Geibel/Jachmann-Michel, Gesamtes Gemeinnützigkeitsrecht, § 51 AO Rn. 7; *Musil*, in: Hübschmann/Hepp/Spitaler, AO/FGO, Vor §§ 51–68 AO Rn. 15.

kirchliche Zwecke (§ 54 AO).[22] Sodann folgen mit den Grundsätzen der Selbstlosigkeit (§ 55 AO)[23], der Ausschließlichkeit (§ 56 AO)[24] und der Unmittelbarkeit (§ 57 AO)[25] die grundlegenden Prinzipien des Gemeinnützigkeitsrechts sowie Ausnahmen hiervon (§ 58 AO).[26] Diese Grundsätze werden nach den §§ 59 bis 61 AO in der Satzung einer jeden steuerbegünstigten Körperschaft verankert (formelle Satzungsmäßigkeit)[27] und die tatsächliche Geschäftsführung ist gemäß § 63 Abs. 1 AO daran gebunden (materielle Satzungsmäßigkeit).[28] Abgeschlossen wird der Allgemeine Teil von den §§ 64 bis 68 AO, welche sich der wirtschaftlichen Betätigung steuerbegünstigter Körperschaften in wirtschaftlichen Geschäftsbetrieben und Zweckbetrieben widmen.[29] Die folgende Darstellung konzentriert sich auf die Vorschriften des Allgemeinen Teils, welche für ein Verständnis der weiteren Kapitel dieser Arbeit elementar sind.

---

22 *Musil*, in: Hübschmann/Hepp/Spitaler, AO/FGO, Vor §§ 51–68 AO Rn. 15.

23 *Gersch*, in: Klein, AO, § 55 Rn. 1 ff.; *Hüttemann*, in: Hüttemann, Gemeinnützigkeitsrecht und Spendenrecht, Rn. 4.118 ff.; *Seer*, in: Tipke/Kruse, AO/FGO, § 55 AO Rn. 1 ff.; *Unger*, in: Gosch, AO/FGO, § 55 AO Rn. 1 ff.

24 *Gersch*, in: Klein, AO, § 56 Rn. 1; *Hüttemann*, in: Hüttemann, Gemeinnützigkeitsrecht und Spendenrecht, Rn. 4.6; *Jachmann/Unger*, in: Gosch, AO/FGO, § 56 AO Rn. 1 f.; *Seer*, in: Tipke/Kruse, AO/FGO, § 56 AO Rn. 1.

25 *Gersch*, in: Klein, AO, § 57 Rn. 1; *Hüttemann*, in: Hüttemann, Gemeinnützigkeitsrecht und Spendenrecht, Rn. 4.38; *Seer*, in: Tipke/Kruse, AO/FGO, § 57 AO Rn. 1; *Unger*, in: Gosch, AO/FGO, § 57 AO Rn. 1 f.

26 *Hüttemann*, in: Hüttemann, Gemeinnützigkeitsrecht und Spendenrecht, Rn. 4.2; *Musil*, in: Hübschmann/Hepp/Spitaler, AO/FGO, Vor §§ 51–68 AO Rn. 15; *Schauhoff*, in: Schauhoff/Kirchhain, Handbuch der Gemeinnützigkeit, Grundlegung Rn. 20.

27 BFH v. 13.12.1978 – I R 39/78, BStBl II 1979, 482 (484) = BFHE 127, 330; *Gersch*, in: Klein, AO, Vor § 51 Rn. 2; *Gmach*, FR 1992, 313 (319); *Gmach*, FR 1995, 85 (90 f.); *Hüttemann*, in: Hüttemann, Gemeinnützigkeitsrecht und Spendenrecht, Rn. 4.180; *Jachmann/Unger*, in: Gosch, AO/FGO, § 59 AO Rn. 1; *Seer*, in: Tipke/Kruse, AO/FGO, § 59 AO Rn. 1.

28 *Gersch*, in: Klein, AO, Vor § 51 Rn. 2; *Hüttemann*, in: Hüttemann, Gemeinnützigkeitsrecht und Spendenrecht, Rn. 4.218; *Jachmann/Unger*, in: Gosch, AO/FGO, § 59 AO Rn. 2; *Seer*, in: Tipke/Kruse, AO/FGO, § 63 AO Rn. 1; *Unger*, in: Gosch, AO/FGO, § 63 AO Rn. 1;

29 *Gersch*, in: Klein, AO, Vor § 51 Rn. 2; *Hüttemann*, in: Hüttemann, Gemeinnützigkeitsrecht und Spendenrecht, Rn. 6.1 ff.; *Musil*, in: Hübschmann/Hepp/Spitaler, AO/FGO, Vor §§ 51–68 AO Rn. 15.

I. Allgemeines (§ 51 AO)

1. § 51 Abs. 1 S. 1 AO als Bindeglied

§ 51 Abs. 1 S. 1 AO fungiert als Bindeglied zwischen dem Allgemeinen und dem Besonderen Teil.[30] Die Norm ordnet an, dass die „folgenden Vorschriften" (konkret: die § 51 Abs. 1 S. 2 bis § 63 AO) gelten, wenn Einzelsteuergesetze Steuervergünstigungen aufgrund der Gemeinnützigkeit einer Körperschaft gewähren.[31] Diese Vorschriften bilden das Prüfungsschema der Gemeinnützigkeit,[32] welches im Folgenden anhand einer Darstellung der einzelnen Voraussetzungen erläutert wird.

2. Körperschaften als begünstigte Rechtssubjekte (§ 51 Abs. 1 S. 2 AO)

Zunächst wird in § 51 Abs. 1 S. 2 AO der Kreis der begünstigten Rechtssubjekte bestimmt – dies sind ausschließlich Körperschaften.[33] Danach sind unter Körperschaften die Körperschaften, Personenvereinigungen und Vermögensmassen i. S. d. KStG zu verstehen, wobei die Einzelsteuergesetze Einschränkungen oder Erweiterungen vornehmen können.[34] Die große Mehrheit der gemeinnützigen Körperschaften setzt sich aus den Rechtsformen des

---

30 Vgl. *Jachmann/Unger*, in: Gosch, AO/FGO, § 51 AO Rn. 2: Jedoch wird § 51 Abs. 1 S. 1 AO jeglicher eigenständiger Bedeutungsgehalt abgesprochen, da die Einzelsteuergesetze bereits selbst auf die §§ 51–68 AO verweisen; *Seer*, in: Tipke/Kruse, AO/FGO, § 51 AO Rn. 1.

31 *Jachmann/Unger*, in: Gosch, AO/FGO, § 51 AO Rn. 10 f.: Die §§ 64 bis 68 AO fallen nicht darunter; diese Vorschriften sind nur anwendbar, wenn „das Gesetz die Steuervergünstigung insoweit aus[schließt], als ein wirtschaftlicher Geschäftsbetrieb (§ 14) unterhalten wird"; ebenso *Martini*, in: Winheller/Geibel/Jachmann-Michel, Gesamtes Gemeinnützigkeitsrecht, § 51 AO Rn. 2; ausführlich zu den einzelnen Steuervergünstigungen später in diesem Kapitel unter B.

32 *Jachmann*, in: Gosch, AO/FGO, Vor §§ 51–68 AO Rn. 38; *Jachmann/Unger*, in: Gosch, AO/FGO, § 51 AO Rn. 10, § 52 Rn. 2, 18.

33 *Erdbrügger*, in: BeckOK-AO, § 51 Rn. 204; *Jachmann*, in: Gosch, AO/FGO, Vor §§ 51–68 AO Rn. 38.1; *Seer*, in: Tipke/Kruse, AO/FGO, Vor §§ 51–68 AO Rn. 2, § 51 AO Rn. 3; *Van Randenborgh*, in: Schauhoff/Kirchhain, Handbuch der Gemeinnützigkeit, § 1 Rn. 2.

34 *Jachmann/Unger*, in: Gosch, AO/FGO, § 51 AO Rn. 14; *Seer*, in: Tipke/Kruse, AO/FGO, § 51 AO Rn. 3.

eingetragenen Vereins, der Stiftung und der GmbH zusammen.[35] Während sich der Verein für eine – noch nicht absehbare – Vielzahl von Personen eignet,[36] kann die Rechtsform der GmbH vorteilhaft sein, wenn ein bestimmter Personenkreis die gemeinnützige Unternehmung dauerhaft leiten soll.[37] Die Stiftung ist bereits aufgrund der positiven Assoziationen eine beliebte Rechtsform[38] – man kann gewissermaßen von einem doppelten Gütesiegel sprechen, da bereits das Prädikat der Gemeinnützigkeit selbst „einen guten Klang" hat[39] – und überdies geeignet, ein Vermögen unabhängig von dem Willen der Akteure zu bestimmten Zwecken zu widmen.[40] Natürlichen Personen sowie Personengesellschaften steht das Regime des Gemeinnützigkeitsrechts nicht offen.[41]

---

35 *Birk/Desens/Tappe*, Steuerrecht, Rn. 346; *Hey*, in: Tipke/Lang, Steuerrecht, Rn. 20.4; *Raupach*, Non Profit Law Yearbook 2003, 195 (195); *Seer*, in: Tipke/Kruse, AO/FGO, Vor §§ 51–68 AO Rn. 2; *van Randenborgh*, in: Schauhoff/Kirchhain, Handbuch der Gemeinnützigkeit, § 1 Rn. 4 f.

36 *Werner*, in: Winheller/Geibel/Jachmann-Michel, Gesamtes Gemeinnützigkeitsrecht, 3.1 Verein Rn. 21; ausführlich zur Rechtsform des Vereins im Gemeinnützigkeitsrecht *Wallenhorst*, in: Wallenhorst/Halaczinsky, A Rn. 1 ff.

37 *Jachmann/Unger*, in: Gosch, AO/FGO, § 51 AO Rn. 16; *van Randenborgh*, in: Schauhoff/Kirchhain, Handbuch der Gemeinnützigkeit, § 1 Rn. 7, 15; *Schlüter*, GmbHR 2002, 578 (578 ff.) zur GmbH als Ersatzform der Stiftung; die gGmbH ist sogar für Ein-Personen-Gründungen geeignet: Sogenannte Social Entrepreneurs können ihr Projekt auf diese Weise in eigener Verantwortung umsetzen, *Eifert*, in: Winheller/Geibel/Jachmann-Michel, Gesamtes Gemeinnützigkeitsrecht, 3.4 gGmbH Rn. 19; ausführlich zur gGmbH ferner *Schlüter*, GmbHR 2002, 535 sowie *Schröder*, DStR 2008, 1069 und *Thiel*, GmbHR 1997, 10.

38 *Van Randenborgh*, in: Schauhoff/Kirchhain, Handbuch der Gemeinnützigkeit, § 1 Rn. 6 f. betont die Relevanz nichtjuristischer Kriterien bei der Rechtsformwahl.

39 *Cremers*, npoR 2023, 126 (126); *Isensee*, FS Dürig, 33 (33).

40 *Jachmann/Unger*, in: Gosch, AO/FGO, § 51 AO Rn. 16; ausführlich zu den Vorteilen der Rechtsform der Stiftung *Werner*, in: Winheller/Geibel/Jachmann-Michel, Gesamtes Gemeinnützigkeitsrecht, 3.2 Stiftung Rn. 122 ff.

41 *Gersch*, in: Klein, AO, § 51 Rn. 6; *Hey*, in: Tipke/Lang, Steuerrecht, Rn. 20.4; *Jachmann*, in: Gosch, AO/FGO, Vor §§ 51–68 AO Rn. 38.1; *Jachmann/Unger*, in: Gosch, AO/FGO, § 51 AO Rn. 57; *Koenig*, in: Koenig, AO, § 51 Rn. 15; *Van Randenborgh*, in: Schauhoff/Kirchhain, Handbuch der Gemeinnützigkeit, § 1 Rn. 3 bezeichnet das Gemeinnützigkeitsrecht in dieser Hinsicht als starr. *Raupach*, Non Profit Law Yearbook 2003, 195 (199) betont, dass der Ausschluss natürlicher Personen und Personengesellschaften aus gutem Grund erfolge, da die Struktur in diesen Fällen eine Sicherstellung des selbstlosen, nicht von wirtschaftlichem Eigeninteresse geleiteten Handelns erschwere.

3. Ausschluss von Körperschaften mit verfassungsfeindlichen Zielsetzungen (§ 51 Abs. 3 AO)

Körperschaften mit verfassungsfeindlichen Zielsetzungen sind vom Gemeinnützigkeitsrecht ausgeschlossen. Dies stellt § 51 Abs. 3 AO ausdrücklich klar.[42] Danach setzt die Steuervergünstigung voraus, dass die Körperschaft nach ihrer Satzung und bei ihrer tatsächlichen Geschäftsführung keine Bestrebungen i. S. d. § 4 BVerfSchG fördert und dem Gedanken der Völkerverständigung nicht zuwiderhandelt. Bei Körperschaften, die im Verfassungsschutzbericht des Bundes oder eines Landes als extremistische Organisation aufgeführt sind, ist widerlegbar davon auszugehen, dass die Voraussetzungen des Satzes 1 nicht erfüllt sind (§ 51 Abs. 3 S. 2 AO).[43] Bestrebungen, die der freiheitlich-demokratischen Grundordnung und den Gedanken der Völkerverständigung zuwiderlaufen, können nicht als „Förderung der Allgemeinheit" nach § 52 Abs. 1 AO betrachtet werden.[44] Außerdem wäre eine Anerkennung der Gemeinnützigkeit widersprüchlich. Wenn das Gesetz die Förderung des Völkerverständigungsgedankens in § 52 Abs. 2 S. 1 Nr. 13 AO sowie die des demokratischen Staatswesens in § 52 Abs. 2 S. 1 Nr. 24 AO als gemeinnützig ansieht, können nicht zugleich diametral entgegengesetzte Ziele gemeinnützig sein.[45]

II. Steuerbegünstigte Zwecke (§§ 52–54 AO)

Ein konstituierendes Merkmal der Steuervergünstigung im Gemeinnützigkeitsregime ist die Verfolgung eines steuerbegünstigten Zwecks.[46] Steuerbegünstigte Zwecke sind nach § 51 Abs. 1 S. 1 AO gemeinnützige, mildtätige

---

[42] Es handelt sich um einen klarstellenden Ausschlusstatbestand für extremistische Körperschaften, BFH v. 14.03.2018 – V R 36/16, BStBl II 2018, 422 (Rn. 42) = BFHE 260, 420; *Hüttemann*, DB 2012, 250 (250); *Martini*, in: Winheller/Geibel/Jachmann-Michel, Gesamtes Gemeinnützigkeitsrecht, § 51 AO Rn. 64.

[43] BFH v. 14.03.2018 – V R 36/16, BStBl II 2018, 422 (Rn. 26) = BFHE 260, 420.

[44] Dies hatte der BFH bereits vor Einführung des § 51 Abs. 3 AO angenommen, vgl. BFH v. 13.12.1978 – I R 39/78, BStBl II 1979, 482 (487) = BFHE 127, 330; BFH v. 29.08.1984 – I R 215/81, BStBl II 1985, 106 (107) = BFHE 142, 243; BFH v. 16.10.1991 – I B 16/91, BFH/NV 1992, 505 (506); ferner *Hüttemann*, in: Hüttemann, Gemeinnützigkeitsrecht und Spendenrecht, Rn. 3.22.

[45] BFH v. 14.03.2018 – V R 36/16, BStBl II 2018, 422 (426) = BFHE 260, 420; *Seer*, in: Tipke/Kruse, AO/FGO, § 51 AO Rn. 10.

[46] *Hüttemann*, in: Hüttemann, Gemeinnützigkeitsrecht und Spendenrecht, Rn. 3.2; *Jachmann*, in: Gosch, AO/FGO, Vor §§ 51–68 AO Rn. 39.

oder kirchliche Zwecke. Eine nähere Erläuterung dieser Zwecke erfolgt wiederum in den §§ 52 bis 54 AO. Für den Status der Gemeinnützigkeit muss eine begünstigungsfähige Körperschaft also zunächst einen gemeinnützigen (§ 52 AO), mildtätigen (§ 53 AO) oder kirchlichen Zweck (§ 54 AO) verfolgen.[47]

1. Gemeinnützige Zwecke (§ 52 AO)

Eine Körperschaft verfolgt nach § 52 Abs. 1 S. 1 AO gemeinnützige Zwecke, wenn ihre Tätigkeit darauf gerichtet ist, die Allgemeinheit auf materiellem, geistigem oder sittlichem Gebiet selbstlos zu fördern. Die Tätigkeit der Körperschaft muss also auf eine Förderung gerichtet sein.[48] Diese muss sich auf die Allgemeinheit beziehen[49] und selbstlos sein.[50] Darüber hinaus muss die Förderung dergestalt qualifiziert sein, dass sie auf materiellem, geistigem oder sittlichem Gebiet erfolgt.[51] Die Grundlage bei der Prüfung eines gemeinnützigen Zwecks bildet jedoch der nunmehr abschließende Katalog des § 52 Abs. 2 AO.[52] Diese Praxis stellt unter dem Aspekt der Rechtssicherheit den einzig sinnvollen Weg dar, da eine genauere Ausformung dieser konturenarmen Begriffe zu rechtlich handhabbaren Kriterien nicht gelingt.[53]

---

47 Terminologisch ist zwischen der Gemeinnützigkeit im engeren Sinne und der Gemeinnützigkeit im weiteren Sinne zu unterscheiden. Erstere umfasst nur die Verfolgung gemeinnütziger Zwecke, Letztere auch die Verfolgung mildtätiger oder kirchlicher Zwecke, vgl. *Jachmann*, in: Gosch, AO/FGO, § 52 AO Rn. 2.

48 *Buchna/Leichinger/Seeger/Brox*, Gemeinnützigkeit im Steuerrecht, § 52 AO Rn. 37; *Jachmann*, in: Gosch, AO/FGO, § 52 AO Rn. 19 f.; *Seer*, in: Tipke/Kruse, AO/FGO, § 52 AO Rn. 8.

49 *Kraus*, in: Schauhoff/Kirchhain, Handbuch der Gemeinnützigkeit, § 6 Rn. 29 ff.; *Musil*, in: Hübschmann/Hepp/Spitaler, AO/FGO, § 52 AO Rn. 55.

50 *Jachmann*, in: Gosch, AO/FGO, § 52 AO Rn. 19, 34; *Seer*, in: Tipke/Kruse, AO/FGO, § 52 AO Rn. 2; *Wallenhorst*, in: Wallenhorst/Halaczinsky, C Rn. 60.

51 *Kraus*, in: Schauhoff/Kirchhain, Handbuch der Gemeinnützigkeit, § 6 Rn. 25 ff.; *Musil*, in: Hübschmann/Hepp/Spitaler, AO/FGO, § 52 AO Rn. 41; *Seer*, in: Tipke/Kruse, AO/FGO, § 52 AO Rn. 6.

52 *Hüttemann*, in: Hüttemann, Gemeinnützigkeitsrecht und Spendenrecht, Rn. 3.26 f.; *Musil*, in: Hübschmann/Hepp/Spitaler, AO/FGO, § 52 AO Rn. 11, 100 f.

53 Zur Kritik an einer trennscharfen Unterscheidung der Gebiete *Musil*, in: Hübschmann/Hepp/Spitaler, AO/FGO, § 52 AO Rn. 43; *Seer*, in: Tipke/Kruse, AO/FGO, § 52 AO Rn. 7.

a) Förderung der Allgemeinheit

Fördern i. S. v. § 52 Abs. 1 S. 1 AO heißt, dass etwas vorangebracht, vervollkommnet oder verbessert wird.[54] Die Tätigkeit der Körperschaft ist auf eine Förderung gerichtet, wenn sie – unabhängig von ihrer Intensität oder einem Erfolgseintritt[55] – zweckgerichtet stattfindet.[56] Diese finale Förderung muss sich in inhaltlicher Hinsicht auf die Allgemeinheit beziehen.[57] In diesem unbestimmten Begriff kommt der Grundgedanke der Gemeinnützigkeit – eine Förderung „im Interesse der Allgemeinheit und des gemeinen Wohls",[58] kurzum des Gemeinwohls[59] – zum Ausdruck.[60] Die Ausfüllung dieser Begriffshülle gelingt deshalb durch die Einbeziehung einer Vielzahl von Werten, die dazu bestimmt sind, dem allgemeinen Besten zu nutzen.[61] Dabei wird vor allem auf Verfassungsprinzipien des Grundgesetzes, sozialethische und religiöse Prinzipien, die geistige und kulturelle Ordnung sowie Forschung, Wissenschaft und Technik, die vorhandene Wirtschaftsstruktur und die wirtschaftlichen und sozialen Verhältnisse und die Wertevorstellungen der Bevölkerung (den Zeitgeist) rekurriert.[62]

---

54 BFH v. 23.11.1988 – I R 11/88, BStBl II 1989, 391 (392) = BFHE 155, 461; *Hüttemann*, in: Hüttemann, Gemeinnützigkeitsrecht und Spendenrecht, Rn. 3.29; *Jachmann*, in: Gosch, AO/FGO, § 52 AO Rn. 20; *Seer*, in: Tipke/Kruse, AO/FGO, § 52 AO Rn. 8.

55 BFH v. 13.12.1978 – I R 39/78, BStBl II 1979, 482 (486) = BFHE 127, 330; *Hüttemann*, in: Hüttemann, Gemeinnützigkeitsrecht und Spendenrecht, Rn. 3.6; *Jachmann*, in: Gosch, AO/FGO, § 52 AO Rn. 20; *Koenig*, in: Koenig, AO, § 52 Rn. 10.

56 *Hüttemann*, in: Hüttemann, Gemeinnützigkeitsrecht und Spendenrecht, Rn. 3.5; *Jachmann*, in: Gosch, AO/FGO, § 52 AO Rn. 20, *Koenig*, in: Koenig, AO, § 52 Rn. 10.

57 *Hüttemann*, in: Hüttemann, Gemeinnützigkeitsrecht und Spendenrecht, Rn. 3.31; *Jachmann*, in: Gosch, AO/FGO, § 52 AO Rn. 21; *Seer*, in: Tipke/Kruse, AO/FGO, § 52 AO Rn. 8

58 BFH v. 13.12.1978 – I R 39/78, BStBl II 1979, 482 (486) = BFHE 127, 330.

59 *Gast-de Haan*, DStR 1996, 405 (405); *Hey*, in: Tipke/Lang, Steuerrecht, Rn. 20.2; *Hüttemann*, in: Hüttemann, Gemeinnützigkeitsrecht und Spendenrecht, Rn. 3.31; *Seer*, in: Tipke/Kruse, AO/FGO, § 52 AO Rn. 3.

60 *Jachmann*, in: Gosch, AO/FGO, § 52 AO Rn. 22 spricht zutr. von einer Rückbindung des Gemeinnützigkeitsrechts an das Gemeinwohl; *Koenig*, in: Koenig, AO, § 52 Rn. 11.

61 BFH v. 13.12.1978 – I R 39/78, BStBl II 1979, 482 (485) = BFHE 127, 330; *Gast-de Haan*, DStR 1996, 405 (406); *Jachmann*, in: Gosch, AO/FGO, § 52 AO Rn. 22; *Seer*, in: Tipke/Kruse, AO/FGO, § 52 AO Rn. 3.

62 BFH v. 13.12.1978 – I R 39/78, BStBl II 1979, 482 (485 f.) = BFHE 127, 330; *Hammer*, StuW 2001, 19 (24); *Hüttemann*, in: Hüttemann, Gemeinnützigkeitsrecht und Spendenrecht, Rn. 3.33; *Koenig*, in: Koenig, AO, § 52 Rn. 11; *Seer*, in: Tipke/Kruse, AO/FGO, § 52 AO Rn. 3.

Den Ansatz einer Kontur dieser offenen Begriffe zeichnet die Negativdefinition in § 52 Abs. 1 S. 2 AO: Eine Förderung der Allgemeinheit ist nicht gegeben, wenn der Kreis der Personen, dem die Förderung zugutekommt, fest abgeschlossen ist, zum Beispiel durch die Zugehörigkeit zu einer Familie oder Belegschaft eines Unternehmens, oder infolge seiner Abgrenzung, insbesondere nach räumlichen oder beruflichen Merkmalen, dauernd nur klein sein kann. Dies darf nicht dahingehend missverstanden werden, dass der geförderte Personenkreis eine möglichst große Personenzahl umfassen muss; maßgeblich ist, dass die Tätigkeit der Körperschaft nicht nur den Interessen bestimmter Personen, also partikulären Gruppeninteressen, dient.[63] Für die Frage, wann eine (gemeinnützigkeits)schädliche Abgeschlossenheit des geförderten Personenkreises vorliegt, muss zwischen Körperschaften, deren Tätigwerden auf die eigenen Mitglieder beschränkt ist, und solchen, deren Zweckverfolgung darüber hinaus wirkt, unterschieden werden.[64] Während Erstere die Allgemeinheit nur fördern, wenn sie ihr auch offenstehen – und die Mitglieder damit die Allgemeinheit repräsentieren[65] –, darf der Personenkreis bei Zweiteren fest abgesteckt sein.[66]

b) Der Zweckkatalog des § 52 Abs. 2 S. 1 AO

Der grundsätzlich abschließende Zweckkatalog des § 52 Abs. 2 S. 1 AO ordnet an, welche Tätigkeit – unter den Voraussetzungen des § 52 Abs. 1 AO – eine Förderung der Allgemeinheit darstellt.[67] Dabei ist jedoch umstritten, ob eine

---

63 BFH v. 13.12.1978 – I R 39/78, BStBl II 1979, 482 (484 f.) = BFHE 127, 330; *Felix*, FR 1961, 236 (237); *Gast-de Haan*, DStR 1996, 405 (405 f.); *Hüttemann*, in: Hüttemann, Gemeinnützigkeitsrecht und Spendenrecht, Rn. 3.32, 3.45.

64 *Jachmann*, in: Gosch, AO/FGO, § 52 AO Rn. 25; *Reimer/Waldhoff*, FR 2002, 318 (320 f.).

65 BFH v. 26.01.1973 – III R 40/72, BStBl II 1973, 430 (431) = BFHE 108, 451; BFH v. 13.08.1997 – I R 19/96, BStBl II 1997, 794 (795 f.) = BFHE 183, 371; *Gersch*, in: Klein, AO, § 52 Rn. 2; *Jachmann*, in: Gosch, AO/FGO, § 52 AO Rn. 25.

66 *Jachmann*, in: Gosch, AO/FGO, § 52 AO Rn. 25; *Musil*, in: Hübschmann/Hepp/Spitaler, AO/FGO, § 52 AO Rn. 67; *Reimer/Waldhoff*, FR 2002, 318 (321); *Seer*, in: Tipke/Kruse, AO/FGO, § 52 AO Rn. 11.

67 Praktisch wird deshalb – entgegen der Gesetzessystematik – zunächst geprüft, ob ein Katalogzweck i. S. d. § 52 Abs. 2 S. 1 AO vorliegt, vgl. *Hüttemann*, in: Hüttemann, Gemeinnützigkeitsrecht und Spendenrecht, Rn. 3.26 f., 3.39; *Jachmann*, in: Gosch, AO/FGO, § 52 AO Rn. 43; *Kraus*, in: Schauhoff/Kirchhain, Handbuch der Gemeinnützigkeit, § 6 Rn. 51.

im Zweckkatalog aufgeführte Tätigkeit zusätzlich die Voraussetzungen des § 52 Abs. 1 AO erfüllen muss oder ob den in § 52 Abs. 2 S. 1 Nr. 1 bis 26 AO aufgeführten Zwecken diese Eigenschaft bereits immanent ist und es damit keiner positiven Feststellung bedarf (konstitutiver Charakter für die Förderung der Allgemeinheit).

AA) KEINE SCHLECHTHIN KONSTITUTIVE WIRKUNG DES ZWECKKATALOGS

Gegen den konstituierenden Charakter des Katalogs lässt sich prima facie der Gesetzeswortlaut anführen.[68] Nach § 52 Abs. 2 S. 1 AO sind die aufgeführten Zwecke „[u]nter den Voraussetzungen des Absatzes 1“ als Förderung der Allgemeinheit anzuerkennen. Zu den Voraussetzungen des Absatzes 1 zählt vor allem die Förderung der Allgemeinheit auf materiellem, geistigem oder sittlichem Gebiet.[69] An einer solchen qualifizierten Förderung könne es unter Umständen bei gewissen Arten der Forschung (§ 52 Abs. 2 S. 1 Nr. 1 AO) – insbesondere im Hinblick auf die Überschreitung ethischer Grenzen – oder des Sports (§ 52 Abs. 2 S. 1 Nr. 21 AO) fehlen.[70] Problematisch seien zumeist Tätigkeiten, welche dem Gemeinwohl ebenso nutzen wie schaden. Dies werde besonders deutlich, wenn ein verfolgter Zweck in seiner konkreten Gestalt einem anderen Katalogzweck diametral entgegenstehe.[71] In solchen Fällen sei eine Abwägung geboten, welche bei einem Mangel an materieller, geistiger oder sittlicher Förderung (oder gar materiellen Schäden) zulasten eines im Katalog aufgeführten Zwecks entschieden werden müsse, sodass § 52 Abs. 2 S. 1 AO nicht schlechthin konstitutiv wirke.[72]

---

68 *Bauer*, FR 1989, 61 (65); *Droege*, Gemeinnützigkeit im offenen Steuerstaat, S. 158, S. 394; *Gmach*, FR 1996, 308 (312 f.).

69 *Bauer*, FR 1989, 61 (65); *Gmach*, FR 1996, 308 (312 f.); *Musil*, in: Hübschmann/Hepp/Spitaler, AO/FGO, § 52 AO Rn. 100; *Seer*, in: Tipke/Kruse, AO/FGO, § 52 AO Rn. 17.

70 FG Nürnberg v. 17.03.1986 – I 264/83, EFG 1986, 621 (621 f.) = HFR 1987, 221; *Gersch*, in: Klein, AO, § 52 Rn. 12; *Koenig*, in: Koenig, AO, § 52 Rn. 27; *Musil*, in: Hübschmann/Hepp/Spitaler, AO/FGO, § 52 AO Rn. 100; *Seer*, in: Tipke/Kruse, AO/FGO, § 52 AO Rn. 17.

71 *Droege*, Gemeinnützigkeit im offenen Steuerstaat, S. 160, S. 393; *Gersch*, in: Klein, AO, § 52 Rn. 12; *Seer*, in: Tipke/Kruse, AO/FGO, § 52 AO Rn. 9.

72 *Droege*, Gemeinnützigkeit im offenen Steuerstaat, S. 162; *Jachmann*, in: Gosch, AO/FGO, § 52 AO Rn. 43; *Koenig*, in: Koenig, AO, § 52 Rn. 27; *Leisner-Egensperger*, FS Merten, 277 (277 ff.); *Musil*, in: Hübschmann/Hepp/Spitaler, AO/FGO, § 52 AO Rn. 47, 100; *Seer*, in: Tipke/Kruse, AO/FGO, § 52 AO Rn. 9.

bb) Konstitutive Wirkung des Zweckkatalogs

Demgegenüber steht die Auffassung, dass der Zweckkatalog konstitutiv sei.[73] Ein gemeinnütziger Zweck liege danach vor, wenn sich die Tätigkeit unter eine Nummer des Zweckkatalogs subsumieren lasse – eine gesonderte Feststellung, dass die Allgemeinheit auf materiellem, geistigem oder sittlichem Gebiet gefördert wird, sei dagegen nicht erforderlich.[74] Nur ein solches Verständnis stehe im Einklang mit dem Willen des Gesetzgebers, der mit der Ausgestaltung des Zweckkatalogs selbst festlegte, welche Betätigungen als gemeinnützig anzusehen seien.[75]

cc) Stellungnahme

Bei der Ermittlung der Bedeutung des § 52 Abs. 2 S. 1 AO fällt der Blick zuerst auf den scheinbar eindeutigen Wortlaut:[76] Die Formulierung „[u]nter den Voraussetzungen des Absatzes 1 […]" legt nahe, dass der Gesetzgeber die Katalogzwecke tatsächlich nur unter dem Vorbehalt der positiven Feststellung, dass die Allgemeinheit auf materiellem, geistigem oder sittlichem Gebiet gefördert wird, als Förderung der Allgemeinheit anerkennen wollte.[77] Jedoch erschüttern die folgenden Worte „sind als Förderung der Allgemeinheit anzuerkennen […]" diesen Anschein bereits auf grammatikalischer Ebene. Die folgenden Zwecke sind (zwingend) als Förderung der Allgemeinheit auf den gesetzlich festgelegten Gebieten (materiell, geistig oder sittlich) anzusehen.[78]

---

[73] BFH v. 29.10.1997 – I R 13/97, BStBl II 1998, 9 (11) = BFHE 184, 226; zustimmend *Cremers*, Steuerliche Gemeinnützigkeit und allgemeine Rechtsordnung, S. 59 ff.; *Hüttemann*, in: Hüttemann, Gemeinnützigkeitsrecht und Spendenrecht, Rn. 3.26 f.; *Kraus*, in: Schauhoff/Kirchhain, Handbuch der Gemeinnützigkeit, § 6 Rn. 27, 51.

[74] BFH v. 29.10.1997 – I R 13/97, BStBl II 1998, 9 (11) = BFHE 184, 226; *Kraus*, in: Schauhoff/Kirchhain, Handbuch der Gemeinnützigkeit, § 6 Rn. 51; a. A. *Bruschke*, DStR 2017, 2416 (2416).

[75] *Cremers*, Steuerliche Gemeinnützigkeit und allgemeine Rechtsordnung, S. 59 f.; *Hüttemann*, in: Hüttemann, Gemeinnützigkeitsrecht und Spendenrecht, Rn. 3.42.

[76] Die Auslegung einer Norm beginnt stets beim Wortlaut, vgl. *Boemke/Ulrici*, BGB AT, § 3 Rn. 9; *Früh*, JuS 2021, 905 (907); *Honsell/Mayer-Maly*, Rechtswissenschaft, § 5 IV. 6; *Möllers*, Juristische Methodenlehre, § 4 Rn. 40; *Schäfers*, JuS 2015, 875 (877).

[77] So *Bauer*, FR 1989, 61 (65); *Gmach*, FR 1996, 308 (312 f.); *Seer*, in: Tipke/Kruse, AO/FGO, § 52 AO Rn. 17, der anmerkt, dass der Gesetzgeber anderenfalls „Ohne Rücksicht auf das Vorliegen der Voraussetzungen des Absatzes 1 …" hätte formulieren müssen.

[78] BFH v. 29.10.1997 – I R 13/97, BStBl II 1998, 9 (11) = BFHE 184, 226; *Cremers*, Steuerliche Gemeinnützigkeit und allgemeine Rechtsordnung, S. 59 f.; *Halaczinsky*, in: Wallenhorst/Halaczinsky, D Rn. 50.

Systematische Erwägungen lassen das Pendel ebenfalls zu keiner Seite ausschlagen: § 52 Abs. 1 AO stellt zwar den Grundtatbestand der Norm dar, jedoch folgt daraus nicht, dass § 52 Abs. 2 AO lediglich Bereiche aufzählt, bei denen das Kriterium „Förderung der Allgemeinheit“ Anwendung finden kann.[79] Ginge man davon aus, dass beide Absätze als gleichrangig anzusehen seien, käme es unter Umständen zur Kollision zwischen den beiden Absätzen.[80] Es entspricht dann aber vielmehr systematischen Grundsätzen, dass das speziellere Gesetz dem allgemeineren Gesetz vorgeht (*lex specialis derogat legi generali*).[81] Der speziellere Tatbestand des § 52 Abs. 2 AO verdrängt somit den allgemeineren Grundtatbestand des § 52 Abs. 1 AO, sodass dem Zweckkatalog der Vorrang einzuräumen ist.[82] Folge dessen ist wiederum, dass die Förderung der Allgemeinheit im Rahmen der Zwecke des § 52 Abs. 2 S. 1 AO stets zu bejahen ist.

Die Geschichte des § 52 Abs. 2 S. 1 AO manifestiert das Verständnis i. S. e. konstitutiven Wirkung des Katalogs.[83] Der Gesetzgeber hat dem Katalog des § 52 Abs. 2 S. 1 AO in seiner Neufassung abschließenden Charakter zugesprochen.[84] Dies unterstreicht bereits die bedeutende Rolle, welche der Katalog im Regime des Gemeinnützigkeitsrechts einnimmt.[85] Die Abgeschlossenheit und die konstitutive Wirkung des Katalogs sind zwar zunächst getrennt voneinander zu beurteilen. Jedoch dient die abschließende Funktion vor allem dem aus Art. 20 Abs. 3 GG fließenden Grundsatz der Gesetzmäßigkeit der Besteuerung.[86]

---

[79] So aber *Droege*, Gemeinnützigkeit im offenen Steuerstaat, S. 159.

[80] Die Gleichrangigkeit aber bejahend *Droege*, Gemeinnützigkeit im offenen Steuerstaat, S. 159.

[81] *Honsell/Mayer-Maly*, Rechtswissenschaft, § 5 IV. 6.; *Möllers*, Juristische Methodenlehre, § 4 Rn. 138.

[82] Die Kollisionsregeln gelten auch bei der Auslegung einer einzelnen Norm, vgl. *Früh*, JuS 2021, 905 (909).

[83] Zur historischen Auslegung *Boemke/Ulrici*, BGB AT, § 3 Rn. 14 f.; *Möllers*, Juristische Methodenlehre, § 4 Rn. 150 ff.; *Schäfers*, JuS 2015, 875 (878).

[84] Gesetz zur weiteren Stärkung der bürgerschaftlichen Engagements vom 10.10.2007, BGBl I 2007, 2332, dazu *Hüttemann*, DB 2007, 2053; *Hüttemann*, in: Hüttemann, Gemeinnützigkeitsrecht und Spendenrecht, Rn. 3.26.

[85] So auch *Hüttemann*, in Hüttemann, Gemeinnützigkeitsrecht und Spendenrecht, Rn. 3.27.

[86] *Jachmann*, in: Gosch, AO/FGO, § 52 AO Rn. 45; zur Gesetzmäßigkeit der Besteuerung *Seer*, in: Tipke/Lang, Steuerrecht, Rn. 21.1 ff.; zu den rechtsstaatlichen Anforderungen an die Ausgestaltung des Gemeinnützigkeitsrechts *Droege*, in: Winheller/Geibel/Jachmann-Michel, Gesamtes Gemeinnützigkeitsrecht, Grundprinzipien Rn. 42 ff.

Dieser Grundsatz, wonach „steuerbegründende Tatbestände so bestimmt sein müssen, dass der Steuerpflichtige die auf ihn entfallende Steuer vorausberechnen kann",[87] gilt auch für Steuerbefreiungen sowie -ermäßigungen.[88] Die Unbestimmtheit der Voraussetzungen des § 52 Abs. 1 S. 1 AO erwies sich in diesem Zusammenhang jedenfalls als höchst problematisch, sodass der Gesetzgeber um Rechtssicherheit bemüht war.[89] Wenn nun eine Nummer des Zweckkatalogs einschlägig ist und dennoch geprüft werden muss, ob eine Förderung der Allgemeinheit auf materiellem, geistigem oder sittlichem Gebiet vorliegt, dann ist dies aufgrund der Offenheit dieser Begriffe mit erheblicher Rechtsunsicherheit verbunden. Diese war vom Gesetzgeber im Hinblick auf Art. 20 Abs. 3 GG jedoch gerade nicht gewünscht.[90] Somit gebührt auch bei verfassungskonformer Auslegung des § 52 Abs. 2 S. 1 AO dem gemeinnützigkeitskonstitutiven Verständnis, welches im Einklang mit dem im Grundgesetz verankerten Bestimmtheitsgrundsatz (Art. 20 Abs. 3 GG) steht,[91] der Vorzug.

Das notwendige Korrektiv für den Rechtsanwender ergibt sich letztlich aus der Negativdefinition des § 52 Abs. 1 S. 2 AO, wonach keine Förderung der Allgemeinheit gegeben ist, wenn der Kreis der geförderten Personen fest abgeschlossen ist oder infolge seiner Abgrenzung dauernd nur klein sein kann. Die Förderung der Allgemeinheit kann also auch bei der Verfolgung eines Katalogzwecks in Frage stehen, sodass der Verweis in § 52 Abs. 2 S. 1 AO nicht obsolet ist.[92]

Angesichts der Bandbreite an gemeinnützigen Zwecken, welche sich auf eine Vielzahl von Lebensbereichen erstreckt, war es unvermeidbar, dass

---

87 BVerfG v. 14.12.1965 – 1 BvR 571/60, BVerfGE 19, 253 (267) = NJW 1966, 150; BVerfG v. 28.02.1973 – 2 BvL 19/70, BVerfGE 34, 348 (365) = BeckRS 1973, 30702417.

88 *Jachmann*, in: Gosch, AO/FGO, § 52 AO Rn. 8; vgl. auch *Droege*, in: Winheller/Geibel/Jachmann-Michel, Gesamtes Gemeinnützigkeitsrecht, Grundprinzipien Rn. 42: Das Gemeinnützigkeitsrecht ist an den Grundprinzipien der Rechtsstaatlichkeit (Art. 20 Abs. 3 GG) – insbesondere dem Bestimmtheitsgrundsatz – auszurichten.

89 So auch *Jachmann*, in: Gosch, AO/FGO, § 52 AO Rn. 9.

90 *Droege*, Gemeinnützigkeit im offenen Steuerstaat, S. 158 f.; ähnliche Zweifel hegt *Cremers*, Steuerliche Gemeinnützigkeit und allgemeine Rechtsordnung, S. 60 f.

91 Zur verfassungskonformen Auslegung *Honsell/Mayer-Maly*, Rechtswissenschaft, § 5 IV. 7.; *Möllers*, Juristische Methodenlehre, § 11 Rn. 59; *Schäfers*, JuS 2015, 875 (879).

92 So auch *Kraus*, in: Schauhoff/Kirchhain, Handbuch der Gemeinnützigkeit, § 6 Rn. 51; zustimmend *Cremers*, Steuerliche Gemeinnützigkeit und allgemeine Rechtsordnung, S. 62.

zwischen einzelnen Zwecken Wertungskonflikte entstehen würden.[93] Diese wurden jedoch im Hinblick auf den damit einhergehenden Gewinn an Rechtssicherheit bewusst in Kauf genommen und werden letztlich durch die Grenze der Rechtsordnungskonformität entschärft.[94] Es ist deshalb verfehlt, stets eine positive Feststellung der Förderung der Allgemeinheit auf materiellem, geistigem oder sittlichem Gebiet zu fordern und auf diese Weise an den Grundfesten der gesetzgeberischen Entscheidung, was als Förderung der Allgemeinheit anzusehen ist, zu rütteln.[95] Der Zweckkatalog ist somit unter Beachtung des Willens des um Rechtssicherheit bemühten Gesetzgebers konstituierend.

2. Mildtätige Zwecke (§ 53 AO)

Eine Körperschaft verfolgt nach § 53 AO mildtätige Zwecke, wenn sie selbstlos natürliche Personen, die wegen ihres Zustands (Nr. 1) oder ihrer wirtschaftlichen Lage (Nr. 2) hilfsbedürftig sind, unterstützt. Ein hilfsbedürftiger Zustand ist bei jeder Art von Krankheit gegeben, die zur Folge hat, dass die betroffene Person auf die Hilfe anderer angewiesen ist (persönliche Hilfsbedürftigkeit).[96] Davon zu unterscheiden ist die wirtschaftliche Hilfsbedürftigkeit, welche vorliegt, wenn die Bezüge einer Person das Vierfache bzw. bei Alleinstehenden oder Alleinerziehenden wegen der Mietbelastung das Fünffache des Regelsatzes der Sozialhilfe nicht übersteigen.[97] Die Mildtätigkeit bildet einen Kernbereich innerhalb des Gemeinnützigkeitsregimes, da eine Entlastung des Staates von den beiden zentralen Aufgaben, die Bedingungen für ein menschenwürdiges Dasein zu sichern (Leistungsdimension des Art. 1 Abs. 1 GG)[98] sowie

---

[93] *Hüttemann*, in: Hüttemann, Gemeinnützigkeitsrecht und Spendenrecht, Rn. 3.42.

[94] *Droege*, Gemeinnützigkeit im offenen Steuerstaat, S. 396; ebenso *Cremers*, Steuerliche Gemeinnützigkeit und allgemeine Rechtsordnung, S. 62; *Hüttemann*, in: Hüttemann, Gemeinnützigkeitsrecht und Spendenrecht, Rn. 3.42.

[95] *Cremers*, Steuerliche Gemeinnützigkeit und allgemeine Rechtsordnung, S. 60; *Hüttemann*, in: Hüttemann, Gemeinnützigkeitsrecht und Spendenrecht, Rn. 3.42; *Kraus*, in: Schauhoff/Kirchhain, Handbuch der Gemeinnützigkeit, § 6 Rn. 51.

[96] *Hüttemann*, in: Hüttemann, Gemeinnützigkeitsrecht und Spendenrecht, Rn. 3.189; *Seer*, in: Tipke/Kruse, AO/FGO, § 53 AO Rn. 3.

[97] *Hüttemann*, in: Hüttemann, Gemeinnützigkeitsrecht und Spendenrecht, Rn. 3.193; *Seer*, in: Tipke/Kruse, AO/FGO, § 53 AO Rn. 4.

[98] *Herdegen*, in: Dürig/Herzog/Scholz, GG, Art. 1 Abs. 1 Rn. 78.

für eine gerechte Sozialordnung (Fürsorge für Hilfsbedürftige)[99] zu sorgen (Sozialstaatsprinzip, Art. 20 Abs. 1 GG),[100] eintritt.[101] Deshalb ist eine Förderung der Allgemeinheit bei mildtätigen Zwecken nicht notwendig.[102]

3. Kirchliche Zwecke (§ 54 AO)

Die Verfolgung kirchlicher Zwecke liegt nach § 54 Abs. 1 AO vor, wenn die Tätigkeit einer Körperschaft darauf gerichtet ist, eine Religionsgemeinschaft, die Körperschaft des öffentlichen Rechts ist, selbstlos zu fördern. Einer Förderung der Allgemeinheit bedarf es aufgrund der Verfassungsentscheidung des Art. 140 GG i. V. m. Art. 137 Abs. 5 WRV, die Förderung einer solchen Religionsgemeinschaft generell als gemeinwohlförderlich anzusehen, auch im Rahmen des § 54 AO nicht.[103]

III. Art und Weise der Zweckverfolgung (§§ 55–57 AO)

Während die §§ 52 bis 54 AO den Inhalt steuerbegünstigter Zwecke näher ausgestalten, statuieren die §§ 55 bis 57 AO die Voraussetzungen für die Art und Weise der Zweckverfolgung;[104] § 58 AO enthält wiederum Ausnahmen hiervon.[105] § 55 AO enthält den Grundsatz der Selbstlosigkeit, § 56 AO den Ausschließlichkeitsgrundsatz und § 57 AO das Prinzip der

---

99 *Jarass*, in: Jarass/Pieroth, GG, Art. 20 Rn. 156.

100 BVerfG v. 18.07.1967 – 2 BvF 3/62 u. a., BVerfGE 22, 180 (204) = NJW 1967, 1795; BVerfG v. 12.03.1996 – 1 BvR 609/90, 1 BvR 692/90, BVerfGE 94, 241 (263) = NJW 1996, 2293; BVerfG v. 27.01.1998 – 1 BvL 15/87, BVerfGE 97, 169 (185) = NJW 1998, 1475; *Grzeszick*, in: Dürig/Herzog/Scholz, GG, Art. 20 Rn. 1; *Sachs*, in: Sachs, GG, Art. 20 Rn. 46.

101 *Hüttemann*, in: Hüttemann, Gemeinnützigkeitsrecht und Spendenrecht, Rn. 3.180; *Musil*, in: Hübschmann/Hepp/Spitaler, AO/FGO, § 53 AO Rn. 7; *Seer*, in: Tipke/Kruse, AO/FGO, § 53 AO Rn. 1; *Unger*, in: Gosch, AO/FGO, § 53 AO Rn. 2.

102 *Gersch*, in: Klein, AO, § 53 Rn. 1; *Hüttemann*, in: Hüttemann, Gemeinnützigkeitsrecht und Spendenrecht, Rn. 3.182; *Musil*, in: Hübschmann/Hepp/Spitaler, AO/FGO, § 53 AO Rn. 7; *Seer*, in: Tipke/Kruse, AO/FGO, § 53 AO Rn. 1.

103 *Hüttemann*, in: Hüttemann, Gemeinnützigkeitsrecht und Spendenrecht, Rn. 3.205; *Seer*, in: Tipke/Kruse, AO/FGO, § 54 AO Rn. 1; *Unger*, in: Gosch, AO/FGO, § 54 AO Rn. 8.

104 *Helm/Haaf*, in: Beck'sches Handbuch der GmbH, § 24 Rn. 24; *Hüttemann*, in: Hüttemann, Gemeinnützigkeitsrecht und Spendenrecht, Rn. 4.1 f.; *Unger*, in: Gosch, AO/FGO, § 55 AO Rn. 1, § 56 AO Rn. 1, § 57 AO Rn. 1.

105 *Gersch*, in: Klein, AO, § 58 Rn. 1; *Koenig*, in: Koenig, AO, § 58 Rn. 2; *Unger*, in: Gosch, AO/FGO, § 58 AO Rn. 2.

Unmittelbarkeit.[106] Diese Modalitäten stärken zum einen die Rechtfertigung der steuerlichen Privilegierung[107] und zum anderen das Vertrauen der Öffentlichkeit sowie der Spender und Helfer in die Leistungsfähigkeit der gemeinnützigen Körperschaften.[108]

1. Selbstlosigkeit (§ 55 AO)

Selbstlosigkeit liegt nach § 55 Abs. 1 AO vor, wenn durch die Förderung nicht in erster Linie eigenwirtschaftliche Zwecke verfolgt werden und die folgenden Voraussetzungen [gemeint sind die Vorschriften über die gemeinnützige Mittelverwendung (§ 55 Abs. 1 Nr. 1–5, Abs. 2 und 3 AO)] vorliegen. Als systemprägendes Element verbietet § 55 AO Körperschaften somit zunächst die primäre Verfolgung eigenwirtschaftlicher Zwecke (Selbstlosigkeit im engeren Sinne).[109] Sodann erfolgen Vorgaben für die Mittel- und Vermögensverwendung:[110] Nach § 55 Abs. 1 Nr. 1 S. 1 AO dürfen die Mittel der Körperschaft nur für satzungsmäßige Zwecke verwendet werden, woraus der allgemeine Grundsatz der Mittelbindung und spiegelbildlich das Verbot zweckwidriger Mittelverwendung folgen.[111] Eine Erweiterung erfolgt in § 55 Abs. 1 Nr. 4 AO mit dem bedeutsamen Prinzip

---

[106] *Hüttemann*, in: Hüttemann, Gemeinnützigkeitsrecht und Spendenrecht, Rn. 4.2; *Wallenhorst*, in: Wallenhorst/Halaczinsky, C Rn. 38 ff., 45 ff., 60 ff.

[107] *Hüttemann*, DStJG 26 (2003), 49 (57 f.).

[108] *Hüttemann*, in: Hüttemann, Gemeinnützigkeitsrecht und Spendenrecht, Rn. 4.1.

[109] BFH v. 23.10.1991 – I R 19/91, BStBl II 1992, 62 (64) = BFHE 165, 484; es ist richtigerweise zwischen eigenwirtschaftlichen Zwecken der Körperschaft selbst und eigenwirtschaftlichen Zwecken der Mitglieder zu unterscheiden, vgl. *Hüttemann*, in: Hüttemann, Gemeinnützigkeitsrecht und Spendenrecht, Rn. 4.118; *Koenig*, in: Koenig, AO, § 55 Rn. 5; während die Mitglieder unstreitig Adressaten des Verbots sind, ist dies bei der Körperschaft umstritten und richtigerweise abzulehnen, da es sich vielmehr um einen Verstoß gegen den Grundsatz der Ausschließlichkeit (§ 56 AO) handelt, vgl. *Hüttemann*, Wirtschaftliche Betätigung, S. 63 f.; *Hüttemann*, DB 2012, 250 (253); ausführlich *Hüttemann*, in: Hüttemann, Gemeinnützigkeitsrecht und Spendenrecht, Rn. 4.142 ff.; *Seer*, in: Tipke/Kruse, AO/FGO, § 55 AO Rn. 5; *Unger*, in: Gosch, AO/FGO, § 55 AO Rn. 18.

[110] *Hüttemann*, in: Hüttemann, Gemeinnützigkeitsrecht und Spendenrecht, Rn. 4.118; *Koenig*, in: Koenig, AO, § 55 Rn. 1; *Unger*, in: Gosch, AO/FGO, § 55 AO Rn. 1, 13.

[111] BFH v. 23.09.1998 – I B 82/98, BStBl II 2000, 320 (324) = BFHE 186, 433; *Hüttemann*, in: Hüttemann, Gemeinnützigkeitsrecht und Spendenrecht, Rn. 5.1; *Koenig*, in: Koenig, AO, § 55 Rn. 15; *Seer*, in: Tipke/Kruse, AO/FGO, § 55 AO Rn. 9, 11; *Unger*, in: Gosch, AO/FGO, § 55 AO Rn. 35.

der Vermögensbindung.[112] Dadurch soll sichergestellt werden, dass auch im Falle der Auflösung oder Aufhebung der Körperschaft oder bei Wegfall ihres satzungsmäßigen gemeinnützigen Zwecks das Vermögen nur für gemeinnützige Zwecke verwendet wird. Alternativ kann eine Übertragung auf eine gemeinnützige Körperschaft oder eine Körperschaft des öffentlichen Rechts zur Verwendung für gemeinnützige Zwecke erfolgen.[113] Dieses Prinzip wird aufgrund der mit einem Verstoß verbundenen, besonders gravierenden Rechtsfolge des § 61 Abs. 3 AO (i. V. m. § 63 Abs. 2 AO) im Rahmen der Verletzung von Gemeinnützigkeitsgrundsätzen noch eine übergeordnete Rolle einnehmen.[114] § 55 Abs. 1 Nr. 1 S. 2 und 3, Nr. 2 und 3 AO statuieren die besonderen Mittelverwendungsverbote wie etwa das Verbot von Zuwendungen an Mitglieder der Körperschaft oder politische Parteien.[115] Damit geht die Bindung der Mittel an den Dritten Sektor einher, welche in zeitlicher Hinsicht durch das Gebot der zeitnahen Mittelverwendung konkretisiert wird.[116] Nach § 55 Abs. 1 Nr. 5 S. 1 AO muss die Körperschaft ihre Mittel grundsätzlich zeitnah für ihre steuerbegünstigten satzungsmäßigen Zwecke verwenden. Dies meint eine Verwendung innerhalb der auf den Zufluss folgenden zwei Kalender- oder Wirtschaftsjahre (§ 55 Abs. 1 Nr. 5 S. 3 AO). Damit wirkt das Gesetz einer grundlosen Ansammlung von Vermögen entgegen.[117] Denn der gegenwärtige Verzicht des Staats auf

---

[112] BFH v. 21.07.1999 – I R 2/98, BFH/NV 2000, 297 (298) = BeckRS 1999, 25004001; *Buchna/Leichinger/Seeger/Brox*, Gemeinnützigkeit im Steuerrecht, § 55 AO Rn. 57; *Krüger*, in: Schwarz/Pahlke/Keß, AO/FGO, § 55 AO Rn. 30; *Seer*, in: Tipke/Kruse, AO/FGO, § 55 AO Rn. 9, 23 f.; *von Holt*, in: Winheller/Geibel/Jachmann-Michel, Gesamtes Gemeinnützigkeitsrecht, § 55 AO Rn. 54.

[113] *Buchna/Leichinger/Seeger/Brox*, Gemeinnützigkeit im Steuerrecht, § 55 AO Rn. 57; *Gersch*, in: Klein, AO, § 55 Rn. 55; *Krüger*, in: Schwarz/Pahlke/Keß, AO/FGO, § 55 AO Rn. 30.

[114] 3. Kapitel D. I.

[115] *Hüttemann*, in: Hüttemann, Gemeinnützigkeitsrecht und Spendenrecht, Rn. 5.2; *Unger*, in: Gosch, AO/FGO, § 55 AO Rn. 35; zu Zuwendungen an Mitglieder: BFH v. 08.08.2001 – I B 40/01, DStRE 2001, 1301 (1302) = BFH/NV 2001, 1536 (1538); *Koenig*, in: Koenig, AO, § 55 Rn. 19; *Unger*, in: Gosch, AO/FGO, § 55 AO Rn. 66 f.; zu Zuwendungen an Parteien *Koenig*, in: Koenig, AO, § 55 Rn. 20.

[116] *Seer*, in: Tipke/Kruse, AO/FGO, § 55 AO Rn. 1; *Unger*, in: Gosch, AO/FGO, § 55 AO Rn. 2.

[117] *Hüttemann*, in: Hüttemann, Gemeinnützigkeitsrecht und Spendenrecht, Rn. 5.106; *Unger*, in: Gosch, AO/FGO, § 55 AO Rn. 89.

Steuereinnahmen ist zu Recht mit der Erwartung einer jedenfalls gegenwartsnahen Gemeinwohlförderung verbunden.[118]

2. Ausschließlichkeit (§ 56 AO)

Gemäß § 56 AO liegt Ausschließlichkeit vor, wenn eine Körperschaft nur ihre steuerbegünstigten satzungsmäßigen Zwecke verfolgt. Diese „Alles-oder-Nichts"-Regelung schließt die Verfolgung nicht steuerbegünstigter Zwecke gänzlich aus (steuerrechtliches Aufspaltungsverbot)[119] und beugt auf diese Weise möglichen Konflikten mit solchen Zwecken vor.[120] Der Ausschließlichkeitsgrundsatz bezieht sich jedoch ausdrücklich nur auf die steuerbegünstigten satzungsmäßigen Zwecke, nicht aber auf die sie verwirklichenden Mittel.[121] Die Einhaltung des Ausschließlichkeitsgrundsatzes stellt mitunter eine Gratwanderung dar. In diesen Fällen ist äußerst präzise zu untersuchen, ob die jeweilige Maßnahme noch ein zulässiges Mittel zur ausschließlichen Zweckverfolgung darstellt oder ob die Aktionen, die für sich genommen keinen gemeinnützigen Zweck darstellen, bereits dergestalt überwiegen, dass sie zum Selbstzweck werden.[122] Dieses Spektakel ist vor allem bei gemeinnützigen Körperschaften zu beobachten, die (auch) politisch

---

118 Rechtfertigungsgründe für den Grundsatz der zeitnahen Mittelverwendung sind neben dieser zeitlichen Kongruenz auch die bessere Wirkung der steuerlichen Verhaltenslenkung sowie die steuerliche Gleichbehandlung, *Hüttemann*, in: Hüttemann, Gemeinnützigkeitsrecht und Spendenrecht, Rn. 5.106; *Hüttemann*, DStJG 26 (2003), 49 (64); *Unger*, in: Gosch, AO/FGO, § 55 AO Rn. 89.

119 BFH v. 20.12.1978 – I R 21/76, BStBl II 1979, 496 (497) = BFHE 127, 360; *Hüttemann*, Wirtschaftliche Betätigung, S. 30 f.; *Musil*, in: Hübschmann/Hepp/Spitaler, AO/FGO, § 56 AO Rn. 2, 4; *von Holt*, in: Winheller/Geibel/Jachmann-Michel, Gesamtes Gemeinnützigkeitsrecht, § 56 AO Rn. 2, 4.

120 *Hüttemann*, in: Hüttemann, Gemeinnützigkeitsrecht und Spendenrecht, Rn. 4.6 f.; *Hüttemann*, Wirtschaftliche Betätigung, S. 57; *Seer*, in: Tipke/Kruse, AO/FGO, § 56 AO Rn. 1.

121 *Birk/Desens/Tappe*, Steuerrecht, Rn. 351; *Hüttemann*, Wirtschaftliche Betätigung, S. 30 ff.; *Hüttemann*, DStJG 26 (2003), 49 (58); *Schauhoff*, in: Schauhoff/Kirchhain, Handbuch der Gemeinnützigkeit, § 9 Rn. 6; *Seer*, in: Tipke/Kruse, AO/FGO, § 56 AO Rn. 2.

122 BFH v. 04.04.2007 – I R 76/05, BStBl II 2007, 631 (634) = BFHE 217, 1; BFH v. 12.05.2022 – V R 37/20, BStBl II 2022, 603 (Rn. 26) = BFHE 275, 560; *Hüttemann*, in: Hüttemann, Gemeinnützigkeitsrecht und Spendenrecht, Rn. 4.10; *Seer*, in: Tipke/Kruse, AO/FGO, § 56 AO Rn. 2.

tätig werden, um ihren satzungsmäßigen gemeinnützigen Zweck zu verfolgen.[123] Ebenso relevant wird die Problematik bei der Unterhaltung eines wirtschaftlichen Geschäftsbetriebs. Dies ist nur dann unschädlich, wenn sie um des gemeinnützigen Zwecks Willen erfolgt. Wird die wirtschaftliche Betätigung dagegen zum Selbstzweck und tritt sie infolgedessen neben die Verfolgung des gemeinnützigen Zwecks, so stellt dies einen Verstoß gegen das Ausschließlichkeitsgebot des § 56 AO dar.[124]

3. Unmittelbarkeit (§ 57 AO)

Eine Körperschaft verfolgt nach § 57 Abs. 1 S. 1 AO unmittelbar ihre steuerbegünstigten satzungsmäßigen Zwecke, wenn sie diese selbst, also durch ihre Organe, verwirklicht.[125] Die Norm enthält darüber hinaus vier den Unmittelbarkeitsgrundsatz erweiternde Zurechnungstatbestände:[126] § 57 Abs. 1 S. 2 AO regelt zunächst die Zurechnung des Wirkens von Hilfspersonen.[127] Dieser Zurechnungstatbestand wird bei der Untersuchung von Verstößen der tatsächlichen Geschäftsführung gegen die Vorschriften des Gemeinnützigkeitsrechts besonders virulent.[128] Denn: Sollte eine Tätigkeit erfolgreich i. S. d. Hilfspersonenregelung delegiert worden sein,[129] ist sowohl ein zweckförderndes als auch ein gemeinnützigkeitsschädliches Handeln wie eigenes Wirken der Körperschaft anzusehen.[130] Ferner bewirkt § 57 Abs. 2 AO, dass einem Dach- oder Spitzenverband die operative

---

[123] Dazu später ausführlich unter 3. Kapitel D. III. 1.

[124] BFH v. 04.04.2007 – I R 76/05, BStBl II 2007, 631 (634) = BFHE 217, 1.

[125] *Gersch*, in: Klein, AO, § 57 Rn. 2; *Unger*, in: Gosch, AO/FGO, § 57 AO Rn. 1 f.

[126] *Unger*, in: Gosch, AO/FGO, § 57 AO Rn. 1, 5; ebenfalls eine Ergänzung des Unmittelbarkeitsgrundsatzes annehmend *Hakert*, in: Winheller/Geibel/Jachmann-Michel, Gesamtes Gemeinnützigkeitsrecht, § 57 AO Rn. 23; a. A. BFH v. 07.03.2007 – I R 90/04, BStBl II 2007, 628 (630 f.) = BFHE 217, 413: Es handele sich bei § 57 Abs. 1 S. 2 AO um eine Durchbrechung des Unmittelbarkeitserfordernisses.

[127] BFH v. 24.03.2021 – V R 35/18, BStBl II 2021, 657 (Rn. 38) = BFHE 272, 456 (Einsatz angestellter Mitarbeiter als Hilfspersonen); *Eisolt*, DStR 2020, 1417 (1419); *Gersch*, in: Klein, AO, § 57 Rn. 6 f.; *Hüttemann*, in: Hüttemann, Gemeinnützigkeitsrecht und Spendenrecht, Rn. 4.49 ff.; *Seer*, in: Tipke/Kruse, AO/FGO, § 57 AO Rn. 4 f.

[128] Zum Zurechnungstatbestand des § 57 Abs. 1 S. 2 AO ausführlich im 3. Kapitel C. II. 2.

[129] *Holland*, DStR 2010, 2057 (2058); zu den umstrittenen Voraussetzungen des § 57 Abs. 1 S. 2 AO später unter 3. Kapitel C. II. 2.

[130] BFH v. 23.10.1991 – I R 19/91, BStBl II 1992, 62 (63 f.) = BFHE 165, 484 zur Verwirklichung der Zwecke durch die für die Körperschaft handelnden Mitglieder;

Tätigkeit der Mitgliedskörperschaften zugerechnet wird.[131] § 57 Abs. 3 AO bestimmt anschließend die gegenseitige Zurechnung von Beiträgen zur Zweckverwirklichung bei planmäßig zusammenagierenden Körperschaften.[132] Abschließend ordnet § 57 Abs. 4 AO für Holdingkörperschaften an, dass ihnen die Tätigkeit ihrer Tochterkörperschaften zugerechnet wird.[133] Der Grundsatz der Unmittelbarkeit betrifft somit die Zurechnung eines bestimmten Erfolgs zu einem Tätigwerden der Körperschaft. Nach diesem Verständnis i. S. e. persönlichen Unmittelbarkeit ist also nicht die erfolgreiche, sondern die eigene Zweckerfüllung maßgeblich.[134] Keine Frage des § 57 AO ist dagegen, ob diese (eigenen) Maßnahmen geeignet sind, den satzungsmäßigen Zweck zu verwirklichen. Diese missverständlich als „sachliche Unmittelbarkeit" betitelte Voraussetzung ist Teil der Prüfung der §§ 52 bis 54 AO.[135]

4. Steuerlich unschädliche Betätigungen (§ 58 AO)

§ 58 AO statuiert Ausnahmen von den Grundsätzen der Selbstlosigkeit, Ausschließlichkeit und Unmittelbarkeit. Diese steuerlich unschädlichen Betätigungen sind in zwei Gruppen unterteilt: Zum einen umfassen sie als

---

Hüttemann, in: Hüttemann, Gemeinnützigkeitsrecht und Spendenrecht, Rn. 4.56; *Musil*, in: Hübschmann/Hepp/Spitaler, AO/FGO, § 57 AO Rn. 13.

131 BFH v. 15.10.1997 – II R 94/94, BFH/NV 1998, 150 (152) = DStRE 1997, 1014; *Birk/Desens/Tappe*, Steuerrecht, Rn. 352; *Hüttemann*, in: Hüttemann, Gemeinnützigkeitsrecht und Spendenrecht, Rn. 4.65 ff.; *Wallenhorst*, in: Wallenhorst/Halaczinsky, C Rn. 53.

132 FG Hamburg v. 26.09.2023 – 5 K 11/23, juris (Rn. 45 ff.) = BeckRS 2023, 31187; *Exner*, npoR 2022, 77 (80 f.); *Hüttemann*, DB 2021, 72 (74 ff.); *Kirchhain*, npoR 2021, 235 (236 ff.); *Seer*, in: Tipke/Kruse, AO/FGO, § 57 AO Rn. 9 ff.

133 *Exner*, npoR 2022, 77 (81 f.); *Hüttemann*, DB 2021, 72 (76 f.); *Schunk*, DStR 2022, 176 (181 f.); *Seer*, in: Tipke/Kruse, AO/FGO, § 57 AO Rn. 16 ff.

134 § 57 AO ist also eine Zurechnungsnorm, vgl. FG Münster v. 19.02.2018 – 13 K 3313/15 F, EFG 2018, 897 (Rn. 47) = BeckRS 2018, 4611; *Hüttemann*, in: Hüttemann, Gemeinnützigkeitsrecht und Spendenrecht, Rn. 4.38; *Hüttemann/Schauhoff*, FR 2007, 1133 (1134); *Schunk*, DStR 2014, 934 (935); *Schunk*, npoR 2016, 53 (56); *Schunk*, DStR 2022, 176 (177); *Seer*, in: Tipke/Kruse, AO/FGO, § 57 AO Rn. 1; *Unger*, in: Gosch, AO/FGO, § 57 AO Rn. 3.

135 Anschaulich dazu *Schunk*, DStR 2014, 934 (935); zurecht kritisch gegenüber der Rechtsprechung des BFH *Hüttemann*, in: Hüttemann, Gemeinnützigkeitsrecht und Spendenrecht, Rn. 4.40 ff. unter Bezugnahme auf BFH v. 21.08.1974 – I R 81/73, BStBl II 1975, 121 = BFHE 114, 100 sowie BFH v. 07.03.2007 – I R 90/04, BStBl II 2007, 628 = BFHE 217, 413; *Hüttemann/Schauhoff*, FR 2007, 1133 (1135); *Unger*, in: Gosch, AO/FGO, § 57 AO Rn. 9.

Ausnahmen vom Unmittelbarkeitsprinzip (§ 57 AO) die Überlassung von Mitteln, Personal und Räumen an andere gemeinnützige Körperschaften oder juristische Personen des öffentlichen Rechts (Nr. 1–5) sowie die Vergabe von Zuschüssen an nicht steuerbegünstigte Wirtschaftsunternehmen zur Erfüllung eigener steuerbegünstigter Zwecke (Nr. 9). Zum anderen enthalten die Nr. 6 bis 8 und 10 mit der Verwendung von Mitteln für nicht steuerbegünstigte Zwecke durch die gemeinnützige Körperschaft Ausnahmen von den Grundsätzen der Selbstlosigkeit (§ 55 AO) bzw. der Ausschließlichkeit (§ 56 AO).[136]

IV. Formelle Satzungsmäßigkeit (§§ 59–61 AO)

§ 59 Hs. 1 AO bestimmt, dass sich aus der Satzung, dem Stiftungsgeschäft oder der sonstigen Verfassung ergeben muss, welchen Zweck die Körperschaft verfolgt, dass dieser Zweck den Anforderungen der §§ 52 bis 55 AO entspricht und dass er ausschließlich (§ 56 AO) und unmittelbar (§ 57 AO) verfolgt wird. Die materiellrechtlichen Voraussetzungen der Gemeinnützigkeit müssen sich also aus der Satzung ergeben (satzungsmäßige Gemeinnützigkeit).[137] Dabei müssen die Satzungszwecke und die Art ihrer Verwirklichung nach § 60 Abs. 1 S. 1 AO so genau bestimmt sein, dass auf Grund der Satzung geprüft werden kann, ob die Voraussetzungen für eine Steuervergünstigung gegeben sind (formelle Satzungsmäßigkeit).[138]

Diese formellen Voraussetzungen spielen innerhalb des Gemeinnützigkeitsregimes aus mehreren Gründen eine bedeutende Rolle. Zunächst geht mit der satzungsmäßigen Verankerung eine wirksamere Verpflichtung der handelnden Organe auf Einhaltung der materiellen Gemeinnützigkeitsvoraussetzungen einher. Verstöße haben neben steuerrechtlichen dadurch

---

136 *Seer*, in: Tipke/Kruse, AO/FGO, § 58 AO Rn. 1; zur Neustrukturierung des § 58 AO im Rahmen des JStG 2020: *Bott*, BB 2021, 414 (418 ff.); *Hüttemann*, DB 2021, 72 (77 ff.); *Kirchhain*, DStR 2021, 129 (131 ff.); *Musil*, in: Hübschmann/Hepp/Spitaler, AO/FGO, § 58 AO Rn. 29 ff.

137 *Hüttemann*, in: Hüttemann, Gemeinnützigkeitsrecht und Spendenrecht, Rn. 4.180; *Jachmann/Unger*, in: Gosch, AO/FGO, § 59 AO Rn. 1.

138 BFH v. 13.12.1978 – I R 39/78, BStBl II 1979, 482 (484) = BFHE 127, 330; BFH v. 26.02.1992 – I R 47/89, BFH/NV 1992, 695 (696) = BeckRS 1992, 7283; *Gersch*, in: Klein, AO, § 60 Rn. 3; *Koenig*, in: Koenig, AO, § 59 Rn. 4, § 60 Rn. 2; *Wallenhorst*, in: Wallenhorst/Halaczinsky, C Rn. 167.

nämlich auch zivil- sowie gesellschaftsrechtliche Folgen.[139] Insbesondere zivilrechtliche Sanktionen gegen die Organe eignen sich zur Vorbeugung von Missbrauch und gewährleisten auf diese Weise den Nutzen der steuerlichen Förderung gemeinnütziger Körperschaften.[140] Sollte es des Einsatzes dieser zivil- und gesellschaftsrechtlichen Mittel in Ermangelung von Verstößen seitens der Organe gar nicht bedürfen, wird dies häufig darauf zurückzuführen sein, dass diese bereits bei Schaffung der Satzung in Bezug auf die strengen Voraussetzungen der Gemeinnützigkeit sensibilisiert wurden.[141] Die satzungsmäßige Gemeinnützigkeit verbessert somit die Corporate Governance gemeinnütziger Körperschaften.[142]

Die formelle Satzungsmäßigkeit fungiert zudem als Buchnachweis der Steuervergünstigung.[143] Denn die zuständige Finanzbehörde erteilt bereits den Feststellungsbescheid nach § 60a AO über die Anerkennung der Gemeinnützigkeit, welche für den Spendenabzug notwendig ist, auf Grundlage einer Satzungsprüfung.[144] Aber auch im späteren Veranlagungsverfahren bildet die Satzung die Grundlage für die Prüfung der Voraussetzungen der Steuervergünstigung.[145]

---

139 Zu den zivilrechtlichen Haftungsfolgen für Leitungsorganmitglieder ausführlich unter 5. Kapitel B.

140 *Hüttemann*, in: Hüttemann, Gemeinnützigkeitsrecht und Spendenrecht, Rn. 4.181; *Jachmann/Unger*, in: Gosch, AO/FGO, § 59 AO Rn. 3; *Musil*, in: Hübschmann/Hepp/Spitaler, AO/FGO, § 59 AO Rn. 3; *von Holt*, in: Winheller/Geibel/Jachmann-Michel, Gesamtes Gemeinnützigkeitsrecht, § 59 AO Rn. 3.

141 *Seer*, in: Tipke/Kruse, AO/FGO, § 59 AO Rn. 1; *von Holt*, in: Winheller/Geibel/Jachmann-Michel, Gesamtes Gemeinnützigkeitsrecht, § 59 AO Rn. 3.

142 *Hüttemann*, in: Hüttemann, Gemeinnützigkeitsrecht und Spendenrecht, Rn. 4.181; *Jachmann/Unger*, in: Gosch, AO/FGO, § 59 AO Rn. 3; *Seer*, in: Tipke/Kruse, AO/FGO, § 59 AO Rn. 1; *Musil*, in: Hübschmann/Hepp/Spitaler, AO/FGO, § 59 AO Rn. 3; zur Stärkung der Corporate Governance *von Hippel/Walz*, in: Walz/von Auer/von Hippel, 2007, 215 (276 f.).

143 BFH v. 26.02.1992 – I R 47/89, BFH/NV 1992, 695 (696) = BeckRS 1992, 7283; BFH v. 13.08.1997 – I R 19/96, BStBl II 1997, 794 (795) = BFHE 183, 371; BFH v. 18.03.2004 – V R 101/01, BStBl II 2004, 798 (801) = BFHE 205, 342; *Hüttemann*, in: Hüttemann, Gemeinnützigkeitsrecht und Spendenrecht, Rn. 4.181; *Kraus*, in: Schauhoff/Kirchhain, Handbuch der Gemeinnützigkeit, § 6 Rn. 96a; *Wallenhorst*, in: Wallenhorst/Halaczinsky, C Rn. 167.

144 *Hüttemann*, in: Hüttemann, Gemeinnützigkeitsrecht und Spendenrecht, Rn. 4.181; *Jachmann/Unger*, in: Gosch, AO/FGO, § 59 AO Rn. 3.

145 *Jachmann/Unger*, in: Gosch, AO/FGO, § 59 AO Rn. 3; *Seer*, in: Tipke/Kruse, AO/FGO, § 59 AO Rn. 1.

Darüber hinaus liefert die Satzung ein detailreiches Bild über die konkreten Ziele der Körperschaft, welches für Dritte von Interesse sein kann.[146] So entscheiden sich etwa hinsichtlich der konkreten gemeinnützigen Empfängerorganisation unschlüssige Spender aufgrund der Satzung für eine bestimmte Körperschaft.[147] Möglicherweise führt eine besonders ansprechende Ausgestaltung der Zweckumsetzung einer Körperschaft überhaupt erst zur Spendenbereitschaft von interessierten Dritten. Dies ist zum einen denkbar, wenn die Zweckerreichung durch besonderen Einfallsreichtum und Kreativität geprägt ist. Denkbar ist zum anderen, dass der potenzielle Spender etwas Besonderes mit dem konkreten Anliegen der Körperschaft verbindet oder sich damit identifizieren kann.

In zeitlicher Hinsicht ist des Weiteren die Regelung des § 60 Abs. 2 AO zu beachten, wonach die Satzung den genannten Erfordernissen bei der Körperschaft- und Gewerbesteuer während des gesamten Veranlagungs- oder Erhebungszeitraums und bei allen anderen Steuern im Zeitpunkt der Entstehung entsprechen muss.[148]

Einen weiteren notwendigen Satzungsbestandteil stellt die Vermögensbindung nach § 61 Abs. 1 AO dar, wonach sich die aus der Selbstlosigkeit (§ 55 AO) folgende Vermögensbindung (§ 55 Abs. 1 Nr. 4 AO) im Falle der Auflösung der Körperschaft genau aus der Satzung ergeben muss.[149]

V. Tatsächliche Geschäftsführung (§ 63 AO)

1. Materielle Satzungsmäßigkeit

§ 63 Abs. 1 AO ordnet an, dass die Körperschaft die satzungsmäßigen steuerbegünstigten Zwecke tatsächlich verfolgen muss (materielle Satzungsmäßigkeit).[150] Die Norm koppelt somit die Satzung mit der tatsächlichen

---

146 Zutr. *Schunk*, DStR 2017, 1748 (1749); *Seer*, in: Tipke/Kruse, AO/FGO, § 60 AO Rn. 1.

147 *Schunk*, DStR 2017, 1748 (1749).

148 *Hüttemann*, in: Hüttemann, Gemeinnützigkeitsrecht und Spendenrecht, Rn. 4.183; *Seer*, in: Tipke/Kruse, AO/FGO, § 60 AO Rn. 7; *Unger*, in: Gosch, AO/FGO, § 60 AO Rn. 28.

149 BFH v. 26.08.2021 – V R 11/20, BStBl II 2022, 202 (Rn. 17) = BFHE 273, 415; *Gersch*, in: Klein, AO, § 61 Rn. 1; *Seer*, in: Tipke/Kruse, AO/FGO, § 61 AO Rn. 1.

150 BFH v. 23.07.2003 – I R 29/02, BStBl II 2003, 930 (931) = BFHE 203, 251; *Seer*, in: Tipke/Kruse, AO/FGO, § 63 AO Rn. 1; *Unger*, in: Gosch, AO/FGO, § 63 AO Rn. 1.

Geschäftsführung, sodass im Falle einer Satzungsänderung auch die Geschäftsführung entsprechend zu ändern ist und umgekehrt.[151]

Durch den Verweis in § 63 Abs. 2 AO auf die Vorschrift des § 60 Abs. 2 AO muss auch die tatsächliche Geschäftsführung während des ganzen Veranlagungszeitraums (Körperschaft- und Gewerbesteuer) bzw. im Zeitpunkt der Steuerentstehung (andere Steuern) den satzungsmäßigen Anforderungen entsprechen.[152]

Zudem hat die Körperschaft nach § 63 Abs. 3 AO durch ordnungsgemäße Aufzeichnung über ihre Einnahmen und Ausgaben selbst den Nachweis zu führen, dass die tatsächliche Geschäftsführung den Vorgaben der Satzung entspricht.[153]

2. Zurechnung zur tatsächlichen Geschäftsführung

Im Rahmen der tatsächlichen Geschäftsführung stellt sich die Frage, welche Handlungen der Körperschaft zugerechnet werden können. Nur solche zurechenbaren Handlungen sind für die Feststellung, ob die Geschäftsführung den satzungsmäßigen Bestimmungen entspricht, relevant.[154] Mangels eigenverantwortlicher Handlungsmöglichkeiten der Körperschaften bedarf es eines Zurechnungsregimes, welches auf die tatsächlich handelnden

---

[151] § 63 Abs. 1 AO knüpft damit an den Grundsatz satzungsmäßiger Gemeinnützigkeit (§ 59 Hs. 1 AO) an, *Buchna/Leichinger/Seeger/Brox*, Gemeinnützigkeit im Steuerrecht, § 63 AO Rn. 282; *Hüttemann*, in: Hüttemann, Gemeinnützigkeitsrecht und Spendenrecht, Rn. 4.218; *Seer*, in: Tipke/Kruse, AO/FGO, § 63 AO Rn. 1; *Unger*, in: Gosch, AO/FGO, § 63 AO Rn. 2, 8.

[152] BFH v. 23.07.2003 – I R 29/02, BStBl II 2003, 930 (931) = BFHE 203, 251; *Buchna/Leichinger/Seeger/Brox*, Gemeinnützigkeit im Steuerrecht, § 63 AO Rn. 288; *Hüttemann*, in: Hüttemann, Gemeinnützigkeitsrecht und Spendenrecht, Rn. 4.220; *Krüger*, in: Schwarz/Pahlke/Keß, AO/FGO, § 63 AO Rn. 3.

[153] BFH v. 23.07.2003 – I R 29/02, BStBl II 2003, 930 (931) = BFHE 203, 251; *Buchna/Leichinger/Seeger/Brox*, Gemeinnützigkeit im Steuerrecht, § 63 AO Rn. 296; *Hüttemann*, in: Hüttemann, Gemeinnützigkeitsrecht und Spendenrecht, Rn. 4.219; *Jachmann-Michel/Liebl*, BB 2022, 599 (601); *Krüger*, in: Schwarz/Pahlke/Keß, AO/FGO, § 63 AO Rn. 3.

[154] *Buchna/Leichinger/Seeger/Brox*, Gemeinnützigkeit im Steuerrecht, § 63 AO Rn. 283; *Hüttemann*, in: Hüttemann, Gemeinnützigkeitsrecht und Spendenrecht, Rn. 4.221; *Seer*, in: Tipke/Kruse, AO/FGO, § 63 AO Rn. 5; *Unger*, in: Gosch, AO/FGO, § 63 AO Rn. 29.

natürlichen Personen abstellt.[155] Die Entwicklung eines solchen steuerrechtlichen Zurechnungsregimes erfolgt im 3. Kapitel dieser Arbeit.[156]

VI. Wirtschaftliche Betätigung (§§ 64–68 AO)

Die §§ 64 bis 68 AO sind zwar kein Bestandteil des Prüfungsschemas der Gemeinnützigkeit, da sie gemäß § 64 Abs. 1 AO nur Anwendung finden, wenn das Gesetz die Steuervergünstigung insoweit ausschließt, als ein wirtschaftlicher Geschäftsbetrieb unterhalten wird.[157] Dennoch stellen sie die Schlussvorschriften des Allgemeinen Teils des Gemeinnützigkeitsrechts dar.[158] Die Einzelsteuergesetze (i. V. m. § 64 Abs. 1 AO) führen nicht zum Verlust des steuervergünstigten Status der Körperschaft, sondern begründen eine partielle Steuerpflicht für die wirtschaftlichen Betätigungen.[159] Wirtschaftliche Betätigungen sind in drei Gruppen untergliedert: Es gibt zunächst die steuerpflichtigen wirtschaftlichen Geschäftsbetriebe (§ 14 S. 1 AO), also alle selbständigen nachhaltigen Tätigkeiten, durch die Einnahmen oder andere wirtschaftliche Vorteile erzielt werden.[160] All diese Merkmale einer wirtschaftlichen Betätigung weist auch die Vermögensverwaltung auf; sie ist jedoch aufgrund des negativen Merkmals „[...] die über den Rahmen einer Vermögensverwaltung hinausgeht [...]“ von der partiellen Steuerpflicht ausgenommen.[161] Zuletzt lassen sich auch die Zweckbetriebe unter die Definition

[155] *Hüttemann*, in: Hüttemann, Gemeinnützigkeitsrecht und Spendenrecht, Rn. 4.221; *Kampermann*, Organvergütung, S. 208 f.

[156] 3. Kapitel C.

[157] Vgl. *Jachmann/Unger*, in: Gosch, AO/FGO, § 51 AO Rn. 10.

[158] *Hüttemann*, in: Hüttemann, Gemeinnützigkeitsrecht und Spendenrecht, Rn. 1.2; *Seer*, in: Tipke/Kruse, AO/FGO, Vor §§ 51–68 AO Rn. 1.

[159] BFH v. 21.08.1985 – I R 208/81, BFH/NV 1987, 397 (397) = BeckRS 1985, 5070; *Bott*, in: Schauhoff/Kirchhain, Handbuch der Gemeinnützigkeit, § 8 Rn. 35 ff.; *Hüttemann*, in: Hüttemann, Gemeinnützigkeitsrecht und Spendenrecht, Rn. 6.65; *Hüttemann*, Wirtschaftliche Betätigung, S. 41; *Seer*, in: Tipke/Kruse, AO/FGO, § 64 AO Rn. 1.

[160] BFH v. 27.03.1991 – I R 31/89, BStBl II 1992, 103 (104) = BFHE 164, 508; ausführlich zu den Voraussetzungen des § 14 AO *Fischer*, in: Hübschmann/Hepp/Spitaler, AO/FGO, § 14 AO Rn. 49 ff.; *Hüttemann*, in: Hüttemann, Gemeinnützigkeitsrecht und Spendenrecht, Rn. 6.100 ff.; *Schober*, in: Gosch, AO/FGO, § 14 AO Rn. 30 ff.

[161] *Fischer*, in: Hübschmann/Hepp/Spitaler, AO/FGO, § 14 AO Rn. 68; *Hüttemann*, in: Hüttemann, Gemeinnützigkeitsrecht und Spendenrecht, Rn. 6.120; *Krömker*, in: Lippross/Seibel, Basiskommentar Steuerrecht, AO, § 14 Rn. 15; *Seer*, in: Tipke/Kruse, AO/FGO, § 14 AO Rn. 11.

des wirtschaftlichen Geschäftsbetriebs (§ 14 S. 1 AO) subsumieren. Da sie aber der direkten Verwirklichung der anders nicht erreichbaren Satzungszwecke dienen, unterliegen die Zweckbetriebe nach § 64 Abs. 1 i. V. m. §§ 65 bis 68 AO nicht der partiellen Steuerpflicht.[162]

Aus einer Zusammenführung dieser Tätigkeiten hat sich das „Vier-Sphären-Modell“ entwickelt, in welchem sich alle Aktivitäten und die dazugehörigen Einnahmen einer gemeinnützigen Körperschaft darstellen lassen.[163] Der ideellen Sphäre sind vor allem Mitgliedsbeiträge, Zuschüsse sowie Spenden zuzuordnen.[164] Zu dem wirtschaftlichen Geschäftsbetrieb gehören beispielsweise Gewinne aus Verkäufen von Fanartikeln oder Beteiligungsgewinne.[165] Zinserträge, Miet- und Pachteinnahmen sowie Dividenden aus Beteiligungen an Kapitalgesellschaften sind Teil der Vermögensverwaltung.[166] Überschüsse aus Zweckverwirklichungstätigkeiten, die gegen Entgelt angeboten werden (beispielsweise Konzerte), gehören zum Zweckbetrieb.[167]

---

162 BFH v. 13.08.1986 – II R 246/81, BStBl II 1986, 831 (831 f.) = BFHE 147, 299; anschaulich zu dem Grundgedanken der Vorschrift *Fischer*, in: Hübschmann/Hepp/Spitaler, AO/FGO, § 65 AO Rn. 31 ff.; *Hüttemann*, in: Hüttemann, Gemeinnützigkeitsrecht und Spendenrecht, Rn. 6.2; *Niewerth*, in: Lippross/Seibel, Basiskommentar Steuerrecht, AO, § 65 Rn. 1; *Seer*, in: Tipke/Kruse, AO/FGO, § 64 AO Rn. 4.

163 Dazu *Bott*, in: Schauhoff/Kirchhain, Handbuch der Gemeinnützigkeit, § 8 Rn. 37; *Helm/Haaf*, in: Beck'sches Handbuch der GmbH, § 24 Rn. 4; *Kümpel*, in: Rödder/Herlinghaus/Neumann, KStG, § 5 Rn. 156; *Neudert/Waldner*, in: Der eingetragene Verein, Rn. 489.

164 *Helm/Haaf*, in: Beck'sches Handbuch der GmbH, § 24 Rn. 4; *Märtens*, in: Gosch, KStG, § 5 Rn. 232; *Neudert/Waldner*, in: Der eingetragene Verein, Rn. 491.

165 *Hüttemann*, in: Hüttemann, Gemeinnützigkeitsrecht und Spendenrecht, Rn. 6.3; eine Aufzählung verschiedener wirtschaftlicher Geschäftsbetriebe befindet sich bei *Buchna/Leichinger/Seeger/Brox*, Gemeinnützigkeit im Steuerrecht, § 64 AO Rn. 22 ff., 45 und *von Maydell*, in: Winheller/Geibel/Jachmann-Michel, Gesamtes Gemeinnützigkeitsrecht, § 64 AO Rn. 84.

166 BFH v. 23.10.1991 – I R 19/91, BStBl II 1992, 62 (63) = BFHE 165, 484 zur Betriebsverpachtung; *Buchna/Leichinger/Seeger/Brox*, Gemeinnützigkeit im Steuerrecht, § 64 AO Rn. 11 ff.; *Helm/Haaf*, in: Beck'sches Handbuch der GmbH, § 24 Rn. 4; *Märtens*, in: Gosch, KStG, § 5 Rn. 234; *Neudert/Waldner*, in: Der eingetragene Verein, Rn. 500.

167 *Hüttemann*, in: Hüttemann, Gemeinnützigkeitsrecht und Spendenrecht, Rn. 6.3; beispielhafte Aufzählung einzelner Zweckbetriebe bei *Buchna/Leichinger/Seeger/Brox*, Gemeinnützigkeit im Steuerrecht, § 65 AO Rn. 74 sowie bei *Droege*, in: Winheller/Geibel/Jachmann-Michel, Gesamtes Gemeinnützigkeitsrecht, § 65 AO Rn. 31.

B. Besonderer Teil des Gemeinnützigkeitsrechts

Der Besondere Teil des Gemeinnützigkeitsrechts, welcher sich aus den unterschiedlichen Steuerbefreiungen für gemeinnützige Körperschaften zusammensetzt, ist in den verschiedenen Einzelsteuergesetzen normiert.[168]

I. Körperschaftsteuer

Gemäß § 5 Abs. 1 Nr. 9 S. 1 KStG sind gemeinnützige Körperschaften persönlich von der Körperschaftsteuer befreit. Dies gilt nach § 5 Abs. 2 Nr. 2 KStG jedoch nur für unbeschränkt steuerpflichtige Körperschaften oder in der Europäischen Union bzw. im europäischen Wirtschaftsraum ansässige beschränkt steuerpflichtige Körperschaften.[169] Zudem ist die Steuerbefreiung nach § 5 Abs. 1 Nr. 9 S. 2 AO insoweit ausgeschlossen, als ein wirtschaftlicher Geschäftsbetrieb unterhalten wird.[170] Praktisch wird die Steuerbefreiung somit vor allem bei Einkünften aus Vermögensverwaltung sowie aus steuerbegünstigten Zweckbetrieben bedeutsam. Denn die Einnahmen, welche der ideellen Sphäre zuzuordnen sind, unterliegen mangels Steuerbarkeit der Einkünfte (§ 8 Abs. 1 KStG i. V. m. § 2 Abs. 1 EStG) ohnehin nicht der Körperschaftsteuer.[171]

II. Gewerbesteuer

Ferner befreit § 3 Nr. 6 S. 1 GewStG gemeinnützige Körperschaften von der Gewerbesteuer. Dies gilt wiederum insoweit nicht, als ein wirtschaftlicher Geschäftsbetrieb unterhalten wird (§ 3 Nr. 6 S. 2 GewStG).[172]

III. Erbschaft- und Schenkungsteuer

Zuwendungen an gemeinnützige Körperschaften sind nach § 13 Abs. 1 Nr. 16 lit. b ErbStG von der Erbschaft- und Schenkungsteuer befreit.[173] Da

---

[168] *Hüttemann*, in: Hüttemann, Gemeinnützigkeitsrecht und Spendenrecht, Rn. 1.26.

[169] BFH v. 15.09.2010 – X R 33/08, BStBl II 2011, 637 (Rn. 17) = BFHE 231, 108; *Bott*, in: Bott/Walter, KStG, § 5 Rn. 360; *Bott*, in: Schauhoff/Kirchhain, Handbuch der Gemeinnützigkeit, § 8 Rn. 12; *Kruschke*, in: Herrmann/Heuer/Raupach, EStG/KStG, § 5 KStG Rn. 162; *Kümpel*, in: Rödder/Herlinghaus/Neumann, KStG, § 5 Rn. 157.

[170] BFH v. 24.01.1990 – I R 33/86, BStBl II 1990, 470 (470) = BFHE 159, 467; *Boochs*, in: Lademann, KStG, § 5 Rn. 117/1; *Bott*, in: Bott/Walter, KStG, § 5 Rn. 360; zur partiellen Steuerpflicht im Rahmen eines wirtschaftlichen Geschäftsbetriebs bereits unter 2. Kapitel A. VI.

[171] *Bott*, in: Schauhoff/Kirchhain, Handbuch der Gemeinnützigkeit, § 8 Rn. 37; *Hüttemann*, in: Hüttemann, Gemeinnützigkeitsrecht und Spendenrecht, Rn. 1.29.

[172] *Erdbrügger*, in: Wendt/Suchanek/Möllmann/Heinemann, GewStG, § 3 Nr. 6 Rn. 1 ff.

[173] Dazu *Curdt*, in: Kapp/Ebeling, ErbStG, § 13 Rn. 144.

Spenden und Zuwendungen von Todes wegen der Steuerklasse III unterfallen würden (Steuersatz bis zu 50 %, vgl. § 19 Abs. 1 ErbStG), ist die Befreiung in der Praxis von enormer Bedeutung.[174]

IV. Grundsteuer

Die Befreiung von der Grundsteuer ist in § 3 Abs. 1 Nr. 3 lit. b GrStG normiert.[175] Grundbesitz, dessen Nutzung im Rahmen eines wirtschaftlichen Geschäftsbetriebs erfolgt, ist jedoch von der Befreiung ausgenommen.[176]

V. Umsatzsteuer

Es existiert keine allgemeine Befreiung von der Umsatzsteuerpflicht für gemeinnützige Körperschaften.[177] Jedoch beträgt der Steuersatz für Lieferungen und Leistungen solcher Organisationen nach § 12 Abs. 2 Nr. 8 lit. a S. 1 UStG 7 % (ermäßigter Umsatzsteuersatz). Ausgeschlossen sind wiederum solche Lieferungen und Leistungen, die im Rahmen eines wirtschaftlichen Geschäftsbetriebs stattfinden, § 12 Abs. 2 Nr. 8 lit. a S. 3 UStG. Daneben enthält § 4 UStG einen an vielen Stellen mit den Tätigkeiten gemeinnütziger Körperschaften kongruierenden Befreiungskatalog, sodass beispielsweise Krankenhausbehandlungen (§ 4 Nr. 14 lit. b UStG),[178] der Betrieb von Pflegeeinrichtungen (§ 4 Nr. 16 UStG),[179] kulturelle Einrichtungen wie Theater oder Museen (§ 4 Nr. 20 UStG)[180] oder auch private Schulen und

---

[174] *Hüttemann*, in: Hüttemann, Gemeinnützigkeitsrecht und Spendenrecht, Rn. 1.33.

[175] Dazu ausführlich *Knittel*, in: Stenger/Loose, Bewertungsrecht – BewG/ErbstG/GrStG, § 3 GrStG Rn. 221 ff.; *Kühnold*, in: Lippross/Seibel, Basiskommentar Steuerrecht, GrStG, § 3 Rn. 19 ff.

[176] Abschn. 12 Abs. 6 Nr. 2 GrStR; *Hüttemann*, in: Hüttemann, Gemeinnützigkeitsrecht und Spendenrecht, Rn. 1.35.

[177] *Erdbrügger*, in: Schauhoff/Kirchhain, Handbuch der Gemeinnützigkeit, § 13 Rn. 3.

[178] *Erdbrügger*, in: Schauhoff/Kirchhain, Handbuch der Gemeinnützigkeit, § 13 Rn. 215 ff.; *Heidner*, in: Bunjes, UStG, § 4 Nr. 14 Rn. 57 ff.; *Hölzer*, in: Rau/Dürrwächter, UStG, § 4 Nr. 14 Rn. 521 ff; *Wüst*, in: Wäger, UStG, § 4 Nr. 14 Rn. 165 ff.

[179] *Erdbrügger*, in: Schauhoff/Kirchhain, Handbuch der Gemeinnützigkeit, § 13 Rn. 228 ff.; *Heidner*, in: Bunjes, UStG, § 4 Nr. 16 Rn. 1; *Weber*, in: Reiß/Kraeusel/Langer, UStG, § 4 Nr. 16 Rn. 21 ff.

[180] *Frye*, in: Rau/Dürrwächter, UStG, § 4 Nr. 20 Rn. 1 ff.; *Janzen*, in: Lippross/Seibel, Basiskommentar Steuerrecht, UStG, § 4 Nr. 20 Rn. 15 ff.; *Stadie*, in: Stadie, UStG, § 4 Nr. 20 Rn. 1 ff.; näher zu Theaterumsätzen BVerwG v. 31.07.2008 – 9 B 80/07, NJW 2009, 793 (793 f.); *Kossack*, in: Offerhaus/Söhn/Lange, UStG, § 4 Nr. 20 Rn. 11 ff.; *Moldan*, in: Wäger, UStG, § 4 Nr. 20 Rn. 19 ff.; zu Museen VG Frankfurt v. 27.06.2012 – 6 K

Bildungseinrichtungen (§ 4 Nr. 21 lit. a UStG)[181] sachlich von der Umsatzsteuer befreit sind.[182]

C. Spendenrecht

Da die direkten Steuervergünstigungen wegen Gemeinnützigkeit den Körperschaften vorbehalten sind, stellt sich die Frage nach einem Pendant für steuerliche Anreize auf Seiten der Bürger. Das entsprechende Gegenstück ist der steuerliche Spendenabzug, nach dem Zuwendungen an gemeinnützige Körperschaften innerhalb bestimmter Grenzen von der steuerlichen Bemessungsgrundlage abgezogen werden. Der Bürger erlangt auf diese Weise einen finanziellen Vorteil in Höhe der ersparten Steuer.[183] Das Institut des Spendenabzugs ist in den Einzelsteuergesetzen in Form von Abzugstatbeständen geregelt (§ 10b Abs. 1 EStG, § 9 Abs. 1 S. 1 Nr. 2 KStG, §§ 8 Nr. 9, 9 Nr. 5 GewStG). Diese enthalten Bestimmungen zu der Art der begünstigten Zuwendung (Spenden und Mitgliedsbeiträge), den steuerbegünstigten Zwecken (alle i. S. d. §§ 52 bis 54 AO), den Zuwendungsempfängern und zu den Höchstgrenzen der Abzugsfähigkeit.[184] Die Höchstgrenze liegt bei der Einkommensteuer gemäß § 10b Abs. 1 S. 1 EStG bei 20 % des Gesamtbetrags der Einkünfte (Nr. 1) oder bei vier Promille der Summe der gesamten Umsätze und der im Kalenderjahr aufgewendeten Löhne und Gehälter (Nr. 2).[185]

2133/11.F, 6 K 2133/11, NJW 2013, 807 (807 f.); *Moldan*, in: Wäger, UStG, § 4 Nr. 20 Rn. 32 ff.

181 *Alvermann/Esteves Gomes*, in: Wäger, UStG, § 4 Nr. 21 Rn. 23 ff.; *Erdbrügger*, in: Schauhoff/Kirchhain, Handbuch der Gemeinnützigkeit, § 13 Rn. 243 ff.; *Heidner*, in: Bunjes, UStG, § 4 Nr. 21 Rn. 1 ff.; *Tehler*, in: Rau/Dürrwächter, UStG, § 4 Nr. 21 Rn. 60 ff.

182 *Hüttemann*, in: Hüttemann, Gemeinnützigkeitsrecht und Spendenrecht, Rn. 1.37.

183 Zutr. wird in diesem Zusammenhang von einer Komplementärfunktion des Spendenabzugs gesprochen, vgl. *Hüttemann*, in: Hüttemann, Gemeinnützigkeitsrecht und Spendenrecht, Rn. 8.1; *Kirchhain*, in: Schauhoff/Kirchhain, Handbuch der Gemeinnützigkeit, § 12 Rn. 1.

184 *Hüttemann*, in: Hüttemann, Gemeinnützigkeitsrecht und Spendenrecht, Rn. 8.2; *Kirchhain*, in: Schauhoff/Kirchhain, Handbuch der Gemeinnützigkeit, § 12 Rn. 7 ff.

185 Ausführlich dazu *Hüttemann*, in: Hüttemann, Gemeinnützigkeitsrecht und Spendenrecht, Rn. 8.185 f., 8.187 ff.; *Kirchhain*, in: Handbuch der Gemeinnützigkeit, § 12 Rn. 10.

Verstöße einer begünstigten Körperschaft gegen Vorschriften des Gemeinnützigkeitsrechts

A. Einführung – das Spiel der Gemeinnützigkeit

Zur Veranschaulichung möglicher Regelbrüche dient ein Vergleich mit dem Kinderspiel „Himmel und Hölle“, dessen Spielregeln sicherheitshalber zunächst kurz erläutert werden. Auf dem Boden befinden sich neun Felder, die größtenteils hintereinander aufgereiht sind. Der Spieler wirft den Stein auf eines der Felder und beginnt einbeinig loszuspringen. Er muss grundsätzlich jedes Feld einbeinig bzw. ausnahmsweise nebeneinander liegende Felder beidbeinig betreten. Nach einer halben Drehung im letzten Feld springt er wieder zurück zum Anfang und muss dabei den Wurfstein aufsammeln. Das Spiel ist bereits dann verloren, wenn der Stein beim Wurf außerhalb eines Feldes landet. Ferner können Fehler beim Sprung zu einer Niederlage führen: Man tritt auf die Umrandung der Felder, vergisst einen Sprung oder kommt aus dem Gleichgewicht und muss den Boden an einer unerlaubten Stelle mit beiden Füßen berühren. Das Spiel ist ebenfalls verloren, wenn der Spieler beim Rücklauf vergisst, den Stein mitzunehmen.[186]

Die Durchführung dieses Spiels weist zahlreiche Parallelen zum Gemeinnützigkeitsregime auf. Mit dem Steinwurf auf eines der Felder legt die Körperschaft den von ihr verfolgten Zweck satzungsmäßig fest. Natürlich muss dieser Wurf auch im Spiel der Gemeinnützigkeit in einem der

---

[186] https://www.hellofamily.ch/de/freizeit/spielen/kinderspiele-fuer-draussen/himmel-und-hoelle.html; https://de.wikipedia.org/wiki/Himmel_und_H%C3%B6lle_(H%C3%BCpfspiel) (beide zuletzt abgerufen am 20.08.2024).

Felder landen, also den §§ 52 bis 54 AO entsprechen, ansonsten kommt eine Steuervergünstigung von vornherein nicht in Betracht. Die übrigen Felder stellen sodann die weiteren, bereits skizzierten Voraussetzungen dar, wobei auch im Gemeinnützigkeitsrecht keine Zahl übersprungen werden darf. Der Weg der Zweckverwirklichung stellt dabei ebenfalls einen Balanceakt dar. Aber welche Folgen hat es, wenn die Körperschaft das Gleichgewicht verliert und infolgedessen die Linie eines Feldes übertritt – ist das Spiel auf der Stelle verloren? Oder was passiert, wenn das Springen zwischen den Feldern gewissermaßen zum Selbstzweck wird und der Stein in Vergessenheit gerät? Komplexer als das Original wird das Spiel auch dadurch, dass die Körperschaft selbst gar keine Beine hat, sondern sich durch eine Vielzahl natürlicher Personen fortbewegt. Wie sieht also ein Übertreten der Linie durch die Körperschaft aus? Dafür ist wiederum maßgeblich, welche Sprünge ihr zugerechnet werden können.

Das folgende Kapitel widmet sich nach einer kurzen Beleuchtung der Verstöße gegen die formelle Satzungsmäßigkeit (falscher Steinwurf) den Zurechnungsfragen im Rahmen der tatsächlichen Geschäftsführung, sodass klar wird, in welchen Fällen man überhaupt von einem Regelbruch der Körperschaft sprechen kann. Anschließend erfolgt eine Systematisierung der verschiedenen Verstöße durch die tatsächliche Geschäftsführung (die unzulässigen Sprünge) unter Beachtung der Folgen für das Spiel der Gemeinnützigkeit. Die Notwendigkeit einer solchen „Spielanleitung“ rührt aber nicht allein aus dem Umstand her, dass allen aktiven Körperschaften ein Balanceverlust droht. Vielmehr sollen auch diejenigen Körperschaften, welche aus Angst vor einer Niederlage gehemmt sind, ihr volles Potenzial auszuschöpfen, beim Sprung unterstützt werden.

B. Verstöße gegen die formelle Satzungsmäßigkeit

I. Gesetzliche Regelung

Ein formeller Verstoß liegt vor, wenn die Satzung der Körperschaft nicht den Anforderungen der §§ 59 bis 61 AO entspricht.[187] Gemäß § 59 Hs. 1 AO muss sich aus der Satzung ergeben, welchen Zweck die Körperschaft verfolgt,

---

[187] *Hüttemann*, in: Hüttemann, Gemeinnützigkeitsrecht und Spendenrecht, Rn. 4.207; *Jachmann/Unger*, in: Gosch, AO/FGO, § 59 AO Rn. 42.

dass dieser Zweck den Anforderungen der §§ 52 bis 55 AO entspricht und dass er ausschließlich und unmittelbar verfolgt wird. Ergänzend statuiert § 60 Abs. 1 S. 1 AO, dass die Satzungszwecke und die Art ihrer Verwirklichung so genau bestimmt sein müssen, dass aufgrund der Satzung geprüft werden kann, ob die satzungsmäßigen Voraussetzungen für Steuervergünstigungen gegeben sind.[188] Rechtsfolge eines Verstoßes ist die Nichtanerkennung der Gemeinnützigkeit, wobei das Gesetz nicht zwischen der Qualität der formellen Fehler unterscheidet.[189] Bei konsequenter Anwendung hätte dies zur Folge, dass selbst solche Verstöße, die die Finanzverwaltung aufgrund ihrer Geringwertigkeit selbst nicht erkannt hat, zum Verlust des Gemeinnützigkeitsstatus führen würden.[190]

II. Korrektur aus Billigkeitserwägungen

Die Finanzämter haben aber in gewissen Fällen die Möglichkeit, von dieser Rechtsfolge abzusehen. Eine Korrektur aus Billigkeitsgesichtspunkten (§ 227 AO) kommt insbesondere bei Verstößen, die durch ihre Geringfügigkeit gekennzeichnet sind, in Betracht.[191] Des Weiteren ist die Nichtanerkennung der Gemeinnützigkeit auch in solchen Fällen abzulehnen, in denen die Körperschaft den Verstoß nicht zu vertreten hat und sich die fehlenden Angaben mit Sicherheit anderweitig feststellen lassen.[192] Selbst wenn diese Voraussetzungen nicht vorliegen, kommt ein Billigkeitserlass seitens der Finanzverwaltung in Betracht. Dafür ist notwendig, dass die tatsächliche Geschäftsführung die Voraussetzungen des Gemeinnützigkeitsrechts erfüllt und dass der formelle Fehler korrigiert

---

188 BFH v. 18.03.2004 – V R 101/01, BStBl II 2004, 798 (801) = BFHE 205, 342; *Gersch*, in: Klein, AO, § 60 Rn. 3; *Kraus*, in: Schauhoff/Kirchhain, Handbuch der Gemeinnützigkeit, § 6 Rn. 95; *Osterkorn*, DStR 2002, 16 (17).

189 *Hüttemann*, in: Hüttemann, Gemeinnützigkeitsrecht und Spendenrecht, Rn. 4.207; *Jachmann/Unger*, in: Gosch, AO/FGO, § 59 AO Rn. 42.

190 *Hüttemann*, in: Hüttemann, Gemeinnützigkeitsrecht und Spendenrecht, Rn. 4.207; dieses Ergebnis bedarf einer Korrektur, vgl. *Kraus*, in: Schauhoff/Kirchhain, Handbuch der Gemeinnützigkeit, § 6 Rn. 98.

191 *Osterkorn*, DStR 2002, 16 (18); wohl auch *Hüttemann*, in: Hüttemann, Gemeinnützigkeitsrecht und Spendenrecht, Rn. 4.207.

192 *Jachmann/Unger*, in: Gosch, AO/FGO, § 59 AO Rn. 43; *Kraus*, in: Schauhoff/Kirchhain, Handbuch der Gemeinnützigkeit, § 6 Rn. 98; *Osterkorn*, DStR 2002, 16 (18); *Seer*, in: Tipke/Kruse, AO/FGO, § 60 AO Rn. 6.

wird.[193] Billigkeitserlasse korrigieren die starre gesetzliche Regelung somit in bestimmten Fällen.[194]

III. Unbeachtlichkeit infolge der gesonderten Feststellung der satzungsmäßigen Gemeinnützigkeit (§ 60a AO)

Die Rechtsfolge bleibt ebenfalls in Fällen aus, in denen ein Bescheid über die Feststellung der satzungsmäßigen Voraussetzungen der Gemeinnützigkeit gemäß § 60a Abs. 1 S. 1 AO ergangen ist.[195] Dabei handelt es sich um einen Feststellungsbescheid, der nach § 60a Abs. 1 S. 2 AO Bindungswirkung gegenüber den Sitzfinanzämtern der Körperschaft sowie gegenüber den Wohnsitzfinanzämtern der Spender und Mitglieder entfaltet.[196] Folglich kann eine Tätigkeit, die in der Satzung geregelt ist und in einem Feststellungsbescheid als gemeinnützig anerkannt wurde, von einer anderen Finanzbehörde nicht mehr anders eingestuft werden.[197]

IV. Sonderfall: Verstoß trotz fehlerfreier Satzung

Problematisch war seit jeher folgende Sonderkonstellation: Die Satzung der Körperschaft weist keinerlei formelle Verstöße auf und ist aus diesem Grunde gemeinnützigkeitsrechtlich nicht zu beanstanden, sodass die Feststellung der satzungsmäßigen Voraussetzungen gemäß § 60a Abs. 1 AO vorzunehmen ist.[198] Jedoch ist es offensichtlich, dass diese Satzung nur für das Feststellungsverfahren erstellt wurde und von vornherein nicht die

---

193 *Hüttemann*, in: Hüttemann, Gemeinnützigkeitsrecht und Spendenrecht, Rn. 4.207; *Jachmann/Unger*, in: Gosch, AO/FGO, § 59 AO Rn. 43; *Osterkorn*, DStR 2002, 16 (18).

194 *Hüttemann*, in: Hüttemann, Gemeinnützigkeitsrecht und Spendenrecht, Rn. 4.207; *Jachmann/Unger*, in: Gosch, AO/FGO, § 59 AO Rn. 43; *Osterkorn*, DStR 2002, 16 (18); *Seer*, in: Tipke/Kruse, AO/FGO, § 60 AO Rn. 6.

195 Dies galt auch in Fällen, in denen die Finanzbehörde der Körperschaft vor Einführung des § 60a AO Vertrauensschütz gewährte, vgl. *Hüttemann*, in: Hüttemann, Gemeinnützigkeitsrecht und Spendenrecht, Rn. 4.207 ff.; *Buchna/Leichinger/Seeger/Brox*, Gemeinnützigkeit im Steuerrecht, § 59 AO Rn. 191.

196 *Hüttemann*, in: Hüttemann, Gemeinnützigkeitsrecht und Spendenrecht, Rn. 4.209; *Schauhoff/Kirchhain*, FR 2013, 301 (305); *Unger*, in: Gosch, AO/FGO, § 60a AO Rn. 1.

197 *Hüttemann*, in: Hüttemann, Gemeinnützigkeitsrecht und Spendenrecht, Rn. 4.209; *Schauhoff/Kirchhain*, FR 2013, 301 (305).

198 *Unger*, in: Gosch, AO/FGO, § 60a AO Rn. 50.

tatsächlichen Absichten der Körperschaft widerspiegelt.[199] Da für § 60a AO lediglich der Satzungsinhalt maßgeblich war, hätte die Feststellung entweder in normativ schwer vertretbarer Weise zunächst erfolgen oder zulasten der Dogmatik abgelehnt werden müssen.[200] Die Feststellung der satzungsmäßigen Voraussetzungen (§ 60a AO) kann jedoch seit dem JStG 2020[201] auch bei einer fehlerfreien Satzung abgelehnt werden, wenn bereits Erkenntnisse vorliegen, nach denen die tatsächliche Geschäftsführung gegen die satzungsmäßigen Voraussetzungen verstößt, vgl. § 60a Abs. 6 AO.[202]

V. Bewusster Verstoß durch Satzungsänderung

Schließlich ist es noch denkbar, dass eine Körperschaft die Satzung, insbesondere die satzungsmäßige Vermögensbindung, nachträglich bewusst ändert, also aus Sicht des Gemeinnützigkeitsrechts formell fehlerhaft umgestaltet. § 61 Abs. 3 S. 1 AO sieht für diesen Fall vor, dass die Bestimmung über die Vermögensbindung als von Anfang an steuerlich nicht ausreichend gilt.[203] Dies hat wiederum die Anwendung des § 175 Abs. 1 S. 1 Nr. 2 AO mit der Maßgabe, dass Steuerbescheide erlassen, aufgehoben oder geändert werden können, die innerhalb der letzten zehn Jahre entstandene Steuern betreffen (§ 61 Abs. 3 S. 2 AO), zur Folge.[204] Hintergrund dieser Rechtsfolge ist,

---

[199] Zutreffend *Hüttemann*, DB 2014, 442 (445), der in solchen Konstellationen von einem Scheingeschäft i. S. d. § 117 BGB spricht; *Hüttemann*, DB 2015, 821 (830); *Unger*, in: Gosch, AO/FGO, § 60a AO Rn. 50 ff.

[200] *Hüttemann*, in: Hüttemann, Gemeinnützigkeitsrecht und Spendenrecht, Rn. 7.15; *Hüttemann*, DB 2014, 442 (445); *Koenig*, in: Koenig, AO, § 60a Rn. 2: Es bestünde nur dann kein Widerspruch zu der gesetzlichen Regelung, wenn die inhaltliche Bedeutung der Satzungsbestimmungen geändert worden wäre; *Unger*, in: Gosch, AO/FGO, § 60a AO Rn. 50: Nur erstere Option entsprach dem Wortlaut des § 60a Abs. 1 S. 1 AO.

[201] BGBl I 2020, 3096.

[202] *Erdbrügger*, in: BeckOK-AO, § 60a Rn. 66; *Koenig*, in: Koenig, AO, § 60a Rn. 10; kritisch dazu *Unger*, in: Gosch, AO/FGO, § 60a AO Rn. 52: Es handele sich um eine systemwidrige Berücksichtigung der tatsächlichen Geschäftsführung. Ähnlich *Bott*, BB 2021, 479 (479 f.) sowie *Erdbrügger*, in: BeckOK-AO, § 60a Rn. 67.

[203] *Bott*, in: Schauhoff/Kirchhain, Handbuch der Gemeinnützigkeit, § 10 Rn. 88; *Buchna/Leichinger/Seeger/Brox*, Gemeinnützigkeit im Steuerrecht, § 61 AO Rn. 240; *Musil*, in: Hübschmann/Hepp/Spitaler, AO/FGO, § 61 AO Rn. 8.

[204] *Hüttemann*, in: Hüttemann, Gemeinnützigkeitsrecht und Spendenrecht, Rn. 4.211; *Jachmann/Unger*, in: Gosch, AO/FGO, § 61 AO Rn. 33; *Musil*, in: Hübschmann/Hepp/Spitaler, AO/FGO, § 61 AO Rn. 9 f.; *Seer*, in: Tipke/Kruse, AO/FGO, § 61 AO Rn. 4.

dass steuerbegünstigt gebildetes Vermögen anderenfalls nach Änderung der Satzung für nicht gemeinnützige Zwecke genutzt werden könnte und die Vermögensbindung damit obsolet wäre.[205]

C. Zurechnung zur tatsächlichen Geschäftsführung der Körperschaft

Die Körperschaft ist gemäß § 63 Abs. 1 AO verpflichtet, ihre tatsächliche Geschäftsführung auf die Erfüllung des gemeinnützigen Zwecks zu richten. Bevor festgestellt werden kann, dass die Geschäftsführung möglicherweise nicht auf die Zweckverwirklichung gerichtet ist, muss zwangsläufig ermittelt werden, welche Handlungen überhaupt „die tatsächliche Geschäftsführung" bilden. Eine umgekehrte Vorgehensweise zieht einen überflüssigen Mehraufwand nach sich. Warum sollte man in aller Ausführlichkeit sämtliche Vorschriften des Gemeinnützigkeitsrechts prüfen und feststellen, dass gegen bestimmte Grundsätze verstoßen wurde, um anschließend zu dem Ergebnis zu gelangen, dass diese gemeinnützigkeitsschädlichen Tätigkeiten der tatsächlichen Geschäftsführung nicht zuzurechnen sind?[206] Für die Körperschaft selbst und sonstige Beteiligte kann dies im schlimmsten Fall zur Folge haben, dass lange Zeit Unklarheit über den Gemeinnützigkeitsstatus und die mit dem Verlust einhergehenden Folgen besteht – so auch im Falle des Attac-Trägervereins. Das Ziel ist deshalb, den Sinn für die bedeutende Frage der Zurechnung durch die Entwicklung eines Zurechnungsmodells zu schärfen, sodass zukünftig im Vorwege geprüft werden kann, welche Handlungen der Körperschaft als tatsächliche Geschäftsführung angesehen werden können. Mangels eigenen Handlungsvermögens ist die Körperschaft stets auf die Zurechnung von Handlungen natürlicher Personen angewiesen.[207] Dabei ist zwischen dem

---

[205] *Buchna/Leichinger/Seeger/Brox*, Gemeinnützigkeit im Steuerrecht, § 61 AO Rn. 240; *Hüttemann*, in: Hüttemann, Gemeinnützigkeitsrecht und Spendenrecht, Rn. 4.211; *Jachmann/Unger*, in: Gosch, AO/FGO, § 61 AO Rn. 4, 28: „Missbrauchsverhinderungsnorm"; *Seer*, in: Tipke/Kruse, AO/FGO, § 61 AO Rn. 4.

[206] Auf diese umgekehrte Vorgehensweise muss in einem späteren Teil der Arbeit ausnahmsweise dennoch zurückgegriffen werden, da dies im konkreten Fall gezwungenermaßen – die Vorinstanz hatte keine Feststellungen zur Zurechnung getroffen – der Vorgehensweise des BFH entspricht.

[207] *Bott*, in: Schauhoff/Kirchhain, Handbuch der Gemeinnützigkeit, § 10 Rn. 155 f.; *Hüttemann*, in: Hüttemann, Gemeinnützigkeitsrecht und Spendenrecht, Rn. 4.221.

Handeln der Organmitglieder[208] und Aktionen anderer, mit der Körperschaft in Verbindung stehender natürlicher Personen zu unterscheiden.

I. Organe der Körperschaft

Eine Körperschaft ist selbst nicht in der Lage, Handlungen vorzunehmen, sondern erlangt ihre Handlungsfähigkeit erst durch die Organe.[209] Zivilrechtlich betrachtet ist ihr das Verhalten der Organe deshalb als eigenes zuzurechnen (§ 31 BGB).[210] Da die Frage nach der steuerrechtlichen Zurechnung im Rahmen der tatsächlichen Geschäftsführung (§ 63 Abs. 1 AO) virulent wird, stehen vor allem die zur Vertretung berechtigten Leitungsorgane, die gerade mit der Geschäftsführung beauftragt sind,[211] im Fokus.[212] Bei Vereinen[213] und Stiftungen[214] ist der Vorstand das vertretungsberechtigte Organ (§ 26 Abs. 1, § 84 Abs. 2 BGB) und bei der GmbH der Geschäftsführer (§§ 6 Abs. 1, 35 Abs. 1 GmbHG).[215] Die Rechtsprechung hat sich bis dato nur in wenigen Fällen mit der Zurechnungsproblematik auseinandergesetzt. Jedoch zeigt das jüngst ergangene Urteil[216] zur Gemeinnützigkeit des Attac-Trägervereins, welches weit über die Grenzen des Fachpublikums hinaus

---

[208] Ausführlich zur Person des Organwalters (= Organmitglied) *Schürnbrand*, Organschaft im Recht der privaten Verbände, S. 233 ff.

[209] Zutr. *Schürnbrand*, Organschaft im Recht der privaten Verbände, S. 104: Der „selbst weder willens- noch handlungsfähige Verband wird durch seine Organe zu einer Willens- und Wirkungseinheit“; vgl. zum Verein *Leuschner*, in: MüKo-BGB, § 26 Rn. 3.

[210] *Ellenberger*, in: Grüneberg, BGB, § 31 Rn. 1; *Mansel*, in: Jauernig, BGB, § 31 Rn. 1.

[211] Zum Vereinsvorstand als Geschäftsführungsorgan BGH v. 12.10.1992 – II ZR 208/91, NJW 1993, 191 (192) = DStR 1993, 69; *Neudert/Waldner*, in: Der eingetragene Verein, Rn. 250; zum Stiftungsvorstand *Burgard*, in: Burgard, Stiftungsrecht, § 84 Rn. 21 ff.; *Wiese*, in: Erman, BGB, § 84 Rn. 1 ff.; zum Geschäftsführer einer GmbH *W. Goette*, in: MüKo-GmbHG, § 6 Rn. 3; *Paefgen*, in: Habersack/Casper/Löbbe, GmbHG, § 6 Rn. 7.

[212] *Krüger*, in: Schwarz/Pahlke/Keß, AO/FGO, § 63 AO Rn. 2; *Musil*, in: Hübschmann/Hepp/Spitaler, AO/FGO, § 63 AO Rn. 9; *Niewerth*, in: Lippross/Seibel, Basiskommentar Steuerrecht, AO, § 63 Rn. 2.

[213] BGH v. 12.10.1992 – II ZR 208/91, NJW 1993, 191 (192) = DStR 1993, 69; *Leuschner*, in: MüKo-BGB, § 26 Rn. 1, 17 ff.; *Schöpflin*, in: BeckOK-BGB, § 26 Rn. 11 f.

[214] *Burgard*, in: Burgard, Stiftungsrecht, § 84 Rn. 36 ff.; *Mehren*, in: Schauhoff/Kirchhain, Handbuch der Gemeinnützigkeit, § 3 Rn. 105 ff.; *Weitemeyer*, in: MüKo-BGB, § 86 Rn. 1.

[215] *Beurskens*, in: Noack/Servatius/Haas, GmbHG, § 35 Rn. 1; *Stephan/Tieves*, in: MüKo-GmbHG, § 35 Rn. 13.

[216] BFH v. 10.01.2019 – V R 60/17, BStBl II 2019, 301 = BFHE 263, 290.

Aufmerksamkeit erregt hat,[217] von welcher Bedeutung ein präzises Vorgehen bei der Ermittlung der tatsächlichen Geschäftsführung ist.[218] Auch in der Literatur genießt dieses Problemfeld weitestgehend ein Schattendasein.[219] Nach einer kurzen Skizzierung der Zurechnungsansätze der Rechtsprechung, der Finanzverwaltung und des Schrifttums erfolgt die Darstellung eines um Rechtssicherheit bemühten Zurechnungsregimes für sämtliche Organhandlungen.

1. Rechtsprechung

a) Handlungen vertretungsberechtigter Organe

Der BFH stellte in einem Urteil aus dem Jahr 1984[220] einige Zurechnungsgrundsätze für Äußerungen auf. Konkret ging es um die Zurechnung von Aufrufen einer Organisation zu gewaltfreiem Widerstand. Dabei müsse zunächst die Form einer solchen Ankündigung in zweierlei Hinsicht beachtet werden: Ist diese schriftlich oder mündlich ergangen und erfolgte sie in einer Vorstandssitzung oder bei einer öffentlichen Versammlung? Maßgeblich sei sodann, ob lediglich ein Vereinsmitglied oder ein Vorstandsmitglied die Äußerung tätigte. Falls es sich um ein Vorstandsmitglied handeln sollte, müsse man zudem berücksichtigen, ob die Person aufgrund eines entsprechenden Vorstandsbeschlusses oder aus eigener Initiative handelte. Schließlich sei bedeutend, in welchem Maße die Öffentlichkeit Kenntnis erlangte, also ob es sich um eine einmalige Bekanntgabe an die Mitglieder oder um eine öffentliche Äußerung im Rahmen einer Versammlung handelte.[221] Laut BFH müsse man die Ankündigung der Körperschaft zurechnen, wenn sie von einem vom Vorstand autorisierten Vorstandsmitglied oder in anderer verbindlich zurechnender Weise erfolgte.[222] Dieses Ergebnis entspricht dem zivilrechtlichen Grundsatz der doppelten Zurechnung[223] bei Organen. Zunächst

---

[217] *Hüttemann*, DB 2019, 744 (744); *Leisner-Egensperger*, NJW 2019, 964 (964).

[218] Vgl. auch *Jäschke*, DStR 2009, 1669 (1672): In der Praxis bereitet die Prüfung [der Zurechnung] immer wieder Schwierigkeiten.

[219] Eine Ausnahme stellt in diesem Zusammenhang das Zurechnungsregime von *Brill*, Der Verlust der Gemeinnützigkeit, S. 293 ff. dar.

[220] BFH v. 29.08.1984 – I R 215/81, BStBl II 1985, 106 = BFHE 142, 243.

[221] BFH v. 29.08.1984 – I R 215/81, BStBl II 1985, 106 (107) = BFHE 142, 243.

[222] BFH v. 29.08.1984 – I R 215/81, BStBl II 1985, 106 (107) = BFHE 142, 243.

[223] BGH v. 08.12.1989 – V ZR 246/87, BGHZ 109, 327 (331) = NJW 1990, 975 (976); *Leuschner*, in: MüKo-BGB, § 26 Rn. 3; *Schürnbrand*, Organschaft im Recht der privaten Verbände, S. 45.

wird das Handeln des Organmitglieds dem Organ zugerechnet; dies erfolgt durch die ausdrückliche Autorisierung in Form eines Vorstandsbeschlusses. Anschließend ist das Organhandeln dem Verein zuzurechnen – die dem Vorstand zuzurechnende Ankündigung wird der tatsächlichen Geschäftsführung der gemeinnützigen Körperschaft zugerechnet.

b) Eigenmächtige Handlungen der Organmitglieder

Ein in verbindlich zurechnender Weise erfolgtes Handeln sei jedoch auch bei eigenmächtigen Handlungen von nicht (einzel-)vertretungsberechtigten Geschäftsführern gegeben, wenn das Handeln den anderen Geschäftsführern infolge grober Vernachlässigung ihrer Überwachungspflichten verborgen geblieben sei.[224] Diese Zurechnung von Handlungen weist Parallelen zu der Anscheinsvollmacht auf. Eine solche liegt vor, wenn jemand (wiederholt und über einen längeren Zeitraum) als Vertreter auftritt und der Vertretene von dem Handeln zwar keine positive Kenntnis hatte, aber es bei pflichtgemäßer Anwendung seiner Sorgfaltspflichten hätte erkennen müssen und verhindern können.[225] Folglich könne einer Körperschaft die Tätigkeit eines Organmitglieds auch dann zugerechnet werden, wenn dieses zwar nicht vertretungsberechtigt war, aber das Verhalten den übrigen Organmitgliedern bei ordnungsgemäßer Anwendung ihrer Überwachungspflichten nicht verborgen geblieben wäre und sie es hätten unterbinden können.

c) Verantwortlichkeit der Organe für weitere Personen

Diese Zurechnungsgrundsätze konkretisiert der BFH in einem späteren Urteil.[226] Die grobe Vernachlässigung von Überwachungspflichten des Vorstands führe auch dann zu einer Zurechnung, wenn es sich nicht um das Handeln eines Vorstandsmitglieds, sondern um das einer anderen in maßgeblicher Position für einen Verein tätigen Person handele.[227] Dabei müssten vor allem die Art und Dauer des Handelns berücksichtigt werden.[228] Zudem komme eine Zurechnung erst recht in Betracht, wenn der Vorstand

---

224 BFH v. 31.07.1963 – I 319/60, HFR 1963, 407 (408) = BeckRS 1963, 21007641.

225 BGH v. 11.05.2011 – VIII ZR 289/09, BGHZ 189, 346 (Rn. 16) = NJW 2011, 2421 (2422); *Ellenberger*, in: Grüneberg, BGB, § 172 Rn. 11; *Schubert*, in: MüKo-BGB, § 167 Rn. 112.

226 BFH v. 27.09.2001 – V R 17/99, BStBl II 2002, 169 = BFHE 197, 314.

227 BFH v. 27.09.2001 – V R 17/99, BStBl II 2002, 169 (171) = BFHE 197, 314, Bezug nehmend auf BFH v. 29.08.1984 – I R 215/81, BStBl II 1985, 106 (107) = BFHE 142, 243.

228 BFH v. 27.09.2001 – V R 17/99, BStBl II 2002, 169 (171) = BFHE 197, 314.

das Verhalten kenne, aber gleichwohl nicht unterbinde.[229] Die Zurechnung des Handelns bei Kenntnis ähnelt einer solchen von Vertreterhandlungen im Wege der Duldungsvollmacht.[230] Eine Duldungsvollmacht ist zu bejahen, wenn ein Vertreter ohne Vollmacht wiederholt und über einen längeren Zeitraum im Namen des Vertretenen auftritt und der Vertretene Kenntnis vom Handeln hat, aber dies nicht unterbunden hat, obschon die Möglichkeit bestand.[231] Der Erst-recht-Schluss von der Anscheins- auf die Duldungsvollmachtkonstellation ist angesichts der stärkeren Legitimation einer Duldungsvollmacht[232] aufgrund positiver Kenntnis naheliegend. Die Erweiterung auf andere für den Verein tätige Personen eröffnet die Möglichkeit, den Organen und damit der Körperschaft die Handlungen einer Vielzahl von Personen zuzurechnen.[233]

Vor allem bei größeren Vereinen komme auch ein Organisationsverschulden in Betracht, sodass der Vorstand die Verantwortung des Vereins nicht durch die Delegation wesentlicher Angelegenheiten und eine ungenügende Kontrolle der delegierten Tätigkeit ausschließen könne.[234] Im Attac Urteil[235] bestätigt der BFH zuletzt, dass es für eine Zurechnung vorrangig auf das Handeln und die Kenntnisse der Vereinsorgane und der von ihnen beauftragten Personen ankomme.[236]

2. Finanzverwaltung

Die Finanzverwaltung exemplifiziert die Zurechnungsproblematik in einem Erlass[237] anhand von Unterschlagungen bzw. Betrügen eines Vorstands-

229 BFH v. 27.09.2001 – V R 17/99, BStBl II 2002, 169 (171) = BFHE 197, 314.

230 Ähnlich *Hüttemann*, in: Hüttemann, Gemeinnützigkeitsrecht und Spendenrecht, Rn. 4.223.

231 BGH v. 14.05.2002 – XI ZR 155/01, NJW 2002, 2325 (2327) = DB 2002, 1602; BGH v. 22.07.2014 – VIII ZR 313/13, BGHZ 202, 158 (Rn. 26) = NJW 2014, 3150 (3151); Neuner, BGB AT, § 50 Rn. 84 ff.; *Schubert*, in: MüKo-BGB, § 167 Rn. 107; a. A. hinsichtlich des wiederholten Auftretens *Ellenberger*, in: Grüneberg, BGB, § 172 Rn. 9; *Schäfer*, in: BeckOK-BGB, § 167 Rn. 15.

232 *Huber*, in: beckOGK-BGB, § 167 Rn. 99; *Schubert*, in: MüKo-BGB, § 167 Rn. 100.

233 Zur Zurechnung von Handlungen sonstiger Personen unter 3. Kapitel C. II.

234 BFH v. 27.09.2001 – V R 17/99, BStBl II 2002, 169 (171) = BFHE 197, 314.

235 BFH v. 10.01.2019 – V R 60/17, BStBl II 2019, 301 = BFHE 263, 290.

236 BFH v. 10.01.2019 – V R 60/17, BStBl II 2019, 301 (306) = BFHE 263, 290.

237 FM Sachsen-Anhalt, Erl. v. 01.03.2022 – 42-S 0182-1, DStR 2022, 843.

mitglieds eines Vereins. Sollten die vertretungsberechtigten Organe über Vereinsvermögen durch Überschreitung ihrer satzungsmäßigen Geschäftsführerbefugnis verfügen (Verletzung im Innenverhältnis), aber sich dabei innerhalb der ihnen zustehenden Vertretungsmacht bewegen, so sei dies dem Verein zuzurechnen. Wenn die Handlungen jedoch im Außenverhältnis ohne Vertretungsmacht stattfinden würden, könne man dem Verein dieses Handeln grundsätzlich nicht zurechnen. Gleiches müsse gelten, wenn die Organe nicht im Rahmen der tatsächlichen Geschäftsführung für den Verein handeln, sondern Straftaten zu ihren eigenen Gunsten begehen würden. Ein solches kriminelles Verhalten sei nicht wesentlich von der Amtsausübung als vertretungsberechtigtes Organ bestimmt. Ausnahmsweise sei eine Zurechnung jedoch auch in den beiden letzten Fällen möglich, wenn einerseits der Verein durch seine Organe die notwendigen Kontrollen (auch bei bloßer Fahrlässigkeit) vernachlässigt habe. Anderseits drohe eine Zurechnung, wenn bei Kenntniserlangung keine Reaktionen (etwa durch die Geltendmachung von Schadensersatzansprüchen) folgen würden.[238] Die Finanzverwaltung stellt also maßgeblich auf das Bestehen einer wirksamen Vertretung im Außenverhältnis ab. Zudem spielt die Prägung der Handlungen eine Rolle: Steht die Ausübung einer Organmitgliedstätigkeit (noch) im Vordergrund oder geht es primär um die Begehung strafbarer Handlungen? Durch die Zurechnung bei Vernachlässigung der Kontrollen orientiert sich die Finanzverwaltung zudem auch an den Grundsätzen zur Anscheinsvollmacht. Auch die Forderung nach Gegenmaßnahmen bei Kenntniserlangung weist eine Nähe zu dem zivilrechtlichen Institut der Duldungsvollmacht auf. Folglich richtet sich auch die Finanzverwaltung mit ihrer Vorgehensweise an den zivilrechtlichen Zurechnungsgrundsätzen aus.

3. Literatur

a) Entsprechende Anwendung zivilrechtlicher Zurechnungsgrundsätze

Im steuerrechtlichen Schrifttum wird für eine entsprechende Anwendung des § 31 BGB plädiert, sodass sich die Körperschaft alle Tätigkeiten ihrer Organe innerhalb des Zuständigkeitsbereichs zurechnen lassen müsse. Auf darüberhinausgehende Handlungen ließen sich die zivilrechtlichen

---

[238] FM Sachsen-Anhalt, Erl. v. 01.03.2022 – 42-S 0182-1, DStR 2022, 843.

Zurechnungsgrundsätze der Duldungs- und Anscheinsvollmacht übertragen.[239] Teilweise erfolgt hinsichtlich der Vernachlässigung von Überwachungspflichten eine weitergehende Differenzierung: Es müsse zwischen hauptberuflich und ehrenamtlich tätigen Vorstandsmitgliedern unterschieden werden. Bei Ersteren gelte danach ein deutlich strengerer Maßstab für die Überwachungspflichten als bei Zweiteren.[240] Unterstrichen werde diese Unterscheidung durch die Begrenzung der Haftung ehrenamtlich tätiger Vorstandsmitglieder in § 31a BGB.[241] Zudem müsse man bei Kollegialorganen etwaige Geschäftsverteilungspläne berücksichtigen.[242]

b) Zivilrechtliches Zurechnungsmodell

Eine differenzierte Herangehensweise verfolgt auch *Brill* in seinem zivilrechtlich[243] geprägten Zurechnungsmodell. Er unterscheidet zunächst zwischen Organen oder anderen von der Körperschaft eingeschalteten

---

239 *Bott*, in: Schauhoff/Kirchhain, Handbuch der Gemeinnützigkeit, § 10 Rn. 156; *Hornung/Vielwerth*, DStR 2019, 1497 (1500); *Jäschke*, DStR 2009, 1669 (1672); *Kümpel*, DStR 2001, 152 (155); *Musil*, in: Hübschmann/Hepp/Spitaler, AO/FGO, § 63 AO Rn. 9; *Seer*, in: Tipke/Kruse, AO/FGO, § 63 AO Rn. 5; *Wallenhorst*, in: Wallenhorst/Halaczinsky, C Rn. 184; weitreichender *Geibel*, in: Winheller/Geibel/Jachmann-Michel, Gesamtes Gemeinnützigkeitsrecht, § 52 Abs. 1 AO Rn. 10: Verstöße gegen die Rechtsordnung müssten der Körperschaft als verbindlich und bezweckt zuzurechnen sein. Dabei werde gemäß oder analog § 31 BGB nicht nur das Verhalten der Vorstandsmitglieder, sondern auch das der Mitglieder anderer Organe sowie der weiteren verfassungsmäßig berufenen Vertreter erfasst, wobei es nicht darauf ankomme, ob dem Vorstand das Verhalten infolge grober Verletzung seiner Kontrollpflichten unbekannt blieb. A. A. *Fröschl*, HFR 2002, 371 (373): Die Figur der Anscheinsvollmacht werde zurecht angegriffen, sodass man – wenn überhaupt – wegen des bestehenden Steuerrechtsverhältnisses auf die Zurechnungsnorm des § 278 S. 1 BGB abstellen solle.

240 *Jansen*, FR 2002, 996 (998); wohl auch *Seer*, in: Tipke/Kruse, AO/FGO, § 63 AO Rn. 5; präziser *Hornung/Vielwerth*, DStR 2019, 1497 (1501): Nicht die Ausgestaltung des Pflichtenkanons sei von der Ausgestaltung des Vorstands (ehren- oder hauptamtlich) abhängig, sondern der Verschuldensmaßstab.

241 *Unger*, in: Gosch, AO/FGO, § 63 AO Rn. 31; ohne die Norm ausdrücklich zu nennen, wird doch auf deren Inhalt – nur Vorsatz und grobe Fahrlässigkeit – rekurriert, *Hornung/Vielwerth*, DStR 2019, 1497 (1501).

242 *Hüttemann*, in: Hüttemann, Gemeinnützigkeitsrecht und Spendenrecht, Rn. 4.225; *Musil*, in: Hübschmann/Hepp/Spitaler, AO/FGO, § 63 AO Rn. 10.

243 Als Zurechnungsnormen kämen vor allem die §§ 164 ff. BGB, § 31 BGB, § 278 BGB in Betracht, *Brill*, Der Verlust der Gemeinnützigkeit, S. 300 ff.

Personen, also solchen, die in Kenntnis der Körperschaft bzw. mit deren Wissen und Wollen handeln, und solchen Akteuren, die ohne Kenntnis der Körperschaft aktiv werden.[244] Bei Ersteren sei die Zurechnung zudem in rechtsgeschäftliche und nichtrechtsgeschäftliche Handlungen zu unterteilen.[245] Bei rechtsgeschäftlichem Handeln sei auf die Regelungen des Stellvertretungsrechts, also die §§ 164 ff. BGB sowie die Grundsätze der Duldungs- und Anscheinsvollmacht, zurückzugreifen,[246] während bei nichtrechtsgeschäftlichen Handlungen zunächst § 278 BGB anzuwenden sei.[247] Als Schuldverhältnis könne man das Abgabenverhältnis des Steuerpflichtigen zum Fiskus[248] respektive die Gemeinnützigkeit selbst heranziehen, sodass die gemeinnützige Körperschaft als Schuldnerin und der Staat als Gläubiger agieren.[249] Ferner müsse man ein etwaiges Organisationsverschulden beachten, sodass eine Zurechnung nichtrechtsgeschäftlichen Tätigwerdens erfolge, wenn der Vorstand das Handeln einer Person nicht unterbinde, obschon er Kenntnis hiervon hatte.[250]

c) Zurechnungsausschluss bei zweckfremden Tätigkeiten

Nach teilweise vertretener Ansicht soll eine Zurechnung auch bei solchen Tätigkeiten verneint werden, die erkennbar außerhalb des Satzungszwecks liegen.[251] Jedenfalls in Fällen, in denen die Organe daneben auch vollumfänglich den gemeinnützigen Zweck erfüllen, sei die tatsächliche Geschäftsführung auf die Zweckerfüllung gerichtet (§ 63 Abs. 1 AO), sodass man bei den zweckfremden Tätigkeiten nicht von einem Gerichtetsein ausgehen könne und

---

[244] *Brill*, Der Verlust der Gemeinnützigkeit, S. 300.

[245] Diese Aufteilung ergebe sich aus den unterschiedlichen Anwendungsbereichen der Zurechnungsnormen, *Brill*, Der Verlust der Gemeinnützigkeit, S. 309.

[246] *Brill*, Der Verlust der Gemeinnützigkeit, S. 309 ff.

[247] *Brill*, Der Verlust der Gemeinnützigkeit, S. 314 ff.; ebenso *Musil*, in: Hübschmann/Hepp/Spitaler, AO/FGO, § 63 AO Rn. 9.

[248] So auch BFH v. 07.11.1990 – X R 143/88, BStBl II 1991, 325 (327) = BFHE 163, 329.

[249] *Brill*, Der Verlust der Gemeinnützigkeit, S. 316.

[250] *Brill*, Der Verlust der Gemeinnützigkeit, S. 320; *Buchna/Leichinger/Seeger/Brox*, Gemeinnützigkeit im Steuerrecht, § 63 AO Rn. 283; wohl auch *Hüttemann*, in: Hüttemann, Gemeinnützigkeitsrecht und Spendenrecht, Rn. 4.225.

[251] *Jansen*, FR 2002, 996 (997 f.) im Hinblick auf Verstöße gegen die Rechtsordnung; *Koenig*, in: Koenig, AO, § 63 Rn. 4.

die Zurechnung insoweit ausscheide.[252] Dies würde zu einem sehr weiten Zurechnungsausschluss führen. Denn gerade solche Geschäfte, die nicht im Zusammenhang mit dem Satzungszweck stehen, haben häufig das Potenzial, als gemeinnützigkeitsschädlich eingestuft zu werden. Wenn die Zurechnung bei solchen Tätigkeiten nun per se ausgeschlossen wäre, dann hätte dies weitestgehend eine Beschränkung auf Handlungen der Organe innerhalb ihrer Vertretungsmacht zur Folge.[253]

4. Bewertung der Zurechnungsmodelle

a) Übertragung der zivilrechtlichen Zurechnungsgrundsätze bei Organmitgliedern

Hinsichtlich der Zurechnung von autorisierten Organhandlungen innerhalb des Zuständigkeitsbereichs der Leitungsorgane besteht Konsens. Das dem Willen des vertretungsberechtigten Organs entsprechende Handeln ist gemäß § 31 BGB zivilrechtlich als eigenes Handeln der Körperschaft zu betrachten und somit auch steuerrechtlich im Rahmen der tatsächlichen Geschäftsführung zu berücksichtigen.[254] Mit anderen Worten: Handelt die Körperschaft selbst, so ist dies automatisch als ihre tatsächliche Geschäftsführung anzusehen. Eine Körperschaft handelt gemäß § 31 BGB selbst, wenn es sich um organschaftliche Verrichtungen handelt, also ein objektiver Zusammenhang zwischen dem gemeinnützigkeitsschädlichen oder -fördernden (gemeinnützigkeitsrelevanten) Verhalten und dem Aufgabenkreis des Organs besteht.[255] Dieses gemeinnützigkeitsrelevante Verhalten kann dabei rechtsgeschäftlicher oder

---

[252] *Jansen*, FR 2002, 996 (997 f.); ähnlich *Bott*, in: Schauhoff/Kirchhain, Handbuch der Gemeinnützigkeit, § 10 Rn. 158 in Bezug auf strafbare Handlungen von Vereinsorganen.

[253] *Koenig*, in: Koenig, AO, § 63 Rn. 4; kritisch dazu *Unger*, in: Gosch, AO/FGO, § 63 AO Rn. 31 Fn. 59.

[254] BFH v. 29.08.1984 – I R 215/81, BStBl II 1985, 106 (107) = BFHE 142, 243; *Bott*, in: Schauhoff/Kirchhain, Handbuch der Gemeinnützigkeit, § 10 Rn. 156; *Buchna/Leichinger/Seeger/Brox*, Gemeinnützigkeit im Steuerrecht, § 63 AO Rn. 283; *Hüttemann*, Gemeinnützigkeitsrecht und Spendenrecht, Rn. 4.225; *Musil*, in: Hübschmann/Hepp/Spitaler, AO/FGO, § 63 AO Rn. 9; *Seer*, in: Tipke/Kruse, AO/FGO, § 63 AO Rn. 5; *Unger*, in: Gosch, AO/FGO, § 63 AO Rn. 29.

[255] BGH v. 30.10.1967 – VII ZR 82/65, BGHZ 49, 19 (23) = NJW 1968, 391; BGH v. 08.07.1986 – VI ZR 47/85, BGHZ 98, 148 (152) = NJW 1986, 2941; *Ellenberger*, in: Grüneberg, BGB, § 31 Rn. 10; *Leuschner*, in: MüKo-BGB, § 31 Rn. 22; *Westermann*, in: Erman, BGB, § 31 Rn. 5.

tatsächlicher Natur sein.[256] Der erforderliche Zusammenhang liegt vor, soweit sich die Tätigkeit bei äußerlicher Betrachtung nicht erheblich vom Aufgabenkreis des Leitungsorgans entfernt.[257] Unerheblich ist dabei, ob diese Handlung im Innenverhältnis zur Körperschaft eine Überschreitung der satzungsmäßigen Kompetenzen darstellt.[258] Es kommt ebenso wenig auf die Grenzen der Vertretungsmacht im Außenverhältnis an.[259] Handelt es sich um eine dem Willen des Leitungsorgans entsprechende Handlung, die in dessen Zuständigkeitsbereich fällt, so ist diese bei der Frage, ob die tatsächliche Geschäftsführung der Körperschaft auf die Zweckverwirklichung gerichtet ist (§ 63 Abs. 1 AO), stets zu berücksichtigen. Wenn die Körperschaft durch ihr Leitungsorgan willentlich handelt, tut sie dies folglich sowohl mit zivilrechtlicher als auch mit steuerrechtlicher Wirkung.

Problematischer gestalten sich dagegen unautorisierte und damit eigenmächtige Handlungen einzelner Organmitglieder. Diese müssen zunächst dem Leitungsorgan zugerechnet werden, um dann als Handeln der Körperschaft selbst betrachtet werden zu können. Aufgrund dieser zivilrechtlichen Distanz zwischen einer unautorisierten Handlung eines Organmitglieds und einem Handeln der Körperschaft selbst kann auch keine einschränkungslose steuerrechtliche Relevanz im Rahmen der tatsächlichen Geschäftsführung mit diesem Verhalten einhergehen. Deshalb soll im Folgenden unter Beachtung der verschiedenen Ansätze aus Rechtsprechung und Literatur ein steuerrechtliches Zurechnungsmodell solcher eigenmächtigen Tätigkeiten entwickelt werden.

Prima facie führt die von der Literatur geforderte Anwendung der Grundsätze der Duldungs- und Anscheinsvollmacht zu einem Gleichlauf mit dem Zurechnungsregime der Rechtsprechung.[260] Bei genauerer Betrachtung der Zurechnung von eigenmächtigen Tätigkeiten der einzelnen Organmitglieder

---

[256] *Ellenberger*, in: Grüneberg, BGB, § 31 Rn. 10; *Westermann*, in: Erman, BGB, § 31 Rn. 5.

[257] BGH v. 08.07.1986 – VI ZR 47/85, BGHZ 98, 148 (152) = NJW 1986, 2941; *Ellenberger*, in: Grüneberg, BGB, § 31 Rn. 10; *Leuschner*, in: MüKo-BGB, § 31 Rn. 22; *Westermann*, in: Erman, BGB, § 31 Rn. 5.

[258] *Eversberg*, Non Profit Law Yearbook 2003, 59 (73); allgemein zu § 31 BGB *Leuschner*, in: MüKo-BGB, § 31 Rn. 22.

[259] BGH v. 08.07.1986 – VI ZR 47/85, BGHZ 98, 148 (151) = NJW 1986, 2941; *Ellenberger*, in: Grüneberg, BGB, § 31 Rn. 10; *Leuschner*, in: MüKo-BGB, § 31 Rn. 22.

[260] So etwa *Unger*, in: Gosch, AO/FGO, § 63 AO Rn. 31.

ergeben sich jedoch gewisse Unterschiede. Während der BFH für eine Zurechnung (nur) die grobe Vernachlässigung der Überwachungspflichten des Organs voraussetzt, bedarf es nach verbreiteter Ansicht im Schrifttum eines wiederholten Auftretens über einen längeren Zeitraum.[261] Gerade spezielle Äußerungen werden jedoch häufig nur einmalig getätigt. Folglich wäre eine Zurechnung nach dem Modell von Teilen der Literatur ausgeschlossen. Die Vorgehensweise der Rechtsprechung hat zwar den Vorteil, dass es keinen strikten Zurechnungsausschluss gibt, sondern stets der Einzelfall zu würdigen ist.[262] Das Kriterium der wohl notwendigerweise groben Verletzung der Überwachungspflichten ist aber, allen voran für die Organe der Körperschaft selbst, schwer handhabbar: Reicht es bereits aus, wenn einzelne Organmitglieder den Eindruck erwecken, mit Entscheidungen des Vorstands nicht zufrieden zu sein, oder muss es sich den übrigen Mitgliedern aufdrängen, dass eigenmächtige Handlungen folgen werden? Das Erfordernis einer groben Vernachlässigung der Überwachungspflichten legt zwar Zweiteres nahe, jedoch weicht der BFH die Voraussetzung durch die Formulierung „in der Regel“ wieder auf.[263] Ausnahmen sind demnach zulässig, sodass nicht deutlich wird, welche Qualität die Missachtung der Sorgfaltspflichten aufweisen muss. Im Hinblick auf die möglichen Folgen, also im schlimmsten Fall die Versagung der Gemeinnützigkeit der Körperschaft, ist eine rein qualitative Bewertung als Zurechnungskriterium nicht hinnehmbar.

Die Literatur verlangt demgegenüber, dass die anderen Organmitglieder Kenntnis von den nicht autorisierten Tätigkeiten haben und diese dulden (Duldungsvollmacht) bzw. diese hätten erkennen müssen und verhindern können (Anscheinsvollmacht).[264] In qualitativer Hinsicht setzt das Schrifttum folglich sogar geringere Anforderungen (Fahrlässigkeit), aber daneben ist eine gewisse Häufigkeit des Auftretens für die Zurechnung zwingend erforderlich.[265]

---

261 *Bott*, in: Schauhoff/Kirchhain, Handbuch der Gemeinnützigkeit, § 10 Rn. 156; *Kümpel*, DStR 2001, 152 (155).

262 Ähnlich *Hüttemann*, in: Hüttemann, Gemeinnützigkeitsrecht und Spendenrecht, Rn. 4.225, der der Rechtsprechung im Grundsatz zustimmt und hinsichtlich der Überwachungspflichten eine Berücksichtigung der konkreten Verhältnisse fordert.

263 BFH v. 31.07.1963 – I 319/60, HFR 1963, 407 (408) = BeckRS 1963, 21007641.

264 BGH v. 05.07.2012 – III ZR 116/11, NZG 2012, 916 (Rn. 14) = DB 2012, 1744; *Finkenauer*, in: Erman, BGB, § 167 Rn. 10.

265 *Ackermann*, in: NK-BGB, § 167 Rn. 81, 83.

AA) DULDUNGSVOLLMACHT

Eine Duldungsvollmacht setzt voraus, dass der Vertreter, ohne Vollmacht zu haben, wiederholt und über einen längeren Zeitraum im Namen des Vertretenen auftritt, der Vertretene um das Handeln weiß und dieses nicht unterbindet, obgleich er dazu imstande wäre. In Kenntnis dieses Verhaltens muss der Vertragspartner nach Treu und Glauben davon ausgehen dürfen, dass der Vertreter Vollmacht hat.[266] Liegen diese Voraussetzungen vor, ist dem Vertretenen das rechtsgeschäftliche Handeln des Vertreters zuzurechnen.[267] Dies gilt auch bei der Abgabe nicht autorisierter Willenserklärungen von Organmitgliedern. Die Erklärungen sind der Körperschaft zuzurechnen, wenn die übrigen Organmitglieder Kenntnis von dem wiederholten Auftreten im Namen der Körperschaft haben, dies dulden und der Geschäftspartner nach Treu und Glauben davon ausgehen durfte, dass es sich um autorisierte Erklärungen handelt.[268] Die Duldungsvollmacht erlaubt jedoch ausschließlich die Zurechnung von Willenserklärungen.[269] Problematisch ist die Zurechnung indes nicht nur in Fällen des rechtsgeschäftlichen Handelns, sondern ebenso bei sonstigen Tätigkeiten, die nicht von einem entsprechenden Rechtsbindungswillen geprägt sind.[270] Aus diesem Grund erweitert die Literatur den Anwendungsbereich entsprechend auf sämtliche Tätigkeiten der Organmitglieder.[271] Für ein solches Zurechnungsmodell im Rahmen

---

266 BGH v. 14.05.2002 – XI ZR 155/01, NJW 2002, 2325 (2327) = DB 2002, 1602; BGH v. 22.07.2014 – VIII ZR 313/13, BGHZ 202, 158 (Rn. 26) = NJW 2014, 3150 (3151); *Ellenberger*, in: Grüneberg, BGB, § 172 Rn. 8; *Neuner*, BGB AT, § 50 Rn. 84 ff.; *Schubert*, in: MüKo-BGB, § 167 Rn. 107; a. A. hinsichtlich des wiederholten Auftretens *Schäfer*, in: BeckOK-BGB, § 167 Rn. 15.

267 BGH v. 22.10.1996 – XI ZR 249/95, NJW 1997, 312 (314) = DNotZ 1997, 701; *Finkenauer*, in: Erman, BGB, § 167 Rn. 26; *Neuner*, BGB AT, § 50 Rn. 93; *Schubert*, in: MüKo-BGB, § 164 Rn. 1, § 167 Rn. 96, 139.

268 Ausführlich *Brill*, Der Verlust der Gemeinnützigkeit, S. 310 ff.

269 Es geht stets darum, dass eine Willenserklärung ohne Vertretungsmacht abgegeben wurde, welche aufgrund des Rechtsscheins dennoch zugerechnet wird, *Brox/Walker*, BGB AT, § 25 Rn. 28 ff.; *Finkenauer*, in: Erman, BGB, § 167 Rn. 26; *Schubert*, in: MüKo-BGB, § 167 Rn. 139.

270 Insbesondere bei Verstößen gegen die verfassungsmäßige Ordnung sei dies häufig der Fall, vgl. *Brill*, Der Verlust der Gemeinnützigkeit, S. 314.

271 *Bott*, in: Schauhoff/Kirchhain, Handbuch der Gemeinnützigkeit, § 10 Rn. 156; *Musil*, in: Hübschmann/Hepp/Spitaler, AO/FGO, § 63 AO Rn. 9; *Seer*, in: Tipke/Kruse, AO/FGO, § 63 AO Rn. 5.

eigenmächtiger Organhandlungen spricht der damit für die gemeinnützige Körperschaft einhergehende Gewinn an Rechtssicherheit. Dies ist einem Regime, welches vielerorts um Rechtsklarheit zugunsten der Beteiligten ringt, von enormer Bedeutung. Durch die klar definierten Kriterien steht damit im Grundsatz fest, dass ein Verhalten zuzurechnen ist, wenn das Organmitglied wiederholt und über einen längeren Zeitraum Handlungen vornimmt, die restlichen Organmitglieder von diesen Aktivitäten Kenntnis haben und dies dulden. Dabei ist das wiederholte Auftreten im Rahmen der steuerrechtlichen Zurechnung grundsätzlich zwingend und kann insbesondere nicht – wie dies teilweise in der zivilrechtlichen Diskussion angeführt wird[272] – aufgrund des Wissens der restlichen Organmitglieder als obsolet angesehen werden.[273] Die Kenntnis vom erstmaligen Auftreten würde anderenfalls ausreichen, um potenziell gemeinnützigkeitsschädliche Handlungen zuzurechnen, obschon eine Anweisung stattgefunden haben könnte, dass ein solches Verhalten zukünftig zu unterlassen sei. Jedenfalls ein weiteres Auftreten ist nach Kenntniserlangung somit grundsätzlich erforderlich.[274] Freilich kann man von der Voraussetzung des wiederholten Auftretens in solchen Fällen eine Ausnahme vornehmen, in denen die übrigen Organmitglieder zugegen sind und entsprechende Gegenmaßnahmen tätigen könnten.[275] Letztlich handelt es sich dann aber nicht mehr um eigenmächtige Organhandlungen im engeren Sinne, sondern infolge einer konkludenten Autorisierung seitens der Organmitglieder um eine willentliche Organhandlung,[276] die bereits in entsprechender Anwendung des § 31 BGB zuzurechnen ist.

Eine Unterscheidung von rechtsgeschäftlichen und nichtrechtsgeschäftlichen Handlungen ist aus verschiedenen Gründen nicht erforderlich.[277]

---

[272] *Ellenberger*, in: Grüneberg, BGB, § 172 Rn. 9; *Schäfer*, in: BeckOK-BGB, § 167 Rn. 15; dagegen richtigerweise ein mehrfaches Auftreten fordernd *Wertenbruch*, BGB AT, § 29 Rn. 19; § 31 Rn. 19.

[273] So auch *Brill*, Der Verlust der Gemeinnützigkeit, S. 311 f.

[274] Zutr. *Wertenbruch*, BGB AT, § 29 Rn. 19, § 31 Rn. 19 im Rahmen der zivilrechtlichen Debatte; *Ackermann*, in: NK-BGB, § 167 Rn. 81; ähnlich *Bayer*, in: Soergel, BGB, § 167 Rn. 192: Die Ausnahme des einmaligen Handelns des Vertreters muss restriktiv angewendet werden.

[275] *Huber*, in: beckOGK-BGB, § 167 Rn. 101; *Neuner*, BGB AT, § 50 Rn. 87.

[276] Vgl. zu Ausnahmen im Zivilrecht *Schubert*, in: MüKo-BGB, § 167 Rn. 107.

[277] Dies fordert *Brill*, Der Verlust der Gemeinnützigkeit, S. 309; allerdings ist zu beachten, dass diese Unterscheidung im Rahmen der Zurechnung des Handelns in Kenntnis

Zwar liegt es zunächst nahe, für Zweitere die Zurechnungsnorm des § 278 S. 1 BGB heranzuziehen, da diese, anders als die §§ 164 ff. BGB bzw. die Rechtsscheinvollmacht,[278] gerade für die Zurechnung von tatsächlichem Verhalten vorgesehen ist.[279] Zudem ist in dem Abgabenverhältnis zwischen gemeinnütziger Körperschaft und öffentlicher Hand bzw. in der Gemeinnützigkeit selbst möglicherweise ein für die Anwendung des § 278 S. 1 BGB erforderliches Sonderrechtsverhältnis[280] zu sehen.[281] Jedoch handelt es sich bei Organmitgliedern, auch wenn diese eigenmächtig tätig werden, nicht um Erfüllungsgehilfen i. S. v. § 278 S. 1 BGB.[282] Erfüllungsgehilfe ist nämlich (nur), wer nach den tatsächlichen Gegebenheiten des Falls mit dem Willen des Schuldners bei der Erfüllung einer diesem obliegenden Verbindlichkeit als seine Hilfsperson tätig wird.[283] Organmitglieder werden nicht als Hilfsperson der Körperschaft tätig, sondern ihre Handlungen sind als eigenes Handeln der Körperschaft anzusehen.[284] § 31 BGB ist somit *lex specialis* gegenüber § 278 BGB.[285] Im Rahmen des § 31 BGB erfolgt aber gerade keine Differenzierung zwischen rechtsgeschäftlichen und nichtrechtsgeschäftlichen

---

der Körperschaft erfolgt und sich deshalb sowohl auf Organmitglieder als auch auf sonstige Mitglieder der Körperschaft bezieht.

278 Der Begriff der Rechtsscheinvollmacht fasst die Duldungs- und Anscheinsvollmacht zusammen, vgl. *Ackermann*, in: NK-BGB, § 167 Rn. 74; *Finkenauer*, in: Erman, BGB, § 167 Rn. 10.

279 Vgl. etwa BGH v. 25.10.2006 – VIII ZR 102/06, NJW 2007, 428 (429) = BeckRS 2006, 14716 zur Zurechnung von schuldhaftem Verhalten des Erfüllungsgehilfen eines Mieters; *Grundmann*, in: MüKo-BGB, § 278 Rn. 1; *Ulber*, in: Erman, BGB, § 278 Rn. 1.

280 BGH v. 08.03.1951 – III ZR 65/50, BGHZ 1, 248 (249) = NJW 1951, 477; BGH v. 23.09.2010 – III ZR 246/09, BGHZ 187, 86 (Rn. 18) = NJW 2011, 139; *Grundmann*, in: MüKo-BGB, § 278 Rn. 15; *Kramme*, in: Prütting/Wegen/Weinreich, BGB, § 278 Rn. 2, 13; *Ulber*, in: Erman, BGB, § 278 Rn. 4.

281 *Brill*, Der Verlust der Gemeinnützigkeit, S. 316.

282 Aus diesen Gründen ist eine Anwendung des § 278 S. 1 BGB auch bei der Zurechnung des Handelns von Nichtorganmitgliedern abzulehnen, 3. Kapitel C. II. 1. c) bb) (2) (c) (bb).

283 BGH v. 21.04.1954 – VI ZR 55/53, BGHZ 13, 111 (113) = NJW 1954, 1193; *Dauner-Lieb*, in: NK-BGB, § 278 Rn. 4; *Grüneberg*, in: Grüneberg, BGB, § 278 Rn. 7; *Stadler*, in: Jauernig, BGB, § 278 Rn. 6.

284 *Grüneberg*, in: Grüneberg, § 278 Rn. 6; *Kramme*, in: Prütting/Wegen/Weinreich, BGB, § 278 Rn. 29; sie sind auch keine gesetzlichen Vertreter der juristischen Person, *Dauner-Lieb*, in: NK-BGB, § 278 Rn. 3.

285 *Grundmann*, in: MüKo-BGB, § 278 Rn. 10; *Schulze*, in: HK-BGB, § 278 Rn. 4.

Handlungen, sodass diese auch bei unautorisierten Organhandlungen nicht überzeugen kann.

Auch die Annahme eines Organisationsverschuldens vermag nicht zu überzeugen.[286] Dies läuft im Ergebnis auf eine Anwendung der von der Rechtsprechung aufgestellten, Rechtsunsicherheit befeuernden Voraussetzung („[...] grundsätzlich [...] infolge grober Vernachlässigung der ihnen [den anderen Geschäftsführern] obliegenden Überwachungspflichten [...]")[287] hinaus.[288] Durch eine entsprechende Anwendung der Grundsätze der Duldungsvollmacht lassen sich unautorisierte Handlungen dem Organ hingegen unter klar definierten Voraussetzungen zurechnen. Anschließend erfolgt eine systemkonforme (§ 31 BGB) Zurechnung zur tatsächlichen Geschäftsführung der Körperschaft.

BB) ANSCHEINSVOLLMACHT

Eine Anscheinsvollmacht liegt vor, wenn eine Person wiederholt und über einen längeren Zeitraum als Vertreter auftritt, der Vertretene das Handeln nicht kannte, aber bei Anwendung der pflichtgemäßen Sorgfalt hätte erkennen müssen und verhindern können. Darüber hinaus muss der Geschäftspartner das Verhalten des Vertreters kennen, gutgläubig sein und im Vertrauen auf die vermeintliche Vollmacht gehandelt haben.[289] In der Wirkung steht auch die Anscheinsvollmacht einer rechtsgeschäftlichen Vollmacht gleich, sodass das Rechtsgeschäft zwischen dem Geschäftsgegner und dem Vertretenen zustande kommt.[290] Anders als bei der Duldungsvollmacht ist dieser posi-

---

[286] *Brill*, Der Verlust der Gemeinnützigkeit, S. 318 ff.; *Buchna/Leichinger/Seeger/Brox*, Gemeinnützigkeit im Steuerrecht, § 63 AO Rn. 283.

[287] BFH v. 27.09.2001 – V R 17/99, BStBl II 2002, 169 (171) = BFHE 197, 314.

[288] *Brill*, Der Verlust der Gemeinnützigkeit, S. 320; *Buchna/Leichinger/Seeger/Brox*, Gemeinnützigkeit im Steuerrecht, § 63 AO Rn. 283.

[289] BGH v. 11.05.2011 – VIII ZR 289/09, BGHZ 189, 346 (Rn. 16) = NJW 2011, 2421 (2422); *Ellenberger*, in: Grüneberg, BGB, § 172 Rn. 11 ff.; *Neuner*, BGB AT, § 50 Rn. 95 f.; *Schubert*, in: MüKo-BGB, § 167 Rn. 112.

[290] BGH v. 20.01.1983 – VII ZR 32/82, BGHZ 86, 273 (275) = NJW 1983, 1308; *Ackermann*, in: NK-BGB, § 167 Rn. 91 f.; *Brox/Walker*, BGB AT, § 25 Rn. 32; *Ellenberger*, in: Grüneberg, BGB, § 172 Rn. 11, 17; *Schubert*, in: MüKo-BGB, § 167 Rn. 139; *Weinland*, in: jurisPK-BGB, § 173 Rn. 8; *Wertenbruch*, BGB AT, § 31 Rn. 20; a. A. *Flume*, BGB AT, § 49, 4; *Medicus/Petersen*, BGB AT, § 58 Rn. 971; *Schiemann*, in: Staudinger, Eckpfeiler des Zivilrechts, D 217; *Schilken*, in: Staudinger, BGB, § 167 Rn. 31.

tive Vertrauensschutz als Rechtsfolge der Anscheinsvollmacht aber nicht unumstritten.[291] Mögliche Zweifel an der Zurechnungswirkung oder gar der Existenz könnten sich bei entsprechender Anwendung auch auf steuerrechtlicher Ebene auswirken, weshalb es zunächst einer kurzen Betrachtung dieses Problems bedarf.

(1) Schadensersatzhaftung gerichtet auf das negative Interesse

Nach Teilen des Schrifttums soll sich eine Zurechnung (Anwendung der §§ 164 ff. BGB) verbieten, wenn es an einer bewussten Gestaltung der Rechtsverhältnisse durch einen selbstbestimmten Akt mangelt.[292] Sollte also lediglich die Erschütterung eines unbewusst durch die Missachtung der pflichtgemäßen Sorgfalt erweckten Anscheins nicht erfolgen, könne dies auch nicht zu einer Erfüllungshaftung führen.[293] Im Einklang mit der Privatautonomie stehe (nur) die auf das negative Interesse gerichtete Schadensersatzhaftung.[294] Diese Wertung könne man dem Stellvertretungsrecht unmittelbar entnehmen (§ 179 BGB), da der Vertreter ohne Vertretungsmacht nur bei Kenntnis, also einem bewussten Handeln, auf Erfüllung haftet (§ 179 Abs. 1 BGB). Anderenfalls ist die Haftung auf das Vertrauensinteresse beschränkt (§ 179 Abs. 2 BGB).[295] Auch die §§ 171, 172 BGB würden unterstreichen, dass es eines bewussten Handelns bedarf, welches bei der Anscheinsvollmacht nicht vorliegt.[296] Steuerrechtlich hätte dies zur Folge, dass unautorisierte Erklärungen sowie sonstige Handlungen von Organmitgliedern der Körperschaft nicht

---

291 *Ellenberger*, in: Grüneberg, BGB, § 172 Rn. 11; *Schubert*, in: MüKo-BGB, § 167 Rn. 139 f.

292 *Flume*, BGB AT, § 49, 4; *Neuner*, BGB AT, § 50 Rn. 98; *Schilken*, in: Staudinger, BGB, § 167 Rn. 31.

293 *Flume*, BGB AT, § 49, 4; *Medicus/Petersen*, BGB AT, § 58 Rn. 971; *Schilken*, in: Staudinger, BGB, § 167 Rn. 31.

294 *Flume*, BGB AT, § 49, 4; *Medicus/Petersen*, BGB AT, § 58 Rn. 971; *Neuner*, BGB AT, § 50 Rn. 98; *Schilken*, in: Staudinger, BGB, § 167 Rn. 31; wohl auch *Schiemann*, in: Staudinger, Eckpfeiler des Zivilrechts, D 217.

295 *Flume*, BGB AT, § 49, 4; *Schilken*, in: Staudinger, BGB, § 167 Rn. 31.

296 *Neuner*, BGB AT, § 50 Rn. 98 hebt in diesem Zusammenhang das Erfordernis der „Aushändigung" der Urkunde hervor, welches zweifellos ein bewusstes Handeln darstellt; ähnlich *Medicus/Petersen*, BGB AT, § 58 Rn. 970; *Schilken*, in: Staudinger, BGB, § 167 Rn. 31; richtigerweise kann eine Zurechnung dann aber in analoger Anwendung bei einem Verhalten erfolgen, welches der Aushändigung einer Vollmachtsurkunde entspricht, vgl. *Stöber*, EWiR 2011, 551 (552); ferner zur analogen Anwendung der §§ 171, 172 BGB *Stöber*, JR 2012, 225 (226 ff).

zuzurechnen wären, da es in diesen Fällen stets an einem willentlichen Akt des Organs fehlt.

(2) Begründung einer Erfüllungshaftung

Tatsächlich steht die Anerkennung der Anscheinsvollmacht aber im Einklang mit einem überindividuellen Verständnis der Privatautonomie. Zum einen besteht die Freiheit des Vertretenen, sich nicht rechtsgeschäftlich binden zu wollen. Zum anderen muss man die Freiheit des Empfängers berücksichtigen, im Vertrauen auf die Wirksamkeit des Anscheins selbst rechtsgeschäftlich gestalten zu können.[297] Ein solches Verständnis liegt auch den Fallgruppen des fahrlässigen Erklärungsbewusstseins und der abhanden gekommenen Willenserklärung zugrunde.[298] Maßgeblich für die Zurechnung ist auch dort lediglich ein Verschulden in Form von Fahrlässigkeit.[299] Letztlich entspricht dies sogar dem anerkannten Grundsatz des objektiven Empfängerhorizonts (§§ 133, 157 BGB). Dem Erklärenden wird eine Willenserklärung zugerechnet, die nicht seinem Willen entspricht, um den Rechtsverkehr, der auf die Erklärung vertraut, zu schützen.[300] Mit anderen Worten: Der Erklärende wird auch an nicht bewusst in Geltung gesetzte Rechtsfolgen gebunden.[301] Die Privatautonomie des Vertretenen findet dergestalt Beachtung, dass die Bindung nur vorläufiger Natur ist und im Wege der Anfechtung beseitigt werden kann.[302] Die dadurch entstehende Haftung auf Ersatz des Vertrauensschadens (§ 122 BGB) steht dann sogar im Einklang mit einem individualisierten Privatautonomieverständnis.[303] Überträgt man

---

[297] *Thomale/Schüßler*, ZfPW 2015, 454 (475 f.).

[298] Dazu *Thomale*, Leistung als Freiheit, S. 82 ff.; so auch *Bayer*, in: Soergel, BGB, § 167 Rn. 187: Die nach älterer Dogmatik durchaus beachtlichen Einwände gegen die Anscheinsvollmacht, dass fahrlässiges Verhalten keine vertragliche Bindung erzeugen könne, verblassen angesichts der modernen Theorie der Willenserklärung, die nur noch ein potenzielles Erklärungsbewusstsein als Teil einer Willenserklärung fordert.

[299] BGH v. 07.06.1984 – IX ZR 66/83, BGHZ 91, 324 (330) = NJW 1984, 2279; *Bayer*, in: Soergel, BGB, § 167 Rn. 187; *Thomale/Schüßler*, ZfPW 2015, 454 (475).

[300] *Thomale*, Leistung als Freiheit, S. 85 ff.

[301] BGH v. 07.06.1984 – IX ZR 66/83, BGHZ 91, 324 (330) = NJW 1984, 2279.

[302] Dazu 3. Kapitel C. I. 4. a) cc).

[303] Falls man die Erfüllungshaftung grundsätzlich bejahen sollte, müsse man jedenfalls auf diesem Wege zu einer Haftung auf das negative Interesse kommen, vgl. *Neuner*, BGB AT, § 50 Rn. 98; ferner *Thomale/Schüßler*, ZfPW 2015, 454 (476).

diese Beurteilung auf das Steuerrecht, so stellen eigenmächtig abgegebene Willenserklärungen und sonstige Tätigkeiten einen Teil der tatsächlichen Geschäftsführung (§ 63 Abs. 1 AO) dar, wenn die Voraussetzungen der Anscheinsvollmacht vorliegen.

(3) Anwendung bei der steuerrechtlichen Zurechnung von Organhandlungen

Im Steuerrecht ist die Diskussion im Rahmen der Zurechnung von unautorisierten Organhandlungen um einen weiteren Punkt zu ergänzen. Da der Streit auf dem Boden der Privatautonomie spielt,[304] verblassen die Zweifel an einer Anerkennung der Anscheinsvollmacht, wenn es sich bei der Rechtsfolge gar nicht um eine vertragliche Bindung des Vertretenen handelt. Bei der eigenmächtigen Abgabe von Willenserklärungen durch Organmitglieder bestehen die eben dargestellten Bedenken auf den ersten Blick in gleichem Maße, da die Privatautonomie bei einer gemeinnützigen Körperschaft als Rechtssubjekt tangiert ist. Jedoch ist dies nur bei rein zivilrechtlicher Betrachtung der Fall. Im Steuerrecht hingegen stellt die Zurechnung zur tatsächlichen Geschäftsführung der Körperschaft die Rechtsfolge dar. Es kann somit dahinstehen, ob die Anscheinsvollmacht die gleiche Wirkung hat wie eine tatsächlich erteilte Vollmacht oder lediglich eine Schadensersatzhaftung nach sich ziehen soll. Ersteres Verständnis hätte einen Gleichlauf von zivil- und steuerrechtlicher Wirkung zur Folge, also eine vertragliche Bindung des Vertretenen sowie eine Zurechnung zur tatsächlichen Geschäftsführung. Legt man zweiteres Verständnis zugrunde, würde es mangels Vertretungsmacht des Vertreters zwar nicht zu einem wirksamen Vertragsschluss kommen, jedoch ist die Erklärung der Körperschaft dann steuerrechtlich mangels Verletzung der Privatautonomie dennoch zuzurechnen. Zu einem Auseinanderfallen von zivilrechtlicher und steuerrechtlicher „Wirksamkeit" des Verhaltens kann es bereits im Rahmen autorisierter Organhandlungen kommen, da es für eine Zurechnung nach § 31 BGB unerheblich ist, ob die Vertretungsmacht im Außenverhältnis überschritten wurde. Hinsichtlich dieses Ergebnisses besteht Einigkeit, sodass diese Divergenz konsequenterweise auch bei unautorisierten Handlungen von Organmitgliedern unschädlich ist.

---

[304] *Thomale/Schüßler*, ZfPW 2015, 454 (475).

Bei Handlungen, die nichtrechtsgeschäftlicher Natur sind, verschiebt sich der Problemschwerpunkt ohnehin wie folgt: Diese Zurechnung kann und muss dann zwar im Rahmen der tatsächlichen Geschäftsführung (§ 63 Abs. 1 AO) beachtet werden, sie steht jedoch ebenfalls nicht im Widerspruch zur Privatautonomie. Wahrlich lässt sich anführen, dass eine Zurechnung ohne willentlichen Gestaltungsakt des Organs, die den Verlust der Gemeinnützigkeit nach sich ziehen kann, die Existenz der Körperschaft gefährdet[305] und aus diesem Grund kritisch zu betrachten ist. Jedoch handelt es sich hierbei nicht um dogmatische Bedenken. Die schwere Rechtsfolge der Zurechnung kann, wie etwa im Zivilrecht mit der Möglichkeit einer Anfechtung, durch verschiedene Einschränkungen abgefedert werden (normative Korrektur). Dieses Konzept ist Gegenstand der weiteren Ausführungen und rechtfertigt die Anwendung der Anscheinsvollmacht im Hinblick auf sämtliche Organhandlungen auch in normativer Hinsicht. Daneben spricht der Gewinn an Rechtssicherheit für die Anwendung.

CC) MÖGLICHKEIT EINER STEUERRECHTLICH WIRKSAMEN BESEITIGUNG

Die Übertragung der Grundsätze der Duldungs- und Anscheinsvollmacht ist damit grundsätzlich für die Zurechnung von eigenmächtigen Organhandlungen geeignet. Richtigerweise sind in der Literatur[306] auch die damit einhergehenden Einschränkungen bezüglich der Vertretungsmacht thematisiert worden. Ein wissentlicher Missbrauch der (Rechtsschein-)Vollmacht sowie ein Handeln im Wissen um die damit für die Körperschaft einhergehenden Nachteile könnten keine Zurechnung begründen.[307] Dieser Zurechnungsausschluss sei aber regelmäßig abzulehnen, da häufig nicht bewusst zum Nachteil der Körperschaft, sondern vielmehr im Ausblick auf einen Vorteil

---

305 *Leisner-Egensperger*, FS Isensee, 895 (901) sieht in dem Gemeinnützigkeitsstatus eine (lebens-)wichtige Qualifikation; *Schauhoff*, in: Schauhoff/Kirchhain, Handbuch der Gemeinnützigkeit, Grundlegung Rn. 47; *Seer*, in: Tipke/Kruse, AO/FGO, Vor §§ 51–68 AO Rn. 2 spricht zurecht von drastischen Folgen.

306 *Brill*, Der Verlust der Gemeinnützigkeit, S. 312 Bezug nehmend auf die eigenen Ausführungen auf S. 302.

307 *Brill*, Der Verlust der Gemeinnützigkeit, S. 312; *Brox/Walker*, BGB AT, § 26 Rn. 3 ff.; *Schubert*, in: MüKo-BGB, § 164 Rn. 225 ff.: Während Einigkeit über den Tatbestand und die Rechtsfolge (§ 138 Abs. 1 BGB) bei der Kollusion bestehe, sei dies im Rahmen des sonstigen Missbrauchs der Vertretungsmacht umstritten, wobei überwiegend ein vorsätzliches Handeln des Vertreters mit Schädigungsabsicht verlangt werde.

für diese gehandelt würde.[308] Zu denken sei etwa an einen Spendenbetrug des Handelnden in der Hoffnung, die Liquidität der Körperschaft zu verbessern, um auf diese Weise den gemeinnützigen Zweck effektiver verfolgen zu können. Eine sich positiv auswirkende Beschränkung scheitert somit regelmäßig an dem nicht vorhandenen Schädigungsbewusstsein der handelnden Organmitglieder.[309]

Nicht Gegenstand des wissenschaftlichen Diskurses ist bis dato die Heranziehung der Anfechtungsregeln. Um eine Übertragung auf den Bereich des steuerrechtlichen Zurechnungsregimes vorzunehmen, bedarf es zuvor erneut einer kurzen Darstellung der Problematik im Rahmen des zivilrechtlichen Stellvertretungsrechts.

(1) Keine Anfechtbarkeit der Duldungs- und Anscheinsvollmacht

Teile des Schrifttums sprechen sich gegen die Möglichkeit einer Anfechtung der Rechtsscheinvollmacht aus. Mangels Vornahme eines Rechtsgeschäfts könnten auch keine Willensmängel entstehen. Sowohl die Duldungs- als auch die Anscheinsvollmacht seien auf ein tatsächliches Handeln zurückzuführen (willentliches Dulden oder fahrlässiges Nichterkennen), sodass der Anwendungsbereich der §§ 119 ff. BGB nicht eröffnet sei. Dies hätte zur Folge, dass das Vertretergeschäft nicht beseitigt werden könnte.[310] Die Zurechnung zur tatsächlichen Geschäftsführung der Körperschaft wäre damit bei steuerrechtlicher Betrachtung endgültig.

(2) Anfechtungsmöglichkeit bei der Duldungs- und Anscheinsvollmacht

Dem ist entgegenzuhalten, dass die Bindung infolge einer Rechtsscheinvollmacht nicht weiter als bei einer tatsächlichen Vollmacht reichen kann. Insbesondere ist der Bestandsschutz nicht durch einen Ausschluss der Anfechtungsmöglichkeit zu erweitern.[311] Anderenfalls würde man im Hinblick auf

---

308 *Brill*, Der Verlust der Gemeinnützigkeit, S. 312.

309 Zu diesem Ergebnis kommt auch *Brill*, Der Verlust der Gemeinnützigkeit, S. 312.

310 *Leptien*, in: Soergel, BGB, 13. Aufl., § 167 Rn. 22; *Schäfer*, in: BeckOK-BGB, § 167 Rn. 20; *Schilken*, in: Staudinger, BGB, § 167 Rn. 45.

311 *Ackermann*, in: NK-BGB, § 167 Rn. 94; *Bork*, BGB AT, § 34 Rn. 1559; *Ellenberger*, in: Grüneberg, BGB, § 172 Rn. 16; *Medicus/Petersen*, BGB AT, § 57 Rn. 947 f.; *Schubert*, in: MüKo-BGB, § 167 Rn. 151.

die Anscheinsvollmacht die Erfüllungshaftung aufgrund eines fahrlässigen Verhaltens begründen, welche dann sogar schwerer als eine durch rechtsgeschäftliches Handeln begründete Haftung beseitigt werden könnte.[312] Gleiches gilt im Rahmen der Duldungsvollmacht. Das tatsächliche Verhalten stellt ein Weniger im Vergleich zur Vollmachterteilung dar und kann deshalb nicht ein Mehr im Rahmen der Erfüllungshaftung begründen, indem die Anfechtungsmöglichkeit entzogen wird.[313] Zur Vermeidung dieser Wertungswidersprüche darf die Anfechtbarkeit nicht per se verneint werden.[314] Da die vertragliche Bindung jedoch ausschließlich auf einem Rechtsschein fußt, liegt insbesondere die Annahme eines Inhalts- oder Erklärungsirrtums – also ein Auseinanderfallen von Wille und Erklärung – zunächst fern.[315] Eine direkte Anwendung von § 119 Abs. 1 BGB scheidet somit zwar aus, allerdings lässt sich die Norm analog anwenden.[316] Die Anfechtung ist also in dem Maße zuzulassen, wie sie möglich wäre, wenn anstelle des Rechtsscheins eine tatsächliche Vollmacht erteilt worden wäre.[317] Unerheblich ist indes ein Irrtum über die Rechtsfolgen des eigenen Verhaltens.[318] Ferner kommt eine Anwendung des § 123 BGB in Betracht, wenn das Dulden auf einer arglistigen Täuschung oder widerrechtlichen Drohung beruhen sollte.[319]

(3) Übertragung auf das steuerrechtliche Zurechnungsregime

(a) Gründe für eine entsprechende Anwendung

Nun ist im Rahmen der steuerrechtlichen Zurechnungsdiskussion zu beachten, dass sich die ohnehin schon analoge Anwendung der §§ 119 ff. BGB auf die Anfechtung einer Duldungs- respektive Anscheinsvollmacht bezieht, um das Vertretergeschäft zu beseitigen. Bei den eigenmächtigen Handlungen der Organmitglieder steht ein Vertragsschluss jedoch

---

[312] *Ellenberger*, in: Grüneberg, BGB, § 172 Rn. 16; *Weinland*, in: jurisPK-BGB, § 173 Rn. 8.

[313] *Ackermann*, in: NK-BGB, § 167 Rn. 94; *Ellenberger*, in: Grüneberg, BGB, § 172 Rn. 16; *Weinland*, in: jurisPK-BGB, § 173 Rn. 7.

[314] *Schubert*, in: MüKo-BGB, § 167 Rn. 151 f.; a. A. *Schilken*, in: Staudinger, BGB, § 167 Rn. 45.

[315] *Schilken*, in: Staudinger, BGB, § 167 Rn. 45; *Schubert*, in: MüKo-BGB, § 167 Rn. 152.

[316] *Neuner*, BGB AT, § 50 Rn. 91; *Weinland*, in: jurisPK-BGB, § 173 Rn. 7 f.

[317] *Bork*, BGB AT, § 34 Rn. 1559.

[318] Dies stellt lediglich einen unbeachtlichen Rechtsfolgenirrtum dar, *Bork*, BGB AT, § 34 Rn. 1559; *Schubert*, in: MüKo-BGB, § 167 Rn. 152.

[319] *Neuner*, BGB AT, § 50 Rn. 91; *Schubert*, in: MüKo-BGB, § 167 Rn. 152.

häufig gar nicht zur Debatte, sondern vielmehr ein nichtrechtsgeschäftliches Handeln, welches der Körperschaft zuzurechnen ist. Die §§ 119 ff. BGB gelten indes nur für Willenserklärungen, nicht aber für Realakte.[320] Dieser Beurteilung ist zuzustimmen, jedoch müssen die Besonderheiten der erweiterten Anwendung der zivilrechtlichen Zurechnungsgrundsätze Beachtung finden. Aus der Ausweitung des Anwendungsbereichs der Duldungs- und Anscheinsvollmacht ist konsequenterweise auch eine Übertragung der damit einhergehenden Besonderheiten, namentlich der Anfechtungsmöglichkeit, zu folgern. Dafür spricht, wie im Rahmen der zivilrechtlichen Diskussion, der Gedanke, dass eine Ausweitung der Zurechnung nicht grenzenlos erfolgen darf. Die Duldungs- und Anscheinsvollmacht gelten grundsätzlich nur für die Zurechnung rechtsgeschäftlicher Handlungen. Zudem besteht in diesem Fall wohl die Möglichkeit einer Anfechtung der Rechtsscheinvollmacht. Dann kann die Folge bei einer Ausweitung auf nichtrechtsgeschäftliche Handlungen im Rahmen der steuerrechtlichen Zurechnung nicht eine stärkere Bindung als im ursprünglichen Anwendungsbereich sein.

Zudem verhindert die Anfechtungsmöglichkeit zwar, dass der Erklärende gegen seinen Willen an eine Erklärung gebunden ist, die nicht seinem Geschäftswillen entspricht.[321] Die Notwendigkeit eines Anfechtungsgrunds schützt dabei aber grundsätzlich das Vertrauen der Person des Erklärungsempfängers.[322] Diese Schutzbedürftigkeit besteht jedoch bei der Zurechnung von Handlungen zur tatsächlichen Geschäftsführung nicht. Erkennt man die Existenz der Anscheinsvollmacht nicht an, findet ohnehin keine vertragliche Bindung statt, sodass es keinen schutzbedürftigen Geschäftsgegner gibt. Im Falle einer vertraglichen Bindung der Körperschaft ist der Geschäftspartner nur bei zivilrechtlicher Betrachtung schutzwürdig. Die steuerrechtliche Zurechnung betrifft indes nur die Körperschaft selbst. Das rechtfertigt eine entsprechende Anwendung der Anfechtungsregeln im Rahmen der tatsächlichen Geschäftsführung (§ 63 Abs. 1 AO) somit erst recht.

---

320 *Arnold*, in: Erman, BGB, § 119 Rn. 17; *Dörner*, in: HK-BGB, § 119 Rn. 3; *Ellenberger*, in: Grüneberg, BGB, § 119 Rn. 4; *Wendtland*, in: BeckOK-BGB, § 119 Rn. 3.

321 *Brox/Walker*, BGB AT, § 18 Rn. 1; ausführlich zu dieser Kompromisslösung zwischen Willenstheorie und Erklärungstheorie *Wertenbruch*, BGB AT, § 12 Rn. 1 ff.

322 *Arnold*, in: Erman, BGB, § 119 Rn. 1; *Ellenberger*, in: Grüneberg, BGB, § 119 Rn. 1; *Wendtland*, in: BeckOK-BGB, § 119 vor Rn. 1; *Wertenbruch*, BGB AT, § 12 Rn. 3.

(b) Voraussetzungen

Im steuerrechtlichen Kontext existiert zwar kein schutzwürdiger Geschäftsgegner – selbst die Finanzbehörde wird mangels Kenntniserlangung regelmäßig noch nicht zu dem Schluss gekommen sein, dass man die Gemeinnützigkeit aberkennen müsse. Somit dienen die zivilrechtlich zur Anfechtung berechtigenden Irrtümer höchstens der Orientierung; sie lassen sich aber nicht ohne weiteres übertragen. Jedoch darf die steuerrechtliche Beseitigung von zuzurechnenden Handlungen auch keineswegs grenzenlos erfolgen. Die steuerrechtliche Anfechtungsmöglichkeit soll vielmehr nur eine normative Korrektur für den Ausnahmefall darstellen, dass die zuvor erläuterten Zurechnungsregeln bei einer Gesamtbetrachtung zu einer unbilligen Härte führen. Dies wird sich auf solche Einzelfälle beschränken müssen, in denen die Organmitglieder nachweislich davon ausgegangen sind, dass das eigenmächtige Handeln keine so weitreichenden (Zurechnungs-)Folgen wie die Aberkennung der Gemeinnützigkeit nach sich ziehen würde.[323] Eine solche Konstellation ist denkbar, wenn die restlichen Organwalter Kenntnis von der gemeinnützigkeitsschädlichen Handlung haben (beispielsweise Zahlung, Veröffentlichung auf der Internetseite), aber gleichwohl (zunächst) nicht eingeschritten sind. Das Nichteinschreiten kann in solchen Fällen auf einen stark ausgeprägten Kollegialitätsgedanken zurückzuführen sein. Insbesondere bei einem arbeitsteiligen Vorgehen der Vorstandsmitglieder werden punktuell auftretende, sonderbar erscheinende Tätigkeiten aufgrund eines langjährigen Kollegialverhältnisses möglicherweise nicht sofort in der gebotenen Tiefe hinterfragt. Sollten die Auswirkungen den übrigen Organmitgliedern erst zu einem späteren Zeitpunkt bewusst werden, so muss dem Vorstand die Möglichkeit eingeräumt werden, sich gegen diese Handlungen positionieren zu können. Da der Rechtsschein, der durch das zunächst erfolgte Dulden gesetzt wird, für eine Zurechnung der Tätigkeit zur tatsächlichen Geschäftsführung ausreichend ist, wäre eine spätere Distanzierung aber wirkungslos – die Gemeinnützigkeit würde versagt werden. Diese sehr weitreichende Zurechnung muss bei einem entsprechenden Irrtum der

[323] Ausschließlich für die steuerrechtliche Zurechnung maßgeblich; im Zivilrecht besteht gerade kein Anfechtungsrecht, wenn der Handelnde nicht weiß, dass sein Verhalten (Dulden oder Schweigen) eine Haftung oder Bindung begründet, BGH v. 27.10.1953 – I ZR 111/52, BGHZ 11, 1 (4) = BeckRS 1953, 30373959; *Ellenberger*, in: Grüneberg, BGB, § 119 Rn. 4.

Vorstandsmitglieder durch eine rückwirkende Beseitigungsmöglichkeit im Einzelfall korrigiert werden können. Eine solche Möglichkeit sollte darüber hinaus in jedem Fall bestehen, wenn das handelnde Organmitglied die übrigen Mitglieder getäuscht (§ 123 Abs. 1 Alt. 1 BGB) oder gar bedroht (§ 123 Abs. 1 Alt. 2 BGB) hat.[324]

Durch eine entsprechende Erklärung hat das Organ sodann die Möglichkeit, die Zurechnung ex tunc zu beseitigen.[325] Bei zivilrechtlicher Betrachtung muss die Anfechtungserklärung gegenüber dem Anfechtungsgegner (§ 143 Abs. 1 BGB), also bei Verträgen gegenüber dem Vertragspartner (§ 143 Abs. 2 BGB), erfolgen.[326] Da insbesondere bei Realakten kein Anfechtungsgegner existiert, ist es für die steuerrechtliche Betrachtung ausreichend, dass die Körperschaft eine Erklärung dergestalt veröffentlicht, dass jedermann Kenntnis erlangen kann. Dies ist insbesondere bei einer Veröffentlichung auf der eigenen Internetseite anzunehmen.[327]

(c) Rechtsfolge

Von besonderer Bedeutung ist schließlich die ex-tunc-Wirkung der Anfechtung nach § 142 Abs. 1 BGB.[328] Wenn die Möglichkeit einer Beseitigung von unautorisierten Organhandlungen nicht bestünde, wäre das Verhalten dem Organ und damit der Körperschaft bei Vorliegen der Voraussetzungen einer Duldungs- oder Anscheinsvollmacht zuzurechnen. Dies hätte schlimmstenfalls zur Folge, dass die tatsächliche

[324] Dies im Rahmen der zivilrechtlichen Debatte bejahend *Neuner*, BGB AT, § 50 Rn. 91; *Schubert*, in: MüKo-BGB, § 167 Rn. 152.

[325] Zur Anfechtungserklärung *Busche*, in: MüKo-BGB, § 143 Rn. 2 ff.; *Dörner*, in: HK-BGB, § 143 Rn. 2 ff.

[326] *Arnold*, in: Erman, BGB, § 143 Rn. 9; *Busche*, in: MüKo-BGB, § 143 Rn. 12; *Dörner*, in: HK-BGB, § 143 Rn. 4.

[327] Dafür sprechen auch die Ausführungen des BFH im Rahmen des Attac-Urteils, wonach die Selbstdarstellung der Körperschaft auf der eigenen Internetseite von großer Bedeutung für die Zurechnung ist, BFH v. 10.01.2019 – V R 60/17, BStBl II 2019, 301 (306) = BFHE 263, 290; die Bedeutung des Internetauftritts ebenfalls betonend *Erdbrügger*, in: BeckOK-AO, § 63 Rn. 22; *Gersch*, in: Klein, AO, § 63 Rn. 1a. Vor allem wäre es verfehlt, strengere Anforderungen als an eine zivilrechtliche Anfechtungserklärung zu stellen, die formfrei möglich ist, vgl. *Busche*, in: MüKo-BGB, § 143 Rn. 4; *Dörner*, in: HK-BGB, § 143 Rn. 2; *Wendtland*, in: BeckOK-BGB, § 143 Rn. 2.

[328] *Arnold*, in: Erman, BGB, § 142 Rn. 2; *Busche*, in: MüKo-BGB, § 142 Rn. 1; *Dörner*, in: HK-BGB, § 142 Rn. 1.

Geschäftsführung gemäß § 63 Abs. 1 AO nicht auf die Erfüllung des steuerbegünstigten Zwecks gerichtet wäre, was wiederum die Aberkennung der Gemeinnützigkeit bewirken würde. Die Körperschaft hätte dann allenfalls die Möglichkeit, eine Zurechnung durch ein Unterbinden des eigenmächtigen Auftretens für die Zukunft zu verhindern.[329] Die Möglichkeit der rückwirkenden Beseitigung kann sich also existenzsichernd für die Körperschaft auswirken und stellt damit ein gebotenes Korrektiv im Rahmen des Zurechnungsregimes dar. Abschließend ist zu erwähnen, dass es sich bei der Anfechtung um ein Gestaltungsrecht und nicht um eine Pflicht handelt, sodass die Körperschaft die ex-tunc-Wirkung mit einer entsprechenden Erklärung herbeiführen kann, aber dazu nicht gezwungen ist.[330] Folglich können unautorisierte Handlungen, die den gemeinnützigen Zweck fördern, auch im Falle einer Anfechtungsmöglichkeit als tatsächliche Geschäftsführung der Körperschaft anzusehen sein, wenn keine Anfechtungserklärung erfolgt. Damit bietet die Anfechtbarkeit eine flexible Lösung für das Zurechnungsregime von Organhandlungen.

b) Differenzierung nach Haupt- und Ehrenamt

Fraglich ist, ob darüber hinaus auch die teils erwogene Differenzierung zwischen haupt- und nebenberuflich tätigen Organmitgliedern zu berücksichtigen ist.[331] Diese Unterscheidung mag auf den ersten Blick sinnvoll erscheinen, jedoch weist sie nicht die gebotene Begründungstiefe auf. So wird als Rechtfertigungsgrund die Norm des § 31a BGB angeführt. Diese Begrenzung der Haftung ehrenamtlich tätiger Vorstandsmitglieder unterstreiche die Notwendigkeit, auch bei den Überwachungspflichten einen anderen Maßstab als bei hauptberuflich ausgestalteten Vorständen anzulegen.[332] Diese Begründung ist aus zweierlei Gründen defizitär:

§ 31a BGB privilegiert ein ehrenamtliches Vereinsorganmitglied dergestalt, dass die von ihm fahrlässig verursachten Schäden vom Verein zu

---

[329] So ausdrücklich im Rahmen der zivilrechtlichen Diskussion *Leptien*, in: Soergel, BGB, 13. Aufl., § 167 Rn. 22.

[330] *Arnold*, in: Erman, BGB, § 119 Rn. 1; *Dörner*, in: HK-BGB, § 119 Rn. 1; *Ellenberger*, in: Grüneberg, BGB, § 119 Rn. 2.

[331] Vgl. *Jansen*, FR 2002, 996 (998); im Ergebnis auch *Hornung/Vielwerth*, DStR 2019, 1497 (1501).

[332] *Unger*, in: Gosch, AO/FGO, § 63 AO Rn. 31.

übernehmen sind.[333] Die Norm schützt somit unmittelbar die ehrenamtlich tätigen Organmitglieder und dies zulasten des Vereins.[334] Im Rahmen der Zurechnung von Organhandlungen steht der Schutz der Organmitglieder aber gar nicht im Vordergrund. Eine Begrenzung der Zurechnung bei ehrenamtlich tätigen Organmitgliedern hätte zuvorderst den Schutz der Körperschaft zur Folge. Denn der tatsächlichen Geschäftsführung zuzurechnende unautorisierte Handlungen sind primär eine Gefahr für den Gemeinnützigkeitsstatus der Körperschaft.[335] Folglich divergieren die Schutzrichtungen im Rahmen der Haftung einerseits (§ 31a BGB) und der Zurechnung andererseits (§ 63 Abs. 1 AO). Es darf zwar nicht unerwähnt bleiben, dass sich der Verlust der Gemeinnützigkeit unter Umständen auch zulasten der Organmitglieder auswirken kann.[336] Mittelbar dient eine Begrenzung der Zurechnung somit auch dem Schutz der ehrenamtlichen Organmitglieder selbst. Dies ist jedoch keineswegs die unmittelbare Folge einer solchen Differenzierung, sodass dieser Umstand allein eine Unterscheidung nicht zu rechtfertigen vermag.

Zudem ist eine Zurechnung von Handlungen zum Organ bzw. der Körperschaft nach Ansicht des BFH, auf welche in der Begründung Bezug genommen wird,[337] grundsätzlich nur bei einer groben Vernachlässigung der den übrigen Organmitgliedern obliegenden Überwachungspflichten anzunehmen.[338] § 31a Abs. 1 S. 1 BGB beschränkt die Haftung der ehrenamtlich tätigen Organmitglieder nun auf Vorsatz und grobe Fahrlässigkeit.

---

333 Im Innenverhältnis ist ein Schadensersatzanspruch gemäß § 31a Abs. 1 S. 1 BGB ausgeschlossen und bei Schädigungen Dritter kann im Innenverhältnis nach § 31a Abs. 2 BGB die Freistellung vom Verein verlangt werden, *Leuschner*, in: MüKo-BGB, § 31a Rn. 1, 9; ausführlich dazu *Leuschner*, NZG 2014, 281 (282 ff.); *Werner*, in: Winheller/Geibel/Jachmann-Michel, Gesamtes Gemeinnützigkeitsrecht, 3.1 Verein Rn. 122 ff.

334 *Leuschner*, NZG 2014, 281 (281); *Segna*, ZIP 2015, 1561 (1566); *Werner*, in: Winheller/Geibel/Jachmann-Michel, Gesamtes Gemeinnützigkeitsrecht, 3.1 Verein Rn. 126.

335 *Hüttemann*, in: Hüttemann, Gemeinnützigkeitsrecht und Spendenrecht. Rn. 4.230; *Schauhoff*, in: Schauhoff/Kirchhain, Handbuch der Gemeinnützigkeit, Grundlegung Rn. 47.

336 *Schauhoff*, in: Schauhoff/Kirchhain, Handbuch der Gemeinnützigkeit, Grundlegung Rn. 47; *Seer*, in: Tipke/Kruse, AO/FGO, Vor §§ 51–68 AO Rn. 2; die Haftung der Organmitglieder ist Gegenstand der Kapitel 4 und 5.

337 *Unger*, in: Gosch, AO/FGO, § 63 AO Rn. 31.

338 BFH v. 31.07.1963 – I 319/60, HFR 1963, 407 (408) = BeckRS 1963, 21007641.

Grobe Fahrlässigkeit meint das Außerachtlassen der im Verkehr erforderlichen Sorgfalt in besonders schwerem Maße.[339] Die Norm schützt ehrenamtliche Organmitglieder somit gerade nicht vor besonders groben Sorgfaltsverstößen. Folglich kann aus der Einführung der Norm auch nicht ohne Weiteres gefolgert werden, dass ehrenamtliche Organmitglieder, die ihre Überwachungspflichten in hohem Maße missachten, besser stehen sollen als hauptamtliche Organmitglieder, denen ein solcher Verstoß zur Last fällt. Anders wäre dies, wenn die Norm eine Beschränkung auch bei einfacher Fahrlässigkeit vorsehen würde; dies ist indes nicht der Fall.

Legt man jedoch zugrunde, dass eine Zurechnung zum Organ erfolgt, wenn nicht berechtigte Organmitglieder wiederholt und über einen gewissen Zeitraum Handlungen vornehmen und die übrigen Organmitglieder dies hätten erkennen müssen und verhindern können, lässt sich eine Differenzierung in Betracht ziehen. Dann ist die Zurechnung bei ehrenamtlichen Organmitgliedern wie folgt zu behandeln: Im Gegensatz zu hauptberuflichen Vorständen müssen sich solche, die aus ehrenamtlich tätigen Personen bestehen, eigenmächtige Handlungen von Organmitgliedern nur zurechnen lassen, wenn diese mehrmals über einen längeren Zeitraum tätig werden und den anderen Organmitgliedern das Handeln infolge grober Fahrlässigkeit verborgen geblieben ist. Bei hauptamtlich tätigen Organmitgliedern erfolgt eine Zurechnung hingegen weiterhin bereits bei einem wiederholten fahrlässigen Außerachtlassen der Überwachungspflichten.

Diese Differenzierung darf allerdings nicht dahingehend missverstanden werden, dass sie sich inhaltlich auf die Überwachungspflichten auswirkt.[340] Es liegt zwar in der Natur eines Ehrenamts, dass weniger Möglichkeiten der Überwachung bestehen, da die betroffenen Personen parallel noch einen Beruf ausüben und sich somit nicht dauerhaft der

---

339 BGH v. 08.02.1989 – IVa ZR 57/88, NJW 1989, 1354 (1355) = BeckRS 1989, 111; BGH v. 18.12.1996 – IV ZR 321/95, NJW 1997, 1012 (1013) = BeckRS 1997, 1135; BGH v. 29.01.2003 – IV ZR 173/01, NJW 2003, 1118 (1119) = BeckRS 2003, 1923; BGH v. 11.07.2007 – XII ZR 197/05, NJW 2007, 2988 (2989) = BeckRS 2007, 13496; verschiedene, gleichbedeutende Formulierungen befinden sich bei *Grundmann*, in: MüKo-BGB, § 276 Rn. 94; *Grüneberg*, in: Grüneberg, BGB, § 276 Rn. 14, § 277 Rn. 5; *Kramme*, in: Prütting/Wegen/Weinreich, BGB, § 276 Rn. 20; *Schulze*, in: HK-BGB, § 276 Rn. 19.

340 Zutr. *Hornung/Vielwerth*, DStR 2019, 1497 (1501): Es sind keine unterschiedlichen Anforderungen an den Pflichtenkanon zu stellen.

Kontrolle anderer Personen widmen können.[341] Dennoch bezieht sich die Anwendung der Grundsätze zur Anscheins- und Duldungsvollmacht auf sämtliche unautorisierte Handlungen aller Vorstandsmitglieder. Würde man die Reichweite der Überwachungspflichten von der (ehrenamtlichen) Ausgestaltung des Vorstands abhängig machen, drohte schlimmstenfalls eine missbräuchliche Verwendung dieses Instruments.[342] Davon zu unterscheiden ist die soeben skizzierte Anpassung des Verschuldensmaßstabs bei den Überwachungspflichten.[343] Die Verschiebung von einfacher auf grobe Fahrlässigkeit steht im Einklang mit der Privilegierung des § 31a BGB, sodass sich die Norm nun auch als Rechtfertigung anführen lässt.

Unterstrichen wird diese Differenzierung auch durch einen Blick auf einzelne Vertragstypen des Zivilrechts. Nach § 521 BGB haftet der Schenker nur für Vorsatz und grobe Fahrlässigkeit. Gleiches gilt gemäß § 599 BGB für den Verleiher. Beide Fälle der Haftungsbeschränkung auf grobe Fahrlässigkeit erfolgen aufgrund des unentgeltlichen Tätigwerdens des Schuldners.[344] Nicht unentgeltlich tätige Schuldner haften demgegenüber nach dem Grundsatz des § 276 Abs. 1 S. 1 BGB auch für einfache Fahrlässigkeit.[345] Die Unterscheidung zwischen entgeltlich und unentgeltlich Tätigen und die damit einhergehende Privilegierung altruistischen Tätigwerdens stärkt die Legitimation einer solchen Differenzierung im Rahmen der Zurechnung. Auch steht die konkrete Anpassung des Maßstabs von einfacher auf grobe Fahrlässigkeit im Einklang mit den genannten Privilegierungen.

---

341 Die Lösung könne deshalb nicht in der Einstellung eines Detektivs, der die anderen Personen kontrolliert, liegen, vgl. *Jansen*, FR 2002, 996 (998).

342 Dies befürchten auch *Hornung/Vielwerth*, DStR 2019, 1497 (1501). Allerdings lässt sich das gewählte Beispiel nicht ohne Weiteres auf das hier vertretene Zurechnungsmodell übertragen, da zwischen der Zurechnung von Organmitgliedern und Nichtorganmitgliedern differenziert wird, sodass ein ehrenamtlicher Vorstand zunächst nicht die Überwachung von „weit über 29.000“ Vereinsmitgliedern, sondern zunächst nur der übrigen Vorstandsmitglieder fürchten muss, weshalb der Verdacht eines Missbrauchs nicht zwingend naheliegt.

343 So auch *Hornung/Vielwerth*, DStR 2019, 1497 (1501).

344 *Graf v. Westphalen*, in: Erman, BGB, § 599 Rn. 1; *Grundmann*, in: MüKo-BGB, § 276 Rn. 87; *Hähnchen*, in: Erman, BGB, § 521 Rn. 1; *Häublein*, in: MüKo-BGB, § 599 Rn. 1; *Koch*, in: MüKo-BGB, § 521 Rn. 1; *Saenger*, in: HK-BGB, § 521 Rn. 1; *Scheuch*, in: HK-BGB, § 599 Rn. 1.

345 *Grundmann*, in: MüKo-BGB, § 276 Rn. 50 ff.; *Lorenz*, in: BeckOK-BGB, § 276 Rn. 2.

Schließlich handelt es sich aus normativer Sicht um eine gebotene Abfederung der Folgen der entsprechenden Anwendung der Anscheinsvollmacht bei sämtlichen Tätigkeiten. Die Verletzung der Privatautonomie ist bei steuerrechtlicher Betrachtung zwar zu verneinen. Die weitreichenden Folgen berühren jedoch die Existenz der gemeinnützigen Körperschaft. Bei wertender Betrachtung ist die entsprechende Anwendung der Anscheinsvollmacht damit sogar verheerender als im Rahmen rechtsgeschäftlichen Handelns und die Verschiebung des Sorgfaltsmaßstabs bei ehrenamtlich tätigen Vorstandsmitgliedern, welche sich nicht dauerhaft der Überwachung sämtlicher Organmitglieder widmen können, damit geboten.

Es liegen zwar aus Sicht des Organs weiterhin keine willentlichen Handlungen vor, dennoch ist der Schritt dorthin von der groben Fahrlässigkeit deutlich kleiner.[346] Auch ehrenamtlichen Organmitgliedern ist zuzumuten, dass diese Handlungen einzelner Organmitglieder, die wiederholt stattfinden und im gegebenen Fall jedem einleuchten mussten,[347] erkennen und in Zukunft verhindern.

c) *Differenzierung nach gemeinnützigkeitsschädlichen und -fördernden Handlungen*

Eine interessante, aber gleichwohl nicht auf sämtliche Handlungen übertragbare Herangehensweise stellt der Zurechnungsausschluss bei zweckfremden Tätigkeiten dar.[348] So sollen etwa Rechtsverletzungen durch Vorstandsmitglieder, die nicht zur Erreichung des gemeinnützigen Zwecks begangen wurden, keine zurechenbaren Handlungen darstellen, da sie gerade nicht auf die Erfüllung des gemeinnützigen Zweck gerichtet seien.[349] Bei einer Ausweitung dieses auf Verstöße gegen die Rechtsordnung zugeschnittenen Ansatzes auf sämtliche Verstöße würde bei zweckwidrigem Handeln keine Zurechnung erfolgen, jedenfalls nicht in solchen Fällen, in denen der Zweck ansonsten in vollem Umfang gefördert bzw. erreicht würde.[350]

---

[346] S. zu den Graden der Fahrlässigkeit, *Grüneberg*, in: Grüneberg, BGB, § 276 Rn. 14; *Lorenz*, in: BeckOK-BGB, § 276 Rn. 19; *Stadler*, in: Jauernig, BGB, § 276 Rn. 26 f.

[347] BGH v. 11.05.1953 – IV ZR 170/52, BGHZ 10, 14 (16) = NJW 1953, 1139; *Caspers*, in: Staudinger, BGB, § 276 Rn. 93; *Schaub*, in: beckOGK-BGB § 276 Rn. 93.

[348] *Jansen*, FR 2002, 996 (997); *Koenig*, in: Koenig, AO, § 63 Rn. 4.

[349] *Jansen*, FR 2002, 996 (997 f.).

[350] *Jansen*, FR 2002, 996 (998).

Ob die tatsächliche Geschäftsführung auf die Verwirklichung des gemeinnützigen Zwecks gerichtet ist, steht jedoch gerade in Frage. Hierfür bedarf es eines Zurechnungsmodells, welches nicht allein aus dem Kriterium der Zweckwidrigkeit und einem damit einhergehenden Ausschluss bestehen kann. Sollten zweckwidrige Handlungen der Vorstandsmitglieder nämlich als tatsächliche Geschäftsführung angesehen werden können, dann wäre das Ergebnis eben gerade, dass die Geschäftsführung nicht auf die Erreichung des Zwecks gerichtet ist.

Eine Modifikation dieses Ansatzes vermag jedoch zufriedenstellende Ergebnisse im Rahmen der Zurechnungsproblematik von Organmitgliedern zu liefern. Der zuvor skizzierte Zurechnungsausschluss bei zweckwidrigen Handlungen würde regelmäßig eine für den Gemeinnützigkeitsstatus der Körperschaft schädliche Zurechnung ausschließen. Dieser ausnahmslose Ausschluss ist zwar nicht möglich, jedoch ist im Rahmen der Zurechnung eine Differenzierung nach solchen Handlungen, die den Gemeinnützigkeitsstatus gefährden, und solchen, die den gemeinnützigen Zweck fördern, vorzunehmen. Ohne dabei die Idee einer solchen Unterscheidung zu nennen, ist in der Literatur vereinzelt ausgeführt worden, dass man Handlungen bestimmter Personen den Körperschaften steuerrechtlich als eigene Handlung zurechnen müsse, und zwar – dieser Passus ist von Bedeutung – insbesondere dann, wenn die Körperschaft damit begünstigt würde.[351] Die Verwendung des Wortes „insbesondere" legt den Grundstein für eine Differenzierung, da eine Zurechnung somit vor allem bei begünstigenden Handlungen erfolgen soll. Dieses Ergebnis erzielt man mit einer Senkung der Voraussetzungen für eine Zurechnung in den Fällen der Begünstigung.

Damit lässt sich folgende Erweiterung des bereits dargestellten Zurechnungsmodells für eigenmächtige Handlungen von Organmitgliedern vornehmen: Eine unautorisierte Tätigkeit ist dem Organ nach den Grundsätzen der Duldungs- und Anscheinsvollmacht zuzurechnen, also wenn das Auftreten von einer gewissen Häufigkeit geprägt ist und die anderen Organmitglieder dieses kennen und dulden oder hätten erkennen müssen und verhindern können. Bei ehrenamtlichen Vorständen ist erforderlich, dass die übrigen Mitglieder das Verhalten infolge eines besonders groben Sorgfaltsverstoßes nicht erkannt und verhindert haben.

---

[351] *Kümpel*, DStR 2001, 152 (155).

Dies gilt allerdings nur in solchen Fällen, in denen das Verhalten den Gemeinnützigkeitsstatus der Körperschaft im Falle der Zurechnung gefährdet. Folglich sind an die Zurechnung unautorisierter Handlungen von Organmitgliedern zu dem – unerheblich, ob hauptamtlich oder ehrenamtlich besetzten – Organ deutlich geringere Anforderungen zu stellen, wenn die Tätigkeit den Zweck der gemeinnützigen Körperschaft fördert. In solchen Fällen kann etwa das erstmalige Auftreten ausreichend sein und die Schwelle der groben Fahrlässigkeit bei ehrenamtlichen Vorständen ist durch einfache Fahrlässigkeit zu ersetzen.

Die Sinnhaftigkeit einer solchen Unterscheidung wird deutlich, wenn man sich die Folgen der Zurechnung vor Augen führt: Warum sollten Handlungen, die dem Gemeinnützigkeitsstatus der Körperschaft zugute kommen, nicht (grundsätzlich) dem Willen der Körperschaft entsprechen? Denn sowohl die gemeinnützige Körperschaft als auch die Allgemeinheit profitiert von diesen Handlungen. Es ist also davon auszugehen, dass auch unautorisierte Tätigkeiten in diesem Fall dem Willen des Organs und damit der Körperschaft entsprechen, sodass die Absenkung der Zurechnungsvoraussetzungen und die damit einhergehende steuerrechtliche Beachtlichkeit interessengemäß ist. Demgegenüber würde ein Handeln, welches gemeinnützigkeitsschädlich ist, der Körperschaft sowie den Organmitgliedern schaden. Aus welchem Grund sollten also selbstschädigende Handlungen dem Willen des Organs entsprechen? Dies wird man nur (ausnahmsweise) annehmen können, wenn die übrigen Organmitglieder sich dem wiederholten unautorisierten Handeln verschließen und dieses infolge (grober) Fahrlässigkeit nicht erkennen.

d) Berücksichtigung schriftlicher Geschäftsverteilungspläne

Schließlich ist zu klären, ob die herausgearbeiteten Maßstäbe für alle Organmitglieder gelten oder ob innerhalb des Organs bzw. zwischen den Organen Abstufungen aufgrund schriftlicher Geschäftsverteilungspläne vorzunehmen sind.[352] Bei einer Beschränkung der Verantwortlichkeit infolge einer schriftlich geregelten Aufgabenverteilung, die ursprünglich für das Verhältnis mehrerer Geschäftsführer einer juristischen Person

---

[352] So *Hüttemann*, in: Hüttemann, Gemeinnützigkeitsrecht und Spendenrecht, Rn. 4.225; *Musil*: in: Hübschmann/Hepp/Spitaler, AO/FGO, § 63 AO Rn. 10.

im Rahmen ihrer steuerlichen Pflichten entwickelt wurde,[353] ist jedoch stets zu beachten, dass eine gewisse Überwachung auch in diesem Fall nicht vollständig abbedungen werden kann. Dies folgt aus dem Grundsatz der Gesamtverantwortung eines jeden gesetzlichen Vertreters.[354] Dieser Grundsatz muss auch im Rahmen der Zurechnung Berücksichtigung finden, sodass sich ein Zurechnungsausschluss aufgrund eines etwaigen (schriftlichen) Geschäftsverteilungsplans ohnehin verbietet.[355] Aber auch sonstige Abstufungen sind aufgrund solcher Aufgabenzuteilungen nicht vorzunehmen, sodass Geschäftsverteilungsplänen im Rahmen der Zurechnung von Organhandlungen letztlich keine Bedeutung zukommt. Denn: Insbesondere für solche Belange, die die Existenz der Gesellschaft im Ganzen berühren, besteht eine solidarische Verantwortlichkeit aller Geschäftsführer.[356] Die Frage nach der Zurechnung von Organhandlungen steht dabei immer im Zusammenhang mit dem Gemeinnützigkeitsstatus der Körperschaft. Entweder sollen Handlungen positiv zugerechnet werden, damit die tatsächliche Geschäftsführung i. S. v. § 63 Abs. 1 AO auf die Verwirklichung des gemeinnützigen Zwecks gerichtet ist. Oder aber Tätigkeiten dürfen der Körperschaft gerade nicht zugerechnet werden, da die tatsächliche Geschäftsführung im Falle der Zurechnung nicht mehr auf die Verfolgung des gemeinnützigen Zwecks gerichtet wäre. Damit ist zwingend der Gemeinnützigkeitsstatus der Körperschaft betroffen. Im Falle der Nichtanerkennung der Gemeinnützigkeit drohen mitunter vernichtende Steuernachzahlungen,[357] sodass die tatsächliche Existenz der Körperschaft betroffen wäre.[358] Dies ist aber gar nicht erforderlich, denn bereits der Verlust des Gemeinnützigkeitsstatus selbst berührt die

---

353 BFH v. 11.05.1962 – VI 195/60 U, BStBl III 1962, 342 (343) = BFHE 75, 206; BFH v. 23.06.1998 – VII R 4/98, BStBl II 1998, 761 (763) = BFHE 186, 132 zu den Vorstandsmitgliedern eines Vereins.

354 BFH v. 23.06.1998 – VII R 4/98, BStBl II 1998, 761 (763) = BFHE 186, 132; BFH v. 13.03.2003 – VII R 46/02, BStBl II 2003, 556 (559 f.) = BFHE 202, 22; *Musil*, in: Hübschmann/Hepp/Spitaler, AO/FGO, § 63 AO Rn. 10.

355 Zutr. *Musil*, in: Hübschmann/Hepp/Spitaler, AO/FGO, § 63 AO Rn. 10.

356 BFH v. 26.04.1984 – V R 128/79, BStBl II 1984, 776 (777) = BFHE 141, 443.

357 Zu den Steuernachzahlungen s. 4. Kapitel A.

358 *Schauhoff*, in: Schauhoff/Kirchhain, Handbuch der Gemeinnützigkeit, Grundlegung Rn. 47; *Seer*, in: Tipke/Kruse, AO/FGO, Vor §§ 51–68 AO Rn. 2.

Existenz der Körperschaft.[359] Denn der Status der Gemeinnützigkeit ist gerade das Wesensmerkmal der Körperschaft, weswegen Fragen der Zurechnung stets solche von existenzieller Natur sind. Folglich ist eine Gesamtverantwortlichkeit aller Organmitglieder anzunehmen. In diesen Fällen sind Geschäftsverteilungspläne jedoch unbeachtlich. Damit ist keine weitere Differenzierung zwischen den Organmitgliedern vorzunehmen.

II. Sonstige für die Körperschaft tätige Personen

Neben den Handlungen der Leitungsorganmitglieder können auch die Tätigkeiten anderer Akteure, die mit der Körperschaft in enger Verbindung stehen, als tatsächliche Geschäftsführung i. S. d. § 63 Abs. 1 AO anzusehen sein.[360] In den folgenden Ausführungen steht vor allem die Rechtsform des Vereins im Fokus, da diese eine Vielzahl von Mitgliedern mit teils bedeutenden Funktionen aufweisen kann, sodass die Zurechnungsproblematik in diesem Zusammenhang besonders virulent wird.[361] So beläuft sich etwa die Mitgliederzahl des Attac-Netzwerks in Deutschland laut eigenen Angaben auf weit über 28.000.[362] In der Praxis kommt es deshalb auch nicht selten zur Umkehr des Grundsatzes, dass sich die Verwirklichung der satzungsmäßigen Zwecke durch die Organe der Körperschaft vollzieht.[363]

1. Personen in maßgeblicher Position

Die sonstigen für die Körperschaft tätigen Personen dürfen indes nicht mit den Hilfspersonen i. S. d. § 57 Abs. 1 S. 2 AO verwechselt oder schlicht gleichgestellt werden.[364] Vielmehr setzen sich die sonstigen Personen zum

---

[359] *Leisner-Egensperger*, FS Isensee, 895 (901) vergleicht den Verlust der Gemeinnützigkeit mit einem Verbot der Körperschaft. Zwischen Körperschaften mit unterschiedlich hohen Einkünften differenzierend, aber den Verbotsvergleich im Ergebnis ablehnend *Streckenbach*, Die Förderung der Allgemeinheit, S. 46 ff.

[360] *Buchna/Leichinger/Seeger/Brox*, Gemeinnützigkeit im Steuerrecht, § 63 AO Rn. 283; *Hüttemann*, in: Hüttemann, Gemeinnützigkeitsrecht und Spendenrecht, Rn. 4.225; *Musil*, in: Hübschmann/Hepp/Spitaler, AO/FGO, § 63 AO Rn. 9; *Wallenhorst*, in: Wallenhorst/Halaczinsky, C Rn. 184.

[361] BFH v. 10.01.2019 – V R 60/17, BStBl II 2019, 301 (Rn. 36) = BFHE 263, 290.

[362] https://www.attac.de/was-ist-attac/mitglieder/ (zuletzt abgerufen am 20.08.2024).

[363] *Kirchhain/Unger*, DStR 2023, 1281 (1286).

[364] Das Unmittelbarkeitserfordernis führt zu überflüssigen Abgrenzungsproblemen: Die Hilfspersonen-Regelung des § 57 Abs. 2 S. 1 AO wirft mehr Zweifelsfragen auf, als

einen aus solchen mit besonderen Funktionen und zum anderen aus Hilfspersonen zusammen. Erstere müssen vor allem im Rahmen der tatsächlichen Geschäftsführung der Körperschaft näher beleuchtet werden und sind aufgrund ihrer Nähe zu den Organmitgliedern („maßgebliche Position")[365] bei der Prüfung der Unmittelbarkeit unter § 57 Abs. 1 S. 1 AO zu subsumieren.[366] Es handelt sich dabei stets um natürliche Personen.[367] Das Handeln Zweiterer kann der Geschäftsführung der Körperschaft (§ 63 Abs. 1 AO) zwar auch zugerechnet werden, jedoch sind daran aufgrund der Distanz zu den Organen andere Voraussetzungen zu stellen.[368] Im Rahmen der Unmittelbarkeit i. S. v. § 57 Abs. 1 S. 2 AO können dann neben natürlichen Personen auch Personenvereinigungen sowie juristische Personen eingesetzt werden.[369]

a) Rechtsprechung

In seinem Urteil aus dem Jahr 1984[370] stellt der BFH im Rahmen seiner Ausführungen zu der Zurechnung von Äußerungen zwar primär auf autorisierte Vorstandsmitglieder ab, jedoch sollten die Ankündigungen auch zur tatsächlichen Geschäftsführung zählen, wenn sie „in anderer dem Kläger [der Körperschaft] aber verbindlich zuzurechnender Weise bekanntgegeben sein sollten".[371] Damit schafft das Gericht die Grundlage für die Zurechnung von eigenmächtigen Organhandlungen sowie von Tätigkeiten von Nichtorganmitgliedern. Dies konkretisiert der BFH in einem späteren

---

sie löst, *Seer*, in: Tipke/Kruse, AO/FGO, § 57 AO Rn. 2; *Hüttemann*, in: Hüttemann, Gemeinnützigkeitsrecht und Spendenrecht, Rn. 4.49.

365 Dazu sogleich unter 3. Kapitel C. II. 1. c).

366 *Hüttemann*, in: Hüttemann, Gemeinnützigkeitsrecht und Spendenrecht, Rn. 4.49.

367 *Hüttemann*, in: Hüttemann, Gemeinnützigkeitsrecht und Spendenrecht, Rn. 4.221.

368 Ausführlich *Hakert*, in: Winheller/Geibel/Jachmann-Michel, Gesamtes Gemeinnützigkeitsrecht, § 57 AO Rn. 26 ff.; *Hüttemann*, in: Hüttemann, Gemeinnützigkeitsrecht und Spendenrecht, Rn. 4.50 ff.; *Musil*, in: Hübschmann/Hepp/Spitaler, AO/FGO, § 63 AO Rn. 9.

369 AEAO zu § 57 Nr. 2 S. 3; *Haaf*, DStR 2012, 159 (160); *Hakert*, in: Winheller/Geibel/Jachmann-Michel, Gesamtes Gemeinnützigkeitsrecht, § 57 AO Rn. 25; *Musil*, in: Hübschmann/Hepp/Spitaler, AO/FGO, § 57 AO Rn. 28; *Seer*, in: Tipke/Kruse, AO/FGO, § 57 AO Rn. 4.

370 BFH v. 29.08.1984 – I R 215/81, BStBl II 1985, 106 = BFHE 142, 243.

371 BFH v. 29.08.1984 – I R 215/81, BStBl II 1985, 106 (107) = BFHE 142, 243.

Urteil dergestalt, dass es sich dabei auch um das Verhalten „[…] einer anderen in maßgeblicher Position für einen Verein tätigen Person […]" handeln könne.[372] Insbesondere die Art und Dauer des Handelns der für den Verein tätigen Person müsse Berücksichtigung finden.[373] Hiernach wäre die innerhalb der Körperschaft maßgebliche Stellung der Person als weitere Voraussetzung der Zurechnung erforderlich.

b) Literatur

Der Ansicht der Rechtsprechung, dass der Körperschaft eine Verletzung der Überwachungspflichten ihrer Organe auch gegenüber Nichtorganmitgliedern zuzurechnen ist, wird in der Literatur grundsätzlich zugestimmt.[374] Es wird darauf hingewiesen, dass es bei Nichtorganmitgliedern, die in maßgeblicher Position für die Körperschaft tätig sind, weniger um die Zurechnung selbst („ob") als vielmehr um deren rechtliche Begründung gehe („wie"). Entweder behandele man solche Personen „wie" Organe oder man wähle den Rückgriff auf die Figur des Organisationsmangels.[375] Betont wird jedoch erneut die „herausgehobene Position" des Akteurs.[376]

Ein differenziertes Zurechnungsregime liefert *Brill*, welcher zwischen Mitgliedern der Körperschaft und Nichtmitgliedern unterscheidet.[377] Die bereits angesprochene Differenzierung zwischen rechtsgeschäftlichen und nichtrechtsgeschäftlichen Handlungen erstrecke sich auch auf Vereinsmitglieder. Bei Ersteren ließen sich die Grundsätze zur Duldungs- und Anscheinsvollmacht heranziehen,[378] während bei Zweiteren eine Zurechnung gemäß § 278 S. 1 BGB respektive über das Organisationsverschulden

---

[372] BFH v. 27.09.2001 – V R 17/99, BStBl II 2002, 169 (171) = BFHE 197, 314.

[373] BFH v. 27.09.2001 – V R 17/99, BStBl II 2002, 169 (171) = BFHE 197, 314.

[374] *Buchna/Leichinger/Seeger/Brox*, Gemeinnützigkeit im Steuerrecht, § 63 AO Rn. 283; *Hüttemann*, in: Hüttemann, Gemeinnützigkeitsrecht und Spendenrecht, Rn. 4.225.

[375] *Hüttemann*, in: Hüttemann, Gemeinnützigkeitsrecht und Spendenrecht, Rn. 4.225; ebenfalls beide Optionen darstellend *Buchna/Leichinger/Seeger/Brox*, Gemeinnützigkeit im Steuerrecht, § 63 AO Rn. 283.

[376] *Hüttemann*, in: Hüttemann, Gemeinnützigkeitsrecht und Spendenrecht, Rn. 4.225.

[377] *Brill*, Der Verlust der Gemeinnützigkeit, S. 300 ff., zur Zurechnung des Verhaltens von Nichtmitgliedern *Brill*, Der Verlust der Gemeinnützigkeit, S. 328 ff.

[378] *Brill*, Der Verlust der Gemeinnützigkeit, S. 310 ff.

erfolgen könne.[379] Sodann wird erwogen, für Nichtmitglieder die Figur des Zweckveranlassers heranzuziehen, wobei diese Idee im Ergebnis richtigerweise verworfen wird.[380]

c) Bewertung: Notwendigkeit einer qualifizierten Beauftragung

AA) MASSGEBLICHE POSITION DER HANDELNDEN PERSON

Der erste Schwerpunkt des Zurechnungsregimes lag bei den Organen der Körperschaft. Den Grundstein dafür legt schon der Gesetzeswortlaut des § 63 Abs. 1 AO („Die tatsächliche Geschäftsführung [...]"). Daraus folgt, dass die Zurechnung mit abnehmender Organnähe restriktiver zu handhaben ist.[381] Die schlichte Anwendung der herausgearbeiteten Grundsätze hätte eine ausufernde Zurechnung bei Nichtorganmitgliedern zur Folge – man stelle sich vor, die beiden ehrenamtlichen Vorstände des Attac-Trägervereins müssten sämtliche Handlungen der mehr als 28.000 Mitglieder überwachen.[382] Somit ist die Vorgehensweise der Rechtsprechung, die Art und Dauer des Handelns der für den Verein tätigen Person in den Vordergrund zu stellen, auf den ersten Blick begrüßenswert.[383] Problematisch ist jedoch, dass eine personenbezogene Einzelfallentscheidung die Grenzen der Zurechnung wieder verwischen würde. Denn die „[...] in maßgeblicher Position für einen Verein tätige[n] Person [...]"[384] ist nur schwer definierbar. Zur Veranschaulichung dient, angelehnt an die Entscheidung des BFH vom 27.09.2001,[385] folgender Fall: Der Fußballobmann eines Vereins leitet ohne Wissen des Vorstands über einen Zeitraum von fünf Jahren Sponsorengelder an die Spieler weiter, ohne dass der Verein Lohnsteuer erhebt. Die Handlungen des Obmanns haben

---

379 *Brill*, Der Verlust der Gemeinnützigkeit, S. 315 ff.; wohl ähnlich *Musil*, in: Hübschmann/Hepp/Spitaler, AO/FGO, § 63 AO Rn. 9: Die für die Zurechnung notwendige Handlungsberechtigung könne sich aus einer Anscheins-/Duldungsvollmacht oder aus der Stellung als Erfüllungsgehilfe ergeben.

380 *Brill*, Der Verlust der Gemeinnützigkeit, S. 337 f.

381 So auch *Brill*, Der Verlust der Gemeinnützigkeit, S. 328.

382 *Brill* möchte die Grundsätze der Anscheins- und Duldungsmacht zwar auf „einfache" Vereinsmitglieder anwenden, eine Restriktion ist seinem zivilrechtsakzessorischen Zurechnungsmodell jedoch bereits deshalb immanent, weil die Grundsätze nicht für sämtliche Handlungen gelten, s. *Brill*, Der Verlust der Gemeinnützigkeit, S. 310 ff.

383 BFH v. 27.09.2001 – V R 17/99, BStBl II 2002, 169 (171) = BFHE 197, 314.

384 BFH v. 27.09.2001 – V R 17/99, BStBl II 2002, 169 (171) = BFHE 197, 314.

385 BFH v. 27.09.2001 – V R 17/99, BStBl II 2002, 169 = BFHE 197, 314.

wiederholt und über einen längeren Zeitraum stattgefunden. Der Vorstand hatte zwar keine Kenntnis. Ausreichend für eine Zurechnung ist jedoch, dass das Vertretungsorgan dies (grob) fahrlässig nicht erkannt hat und hätte verhindern können. Da es sich um gemeinnützigkeitsschädliche Aktivitäten handelt (Steuerhinterziehung gemäß § 370 AO bzw. leichtfertige Steuerverkürzung gemäß § 378 AO als Verstöße gegen die Rechtsordnung),[386] sind auch keine geringen Anforderungen an die Zurechnung zu stellen. Ersetzt man in dem geschilderten Fall den Obmann durch einen Fußballtrainer, ist unklar, ob dieser eine maßgebliche Position innerhalb des Vereins einnimmt. Denkbar ist auch, dass dies in einem Verein zu bejahen und in einem anderen zu verneinen wäre. Diese Rechtsunsicherheit wirkt sich letztlich zulasten der gemeinnützigen Körperschaft aus, weshalb es einer genaueren Konturierung bedarf.

BB) IM AUFTRAG DER KÖRPERSCHAFT

(1) Nach dem Attac-Urteil

Die in maßgeblicher Position für die Körperschaft tätige Person lässt sich konkretisieren, wenn es sich stets um eine von den Organen beauftragte Person handeln muss. Diese Konkretisierung ist auf das Attac-Urteil[387] des BFH zurückzuführen, wonach im Rahmen der Zurechnung „[...] vorrangig auf das Handeln und die Kenntnisse der Vereinsorgane und der von ihnen beauftragten Personen abzustellen [...]" ist.[388] Attac ist Träger eines Netzwerks, dessen Akteure potenziell gemeinnützigkeitsschädliche Handlungen vornahmen.[389] Der BFH musste die Sache zur weiteren Tatsachenaufklärung an das FG zurückweisen, da dieses nicht ausreichend geprüft hatte, ob das Handeln, welches womöglich gegen die Vorschriften des Gemeinnützigkeitsrechts verstieß, als ein solches der Körperschaft anzusehen sei.[390] Es müsse zwischen der Körperschaft als Träger eines Netzwerks und den Tätigkeiten des unter dem

---

[386] In dieser Absolutheit ist dies jedenfalls die Ansicht der Rechtsprechung, BFH v. 27.09.2001 – V R 17/99, BStBl II 2002, 169 (170) = BFHE 197, 314; eine genauere Betrachtung von Verstößen gegen die Rechtsordnung erfolgt später unter 3. Kapitel D. III. 2. a).

[387] BFH v. 10.01.2019 – V R 60/17, BStBl II 2019, 301 = BFHE 263, 290.

[388] BFH v. 10.01.2019 – V R 60/17, BStBl II 2019, 301 (Rn. 36) = BFHE 263, 290.

[389] Eine nähere Auseinandersetzung mit dem Attac-Urteil erfolgt unter 3. Kapitel D. III.

[390] BFH v. 10.01.2019 – V R 60/17, BStBl II 2019, 301 (Rn. 36) = BFHE 263, 290.

gleichen Namen auftretenden Netzwerks unterschieden werden.[391] Das FG stellte daraufhin fest, dass sich die Körperschaft finanziell an den einzelnen Aktionen beteiligt hatte und die Maßnahmen in den Geschäftsberichten des Rates aufgeführt wurden. Somit konnten die gemeinnützigkeitsschädlichen Aktionen der Akteure des Netzwerks der Körperschaft zugerechnet werden.[392]

Die Auflistung in den Geschäftsberichten sowie die finanzielle Beteiligung sind somit gewichtige Indizien für eine entsprechende Beauftragung durch die Organe. Insbesondere Geschäfts- und Tätigkeitsberichte werden im Rahmen der Prüfung der tatsächlichen Geschäftsführung gemäß § 63 Abs. 3 AO häufig als Nachweis von der Finanzverwaltung angefordert.[393] Da die gemeinnützige Körperschaft gemäß § 63 Abs. 3 AO den Nachweis zu erbringen hat, dass die tatsächliche Geschäftsführung gemäß § 63 Abs. 1 AO auf die Erfüllung der steuerbegünstigten Zwecke gerichtet ist, liegt es nahe, der Körperschaft die dort aufgeführten Tätigkeiten zuzurechnen.[394] Jedoch ist die Anfertigung von Geschäfts- und Tätigkeitsberichten im Rahmen des § 63 Abs. 3 AO nicht zwingend. Ein entsprechender Nachweis kann auch auf andere Art und Weise erfolgen. Denkbar ist in diesem Zusammenhang die Vorlage von Schriftverkehr und Notizen über vorbereitende Maßnahmen.[395] Folglich ist die Aufnahme in den Geschäfts- und Tätigkeitsberichten keineswegs Voraussetzung für die Beauftragung. Anderenfalls stünde die Zurechnung auch zur Disposition der Körperschaft, die entsprechende Ausführungen in den Berichten schlicht unterlassen könnte. Darüber hinaus sind die genannten Kriterien nur bedingt geeignet, um die maßgebliche Stellung zu begründen. Es liegt zwar nahe, dass die Überlassung finanzieller Mittel zur Zweckverfolgung und eine entsprechende Aufnahme der Tätigkeit

---

[391] BFH v. 10.01.2019 – V R 60/17, BStBl II 2019, 301 (Rn. 36) = BFHE 263, 290.

[392] FG Hessen v. 26.02.2020 – 4 K 179/16, EFG 2020, 1365 (Rn. 63) = BeckRS 2020, 19498.

[393] BFH v. 23.07.2003 – I R 29/02, BStBl II 2003, 930 (932) = BFHE 203, 251; *Buchna/Leichinger/Seeger/Brox*, Gemeinnützigkeit im Steuerrecht, § 63 AO Rn. 296 f.; *Hüttemann*, in: Hüttemann, Gemeinnützigkeitsrecht und Spendenrecht, Rn. 4.219; ausführlich dazu *Karsten*, BB 2006, 1830; *Unger*, in: Gosch, AO/FGO, § 63 AO Rn. 49.

[394] *Buchna/Leichinger/Seeger/Brox*, Gemeinnützigkeit im Steuerrecht, § 63 AO Rn. 296: Das Finanzamt überprüft die Ordnungsmäßigkeit der tatsächlichen Geschäftsführung anhand der Einnahmen und Ausgaben; ähnlich *Karsten*, BB 2006, 1830 (1831).

[395] BFH v. 23.07.2003 – I R 29/02, BStBl II 2003, 930 (932 f.) = BFHE 203, 251; *Hüttemann*, in: Hüttemann, Gemeinnützigkeitsrecht und Spendenrecht, Rn. 4.219; *Karsten*, BB 2006, 1830 (1831); *Unger*, in: Gosch, AO/FGO, § 63 AO Rn. 49.

bestimmter Personen in den Geschäftsberichten nur erfolgt, wenn diese Person gewisse Aufgaben innerhalb der Körperschaft erfüllen soll. Dennoch haben diese Aktionen vornehmlich indiziellen Charakter, sodass die Kriterien präziser ausgestaltet werden müssen.

Zudem ist die besondere Struktur des Attac-Trägervereins zu berücksichtigen. Die knapp 29.000 Mitglieder sind in über 150 Regionalgruppen und bundesweite Arbeitsgruppen eingeteilt.[396] Die im Folgenden näher zu untersuchende „beauftragte Person" muss – ausgehend von dem früheren Judikat des BFH („[...] in maßgeblicher Position für einen Verein tätige[n] Person [...]")[397] – eine herausgehobene Stellung innehaben, sodass, insbesondere bei solch großen Vereinen, nicht jedes Vereinsmitglied durch einen einzelnen Auftrag der Körperschaft eine organähnliche Stellung einnimmt.[398] Vielmehr ist an die Übertragung von für den Verein bedeutsamen Aufgaben anzuknüpfen, was regelmäßig mit einer längeren Beauftragung der jeweiligen Person einhergeht (qualifizierte Beauftragung). Dies steht im Einklang mit der Forderung des BFH, dass man auf die Art und Dauer des Handelns der Person abstellen müsse.[399] Im Falle des Attac-Vereins kommen somit primär die einzelnen Gruppenleiter als beauftragte Personen in Betracht, welche dann wiederum Weisungen an die Gruppenmitglieder erteilen können. Hinsichtlich der Handlungen einzelner Mitglieder kommt darüber hinaus eine Zurechnung gemäß § 57 Abs. 1 S. 2 AO in Betracht.[400]

(2) Konkretisierung der beauftragten Person

Für die Präzisierung des Zurechnungsmodells ist also zu klären, unter welchen Voraussetzungen eine Person von einem Organ beauftragt wurde. Da die Beauftragung dem Handelnden eine hervorgehobene Stellung einräumt, wird man dem Beauftragungsakt ein gewisses Maß an Verbindlichkeit attestieren

---

[396] https://www.attac.de/was-ist-attac/mitglieder/ (zuletzt abgerufen am 20.08.2024).

[397] BFH v. 27.09.2001 – V R 17/99, BStBl II 2002, 169 (171) = BFHE 197, 314.

[398] *Hornung/Vielwerth*, DStR 2019, 1497 (1500) weisen zu Recht kritisch auf die Struktur von Attac hin, welche einer pauschalen Zurechnung sämtlicher Aktivitäten entgegensteht.

[399] BFH v. 23.09.2001 – V R 17/99, BStBl II 2002, 169 (171) = BFHE 197, 314.

[400] *Hüttemann*, in: Hüttemann, Gemeinnützigkeitsrecht und Spendenrecht, Rn. 4.50; *Seer*, in: Tipke/Kruse, AO/FGO, § 57 AO Rn. 4; *Unger*, in: Gosch, AO/FGO, § 57 AO Rn. 21; *Wallenhorst*, in: Wallenhorst/Halaczinsky, C Rn. 47; dies im konkreten Fall wohl ablehnend *Hornung/Vielwerth*, DStR 2019, 1497 (1500 f.).

müssen. Ausgangspunkt für die genaue Ermittlung ist aber zunächst der Wortlaut. Der prägende Wortbestandteil („Auftrag“) hat indes divergierende Bedeutungen.[401]

(a) Auftrag i. S. e. Weisung

Zum einen könnte darunter eine Weisung innerhalb eines bestehenden Vertragsverhältnisses zur Erledigung übertragener Aufgaben zu verstehen sein („etwas in Auftrag geben“).[402] Als bestehendes Vertragsverhältnis käme die Mitgliedschaft, also die durch Vertrag[403] begründete Gesamtheit der Rechtsbeziehungen zwischen Mitglied und Verein,[404] in Betracht. Eine beauftragte Person müsste nach diesem Verständnis also lediglich Mitglied der Körperschaft sein und eine auf die entsprechende Beteiligung an der Zweckverwirklichung gerichtete Weisung erhalten. Die Organmitglieder müssten dafür in irgendeiner Art und Weise mit dem Mitglied in Kontakt treten, wobei keine individualisierte Adressierung stattfinden müsste. Eine entsprechende Ansprache auf einer Versammlung gegenüber sämtlichen anwesenden Mitgliedern würde ausreichen, um die Mitwirkung an der Verwirklichung des gemeinnützigen Zwecks in Auftrag zu geben.

(b) Auftrag i. S. d. § 662 BGB

Zum anderen ist ein Verständnis i. S. d. Auftragsrechts (§ 662 BGB) denkbar. Jedoch ist das Wort in diesem Kontext wiederum zweideutig. Einerseits ist damit in §§ 662 f. BGB das Rechtsverhältnis aus dem Auftragsvertrag gemeint, andererseits verwenden die §§ 664, 666 f., 669 bis 674 BGB es als Bezeichnung des Antrags des Auftraggebers auf Abschluss eines solchen Vertrags.[405] Im Rahmen der Zurechnungsproblematik ist ersteres Verständnis, also die Bezeichnung des Rechtsverhältnisses zwischen

---

[401] Treffend *Berger*, in: Erman, BGB, § 662 Rn. 1; *Schäfer*, in: MüKo-BGB, § 662 Rn. 10.

[402] Sogar ein noch weiteres Begriffsverständnis i. S. e. bloßen Aufforderung (Bitte) ist denkbar, vgl. *Berger*, in: Erman, BGB, § 662 Rn. 1; *Grüneberg*, in: Grüneberg, BGB, Vor § 662 Rn. 2; *Schäfer*, in: MüKo-BGB, § 662 Rn. 10.

[403] BGH v. 29.06.1987 – II ZR 295/86, BGHZ 101, 193 (196) = NJW 1987, 2503; *Dörner*, in: HK-BGB, § 39 Rn. 2; *Ellenberger*, in: Grüneberg, BGB § 38 Rn. 4.

[404] *Dörner*, in: HK-BGB, § 38 Rn. 1; *Ellenberger*, in: Grüneberg, BGB, § 38 Rn. 1; *Schmidt*, JZ 1991, 157 (158); *Westermann*, in: Erman, BGB, § 38 Rn. 1.

[405] *Berger*, in: Erman, BGB, § 662 Rn. 1; *Schäfer*, in: MüKo-BGB, § 662 Rn. 11.

Auftraggeber und Beauftragtem, zugrunde zu legen. Erforderlich ist also ein über die Mitgliedschaft hinausgehendes Rechtsverhältnis in Form eines Auftragsvertrags. Der Vertragsschluss richtet sich nach den §§ 145 ff. BGB.[406] Insbesondere ist das Angebot der Körperschaft nur hinreichend bestimmt, wenn es die Person des Vertragspartners (des Beauftragten) erkennen lässt.[407] Der Vertrag kann zwar grundsätzlich formfrei geschlossen werden,[408] jedoch wäre die bloße Ankündigung in einer Mitgliederversammlung mangels Bestimmtheit des Adressaten keineswegs ausreichend.[409] Vertragsgegenstand (die Geschäftsbesorgung) kann sodann eine Tätigkeit jeder Art sein – rechtsgeschäftlicher oder nichtrechtsgeschäftlicher sowie selbständiger oder unselbständiger Natur.[410] Erforderlich ist indes, dass es sich um einen qualifizierten Auftrag, also die Übertragung bedeutender Aufgaben über einen längeren Zeitraum, handelt.[411] Ohne explizite Vereinbarung wird das der Körperschaft als Auftraggeberin zustehende Weisungsrecht durch den Inhalt und Zweck des Auftrags dann regelmäßig reduziert sein, um der beauftragten Person den notwendigen Handlungsspielraum zu überlassen.[412] Von einer beauftragten Person ist nach diesem Verständnis also grundsätzlich zu sprechen, wenn ein Auftrag i. S. d. § 662 BGB mit der Körperschaft geschlossen wurde.

(c) Stellungnahme

(aa) Unbestimmtheit der Weisung

Hielte man für die Annahme einer Beauftragung lediglich die Erteilung einer Weisung im Rahmen der bereits bestehenden Mitgliedschaft für ausreichend,

---

406 *Berger*, in: Erman, BGB, § 662 Rn. 12; *Grüneberg*, in: Grüneberg, BGB, § 662 Rn. 2; *Schäfer*, in: MüKo-BGB, § 662 Rn. 47; *Wiese*, in: HK-BGB, § 662 Rn. 5.

407 Ein Vertragsangebot an die Allgemeinheit (*Offerta ad incertas personas*) ist nur anzunehmen, wenn es dem Antragenden gleichgültig ist, mit wem er kontrahiert, *Brox/Walker*, BGB AT, § 8 Rn. 5; dies wird im Hinblick auf die weitreichenden Folgen der Beauftragung aber regelmäßig gerade nicht dem Willen der Körperschaft entsprechen.

408 *Berger*, in: Erman, BGB, § 662 Rn. 5; *Grüneberg*, in: Grüneberg, BGB, § 662 Rn. 2; *Schäfer*, in: MüKo-BGB, § 662 Rn. 49.

409 *Brox/Walker*, BGB AT, § 8 Rn. 5.

410 BGH v. 17.05.1971 – VII ZR 146/69, BGHZ 56, 204 (207) = NJW 1971, 1404; *Berger*, in: Erman, BGB, § 662 Rn. 13; *Schäfer*, in: MüKo-BGB, § 662 Rn. 54.

411 Diese Voraussetzung wird im Folgenden noch näher beleuchtet.

412 Vgl. zur Selbstbestimmtheit bei der Ausübung einer ehrenamtlichen Tätigkeit *Beyer*, ZStV 2019, 172 (175, 178, 181); zum Weisungsrecht *Schäfer*, in: MüKo-BGB, § 665 Rn. 12.

wären die Voraussetzungen für die Zurechnung von Nichtorganmitgliedern denkbar gering. Neben der Mitgliedschaft wäre kein weiteres Rechtsverhältnis zwischen der Körperschaft und dem Beauftragten notwendig; der Abschluss eines Auftragsvertrags wäre somit obsolet. Dementsprechend sind auch an die Bestimmtheit des Adressaten der Weisung deutlich niedrigere Anforderungen zu stellen, sodass eine Weisung ans Kollektiv der Mitglieder möglich wäre. Infolgedessen müssten die Handlungen der beauftragten Personen der Körperschaft unter den herausgearbeiteten Grundsätzen zugerechnet werden. Dies könnte aufgrund der geringen Voraussetzungen einer solchen Beauftragung etwa im Falle des Attac-Vereins eine Zahl von über 28.000 Personen sein.

Das würde wiederum zu Abgrenzungsschwierigkeiten führen, da die Grenze zu den Hilfspersonen im Sinne von § 57 Abs. 1 S. 2 AO verschwimmen würde.[413] Die Zurechnung von Tätigkeiten einzelner Vereinsmitglieder aufgrund punktueller Aufträge soll gerade von § 57 Abs. 1 S. 2 AO erfasst werden,[414] sodass das Erteilen einer Weisung im Rahmen der Mitgliedschaft nicht geeignet ist, die Zurechnung für eine im Vereinsgefüge über den „normalen" Mitgliedern stehende Person zu begründen. Außerdem lässt sich der Regelung des § 57 Abs. 1 S. 2 AO ein *argumentum a fortiori* entnehmen: Wenn schon für die Begründung der Stellung als Hilfsperson i. S. d. § 57 Abs. 1 S. 2 AO ein konkreter Auftragsvertrag gefordert wird,[415] dann muss dies erst recht für die Schaffung einer maßgeblichen Position gelten, die sogar Nähe zu den Organmitgliedern aufweist (*a minore ad maius*).[416]

Problematisch ist zudem, dass das zu ermittelnde Merkmal „beauftragt" durch ein in gleichem Maße unbestimmtes Merkmal konkretisiert würde. Es ist bereits unklar, mit welcher Verbindlichkeit eine entsprechende Weisung ausgesprochen werden müsste, um überhaupt als solche zu gelten. Da die Mitgliedschaft das der Weisung zugrunde liegende Rechtsverhältnis darstellt,

---

413 Zur Zurechnung von Hilfspersonentätigkeiten sogleich unter 3. Kapitel C. II. 2.

414 *Hüttemann*, in: Hüttemann, Gemeinnützigkeitsrecht und Spendenrecht, Rn. 4.50; *Seer*, in: Tipke/Kruse, AO/FGO, § 57 AO Rn. 4; *Unger*, in: Gosch, AO/FGO, § 57 AO Rn. 21.

415 AEAO zu § 57 Nr. 2 Abs. 1 S. 2; *Hakert*, in: Winheller/Geibel/Jachmann-Michel, Gesamtes Gemeinnützigkeitsrecht, § 57 AO Rn. 26; *Neudert/Waldner*, in: Der eingetragene Verein, Rn. 472.

416 *Honsell/Mayer-Maly*, Rechtswissenschaft, § 5 IV. 6.

verbietet sich ein Rückgriff auf das Weisungsverständnis i. S. d. Auftragsrechts (§ 665 BGB) und somit auch auf das für eine einseitige, empfangsbedürftigen Willenserklärung erforderliche Merkmal des Rechtsbindungswillens.[417] Diese Unbestimmtheit führt zu Rechtsunsicherheit bei der Frage, in welchem Fall eine Person von der Körperschaft beauftragt wurde, was sich wiederum zulasten der gemeinnützigen Körperschaft auswirkt.

(bb) Bestimmtheit des Auftrags i. S. v. § 662 BGB

Rechtsklarheit schafft demgegenüber das Verständnis als Auftrag i. S. v. § 662 BGB. Beteiligte Personen sind der Auftraggeber als Gläubiger der Tätigkeit (die Körperschaft) und der Beauftrage als Schuldner.[418] Hinsichtlich des Vertragsschlusses gelten die allgemeinen Regeln, sodass vor allem ein Rechtsbindungswille der Parteien erforderlich ist.[419] Da sich die Geschäftsbesorgung grundsätzlich in jeder Tätigkeit erschöpfen kann, also Handlungen rechtsgeschäftlicher sowie nichtrechtsgeschäftlicher Art, fügt sich das Auftragserfordernis nahtlos in das Zurechnungsregime ein. Weder bei Organ- noch bei Nichtorganmitgliedern muss zwischen der Rechtsnatur verschiedener Tätigkeiten differenziert werden. Es bedarf somit auch keiner gesonderten Zurechnung nach § 278 BGB für nichtrechtsgeschäftliche Handlungen.[420] Vielmehr ist die geschuldete Geschäftsbesorgung einer beauftragten Person der Körperschaft zuzurechnen, wenn ein wirksamer Auftragsvertrag geschlossen wurde.

Schließlich steht dieser Lösungsansatz auch im Einklang mit der zivilrechtlichen Einordnung des Ehrenamts. Mangels eigenständiger gesetzlicher Regelung der ehrenamtlichen Tätigkeit wird diese bei Bejahung des Rechtsbindungswillens als Auftrag qualifiziert.[421] Dafür spricht zuvorderst, dass die Übernahme eines Ehrenamts ohne Vergütungsvereinbarung bzw.

---

[417] Zum Weisungsbegriff im Rahmen des Auftragsrechts *Berger*, in: Erman, BGB, § 665 Rn. 2; *Schäfer*, in: MüKo-BGB, § 665 Rn. 8 ff.

[418] *Schäfer*, in: MüKo-BGB, § 662 Rn. 45; *Wiese*, in: HK-BGB, § 662 Rn. 1.

[419] *Berger*, in: Erman, BGB, § 662 Rn. 12; *Wiese*, in: HK-BGB, § 662 Rn. 5.

[420] So aber *Brill*, Der Verlust der Gemeinnützigkeit, S. 315 ff.; ähnlich auch *Musil*, in: Hübschmann/Hepp/Spitaler, AO/FGO, § 63 Rn. 9.

[421] BAG v. 29.08.2012 – 10 AZR 499/11, NZA 2012, 1433 (1435) = MDR 2013, 103; *Beyer*, ZStV 2019, 172 (180 f.); *Grüneberg*, in: Grüneberg, BGB, Vor § 662 Rn. 8; *Schäfer*, in: MüKo-BGB, § 662 Rn. 25.

nur gegen Zahlung eines Aufwendungsersatzes (§ 670 BGB) im fremden Interesse erfolgt.[422] Diese Merkmale sind charakteristisch für einen Auftragsvertrag.[423] Unerheblich ist dabei, dass ein ehrenamtliches Tätigwerden nach der Leitvorstellung des Gesetzgebers – vor allem in Abgrenzung zum Arbeitsverhältnis (§ 611a Abs. 1 S. 1 BGB) – in Selbstbestimmtheit erfolgt.[424] Auch die ehrenamtliche Tätigkeit ist an den jeweiligen Interessen der gemeinnützigen Körperschaft auszurichten, sodass das Weisungsrecht (§ 665 BGB) dergestalt eingeschränkt wird, dass es sich lediglich auf strukturierende oder eingrenzende Vorgaben bezieht.[425] Der Abschluss eines Auftragsvertrags begründet somit in der Regel das der Ehrenamtlichkeit zugrunde liegende Rechtsverhältnis und stellt zugleich das Fundament für die Zurechnung der damit einhergehenden Handlungen zur tatsächlichen Geschäftsführung der gemeinnützigen Körperschaft dar.

Um eine Abgrenzung zu sämtlichen für die Körperschaft tätigen Vereinsmitgliedern herzustellen, muss es sich um einen inhaltlich qualifizierten Auftrag handeln. Diesem Erfordernis liegen teleologische Erwägungen zugrunde, was einerseits zu einer Einschränkung und andererseits zu einer Ausweitung der Zurechnung führt. Zum einen ist ein qualifizierter Auftrag gerade nicht anzunehmen, wenn die Körperschaft mit einem Mitglied einen Auftragsvertrag abschließt, der auf ein unbedeutsames oder einmaliges Tätigwerden gerichtetet ist. Dies wäre beispielsweise anzunehmen, wenn ein Mitglied im Rahmen der Vorbereitung eines Seminars fehlende Utensilien wie Papier und Stifte beschaffen soll.[426] Es wäre verfehlt, dem Vorstand infolgedessen aufzubürden, in Zukunft sämtliche Aktionen dieses Mitglieds zu überwachen, um eine Zurechnung nach

---

[422] *Beyer*, ZStV 2019, 172 (180); *Schäfer*, in: MüKo-BGB, § 662 Rn. 25.

[423] *Riesenhuber*, in: beckOGK-BGB, § 662 Rn. 89 ff., 92 ff.; *Schäfer*, in: MüKo-BGB, § 662 Rn. 55 ff.

[424] *Beyer*, ZStV 2019, 172 (175).

[425] Zutr. *Beyer*, ZStV 2019, 172 (181).

[426] Etwas anderes kann sich unter Umständen ergeben, wenn – wie im Falle des Attac-Vereins – ein Materialverantwortlicher aus steuerrechtlichen Gründen über einen speziellen Account sämtliche Bestellungen für die Organisation zahlreicher Seminare zu tätigen hat. Dies könnte möglicherweise eine qualifizierte Beauftragung darstellen, vgl. zum Materialverantwortlichen https://www.attac.de/fileadmin/user_upload/Gruppen/Handreichung-Mittelverwendung-RegGruppen_08-03-2018.pdf (zuletzt abgerufen am 20.08.2024).

den Grundsätzen der Anscheins- und Duldungsvollmacht zu verhindern.[427] Zum anderen ist ein ausnahmsloses Festhalten an dem Wort „Auftrag" nicht angezeigt. Dieser wesentliche Wortbestandteil hat zwar die Richtung für die Ermittlung der in maßgeblicher Position tätigen Person vorgegeben und zu dem Ergebnis geführt, dass eine unverbindliche Weisung keine herausgehobene Stellung innerhalb der Körperschaft begründen kann. Die Verbindlichkeit der Beauftragung kann indes auch in einem anderen Akt der Körperschaft zutage treten. Es ist deshalb auch geboten, die Handlungen einer Person zuzurechnen, die aufgrund eines Beschlusses der Mitgliederversammlung ein Amt bekleidet und die Aktivitäten der Körperschaft auf einem speziellen Gebiet maßgeblich gestaltet. Die Rechtsnatur eines Beschlusses der Mitgliederversammlung ist zwar umstritten – nach herrschender Meinung gilt er nicht als Vertrag, sondern als Akt körperschaftlicher Willensbildung.[428] Für die steuerrechtliche Beurteilung, ob daraus die Beauftragung einer bestimmten Person folgt, sodass dessen Handlungen der Körperschaft steuerrechtlich zugerechnet werden, steht dieser der Verbindlichkeit eines Auftragsvertrags jedenfalls gleich. Zudem wäre es unbillig, bei einem vergleichbaren Tätigwerden zweier Personen in verschiedenen Vereinen die Zurechnung in einem Fall aufgrund eines entsprechenden Auftrags zu bejahen und in dem anderen Fall aufgrund der „falschen" Handlungsform der Körperschaft zu verneinen.

Unter einem qualifizierten Auftrag ist dann beispielsweise die Leitung spezieller Sparten (insbesondere in Sportvereinen) zu verstehen. Ein Fußballobmann wird für einen bestimmten Zeitraum mit der Organisation der Fußballabteilung innerhalb eines Sportvereins beauftragt.[429] Aufgrund der Bedeutsamkeit der anvertrauten Aufgabe über einen längeren Zeitraum handelt es sich um eine qualifizierte Beauftragung, welche eine hervorgehobene

---

[427] Vielmehr ist über den einmaligen Einsatz des Mitglieds als Hilfsperson i. S. v. § 57 Abs. 1 S. 2 AO nachzudenken. Dies müsste man selbst unter Zugrundelegung der restriktiven Ansicht der Finanzverwaltung bejahen, vgl. AEAO zu § 57 Nr. 2 S. 3.

[428] BGH v. 22.09.1969 – II ZR 144/68, BGHZ 52, 316 (318) = NJW 1970, 33; *Leuschner*, in: MüKo-BGB, § 32 Rn. 28; *Schöpflin*, in: BeckOK-BGB, § 32 Rn. 21.

[429] Es ist nicht untypisch, dass die Satzung eines Sportvereins vorsieht, für sämtliche betriebene Sportarten eine Fachabteilung zu errichten, vgl. LG Kleve v. 20.07.2012 – 5 S 50/12, BeckRS 2013, 4515 = juris; *Fornefeld/Kahf/Kamp/Lienicke/Plate-Godeffroy/Stemplewski/Wrede/Röcken*, npoR 2013, 138.

Stellung innerhalb der Körperschaft begründet.[430] Die rechtsgeschäftlichen und nichtrechtsgeschäftlichen Handlungen des Obmanns sind somit im Rahmen der tatsächlichen Geschäftsführung der Körperschaft zu berücksichtigen (§ 63 Abs. 1 AO).

Auch die Ausübung bestimmter Ämter ist in diesem Zusammenhang zu nennen.[431] So wird etwa ein Kassenwart mit der Wahrnehmung der finanziellen Angelegenheiten der Körperschaft beauftragt.[432] Dies stellt ebenfalls einen inhaltlich qualifizierten Auftrag dar, was wiederum eine Zurechnung zur tatsächlichen Geschäftsführung der Körperschaft hinsichtlich finanzieller Angelegenheiten begründet. Hinweise für den Abschluss eines solchen Auftragsvertrags können sich auch aus der Satzung der Körperschaft ergeben. Wenn diese vorsieht, dass stets ein Kassenwart zu bestimmen ist, so liegt es nahe, dass hinsichtlich finanzieller Angelegenheiten ein entsprechender Auftrag mit einer bestimmten Person geschlossen wurde bzw. eine in der Verbindlichkeit gleichgestellte Ernennung per Beschluss erfolgte.[433]

(aaa) Rechtsgeschäftliche Handlungen

Die Zurechnung (auch) rechtsgeschäftlicher Handlungen aufgrund des Auftrags mag aus zivilrechtlicher Sicht wahrlich überraschend klingen, da die Vollmacht und das ihr zugrunde liegende Rechtsverhältnis zwischen Vertreter und Vertretenem (Auftrag) nicht nur voneinander zu trennen, sondern rechtlich unabhängig voneinander sind (Abstraktionsprinzip).[434]

---

430 Art und Dauer des Handelns der für den Verein tätigen Person werden somit hinreichend berücksichtigt, BFH v. 27.09.2001 – V R 17/99, BStBl II 2002, 169 (171) = BFHE 197, 314.

431 Die Wahrnehmung von Ehrenämtern in Vereinen fällt auch bei zivilrechtlicher Betrachtung regelmäßig in den Anwendungsbereich der §§ 662 ff. BGB, *Grüneberg*, in: Grüneberg, BGB, Vor § 662 Rn. 8.

432 Als weitere Ämter lassen sich etwa der Geschäftsführer oder der Sportwart anführen, *Neudert/Waldner*, in: Der eingetragene Verein, Rn. 234; auch der Schatzmeister bekleidet ein besonderes Amt, jedoch kann die Satzung eines gemeinnützigen Vereins vorsehen, dass dieser Mitglied des Vorstands (und damit bereits Organmitglied) ist, vgl. *Alvermann*, in: Formularbuch Recht und Steuern, A. 17.02; *Neudert/Waldner*, in: Der eingetragene Verein, Rn. 628; *Weidmann*, in: Beck'sches Formularbuch Bürgerliches, Handels- und Wirtschaftsrecht, I. 6.

433 FG Hamburg v. 19.06.2008 – 5 K 165/06, juris (Rn. 10) = BeckRS 2008, 26028183.

434 *Dörner*, in: HK-BGB, § 167 Rn. 8; *Ellenberger*, in: Grüneberg, BGB, Vor § 164 Rn. 2, § 167 Rn. 4; *Finkenauer*, in: Erman, BGB, Vor § 164 Rn. 6, § 164 Rn. 17, § 167 Rn. 1; *Mansel*, in: Jauernig, BGB, § 167 Rn. 1; *Schubert*, in: MüKo-BGB, § 164 Rn. 14 f.

Ein wirksamer Auftrag allein führt zivilrechtlich gerade nicht zu einer wirksamen Stellvertretung. Damit das Vertretergeschäft für und gegen den Vertretenen wirkt, bedarf es einer Vollmacht. Die Funktion des Auftrags erschöpft sich dagegen in der Gestaltung der Rechte und Pflichten des Vertreters.[435] Jedoch hält diese Abstraktion einer steuerrechtlichen Beurteilung nicht stand.

Die tatsächliche Geschäftsführung kann auch dann auf die Verwirklichung eines gemeinnützigen Zwecks gerichtet sein, wenn die (zuzurechnenden) Handlungen nicht von Erfolg gekrönt sind. § 63 Abs. 1 AO zielt auf die Zweckgerichtetheit einer Maßnahme und nicht auf deren Erfolg ab (Finalitätsgebot).[436] Diese Wertung muss auch im Rahmen der Zurechnung, also bei der genauen Ermittlung der tatsächlichen Geschäftsführung, Berücksichtigung finden. Es kommt somit nicht darauf an, dass die von der beauftragten Person abgegebene Willenserklärung aus Sicht der Körperschaft wirksam ist. Eine solche Erklärung, die von einem Vertreter ohne Vertretungsmacht abgegeben wurde und somit gemäß § 179 Abs. 1 BGB den Vertreter selbst verpflichtet, kann steuerrechtlich für und gegen die Körperschaft wirken.[437] Ausreichend ist die Beauftragung der handelnden Person durch ein entsprechendes Rechtsgeschäft. Die Erklärung ist dann zwar in Ermangelung einer wirksamen Stellvertretung nicht erfolgreich; dies ist aber im Hinblick auf die ausreichende Finalität auch nicht notwendig. Die in dem Abschluss eines Auftragsvertrags zutage tretende Zielgerichtetheit des Handelns der Körperschaft, durch die Beauftragung den gemeinnützigen Zweck erfüllen zu wollen, genügt.

Für ein vom Zivilrecht losgelöstes Verständnis spricht ferner die Wertung der §§ 40 und 41 AO. § 40 AO ordnet an, dass es für die Besteuerung unerheblich ist, ob ein Verhalten gegen ein gesetzliches Verbot oder gegen die guten Sitten verstößt.[438] Im Zivilrecht wären solche Rechtsgeschäfte dagegen gemäß

---

[435] *Finkenauer*, in: Erman, BGB, § 164 Rn. 17; *Schubert*, in: MüKo-BGB, § 164 Rn. 14.

[436] *Musil*, in: Hübschmann/Hepp/Spitaler, AO/FGO, § 63 AO Rn. 5; *Unger*, in: Gosch, AO/FGO, § 63 AO Rn. 8.

[437] Dies steht im Einklang mit den Ausführungen zur Anscheinsvollmacht, bei deren zivilrechtlicher Beurteilung auch dahinstehen kann, ob dies zu einer wirksamen Vertretung führt; steuerrechtlich ist dies im Rahmen des § 63 Abs. 1 AO jedenfalls zu bejahen, vgl. 3. Kapitel C. I. 4. a) bb) (3).

[438] *Schlücke*, in: Gosch, AO/FGO, § 40 AO Rn. 1.

§ 134 BGB[439] respektive § 138 Abs. 1 BGB nichtig.[440] § 40 AO gilt als „vor die Klammer gezogene Grundsatzentscheidung" im Steuerrecht allgemein und wirkt sich insbesondere auf die Prüfung des Steueranspruchs (§ 37 AO) aus.[441] Nun steht zwar nicht unmittelbar in Frage, ob ein gesetz- oder sittenwidriges Handeln der Körperschaft den Tatbestand eines Steuergesetzes erfüllt. Dieser Grundgedanke muss jedoch auf die Bestimmung der tatsächlichen Geschäftsführung einer gemeinnützigen Körperschaft durchschlagen, da die damit zusammenhängende Anerkennung der Gemeinnützigkeit für die Festsetzung der Körperschaftsteuer maßgeblich ist. Gerade gesetzwidriges Verhalten muss dabei natürlich zugerechnet werden können, weil dies unter Umständen zum Verlust der Gemeinnützigkeit führen kann.[442] Diese Berücksichtigung der Wertung des § 40 AO im Rahmen der Zurechnung steht auch keineswegs im Widerspruch dazu, dass § 51 Abs. 1 S. 1 AO als *lex specialis* die Anwendung des § 40 AO ausschließt.[443] Ganz im Gegenteil: Würde man zivilrechtlich unwirksames Verhalten bei der tatsächlichen Geschäftsführung der Körperschaft nicht berücksichtigen, käme man zu dem Ergebnis, dass Gesetzesverstöße der Körperschaft für die Gewährung der Steuervergünstigung unbeachtlich blieben, was dann wiederum auf den systematisch fehlerhaften Vorrang von § 40 AO gegenüber § 51 Abs. 1 S. 1 AO hinauslaufen würde. Gleiches gilt für sonstige rechtgeschäftliche Handlungen, die bei zivilrechtlicher Betrachtung unwirksam sind. Für die Besteuerung ist es gemäß § 41 Abs. 1 S. 1 AO unerheblich, ob ein Rechtsgeschäft unwirksam ist.[444] Auch diesem Grundgedanken muss bei der steuerrechtlichen Zurechnung Rechnung getragen werden, sodass der zivilrechtliche Erfolg einer Handlung, also die Wirksamkeit des Rechtsgeschäfts mit dem Vertretenen (der Körperschaft), nicht zwingend notwendig ist. Ebenso wie die

---

439 Wenn sich nicht aus dem Gesetz ein anderes ergibt, *Arnold*, in: Erman, BGB, § 134 Rn. 1; *Ellenberger*, in: Grüneberg, BGB, § 134 Rn. 1.

440 *Ellenberger*, in: Grüneberg, BGB, § 138 Rn. 1; *Schmidt-Räntsch*, in: Erman, BGB, § 138 Rn. 1.

441 BFH v. 03.02.2016 – X R 25/12, BStBl II 2016, 391 (Rn. 29) = BFHE 252, 486; *Drüen*, in: Tipke/Kruse, AO/FGO, § 40 AO Rn. 1, 8; *Schlücke*, in: Gosch, AO/FGO, § 40 AO Rn. 2.

442 3. Kapitel D. III. 2. a).

443 *Drüen*, in: Tipke/Kruse, AO/FGO, § 40 AO Rn. 20; *Englisch*, in: Tipke/Lang, Steuerrecht, Rn. 5.109; *Horn*, in: Schwarz/Pahlke/Keß, AO/FGO, § 40 AO Rn. 11.

444 *Schlücke*, in: Gosch, AO/FGO, § 41 AO Rn. 1.

§§ 134, 138 BGB[445] verfolgt das Abstraktionsprinzip im Rahmen der §§ 164 ff. BGB einen nicht auf das Steuerrecht übertragbaren Zweck. Die Abstraktheit der Vollmacht dient zuvorderst dem Schutz des Rechtsverkehrs.[446] Dieser Schutz bleibt Vertragspartnern einer gemeinnützigen Körperschaft bei zivilrechtlicher Betrachtung erhalten; für die steuerrechtliche Zurechnung besteht die Notwendigkeit eines solchen Schutzes jedoch nicht. Erforderlich ist lediglich, dass für die Beteiligten Klarheit darüber besteht, ob die Handlungen der Körperschaft zuzurechnen sind.

Schließlich folgt aus dieser Behandlung rechtsgeschäftlicher Handlungen infolge eines qualifizierten Auftrags ein Gleichlauf mit den Tätigkeiten der Organmitglieder. Ebenso wie im Rahmen des § 31 BGB spielt für die steuerrechtliche Zurechnung weniger die Vertretungsmacht als vielmehr das Tätigwerden innerhalb des zugewiesenen Aufgabenbereichs eine Rolle.

(bbb) Nichtrechtsgeschäftliche Handlungen

Für Handlungen, bei denen es sich nicht um die Abgabe von Willenserklärungen handelt, ist der Abschluss eines Auftragsvertrags ohnehin ausreichend, da bei tatsächlichen Handlungen keine Konflikte mit dem Abstraktionsprinzip auftreten.[447] Vielmehr müsste man auf die Zurechnungsnorm des § 278 S. 1 BGB abstellen.[448] Jedoch gilt auch bei den nichtrechtsgeschäftlichen Handlungen das bereits Gesagte: Aus § 63 Abs. 1 AO ist zu folgern, dass nicht der zivilrechtliche Erfolg einer Handlung maßgeblich ist, sondern dass die Zweckgerichtetheit erkennbar hervortreten muss. Es kommt somit nicht darauf an, dass die Voraussetzungen des § 278 S. 1 BGB vorliegen, also insbesondere, dass die beauftragte Person als Erfüllungsgehilfe der Körperschaft handelt. Erfüllungsgehilfe ist nämlich nur, wer nach den tatsächlichen Verhältnissen des Falls mit dem Willen des Schuldners bei der Erfüllung einer

---

[445] § 134 BGB schützt die Allgemeinheit (zulasten der Privatautonomie), BGH v. 28.04.1954 – II ZR 8/53, BGHZ 13, 180 (182) = NJW 1954, 1155; *Arnold*, in: Erman, BGB, § 134 Rn. 1; § 138 BGB verfolgt mit dem Schutz vor unvertretbaren vertraglichen Bindungen einen spezifisch rechtlichen Ordnungszweck, *Armbrüster*, in: MüKo-BGB, § 138 Rn. 1; *Schmidt-Räntsch*, in: Erman, BGB, § 138 Rn. 1.

[446] *Dörner*, in: HK-BGB, § 167 Rn. 8; *Finkenauer*, in: Erman, BGB, Vor § 164 Rn. 6, 8; *Schubert*, in: MüKo-BGB, § 164 Rn. 16.

[447] Die §§ 164 ff. BGB sind auf Realakte nicht anwendbar, *Dörner*, in: HK-BGB, § 164 Rn. 2.

[448] So *Brill*, Der Verlust der Gemeinnützigkeit, S. 303 ff.

diesem obliegenden Verbindlichkeit als seine Hilfsperson tätig wird.[449] Ausreichend ist, dass ein wirksamer Auftragsvertrag respektive ein entsprechender Beschluss der Körperschaft mit dem Inhalt, die entsprechende nichtrechtsgeschäftliche Geschäftsbesorgung zu tätigen, vorliegt. Gegen ein solches Verständnis lässt sich auch nicht der Zweck des § 278 S. 1 BGB anführen, die Interessen des Gläubigers vor schuldhaften Verletzungen des an der Stelle des Schuldners handelnden Gehilfen zu schützen.[450] Diese Gefahr besteht im Steuerrecht nämlich nicht. Schließlich spricht die aus der maßgeblichen Position folgende Organnähe gegen eine Anwendung des § 278 BGB. Die einheitliche Behandlung von in Auftrag gegebenen Geschäftsbesorgungen jeder Art hat den Vorteil, dass Handlungen dieser Personen stets unter einheitlichen Voraussetzungen zugerechnet werden.

(ccc) Entsprechende Anwendung der Duldungs- und Anscheinsvollmacht

Darüber hinaus, also insbesondere bei eigenmächtigen Handlungen gleich welcher Natur, finden bei einer qualifiziert beauftragten Person die Grundsätze der Duldungs- und Anscheinsvollmacht entsprechend Anwendung. Prima facie scheint es inkonsequent, einerseits die zivilrechtlichen Institute der Duldungs- und Anscheinsvollmacht zu übertragen und andererseits mit zivilrechtlichen Grundsätzen zu brechen. Zunächst sind jedoch gänzlich unterschiedliche Gebiete der steuerrechtlichen Zurechnung betroffen. Die Rechtsscheinvollmacht wird virulent, wenn Organe unautorisierte Handlungen dulden oder ihnen diese infolge fahrlässigen Verhaltens verborgen bleiben. Der Auftrag ist dagegen die Voraussetzung dafür, dass der Körperschaft Handlungen von Nichtorganmitgliedern zugerechnet werden. Darüber hinaus werden die Grundsätze der Duldungs- und Anscheinsvollmacht für sämtliche Handlungen entsprechend angewendet. Damit erfolgt ebenfalls ein Bruch mit zivilrechtlichen Grundsätzen, namentlich der Anwendung der §§ 164 ff. BGB im Rahmen nichtrechtsgeschäftlicher Handlungen. Letztlich führt eine entsprechende Anwendung der Rechtsscheinvollmacht dazu, dass eine Zurechnung unter klar definierten

---

449 BGH v. 21.04.1954 – VI ZR 55/53, BGHZ 13, 111 (113) = NJW 1954, 1193; BGH v. 08.02.1974 – V ZR 21/72, BGHZ 62, 119 (124) = NJW 1974, 692; *Grüneberg*, in: Grüneberg, BGB, § 278 Rn. 7.

450 BGH v. 27.06.1985 – VII ZR 23/84, BGHZ 95, 128 (132) = NJW 1985, 2475; *Grüneberg*, in: Grüneberg, BGB, § 278 Rn. 1; *Lorenz*, in: BeckOK-BGB, § 278 Rn. 1.

Kriterien für Handlungen gleich welcher Art erfolgt. Ein vergleichbares Ergebnis liefert die Auftragslösung im Rahmen der Zurechnung von Nichtorganmitgliedern, sodass ein einheitliches Zurechnungsregime entsteht.

(cc) Praxisbeispiel

Um auf den Fall des Fußballvereins zu rekurrieren: Der Fußballtrainer und die Körperschaft schließen einen Vertrag mit dem Inhalt, die jeweilige Fußballmannschaft zu betreuen. Dabei handelt es sich zunächst nicht um eine einmalige Tätigkeit, vielmehr erfolgt die Betreuung einer Mannschaft über einen längeren Zeitraum (Saison). Der Auftrag umfasst somit die Organisation wöchentlicher Trainingseinheiten sowie die Betreuung bei den Punktspielen. Es handelt sich also um eine inhaltlich qualifizierte Beauftragung des Trainers durch den Verein. Wesensmerkmal des Auftrags ist zwar, dass das Geschäft unentgeltlich zu besorgen ist.[451] Da bezahlter Sport jedoch aufgrund der Förderung eigenwirtschaftlicher Zwecke ohnehin nicht gemeinnützig ist,[452] wird auch das Merkmal der Unentgeltlichkeit (vor allem im Amateurbereich) regelmäßig kein Hindernis darstellen.[453] Ein entsprechender Auftrag des Vereinsvorstands, welcher auf die Verwirklichung der Förderung des Sports i. S. v. § 52 Abs. 2 S. 1 Nr. 21 AO gerichtet ist, liegt vor, sodass die herausgearbeiteten Grundsätze Anwendung finden. Die Handlungen des Trainers im Zusammenhang mit der Betreuung der Mannschaft werden der Körperschaft zugerechnet. Der Vereinsvorstand hat die eigenmächtigen Handlungen des Fußballtrainers darüber hinaus zu überwachen und ggf. einzuschreiten, um eine Zurechnung nach den Grundsätzen der Anscheins- und Duldungsvollmacht zu verhindern.

Betrachtet man dagegen beispielsweise die Spieler der Fußballmannschaft, welche lediglich Mitglieder des Vereins sind, so ist dieses Rechtsverhältnis für die Annahme einer Beauftragung nicht ausreichend. Auch eine Zurechnung

---

[451] *Berger*, in: Erman, BGB, § 662 Rn. 14; *Grüneberg*, in: Grüneberg, BGB, § 662 Rn. 8; *Wiese*, in: HK-BGB, § 662 Rn. 8.

[452] *Jachmann*, in: Gosch, AO/FGO, § 52 AO Rn. 109; *Seer*, in: Tipke/Kruse, AO/FGO, § 52 AO Rn. 49.

[453] Insbesondere ist die Vereinbarung eines Aufwendungsersatzes (§ 670 BGB) in diesem Zusammenhang unschädlich, *Berger*, in: Erman, BGB, § 662 Rn. 14; *Wiese*, in: HK-BGB, § 662 Rn. 8.

des Verhaltens nach den Grundsätzen der Duldungs- und Anscheinsvollmacht kommt somit nicht in Betracht. Folglich wären etwa Sachbeschädigungen, die die Spieler in den Umkleideräumen einer gegnerischen Mannschaft vornehmen, der gemeinnützigen Körperschaft nicht zuzurechnen. Auch ein wiederholtes Auftreten, welches die Voraussetzung der Zurechnungsgrundsätze erfüllen würde, führt zu keinem abweichenden Ergebnis. Die Folgen von schädigendem Verhalten von Vereinsmitgliedern, die jedoch nicht im Auftrag des Vereins tätig werden, sind somit nicht steuerrechtlicher, sondern zivilrechtlicher Natur. Insbesondere vereinsrechtliche Disziplinarmaßnahmen wie der Ausschluss kommen dann in Betracht.[454]

2. Hilfspersonen, § 57 Abs. 1 S. 2 AO

Für einfache Vereinsmitglieder sowie Nichtmitglieder gelten die für Organe und in maßgeblicher Position tätige Personen herausgearbeiteten Grundsätze indes nicht. Die Mitgliedschaft allein ist für die Zurechnung nicht ausreichend. Zwingende Voraussetzung bei den sonstigen für die Körperschaft tätigen Personen ist die herausgehobene Stellung des Akteurs. Die qualifizierte Beauftragung dient dabei der näheren Bestimmung dieser Personen. Das Handeln von Personen, die keinerlei Verbindung zu der gemeinnützigen Körperschaft aufweisen, ist schon begrifflich schwer als eigenes Handeln der Körperschaft im Rahmen der tatsächlichen Geschäftsführung zu verstehen. Dies ist im Hinblick auf die Regelung des § 57 Abs. 1 S. 2 AO aber auch nicht notwendig.[455] Danach verfolgt die Körperschaft ihre satzungsmäßigen steuerbegünstigten Zwecke auch dann unmittelbar, wenn sie sich zur Verwirklichung ihrer Zwecke Hilfspersonen bedient.[456] Folglich können

---

[454] Zur gerichtlichen Kontrolle solcher Maßnahmen BGH v. 27.02.1954 – II ZR 17/53, BGHZ 13, 5 (10 f.) = NJW 1954, 833; BGH v. 30.05.1983 – II ZR 138/82, BGHZ 87, 337 (343) = NJW 1984, 918; zum Vereinsausschluss insgesamt *Neudert/Waldner*, in: Der eingetragene Verein, Rn. 350 ff.

[455] Die Tätigkeit ist dann kein eigenes Wirken, sondern wird der Körperschaft „wie eigenes Wirken" zugerechnet, *Hüttemann*, in: Hüttemann, Gemeinnützigkeitsrecht und Spendenrecht, Rn. 4.56; *Hüttemann*, Non Profit Law Yearbook 2003, 85 (90 f.); *Unger*, in: Gosch, AO/FGO, § 57 AO Rn. 14.

[456] *Hakert*, in: Winheller/Geibel/Jachmann-Michel, Gesamtes Gemeinnützigkeitsrecht, § 57 AO Rn. 23; *Orth*, DStJG 26 (2003), 177 (224 f.); *Seer*, in: Tipke/Kruse, AO/FGO, § 57 AO Rn. 4.

auch Dritte von der Körperschaft beauftragt werden, deren Handlungen dann unter Umständen zuzurechnen sind.[457]

a) *Mitglieder der Körperschaft*

Die Zurechnung der Handlungen einfacher Vereinsmitglieder richtet sich vornehmlich nach § 57 Abs. 1 S. 2 AO. In diesem Zusammenhang ist zunächst strittig, unter welchen Voraussetzungen ein Mitglied als Hilfsperson anzusehen ist.[458] Des Weiteren ist zu klären, welchen Einfluss Handlungen von Hilfspersonen auf die tatsächliche Geschäftsführung der Körperschaft haben.[459]

AA) VORAUSSETZUNGEN DER HILFSPERSON I. S. D. § 57 ABS. 1 S. 2 AO

Nach § 57 Abs. 1 S. 2 AO kann eine Körperschaft ihre steuerbegünstigten satzungsmäßigen Zwecke auch durch eine Hilfsperson unmittelbar verfolgen, wenn nach den Umständen des Falls, insbesondere nach den rechtlichen und tatsächlichen Beziehungen, die zwischen der Körperschaft und der Hilfsperson bestehen, das Wirken der Hilfsperson wie eigenes Wirken der Körperschaft anzusehen ist. Umstritten ist dabei, welche konkreten Voraussetzungen erfüllt sein müssen, damit von einer Hilfsperson gesprochen werden kann.[460]

(1) Rechtsprechung

Der Rechtsprechung des BFH lässt sich bis dato kein konkretes Prüfungsschema entnehmen. In einem Urteil aus dem Jahr 1995 stellte der BFH fest, dass nicht nur das Wirken des eigenen Personals, sondern bei Bedarf auch Hilfe von anderem fachkundigen Personal als Hilfspersonentätigkeit anzusehen sei.

---

[457] *Eisolt*, DStR 2020, 1417 (1419); *Hüttemann*, in: Hüttemann, Gemeinnützigkeitsrecht und Spendenrecht, Rn. 4.49; *Koenig*, in: Koenig, AO, § 57 Rn. 2; *Krüger*, in: Schwarz/Pahlke/Keß, AO/FGO, § 63 AO Rn. 2; *Seer*, in: Tipke/Kruse, AO/FGO, § 57 AO Rn. 4.

[458] Ausführlich *Hakert*, in: Winheller/Geibel/Jachmann-Michel, Gesamtes Gemeinnützigkeitsrecht, § 57 AO Rn. 26 ff.

[459] Dazu *Hüttemann*, in: Hüttemann, Gemeinnützigkeitsrecht und Spendenrecht, Rn. 4.56.

[460] *Hakert*, in: Winheller/Geibel/Jachmann-Michel, Gesamtes Gemeinnützigkeitsrecht, § 57 AO Rn. 26 ff.; *Hüttemann*, in: Hüttemann, Gemeinnützigkeitsrecht und Spendenrecht, Rn. 4.50.

Erforderlich sei eine Anforderung der gemeinnützigen Körperschaft.[461] In einem anderen Judikat wurde die unmittelbare Zweckverwirklichung durch die Körperschaft aufgrund der für sie handelnden Mitglieder bejaht.[462] Als deutlich konkreter erweisen sich dagegen folgende Ausführungen des FG Niedersachsen: Maßgeblich für eine Zurechnung nach § 57 Abs. 1 S. 2 AO ist der Umstand, dass die Tätigkeit mit dem Willen der übergeordneten Körperschaft erfolgt. Dies ist wiederum anzunehmen, wenn die Tätigkeit jedenfalls hinsichtlich ihres Ziels im Wesentlichen durch die Körperschaft veranlasst ist.[463]

(2) Finanzverwaltung

Die Finanzverwaltung setzt voraus, dass die Hilfsperson nach den Weisungen der Körperschaft einen konkreten Auftrag ausführt.[464] So hat die Körperschaft durch Vorlage entsprechender Vereinbarungen nachzuweisen, dass sie den Inhalt und den Umfang der Tätigkeit der Hilfsperson im Innenverhältnis bestimmen kann.[465] Notwendiges Merkmal für die Annahme einer Hilfsperson ist nach dieser Ansicht die aus dem konkret gefassten Auftrag folgende Weisungsgebundenheit.[466]

(3) Literatur

Im Schrifttum steht man dieser restriktiven Auslegung des § 57 Abs. 1 S. 2 AO größtenteils kritisch gegenüber.[467] Bereits aus dem Wortlaut der Norm ergebe

---

461 Konkret handelte es sich um Angestellte des Gesellschafters, die aufgrund einer Personalgestellung für die Körperschaft tätig wurden, BFH v. 26.04.1995 – I R 35/93, BStBl II 1995, 767 (768) = BFHE 177, 339.

462 BFH v. 23.10.1991 – I R 19/91, BStBl II 1992, 62 (63 f.) = BFHE 165, 484.

463 FG Niedersachsen v. 08.04.2010 – 6 K 139/09, juris (Rn. 17) = BeckRS 2010, 26030189.

464 AEAO zu § 57 Nr. 2 Abs. 1 S. 3.

465 AEAO zu § 57 Nr. 2 Abs. 1 S. 4.

466 Teile der Literatur haben sich dieser Ansicht angeschlossen, vgl. *Brandl*, in: AO – eKommentar, § 57 Rn. 6; *Buchna/Leichinger/Seeger/Brox*, Gemeinnützigkeit im Steuerrecht, § 57 AO Rn. 106; *Gersch*, in: Klein, AO, § 57 Rn. 6; *Neudert/Waldner*, in: Der eingetragene Verein, Rn. 472; *Wallenhorst*, in: Wallenhorst/Halaczinsky, C Rn. 47.

467 *Hakert*, in: Winheller/Geibel/Jachmann-Michel, Gesamtes Gemeinnützigkeitsrecht, § 57 AO Rn. 30; *Kirchhain/Unger*, DStR 2023, 1281 (1286); *Krüger*, in: Schwarz/Pahlke/Keß, AO/FGO, § 57 AO Rn. 1; *Musil*, in: Hübschmann/Hepp/Spitaler, AO/FGO, § 57 AO Rn. 13; *Seer*, in: Tipke/Kruse, AO/FGO, § 57 AO Rn. 4; *Unger*, in: Gosch, AO/FGO, § 57 AO Rn. 18 ff.

sich die Voraussetzung der Weisungsgebundenheit keineswegs zwingend.[468] Teleologisch begründen lasse sich die Notwendigkeit einer solchen, anders als im Rahmen des § 831 BGB, ebenfalls nicht.[469] Es widerspräche dem Telos der Vorschrift vielmehr, wenn man ein Handeln kraft Gefälligkeit mangels Abschlusses eines Auftragsvertrags nicht als eine Hilfstätigkeit ansähe.[470] Maßgeblich sei allein die willentliche Einschaltung der Person durch die Körperschaft.[471]

(4) Stellungnahme

Teilen der Literatur ist zunächst darin zuzustimmen, dass der Wortlaut des § 57 Abs. 1 S. 2 AO wahrlich keine strikte Weisungsabhängigkeit vorgibt. Dieser verlangt vielmehr (nur), dass zwischen der Körperschaft und der Hilfsperson eine rechtliche oder tatsächliche Beziehung besteht, nach der das Wirken der Hilfsperson wie das eigene Wirken der Körperschaft anzusehen ist.[472] Der Gesetzeswortlaut lässt somit auch eine tatsächliche Beziehung genügen, weshalb die Forderung nach einem konkreten Auftragsvertrag prima vista nicht naheliegt.[473] Es erscheint auch in teleologischer Hinsicht bedenklich, reinen Gefälligkeitshandlungen allein aufgrund des fehlenden Rechtsbindungswillens die Qualifizierung als Hilfspersonentätigkeit

---

468 *Hakert*, in: Winheller/Geibel/Jachmann-Michel, Gesamtes Gemeinnützigkeitsrecht, § 57 AO Rn. 26, 31; *Hüttemann*, in: Hüttemann, Gemeinnützigkeitsrecht und Spendenrecht, Rn. 4.52; *Unger*, in: Gosch, AO/FGO, § 57 AO Rn. 18; a. A. wohl *Brandl*, in: AO – eKommentar, § 57 Rn. 6.

469 *Hüttemann*, in: Hüttemann, Gemeinnützigkeitsrecht und Spendenrecht, Rn. 4.52; *Hüttemann*, Non Profit Law Yearbook 2003, 85 (92 f.); ähnlich *Unger*, in: Gosch, AO/FGO, § 57 AO Rn. 18.

470 *Hakert*, in: Winheller/Geibel/Jachmann-Michel, Gesamtes Gemeinnützigkeitsrecht, § 57 AO Rn. 31; *Hüttemann*, in: Hüttemann, Gemeinnützigkeitsrecht und Spendenrecht, Rn. 4.52; *Kirchhain/Unger*, DStR 2023, 1281 (1286); ähnlich *Unger*, in: Gosch, AO/FGO, § 57 AO Rn. 18 hinsichtlich des Abschlusses eines Werkvertrags.

471 *Hakert*, in: Winheller/Geibel/Jachmann-Michel, Gesamtes Gemeinnützigkeitsrecht, § 57 AO Rn. 31; *Hüttemann*, in: Hüttemann, Gemeinnützigkeitsrecht und Spendenrecht, Rn. 4.52; *Hüttemann*, Non Profit Law Yearbook 2003, 85 (93); *Musil*, in: Hübschmann/Hepp/Spitaler, AO/FGO, § 57 AO Rn. 13; *Unger*, in: Gosch, AO/FGO, § 57 AO Rn. 19.

472 So auch *Hakert*, in: Winheller/Geibel/Jachmann-Michel, Gesamtes Gemeinnützigkeitsrecht, § 57 AO Rn. 33.

473 A. A. *Brandl*, in: AO – eKommentar, § 57 Rn. 6.

vorzuenthalten.[474] Ferner lässt sich dem Wortlaut entnehmen, dass das Wirken wie eigenes Wirken der Körperschaft anzusehen sein muss. Dies ist der Fall, wenn die Tätigkeit durch eine willentliche Einschaltung der Hilfsperson von der Körperschaft veranlasst ist.[475] Mit anderen Worten: Die Hilfspersonentätigkeit vollzieht sich mit dem Willen der Körperschaft.[476] Insoweit lässt sich eine Parallele zur Zurechnungsnorm des § 278 S. 1 BGB ziehen. Die Hilfsperson wird gewissermaßen mit Wissen und Wollen bei der Erfüllung der der Körperschaft obliegenden steuerrechtlichen Verbindlichkeit tätig.[477]

Folglich wäre das Merkmal der Weisungsabhängigkeit im Rahmen der steuerrechtlichen Hilfspersonenregelung des § 57 Abs. 1 S. 2 AO ebenso wie beim zivilrechtlichen Pendant (§ 278 S. 1 BGB) obsolet. In dieser Absolutheit ist dem jedoch nicht zuzustimmen. Gewichtige Gründe sprechen zwar dafür, die Weisungsabhängigkeit nicht als Voraussetzung der Einordnung als Hilfsperson anzusehen. Der Literatur ist insoweit zu folgen, als das Merkmal den Kreis für Hilfspersonen, insbesondere aufgrund des teleologisch nicht gebotenen Ausschlusses bestimmter Tätigkeiten, zu eng zieht. Notwendig ist somit (nur) die willentliche Einschaltung der Hilfsperson durch die Körperschaft. Nichtsdestominder ist die Voraussetzung der Weisungsabhängigkeit nicht gänzlich zu verwerfen. Sie eignet sich, um die Zurechnung von Hilfspersonentätigkeiten zur tatsächlichen Geschäftsführung präziser auszugestalten.

---

474 *Hakert*, in: Winheller/Geibel/Jachmann-Michel, Gesamtes Gemeinnützigkeitsrecht, § 57 AO Rn. 36; *Hüttemann*, in: Hüttemann, Gemeinnützigkeitsrecht und Spendenrecht, Rn. 4.52.

475 FG Niedersachsen v. 08.04.2010 – 6 K 139/09, juris (Rn. 17) = BeckRS 2010, 26030189; *Hüttemann*, in: Hüttemann, Gemeinnützigkeitsrecht und Spendenrecht, Rn. 4.52; *Seer*, in: Tipke/Kruse, AO/FGO, § 57 AO Rn. 4; *Unger*, in: Gosch, AO/FGO, § 57 AO Rn. 19; ähnlich *Hakert*, in: Winheller/Geibel/Jachmann-Michel, Gesamtes Gemeinnützigkeitsrecht, § 57 AO Rn. 37: Die Körperschaft muss sich der Hilfsperson zur Verwirklichung ihrer steuerbegünstigten Zwecke willentlich bedienen.

476 FG Niedersachsen v. 08.04.2010 – 6 K 139/09, juris (Rn. 17) = BeckRS 2010, 26030189; *Hakert*, in: Winheller/Geibel/Jachmann-Michel, Gesamtes Gemeinnützigkeitsrecht, § 57 AO Rn. 37; *Unger*, in: Gosch, AO/FGO, § 57 AO Rn. 20.

477 *Hakert*, in: Winheller/Geibel/Jachmann-Michel, Gesamtes Gemeinnützigkeitsrecht, § 57 AO Rn. 34 ff.; *Seer*, in: Tipke/Kruse, AO/FGO, § 57 AO Rn. 4; *Unger*, in: Gosch, AO/FGO, § 57 AO Rn. 19 f.; zum Verhältnis des § 57 AO zu § 278 BGB *Brill*, Der Verlust der Gemeinnützigkeit, S. 320 ff.

BB) ZURECHNUNG VON HILFSPERSONENTÄTIGKEITEN ZUR TATSÄCHLICHEN GESCHÄFTSFÜHRUNG DER KÖRPERSCHAFT

Da das Wirken einer Hilfsperson gemäß § 57 Abs. 1 S. 2 AO wie eigenes Wirken der Körperschaft anzusehen ist, muss es auch im Rahmen der tatsächlichen Geschäftsführung der Körperschaft (§ 63 Abs. 1 AO) Berücksichtigung finden.[478] Einerseits können Hilfspersonentätigkeiten unterstützenden Charakter bei der Verwirklichung der steuerbegünstigten satzungsmäßigen Zwecke aufweisen.[479] Andererseits können gewisse Handlungen die Gemeinnützigkeit der Körperschaft gefährden.[480] Nun wurde im Rahmen des § 63 Abs. 1 AO, wonach die tatsächliche Geschäftsführung der Körperschaft auf die ausschließliche und unmittelbare Erfüllung der steuerbegünstigten Zwecke gerichtet sein muss, zuvorderst auf Organhandlungen abgestellt.[481] In diesem Zusammenhang waren zahlreiche Differenzierungen notwendig, sodass unter anderem zwischen gemeinnützigkeitsfördernden und gemeinnützigkeitsschädlichen Tätigkeiten unterschieden wurde.[482] Bei einzelnen Vereinsmitgliedern, die als Hilfsperson für die Körperschaft tätig werden, bedarf es ebenfalls einer solchen Differenzierung.

(1) Automatische Zurechnung bei gemeinnützigkeitsfördernden Handlungen

Bei der Frage, unter welchen Voraussetzungen überhaupt von einer Hilfsperson gesprochen werden kann, hat sich das Merkmal der Weisungsabhängigkeit als zu restriktiv erwiesen. Es eignet sich jedoch, um die Zurechnung von Hilfspersonenhandlungen zur tatsächlichen Geschäftsführung der Körperschaft detaillierter auszugestalten. Konkret ist zwischen solchen Tätigkeiten, die den steuerbegünstigten satzungsmäßigen Zweck fördern und solchen, die für den

---

478 *Hüttemann*, in: Hüttemann, Gemeinnützigkeitsrecht und Spendenrecht, Rn. 4.56; in der Praxis stellt die Verwirklichung der gemeinnützigen Zwecke durch Hilfspersonen wohl eher die Regel als die Ausnahme dar, *Kirchhain/Unger*, DStR 2023, 1281 (1286).

479 *Musil*, in: Hübschmann/Hepp/Spitaler, AO/FGO, § 57 AO Rn. 13; Unterstützung i. S. e. arbeitsteiligen Wirkens, *Niewerth*, in: Lippross/Seibel, Basiskommentar Steuerrecht, AO, § 57 Rn. 1; *Unger*, in: Gosch, AO/FGO, § 57 AO Rn. 30.

480 *Hüttemann*, in: Hüttemann, Gemeinnützigkeitsrecht und Spendenrecht, Rn. 4.56; *Unger*, in: Gosch, AO/FGO, § 57 AO Rn. 30.

481 *Hüttemann*, in: Hüttemann, Gemeinnützigkeitsrecht und Spendenrecht, Rn. 4.56; zum praktischen „Normalfall" *Kirchhain/Unger*, DStR 2023, 1281 (1286).

482 3. Kapitel C. I. 4. c).

Status der Gemeinnützigkeit schädlich sind, zu unterscheiden.[483] Während es für die Zurechnung zur tatsächlichen Geschäftsführung bei Ersteren ausreichend ist, wenn die Voraussetzungen der Hilfsperson i. S. d. § 57 Abs. 1 S. 2 AO vorliegen, also insbesondere eine willentliche Einschaltung der Person durch die Körperschaft vorliegt, erfolgt die Zurechnung bei Zweiteren nur dann, wenn Weisungsgebundenheit infolge eines konkreten Auftrags vorliegt. Denn: Grundsätzlich kommt der Wille der Körperschaft zur Zurechnung bereits in der Einschaltung zum Ausdruck, sodass eine automatische Zurechnung interessengemäß ist.[484] Warum sollte man eine Hilfsperson zur unmittelbaren Erfüllung der steuerbegünstigten Zwecke einschalten, wenn dieses Verhalten steuerrechtlich im Rahmen der tatsächlichen Geschäftsführung keine Bedeutung erlangen soll? Die Körperschaft müsste dann zusätzlich selbst tätig werden, damit die tatsächliche Geschäftsführung den Zweck auch unmittelbar (§ 57 Abs. 1 S. 1 AO) verfolgt.[485] Der praktisch überaus bedeutsame[486] Zweck des § 57 Abs. 1 S. 2 AO – die Erweiterung des steuerbegünstigten Aktionsradius[487] – würde ande-

---

[483] Teils wird eine Unterscheidung (lediglich) im Rahmen der „steuerrechtlichen" Prüfung des § 278 BGB vorgenommen, wobei zwischen willentlichen und unwillentlichen Handlungen differenziert wird, *Hakert*, in: Winheller/Geibel/Jachmann-Michel, Gesamtes Gemeinnützigkeitsrecht, § 57 AO Rn. 37. Es liegt dabei zwar nahe, dass die (nicht zurechenbaren) unwillentlichen Handlungen tendenziell gemeinnützigkeitsschädlich sind, dies lässt sich aber keineswegs verallgemeinern. Ein Gleichlauf zwischen § 57 Abs. 1 S. 2 AO und § 278 S. 1 BGB verbietet sich bereits aufgrund der unterschiedlichen Zweckrichtungen: Während es bei § 278 S. 1 BGB zuvorderst darum geht, dem Schuldner im Falle einer Leistungsstörung das Verschulden seiner Erfüllungsgehilfen zuzurechnen (*Grundmann*, in: MüKo-BGB, § 278 Rn. 1), soll § 57 Abs. 1 S. 2 AO gemeinnützigen Körperschaften ermöglichen, ihren steuerbegünstigten Aktionsradius zu erweitern (*Unger*, in: Gosch, AO/FGO, § 57 AO Rn. 1). Ebenfalls kritisch zur schlichten Prüfung des § 278 BGB bei der Frage nach einer steuerrechtlichen Zurechnung zur tatsächlichen Geschäftsführung von Hilfspersonen, *Brandl*, in: AO – eKommentar, § 57 Rn. 4.

[484] So wohl auch sämtliche Autoren, die es bei der Beleuchtung der Voraussetzungen einer Hilfsperson belassen, statt vieler *Hakert*, in: Winheller/Geibel/Jachmann-Michel, Gesamtes Gemeinnützigkeitsrecht, § 57 AO Rn. 22 ff.

[485] Dies erfordert der Grundsatz der Unmittelbarkeit (§ 57 Abs. 1 S. 1 AO), *Hüttemann*, in: Hüttemann, Gemeinnützigkeitsrecht und Spendenrecht, Rn. 4.38; *Hüttemann/Schauhoff*, FR 2007, 1133 (1133 f.).

[486] *Kirchhain/Unger*, DStR 2023, 1281 (1286).

[487] Dazu *Unger*, in: Gosch, AO/FGO, § 57 AO Rn. 1 ff.; ähnlich *Musil*, in: Hübschmann/Hepp/Spitaler, AO/FGO, § 57 AO Rn. 13: Es gehe um die Zurechnung unterstützenden Verhaltens zur begünstigten Aktivität der Körperschaft.

renfalls konterkariert, sodass teleologische Erwägungen für eine erleichterte Zurechnung von gemeinnützigkeitsfördernden Hilfspersonenhandlungen sprechen.

(2) Weisungsabhängigkeit als Voraussetzung bei der Zurechnung gemeinnützigkeitsschädlicher Handlungen

Die Körperschaft würde jedoch selbstschädigend agieren, wenn Hilfspersonen zum Vollzug gemeinnützigkeitsschädlicher Handlungen eingeschaltet werden. In dieser Konstellation lautet die Frage: Warum sollte die Körperschaft eine Person einschalten, um ihre eigene Existenz zu gefährden? Eine solche Selbstschädigung (Verlust der Gemeinnützigkeit) kann nur dann angenommen werden, wenn ein konkreter Auftrag vorliegt und die damit verbundenen Weisungen keine Zweifel daran zulassen, dass die Körperschaft die Hilfsperson für gemeinnützigkeitsschädliche Aktivitäten eingeschaltet hat.[488] Auch unter Berücksichtigung des Zwecks des § 57 Abs. 1 S. 2 AO – der Handlungsradius von steuerbegünstigten Aktivitäten soll erweitert werden[489] – erscheint die restriktivere Zurechnung von gemeinnützigkeitsschädlichen Hilfspersonenhandlungen zur tatsächlichen Geschäftsführung geboten. Schließlich fügt sich diese Differenzierung in die vorherigen Ausführungen betreffend unautorisierte Organhandlungen ein, was wiederum die Konsistenz des Zurechnungsmodells stärkt.[490]

b) Dritte

Bei Dritten ist der gleiche Maßstab wie bei Vereinsmitgliedern anzulegen. Zunächst müssen die Voraussetzungen des § 57 Abs. 1 S. 2 AO vorliegen.[491] Anschließend ist eine Differenzierung vorzunehmen, sodass nur

---

[488] Dies für jede Hilfspersonentätigkeit fordernd *Buchna/Leichinger/Seeger/Brox*, Gemeinnützigkeit im Steuerrecht, § 57 AO Rn. 106. In der vorherigen Auflage wurde dies in den Ausführungen zum Grundsatz der Unmittelbarkeit noch etwas schärfer formuliert: „Das Wirken eines Dritten, auf den man möglicherweise „irgendwie" Einfluss hat, reicht nicht aus.", *Buchna/Leichinger/Seeger/Brox*, Gemeinnützigkeit im Steuerrecht, 11. Aufl., § 57 AO Rn. 2.7.1. Diese Formulierung findet sich in der aktuellen Auflage nicht mehr wieder.

[489] *Unger*, in: Gosch, AO/FGO, § 57 AO Rn. 1 ff.; ähnlich *Musil*, in: Hübschmann/Hepp/Spitaler, AO/FGO, § 57 AO Rn. 13.

[490] 3. Kapitel C. I. 4. c).

[491] *Buchna/Leichinger/Seeger/Brox*, Gemeinnützigkeit im Steuerrecht, § 57 AO Rn. 107: Hilfspersonen brauchen nicht Angestellte der steuerbegünstigten Körperschaft zu

gemeinnützigkeitsfördernde Handlungen ohne Weiteres als tatsächliche Geschäftsführung der Körperschaft anzusehen sind. Um auf das Praxisbeispiel des Sportvereins zurückzukommen: Verstöße gegen die Rechtsordnung von randalierenden Fußballfans sind der tatsächlichen Geschäftsführung der Körperschaft grundsätzlich nicht zuzurechnen. Nur in dem atypischen Sonderfall, dass der Verein die Fans tatsächlich explizit mit der Begehung von Straftaten oder ähnlichem beauftragt hat und die Fans infolgedessen von den Weisungen der Körperschaft abhängig sind, ließe sich über eine Zurechnung nachdenken.

III. Fazit zur Zurechnung

Im Rahmen der Zurechnung von Tätigkeiten zur Bestimmung der tatsächlichen Geschäftsführung der Körperschaft (§ 63 Abs. 1 AO) stehen die vertretungsberechtigten Leitungsorgane im Fokus. Autorisierte Handlungen innerhalb ihres Zuständigkeitsbereichs sind der Körperschaft stets zuzurechnen. Unautorisierte Handlungen der Organmitglieder werden unter den Voraussetzungen der Duldungs- und Anscheinsvollmacht zugerechnet, wobei sowohl zwischen ehrenamtlich und hauptamtlich besetzten Organen als auch zwischen gemeinnützigkeitsschädlichen sowie -fördernden Handlungen zu differenzieren ist. Bei Personen in maßgeblicher Position erfolgt eine Zurechnung aufgrund der qualifizierten Beauftragung durch die Körperschaft. Sollte dieses Kriterium erfüllt sein, gelten die Grundsätze zur Duldungs- und Anscheinsvollmacht entsprechend. Maßgeblich für die Zurechnung von Handlungen der Vereinsmitglieder ist die Regelung des § 57 Abs. 1 S. 2 AO. Erforderlich ist in einem ersten Schritt die willentliche Einschaltung der Person durch die Körperschaft. In einem zweiten Schritt ist erneut hinsichtlich der Gemeinnützigkeitsförderlichkeit bzw. -schädlichkeit zu differenzieren, wobei erstere Tätigkeiten stets und zweitere Handlungen nur bei Vorliegen eines konkreten Auftrags und der damit einhergehenden Weisungsabhängigkeit als tatsächliche Geschäftsführung (§ 63 Abs. 1 AO) anzusehen sind. Gleiches gilt für von der Körperschaft eingeschaltete Dritte.

---

sein; *Hüttemann*, in: Hüttemann, Gemeinnützigkeitsrecht und Spendenrecht, Rn. 4.49 spricht im Rahmen des § 57 Abs. 1 S. 2 AO ganz allgemein von beliebigen Dritten; *Niewerth*, in: Lippross/Seibel, Basiskommentar Steuerrecht, AO, § 57 Rn. 2.

D. Verstöße der tatsächlichen Geschäftsführung gegen die Vorschriften des Gemeinnützigkeitsrechts

Nachdem aufgezeigt wurde, wer überhaupt als Spieler antritt, also wessen Handlungen der Körperschaft unter welchen Umständen zuzurechnen sind, ist nun zu klären, welche verschiedenen Verstöße beim Spielen in Betracht kommen und welche Folgen diese nach sich ziehen. Das Ziel ist die Entwicklung einer Spielanleitung für sämtliche Körperschaften, welche durch eine Systematisierung der in Betracht kommenden Verstöße entwickelt wird. Die tatsächliche Geschäftsführung muss gemäß § 63 Abs. 1 AO auf die ausschließliche und unmittelbare Erfüllung der steuerbegünstigten Zwecke gerichtet sein und den Bestimmungen entsprechen, die die Satzung über die Voraussetzungen für Steuervergünstigungen enthält.[492] Da die Satzung nach § 59 AO alle Vorgaben der §§ 51 ff. AO enthalten muss und die tatsächliche Geschäftsführung damit die gesetzlichen Voraussetzungen der §§ 51 ff. AO – individualisiert durch die jeweilige Satzung – erfüllen muss, liegt ein Verstoß der Körperschaft vor, wenn gegen diese Normen verstoßen wird.[493] Ein Verstoß der tatsächlichen Geschäftsführung kann etwa darin liegen, dass die Allgemeinheit nicht mehr gefördert wird (§ 52 Abs. 1 AO) bzw. der satzungsmäßige gemeinnützige Zweck nicht mehr verfolgt wird (§ 52 Abs. 2 AO).[494] Möglich ist auch, dass das tatsächliche Handeln der Körperschaft den drei Grundsatznormen des Gemeinnützigkeitsrechts, also den Grundsätzen der Selbstlosigkeit (§ 55 AO), der Ausschließlichkeit (§ 56 AO) sowie der Unmittelbarkeit (§ 57 AO), zuwiderläuft.[495] Diese Bandbreite an potenziellen

---

492 *Bartmuß/Werner*, in: Winheller/Geibel/Jachmann-Michel, Gesamtes Gemeinnützigkeitsrecht, § 63 AO Rn. 1; *Bott*, in: Schauhoff/Kirchhain, Handbuch der Gemeinnützigkeit, § 10 Rn. 89; *Buchna/Leichinger/Seeger/Brox*, Gemeinnützigkeit im Steuerrecht, § 63 AO Rn. 282; *Erdbrügger*, in: BeckOK-AO, § 63 Rn. 22.

493 *Bott*, in: Schauhoff/Kirchhain, Handbuch der Gemeinnützigkeit, § 10 Rn. 89, 92; *Hüttemann*, in: Hüttemann, Gemeinnützigkeitsrecht und Spendenrecht, Rn. 4.227; *Unger*, in: Gosch, AO/FGO, § 63 AO Rn. 7.

494 Da die tatsächliche Geschäftsführung mit den Satzungsbestimmungen im Einklang stehen muss (§§ 59, 63 Abs. 1 AO), ist auch die Verfolgung eines anderen gemeinnützigen Zwecks als schädlich anzusehen, vgl. *Bartmuß/Werner*, in: Winheller/Geibel/Jachmann-Michel, Gesamtes Gemeinnützgkeitsrecht, § 63 AO Rn. 2; *Bott*, in: Schauhoff/Kirchhain, Handbuch der Gemeinnützigkeit, § 10 Rn. 93.

495 *Bott*, in: Schauhoff/Kirchhain, Handbuch der Gemeinnützigkeit, § 10 Rn. 94 f.; *Seer*, in: Tipke/Kruse, AO/FGO, § 63 AO Rn. 3.

Verstößen ist seit jeher Gegenstand zahlreicher Urteile des BFH und füllt auch die folgenden Ausführungen mit Leben. Das Ziel ist dabei, die verschiedenen Verstöße durch die tatsächliche Geschäftsführung nach Schwere und Ausmaß zu kategorisieren. Zudem ist eine Auseinandersetzung mit den Rechtsfolgen geboten. Während die zehnjährige Nachversteuerung gemäß § 63 Abs. 2 AO i. V. m. § 61 Abs. 3 AO bei Verstößen der tatsächlichen Geschäftsführung gegen die Vermögensbindung[496] einerseits und das bloße Setzen einer angemessenen Frist nach § 63 Abs. 4 AO bei unzulässigen Mittelansammlungen[497] andererseits die Ausnahmen bilden, kommt es grundsätzlich zu der Nichtanerkennung der Gemeinnützigkeit für den betroffenen Veranlagungszeitraum (§ 63 Abs. 2 i. V. m. § 60 Abs. 2 AO).[498] Es ist zu klären, ob diese gesetzlich vorgesehene Rechtsfolge für Verstöße sämtlicher Art gerechtfertigt ist.[499]

I. Verstöße gegen den Grundsatz der Vermögensbindung

1. Verstoß der tatsächlichen Geschäftsführung gegen § 55 Abs. 1 Nr. 4 AO (§ 63 Abs. 2 i. V. m. § 61 Abs. 3 AO)

Ausgehend von der besonderen Rechtsfolge der zehnjährig rückwirkenden Nachversteuerung (§ 63 Abs. 2 i. V. m. § 61 Abs. 3 AO) stehen die Verstöße gegen den Grundsatz der Vermögensbindung (§ 55 Abs. 1 Nr. 4 AO) an erster Stelle.[500] Bei Auflösung oder Aufhebung der Körperschaft oder bei Wegfall ihres

---

[496] *Bartmuß/Werner*, in: Winheller/Geibel/Jachmann-Michel, Gesamtes Gemeinnützigkeitsrecht, § 63 AO Rn. 14; *Buchna/Leichinger/Seeger/Brox*, Gemeinnützigkeit im Steuerrecht, § 63 AO Rn. 292; *Streckenbach*, Die Förderung der Allgemeinheit, S. 43; *Unger*, in: Gosch, AO/FGO, § 63 AO Rn. 39; kritisch dazu *Schauhoff*, DStJG 26 (2003), 133 (150 f.).

[497] *Hüttemann*, in: Hüttemann, Gemeinnützigkeitsrecht und Spendenrecht, Rn. 4.235; *Musil*, in: Hübschmann/Hepp/Spitaler, AO/FGO, § 63 AO Rn. 19 ff.; *Unger*, in: Gosch, AO/FGO, § 63 AO Rn. 55.

[498] BFH v. 12.10.2010 – I R 59/09, BStBl II 2012, 226 (Rn. 21 f.) = BFHE 231, 28; *Hüttemann*, in: Hüttemann, Gemeinnützigkeitsrecht und Spendenrecht, Rn. 4.230; *Seer*, in: Tipke/Kruse, AO/FGO, § 63 AO Rn. 12; *Unger*, in: Gosch, AO/FGO, § 63 AO Rn. 55.

[499] *Bartmuß/Werner*, in: Winheller/Geibel/Jachmann-Michel, Gesamtes Gemeinnützigkeitsrecht, § 63 AO Rn. 16; *Hüttemann*, in: Hüttemann, Gemeinnützigkeitsrecht und Spendenrecht, Rn. 4.231; kritisch auch *Seer*, in: Tipke/Kruse, AO/FGO, § 63 AO Rn. 12; *Wallenhorst*, in: Wallenhorst/Halaczinsky, C Rn. 217.

[500] *Kahlert/Eversberg*, ZIP 2010, 260 (262); *Musil*, in: Hübschmann/Hepp/Spitaler, AO/FGO, § 63 AO Rn. 11; *Seer*, in: Tipke/Kruse, AO/FGO, § 63 AO Rn. 7; *Unger*, in: Gosch, AO/FGO, § 63 AO Rn. 39.

bisherigen Zwecks darf das Vermögen der Körperschaft nur für steuerbegünstigte Zwecke verwendet werden (Grundsatz der Vermögensbindung), § 55 Abs. 1 Nr. 4 AO. Gemäß § 63 Abs. 2 i. V. m. § 61 Abs. 3 AO gilt die Vermögensbindung als von Anfang an nicht vorhanden, wenn die tatsächliche Geschäftsführung die satzungsmäßige Vermögensbindung verletzt.[501] Dies dient dem Schutz des steuerbegünstigt gebildeten Vermögens vor einer Verwendung für nicht steuerbegünstigte Zwecke. Hervorzuheben ist in diesem Zusammenhang folgende Konstellation: Eine gemeinnützige GmbH streicht im Rahmen der Neufassung des Gesellschaftsvertrags die Regelung, nach der bei Auflösung der Gesellschaft oder Wegfall ihres satzungsmäßigen Zwecks das Gesellschaftsvermögen für steuerbegünstigte Zwecke zu verwenden war.[502] Anschließend orientiert sich die Geschäftsführung an der neuen Fassung, indem die Verfolgung des gemeinnützigen Zwecks aufgegeben wird und das steuerbegünstigt gebildete Vermögen für nicht steuerbegünstigte Zwecke verwendet wird. Da die Satzung erst „geändert" i. S. d. § 61 Abs. 3 AO ist, wenn das Änderungsverfahren durch die Eintragung der Satzungsänderung im Handels- bzw. Vereinsregister abgeschlossen ist, wird die noch wirksame Satzung, nach der das Vermögen bei Zweckaufgabe für steuerbegünstigte Zwecke zu verwenden ist, durch die tatsächliche Geschäftsführung verletzt.[503] Diese spezielle Art von Verstoß gegen die Norm des § 55 Abs. 1 Nr. 4 AO kann gewissermaßen als Spitze des Verstoßmodells betrachtet werden.

2. Verstoß der tatsächlichen Geschäftsführung gegen § 55 Abs. 1 Nr. 1 bis 3 AO

Fraglich ist, ob darüber hinaus eine analoge Anwendung des § 63 Abs. 2 i. V. m. § 61 Abs. 3 AO bei tatsächlichen Verstößen gegen § 55 Abs. 1 Nr. 1 bis 3 AO geboten ist.[504] Der BFH nimmt dies bei Verletzungen an, die so gravierend sind, dass sie einer Verwendung des gesamten Vermögens

---

[501] *Bartmuß/Werner*, in: Winheller/Geibel/Jachmann-Michel, Gesamtes Gemeinnützigkeitsrecht, § 63 AO Rn. 14; *Unger*, in: Gosch, AO/FGO, § 63 AO Rn. 39; *Wallenhorst*, DStR 2011, 698 (699).

[502] BFH v. 25.04.2001 – I R 22/00, BStBl II 2001, 518 (519 f.) = BFHE 194, 354.

[503] Nicht ausreichend ist dagegen der Satzungsänderungsbeschluss, BFH v. 25.04.2001 – I R 22/00, BStBl II 2001, 518 (519) = BFHE 194, 354; *Seer*, in: Tipke/Kruse, AO/FGO, § 63 AO Rn. 7; *Unger*, in: Gosch, AO/FGO, § 63 AO Rn. 39.

[504] BFH v. 12.10.2010 – I R 59/09, BStBl II 2012, 226 (Rn. 24) = BFHE 231, 28; *Fischer*, FR 2011, 317 (321 f.); *Musil*, in: Hübschmann/Hepp/Spitaler, AO/FGO, § 63 AO Rn. 11; a. A. *Herbert*, BB 1991, 178 (190); *Unger*, in: Gosch, AO/FGO, § 63 AO Rn. 40.

gleichstehen.[505] Diese Vorgehensweise lasse sich teleologisch mit dem Zweck des § 55 Abs. 1 Nr. 4 AO begründen. Es soll verhindert werden, dass steuervergünstigt gebildetes Vermögen für nicht steuerbegünstigte Zwecke verwendet wird.[506] Schüttet eine Körperschaft die steuerbegünstigt erzielten Gewinne überwiegend verdeckt an ihre Gesellschafter aus, läuft dies dem Zweck des § 55 Abs. 1 Nr. 4 AO diametral entgegen.[507]

Richtigerweise ist im Hinblick auf den Vorbehalt des Gesetzes (Art. 20 Abs. 3 GG) bei belastenden Hoheitsmaßnahmen stets zu berücksichtigen, dass solche (möglicherweise erstrebenswerten) Erwägungen zu verwerfen sind, wenn sie keinerlei Stütze im Gesetz finden.[508] Im konkreten Fall ist die Annahme, dass es keinen gesetzlichen Anknüpfungspunkt gibt, jedoch nicht zwingend. So ist es zwar denkbar, dass „Zweck" i. S. d. § 55 Abs. 1 Nr. 4 AO den zivilrechtlichen Satzungszweck meint.[509] Ebenso könnte darunter aber die steuerbegünstigte Zweckverfolgung unter Beachtung der gemeinnützigkeitsrechtlichen Vorgaben zu verstehen sein.[510] Bei der Frage, welches Verständnis zugrunde zu legen ist, muss berücksichtigt werden, dass die Auslegung des Zwecks i. S. d. Satzungszwecks den Grundgedanken des § 55 Abs. 1 Nr. 4 AO konterkarieren würde, während die Zweckaufgabe als Abkehr von den Grundvoraussetzungen der Gemeinnützigkeit im Einklang mit dem Grundsatz der Vermögensbindung steht. Für Verstöße der tatsächlichen Geschäftsführung, die einer Verwendung des gesamten Vermögens gleichstehen, ist somit die Rechtsfolge des § 63 Abs. 2 i. V. m. § 61 Abs. 3 AO heranzuziehen.[511]

---

505 BFH v. 12.10.2010 – I R 59/09, BStBl II 2012, 226 (Rn. 24 f.) = BFHE 231, 28; ebenso *Fischer*, FR 2011, 317 (321 f.); *Seer*, in: Tipke/Kruse, AO/FGO, § 63 AO Rn. 8.

506 AEAO zu § 55 Nr. 26 Abs. 2; *Seer*, in: Tipke/Kruse, AO/FGO, § 55 AO Rn. 23; *Unger*, in: Gosch, AO/FGO, § 55 AO Rn. 83; *Wallenhorst*, in: Wallenhorst/Halaczinsky, C Rn. 191.

507 So im Urteilsfall des BFH v. 12.10.2010 – I R 59/09, BStBl II 2012, 226 (Rn. 25) = BFHE 231, 28.

508 *Döring/Fischer*, DB 2007, 1831 (1835); *Herbert*, BB 1991, 178 (190); *Kirchhain*, FR 2011, 640 (642 f.); *Orth*, DStJG 26 (2003), 177 (216).

509 *Kirchhain*, FR 2011, 640 (643).

510 BFH v. 12.10.2010 – I R 59/09, BStBl II 2012, 226 (Rn. 25) = BFHE 231, 28; *Fischer*, FR 2011, 317 (322); *Intemann*, StBW 2011, 66 (66 f.); *Kirchhain*, FR 2011, 640 (643); *Trossen*, GmbH-StB 2011, 39 (40); *Wallenhorst*, in: Wallenhorst/Halaczinky, C Rn. 214 ff.; *Wallenhorst*, DStR 2011, 698 (702).

511 Abgrenzungsvorschläge zwischen einfachen Mittelfehlverwendungen und Verstößen gegen das Gebot der Vermögensbindung befinden sich bei *Kirchhain*, FR 2011, 640 (643) sowie *Wallenhorst*, in: Wallenhorst/Halaczinsky, C Rn. 215 ff.

Diese Erweiterung der zehnjährigen rückwirkenden Nachversteuerung durch den BFH und große Teile der Literatur zeigt bereits, dass die starre Rechtsfolge des Verlusts der Gemeinnützigkeit nur für den betreffenden Veranlagungszeitraum nicht in jedem Fall angezeigt ist. Ob und in welchen Fällen eine Anwendung auch bei anderen schwerwiegenden Verstößen der tatsächlichen Geschäftsführung gegen Grundsätze des Gemeinnützigkeitsrechts, die keinen Bezug zum Grundsatz der Vermögensbindung aufweisen, in Betracht kommt,[512] ist unter anderem Gegenstand der folgenden Ausführungen.

II. Schwerwiegende Verstöße

1. Strukturell

Nach den speziellen Verstößen gegen den Grundsatz der Vermögensbindung sollen nun schwerwiegende Verstöße gegen andere Grundsätze des Gemeinnützigkeitsrechts untersucht werden. Dabei erfolgt zunächst eine detaillierte Auseinandersetzung mit solchen Verstößen, die strukturell angelegt sind.

a) Die tatsächliche Geschäftsführung ist nicht (mehr) auf die Förderung der Allgemeinheit gerichtet: Verstoß gegen § 52 Abs. 1 AO

Ein Verstoß durch die tatsächliche Geschäftsführung liegt ebenfalls vor, wenn diese nicht (mehr) auf die Förderung der Allgemeinheit gerichtet ist.[513] Nach § 52 Abs. 1 S. 2 AO ist eine Förderung der Allgemeinheit nicht gegeben, wenn der Kreis der Personen, dem die Förderung zugute kommt, fest abgeschlossen ist, zum Beispiel durch Zugehörigkeit zu einer Familie oder zur Belegschaft eines Unternehmens, oder infolge seiner Abgrenzung, insbesondere nach räumlichen oder beruflichen Merkmalen, dauernd nur klein sein kann. Problematisch sind also insbesondere Fälle,[514] in denen die tatsächliche Geschäftsführung einen fest abgeschlossenen Personenkreis fördert.[515] Gegenstand der weiteren

---

512 *Wallenhorst*, in: Wallenhorst/Halaczinsky, C Rn. 217; *Wallenhorst*, DStR 2011, 698 (702).

513 *Bott*, in: Schauhoff/Kirchhain, Handbuch der Gemeinnützigkeit, § 10 Rn. 93; *Musil*, in: Hübschmann/Hepp/Spitaler, AO/FGO, § 63 AO Rn. 6.

514 § 52 Abs. 1 S. 1 Alt. 2 AO ist dagegen von untergeordneter Bedeutung, dazu bereits unter 2. Kapitel A. II. 1. a).

515 *Musil*, in: Hübschmann/Hepp/Spitaler, AO/FGO, § 52 AO Rn. 67; *Seer*, in: Tipke/Kruse, AO/FGO, § 52 AO Rn. 10.

Ausführungen sind zunächst zwei aktuelle Entscheidungen des BFH,[516] in denen sich das Gericht mit einer potenziell gemeinnützigkeitsschädlichen Förderung eines exklusiven Förderkreises auseinandergesetzt hat. Die daraus gewonnenen Erkenntnisse sollen einen weiteren Eckpfeiler für das Modell der verschiedenen Verstöße durch die tatsächliche Geschäftsführung liefern.

AA) BESCHLUSS DES BFH V. 26.05.2021 – V R 31/19 (PRIVATSCHULBESCHLUSS)

(1) Sachverhalt

Eine 2014 errichtete GmbH (internationale Schule in privater Trägerschaft) verfolgte den satzungsmäßigen Zweck der Förderung der Erziehung, der Volks- und Berufsbildung sowie der internationalen Völkerverständigung. Die Schulgebühren beliefen sich im Jahr 2014 auf 11.000 € bis 17.000 € pro Jahr zuzüglich einmaliger Einschreibegebühren (3.000 € bis 7.000 €), wobei begabten Schülern Stipendien angeboten wurden. Im Jahr 2014 waren allerdings weniger als 10 % der Schüler Stipendiaten, weshalb das Finanzamt die tatsächliche Geschäftsführung (§ 63 Abs. 1 AO) der Schule mangels Förderung der Allgemeinheit (§ 52 Abs. 1 S. 2 AO) nicht als gemeinnützig anerkannte.[517]

(2) Ausführungen des BFH

Nach Ansicht des BFH fördert der Träger einer Privatschule die Allgemeinheit nicht, wenn die Schülerschaft infolge der hohen Schulgebühren unter Berücksichtigung des Stipendienangebots nicht mehr als Ausschnitt der Allgemeinheit anzusehen sei.[518] Grundsätzlich müsse jeder freien Zutritt zur Körperschaft haben, sodass Verpflichtungen zur Zahlung hoher Aufnahmegebühren sowie laufender Beiträge gemeinnützigkeitsschädlich seien.[519] Dies gelte nicht nur, wenn die Körperschaft ihre Mitglieder, sondern auch, wenn sie Dritte fördere.[520] Der Zugang zur Förderung

---

[516] BFH v. 26.05.2021 – V R 31/19, BStBl II 2021, 835 = BFHE 272, 335 sowie BFH v. 01.02.2022 – V R 1/20, BStBl II 2022, 629 = BFHE 276, 291.

[517] BFH v. 26.05.2021 – V R 31/19, BStBl II 2021, 835 (Rn. 2 ff.) = BFHE 272, 335.

[518] BFH v. 26.05.2021 – V R 31/19, BStBl II 2021, 835 (Rn. 32) = BFHE 272, 335; *Bott*, in: Schauhoff/Kirchhain, Handbuch der Gemeinnützigkeit, § 10 Rn. 93.

[519] BFH v. 26.05.2021 – V R 31/19, BStBl II 2021, 835 (Rn. 33) = BFHE 272, 335; *Kirchhain*, in: Schauhoff/Kirchhain, Handbuch der Gemeinnützigkeit, § 7 Rn. 80.

[520] BFH v. 26.05.2021 – V R 31/19, BStBl II 2021, 835 (Rn. 34) = BFHE 272, 335; dies stellte der BFH nun erstmals ausdrücklich fest, *Hüttemann*, GmbHR 2021, 1277 (1281).

gegen Entgelt sei dabei nicht per se schädlich, sondern erst dann, wenn aus dessen Höhe folge, dass der Kreis der Geförderten die Allgemeinheit nicht mehr repräsentiere.[521] Bei monatlichen Kosten zwischen circa 950 € und 1450 € (ohne Einschreibegebühren) für den Schulbesuch und einer Stipendienquote von weniger als 10 % sei es im Hinblick auf das monatliche Haushaltsnettoeinkommen in Deutschland (ein Viertel der Haushalte bis zu 1500 € und circa 50 % bis zu 2500 €) möglich, dass der Kreis der Geförderten nur als kleiner Kreis von Schülern wohlhabender Eltern anzusehen sei.[522]

Schließlich sei die Rechtsfolge des Verstoßes gegen die Anforderungen an die tatsächliche Geschäftsführung (§ 63 Abs. 1 AO) auch nicht zu korrigieren. Zwar müsse man bei kleineren, einmaligen Verstößen unter Anwendung des rechtsstaatlich fundierten Verhältnismäßigkeitsgrundsatzes eine am Ausmaß und Gewicht der Pflichtverletzung gemessene Korrektur vornehmen. Der Verstoß sei jedoch weder klein noch einmalig.[523] Da die Tätigkeit ausschließlich in dem Betrieb der Schule bestehe, verstoße die Körperschaft mit ihrer gesamten Tätigkeit gegen das Gebot der Förderung der Allgemeinheit, sodass man nicht von einem kleinen Verstoß sprechen könne. Zudem handele es sich nicht um einen einmaligen, sondern mangels Finanzierbarkeit einer höheren Stipendiatenquote um einen Verstoß struktureller Art.[524]

(3) Bewertung

(a) Schwerwiegender Verstoß

Durch diese Einordnung des Verstoßes der tatsächlichen Geschäftsführung zeichnet der BFH erste Konturen für ein Modell, welches zur Qualifizierung sämtlicher Verstöße geeignet sein soll. In qualitativer Hinsicht handelt es sich um einen schwerwiegenden Verstoß, da die tatsächliche Geschäftsführung

---

521 BFH v. 26.05.2021 – V R 31/19, BStBl II 2021, 835 (Rn. 35) = BFHE 272, 335.

522 BFH v. 26.05.2021 – V R 31/19, BStBl II 2021, 835 (Rn. 39 f.) = BFHE 272, 335; *Gersch*, in: Klein, AO, § 52 Rn. 7; kritisch *Kirchhain*, in: Schauhoff/Kirchhain, Handbuch der Gemeinnützigkeit, § 7 Rn. 80: Es gebe keinen Rechtssatz, wonach das Leistungsangebot eines gemeinnützigen Vereins aus monetärer Sicht „dem Durchschnittsverdiener" offenstehen müsse.

523 BFH v. 26.05.2021 – V R 31/19, BStBl II 2021, 835 (Rn. 50) = BFHE 272, 335.

524 BFH v. 26.05.2021 – V R 31/19, BStBl II 2021, 835 (Rn. 51) = BFHE 272, 335; *Hüttemann*, GmbHR 2021, 1277 (1282) gibt rechtsvergleichend Ratschläge für Kriterien für die Gemeinnützigkeit von Privatschulen.

mit dem Betrieb der Schule insgesamt („mit ihrer gesamten Tätigkeit") gegen § 52 Abs. 1 AO verstößt.[525] Daraus lässt sich bereits folgern, dass ein schwerwiegender Verstoß durch die tatsächliche Geschäftsführung vorliegt, wenn die gesamte Tätigkeit der Körperschaft gegen einen der durch die Geschäftsführung einzuhaltenden Grundsätze des Gemeinnützigkeitsrechts verstößt.[526] Anders gewendet: Die tatsächliche Geschäftsführung ist – in Umkehr der in § 63 Abs. 1 AO aufgestellten Anforderung – auf die Verletzung eines Grundsatzes der Gemeinnützigkeit gerichtet.

Es ist also zunächst zu ermitteln, welche Handlungen der tatsächlichen Geschäftsführung zuzuordnen sind. Wenn die Körperschaft in einer Gesamtschau der ihr zuzurechnenden Tätigkeiten gegen das Gebot der Förderung der Allgemeinheit oder sonstige Grundsätze des Gemeinnützigkeitsrecht verstößt, ist der schwerwiegende Charakter zu bejahen. Dafür ist einerseits nicht notwendig, dass jede einzelne zurechenbare Handlung einen Verstoß darstellt. Der Prüfungsmaßstab ergibt sich bereits aus dem jeweiligen in Frage stehenden Grundsatz – also im Privatschul-Beschluss die Förderung der Allgemeinheit (§ 52 Abs. 1 AO). Andererseits ist es nicht ausreichend, wenn mehrere Handlungen zwar für sich einen Verstoß begründen, aber nicht im engen Zusammenhang stehen.[527] Im Hinblick auf den Privatschul-Beschluss bedeutet dies: Da die Schüler der Schule keinen Ausschnitt der Allgemeinheit repräsentieren, verstoßen sämtliche zurechenbare Handlungen, die als Schulbetrieb anzusehen sind, gegen das Gebot der Förderung der Allgemeinheit – also von der Aufnahme eines Kindes durch die Leitung der Körperschaft bis hin zur einzelnen Unterrichtsstunde, die von den jeweiligen Lehrkräften als beauftragte Person ausgeübt wird. Der Verstoß zieht sich damit durch die gesamte Tätigkeit der Körperschaft. Solche

---

[525] BFH v. 26.05.2021 – V R 31/19, BStBl II 2021, 835 (Rn. 51) = BFHE 272, 335; *Seeck/Wackerbeck*, DStR 2022, 633 (638) sprechen in diesem Zusammenhang von gewichtigen Verstößen.

[526] Ähnlich *Bartmuß/Werner*, in: Winheller/Geibel/Jachmann-Michel, Gesamtes Gemeinnützigkeitsrecht, § 63 AO Rn. 17; *Becker*, DStR 2010, 953 (955); *Jäschke*, DStR 2009, 1669 (1672): Schwerwiegend sind Verstöße, „wenn sie der Körperschaft das Gepräge geben"; *Wallenhorst*, in: Wallenhorst/Halaczinsky, C Rn. 216: Ein qualifizierter Verstoß liegt vor, wenn durch einschneidende Maßnahmen der Geschäftsführung eine endgültige Abkehr von dem Gemeinnützigkeitsrecht vorliegt.

[527] S. 3. Kapitel D. III.

schwerwiegenden Verstöße können selbstverständlich nicht mehr als klein qualifiziert werden.[528]

Im Hinblick auf die Förderung der Allgemeinheit (§ 52 Abs. 1 AO) bedeutet dies, dass in sämtlichen Konstellationen, in denen ein abgeschlossener Personenkreis gefördert wird, ein schwerwiegender Verstoß durch die tatsächliche Geschäftsführung vorliegt, da die gesamte Geschäftsführung mit der Förderung des exklusiven Mitgliederkreises gegen diesen gemeinnützigkeitsrechtlichen Grundsatz verstößt.[529] Ein solcher Verstoß liegt somit beispielsweise auch bei Kindergärten vor, deren Beiträge weit über denen kommunaler oder kirchlicher Kindergärten liegen.[530] Ebenfalls anzuführen sind Sportvereine, deren Mitgliedsbeiträge so hoch angesetzt sind, dass der Allgemeinheit der Zugang zum Verein verwehrt wird. Dabei sind die von der Finanzverwaltung aufgestellten Höchstgrenzen zu beachten.[531] Dies zeigt, dass Verstöße gegen das Gebot der Förderung der Allgemeinheit häufig Gefahr laufen, als schwerwiegend eingestuft zu werden. Der erforderliche Zusammenhang zwischen den Verstößen bei der Bewertung der tatsächlichen Geschäftsführung ergibt sich bereits aus der Förderung der Mitglieder. Da diese nicht als Allgemeinheit anzusehen sind, verstoßen sämtliche damit zusammenhängende Handlungen der tatsächlichen Geschäftsführung gegen § 52 Abs. 1 AO.[532] Diese Einstufung ist nach dem zuvor Herausgearbeiteten konsequent; zudem findet sie ihre Rechtfertigung darin, dass in dieser Voraussetzung (§ 52 Abs. 1 AO) der Grundgedanke des Gemeinnützigkeitsrechts – das Gemeinwohl zu fördern – zum Ausdruck kommt.[533] Verletzt die tatsächliche Geschäftsführung diese Grundidee der Gemeinnützigkeit, ist die Qualifikation als schwerwiegend auch unter wertenden Gesichtspunkten zwingend.

---

[528] BFH v. 26.05.2021 – V R 31/19, BStBl II 2021, 835 (Rn. 51) = BFHE 272, 335; *Seeck/Wackerbeck*, DStR 2022, 633 (637); *Wallenhorst*, in: Wallenhorst/Halaczinsky, C Rn. 217.

[529] Ähnlich *Wallenhorst*, in: Wallenhorst/Halaczinsky, C Rn. 217.

[530] *Buchna/Leichinger/Seeger/Brox*, Gemeinnützigkeit im Steuerrecht, § 52 AO Rn. 42.

[531] AEAO zu § 52 Nr. 1.1 ff.; *Bott*, in: Schauhoff/Kirchhain, Handbuch der Gemeinnützigkeit, § 10 Rn. 93; *Buchna/Leichinger/Seeger/Brox*, Gemeinnützigkeit im Steuerrecht, § 52 AO Rn. 41; kritisch *Hüttemann*, in: Hüttemann, Gemeinnützigkeitsrecht und Spendenrecht, Rn. 3.58 sowie *Wallenhorst*, DStR 1997, 479 (481 f.).

[532] *Wallenhorst*, in: Wallenhorst/Halaczinsky, C Rn. 217.

[533] *Jachmann*, in: Gosch, AO/FGO, § 52 AO Rn. 22; *Koenig*, in: Koenig, AO, § 52 Rn. 11; *Seer*, in: Tipke/Kruse, AO/FGO, § 52 AO Rn. 3.

(b) Struktureller Verstoß

Zudem handelt es sich um einen Verstoß, welcher strukturell angelegt ist. Die Privatschule verfügt nicht über ausreichende Mittel, um eine höhere Stipendiatenquote zu gewährleisten, weshalb es dauerhaft bei einer zu geringen Quote (unter 10 %) bleiben wird. Daraus folgt, dass die tatsächliche Geschäftsführung mit ihrer gesamten Tätigkeit dauerhaft gegen das Gebot der Förderung der Allgemeinheit verstößt. Dementsprechend handelt es sich auch nicht um einen einmaligen Verstoß.[534] Da die Gewährleistung einer höheren Quote ausgeschlossen ist, hat die Geschäftsführung keine Möglichkeit, einen gemeinnützigkeitskonformen Zustand herzustellen. Der Verstoß ist damit endgültiger Natur. Diese Art ist hinsichtlich des Ausmaßes als schwerste Form zu qualifizieren. Jedoch besteht hinsichtlich der strukturellen Natur noch Konkretisierungsbedarf.[535]

Der BFH greift bei der Bestimmung des strukturellen Charakters lediglich auf das Kriterium der Quantität zurück. Bereits bei der Neugründung verstoße die Körperschaft erstmals gegen das Sonderungsverbot und mangels Finanzierbarkeit einer höheren Stipendiatenquote bleibe es bei diesem Verstoß.[536] Problematisch ist indes, dass eine trennscharfe Abgrenzung zum vorherigen Prüfungspunkt, also der Frage, ob es sich um einen schwerwiegenden Verstoß handelt, nur schwer möglich ist. Wenn nämlich die gesamte Geschäftsführung darauf gerichtet ist, gegen eine Vorschrift zu verstoßen, dann ist dies auch Ausdruck der Struktur des Verstoßes. So wird auch in der Literatur bei der Bestimmung eines qualifizierten Verstoßes darauf abgestellt, ob eine endgültige, auf Dauer angelegte Abkehr von der Gemeinnützigkeit durch einschneidende Geschäftsführungsmaßnahmen vorliegt. Die endgültige und damit dauerhafte (quantitative) Abkehr wird (auch) mit der Qualität („durch einschneidende Geschäftsführungsmaßnahmen“) begründet.[537] Das Verschwimmen dieser beiden Voraussetzung führt jedoch dazu, dass eine Abstraktion über den Einzelfall hinaus erschwert wird, was wiederum in Rechtsunsicherheit mündet. Darüber hinaus droht die Gefahr einer „Flucht in die Quantität“. Damit ist gemeint, dass die Häufigkeit vorschnell herangezogen

---

534 BFH v. 26.05.2021 – V R 31/19, BStBl II 2021, 835 (Rn. 51) = BFHE 272, 335.

535 *Seeck/Wackerbeck*, DStR 2022, 633 (637).

536 BFH v. 26.05.2021 – V R 31/19, BStBl II 2021, 835 (Rn. 51) = BFHE 272, 335.

537 *Becker*, DStR 2010, 953 (955); *Wallenhorst*, in: Wallenhorst/Halaczinksy, C Rn. 216.

wird, um (allein) daraus auf die Schwere des Verstoßes zu schließen. Deutlich wird dies durch eine ungeschickte Formulierung in einem jüngeren Urteil des BFH, in dem das Gericht sich mit der Anwendung des Grundsatzes der Verhältnismäßigkeit auseinandersetzt. So könne offenbleiben, „ob bei kleineren, einmaligen Verstößen gegen Gemeinnützigkeitsvorschriften wegen des Verhältnismäßigkeitsgrundsatzes eine Versagung der Steuerbefreiung ausscheidet", da es sich „um fortwährend andauernde Verstöße" handelt.[538] Bleibt man deshalb richtigerweise bei einer rein quantitativen Betrachtung, so ist die strukturelle Natur stets zu bejahen, wenn der Verstoß bereits bei der Gründung angelegt ist und die Körperschaft selbst nicht in der Lage ist, diesen zu beseitigen, sodass er dauerhaft und unbehebbar ist.

(c) Rechtsfolge des Verstoßes

Der BFH hat den Verstoß damit sowohl an seinem Gewicht als auch an seinem Ausmaß gemessen.[539] Die Rechtsfolge erschöpfte sich sodann in der Versagung der Gemeinnützigkeit. Bei solchen schwerwiegenden Verstößen ist richtigerweise die einzige Option, die Gemeinnützigkeit für sämtliche Besteuerungszeiträume nicht anzuerkennen – Charakteristikum des strukturellen Verstoßes ist ja gerade, dass er sich durch sämtliche Besteuerungszeiträume zieht.[540] Teilweise wird erwogen, die Rechtsfolge der zehnjährig rückwirkenden Besteuerung (§ 61 Abs. 3 AO) entsprechend anzuwenden.[541] Dies ist aus verschiedenen Gründen problematisch. Der Gesetzgeber hat in § 63 Abs. 2 i. V. m. § 61 Abs. 3 AO zum Ausdruck gebracht, dass die zehnjährig

---

538 BFH v. 18.08.2021 – V B 25/21 (AdV), BStBl II 2021, 931 (Rn. 37) = BFH/NV 2021, 1533. Die Qualität der Verstöße wurde zuvor hinreichend untersucht, jedoch legt die Formulierung nahe, dass ein Rückgriff auf die Häufigkeit verlockend ist. Dies wird vor allem im späteren Verlauf der Arbeit bei der Untersuchung anderer Verstöße relevant.

539 BFH v. 26.05.2021 – V R 31/19, BStBl II 2021, 835 (Rn. 50) = BFHE 272, 335.

540 BFH v. 26.05.2021 – V R 31/19, BStBl II 2021, 835 (Rn. 27) = BFHE 272, 335; *Bott*, in: Schauhoff/Kirchhain, Handbuch der Gemeinnützigkeit, § 10 Rn. 100: Versagung grundsätzlich (nur) für den entsprechenden Besteuerungszeitraum; *Hüttemann*, in: Hüttemann, Gemeinnützigkeitsrecht und Spendenrecht, Rn. 4.233; ähnlich *Seer*, in: Tipke/Kruse, AO/FGO, § 63 AO Rn. 12.

541 *Seer*, in: Tipke/Kruse, AO/FGO, § 61 AO Rn. 6; *Wallenhorst*, in: Wallenhorst/Halaczinksy, C Rn. 217; *Wallenhorst*, DStR 2011, 698 (702); so auch *Seeck/Wackerbeck*, DStR 2022, 633 (638), die auf dieser Stufe unter Umständen auch Verstöße gegen die Rechtsordnung einordnen.

rückwirkende Besteuerung nur bei Verstößen gegen die Vermögensbindung in Betracht kommen soll. Zwar wendet der BFH § 63 Abs. 2 i. V. m. 61 Abs. 3 AO über den Wortlaut hinaus auch auf schwerwiegende Verstöße gegen § 55 Abs. 1 Nr. 1 bis 3 AO an.[542] Jedoch geht es auch in diesen Fällen darum, dass der Verstoß der tatsächlichen Geschäftsführung gegen das Mittelverwendungsgebot so gewichtig sein muss, dass er der Verwendung des gesamten Vermögens zu satzungsfremden Zwecken gleichsteht.[543] Schwerwiegende Verstöße sind nun vor allem denkbar, wenn ein Verstoß gegen § 52 Abs. 1 AO vorliegt. Indes kann die Körperschaft auch auf die Verletzung anderer Grundsätze der Gemeinnützigkeit gerichtet sein und damit einen solchen Verstoß begehen.[544] Eine Ausweitung auf schwerwiegende Verstöße insgesamt hätte zur Folge, dass diese Rechtsfolge bei Verletzungen sämtlicher Grundsatznormen des Gemeinnützigkeitsrechts in Betracht käme.[545]

Gegen die Anwendung der Rechtsfolge des § 63 Abs. 2 i. V. m. § 61 Abs. 3 AO sprechen zudem teleologische Gründe. Zweck dieser Regelung ist es, zu verhindern, dass der Grundsatz der Vermögensbindung (§ 55 Abs. 1 Nr. 4 AO) leerläuft bzw. dergestalt missbraucht wird, dass eine Körperschaft steuerfrei Vermögen aufbaut, um es anschließend für nicht steuerbegünstigte Zwecke zu verwenden.[546] Eine schlichte Aberkennung der Gemeinnützigkeit für die Zukunft wäre in diesen Fällen nicht zweckmäßig, sodass die rückwirkende

---

[542] BFH v. 12.10.2010 – I R 59/09, BStBl II 2012, 226 (Rn. 24 f.) = BFHE 231, 28; ebenso AEAO zu § 61 Nr. 6; *Bartmuß/Werner*, in: Winheller/Geibel/Jachmann-Michel, Gesamtes Gemeinnützigkeitsrecht, § 63 AO Rn. 14; *Seer*, in: Tipke/Kruse, AO/FGO, § 63 AO Rn. 8; kritisch BFH v. 30.10.2001 – V B 142/01, BFH/NV 2002, 309 (310) = juris; a. A. *Unger*, in: Gosch, AO/FGO, § 63 AO Rn. 40.

[543] BFH v. 12.10.2010 – I R 59/09, BStBl II 2012, 226 (Rn. 25 f.) = BFHE 231, 28; *Bartmuß/Werner*, in: Winheller/Geibel/Jachmann-Michel, Gesamtes Gemeinnützigkeitsrecht, § 63 AO Rn. 14; *Musil*, in: Hübschmann/Hepp/Spitaler, AO/FGO, § 61 AO Rn. 11; *Seer*, in: Tipke/Kruse, AO/FGO, § 63 AO Rn. 8.

[544] Vgl. etwa zu dem Grundsatz der Ausschließlichkeit (§ 56 AO) sogleich unter 3. Kapitel D. II. 1. b).

[545] Wohl auch *Kirchhain*, FR 2011, 640 (643): Diese Gefahr drohe bereits im Rahmen der Mittelfehlverwendung, sodass sich der Anwendungsbereich auf dauerhafte und schwerwiegende Verletzungen von Kernvorschriften betreffend die Vermögensverwendung handeln müsse. A. A. *Wallenhorst*, in: Wallenhorst/Halaczinsky, C Rn. 215 ff.; *Wallenhorst*, DStR 2011, 698 (702).

[546] *Hüttemann*, in: Hüttemann, Gemeinnützigkeitsrecht und Spendenrecht, Rn. 4.211; *Seer*, in: Tipke/Kruse, AO/FGO, § 61 AO Rn. 4.

Besteuerung geboten ist.[547] Diese Gefahr droht bei der Verletzung anderer Grundsätze indes nicht. Bis zu dem Zeitpunkt, zu welchem die Körperschaft die Geschäftsführung auf die Verletzung eines Gemeinnützigkeitsgrundsatzes richtet (schwerwiegender Verstoß), fördert sie die Allgemeinheit auf die vom Gesetzgeber vorgegebene Weise. Dieser Beitrag der Körperschaft geht bei einem späteren Verstoß – anders als das steuerbegünstigt aufgebaute Vermögen – allerdings nicht verloren, sodass die übrigen Grundsätze nicht leerlaufen.[548] Folglich ist die rückwirkende Besteuerung bei schwerwiegenden, strukturellen Verstößen, die keinen Bezug zur Vermögensverwendung haben, teleologisch nicht geboten.

Selbst wenn man es unter Hervorhebung der nicht unumstrittenen Straffunktion des § 63 Abs. 2 i. V. m. § 61 Abs. 3 AO[549] als unbillig erachten mag, dass es bei ganz schwerwiegenden Verstößen nicht zu einer rückwirkenden Besteuerung kommt, so spendet möglicherweise der Umstand Trost, dass die Folgen in der Praxis bei rechtzeitiger Aufdeckung des Verstoßes vergleichbar sein können. Da der schwerwiegende Verstoß struktureller Art ist, bedeutet dies, dass die Verletzung (häufig) bereits bei der Gründung der Körperschaft angelegt war und sich damit auf die gesamte Lebensdauer erstreckt. Die Nachversteuerung wegen des Verlusts der Gemeinnützigkeit kann somit in den Grenzen der Festsetzungsverjährung für sämtliche Besteuerungszeiträume erfolgen.[550]

BB) URTEIL DES BFH V. 01.02.2022 – V R 1/20

(1) Sachverhalt

Die 2008 errichtete GmbH verfolgt den satzungsmäßigen Zweck der gemeinnützigen Förderung der Jugendhilfe sowie der Bildung und Erziehung.

---

[547] Dies ist der „Preis“ für die freie Verwendung steuerbegünstigt gebildeten Vermögens und die Sanktion gegen eine mögliche missbräuchliche Inanspruchnahme, *Hüttemann*, in: Hüttemann, Gemeinnützigkeitsrecht und Spendenrecht, Rn. 4.211; *Seer*, in: Tipke/Kruse, AO/FGO, § 61 AO Rn. 4.

[548] Somit ließe sich teleologisch nur noch die bereits im Rahmen der Vermögensbindung umstrittene Straffunktion anführen, dazu die nächste Fn. m. w. N.

[549] *Bott*, in: Schauhoff/Kirchhain, Handbuch der Gemeinnützigkeit, § 10 Rn. 153; kritisch zur Straffunktion *Herbert*, BB 1991, 178 (186); *Seer*, in: Tipke/Kruse, AO/FGO, § 61 AO Rn. 5: „im Einzelfall übermäßig“; a. A. *Musil*, in: Hübschmann/Hepp/Spitaler, AO/FGO, § 61 AO Rn. 8.

[550] *Hüttemann*, in: Hüttemann, Gemeinnützigkeitsrecht und Spendenrecht, Rn. 4.233.

Dabei schloss die Körperschaft Verträge mit Unternehmen über die Einrichtung und den Betrieb von Kindertageseinrichtungen für Kinder der Unternehmensmitarbeiter. Primär sollten die Betreuungsplätze für Beschäftigte der Vertragspartner reserviert werden, jedoch sollten die Plätze nachrangig, nämlich falls kein Bedarf bestehe, auch anderen Interessenten zur Verfügung stehen. Tatsächlich wurden auch Plätze an Kinder vergeben, deren Eltern nicht Mitarbeiter in den Unternehmen waren. Das Finanzamt erkannte die Gemeinnützigkeit der Körperschaft nicht mehr an, da die vorrangige Vergabe an die Beschäftigten der Vertragspartner aufgrund der vertraglich geregelten Belegungspräferenzen nicht im Einklang mit der Förderung der Allgemeinheit stehe.[551]

(2) Die Entscheidung des BFH

Erneut stellt der BFH fest, dass eine Förderung der Allgemeinheit nur vorliege, wenn grundsätzlich jedermann freien Zutritt zur Körperschaft oder zu ihren Leistungen habe und sich der geförderte Personenkreis somit als Ausschnitt der Allgemeinheit darstelle und diese repräsentiere.[552] Die Körperschaft entspreche diesen Vorgaben aber nicht, sondern fördere vielmehr einen fest abgeschlossenen Personenkreis. Bei drei der vier Betreuungseinrichtungen könnten sämtliche Plätze und bei der vierten Einrichtung 18 von 20 Plätzen von den Mitarbeitern bestimmter Unternehmen besetzt werden. Dabei sei unerheblich, dass nicht belegte Plätze anderweitig vergeben werden konnten und deshalb in einer Betreuungseinrichtung mehr als die Hälfte der Plätze an betriebsfremde Personen vergeben wurde.[553] Damit trete das Partikularinteresse der Unternehmen, die eigene Attraktivität als Arbeitgeber zu fördern, gegenüber dem Interesse der Allgemeinheit an Kinderbetreuungsplätzen in den Vordergrund.[554]

(3) Kritik in der Literatur: Förderung der Allgemeinheit

Im Schrifttum wird zunächst darauf hingewiesen, dass Geförderte im Ergebnis die Kinder seien und dass die Belegschaft verschiedener Unternehmen im

[551] BFH v. 01.02.2022 – V R 1/20, BStBl II 2022, 629 (Rn. 1 ff.) = BFHE 276, 291.
[552] BFH v. 01.02.2022 – V R 1/20, BStBl II 2022, 629 (Rn. 14) = BFHE 276, 291.
[553] BFH v. 01.02.2022 – V R 1/20, BStBl II 2022, 629 (Rn. 16 f.) = BFHE 276, 291.
[554] BFH v. 01.02.2022 – V R 1/20, BStBl II 2022, 629 (Rn. 19) = BFHE 276, 291.

Hinblick auf den erforderlichen Ausschnitt aus der Allgemeinheit regelmäßig diverser aufgestellt sei als manch eine lokale Einrichtung, die ein räumlich begrenztes Einzugsgebiet hat.[555] Zudem hat die Körperschaft nacheinander mit mehreren Unternehmen Verträge über den Betrieb von Kitas geschlossen, sodass es sich um eine „sprunghafte Kapazitätsausweitung" handele. Diese „Erweiterungsfähigkeit" der geförderten Personen stehe der Annahme eines fest abgeschlossenen Personenkreises respektive der Belegschaft eines Unternehmens (§ 52 Abs. 1 S. 2 AO) gerade entgegen.[556] Ohnehin seien nicht nur die Kinder, sondern angesichts des Mangels an Betreuungsplätzen, welche insbesondere für die Entwicklung künftiger Generationen unabdingbar sind, die gesamte Gesellschaft als geförderte Allgemeinheit anzusehen.[557] Auch könne man kritisieren, dass der BFH zu sehr an den Regelungen „auf dem Papier" festhalte, wenn er die tatsächliche Platzvergabe im Rahmen der tatsächlichen Geschäftsführung (§ 63 Abs. 1 AO) gänzlich außer Acht lässt.[558]

(4) Bewertung

Auf den ersten Blick erkennt der BFH die Gemeinnützigkeit der Körperschaft richtigerweise nicht an. Aufgrund des Verstoßes der gesamten tatsächlichen Geschäftsführung gegen das Gebot der Förderung der Allgemeinheit liegt wohl ein schwerwiegender Verstoß vor. Zudem ist der Verstoß durch die tatsächliche Geschäftsführung – stellte man wie das Gericht lediglich auf die Verträge mit den verschiedenen Unternehmen ab – bereits bei der Gründung angelegt und dauerhafter Natur, sodass die zuvor herausgearbeiteten Voraussetzungen für eine Nichtanerkennung der Gemeinnützigkeit erneut kumulativ vorliegen.

Die Entscheidung exemplifiziert, dass das Problem nicht ausschließlich in der undifferenzierten gesetzlichen Regelung liegt, sondern dass auch bei der Rechtsanwendung Fingerspitzengefühl gefordert ist. Bevor festgestellt werden kann, dass ein schwerwiegender Verstoß vorliegt, ist zunächst präzise

---

[555] *Vielwerth*, DStR 2021, 773 (774 f.); *Vielwerth*, npoR 2023, 28 (32 f.).

[556] *Hüttemann*, DB 2022, 2433 (2434); *Von Holt*, DStR 2022, 2250 (2251); im Ergebnis zustimmend *Wackerbeck*, GmbHR 2023, 149 (154).

[557] *Vielwerth*, DStR 2021, 773 (774); *Vielwerth*, npoR 2023, 28 (30); *Wackerbeck*, GmbHR 2023, 149 (154).

[558] *Hüttemann*, DB 2022, 2433 (2437); *Vielwerth*, npoR 2023, 28 (30); *von Holt*, DStR 2022, 2250 (2252 f.); zustimmend *Wackerbeck*, GmbHR 2023, 149 (154).

herauszuarbeiten, ob überhaupt ein Verstoß gegen das Gebot der Förderung der Allgemeinheit vorliegt.

(a) Schwerwiegender Verstoß?

Nach Ansicht des BFH ist der geförderte Personenkreis aufgrund der Zugehörigkeit zur Belegschaft eines Unternehmens fest abgeschlossen i. S. d. § 52 Abs. 1 S. 2 AO.[559] Der Wortlaut des § 52 Abs. 1 S. 2 AO („Zugehörigkeit […] zur Belegschaft eines Unternehmens") zieht dieses Ergebnis indes keineswegs zwingend nach sich. Vielmehr hat die Körperschaft Verträge mit unterschiedlichen Unternehmen geschlossen und bei der Auswahl keine konkreten Unternehmen ausgeschlossen, sodass sich der Kreis der Geförderten nicht auf die Zugehörigkeit zur Belegschaft zu einem (konkret bestimmten) Unternehmen, sondern auf die Zugehörigkeit zu irgendeinem Unternehmen beschränkt.[560]

Auch in teleologischer Hinsicht vermag die Beurteilung des BFH nicht zu überzeugen. Die Zugehörigkeit zu einer Familie oder zur Belegschaft eines Unternehmens konkretisiert den fest abgeschlossenen Personenkreis, welcher mangels Förderung der Allgemeinheit nicht förderungswürdig ist.[561] Diese Konkretisierung darf aber nicht dahingehend missverstanden werden, dass jegliche Förderung, die im Zusammenhang mit Angehörigen einer Familie oder eines Unternehmens steht, gemeinnützigkeitsschädlich ist. Zu denken ist insbesondere an die Erbringung von bestimmten Leistungen an diese Personengruppen.[562] Bei einer Körperschaft, die sich der Förderung des Schutzes von Ehe und Familie i. S. v. § 52 Abs. 2 S. 1 Nr. 19 AO verschrieben hat und damit zwangsläufig nur Personen, die zu irgendeiner Familie gehören, fördert, würde niemand auf die absurde Idee kommen, die Gemeinnützigkeit unter Hinweis auf die feste Abgeschlossenheit des geförderten Personenkreises nicht anzuerkennen.[563] Eine Förderung der Allgemeinheit

---

[559] BFH v. 01.02.2022 – V R 1/20, BStBl II 2022, 629 (Rn. 15 ff.) = BFHE 276, 291.

[560] Zutr. *Hüttemann*, DB 2022, 2433 (2434); *von Holt*, DStR 2022, 2250 (2251).

[561] *Hüttemann*, in: Hüttemann, Gemeinnützigkeitsrecht und Spendenrecht, Rn. 3.46 f; *Jachmann*, in: Gosch, AO/FGO, § 52 AO Rn. 23 f.; *Musil*, in: Hübschmann/Hepp/Spitaler, AO/FGO, § 52 AO Rn. 67 ff.; *Seer*, in: Tipke/Kruse, AO/FGO, § 52 AO Rn. 10.

[562] So aber BFH v. 01.02.2022 – V R 1/20, BStBl II 2022, 629 (Rn. 14 ff.) = BFHE 276, 291; kritisch auch *Hüttemann*, DB 2022, 2433 (2435).

[563] Vgl. *Hüttemann*, DB 2022, 2433 (2435).

i. S. d. § 52 Abs. 1 S. 2 AO ist erst dann abzulehnen, wenn sich die Körperschaft auf eine ausgewählte Familie beschränkt.[564] Gleiches muss dann für die Zugehörigkeit zu einem Unternehmen gelten. Unschädlich ist es auch in diesem Fall, wenn eine Körperschaft Zugehörige diverser Unternehmen mit ihrem gemeinnützigen Zweck, also konkret der Förderung der Jugendhilfe sowie der Bildung und Erziehung, fördert. Schädlich wäre es dagegen, wenn sich die Angehörigen eines Betriebs zu einem Verein zusammenschließen würden, um eine Kita zu betreiben, in der ausschließlich die eigenen Kinder, also solche, die sich der Belegschaft des Unternehmens zuordnen lassen, betreut werden. In diesem Fall wäre der Personenkreis aufgrund der Zugehörigkeit zu dem speziellen Unternehmen fest abgeschlossen.[565] Diese Konstellation unterscheidet sich von der dem Urteil des BFH zugrundeliegenden, in welcher die Körperschaft sich nicht auf ein Unternehmen beschränkt.[566] Vielmehr

> schloss die Klägerin [die Körperschaft] [...] mit [mehreren] Unternehmen Verträge über die Errichtung und den Betrieb von Kinderbetreuungseinrichtungen für Kinder der Mitarbeiter der Unternehmen.[567]

Nur die Förderung einer konkreten Familie oder eines ausgewählten Unternehmens hat somit zur Folge, dass es sich um einen fest abgeschlossenen Personenkreis handelt. Sind jedoch sämtliche Familien oder Unternehmen potenzielle Nutznießer, würde es den Zweck des § 52 Abs. 1 S. 2 AO, nur fest abgeschlossene Personenkreise nicht mehr als Ausschnitt der Allgemeinheit anzusehen,[568] konterkarieren, wenn man die Förderung der Allgemeinheit verneinte.[569]

---

[564] *Musil*, in: Hübschmann/Hepp/Spitaler, AO/FGO, § 52 AO Rn. 68.

[565] Zu diesem Beispiel *Buchna/Leichinger/Seeger/Brox*, Gemeinnützigkeit im Steuerrecht, § 52 AO Rn. 39.

[566] In einem früheren Fall hatte der BFH die Förderung der Allgemeinheit nämlich ebenfalls bejaht, obschon die Körperschaft mit Unternehmen Verträge über (betriebsärztliche) Leistungen abschloss. Maßgeblich ist, dass mit mehreren Unternehmen kontrahiert wurde und sich die Förderung nicht auf ein bestimmtes Unternehmen beschränkte, BFH v. 26.04.1989 – I R 209/85, BStBl II 1989, 670 (672) = BFHE 157, 132; *Hüttemann*, DB 2022, 2433 (2435).

[567] BFH v. 01.02.2022 – V R 1/20, BStBl II 2022, 629 (Rn. 2) = BFHE 276, 291.

[568] *Hüttemann*, in: Hüttemann, Gemeinnützigkeitsrecht und Spendenrecht, Rn. 3.46; *Seer*, in: Tipke/Kruse, AO/FGO, § 52 AO Rn. 10.

[569] So auch *Hüttemann*, DB 2022, 2433 (2435).

Es lässt sich somit vertreten, dass mangels Verletzung des § 52 Abs. 1 AO bereits gar kein schwerwiegender Verstoß durch die tatsächliche Geschäftsführung vorliegt. Legte man dies jedoch zugrunde, lohnt sich ein Blick auf die Dauer des Verstoßes.

(b) Struktureller Verstoß?

Das Heranziehen der Grundsätze aus dem Privatschul-Beschluss[570] legt nahe, dass es sich erneut um einen Verstoß struktureller Art handeln müsse.[571] Zur Erinnerung: Die strukturelle Natur wurde damit begründet, dass es der Privatschule mit ihren finanziellen Mitteln nicht möglich war, eine Stipendiatenquote von mehr als 10 % zu erreichen, und die tatsächliche Geschäftsführung deshalb dauerhaft gegen das Gebot der Förderung der Allgemeinheit verstieß.[572] Fraglich ist also, ob eine entsprechende Restplatzquote für nicht Betriebsangehörige auch von der Körperschaft, die Verträge über die Kinderbetreuung von den Mitarbeitern verschiedener Unternehmen geschlossen hat, erreicht werden muss und ob sie dieses Ziel dauerhaft verfehlt hat. Dafür ist präzise herauszuarbeiten, worin sich die tatsächliche Geschäftsführung erschöpft und ob diese tatsächlich nicht bereits eine entsprechende Quote eingehalten hat.

(aa) Behebbarer Verstoß struktureller Natur

Die Körperschaft schloss für drei der vier Einrichtungen Verträge, die vorsahen, dass sämtliche Plätze unter Rücksichtnahme auf die Belegungspräferenz der Unternehmen vergeben werden sollten. Für die vierte Einrichtung sah der Vertrag eine entsprechende Regelung für 18 von 20 verfügbaren Plätzen vor.[573] Der BFH stellte im Rahmen der tatsächlichen Geschäftsführung ausschließlich auf diese vertraglichen Regelungen ab und hielt die tatsächliche (deutlich abweichende) Vergabepraxis für unerheblich:

> Eine anderweitige tatsächliche Belegung ist nach den Verhältnissen des Streitfalls bereits deshalb unerheblich, da die Körperschaft ‚darauf gerichtet sein muss, die

[570] BFH v. 01.02.2022 – V R 1/20, BStBl II 2022, 629 (Rn. 14) = BFHE 276, 291.
[571] BFH v. 26.05.2021 – V R 31/19, BStBl II 2021, 835 (Rn. 51) = BFHE 272, 335.
[572] BFH v. 26.05.2021 – V R 31/19, BStBl II 2021, 835 (Rn. 51) = BFHE 272, 335.
[573] BFH v. 01.02.2022 – V R 1/20, BStBl II 2022, 629 (Rn. 2) = BFHE 276, 291.

> Allgemeinheit (...) zu fördern', was unter den Voraussetzungen des § 52 Abs. 1 Satz 2 AO ohne feste ,Restplatzquote'[574] zu verneinen ist.[575]

Der Wortlaut des § 52 Abs. 1 AO legt es tatsächlich nahe, das vertragliche Vergabekonzept in den Mittelpunkt zu stellen. Diese vertraglichen Bindungen sind Ausdruck des von der Körperschaft verfolgten Konzepts, Kinder von Betriebsangehörigen zu betreuen.[576] Damit wäre die tatsächliche Geschäftsführung von vornherein nicht darauf gerichtet, die Allgemeinheit zu fördern. Da das Konzept der Körperschaft in den laufenden Verträgen zum Ausdruck kommt, würde es sich ohne eine Vertragsanpassung erneut um einen strukturellen Verstoß handeln. Es bestünde jedoch bereits in diesem Fall ein Unterschied zum Privatschul-Beschluss, in welchem eine Änderung der tatsächlichen Geschäftsführung aufgrund der finanziellen Situation nicht möglich war. Die Körperschaft hat nämlich die Möglichkeit, mit weiteren Unternehmen hinsichtlich der Aufnahmequote von betriebsfremden Kindern angepasste Verträge zu schließen bzw. die bestehenden Verträge anzupassen. Damit verstieße die Geschäftsführung zwar erneut dauerhaft gegen die Förderung der Allgemeinheit, jedoch wäre dieser Verstoß behebbar. Fraglich ist dann, ob man weiterhin von einem strukturellen Verstoß sprechen kann. Es steht bereits fest, dass sich dies ausschließlich an quantitativen Kriterien bemisst. Richtigerweise sollten sich strukturelle Verstöße dann in behebbare und unbehebbare unterteilen, da die Struktur, also die in der tatsächlichen Geschäftsführung zum Ausdruck kommende Dauerhaftigkeit, auch vorliegt, wenn zwar eine Beseitigung möglich ist, diese aber nicht vorgenommen wird. Folglich würde es sich erneut um einen strukturellen Verstoß handeln, welcher jedoch niedriger als im Falle der Unbehebbarkeit einzustufen ist.

(bb) Kein struktureller Verstoß

Möglicherweise ist aber auch der strukturelle Charakter zu verneinen. Dies wäre der Fall, wenn das Konzept der Körperschaft gar nicht in der ausschließlichen Betreuung von Kindern, die sich Mitarbeitern der Unternehmen

---

574 Vgl. zur Bedeutung einer Stipendiatenquote bei Schulen BFH v. 26.05.2021, BStBl II 2021, 835 (Rn. 36 ff.) = BFHE 272, 335.

575 BFH v. 01.02.2022 – V R 1/20, BStBl II 2022, 629 (Rn. 17) = BFHE 276, 291.

576 *Vielwerth*, npoR 2023, 28 (30).

zuordnen lassen, liegt. Dafür ist maßgeblich, ob die tatsächliche Vergabepraxis gänzlich unbeachtet bleiben sollte. Den Ausgangspunkt stellt zunächst der Wortlaut des § 63 Abs. 1 AO dar („Die *tatsächliche* Geschäftsführung der Körperschaft […]"),[577] welcher die Berücksichtigung einer von vertraglichen Abreden abweichenden tatsächlichen Handhabung nahelegt.[578]

In systematischer Hinsicht vermag das Außerachtlassen des Belegungsverhaltens auch nicht zu überzeugen. Die §§ 40, 41 AO zeigen, dass es im Steuerrecht nicht allein auf die zivilrechtliche Wirksamkeit von Verträgen ankommt, sondern vielmehr auf das tatsächliche Verhalten der Beteiligten. Es wird besteuert „was ist, und nicht, was sein sollte".[579] Wenn dies sogar bei gesetz- respektive sittenwidrigem Handeln und unwirksamen Rechtsgeschäften der Fall ist, dann kann bei wirksamen Verträgen nicht plötzlich allein das gelten, was (möglicherweise) sein sollte, und gar nicht mehr das, was ist. Eine solche Umkehr des „Vorrang[s] des Faktischen"[580] würde Missbrauch Tür und Tor öffnen, da die Körperschaften durch den Abschluss von gemeinnützigkeitskonformen Verträgen die tatsächliche Geschäftsführung formal lenken könnten. Vielmehr müssen tatsächliche Handlungen, die von vertraglichen Vereinbarungen abweichen, erst recht bei wirksamen Verträgen Berücksichtigung finden.[581] Noch deutlicher wird dies bei einem Blick auf § 39 AO. Bei der Zurechnung von Wirtschaftsgütern ist nicht das formal Erklärte bzw. formal-rechtlich Vereinbarte, „sondern das wirtschaftlich Gewollte und das tatsächlich Bewirkte" maßgeblich.[582] So kann etwa bei einer zivilrechtlich wirksamen Übertragung eines Wirtschaftsguts, die aber nur formal-rechtlicher Natur ist, das wirtschaftliche Eigentum weiterhin

---

577 Anmerkung: Kursivierung durch den Autor.

578 *Vielwerth*, npoR 2023, 28 (30); *von Holt*, DStR 2022, 2250 (2253); *Wackerbeck*, GmbHR 2023, 149 (154).

579 *Becker/Riewald/Koch*, 9. Aufl., § 5 StAnpG Anmerkung 3 Abs. 2; *Fischer*, in: Hübschmann/Hepp/Spitaler, AO/FGO, § 40 AO Rn. 7; *Schlücke*, in: Gosch, AO/FGO, § 40 AO Rn. 27 ff.

580 *Claßen*, Besteuerung des Unrechts, S. 30 ff.; *Fischer*, in: Hübschmann/Hepp/Spitaler, AO/FGO, § 40 AO Rn. 7.

581 Kritisch auch *Wackerbeck*, GmbHR 2023, 149 (154): „Es wäre […] ein Novum, wenn das tatsächliche Handeln allein gemessen an vertragsrechtlichen Grundlagen maßgeblich für die steuerrechtliche Beurteilung sein soll."

582 BFH v. 11.07.2006 – VIII R 32/04, BStBl II 2007, 296 (298) = BFHE 214, 326; *Fischer*, in: Hübschmann/Hepp/Spitaler, AO/FGO, § 39 AO Rn. 104.

beim Übertragenden verbleiben.[583] Daraus folgt zwar nicht zwingend, dass im Rahmen der tatsächlichen Geschäftsführung einer gemeinnützigen Körperschaft nur die tatsächlichen Handlungen Berücksichtigung finden, aber eine rein formal-rechtliche Betrachtung ist im steuerrechtlichen Kontext ebenfalls verfehlt.

Schließlich sprechen teleologische Erwägungen für die Erheblichkeit der Vergabepraxis durch die Körperschaft. § 52 Abs. 1 AO verleiht einer Tätigkeit, die darauf gerichtet ist, die Allgemeinheit auf bestimmten Gebieten zu fördern, den Status der Förderungswürdigkeit und gebietet damit die zielgerichtete Förderung der Allgemeinheit.[584] Fraglich ist allein, ob die Förderung auch ziel- bzw. zweckgerichtet ist („darauf gerichtet"), also ob ein finales Handeln der Körperschaft vorliegt.[585] Ein solches auf das Förderziel gerichtetes Handeln liegt bereits dann vor, wenn die Organe der Körperschaft die Zweckverwirklichung anstreben. Denn auch erfolgloses Handeln – vor allem im Gründungsstadium – wird als zweckgerichtete Förderung verstanden,[586] sodass es maßgeblich auf den sich objektiv in der Betätigung manifestierenden Willen der Körperschaft ankommt.[587] Wenn also die Absicht bestand, fast ausschließlich Plätze an die Angehörigen der Unternehmen zu vergeben, könnte man nicht von einer zielgerichteten Förderung sprechen. Zur Ermittlung dieser Absicht sind die Verträge mit den Unternehmen zwar als objektive Umstände heranzuziehen, jedoch lässt sich eine Absicht nur durch die Würdigung sämtlicher Umstände ermitteln.[588] Folglich ist auch das tatsächliche Verhalten, also die Vergabe von Plätzen an betriebsfremde

---

583 BFH v. 21.05.1999 – VIII B 107/98, BeckRS 1999, 30060475 = juris.; *Fischer*, in: Hübschmann/Hepp/Spitaler, AO/FGO, § 39 AO Rn. 104.

584 *Hüttemann*, in: Hüttemann, Gemeinnützigkeitsrecht und Spendenrecht, Rn. 3.5; *Jachmann*, in: Gosch, AO/FGO, § 52 AO Rn. 3 ff.

585 *Hüttemann*, in: Hüttemann, Gemeinnützigkeitsrecht und Spendenrecht, Rn. 3.5; *Jachmann*, in: Gosch, AO/FGO, § 52 AO Rn. 20; *Seer*, in: Tipke/Kruse, AO/FGO, § 52 AO Rn. 8.

586 *Jachmann*, in: Gosch, AO/FGO, § 52 AO Rn. 20; *Musil*, in: Hübschmann/Hepp/Spitaler, AO/FGO, § 63 AO Rn. 5; *Unger*, in: Gosch, AO/FGO, § 63 AO Rn. 8.

587 BFH v. 11.12.1974 – I R 104/73, BStBl II 1975, 458 (459) = BFHE 114, 495; nicht auf die subjektive Zielsetzung, sondern unmittelbar auf das tatsächliche Verhalten abstellend *von Holt*, DStR 2022, 2250 (2253).

588 BFH v. 11.12.1974 – I R 104/73, BStBl II 1975, 458 (459) = BFHE 114, 495.

Kinder, zu berücksichtigen.[589] Die Körperschaft hat in einer Einrichtung mehr als die Hälfte der Plätze an interessierte, nicht betriebszugehörige Eltern vergeben. Da diese objektiven Umstände bei der Beurteilung, ob die Körperschaft beabsichtigt, fast ausschließlich Kinder betriebsangehöriger Eltern zu fördern, Berücksichtigung finden müssen, wird deutlich, dass die Körperschaft realiter die Zweckverwirklichung anstrebte.

Folglich ist zu konstatieren, dass unter Berücksichtigung der tatsächlichen Vergabepraxis bereits eine ausreichende Quote eingehalten wurde.[590] Für die tatsächliche Geschäftsführung der gemeinnützigen Körperschaften bedeutet das: Es ist neben der tatsächlichen Vergabepraxis zu empfehlen, eine gewisse Restplatzquote bereits vertraglich festzuhalten, damit das Pendel bei der Frage nach der finalen Zweckverwirklichung noch eindeutiger zugunsten der Gemeinnützigkeit ausschlägt. Anderenfalls besteht die Gefahr, dass ein schwerwiegender Verstoß gegen § 52 Abs. 1 AO angenommen wird, welcher dann auch strukturell angelegt ist. Auch wenn dieser Verstoß möglicherweise behebbar ist, wird die Gemeinnützigkeit in solchen Fällen richtigerweise nicht mehr anerkannt.[591] Etwas anderes könnte jedoch bei solchen Verstößen gelten, die lediglich durch wiederholtes Vorkommen oder gar durch Einmaligkeit gekennzeichnet sind.[592]

b) Verstoß gegen § 56 AO

Verstöße gegen das Gebot der Förderung der Allgemeinheit können also solche von schwerwiegender Natur sein, wenn dies tatsächlich Gegenstand der gesamten Geschäftsführungstätigkeit sein sollte. Darüber hinaus ist aber auch denkbar, dass die Geschäftsführung in ihrer Gesamtheit gegen andere Grundsätze des Gemeinnützigkeitsrechts verstößt. Zur Exemplifizierung dient der Ausschließlichkeitsgrundsatz des § 56 AO.

---

[589] Zutr. *Hüttemann*, DB 2022, 2433 (2437); im Ergebnis ebenso *von Holt*, DStR 2022, 2250 (2253).

[590] So auch *von Holt*, DStR 2022, 2250 (2253).

[591] BFH v. 01.02.2022 – V R 1/20, BStBl II 2022, 629 (Rn. 11) = BFHE 276, 291; *Bott*, in: Schauhoff/Kirchhain, Handbuch der Gemeinnützigkeit, § 10 Rn. 100; *Hüttemann*, in: Hüttemann, Gemeinnützigkeitsrecht und Spendenrecht, Rn. 4.233.

[592] Denn: Ein Verstoß ist an Gewicht und Ausmaß zu messen, BFH v. 26.05.2021 – V R 31/19, BStBl II 2021, 835 (Rn. 50) = BFHE 272, 335; *Bott*, in: Schauhoff/Kirchhain, Handbuch der Gemeinnützigkeit, § 10 Rn. 100;

AA) SCHWERWIEGENDER VERSTOSS

An die Annahme einer schwerwiegenden Verletzung sind hohe Anforderungen zu stellen. Sämtliche Verletzungshandlungen der Körperschaft müssen zusammenhängend gegen den jeweiligen Grundsatz verstoßen.[593] Anders als im Rahmen des § 52 Abs. 1 AO ergibt sich dieser Zusammenhang aber nicht mehr aus dem beschränkten Mitgliederkreis. Der Grundsatz der Ausschließlichkeit (§ 56 AO) besagt, dass die Körperschaft nur ihre steuerbegünstigten satzungsmäßigen Zwecke verfolgen darf.[594] Ergibt die Gesamtschau der tatsächlichen Geschäftsführung nun, dass die Erreichung der steuerbegünstigten satzungsmäßigen Ziele endgültig aufgegeben wurde und stattdessen ausschließlich nicht satzungsmäßige Zwecke verfolgt werden, so handelt es sich um eine schwerwiegende Verletzung des Ausschließlichkeitsgebots.[595] Die Geschäftsführung verstößt in diesem Fall in ihrer Gesamtheit gegen den gemeinnützigkeitsrechtlichen Grundsatz.

BB) STRUKTURELLER VERSTOSS

Im Rahmen der Untätigkeit einer gemeinnützigen Körperschaft lässt sich dann wiederum eine Differenzierung hinsichtlich der Quantität vornehmen. Zum einen ist denkbar, dass der steuerbegünstigte satzungsmäßige Zweck objektiv nicht mehr erreicht werden kann.[596] In diesem Fall verstößt die tatsächliche Geschäftsführung dauerhaft gegen den Grundsatz der Ausschließlichkeit (§ 56 AO). Außerdem ist die Wiederherstellung des gemeinnützigkeitskonformen Zustands unmöglich. Somit würde es sich um einen strukturellen Verstoß endgültiger Natur handeln.

Zum anderen kann die Einstellung der Zweckverfolgungsmaßnahmen auch daher rühren, dass die Organe den Willen zur Zweckverwirklichung

---

593 BFH v. 26.05.2021 – V R 31/19, BStBl II 2021, 835 (Rn. 51) = BFHE 272, 335.

594 *Buchna/Leichinger/Seeger/Brox*, Gemeinnützigkeit im Steuerrecht, § 56 AO Rn. 92; *Seer*, in: Tipke/Kruse, AO/FGO, § 56 AO Rn. 1.

595 Vgl. zur endgültigen Aufgabe der Zweckverfolgung BFH v. 11.12.1974 – I R 104/73, BStBl II 1975, 458 (459) = BFHE 114, 495; FG München v. 10.06.2003 – 6 K 4856/02, BeckRS 2003, 26014759 = juris; *Bott*, in: Schauhoff/Kirchhain, Handbuch der Gemeinnützigkeit, § 10 Rn. 94.

596 *Bott*, in: Schauhoff/Kirchhain, Handbuch der Gemeinnützigkeit, § 10 Rn. 94; *Jachmann-Michel/Liebl*, BB 2022, 599 (601).

aufgegeben haben (subjektiv).[597] Es würde sich wiederum um einen dauerhaften Verstoß handeln, jedoch kann der Wille der Körperschaft zur Zweckerreichung, welcher anhand objektiver Umstände zu bestimmen ist,[598] wiederkehren, sodass die endgültige Natur zu verneinen ist.

CC) RECHTSFOLGE

Hinsichtlich der Rechtsfolge ist zu differenzieren: Wird die Verfolgung des satzungsmäßigen steuerbegünstigten Zwecks aufgegeben, so könnte darin ein Verstoß gegen den Grundsatz der Vermögensbindung (§ 55 Abs. 1 Nr. 4 AO) zu sehen sein, welcher gemäß § 63 Abs. 2 i. V. m. § 61 Abs. 3 AO zu einer zehnjährig rückwirkenden Nachversteuerung führen würde. Sowohl die objektive Unmöglichkeit der Zweckverfolgung als auch die subjektive Aufgabe können aber wiederum unterschiedlich ausgestaltet sein. Denkbar ist, dass nicht nur die Zweckverfolgung, sondern die gesamte Tätigkeit der Körperschaft zum Stillstand kommt. Bleibt das steuerbegünstigt gebildete Vermögen unberührt, so stellt diese Form des Zweckwegfalls keine Gefahr für das steuerbegünstigt aufgebaute Vermögen der Körperschaft dar. Die zehnjährig rückwirkende Versteuerung, welche gerade einer solchen Gefahr entgegenwirken soll, wäre dann auch nicht zweckmäßig.[599] Diese Konstellation bestätigt auch die oben angeführten Bedenken, dass eine Ausuferung der rückwirkenden Besteuerung drohen würde. Folglich ist die Rechtsfolge die Versagung der Gemeinnützigkeit für den betreffenden Zeitraum. Bei objektiver Unmöglichkeit der Zweckverfolgung ist eine erneute Anerkennung der Gemeinnützigkeit ausgeschlossen; bei der subjektiven Aufgabe kann die Anerkennung in einem späteren Veranlagungszeitraum erneut erfolgen.

Der schwerwiegende Verstoß gegen den Grundsatz der Ausschließlichkeit kann jedoch auch so ausgestaltet sein, dass der bisherige gemeinnützige Zweck aufgegeben wird und das Vermögen für ausschließlich nicht steuerbegünstigte Zwecke verwendet wird. In diesem Fall geht damit ein Verstoß gegen den Grundsatz der Vermögensbindung (§ 55 Abs. 1 Nr. 4 AO) einher, welcher die rückwirkende Versteuerung rechtfertigt. Die Rechtsfolge

---

597 BFH v. 11.12.1974 – I R 104/73, BStBl II 1975, 458 (459) = BFHE 114, 495; *Bott*, in: Schauhoff/Kirchhain, Handbuch der Gemeinnützigkeit, § 10 Rn. 94; *Hüttemann*, Wirtschaftliche Betätigung, S. 23 f.; *Jachmann-Michel/Liebl*, BB 2022, 599 (601).

598 BFH v. 11.12.1974 – I R 104/73, BStBl II 1975, 458 (459) = BFHE 114, 495.

599 A. A. *Wallenhorst*, in: Wallenhorst/Halaczinsky, C Rn. 216.

schwerwiegender Verstöße kann damit in der zehnjährigen Nachversteuerung (§ 63 Abs. 2 i. V. m. § 61 Abs. 3 AO) liegen. Dies ist jedoch nur dann der Fall, wenn dadurch gleichzeitig der Kern der Vermögensbindung berührt wird.[600]

c) Fazit zu schwerwiegenden Verstößen struktureller Natur

Die schwerwiegenden, strukturellen Verstöße sind durch ihr besonderes Gewicht sowie ihr Ausmaß gekennzeichnet. Die gesamte tatsächliche Geschäftsführung verstößt in diesen Fällen dauerhaft gegen einen Gemeinnützigkeitsgrundsatz. Vor allem Verstöße gegen das Gebot der Förderung der Allgemeinheit (§ 52 Abs. 1 AO) sind in diesem Zuge zu nennen, was angesichts des darin zum Ausdruck kommenden Grundgedankens der Gemeinnützigkeit auch gerechtfertigt ist. Ein Verstoß ist struktureller Natur, wenn er dauerhaft stattfindet. Ist der Verstoß bereits bei der Gründung angelegt und unbehebbar, stellt dies in quantitativer Hinsicht die schwerste Form dar. Es ist aber auch denkbar, dass der Verstoß zu einem späteren Zeitpunkt begründet wird und trotz Behebbarkeit andauert. Die Gemeinnützigkeit ist bei Verstößen solcher Art zwingend für alle betroffenen Besteuerungszeiträume zu versagen. Zu einer zehnjährig rückwirkenden Besteuerung kommt es nur dann, wenn zugleich der Grundsatz der Vermögensbindung verletzt wird.

2. Punktuell

Denkbar ist auch, dass eine Körperschaft einen schwerwiegenden Verstoß punktuell begeht. Erneut kommen vor allem Fälle in Betracht, in denen sich der schwerwiegende Charakter aus der Förderung eines fest abgeschlossenen Personenkreises ergibt. Die Körperschaft reduziert die Mitgliedschaft auf exklusive Personengruppen oder nimmt eine selektive Aufnahmepraxis vor.[601] Gemeinnützigkeitsschädlich ist demnach etwa die Verpflichtung zur Zahlung von laufenden Beiträgen, Aufnahmebeiträgen und Umlagen, deren Höhe eine Repräsentation der Allgemeinheit im Mitgliederbestand nicht mehr

---

[600] A. A. *Wallenhorst*, in: Wallenhorst/Halaczinsky, C Rn. 216: ausnahmsweise auch in Fällen, in denen keine Vermögensschädigung vorliegt.

[601] BFH v. 13.12.1978 – I R 64/77, BStBl II 1979, 488 (490) = BFHE 127, 342; BFH v. 13.11.1996 – I R 152/93, BStBl II 1998, 711 (712) = BFHE 181, 396; insgesamt zum offenen Zugang zu gemeinnützigen Sportvereinen *Buchna/Leichinger/Seeger/Brox*, Gemeinnützigkeit im Steuerrecht, § 52 AO Rn. 40 ff.; *Wallenhorst*, in: Wallenhorst/Halaczinsky, C Rn. 217.

gewährleistet.[602] Nimmt die Körperschaft eine solche Aufnahmepraxis nun nur für einen kurzen Zeitraum und/oder gegenüber bestimmten Personen vor, so handelt es sich um einen punktuellen Verstoß. Hinsichtlich der Rechtsfolge ist einerseits denkbar, dass man punktuelle bzw. gar einmalige Verstöße unter Anwendung des Grundsatzes der Verhältnismäßigkeit als unschädlich erachtet.[603] Andererseits kommt es insbesondere in dem Beispielsfall gerade durch den punktuellen Charakter zu einem gravierenden Widerspruch mit dem Grundsatz der Förderung der Allgemeinheit (§ 52 Abs. 1 AO). Wenn eine Körperschaft grundsätzlich sämtliche Leute als Vereinsmitglieder aufnimmt, dann wird der Ausschluss ganz bestimmter Personen durch eine einmalig geänderte (unzulässige) Aufnahmepraxis noch deutlicher. Dies ist nicht mit der Förderung der Allgemeinheit vereinbar, sodass es zur Versagung der Gemeinnützigkeit für den betreffenden Veranlagungszeitraum, also der gesetzlich ohnehin vorgesehenen Rechtsfolge, kommt.

III. Erhebliche Verstöße

In qualitativer Hinsicht sind von den schwerwiegenden die erheblichen Verstöße zu unterscheiden. Schwerwiegende Verletzungen sind dadurch gekennzeichnet, dass die gesamte tatsächliche Geschäftsführung gegen einen Grundsatz des Gemeinnützigkeitsrechts verstößt. Dieser Zusammenhang ist für die Annahme eines erheblichen Verstoßes nicht erforderlich. Einzelne Geschäftsführungsmaßnahmen können somit als gemeinnützigkeitskonform anzusehen sein, während andere Tätigkeiten gegen eine Grundsatznorm verstoßen. Es ist somit in einem ersten Schritt zu prüfen, ob überhaupt ein Verletzungshandeln der Geschäftsführung vorliegt. In einem zweiten Schritt ist dann die Gesamtschau der Geschäftsführungshandlungen zu untersuchen, damit ein schwerwiegender Verstoß ausgeschlossen werden kann (Negativabgrenzung).[604] Fraglich ist schließlich, ob die Gemeinnützigkeit auch bei erheblichen Verstößen in jedem Fall zu versagen ist.[605]

---

[602] BFH v. 13.11.1996 – I R 152/93, BStBl II 1998, 711 (712) = BFHE 181, 396; BFH v. 23.07.2003 – I R 41/03, BStBl II 2005, 443 (443) = BFHE 203, 305.

[603] Zum Grundsatz der Verhältnismäßigkeit ausführlich unter 3. Kapitel D. IV.

[604] Ähnlich *Seeck/Wackerbeck*, DStR 2022, 633 (637 f.).

[605] *Hüttemann*, in: Hüttemann, Gemeinnützigkeitsrecht und Spendenrecht, Rn. 4.230.

1. Strukturell

a) Verstoß gegen § 52 Abs. 2 AO sowie § 56 AO

Eine Körperschaft, die Einfluss auf die politische Willensbildung und die Gestaltung der öffentlichen Meinung nimmt (politische Betätigung), verfolgt keinen eigenständigen gemeinnützigen Zweck.[606] Die politische Betätigung ist für die Exemplifizierung einer Zwecküberschreitung überaus geeignet, nicht zuletzt, weil das Attac-Urteil[607] des BFH äußerst hohe Wellen geschlagen hat und vor allem in der Literatur einer kritischen Prüfung unterzogen wurde.[608] Aus diesem Grund folgt eine Auseinandersetzung mit dem Attac-Urteil sowie dem Corona-Beschluss[609] des BFH, welcher ebenfalls eine politische Betätigung der Körperschaft zum Gegenstand hat.

AA) DER ATTAC-TRÄGERVEREIN

(1) Attac in der Rechtsprechung

(a) Sachverhalt

Der Attac-Trägerverein verschrieb sich laut seiner im Jahre 2010 geänderten Satzung der Erfüllung folgender Ziele:

> Förderung von Bildung, Wissenschaft und Forschung, die Förderung des Schutzes der Umwelt und des Gemeinwesens, der Demokratie und der Solidarität unter besonderer Berücksichtigung der ökonomischen und gesellschaftlichen Auswirkungen der Globalisierung. Der Verein fördert die Völkerverständigung und den Frieden.[610]

Er befasste sich als Träger eines ganzen Netzwerks (Attac-Netzwerk) öffentlichkeitswirksam mit einer Vielzahl an Themen. Zu nennen sind etwa die Finanz- und Wirtschaftskrise, die Besteuerung von Finanzmärkten, die Umverteilung von Reichtum, eine Finanztransaktionssteuer, Steuern gegen Armut, Spekulation mit Lebensmitteln, Blockupy, Regulierung der

---

606 BFH v. 29.08.1984 – I R 203/81, BStBl II 1984, 844 (847) = BFHE 142, 51; BFH v. 23.09.1999 – XI R 63/98, BStBl II 2000, 200 (202) = BFHE 190, 338; BFH v. 10.01.2019 – V R 60/17, BStBl II 2019, 301 (Rn. 16) = BFHE 263, 290; *Geibel*, in: Winheller/Geibel/Jachmann-Michel, Gesamtes Gemeinnützigkeitsrecht, § 52 Abs. 1 AO Rn. 33; *Hüttemann*, in: Hüttemann, Gemeinnützigkeitsrecht und Spendenrecht, Rn. 3.63; vgl. auch AEAO zu § 52 Nr. 15.

607 BFH v. 10.01.2019 – V R 60/17, BStBl II 2019, 301 = BFHE 263, 290.

608 *Hüttemann*, DB 2019, 744; *Leisner-Egensperger*, NJW 2019, 964; *Weitemeyer*, npoR 2019, 97.

609 BFH v. 18.08.2021 – V B 25/21 (AdV), BStBl II 2021, 931 = BFH/NV 2021, 1533.

610 BFH v. 10.01.2019 – V R 60/17, BStBl II 2019, 301 (Rn. 1) = BFHE 263, 290.

Finanzmärkte, Finanzmarkttagung Geld, Bankentribunal, Geschäftspraktiken von Banken, Wechsel der Hausbank („Krötenwanderung"), Arabischer Frühling, Aktionstag Banken, Krise des Euro und der Finanzmärkte, feministische Ökonomie, Public Private Partnership, Anti-Atom-Bewegung, Atomwirtschaft, unbedingtes Grundeinkommen, Klimaschutz, globale Klimagerechtigkeit sowie alternative Formen des Lebens und Wirtschaften.[611]

Im Rahmen der Steuerpolitik wandte sich der Verein unter dem Motto „Sparpaket/Finanztransaktionssteuer/Umverteilen" gegen Gesetzesvorschläge, die zum Haushaltsbegleit- und Haushaltsgesetz 2011 führten. Zu den vorgesehenen Ausgabenkürzungen, die zu einer sozialen Schieflage führen würden, entwickelte er das Gegenprogramm „Verteilen statt kürzen". Verlangt wurde die Einführung einer Vermögensteuer, eine Reform der Erbschaftsteuer und das Stilllegen von Steueroasen. In diesem Zuge veranstaltete Attac Konferenzen, Tagungen, Seminare, Workshops, Vorträge und stellte dabei Bildungsmaterialien zur Verfügung. Daneben erfolgte die Mitwirkung bei der Organisation von Demonstrationen und symbolischen Bankenbesetzungen.[612]

Bei dem Thema „30-Stunden-Woche" setzte sich Attac für eine entsprechende Arbeitszeitbegrenzung für alle bei vollem Lohnausgleich für untere und mittlere Einkommen ein. Die Forderung eines bedingungslosen Grundeinkommens zielte auf eine soziale Problemlösung auf den Gebieten der gesellschaftlichen Verarmung, Langzeitarbeitslosigkeit, Kinderarmut und sozialer Ausgrenzung ab.[613]

(b) Urteil des FG Hessen v. 10.11.2016 – 4 K 179/16

Das FG Hessen war der Ansicht, dass die Nichtanerkennung der Gemeinnützigkeit durch das Finanzamt zu Unrecht erfolgte.[614] Dieses Ergebnis beruht auf einer weiten Auslegung des Zwecks der Förderung des demokratischen Staatswesens (§ 52 Abs. 2 S. 1 Nr. 24 Hs. 1 AO).[615] Die allgemeine Förderung des demokratischen Staatswesens sei gegeben, wenn sich eine Körperschaft

---

611 BFH v. 10.01.2019 – V R 60/17, BStBl II 2019, 301 (Rn. 2) = BFHE 263, 290.

612 BFH v. 10.01.2019 – V R 60/17, BStBl II 2019, 301 (Rn. 3) = BFHE 263, 290.

613 BFH v. 10.01.2019 – V R 60/17, BStBl II 2019, 301 (Rn. 6) = BFHE 263, 290.

614 FG Hessen v. 10.11.2016 – 4 K 179/16, DStRE 2017, 1128 (1130) = npoR 2017, 212.

615 FG Hessen v. 10.11.2016 – 4 K 179/16, DStRE 2017, 1128 (1133) = npoR 2017, 212; *Felix/Streck*, DStZ 1984, 79 (79).

mit den demokratischen Grundprinzipien befasse und diese objektiv und neutral würdige.[616] Dies seien nach Art. 20 Abs. 1 und 2 GG vor allem das Demokratieprinzip, die Gewaltenteilung, der Rechtsstaat und das Sozialstaatsprinzip sowie die freiheitliche Grundordnung.[617] Insbesondere die Steuergerechtigkeit sichere als Kernkomponente des Sozialstaatsprinzips den sozialen Frieden – den Grundpfeiler einer funktionierenden Demokratie.[618] Zudem umfasse der Zweck der Volksbildung auch die politische Bildung, welche vor dem Hintergrund der allgemeinen Förderung des demokratischen Staatswesens zu sehen sei.[619] Insbesondere beschränke sich Bildung nicht auf theoretische Unterweisungen, sondern könne auch durch den Aufruf zu konkreten Handlungen ergänzt werden.[620]

Gemessen an diesen Maßstäben seien die Handlungen der tatsächlichen Geschäftsführung noch auf die Verwirklichung der satzungsmäßigen gemeinnützigen Zwecke gerichtet. Vor allem sei die politische Betätigung nicht zum Selbstzweck geworden. Vielmehr erschöpften sich die Maßnahmen in einem vielfältigen Informations- und Bildungsangebot über fiskalische und wirtschaftliche Zusammenhänge. Kern der Bildungsveranstaltungen seien die satzungsmäßigen Themen der Demokratie, des Friedens und der Ökonomie.[621]

(c) Urteil des BFH v. 10.01.2019 – V R 60/17

Der BFH stellt demgegenüber in aller Deutlichkeit fest:

> Wer politische Zwecke durch Einflussnahme auf politische Willensbildung und Gestaltung der öffentlichen Meinung verfolgt, erfüllt keinen gemeinnützigen

---

[616] BFH v. 23.09.1999 – XI R 63/98, BStBl II 2000, 200 (202) = BFHE 190, 338; FG Hessen v. 10.11.2016 – 4 K 179/16, DStRE 2017, 1128 (1131) = npoR 2017, 212.

[617] FG Hessen v. 10.11.2016 – 4 K 179/16, DStRE 2017, 1128 (1131, 1133) = npoR 2017, 212; *Felix/Streck*, DStZ 1984, 79 (79); *Jachmann*, in: Gosch, AO/FGO, § 52 AO Rn. 119; *Seer*, in: Tipke/Kruse, AO/FGO, § 52 AO Rn. 53.

[618] FG Hessen v. 10.11.2016 – 4 K 179/16, DStRE 2017, 1128 (1133) = npoR 2017, 212

[619] BFH v. 23.09.1999 – XI R 63/98, BStBl II 2000, 200 (202) = BFHE 190, 338; FG Hessen v. 10.11.2016 – 4 K 179/16, DStRE 2017, 1128 (1134) = npoR 2017, 212; *Seer*, in: Tipke/Kruse, AO/FGO, § 52 AO Rn. 27.

[620] BFH v. 23.09.1999 – XI R 63/98, BStBl II 2000, 200 (202) = BFHE 190, 338; FG Hessen v. 10.11.2016 – 4 K 179/16, DStRE 2017, 1128 (1134) = npoR 2017, 212; *Buchna/Leichinger/Seeger/Brox*, Gemeinnützigkeit im Steuerrecht, § 52 AO Rn. 51; *Jachmann*, in: Gosch, AO/FGO, § 52 AO Rn. 71.

[621] FG Hessen v. 10.11.2016 – 4 K 179/16, DStRE 2017, 1128 (1134) = npoR 2017, 212.

> Zweck i. S. von § 52 AO. Eine gemeinnützige Körperschaft darf sich in dieser Weise nur betätigen, wenn dies der Verfolgung eines der in § 52 Abs. 2 AO ausdrücklich genannten Zwecke dient.[622]

Die Wertung des § 52 Abs. 2 S. 1 Nr. 24 AO ergebe, dass die Verfolgung politischer Zwecke nicht die Allgemeinheit fördere, sodass weder ein „politischer Zweck als alleiniger und ausschließlicher oder als überwiegender Zweck in der Satzung einer Körperschaft festgelegt" sein dürfe noch „die Vereinigung mit ihrer tatsächlichen Geschäftsführung ausschließlich oder überwiegend einen politischen Zweck verfolgen" dürfe.[623] Diese gemeinnützigkeitsschädliche Betätigung sei abzugrenzen von der Einflussnahme auf die politische Willensbildung und die öffentliche Meinung zur Verfolgung der in § 52 Abs. 2 AO ausdrücklich genannten Zwecke – wenn also die Tätigkeit „im Einzelfall zwangsläufig mit einer gewissen politischen Zielsetzung verbunden ist".[624] Zu beachten sei jedoch, dass sich die von § 52 Abs. 2 S. 1 Nr. 7 AO (i. V. m. § 52 Abs. 2 S. 1 Nr. 24 AO) erfasste politische Bildung in geistiger Offenheit vollziehen müsse, da dem machtpolitischen Missbrauch i. S. e. allgemeinpolitischen Mandats ansonsten Tür und Tor geöffnet würde.[625]

Attac ginge es bei zahlreichen Unternehmungen gerade nicht mehr um die Vermittlung von Bildungsinhalten in geistiger Offenheit, sondern um eine öffentlichkeitswirksame Darstellung und Durchsetzung eigener Vorstellungen zu tagespolitischen Themen und damit letztlich um eine Einflussnahme auf die politische Willensbildung und die öffentliche Meinung. Die zahlreichen politischen Forderungen, Gegenkonzepte und Kritiken hätten den Bezug zur politischen Bildung i. S. v. § 52 Abs. 2 S. 1 Nr. 7 AO längst verloren.[626]

---

[622] BFH v. 10.01.2019 – V R 60/17, BStBl II 2019, 301 (Rn. 16) = BFHE 263, 290.

[623] BFH v. 29.08.1984 – I R 203/81, BStBl II 1984, 844 (847) = BFHE 142, 51; BFH v. 10.01.2019 – V R 60/17, BStBl II 2019, 301 (Rn. 18) = BFHE 263, 290; zustimmend *Hüttemann*, in: Hüttemann, Gemeinnützigkeitsrecht und Spendenrecht, Rn. 3.64.

[624] BFH v. 29.08.1984 – I R 203/81, BStBl II 1984, 844 (847) = BFHE 142, 51; BFH v. 10.01.2019 – V R 60/17, BStBl II 2019, 301 (Rn. 18) = BFHE 263, 290; *Hüttemann*, in: Hüttemann, Gemeinnützigkeitsrecht und Spendenrecht, Rn. 3.67.

[625] BFH v. 10.01.2019 – V R 60/17, BStBl II 2019, 301 (Rn. 23 ff.) = BFHE 263, 290.

[626] BFH v. 10.01.2019 – V R 60/17, BStBl II 2019, 301 (Rn. 32 f.) = BFHE 263, 290.

(d) Zum verfassungsrechtlichen Hintergrund

(aa) Einfachgesetzliche Regelungen

Dass eine politische Betätigung keinen eigenständigen gemeinnützigen Zweck darstellt, folgt nicht nur aus dem Ausbleiben in der Aufzählung des § 52 Abs. 2 AO, sondern ergibt sich einfachgesetzlich *e contrario* aus § 52 Abs. 2 S. 1 Nr. 24 Hs. 2 AO, wonach Bestrebungen, die nur bestimmten Partikularinteressen staatsbürgerlicher Art dienen oder die auf den kommunalpolitischen Bereich beschränkt sind, von der Gemeinnützigkeit ausgenommen sind.[627] Zudem differiert die Behandlung von Zuwendungen an politische Parteien (§ 5 Abs. 1 Nr. 7 KStG, § 10b Abs. 2 EStG, § 34g EStG) und Spenden an gemeinnützige Körperschaften.[628] Außerdem verbietet § 55 Abs. 1 Nr. 1 S. 3 AO die Verwendung der Mittel für die unmittelbare oder mittelbare Unterstützung oder Förderung politischer Parteien.[629] Ihr parteirechtliches Gegenstück findet diese Gemeinnützigkeitsvorschrift in § 25 Abs. 2 Nr. 2 PartG, welcher es Parteien untersagt, Spenden von gemeinnützigen Körperschaften anzunehmen.[630] Damit soll verhindert werden, dass gemeinnützige Körperschaften zu Durchlaufstellen für Parteienfinanzierung werden.[631]

(bb) Rechtsprechung des BVerfG zur Chancengleichheit politischer Parteien und dem Recht des Bürgers auf gleiche Teilhabe an der politischen Willensbildung

Diese Unterscheidung von politischen Parteien einerseits und gemeinnützigen Körperschaften anderseits beruht auf der Rechtsprechung des BVerfG

---

[627] BFH v. 10.01.2019 – V R 60/17, BStBl II 2019, 301 (Rn. 34) = BFHE 263, 290; *Hüttemann*, in: Hüttemann, Gemeinnützigkeitsrecht und Spendenrecht, Rn. 3.64; *Hüttemann*, DB 2015, 821 (821); *Hüttemann*, DB 2019, 744 (749); *Jachmann-Michel*, jM 2021, 247 (249); *Weitemeyer*, npoR 2019, 97 (99); *Weitemeyer/Kamp*, ZRP 2015, 72 (72).

[628] *Hüttemann*, in: Hüttemann, Gemeinnützigkeitsrecht und Spendenrecht, Rn. 3.64; *Hüttemann*, DB 2015, 821 (821 f.); *Weitemeyer*, npoR 2019, 97 (100); *Weitemeyer/Kamp*, ZRP 2015, 72 (72); *Weitemeyer/Kamp*, DStR 2016, 2623 (2624).

[629] *Buchna/Leichinger/Seeger/Brox*, Gemeinnützigkeit im Steuerrecht, § 55 AO Rn. 48; *Musil*, in: Hübschmann/Hepp/Spitaler, AO/FGO, § 55 AO Rn. 200; *Seer*, in: Tipke/Kruse, AO/FGO, § 55 AO Rn. 20.

[630] *Buchna/Leichinger/Seeger/Brox*, Gemeinnützigkeit im Steuerrecht, § 55 AO Rn. 48; *Kirchhain*, ZEV 2006, 534 (538); *Seer*, in: Tipke/Kruse, AO/FGO, § 55 AO Rn. 20; *Unger*, in: Gosch, AO/FGO, § 55 AO Rn. 73.

[631] *Niewerth*, in: Lippross/Seibel, Basiskommentar Steuerrecht, AO, § 55 Rn. 4; *Seer*, in: Tipke/Kruse, AO/FGO, § 55 AO Rn. 20; *Unger*, in: Gosch, AO/FGO, § 55 AO Rn. 73.

zur Chancengleichheit politischer Parteien und dem Recht des Bürgers auf gleiche Teilhabe an der politischen Willensbildung.[632] Aufgrund des aus Art. 21 Abs. 1 GG folgenden Rechts der Parteien auf Chancengleichheit muss im Hinblick auf die für einen modernen Wahlkampf erforderlichen großen finanziellen Aufwendungen gewährleistet werden, dass keine bestimmte Partei gegenüber anderen Parteien begünstigt wird.[633] Um diesen gleichheitswidrigen Zustand zu verhindern, besteht für juristische Personen keinerlei Möglichkeit, Parteispenden abzuziehen.[634] Für natürliche Personen ordnet zum einen § 34g EStG an, dass Zuwendungen an politische Parteien bis zu 1.650 € (3.300 € im Falle der Zusammenveranlagung von Ehegatten) progressionsunabhängig zu 50 % von der Steuer abgezogen werden können und zum anderen § 10b Abs. 2 EStG, dass darüber hinausgehende Zuwendungen bis zu 1.650 € (3.300 € bei zusammenveranlagten Ehegatten) als Sonderausgaben steuermindernd berücksichtigt werden können.[635] Im Falle einer progressionsabhängigen Abziehbarkeit der Zuwendungen würde der Anreiz für Parteispenden vor allem bei natürlichen Personen mit großen Einkommen gesetzt, sodass Parteien, die sich besonders für die Belange wohlhabender Menschen einsetzen, privilegiert würden.[636]

Auch das Recht des Bürgers auf gleiche Teilhabe an der politischen Willensbildung wäre ohne die Regelungen der § 10b Abs. 2 EStG sowie

---

632 BVerfG v. 24.06.1958 – 2 BvF 1/57, BVerfGE 8, 51 (63 ff.) = NJW 1958, 1131.

633 BVerfG v. 24.06.1958 – 2 BvF 1/57, BVerfGE 8, 51 (65) = NJW 1958, 1131.

634 Die hinter den Körperschaften stehenden natürlichen Personen hätten anderenfalls auch eine doppelte, vom Staat begünstigte Einflussmöglichkeit auf politische Parteien, vgl. BVerfG v. 09.04.1992 – 2 BvE 2/89, BVerfGE 85, 264 (315) = BStBl II 1992, 766; *Brandl*, in: Brandis/Heuermann, EStG, § 34g Rn. 4a; *Heuermann*, npoR 2020, 6 (7); *Kulosa*, in: Herrmann/Heuer/Raupach, EStG/KStG, § 34g EStG Rn. 4; *Schäfer*, StB 2022, 10 (15); *Schütz*, npoR 2021, 137 (138).

635 Es handelt sich dabei um eine Größenordnung, die für einen durchschnittlichen Einkommensempfänger erreichbar ist (Normalspende), *Hüttemann*, in: Hüttemann, Gemeinnützigkeitsrecht und Spendenrecht, Rn. 3.65; *Hüttemann*, DB 2019, 744 (745); *Kulosa*, in: Herrmann/Heuer/Raupach, EStG/KStG, § 10b EStG Rn. 111; *Schäfer*, StB 2022, 10 (11 ff.); *Schütz*, npoR 2021, 137 (138); *Seer*, in: Kirchhof/Seer, EStG, § 10b Rn. 3; *Weitemeyer*, npoR 2019, 97 (100). Zum Verhältnis der beiden Vorschriften (Vorrangigkeit des § 34g EStG) *Brandl*, in: Brandis/Heuermann, EStG, § 34g Rn. 7; *Kulosa*, in: Herrmann/Heuer/Raupach, EStG/KStG, § 34g EStG Rn. 5.

636 BVerfG v. 24.06.1958 – 2 BvF 1/57, BVerfGE 8, 51 (65 f.) = NJW 1958, 1131; *Brandl*, in: Brandis/Heuermann, EStG, § 34g Rn. 3; *Kulosa*, in: Herrmann/Heuer/Raupach, EStG/KStG, § 10b EStG Rn. 111; *Seer*, in: Kirchhof/Seer, EStG, § 10b Rn. 49.

§ 34g EStG beeinträchtigt.[637] Denn: Die progressive Besteuerung des Einkommens würde dazu führen, dass Bürger, die im Wege einer Parteispende von ihrem Teilhaberecht Gebrauch machen, einen unterschiedlichen materiellen Vorteil erlangen würden.[638] Aufgrund der zentralen Rolle des Geldes bei den Wahlvorbereitungen könnten Spender mit hohen Einkommen ihrer politischen Meinung zu einer größeren Werbekraft verhelfen und ihren politischen Einfluss damit gegenüber Spendern mit geringeren Einkommen vergrößern.[639]

Spenden an gemeinnützige Körperschaften können demgegenüber bis zu einer Höhe von 20 % des Gesamtbetrags der Einkünfte oder vier Promille der Summe der gesamten Umsätze und der im Kalenderjahr aufgewendeten Löhne und Gehälter von Unternehmen abgezogen werden (§ 10b Abs. 1 EStG).[640] Wenn sich gemeinnützige Körperschaften nun aber politisch betätigen könnten, würde die eingeschränkte Abzugsmöglichkeit der § 10b Abs. 2 EStG und § 34g EStG umgangen und die Chancengleichheit der Parteien sowie das Recht des Bürgers auf gleiche Teilhabe an der politischen Willensbildung verletzt.[641]

(2) Attac in der Literatur

(a) Das Attac-Urteil als Einschränkung des zivilgesellschaftlichen Engagements

In der Literatur wird zunächst kritisiert, dass der BFH die politische Bildung durch das Korrektiv der geistigen Offenheit – eine nicht handhabbare Leerformel – bereits inhaltlich zu sehr einenge.[642] Zudem sei es bedauerlich,

---

637 BVerfG v. 24.06.1958 – 2 BvF 1/57, BVerfGE 8, 51 (68 f.) = NJW 1958, 1131; *Brandl*, in: Brandis/Heuermann, EStG, § 34g Rn. 3; *Hüttemann*, DB 2019, 744 (745); *Hüttemann*, in: Hüttemann, Gemeinnützigkeitsrecht und Spendenrecht, Rn. 3.65; *Schäfer*, StB 2022, 10 (11).

638 BVerfG v. 24.06.1958 – 2 BvF 1/57, BVerfGE 8, 51 (69) = NJW 1958, 1131; *Unger*, Politische Betätigung gemeinnütziger Körperschaften, S. 5 f.

639 BVerfG v. 24.06.1958 – 2 BvF 1/57, BVerfGE 8, 51 (69) = NJW 1958, 1131; *Brandl*, in: Brandis/Heuermann, EStG, § 34g Rn. 3; *Heuermann*, npoR 2020, 6 (7).

640 Nicht ausgeschöpfte Spendenbeträge können dabei zeitlich unbegrenzt vorgetragen werden (§ 10b Abs. 1 S. 9 EStG), vgl. *Weitemeyer*, npoR 2019, 97 (100); *Schütz*, npoR 2021, 137 (138).

641 *Heuermann*, npoR 2020, 6 (7 f.); *Hüttemann*, in: Hüttemann, Gemeinnützigkeitsrecht und Spendenrecht, Rn. 3.65; *Schütz*, npoR 2021, 137 (138); *Weitemeyer*, npoR 2019, 97 (100).

642 *Leisner-Egensperger*, ZStV 2019, 205 (206); *Leisner-Egensperger*, NJW 2019, 964 (965); ähnlich *Hornung/Vielwerth*, DStR 2019, 1497 (1498): Das Kriterium der „geistigen Offenheit" sei zwar grundsätzlich geeignet, politische Betätigungen vor dem Hintergrund der

dass der BFH im Rahmen der politischen Bildung von der einst großzügigen Linie, nach der Bildung „nicht nur in theoretischer Unterweisung bestehen“ musste, sondern „auch durch den Aufruf zu konkreter Handlung ergänzt werden“ konnte,[643] abgewichen sei und diese nun auf ein theoretisch erarbeitetes Bildungskonzept beschränke.[644] Ein solch restriktives Verständnis der politischen Bildung sei verfassungsrechtlich problematisch. Art. 9 Abs. 1 GG gewährleiste den gemeinnützigen Vereinigungen aus ihrem Selbstbestimmungsrecht heraus eine eigene Festlegung dessen, was sie unter politischer Bildung verstehen würden. Die Grenzen ergäben sich dabei nur aus der Norm des § 42 AO, also dem Missbrauch rechtlicher Gestaltungsmöglichkeiten.[645]

Ferner halte die vom BFH aus verfassungsrechtlichen Gründen vorgenommene Übertragung der für die steuerliche Förderung politischer Parteien entwickelten Grundsätze (Zuwendungen an politische Parteien) auf politisch tätige zivilgesellschaftliche Körperschaften einer Überprüfung aus zweierlei Gründen nicht stand. Im Hinblick auf die Chancengleichheit im politischen Wettbewerb wird konstatiert, dass sich gemeinnützige Körperschaften mangels Machtstrebens (kein parlamentarischer Vertretungsanspruch) nicht im Wettbewerb mit politischen Parteien befänden und eine Übertragung deshalb nicht geboten sei.[646] Hinsichtlich des Rechts aller Bürger auf gleiche Teilhabe an der politischen Willensbildung müsse man beachten, dass dieses nicht auf allen Ebenen des politischen Willensbildungsprozesses den gleichen Gewährleistungsgehalt habe. So bestehe ein Gleichheitsgefälle zwischen Art. 21 Abs. 1 GG als besondere Vereinigungsfreiheit der Parteien und

---

Unterscheidung von Parteien und gemeinnützigen Körperschaften zu begrenzen. Bei der Bewertung einzelner Tätigkeiten erweise es sich jedoch als wertlos, da es „das große Ganze“ verkenne. A. A. *Heuermann*, npoR 2020, 6 (9).

643 BFH v. 23.09.1999 – XI R 63–98, BStBl II 2000, 200 (202) = BFHE 190, 338.

644 *Leisner-Egensperger*, ZStV 2019, 205 (206 f.); damit erfolge eine weitere Einengung der politischen Bildung in methodischer Hinsicht, vgl. *Leisner-Egensperger*, NJW 2019, 964 (965).

645 *Leisner-Egensperger*, NJW 2019, 964 (965); a. A. BFH v. 10.12.2020 – V R 14/20, BStBl II 2021, 739 (Rn. 32) = BFHE 271, 53; *Heuermann*, npoR 2020, 6 (8): Die Freiheit, die man mit einer Hand suggeriere (Art. 9 GG), müsse man mit der anderen Hand wieder nehmen (§ 42 AO), sodass die Lösung des BFH eine deutlich präzisere Vorgehensweise darstelle, die zu dem gleichen Ergebnis führe.

646 *Unger*, Politische Betätigung gemeinnütziger Körperschaften, S. 37 ff.; ähnlich *Hornung/Vielwerth*, DStR 2019, 1497 (1499).

Art. 9 Abs. 1 GG als Vereinigungsfreiheit zivilgesellschaftlicher politischer Vereinigungen, sodass sich eine Projizierung der Grundsätze zu politischen Parteien aus diesem Grund ebenso verbiete.[647]

(b) Gebotene Einschränkung der politischen Tätigkeit gemeinnütziger Körperschaften

Demgegenüber wird die Auffassung vertreten, dass das Attac-Urteil lediglich eine Bestätigung der bisherigen Rechtsprechung zu den Grenzen politischer Aktivitäten gemeinnütziger Einrichtungen darstelle.[648] Überraschend sei nicht die Entscheidung des Gerichts, dass sich der politische Aktionsradius von Volksbildung fördernden Körperschaften innerhalb bildungspolitischer Fragen bewege. Dies stehe immerhin im Einklang damit, dass sich Umweltorganisationen auf umweltpolitische[649] und Kulturvereine auf kulturpolitische Fragen beschränken müssen[650]. Verwunderlich sei vielmehr das Selbstverständnis dieser Körperschaft, vermeintlich über ein allgemeinpolitisches Mandat zu verfügen.[651] Richtigerweise indiziere die vom BFH geforderte „geistige Offenheit" die sachorientierte und neutrale Auswahl der Bildungsinhalte, sodass auch tatsächlich der Bildungscharakter und nicht die Beeinflussung der öffentlichen Meinung in eine politische Richtung im Vordergrund stehe.[652] Triebfeder der Interpretation des BFH sei außerdem die Verfassung. Das Prinzip der Chancengleichheit erfordere, dass die Grundsätze

---

647 *Unger*, Politische Betätigung gemeinnütziger Körperschaften, S. 42 ff.; ein Konflikt zwischen Gemeinnützigkeitsrecht und Parteienfinanzierung sei nicht zu befürchten, *Hornung/Vielwerth*, DStR 2019, 1497 (1499).

648 Dem BFH ebenfalls in sämtlichen Punkten zustimmend *Engel*, ZStV 2019, 130 (133 f.); *Hüttemann*, DB 2019, 744 (747) Bezug nehmend auf BFH v. 29.08.1984 – I R 203/81, BStBl II 1984, 844 = BFHE 142, 51; *Schütz*, npoR 2021, 137 (138); *Weitemeyer*, npoR 2019, 97 (103 f.); *Zimmermann/Raddatz*, NJW 2020, 517 (521); a. A. *Diefenbach-Trommer*, ZStV 2021, 152 (156): Das Attac-Urteil werde von einem restriktiven Geist zu politischen Tätigkeiten durchweht.

649 Dazu BFH v. 20.03.2017 – X R 13/15, BStBl II 2017, 1110 = BFHE 257, 486.

650 Vgl. BFH v. 09.02.2011 – I R 19/10, BFH/NV 2011, 1113 (Rn. 11) = HFR 2011, 952.

651 Ähnlich *Engel*, ZStV 2019, 130 (134); *Hüttemann*, DB 2019, 744 (748); *Kraus*, in: Schauhoff/Kirchhain, Handbuch der Gemeinnützigkeit, § 6 Rn. 40a; *Weitemeyer*, npoR 2019, 97 (104).

652 *Hüttemann*, DB 2019, 744 (748); *Hüttemann*, in: Hüttemann, Gemeinnützigkeitsrecht und Spendenrecht, Rn. 3.70 f.; zustimmend *Weitemeyer*, npoR 2019, 97 (104); kritisch *Musil*, in: Hübschmann/Hepp/Spitaler, AO/FGO, § 52 AO Rn. 250 f.: Auch nach den Abgrenzungsbemühungen des BFH wird die Abgrenzungsproblematik [zwischen

zur Parteienfinanzierung nicht durch eine steuerliche Förderung im Rahmen des Gemeinnützigkeitsrechts umgangen würden.[653]

(3) Bewertung

(a) Zur Förderung des demokratischen Staatswesens

Das FG Hessen legt den Begriff der Förderung der politischen Bildung zu weit aus.[654] Problematisch ist insbesondere das Verständnis des demokratischen Staatswesens in § 52 Abs. 2 S. 1 Nr. 24 AO. In einem ersten Schritt setzt das Gericht den Begriff mit dem Demokratieprinzip gleich bzw. rekurriert auf die übrigen Verfassungsprinzipien des Grundgesetzes. Zu diesen Grundprinzipien gehören nach Art. 20 Abs. 1 und 2 GG das Demokratieprinzip, die Gewaltenteilung, der Rechtsstaat, das Sozialstaatsprinzip sowie die auf den Freiheits- und Gleichheitsrechten der Art. 2 ff. GG beruhende freiheitliche Grundordnung.[655] Da die politische Betätigung von Attac sich vor allem in zahlreichen steuerpolitischen Forderungen niederschlägt, wird die Steuergerechtigkeit als Komponente des Sozialstaatsprinzips bzw. die Besteuerung der wirtschaftlichen Leistungsfähigkeit, welche verfassungsrechtlich durch das Demokratieprinzip, die Freiheitsrechte, die Gleichheitsrechte und das Sozialstaatsprinzip gewährleistet wird,[656] als Begründung für die Gemeinnützigkeit der Tätigkeit herangezogen.[657] Die Aktionen unter dem Motto „Sparpaket/Finanztransaktionssteuer/Umverteilen", welche sich gegen Gesetzesvorschläge wandten, das politische Gegenprogramm „Verteilen statt kürzen", die (politischen) Forderungen nach einer Vermögensteuer, einer Reform der Erbschaftsteuer oder einem bedingungslosen Grundeinkommen,

---

zulässiger und unzulässiger politischer Betätigung] bestehen bleiben. Ähnliche Zweifel hegen *Zimmermann/Raddatz*, NJW 2020, 517 (521).

653 *Heuermann*, npoR 2020, 6 (7 f.); *Hüttemann*, in: Hüttemann, Gemeinnützigkeitsrecht und Spendenrecht, Rn. 3.65; *Schütz*, npoR 2021, 137 (138); *Weitemeyer*, npoR 2019, 97 (103); dies erkennen auch *Weitemeyer/Kamp*, ZRP 2015, 72 (75): Die Teleologie des Verbots der politischen Betätigung sei auf das Wesentliche zu beschränken, nämlich auf eine akute Gefahr der Unterwanderung von Vorgaben aus der Parteienfinanzierung. Eine solche Gefahr wurde im Fall Attac indes noch nicht erkannt; eine abschließende Beurteilung der tatsächlichen Geschäftsführung wäre zu diesem Zeitpunkt aber auch noch nicht möglich gewesen.

654 BFH v. 10.01.2019 – V R 60/17, BStBl II 2019, 301 (Rn. 31) = BFHE 263, 290.

655 FG Hessen v. 10.11.2016 – 4 K 179/16, DStRE 2017, 1128 (1133) = npoR 2017, 212.

656 BFH v. 09.05.2001 – XI B 151/00, BStBl II 2001, 552 (553) = BFHE 195, 314.

657 FG Hessen v. 10.11.2016 – 4 K 179/16, DStRE 2017, 1128 (1133 f.) = npoR 2017, 212.

welche unter dem Gesichtspunkt der Steuergerechtigkeit bzw. der Besteuerung der wirtschaftlichen Leistungsfähigkeit alle in dem Sozialstaatsprinzip wurzeln,[658] können auf diese Weise unter dem Deckmantel des demokratischen Staatswesens als gemeinnützig gerechtfertigt werden. Dieses offensichtlich ergebnisorientierte Verständnis verkennt, dass sich nahezu jedes politische Handeln den Grundprinzipien des Grundgesetzes zuordnen lässt und gemeinnützige Körperschaften damit tatsächlich über ein allgemeinpolitisches Mandat verfügen würden. Mit diesem politischen Freifahrtschein hätten sie ferner die Möglichkeit, zur Schaffung von Arbeitsplätzen, der Beschäftigungsförderung,[659] der Bekämpfung von Arbeitslosigkeit,[660] bildungspolitischen Fragen (unter dem Aspekt der Gewährleistung von Bildung)[661] oder sämtlichen politischen Fragestellungen, die mit der Schaffung von Wohnraum[662] oder im Hinblick auf die Krankenversicherung mit dem Gesundheitssektor zusammenhängen,[663] Stellung zu beziehen und politische Konzepte zu entwerfen – um nur einige Felder zu nennen, die allein das Sozialstaatsprinzip umfasst.[664]

(aa) Objektive und neutrale Würdigung der demokratischen Grundprinzipien

Richtigerweise erfasst die Förderung des demokratischen Staatswesens das Eintreten für demokratische Grundwerte.[665] Der Konturierung des Begriffs des

---

658 *Wallrabenstein*, in: Herdegen/Masing/Poscher/Gärditz, Handbuch des Verfassungsrechts, II. § 7 Rn. 25.

659 BVerfG v. 06.06.2018 – 1 BvL 7/14, 1 BvR 1375/14, BVerfGE 149, 126 (Rn. 48) = NJW 2018, 2542.

660 BVerfG v. 11.07.2006 – 1 BvL 4/00, BVerfGE 116, 202 (223) = NJW 2007, 51; *Jarass*, in: Jarass/Pieroth, GG, Art. 20 Rn. 156; *Wittreck*, in: Dreier, GG, Art. 20 (Sozialstaat) Rn. 43.

661 Darunter fällt insbesondere die Ausbildungsförderung des Bundes, vgl. *Wallrabenstein*, in: Herdegen/Masing/Poscher/Gärditz, Handbuch des Verfassungsrechts, II. § 7 Rn. 29 f.; ferner *Kotzur*, in: von Münch/Kunig, GG, Art. 20 Rn. 86; *Rux*, in: BeckOK-GG, Art. 20 Rn. 212.

662 *Wallrabenstein*, in: Herdegen/Masing/Poscher/Gärditz, Handbuch des Verfassungsrechts, II. § 7 Rn. 31; *Wittreck*, in: Dreier, GG, Art. 20 (Sozialstaat) Rn. 43.

663 *Jarass*, in: Jarass/Pieroth, GG, Art. 20 Rn. 157; *Kotzur*, in: von Münch/Kunig, GG, Art. 20 Rn. 84; *Wallrabenstein*, in: Herdegen/Masing/Poscher/Gärditz, Handbuch des Verfassungsrechts, II. § 7 Rn. 19 ff.

664 Vgl. *Jarass*, in: Jarass/Pieroth, GG, Art. 20 Rn. 162 f.

665 BFH v. 23.09.1999 – XI R 63/98, BStBl II 2000, 200 (202) = BFHE 190, 338; *Heuermann*, npoR 2020, 6 (7); *Hüttemann*, in: Hüttemann, Gemeinnützigkeitsrecht und

demokratischen Staatswesens dienen also die Grundprinzipien der Verfassung wie die Gleichheit der Wahl oder das Rechtsstaatsgebot[666] – aber auch das Sozialstaatsprinzip.[667] Problematisch ist weniger die Füllung des Begriffs mit den Grundprinzipien der Verfassung als vielmehr die Politisierung dieser Verfassungsprinzipien. Dieses im Falle des Attac-Trägervereins vor allem im Rahmen des Sozialstaatsprinzips auftretende Phänomen („Sozialstaatsprinzip in unterschiedlichen Lesarten")[668] lässt sich anhand sämtlicher Komponenten des demokratischen Staatswesens darstellen. Zur Exemplifizierung einer solchen Politisierung von Grundprinzipien der Verfassung soll im Folgenden der Grundsatz der Gleichheit der Wahl dienen. Eine gemeinnützige Körperschaft kann sich in allgemeiner Form mit der Gleichheit der Wahl als Ausfluss aus dem Demokratieprinzip[669] auseinandersetzen.[670] Dabei kommt es auf eine objektive und neutrale Würdigung dieses speziellen Gleichheitssatzes[671] an.[672]

Spendenrecht, Rn. 3.166; *Hüttemann*, DB 2019, 744 (749); *Musil*, in: Hübschmann/Hepp/Spitaler, AO/FGO, § 52 AO Rn. 248; *Seer*, in: Tipke/Kruse, AO/FGO, § 52 AO Rn. 53; a. A. *Leisner-Egensperger*, NJW 2019, 964 (966): Eine normative Aufladung mit Verfassungsprinzipien des Grundgesetzes verbiete sich.

666 *Heuermann*, npoR 2020, 6 (7); *Hüttemann*, DB 2019, 744 (749); *Musil*, in: Hübschmann/Hepp/Spitaler, AO/FGO, § 52 AO Rn. 248; *Seer*, in: Tipke/Kruse, AO/FGO, § 52 AO Rn. 53.

667 Dieses fundamentale Verfassungsprinzip aus Art. 20 Abs. 1 GG ist schließlich über Art. 79 Abs. 3 GG sogar von der Ewigkeitsklausel erfasst, BVerfG v. 23.04.1991 – 1 BvR 1170/90, 1 BvR 1174/90, 1 BvR 1175/90, BVerfGE 84, 90 (121) = NJW 1991, 1597; *Kotzur*, in: von Münch/Kunig, GG, Art. 20 Rn. 78; *Voßkuhle/Wischmeyer*, JuS 2015, 693 (693); *Wittreck*, in: Dreier, GG, Art. 20 (Sozialstaat) Rn. 24.

668 Zutr. *Leisner-Egensperger*, NJW 2019, 964 (966).

669 Die Grundsätze für die Durchführung der Wahlen zum Bundestag (Art. 38 Abs. 1 S. 1 GG) konkretisieren das Demokratieprinzip, vgl. *Rux*, in: BeckOK-GG, Art. 20 Rn. 70; dabei kommt dem Grundsatz der Gleichheit der Wahl im Rahmen des Demokratieprinzips eine besondere Bedeutung zu, da er – zusammen mit dem Grundsatz der Allgemeinheit der Wahl – die Egalität der Staatsbürger sicherstellt, *Klein/Schwarz*, in: Dürig/Herzog/Scholz, GG, Art. 38 Rn. 126; *Leisner*, in: Stern/Sodan/Möstl, Staatsrecht, § 31 Rn. 25; ferner BVerfG v. 23.01.1957 – 2 BvE 2/56, BVerfGE 6, 84 (91) = NJW 1957, 377; *Müller/Drossel*, in: von Mangoldt/Klein/Starck, GG, Art. 38 Rn. 79.

670 *Heuermann*, npoR 2020, 6 (7); *Hüttemann*, DB 2019, 744 (749).

671 BVerfG v. 16.07.1998 – 2 BvR 1953/95, BVerfGE 99, 1 (8 ff.) = NJW 1999, 43; *Morlok*, in: Dreier, GG, Art. 38 Rn. 99; *Müller/Drossel*, in: von Mangoldt/Klein/Starck, GG, Art. 38 Rn. 79.

672 BFH v. 23.09.1999 – XI R 63/98, BStBl II 2000, 200 (202) = BFHE 190, 338; *Buchna/Leichinger/Seeger/Brox*, Gemeinnützigkeit im Steuerrecht, § 52 AO Rn. 52, 70.

Die Gleichheit der Wahl erfordert, dass die Stimme jedes Wahlberechtigten den gleichen Zählwert („one man, one vote") und die gleiche rechtliche Erfolgschance haben muss.[673] Dabei muss sich die gemeinnützige Körperschaft aber nicht auf (rechts-)theoretische Ausführungen beschränken, vielmehr kann das Eintreten für die Grundwerte der Verfassung auch anhand tagespolitischer Themen erfolgen: „Befasst sich eine Körperschaft umfassend mit den demokratischen Grundprinzipien und würdigt sie diese objektiv und neutral, kann sie daher auch insoweit an tagespolitische Ereignisse anknüpfen".[674]

Im Rahmen der Gleichheit der Wahl lässt sich die politisch stark umstrittene Wahlrechtsreform anführen.[675] Eine Beschäftigung in allgemeiner Form ist anzunehmen, wenn die populären Wahlsysteme der Mehrheitswahl und der Verhältniswahl sowie deren Kombinationen, insbesondere die deutsche personalisierte Verhältniswahl, erläutert werden und/oder untersucht wird, ob und aus welchen Gründen die Systeme grundsätzlich verfassungskonform sind.[676] Dabei dient auch die kritische Auseinandersetzung mit den einzelnen Wahlsystemen der Förderung des demokratischen Staatswesens. So eignet sich der durch die personalisierte Verhältniswahl[677] zustande gekommene 20. Deutsche Bundestag (Bundestagswahl 2021), um auf die durch Überhang- und

---

[673] BVerfG v. 10.04.1997 – 2 BvF 1/95, BVerfGE 95, 335 (353) = NJW 1997, 1553; BVerfG v. 03.07.2008 – 2 BvC 1/07, 2 BvC 7/07, BVerfGE 121, 266 (295) = NVwZ 2008, 991; *Jarass*, in: Jarass/Pieroth, GG, Art. 38 Rn. 13; *Leisner*, in: Stern/Sodan/Möstl, Staatsrecht, § 31 Rn. 27; *Morlok*, in: Dreier, GG, Art. 38 Rn. 102; *Rux*, in: BeckOK-GG, Art. 20 Rn. 72 f.; *Waldhoff*, in: Herdegen/Masing/Poscher/Gärditz, Handbuch des Verfassungsrechts, § 10 Rn. 84.

[674] Diese Ausführungen erfolgen genau genommen im Rahmen der von der Volksbildung (§ 52 Abs. 2 S. 1 Nr. 7 AO) erfassten politischen Bildung. Die Bezugnahme auf die Förderung des demokratischen Staatswesens (§ 52 Abs. 2 S. 1 Nr. 24 AO) zeigt jedoch, dass eine trennscharfe Abgrenzung zwischen den beiden Zwecken nicht möglich ist, vgl. BFH v. 10.01.2019 – V R 60/17, BStBl II 2019, 301 (Rn. 24) = BFHE 263, 290.

[675] Dazu *Austermann*, NVwZ 2023, 625; *Grzeszick*, NVwZ 2023, 286; *Hettlage*, NJOZ 2023, 608; *Ipsen*, NVwZ 2023, 218.

[676] So auch BVerfG v. 25.07.2012 – 2 BvF 3/11, 2 BvR 2670/11, 2 BvE 9/11, BVerfGE 131, 316 (335 f.) = NVwZ 2012, 1101; *Leisner*, in: Stern/Sodan/Möstl, Staatsrecht, § 31 Rn. 26; *Waldhoff*, in: Herdegen/Masing/Poscher/Gärditz, Handbuch des Verfassungsrechts, § 10 Rn. 69.

[677] Die Abgeordneten (598) werden dabei zur Hälfte nach den Grundsätzen der Mehrheitswahl gewählt und die übrigen werden nach Landeswahlvorschlägen (Landeslisten) gewählt; ausführlich dazu *Leisner*, in: Stern/Sodan/Möstl, Staatsrecht, § 31 Rn. 61 ff.; *Roth*, NJW 1994, 3269 (3270).

Ausgleichsmandate[678] erschreckend große Zahl von 736 Abgeordneten aufmerksam zu machen.[679] Die in § 1 Abs. 1 S. 1 BWahlG vorgesehene Größe von 598 Mandaten wird damit um 138 Mandate (23 %) überschritten.[680] Im Hinblick auf einen weiteren Anstieg ist insbesondere auf die Gefahren für die Funktionsfähigkeit des Bundestages einzugehen.[681]

Beim Mehrheitswahlsystem wird derjenige Bewerber gewählt, der die relative oder absolute (über 50 %) respektive eine qualifizierte (Zweidrittel, Dreiviertel) Stimmmehrheit erlangt. Dieses kann vor allem unter dem Aspekt untersucht werden, dass diejenigen Stimmen, die in einem Wahlkreis für einen unterlegenen Kandidaten abgegeben wurden, gar nicht zur Geltung kommen.[682] Es kann in diesem System also keinen gleichen Erfolgswert für alle Stimmen geben, da nur Stimmen zum Erfolg führen, die für den siegreichen Kandidaten abgegeben wurden, sodass sich die Gleichheit der Wahl auf den Zählwert der Stimmen beschränken muss.[683] Stellte die Mandatsverschaffungsmacht den Kern des Stimmrechts dar, ließe sich daraus eine verfassungsrechtlich bedenkliche Abschwächung des Erfolgswerts folgern.[684]

---

678 Dazu *Morlok*, in: Dreier, GG, Art. 38 Rn. 118 f.; *Waldhoff*, in: Herdegen/Masing/Poscher/Gärditz, Handbuch des Verfassungsrechts, § 10 Rn. 87; drastisch zu Überhangmandaten *Hettlage*, ZRP 2012, 87.

679 Die Sitzverteilung des 20. Deutschen Bundestags ist abrufbar unter https://www.bundestag.de/parlament/plenum/sitzverteilung_20wp (zuletzt abgerufen am 20.08.2024). Im Vergleich zu den Parlamenten von Ländern wie den USA, Brasilien oder Japan, deren Einwohnerzahlen deutlich größer als die der Bundesrepublik sind, wird zu Recht von einer internationalen Rekordgröße gesprochen, *Schönberger*, NVwZ 2023, 785 (786).

680 *Ipsen*, NVwZ 2023, 218 (218).

681 Die Arbeitsfähigkeit des Bundestags habe bereits in der 19. Wahlperiode (709 Abgeordnete) gelitten, vgl. *Austermann*, ZRP 2021, 226 (227); *Schönberger*, NVwZ 2023, 785 (786).

682 *Leisner*, in: Stern/Sodan/Möstl, Staatsrecht, § 31 Rn. 40; *Morlok*, in: Dreier, GG, Art. 38 Rn. 102.

683 BVerfG v. 05.04.1952 – 2 BvH 1/52, BVerfGE 1, 208 (244) = BeckRS 1952, 191; *Klein/Schwarz*, in: Dürig/Herzog/Scholz, GG, Art. 38 Rn. 132; der Zählwert jeder Stimme muss gleich sein, ihr Erfolgswert kann differieren, vgl. *Leisner*, in: Stern/Sodan/Möstl, Staatsrecht, § 31 Rn. 27.

684 So *Morlok*, in: Dreier, GG, Art. 38 Rn. 102; zur Kritik *Klein/Schwarz*, in: Dürig/Herzog/Scholz, GG, Art. 38 Rn. 132.

Eine objektive und neutrale Würdigung ist selbst dann noch gegeben, wenn im Wege einer Vergleichsrechnung aufgezeigt wird, welchen Einfluss die Wahl des jeweiligen Systems auf die Sitzverteilung hätte. Das Grundgesetz schreibt nämlich kein konkretes Wahlsystem vor; der Gesetzgeber hat es nach Art. 38 Abs. 3 GG auszugestalten.[685] Für die Bundestagswahl 2017 ergeben sich Mandatsdivergenzen von bis zu 21 %: 27 % der Abgeordneten aus der Union beim damals geltenden Wahlrecht (personalisierte Verhältniswahl) gegenüber 48 % bei Anwendung eines reinen Mehrheitswahlrechts.[686] Eine Darstellung dieser Auswirkungen des Wahlsystems auf die politischen Machtverhältnisse ist keineswegs zu politisch, sondern dient einem tieferen Verständnis für den Grundsatz der Gleichheit der Wahl[687] und damit letztlich der „Schaffung und Förderung politischer Wahrnehmungsfähigkeit und politischen Verantwortungsbewusstseins"[688]. Selbst besonders pointierte Darstellungen wie beispielsweise die Frage, ob es mit dem Demokratieprinzip vereinbar sein könne, wenn eine Partei, die ein Drittel der Wähler für sich gewinnen konnte, fast 80 % aller Parlamentssitze erhielte, können dabei noch ein geeignetes Mittel sein.[689] Das Eintreten für demokratische Grundwerte wie die Gleichheit der Wahl manifestiert sich in diesem Fall insbesondere in der Sensibilisierung für das jeweilige Verfassungsprinzip, sodass es sich um politische Bildung handelt. Diese liegt nämlich vor, wenn bei der Förderung des demokratischen Staatswesens auch die Verfolgung von Bildungszwecken hinzutritt (§ 52 Abs. 2 S. 1 Nr. 7 i. V. m. § 52 Abs. 2 S. 1 Nr. 24 AO).[690]

---

[685] BVerfG v. 03.07.2008 – 2 BvC 1/07, 2 BvC 7/07, BVerfGE 121, 266 (296) = NVwZ 2008, 991; *Grzeszick*, NVwZ 2023, 286 (287); *Butzer*, in: BeckOK-GG, Art. 38 Rn. 57a; *Jarass*, in: Jarass/Pieroth, GG, Art. 38 Rn. 7 f.; *Leisner*, in: Stern/Sodan/Möstl, Staatsrecht, § 31 Rn. 60; *Morlok*, in: Dreier, GG, Art. 38 Rn. 106.

[686] Anschaulich *Schönberger*, NVwZ 2023, 785 (785).

[687] *Kluckert*, NVwZ 2020, 1217 (1220); *Morlok*, in: Dreier, GG, Art. 38 Rn. 102.

[688] BFH v. 10.01.2019 – V R 60/17, BStBl II 2019, 301 (Rn. 24) = BFHE 263, 290.

[689] *Kluckert*, NVwZ 2020, 1217 (1220). Wahrlich kommt es dann im Einzelfall aber darauf an, dass ansonsten keine Ähnlichkeit zu den im Folgenden (bb) dargestellten Ausführungen besteht. Die pointierte, einseitige Zweckverfolgung ist wahrlich nur im Rahmen anderer Zwecke – wie etwa der Förderung des Umweltschutzes – zulässig, vgl. BFH v. 20.03.2017 – X R 13/15, BStBl II 2017, 1110 (Rn. 76) = BFHE 257, 486; *Kraus*, in: Schauhoff/Kirchhain, Handbuch der Gemeinnützigkeit, § 6 Rn. 40a. Jedoch ist nicht jede pointierte Darstellung auch zwingend eine einseitige.

[690] BFH v. 23.09.1999 – XI R 63/98, BStBl II 2000, 200 (202) = BFHE 190, 338; BFH v. 10.01.2019 – V R 60/17, BStBl II 2019, 301 (Rn. 24) = BFHE 263, 290; *Hüttemann*,

(bb) Keine Politisierung der Verfassungsprinzipien

Gemeinnützigkeitsrechtlich problematisch wird das Eintreten für die Grundprinzipien der Verfassung erst dann, wenn dies nicht mehr objektiv und neutral erfolgt. Eine objektive und neutrale Würdigung liegt vor, wenn sich die Körperschaft in allgemeiner Form mit den jeweiligen Grundwerten auseinandersetzt. Diese Auseinandersetzung in allgemeiner Form beschränkt sich zwar nicht auf abstrakte Ausführungen, jedoch stellen diese häufig die Basis für eine objektive Würdigung dar. Wenn die Einordnung des jeweiligen Anliegens, also welches Verfassungsprinzip überhaupt Gegenstand der Kritik oder des Workshops ist, von vornherein gänzlich unterbleibt und stattdessen unmittelbar politische Themenfelder aufgegriffen werden, ist dies bereits ein Indiz für eine Politisierung der Tätigkeit.

Erschöpft sich die Darstellung zur Gleichheit der Wahl in einer einseitigen Glorifizierung eines bestimmten Wahlsystems und wird aufgezeigt, welche Vorteile daraus für eine bestimmte Partei bei der Sitzverteilung erwachsen, nimmt die Auseinandersetzung eine besondere Form an, welche ihren objektiven Charakter ablegt. Dabei kommt es natürlich nicht auf die politische Richtung an. Gemeinnützigkeitsschädlich wäre zum Beispiel ein Szenario, in dem eine Körperschaft das 2021 geltende Wahlrecht unter dem Hinweis „bewirbt", dass die Linke nur auf diese Weise, nämlich bei einem Erhalt der Grundmandatsklausel, weiterhin in den Bundestag einziehen könnte.[691] Die „Richtigkeit" dieses Systems wird dann durch eine verfassungsrechtliche Rechtfertigung der Grundmandatsklausel unterstrichen: Eine Partei, die drei Wahlkreise gewinnt, ohne dabei in ihrem Gesamtergebnis die Sperrklausel zu überwinden, muss besondere Anliegen aufgegriffen haben, welche die Repräsentanz im Parlament rechtfertigen („Integration des Staatsvolkes").[692] Diese Partei ist als politisch bedeutsam anzusehen.[693] Kritik

in: Hüttemann, Gemeinnützigkeitsrecht und Spendenrecht, Rn. 3.167. Das aktiv werbende Eintreten vollzieht sich vor allem durch politische Bildung, vgl. *Musil*, in: Hübschmann/Hepp/Spitaler, AO/FGO, § 52 AO Rn. 248.

691 *Austermann*, ZRP 2021, 226 (226).

692 BVerfG v. 10.04.1997 – 2 BvC 3/96, BVerfGE 95, 408 (422 f.) = NJW 1997, 1568; *Leisner*, in: Stern/Sodan/Möstl, Staatsrecht, § 31 Rn. 30; *Müller/Drossel*, in: von Mangoldt/Klein/Starck, GG, Art. 38 Rn. 91.

693 BVerfG v. 05.04.1952 – 2 BvH 1/52, BVerfGE 1, 208 (254, 258 f.) = BeckRS 1952, 191; BVerfG v. 11.08.1954 – 2 BvK 2/54, BVerfGE 4, 31 (40 f.) = NJW 1954, 1601.

an der Grundmandatsklausel im Hinblick auf die Gleichheit der Wahl wird dagegen nicht dargestellt. Gemeint ist damit die unterschiedliche Erfolgskraft für Zweitstimmen von Parteien, die unterhalb der Sperrklausel liegen.[694] Flankiert wird diese Lobrede auf das personalisierte Verhältniswahlrecht unter Geltung der Grundmandatsklausel dann von verfassungsrechtlichen Bedenken zu den anderen Systemen, unter deren Geltung die Linke den Einzug ins Parlament nicht vollziehen würde.

Das gleiche Ergebnis zieht ein Szenario nach sich, in dem sich eine Körperschaft ausschließlich mit den Vorteilen des Grabensystems beschäftigt und dabei vor allem den Nutzen für die CDU betont.[695] Die verfassungsrechtliche Kritik an der doppelten Sitzzuteilungsrelevanz bestimmter Wähler (Gleichheit der Wahl) wird nicht gewürdigt,[696] vielmehr geschieht dies nur im Hinblick auf die übrigen Wahlsysteme, welche sich zulasten der CDU auf die Sitzverteilung auswirken. In beiden Fällen verblasst das demokratische Wesen des Staates als gemeinnützigkeitsrechtlich zulässiger Gegenstand der Diskussion durch die Politisierung gänzlich. Es handelt sich nicht mehr um ein aktiv werbendes Eintreten für die Grundprinzipien des GG, sondern um aktive Parteienförderung.

(cc) Zulässige Aktionsformate zur Förderung des demokratischen Staatswesens

Abschließend ist hinsichtlich der zulässigen Aktionsformate im Rahmen der Förderung des demokratischen Staatswesens auf den Zweck der

---

694 Von der Verfassungswidrigkeit überzeugt *Morlok*, in: Dreier, GG, Art. 38 Rn. 116; ebenso *Roth*, NJW 1994, 3269 (3270 f.); kritisch auch *Austermann*, ZRP 2021, 226 (226); *Magiera*, in: Sachs, GG, Art. 38 Rn. 99; *Müller/Drossel*, in: von Mangoldt/Klein/Starck, GG, Art. 38 Rn. 91; vor einer Manipulation durch das sogenannte Huckepack-Verfahren, welches es einer größeren Partei erlaubt, durch die Überlassung von drei Direktmandaten an eine kleinere Partei zu Zwecken der Mehrheitsgewinnung die Wirkung der Grundmandatsklausel selbst herbeizuführen, warnend *Wahl*, NJW 1990, 2585 (2591 f.). Das BVerfG weist in einem ersten Schritt auf diesen Umstand hin, rechtfertigt die unterschiedliche Erfolgskraft dann aber in einem zweiten Schritt, vgl. BVerfG v. 10.04.1997 – 2 BvC 3/96, BVerfGE 95, 408 (420 ff.) = NJW 1997, 1568; *Klein/Schwarz*, in: Dürig/Herzog/Scholz, GG, Art. 38 Rn. 145; *Lenz*, NJW 1997, 1534 (1535).

695 *Austermann*, ZRP 2021, 226 (228); *Kluckert*, NVwZ 2020, 1217 (1218).

696 *Kluckert*, NVwZ 2020, 1217 (1222); weniger problematisch ist dies freilich, wenn man es als ausreichend erachtet, dass „die Gleichheit der Wahl im jeweiligen Teilwahlsystem gewahrt wird", vgl. BVerfG v. 10.04.1997 – 2 BvF 1/95, BVerfGE 95, 335 (354) = NJW 1997, 1553.

Volksbildung zu rekurrieren. Das Eintreten für die Grundprinzipien der Verfassung kann sich vor allem in der Informationsverbreitung in gedruckter Form sowie auf der eigenen Internetseite vollziehen.[697] Für die Untersuchung der verschiedenen Wahlsysteme können Textdokumente in unterschiedlicher wissenschaftlicher Tiefe erstellt und auf der Homepage hochgeladen werden.[698] Angesichts der Komplexität der Materie kann es hilfreich sein, (unterstützend) eine audiovisuelle Darstellung („Erklärvideos") zu verwenden. In Ausnahmefällen kann sich die Wahl bestimmter Darstellungsformen, die grundsätzlich förderlich sind, aus Missbrauchsgründen als problematisch darstellen. Sollte der Grundsatz der Gleichheit der Wahl durch bewusst (zu) komplex ausgestaltete Erläuterungen gar nicht verstanden werden (können), kann dies ein Indiz dafür sein, dass die Körperschaft das Verfassungsprinzip lediglich als Einfallstor für die Verbreitung politischer Botschaften nutzen wollte. Dies wäre der Fall, wenn sich einerseits unscheinbar ein Dokument zum Download auf der Homepage befindet, welches 200 Seiten lehrbuchartige Ausführungen zur Gleichheit der Wahl enthält. Andererseits werden Aussagen der Körperschaft darüber, welches das für bestimmte Parteien optimale Wahlmodell ist, visuell hervorgehoben. Der mit dieser Vorgehensweise verbundene AGB-Effekt würde dazu führen, dass relevante Informationen gar nicht erst gelesen werden (sollen), sondern sofort der „JETZT KAUFEN!"-Knopf angeklickt werden soll. Die konkrete Ausgestaltung des Handlungsformats kann also im Einzelfall einen Rückschluss auf die objektive Würdigung der demokratischen Grundwerte liefern. Im Rahmen der politischen Bildung ist auch die Veranstaltung von Seminaren, Workshops, Vorträgen oder persönlichen Gesprächen denkbar.[699] Die Organisation von bzw. Teilnahme an Demonstrationen ist dagegen mit Vorsicht zu genießen, denn dieser Handlungsform ist das einseitige Eintreten für ein bestimmtes Thema häufig immanent. Sollte sich das Aktionsformat realiter jedoch nicht auf die

---

697 Zutr. hinsichtlich der politischen Bildung *Hüttemann*, DB 2019, 744 (748); insgesamt zu den zulässigen Aktionsformaten im Rahmen der Bildungsförderung *Buchna/Leichinger/Seeger/Brox*, Gemeinnützigkeit im Steuerrecht, § 52 AO Rn. 51: Es komme bei den verschiedenen Aktionen darauf an, dass diese „im Gesamtzusammenhang und mit der Zielrichtung zu dem gemeinnützigen Zweck stehen und in ein umfassendes Informationsangebot eingebettet sind".

698 *Kraus*, in: Schauhoff/Kirchhain, Handbuch der Gemeinnützigkeit, § 6 Rn. 40a.

699 *Hüttemann*, DB 2019, 744 (748); *Kraus*, in: Schauhoff/Kirchhain, Handbuch der Gemeinnützigkeit, § 6 Rn. 40a.

objektive Würdigung der demokratischen Grundwerte auswirken, kann der erste Anschein einer bezweckten Beeinflussung erschüttert werden. Genauso wie es einer Körperschaft, die sich dem Umweltschutz verschrieben hat, nicht per se verboten werden kann, an Demonstrationen gegen die Errichtung einer Anlage für die Wiederaufarbeitung und Endlagerung von radioaktiven Abfällen teilzunehmen,[700] kann einer Körperschaft, die das demokratische Staatswesen fördert, die Teilnahme an Demonstrationen zugunsten der Wahlrechtsgleichheit nicht von vornherein untersagt werden.

(b) Gemeinnützigkeitsschädlichkeit politischer Betätigung

Ein zu weites Verständnis der Förderung des demokratischen Staatswesens (§ 52 Abs. 2 S. 1 Nr. 24 AO) hätte also zur Folge, dass sich gemeinnützige Körperschaften allgemeinpolitisch betätigen könnten. Es stellt sich anschließend die Frage, ob eine allgemeinpolitische Betätigung überhaupt schädlich ist, solange sie nicht parteipolitischer Natur ist.[701] Denn gemeinnützige Körperschaften haben keinen parlamentarischen Vertretungsanspruch, sodass sie nicht mit politischen Parteien konkurrieren.[702] Das Recht des Bürgers auf gleiche Teilhabe an der politischen Willensbildung und die Chancengleichheit der Parteien wären bei einer solchen nichtparteipolitischen Betätigung möglicherweise gar nicht tangiert.[703] Dies setzt allerdings voraus, dass politische Körperschaften tatsächlich ohne Machtstreben handeln. Machtgeleitet handelt aber, wer den Zustand der Welt nach eigenen Absichten verändern möchte. Macht heißt, dass Handeln auf Handeln einwirkt.[704] Damit agieren Körperschaften, die Einfluss auf die politische Willensbildung und die öffentliche Meinung nehmen („politisch mobilisieren“), machtgeleitet – auch ohne eine parlamentarische Vertretung zu beanspruchen.[705] Dies erkennt auch der BFH und konstatiert deshalb richti-

[700] BFH v. 29.08.1984 – I R 203/81, BStBl II 1984, 844 = BFHE 142, 51; *Hüttemann*, in: Hüttemann, Gemeinnützigkeitsrecht und Spendenrecht, Rn. 3.70.

[701] Dem BFH wird teilweise vorgeworfen, er habe den Begriff des „Politischen“ missverstanden; diesen Vorwurf jedoch entkräftend *Hüttemann*, DB 2019, 744 (747).

[702] *Unger*, Politische Betätigung gemeinnütziger Körperschaften, S. 37 ff.; ähnlich *Hornung/Vielwerth*, DStR 2019, 1497 (1499).

[703] *Unger*, Politische Betätigung gemeinnütziger Körperschaften, S. 37 ff.; im Ergebnis auch *Hornung/Vielwerth*, DStR 2019, 1497 (1499).

[704] Zutr. *Heuermann*, npoR 2020, 6 (9).

[705] *Heuermann*, npoR 2020, 6 (9); *Hüttemann*, DB 2019, 744 (749).

gerweise, dass ein Rückschluss vom Verbot parteipolitischer Betätigung auf die Zulässigkeit sonstiger politischer Betätigungen rechtsfehlerhaft ist.[706] Das Parteiengesetz ist zwar – mangels deren Teilnahme an Wahlen – nicht auf zivilgesellschaftliche politische Körperschaften anwendbar (§ 2 Abs. 1 S. 1 PartG). Daraus folgt jedoch nicht, dass die steuerliche Trennung von politischen und gemeinnützigen Zwecken auch an dem Parteienbegriff des § 2 Abs. 1 S. 1 PartG verläuft. Realiter erfasst das Recht des Bürgers auf gleiche Teilhabe am Prozess der politischen Willensbildung auch politische Körperschaften, die die öffentliche Meinung zugunsten bestimmter Parteien beeinflussen.[707] Der Rückschluss auf die Erlaubnis allgemeinpolitischer Betätigungen hätte also zur Folge, dass die strengen, verfassungsrechtlich gebotenen Abzugsgrenzen für Parteispenden unterlaufen würden, sodass politische Zwecke insgesamt von der Gemeinnützigkeit ausgeschlossen sind.[708]

Die Grenze verläuft somit nicht am Parteienbegriff, also zwischen Parteien und anderen politischen Körperschaften ohne parlamentarischen Vertretungsanspruch, sondern liegt auf dem Gebiet der politisch tätigen Körperschaften. In diesem Zusammenhang ist auf die vom BFH geforderte – als aussagearm betitelte[709] – Voraussetzung der geistigen Offenheit einzugehen: „Politische Bildung vollzieht sich in geistiger Offenheit."[710] Die Bildung soll nicht förderbar sein, wenn sie eingesetzt wird, um die politische Willensbildung und die öffentliche Meinung im Sinne eigener Auffassungen zu beeinflussen.[711] Diese unzulässige Beeinflussung (machtgeleitetes Handeln) steht also im Widerspruch zu politischer Bildung in geistiger Offenheit. Damit verläuft die Grenze zwischen politischer Betätigung und der Förderung politischer Bildung an dem Merkmal der geistigen Offenheit.[712] Geistige Offenheit meint (in positiver Hinsicht), dass von der eigenen Grundüberzeugung

---

706 BFH v. 10.01.2019 – V R 60/17, BStBl II 2019, 301 (Rn. 31) = BFHE 263, 290; a. A. *Hornung/Vielwerth*, DStR 2019, 1497 (1499).

707 Zutr. *Heuermann*, npoR 2020, 6 (8); *Hüttemann*, DB 2019, 744 (747).

708 *Heuermann*, npoR 2020, 6 (8); *Hüttemann*, DB 2019, 744 (748).

709 *Leisner-Egensperger*, NJW 2019, 964 (965).

710 BFH v. 10.01.2019 – V R 60/17, BStBl II 2019, 301 (Rn. 23) = BFHE 263, 290.

711 BFH v. 10.01.2019 – V R 60/17, BStBl II 2019, 301 (Rn. 23) = BFHE 263, 290; *Heuermann*, npoR 2020, 6 (9); *Hüttemann*, DB 2019, 744 (746); *Kraus*, in: Schauhoff/Kirchhain, Handbuch der Gemeinnützigkeit, § 6 Rn. 40a.

712 Zutr. *Heuermann*, npoR 2020, 6 (9); *Kraus*, in: Schauhoff/Kirchhain, Handbuch der Gemeinnützigkeit, § 6 Rn. 40a.

abweichende Gegenargumente nicht vollständig ausgeblendet werden dürfen. Ein Mindestmaß an Ergebnisoffenheit ist im Rahmen der politischen Bildung zu wahren. Deshalb dient auch die kritische Beleuchtung eigener Argumente bzw. die Hinterfragung der eigenen Überzeugung der geistig offenen Auseinandersetzung mit politischen Themen.[713] Diese Kriterien weisen eine große Ähnlichkeit zu der zulässigen Förderung des demokratischen Staatswesens auf, was die Verflechtung der beiden Zwecke unterstreicht.[714]

Zusammenfassend: Das Merkmal der geistigen Offenheit grenzt die politische Bildungsarbeit von unzulässiger politischer Betätigung ab. Das Recht des Bürgers auf gleiche Teilhabe an der politischen Willensbildung sowie die Chancengleichheit der Parteien sind damit nicht erst bei parteipolitischem Tätigwerden, sondern bereits bei durch politische Eindimensionalität geprägten Tätigkeiten verletzt. Der Bildungscharakter geht in diesen Fällen verloren.

(c) Differenzierung zwischen politischer Bildung (§ 52 Abs. 2 S. 1 Nr. 7 i. V. m. § 52 Abs. 2 S. 1 Nr. 24 AO) und anderen gemeinnützigen Zwecken

Die definitorische Schärfung des Zwecks der Förderung des demokratischen Staatswesens (§ 52 Abs. 2 S. 1 Nr. 24 AO) sowie die Einordnung des Merkmals der geistigen Offenheit im Rahmen der politischen Bildung erfolgten angesichts der geäußerten Kritik in gebotener Tiefe. Weitaus weniger problematisch ist die vom BFH konsequent fortgeführte Unterscheidung von politischer Betätigung zur Verfolgung der in § 52 Abs. 2 AO ausdrücklich genannten Zwecke einerseits und der politischen Bildung in geistiger Offenheit andererseits.[715]

---

[713] *Hüttemann*, DB 2019, 744 (748 f.); *Kraus*, in: Schauhoff/Kirchhain, Handbuch der Gemeinnützigkeit, § 6 Rn. 40a. Damit besteht auch ein klarer Unterschied zu der Voraussetzung der parteipolitischen Neutralität, welche im Folgenden noch genauer beleuchtet wird, a. A. *Leisner-Egensperger*, NJW 2019, 964 (965).

[714] Dies vermag auch die kurzen Ausführungen des BFH zu § 52 Abs. 2 S. 1 Nr. 24 AO zu erklären, welcher den Fokus eindeutig auf die Beleuchtung der politischen Bildung legt, vgl. BFH v. 10.01.2019 – V R 60/17, BStBl II 2019, 301 (Rn. 34) = BFHE 263, 290. Kritisch dazu *Leisner-Egensperger*, NJW 2019, 964 (966); wohl auch *Eversloh*, BB 2019, 533.

[715] BFH v. 10.01.2019 – V R 60/17, BStBl II 2019, 301 (Rn. 20) = BFHE 263, 290; zuvor bereits BFH v. 29.08.1984 – I R 203/81, BStBl II 1984, 844 (847) = BFHE 142, 51; BFH v. 23.11.1988 – I R 11/88, BStBl II 1989, 391 (392) = BFHE 155, 461; anschaulich zur Rechtsprechung des BFH *Hüttemann*, DB 2015, 821 (822 ff.); *Hüttemann*, in: Hüttemann,

(aa) Politische Betätigung zur Förderung eines Katalogzwecks

Bei Ersterer ist es gemeinnützigkeitsrechtlich unschädlich, wenn eine nach § 52 Abs. 2 AO begünstigte Tätigkeit „im Einzelfall zwangsläufig mit einer gewissen politischen Zielsetzung verbunden ist".[716] Die politische Betätigung muss dabei stets ein Mittel zur Verwirklichung des satzungsmäßigen Zwecks darstellen und darf nicht zum Selbstzweck werden.[717] Der BFH hat im BUND-Urteil[718] auf Grundlage früherer Judikate eine „Grundsystematik für die Prüfung" solcher dem satzungsmäßigen Zweck dienenden politischen Betätigungen entwickelt.[719] Erstens ist das Betreiben oder Unterstützen von Parteipolitik immer gemeinnützigkeitsschädlich.[720] Diese Voraussetzung dient der strikten Trennung der steuerrechtlichen Förderung gemeinnütziger Zwecke einerseits und der Förderung politischer Parteien anderseits.[721] Direkte Werbung für oder gegen bestimmte Parteien ist vor diesem Hintergrund akribisch zu unterlassen.[722]

Gemeinnützigkeitsrecht und Spendenrecht, Rn. 3.67; *Kraus*, in: Schauhoff/Kirchhain, Handbuch der Gemeinnützigkeit, § 6 Rn. 40 f.; *Schütz*, npoR 2021, 137 (138 f.).

[716] BFH v. 29.08.1984 – I R 203/81, BStBl II 1984, 844 (847) = BFHE 142, 51; *Buchna/Leichinger/Seeger/Brox*, Gemeinnützigkeit im Steuerrecht, 11. Aufl., § 52 AO Rn. 2.2.7.

[717] *Hüttemann*, DB 2015, 821 (822); *Hüttemann*, in: Hüttemann, Gemeinnützigkeitsrecht und Spendenrecht, Rn. 3.68; *Kraus*, in: Schauhoff/Kirchhain, Handbuch der Gemeinnützigkeit, § 6 Rn. 40a.

[718] BFH v. 20.03.2017 – X R 13/15, BStBl II 2017, 1110 = BFHE 257, 486.

[719] BFH v. 20.03.2017 – X R 13/15, BStBl II 2017, 1110 (Rn. 90 ff.) = BFHE 257, 486; *Diefenbach-Trommer*, ZStV 2021, 152 (154 Fn. 16): „Abgrenzungsschema"; *Hüttemann*, in: Hüttemann, Gemeinnützigkeitsrecht und Spendenrecht, Rn. 3.69.

[720] BFH v. 20.03.2017 – X R 13/15, BStBl II 2017, 1110 (Rn. 91) = BFHE 257, 486 unter Bezugnahme auf BFH v. 14.03.1990 – I B 79/89, BFH/NV 1991, 485 = BeckRS 1990, 5967 sowie BFH v. 23.09.1999 – XI R 63/98, BStBl II 2000, 200 (202) = BFHE 190, 338; *Diefenbach-Trommer*, ZStV 2021, 152 (153); *Hornung/Vielwerth*, DStR 2019, 1497 (1499); *Hüttemann*, in: Hüttemann, Gemeinnützigkeitsrecht und Spendenrecht, Rn. 3.69; *Weitemeyer*, npoR 2019, 97 (104); *Winheller/Vielwerth*, DStR 2017, 2588 (2588).

[721] BFH v. 20.03.2017 – X R 13/15, BStBl II 2017, 1110 (Rn. 91) = BFHE 257, 486; *Hornung/Vielwerth*, DStR 2019, 1497 (1499); *Winheller/Vielwerth*, DStR 2017, 2588 (2588 f.).

[722] Ähnlich *Hüttemann*, DB 2015, 821 (829); *Winheller/Vielwerth*, DStR 2017, 2588 (2589). Dieses Merkmal ist nicht trennscharf von der zweiten Voraussetzung – parteipolitische Neutralität – zu unterscheiden, vgl. *Unger*, Politische Betätigung gemeinnütziger Körperschaften, S. 18, der das erste Merkmal schlicht zur Konkretisierung des zweiten Prüfungspunktes heranzieht; *Schütz*, npoR 2021, 137 (140).

Zweitens müssen politische Äußerungen stets vom Satzungszweck der Körperschaft gedeckt sein und dabei parteipolitisch neutral bleiben.[723] Der BFH nimmt im BUND-Urteil hinsichtlich der Deckung durch den Satzungszweck eine weite Auslegung der Gemeinwohlzwecke Umwelt- und Naturschutz vor.[724] Eingedenk des Umstands, dass die von der Körperschaft entfaltete Tätigkeit (lediglich) ein geeignetes Mittel zur Erreichung des in § 52 Abs. 2 AO genannten Zwecks darstellen muss und es nicht auf den tatsächlichen Erfolg oder die Vollendung der Förderung ankommt („darauf gerichtet ist"),[725] ist das Eintreten für die Rekommunalisierung der Energienetze vom Zweck des Umweltschutzes gedeckt.[726] Auch der Umstand, dass die Tätigkeit nur einen notwendigen Zwischenschritt für die tatsächliche Erreichung des Ziels durch die Stadt als neue Netzbetreiberin darstellt, steht dem nicht entgegen. Denn: Eine wirkungsvolle Förderung kann im Hinblick auf die Natur des Förderzwecks Umweltschutz nur durch die Allgemeinheit oder den Staat gelingen.[727] Diese „eher weite und die effektive Förderung des Schutzzwecks ermöglichende Auslegung", welche die Wertung des Art. 20a GG berücksichtigt, lässt sich natürlich nicht auf sämtliche Zwecke übertragen.[728] Hinsichtlich der parteipolitischen Neutralität ist zu konstatieren, dass

---

723 BFH v. 20.03.2017 – X R 13/15, BStBl II 2017, 1110 (Rn. 92) = BFHE 257, 486; BFH v. 10.01.2019 – V R 60/17, BStBl II 2019, 301 (Rn. 22) = BFHE 263, 290; *Hüttemann*, DB 2015, 821 (826 f.); *Hüttemann*, in: Hüttemann, Gemeinnützigkeitsrecht und Spendenrecht, Rn. 3.68 f.; *Schütz*, npoR 2021, 137 (139); *Weitemeyer*, npoR 2019, 97 (104); *Winheller/Vielwerth*, DStR 2017, 2588 (2589).

724 Dies sei schon deshalb geboten, weil der Verfassungsgeber den „Schutz der natürlichen Lebensgrundlagen" in Art. 20a GG durch eine eigene Staatszielbestimmung hervorgehoben habe, BFH v. 20.03.2017 – X R 13/15, BStBl II 2017, 1110 (Rn. 70) = BFHE 257, 486.

725 BFH v. 13.12.1978 – I R 39/78, BStBl II 1979, 482 (486) = BFHE 127, 330; *Buchna/Leichinger/Seeger/Brox*, Gemeinnützigkeit im Steuerrecht, § 52 AO Rn. 37; *Hüttemann*, in: Hüttemann, Gemeinnützigkeitsrecht und Spendenrecht, Rn. 3.30; *Musil*, in: Hübschmann/Hepp/Spitaler, AO/FGO, § 52 AO Rn. 40.

726 BFH v. 20.03.2017 – X R 13/15, BStBl II 2017, 1110 (Rn. 71 ff., 95) = BFHE 257, 486; zustimmend *Hüttemann*, in: Hüttemann, Gemeinnützigkeitsrecht und Spendenrecht, Rn. 3.71.

727 BFH v. 20.03.2017 – X R 13/15, BStBl II 2017, 1110 (Rn. 73) = BFHE 257, 486; *Unger*, Politische Betätigung gemeinnütziger Körperschaften, S. 12 f.

728 BFH v. 20.03.2017 – X R 13/15, BStBl II 2017, 1110 (Rn. 70) = BFHE 257, 486 bezüglich der Bedeutung des Schutzes der natürlichen Lebensgrundlagen Bezug nehmend auf BVerfG v. 06.12.2016 – 1 BvR 2821/11 u. a., BVerfGE 143, 246 = NJW 2017, 217; *Kraus*,

(einzelne) inhaltliche Überschneidungen mit dem Programm einer politischen Partei unschädlich sind, solange diese nicht in einer systematischen Unterstützung münden.[729] Diese ist wiederum zu bejahen, „wenn insgesamt eine Parteilinie gefördert wird".[730] Die Förderung einer Parteilinie wird man insbesondere bei Themen wie dem Umweltschutz, zu dem viele Parteien grundsätzlich identische Positionen vertreten, häufig verneinen müssen.[731]

Drittens darf die politische Einflussnahme die anderen von der Körperschaft entfalteten Tätigkeiten jedenfalls nicht „weit überwiegen".[732] Teilweise wird diese Einschränkung im Vergleich zu anderen Tätigkeiten, die lediglich geeignet sein müssen, den satzungsmäßigen Katalogzweck zu verwirklichen, als einfachrechtlich nicht nachvollziehbar kritisiert und mit einem Verhältnismäßigkeitsvorbehalt verglichen.[733] Sie ist jedoch zur präziseren Abgrenzung von politischen Parteien und gemeinnützigen Körperschaften

---

in: Schauhoff/Kirchhain, Handbuch der Gemeinnützigkeit, § 6 Rn. 40a; *Leisner-Egensperger*, NJW 2019, 964 (967).

729 Ähnlich bereits *Hüttemann*, DB 2015, 821 (827); *Kraus*, in: Schauhoff/Kirchhain, Handbuch der Gemeinnützigkeit, § 6 Rn. 40a; *Unger*, Politische Betätigung gemeinnütziger Körperschaften, S. 19 ff.; *Winheller/Vielwerth*, DStR 2017, 2588 (2589).

730 FG Hessen v. 10.11.2016 – 4 K 179/16, DStRE 2017, 1128 (1133) = npoR 2017, 212; *Unger*, Politische Betätigung gemeinnütziger Körperschaften, S. 20; *Weitemeyer/Kamp*, DStR 2016, 2623 (2626).

731 So auch der BFH im Fall des BUND, vgl. BFH v. 20.03.2017 – X R 13/15, BStBl II 2017, 1110 (Rn. 94) = BFHE 257, 486; *Unger*, Politische Betätigung gemeinnütziger Körperschaften, S. 20; *Winheller/Vielwerth*, DStR 2017, 2588 (2589).

732 BFH v. 20.03.2017 – X R 13/15, BStBl II 2017, 1110 (Rn. 93) = BFHE 257, 486 Bezug nehmend auf BFH v. 29.08.1984 – I R 203/81, BStBl II 1984, 844 (850) = BFHE 142, 51: „Nur wenn sich aus dem Vereinszweck und aus der Geschäftsführung eine alleinige oder doch andere Zwecke weit überwiegende politische Zielsetzung und deren Verwirklichung ergeben, kann von einem politischen Verein i. S. des § 8 II KStG a. F. und des § 5 I Nr. 7 KStG 1977 auszugehen sein."; *Diefenbach-Trommer*, ZStV 2021, 152 (154); *Hüttemann*, in: Hüttemann, Gemeinnützigkeitsrecht und Spendenrecht, Rn. 3.68 f.; *Leisner-Egensperger*, NJW 2019, 964 (967); *Schütz*, npoR 2021, 137 (139 f.).

733 *Unger*, Politische Betätigung gemeinnütziger Körperschaften, S. 14 ff.: Indem der BFH in seinem Urteil vom 23.11.1988 – I R 11/88, BStBl II 1989, 391 (392) = BFHE 155, 461 die „Beschäftigung mit politischen Vorgängen" für unschädlich hielt, weil sie „im Rahmen dessen lag, was das Eintreten des Klägers für seine satzungsmäßigen Ziele und deren Verwirklichung erforderte und zuließ", rekurriere er letztlich auf den Grundsatz der Verhältnismäßigkeit. Das Mittel müsse nicht nur geeignet sein, den Zweck zu fördern, es müsse auch erforderlich und angemessen sein. Es dürfte also kein gleich geeignetes, geringes Mittel als die politische Betätigung zur Verfügung

geeignet und damit insbesondere aus verfassungsrechtlicher Sicht zu begrüßen.[734] Bei der Bestimmung, in welchen Fällen die politische Einflussnahme weit überwiegt, ist vor allem auf die Intensität und die Dauer des Handelns abzustellen.[735] Politische Betätigungen können dementsprechend vorübergehend den Schwerpunkt der Tätigkeit darstellen (hohe Intensität bei kurzer Dauer) oder nicht schwerpunktmäßig über einen längeren Zeitraum stattfinden (niedrige Intensität bei längerer Dauer). Ein weites Überwiegen der politischen Betätigung ist erst dann anzunehmen, wenn die Betätigung dauerhaft den Schwerpunkt der satzungsmäßigen Tätigkeit darstellt.[736]

(bb) Politische Betätigung als Förderung der politischen Bildung

Davon zu unterscheiden ist die dem Attac-Urteil zugrunde liegende Konstellation, bei der die politische Betätigung nicht als bloßes Instrument zur Förderung eines Katalogzwecks genutzt wird, sondern selbst den gemeinnützigen Zweck (politische Bildung) darstellen soll.[737] Eine schlichte Übertragung der Grundsätze aus dem BUND-Urteil scheitert daran, dass sich der Bereich der politischen Bildung auf sämtliche Politikbereiche erstreckt und der Körperschaft damit ein allgemeinpolitisches Mandat verschaffen würde. Es findet gerade keine thematische Begrenzung durch den

---

stehen und die damit einhergehenden Nachteile dürften nicht außer Verhältnis zu den Vorteilen stehen. Ebenfalls kritisch *Kirchhain/Unger*, DStR 2023, 1281 (1286).

734 Der Vorgehensweise der Rechtsprechung zustimmend *Hüttemann*, in: Hüttemann, Gemeinnützigkeitsrecht und Spendenrecht, Rn. 3.71; kritisch dagegen *Diefenbach-Trommer*, ZStV 2021, 152 (154); *Unger*, Politische Betätigung gemeinnütziger Körperschaften, S. 17 f.: Das Gebot der Unterordnung werde zwar aufgestellt, dann im BUND-Urteil allerdings nicht konkret geprüft.

735 So bereits *Hüttemann*, DB 2015, 821 (828); *Hüttemann*, in: Hüttemann, Gemeinnützigkeitsrecht und Spendenrecht, Rn. 3.72; ähnlich *Schütz*, npoR 2021, 137 (140).

736 Zutr. *Hüttemann*, DB 2015, 821 (829); *Schütz*, npoR 2021, 137 (140): Neben der politischen Betätigung müssen andere Tätigkeiten ausgeübt werden, sodass sich die Aktivitäten nicht nur in solchen politischer Natur erschöpfen; restriktiver insoweit der derzeit geltende AEAO zu § 52 Nr. 15 Abs. 2 S. 2, wonach die politische Betätigung weit in den Hintergrund treten muss. Einen Änderungsvorschlag, welcher der vom BFH aufgestellten Voraussetzung deutlich näher ist, liefert *Diefenbach-Trommer*, ZStV 2021, 152 (154 f.).

737 *Leisner-Egensperger*, NJW 2019, 964 (967); *Schütz*, npoR 2021, 137 (138 f.); *Unger*, Politische Betätigung gemeinnütziger Körperschaften, S. 26.

Katalogzweck – im BUND-Urteil: Umweltschutz – statt.[738] Um einer solch grenzenlosen politischen Betätigung durch gemeinnützige Körperschaften einen Riegel vorzuschieben, hat der BFH in der Attac-Entscheidung das Kriterium der bereits erörterten geistigen Offenheit eingeführt.[739]

Um den Unterschied zu verdeutlichen: Der BUND verfolgt unstreitig den gemeinnützigen Zweck des Umweltschutzes (§ 52 Abs. 2 S. 1 Nr. 8 AO). Fraglich ist allein, in welchem Umfang politische Betätigungen zur Verwirklichung dieses Zwecks zulässig sind.[740] Hypothetisch gesprochen: Ohne diese Betätigungen wäre die Gemeinnützigkeit der Körperschaft ohne Zweifel zu bejahen, da andere Aktivitäten – Betreuung naturnaher Flächen – den gemeinnützigen Zweck ebenso fördern.[741] Im Unterschied dazu ist beim Attac-Trägerverein unklar, ob der verfolgte Zweck überhaupt gemeinnützig ist, also ob es sich um politische Bildung oder um eine unzulässige politische Betätigung handelt.[742] Folglich hatte der BFH zunächst die Aufgabe, den gemeinnützigen Zweck der politischen Bildung zu präzisieren, und griff dafür richtigerweise auf das Kriterium der geistigen Offenheit zurück: Politische Bildung (das gemeinnützige Endziel) vollzieht sich in geistiger Offenheit. Eine gemeinnützige Körperschaft muss also von vornherein ergebnisoffen und selbstkritisch hinsichtlich der eigenen Ansichten sein. In Abgrenzung dazu darf sie nicht auf die Beeinflussung der politischen Willensbildung und der öffentlichen Meinung im Sinne eigener Auffassungen abzielen.[743] Aufgrund der Verknüpfung mit dem Zweck der Förderung des demokratischen Staatswesens (§ 52 Abs. 2 S. 1 Nr. 24 AO),[744] bei dem das Kriterium der geistigen Offenheit – ohne das Kind dort beim Namen genannt zu haben – bereits berücksichtigt wurde, kann hinsichtlich der zulässigen politischen

---

[738] BFH v. 10.01.2019 – V R 60/17, BStBl II 2019, 301 (Rn. 28) = BFHE 263, 290; *Leisner-Egensperger*, NJW 2019, 964 (967).

[739] BFH v. 10.01.2019 – V R 60/17, BStBl II 2019, 301 (Rn. 23) = BFHE 263, 290; zu diesem Kriterium bereits ausführlich unter 3. Kapitel D. III. 1. a) aa) (3) (b).

[740] Dazu s. BFH v. 20.03.2017 – X R 13/15, BStBl II 2017, 1110 = BFHE 257, 486.

[741] BFH v. 20.03.2017 – X R 13/15, BStBl II 2017, 1110 (Rn. 3) = BFHE 257, 486.

[742] „Wer politische Zwecke durch Einflussnahme auf politische Willensbildung und Gestaltung der öffentlichen Meinung verfolgt, erfüllt keinen gemeinnützigen Zweck i. S. von § 52 AO.“, BFH v. 10.01.2019 – V R 60/17, BStBl II 2019, 301 (Rn. 16) = BFHE 263, 290.

[743] BFH v. 10.01.2019 – V R 60/17, BStBl II 2019, 301 (Rn. 23) = BFHE 263, 290.

[744] BFH v. 10.01.2019 – V R 60/17, BStBl II 2019, 301 (Rn. 24) = BFHE 263, 290.

(Bildungs-)Inhalte sowie der Aktionsformate auf die dortigen Ausführungen verwiesen werden.[745] Wenn festgestellt wurde, dass das Ziel der Körperschaft gemeinnützig ist, muss sich die Körperschaft dann beim Anknüpfen an tagespolitische Ereignisse als Mittel zur Zweckverfolgung zudem parteipolitisch neutral verhalten.[746]

(d) Aus Art. 9 Abs. 1 GG folgt kein politischer Gestaltungsspielraum

Angesichts der anhängigen Verfassungsbeschwerde des Attac-Trägervereins[747] soll die Überlegung, dass Vereinigungen selbst bestimmen können, was sie unter politischer Bildung verstehen (Art. 9 Abs. 1 GG),[748] gewürdigt werden. Nach diesem von *Leisner-Egensperger* vorgeschlagenen Lösungsweg soll gemeinnützigen Körperschaften ein größerer politischer Handlungsspielraum zustehen, wenn dies ihrem eigenen Verständnis von politischer Bildung entspricht. Die Grenze bilde der steuerliche Gestaltungsmissbrauch (§ 42 AO), welcher seinerseits verfassungsrechtlich auszulegen sei.[749] Dieser Ansatz liefert jedoch keine vom Attac-Urteil abweichenden Ergebnisse. Selbst wenn man den politischen Handlungsradius unter Berufung auf Art. 9 Abs. 1 GG zunächst erweitert, müssen das Recht des Bürgers auf gleiche Teilhabe an der politischen Willensbildung sowie die Chancengleichheit politischer Parteien berücksichtigt werden. Bei der verfassungsrechtlich gebotenen Auslegung des § 42 AO würde der Handlungsspielraum der Körperschaften anschließend auf das vom BFH auf anderem Wege gewährte Maß verkleinert werden.[750]

Auch im Übrigen greifen die steuerlichen Regelungen zur Gemeinnützigkeit, konkret § 52 Abs. 2 S. 1 Nr. 7 i. V. m. § 52 Abs. 2 S. 1 Nr. 24 AO, nicht in den Schutzbereich der Vereinigungsfreiheit ein. Vielmehr kann die aus dem Gewährleistungsgehalt des Art. 9 Abs. 1 GG folgende freie soziale Gruppenbildung zu selbst definierten Zwecken eine Verletzung der §§ 51 ff. AO

---

745 3. Kapitel D. III. 1. a) aa) (3) (a) (cc).

746 BFH v. 10.01.2019 – V R 60/17, BStBl II 2019, 301 (Rn. 22) = BFHE 263, 290; kritisch *Leisner-Egensperger*, NJW 2019, 964 (965): Das Gericht lasse ungeklärt, wodurch sich „geistig offen“ von „parteipolitisch neutral“ unterscheide.

747 BVerfG – 1 BvR 697/21.

748 *Leisner-Egensperger*, NJW 2019, 964 (965).

749 *Leisner-Egensperger*, NJW 2019, 964 (965).

750 Zutr. *Heuermann*, npoR 2020, 6 (8).

darstellen. Das durch Art. 9 Abs. 1 GG legitimierte Ziel einer Vereinigung, auf die Meinungsbildung des Volkes Einfluss zu nehmen, kann gerade der Grund dafür sein, die Gemeinnützigkeit der Vereinigung zu versagen.[751] Sollte sich diese Einflussnahme nämlich außerhalb der Zwecke des § 52 Abs. 2 AO bewegen, handelt es sich um die Verletzung eines Gemeinnützigkeitsgrundsatzes.[752] Die Vereinsmitglieder haben somit zwar das Recht, ihren Verein im Rahmen der Satzungsautonomie frei zu gestalten;[753] daraus folgt aber kein Anspruch auf bestimmte steuerliche Privilegien wie die Steuerfreiheit oder die Möglichkeit des Spendenabzugs.[754]

(e) Zwischenergebnis

Der BFH unterscheidet richtigerweise zwischen politischen Betätigungen als Mittel zur Verfolgung eines inhaltlich begrenzten Katalogzwecks einerseits und der politischen Bildung andererseits. Zweitere grenzt er durch das Merkmal der geistigen Offenheit von einer unzulässigen Beeinflussung der politischen Willensbildung und öffentlichen Meinung ab. Somit folgt aus dem Verbot parteipolitischen Tätigwerdens keineswegs die Zulässigkeit einer allgemeinpolitischen Betätigung durch gemeinnützige Körperschaften. Die zulässigen Inhalte der politischen Bildung kann die Körperschaft auch nicht unter Berufung auf Art. 9 Abs. 1 GG selbst definieren, vielmehr ergeben sich diese aus der Förderung des demokratischen Staatswesens. Inhaltlich darf zwar auf tagespolitische Themen Bezug genommen werden, es darf jedoch keine Politisierung stattfinden.

---

751 Der selbst definierte Zweck der Gruppe ist thematisch nicht beschränkt, vgl. BVerfG v. 12.07.2017 – 1 BvR 2222/12, 1 BvR 1106/13, BVerfGE 146, 164 (Rn. 78) = NJW 2017, 2744; *Höfling*, in: Sachs, GG, Art. 9 Rn. 15; *Jarass*, in: Jarass/Pieroth, GG, Art. 9 Rn. 1; *Winkler*, in: von Münch/Kunig, GG, Art. 9 Rn. 29.

752 BFH v. 10.12.2020 – V R 14/20, BStBl II 2021, 739 (Rn. 32) = BFHE 271, 53.

753 Dazu ausführlich *Barczak*, in: Dreier, GG, Art. 9 Rn. 45 ff.; *Jarass*, in: Jarass/Pieroth, GG, Art. 9 Rn. 6 ff.

754 BFH v. 17.05.2017 – V R 52/15, BStBl II 2018, 218 (Rn. 30) = BFHE 258, 124; BFH v. 07.02.2018 – V B 119/17, BFH/NV 2018, 544 (Rn. 13) = npoR 2018, 118; *Heuermann*, DStR 2017, 1749 (1754); *Heuermann*, npoR 2020, 6 (8); *Hüttemann*, in: Hüttemann, Gemeinnützigkeitsrecht und Spendenrecht, Rn. 3.65. Originäre Ansprüche auf staatliche Leistungen lassen sich aus Art. 9 Abs. 1 GG nämlich gerade nicht herleiten, vgl. *Barczak*, in: Dreier, GG, Art. 9 Rn. 68; *Höfling*, in: Sachs, GG, Art. 9 Rn. 30.

(4) Die Einordnung des Verstoßes

Diese unterschiedliche Beurteilung wirkt sich auf die Beantwortung der Frage, ob ein Verstoß durch die tatsächliche Geschäftsführung bei der Verfolgung des satzungsmäßigen gemeinnützigen Zwecks vorliegt, aus. Legt man das Verständnis des FG Hessen zugrunde, fördert die Körperschaft mit ihren zahlreichen Aktionen, Seminaren und sonstigen Handlungen ausschließlich die politische Bildung. Ein Verstoß gegen § 52 Abs. 2 S. 1 Nr. 7 AO i. V. m. § 52 Abs. 2 S. 1 Nr. 24 AO sowie § 56 AO läge somit nicht vor.

Die Entscheidung des BFH geht richtigerweise in eine andere Richtung. Hiernach stellen zahlreiche Aktivitäten des Attac-Trägervereins eine unzulässige politische Betätigung dar. Im Falle der Zurechnung würde somit ein Verstoß der tatsächlichen Geschäftsführung gegen §§ 52 Abs. 2, 56 AO vorliegen. § 52 Abs. 2 AO stellt einen Grundsatz des Gemeinnützigkeitsrechts dar, indem die Norm statuiert, welche Tätigkeit gemeinnützig ist. Gleiches gilt für den Grundsatz der Ausschließlichkeit (§ 56 AO), wonach nur dieser gemeinnützige Zweck verfolgt werden darf. Der erste Prüfungspunkt bei der Feststellung eines erheblichen Verstoßes ist damit erfüllt. In einem weiteren Schritt ist zu prüfen, ob die tatsächliche Geschäftsführung insgesamt gegen diesen Gemeinnützigkeitsgrundsatz verstößt, denn in diesem Fall würde es sich sogar um einen schwerwiegenden Verstoß handeln. Dafür sind zunächst alle der Körperschaft zuzurechnenden Handlungen zu ermitteln. Sollten alle Handlungen in einem Zusammenhang stehen und würde die Gesamtschau ergeben, dass die gesamte Geschäftsführung gegen §§ 52 Abs. 2, 56 AO verstößt, wäre der schwerwiegende Charakter zu bejahen.

(a) Zurechnung zur tatsächlichen Geschäftsführung im Falle des Attac-Trägervereins

Die Besonderheit im Fall Attac ist, dass der BFH nicht feststellen konnte, ob dem Attac-Trägerverein sämtliche politische Aktionen des Attac Netzwerks zugerechnet werden können. Aus diesem Grund bedurfte es einer genauen Ermittlung dessen, was als tatsächliche Geschäftsführung anzusehen ist. Hierfür lässt sich das bereits herausgearbeitete Zurechnungsmodell für die Geschäftsführung einer gemeinnützigen Körperschaft heranziehen. Die Handlungen von sonstigen für die Körperschaft tätigen Personen sind der Körperschaft zuzurechnen, wenn es sich entweder um Personen in maßgeblicher Position oder Hilfspersonen der Körperschaft handelt.[755]

---

[755] 3. Kapitel C. II.

(aa) Arbeits- und Regionalgruppenleiter

Zunächst sind die Arbeits- und Regionalgruppenleiter näher zu beleuchten. Dabei könnte es sich um Personen handeln, die in maßgeblicher Stellung für den Verein tätig sind. Voraussetzung dafür wäre, dass ein wirksamer qualifizierter Auftrag i. S. v. § 662 BGB zwischen den Gruppenleitern und der Körperschaft geschlossen wurde. Von dem Abschluss eines solchen Auftragsvertrags ist aus mehreren Gründen auszugehen: Die Maßnahmen wurden in den Geschäftsberichten des Rates aufgeführt. Da diese regelmäßig von der Finanzverwaltung zum Nachweis der tatsächlichen Geschäftsführung angefordert werden (§ 63 Abs. 2 AO), ist es naheliegend, dass dort nur Tätigkeiten aufgeführt werden, welche von der Körperschaft veranlasst worden sind. Für eine Beauftragung spricht ferner, dass der Attac-Trägerverein die Zurechnung der verschiedenen Unternehmungen, die durch die Arbeits- und Regionalgruppenleiter organisiert wurden, nie in Abrede gestellt hat.[756] Ganz im Gegenteil: Da „[...] der Vorstand des Vereins für alle Aktivitäten im Verein, also auch für die der Regionalgruppen, verantwortlich" ist,[757] sieht sich die Körperschaft bzw. ihr Leitungsorgan selbst in der Verantwortung für die Unternehmungen der verschiedenen Gruppen.[758]

Fraglich ist allerdings, ob die finanzielle Beteiligung des Attac-Trägervereins gegen den Abschluss eines Auftrags spricht, da Wesensmerkmal dieses Vertragstyps gerade die Unentgeltlichkeit ist.[759] Jedoch hat das Gericht gerade nicht festgestellt, dass die Körperschaft die handelnden Personen des Netzwerks vergütet hat, sondern vielmehr, dass sich die Körperschaft finanziell an den einzelnen Aktionen beteiligt hat.[760] Das Zurverfügungstellen von finanziellen Mitteln ist dem Auftragsrecht keineswegs fremd. Die Wertung des § 670 BGB zeigt, dass derjenige die Kosten für die Ausführung eines Geschäfts tragen soll, in dessen Interesse das Geschäft vorgenommen wird.[761] Dabei ist es auch unerheblich, wenn die finanziellen Mittel von

---

[756] FG Hessen v. 26.02.2020 – 4 K 179/16, EFG 2020, 1365 (Rn. 63) = BeckRS 2020, 19498.

[757] https://www.attac.de/fileadmin/user_upload/Gruppen/Handreichung-Mittelverwendung-RegGruppen_08-03-2018.pdf (zuletzt abgerufen am 20.08.2024).

[758] *Hornung/Vielwerth*, DStR 2019, 1497 (1501).

[759] *Berger*, in: Erman, BGB, § 662 Rn. 14; *Grüneberg*, in: Grüneberg, BGB, § 662 Rn. 8; *M. Otto*, in: jurisPK-BGB, § 662 Rn. 24.

[760] FG Hessen v. 26.02.2020 – 4 K 179/16, EFG 2020, 1365 (Rn. 63) = BeckRS 2020, 19498.

[761] *Berger*, in: Erman, BGB, § 670 Rn. 1; *Grüneberg*, in: Grüneberg, BGB, § 670 Rn. 1; *Martinek/Omlor*, in: Staudinger, BGB, § 670 Rn. 1; *M. Otto*, in: jurisPK-BGB, § 670 Rn. 1; *Schwab*, in: NK-BGB, § 670 Rn. 1.

der Körperschaft bereits vor der Ausführung des Auftrags zur Verfügung gestellt werden; § 669 BGB statuiert ausdrücklich einen vorweggenommenen Aufwendungsersatzanspruch.[762] Denkbar ist aber auch, dass die beauftragten Personen etwaige finanzielle Mittel zunächst selbst aufgewendet haben und dann im Wege des Aufwendungsersatzes (§ 670 BGB) von der Körperschaft erstattet bekommen haben. Solange es sich nicht um eine Tätigkeitsvergütung handelt, steht die finanzielle Beteiligung einer Körperschaft der Annahme einer Beauftragung somit nicht im Wege. Nach eigenen Angaben stellt der Verein den Regionalgruppen finanzielle Mittel zur Verfügung, die etwa für Infostände, Publikationen, Kopien, Raummieten oder Demos verwendet werden können.[763] Folglich handelt es sich nicht um Tätigkeitsvergütungen. Aufgrund der qualifizierten Beauftragung der Arbeits- und Regionalgruppenleiter sind die von ihnen organisierten Maßnahmen der Geschäftsführung zuzurechnen. Darüber hinaus finden auf diese Personen die Grundsätze zur Anscheins- und Duldungsvollmacht Anwendung.

(bb) Die Mitglieder

Darüber hinaus könnten auch die Handlungen zahlreicher Mitglieder der tatsächlichen Geschäftsführung der Körperschaft zuzurechnen sein. Dafür müssten zunächst die Voraussetzungen des § 57 Abs. 1 S. 2 AO vorliegen. Die rechtliche oder tatsächliche Beziehung ergibt sich bereits aus der zwischen dem Verein und der Person bestehenden Mitgliedschaft.[764] Da die Körperschaft (Attac-Trägerverein) im Nachhinein ausdrücklich betonte, dass sie die Kampagnen sowohl finanziell als auch inhaltlich zu verantworten habe,[765] ist die willentliche Einschaltung der Mitglieder zur Erfüllung der dem Verein obliegenden steuerrechtlichen „Verbindlichkeit“ zu bejahen,[766]

---

762 *Berger*, in: Erman, BGB, § 669 Rn. 1; *Grüneberg*, in: Grüneberg, BGB, § 669 Rn. 1; *Martinek/Omlor*, in: Staudinger, BGB, § 669 Rn. 1; *Schwab*, in: NK-BGB, § 669 Rn. 1.

763 https://www.attac.de/fileadmin/user_upload/Gruppen/Handreichung-Mittelverwendung-RegGruppen_08-03-2018.pdf (zuletzt abgerufen am 20.08.2024).

764 *Hakert*, in: Winheller/Geibel/Jachmann-Michel, Gesamtes Gemeinnützigkeitsrecht, § 57 AO Rn. 33 ff.; *Seer*, in: Tipke/Kruse, AO/FGO, § 57 AO Rn. 4; näher zur Mitgliedschaft *Westermann*, in: Erman, BGB, § 38 Rn. 1 ff.

765 FG Hessen v. 26.02.2020 – 4 K 179/16, EFG 2020, 1365 (Rn. 63) = BeckRS 2020, 19498.

766 *Hüttemann*, in: Hüttemann, Gemeinnützigkeitsrecht und Spendenrecht, Rn. 4.52; *Unger*, in: Gosch, AO/FGO, § 57 AO Rn. 20.

sodass es sich um Hilfspersonen i. S. d. § 57 Abs. 1 S. 2 AO handelt. Außerdem müsste ein konkreter Auftrag der Körperschaft vorliegen, da es sich um gemeinnützigkeitsschädliche Aktivitäten handelt. Zwar hat sich die Körperschaft auf der von ihr unterhaltenen und finanzierten Internetseite mit einem Appell zum Sparpaket auch an die Mitglieder gewendet.[767] Jedoch stellt dies keineswegs einen Weisungsabhängigkeit begründenden Auftragsvertrag dar. Zudem ist die Struktur des Attac Vereins als Mitmachnetzwerk zu berücksichtigen. Die Aktivitäten der Regional- und Arbeitsgruppen bewegen sich zwar innerhalb der ideologischen Ausrichtung von Attac, sind darüber hinaus aber nicht durch Weisungen gekennzeichnet.[768] Die Tätigkeiten sämtlicher an den Aktionen beteiligter Mitglieder könnte man der tatsächlichen Geschäftsführung also nur zurechnen, wenn diese gemeinnützigkeitsfördernd wären.

(b) Die Qualität des Verstoßes

Der tatsächlichen Geschäftsführung des Attac-Trägervereins sind somit zahlreiche politische Betätigungen wie etwa die Kampagne gegen das Sparpaket als aktuelles Gesetzesvorhaben der Bundesregierung, das Programm „verteilen statt kürzen“, die Kampagne „H stoppen“, die Themenschwerpunkte „Steuerflucht bekämpfen“ und „kein Freibrief für Steuerbürger“, das Plädoyer „30-Stunden-Woche für alle“ und die Kampagne „Demokratie statt Stuttgart 21“, die Forderungen „bedingungsloses Grundeinkommen und feministische Ökonomie“ und die Demonstration „Leerstand zu Wohnraum“ zuzurechnen.[769] Der BFH konstatierte in seinem Urteil, dass es Attac „insbesondere“ bei diesen

---

767 FG Hessen v. 26.02.2020 – 4 K 179/16, EFG 2020, 1365 (Rn. 60) = BeckRS 2020, 19498, nachdem die Relevanz der Internetseite des Vereins bei der Zurückverweisung durch den BFH betont wurde, BFH v. 10.01.2019 – V R 60/17, BStBl II 2019, 301 (Rn. 36) = BFHE 263, 290.

768 https://www.attac.de/fileadmin/user_upload/Gruppen/Handreichung-Mittelverwendung-RegGruppen_08-03-2018.pdf (zuletzt abgerufen am 20.08.2024); im Ergebnis ebenso *Hornung/Vielwerth*, DStR 2019, 1497 (1501), die allerdings bereits die Hilfspersoneneigenschaft der Mitglieder mangels Weisungsabhängigkeit verneinen.

769 FG Hessen v. 26.02.2020 – 4 K 179/16, EFG 2020, 1365 (Rn. 62 f.) = BeckRS 2020, 19498 auf Grundlage der in BFH v. 10.01.2019 – V R 60/17, BStBl II 2019, 301 (Rn. 35) = BFHE 263, 290 ausgesprochenen Zurückverweisung; an das Urteil des FG Hessen im zweiten Rechtsgang anknüpfend BFH v. 10.12.2020 – V R 14/20, BStBl II 2021, 739 (Rn. 35 f.) = BFHE 271, 53.

Vorhaben um die Einflussnahme auf die politische Willensbildung und auf die öffentliche Meinung ging.[770] Dies könnte einerseits bedeuten, dass es sich um eine nicht abschließende Aufzählung von Tätigkeiten handeln sollte, die § 52 Abs. 2 AO zuwiderlaufen. „Insbesondere" würde in diesem Fall verdeutlichen, mit welchen Aktionen sich die tatsächliche Geschäftsführung in erheblicher Weise über die zulässige politische Bildung hinweggesetzt hat. Daraus würde zwar folgen, dass weitere Handlungen der tatsächlichen Geschäftsführung gegen diesen Grundsatz verstoßen haben. Jedoch hieße dies nicht zwingend, dass die gesamte Geschäftsführung auf die Verletzung gerichtet war. Andererseits könnte die Verwendung des Wortes „insbesondere" schlicht einleitend für eine umfangreiche exemplarische Aufzählung verwendet worden sein. Dies liegt angesichts der Bandbreite an aufgeführten Tätigkeiten nahe. Der BFH war nämlich bemüht, sämtliche gemeinnützigkeitsschädliche Handlungen aufzuführen. Im Umkehrschluss hat die Geschäftsführung von Attac dann aber auch Tätigkeiten ausgeführt, die die satzungsmäßigen gemeinnützigen Zwecke fördern. Zu nennen sind insbesondere die Beteiligung an Aktivitäten der Anti-Atom-Bewegung, die Auseinandersetzung mit Zielen der Atomwirtschaft, Aktivitäten zu Klimaschutz und globaler Klimagerechtigkeit, die Kampagne zu Geschäftspraktiken von Banken und Aufklärung über einen Wechsel der Hausbank („Krötenwanderung") sowie der bundesweite Aktionstag zu Banken.[771]

Die Gesamtbetrachtung ergibt somit, dass zahlreiche Verstöße gegen §§ 52 Abs. 2, 56 AO begangen worden sind, aber die tatsächliche Geschäftsführung nicht insgesamt gegen §§ 52 Abs. 2, 56 AO verstoßen hat. Damit handelt es sich nicht um einen schwerwiegenden, sondern um einen erheblichen Verstoß. Die Ausführungen des BFH im Folgebeschluss, wonach unter Beachtung des Grundsatzes der Verhältnismäßigkeit keine Bedenken gegen die Versagung der Gemeinnützigkeit bestehen,[772] bekräftigen dieses Ergebnis im Hinblick darauf, dass es sich auch nicht um einen geringfügigen Verstoß handelt. Denn in diesem Fall hätte jedenfalls erwogen werden müssen, ob die Aberkennung die gebotene Rechtsfolge darstellt.[773]

---

[770] BFH v. 10.01.2019 – V R 60/17, BStBl II 2019, 301 (Rn. 32) = BFHE 263, 290.

[771] FG Hessen v. 10.11.2016 – 4 K 179/16, DStRE 2017, 1128 (1129) = npoR 2017, 212.

[772] BFH v. 10.12.2020 – V R 14/20, BStBl II 2021, 739 (Rn. 37) = BFHE 271, 53.

[773] Bott, in: Schauhoff/Kirchhain, Handbuch der Gemeinnützigkeit, § 10 Rn. 100; *Hüttemann*, in: Hüttemann, Gemeinnützigkeitsrecht und Spendenrecht, Rn. 4.231; *Seer*, in: Tipke/Kruse, AO/FGO, § 63 AO Rn. 12.

Abschließend ist noch zu klären, ob es sich um strukturelle Verstöße handelt. Dies wäre der Fall, wenn der Attac-Trägerverein dauerhaft gegen §§ 52 Abs. 2, 56 AO verstößt. In den Streitjahren wurden die zahlreichen Verstöße verteilt über mehrere Veranlagungszeiträume begangen und nicht bloß einmalig. Der Verstoß der tatsächlichen Geschäftsführung gegen §§ 52 Abs. 2, 56 AO hat somit dauerhaft stattgefunden und ist damit struktureller Natur. Es liegt allerdings kein unbehebbarer Verstoß vor, da die Geschäftsführung die politischen Aktivitäten schlicht unterlassen könnte. Folglich liegt ein erheblicher Verstoß struktureller Natur vor, welcher jedoch behebbar ist.

(c) Zur Rechtsfolge

Der BFH hat die Gemeinnützigkeit des Attac-Trägervereins infolge der politischen Betätigungen zwar zunächst nicht aberkannt. Dies ist jedoch auf den Umstand zurückzuführen, dass das FG Hessen keine ausreichenden Feststellungen zur Zurechnung getroffen hatte.[774] In seiner Folgeentscheidung hat der BFH die Gemeinnützigkeit von Attac dann aber letzten Endes aberkannt.[775] Dies geschah ausdrücklich unter Berücksichtigung des Grundsatzes der Verhältnismäßigkeit, auch wenn eine genauere Auseinandersetzung mit der Schwere der Verstöße unterblieben ist.[776] Dieser oberflächlichen Abhandlung des Verhältnismäßigkeitsprinzips lässt sich jedoch entnehmen, dass die Rechtsfolge bei erheblichen Verstößen struktureller Art richtigerweise ebenfalls in der Versagung der Gemeinnützigkeit liegt.[777] Zunächst stellt dies ohnehin den gesetzlichen Ausgangspunkt dar. Darüber hinaus ist die Qualität der Verletzung der Gemeinnützigkeitsvorschriften nach wie vor hoch: Die Geschäftsführung ist zwar nicht mehr auf den Verstoß gegen einen Grundsatz gerichtet, allerdings ist sie auch nicht auf die gebotene Verwirklichung des Zwecks gerichtet

---

[774] BFH v. 10.01.2019 – V R 60/17, BStBl II 2019, 301 (Rn. 36) = BFHE 263, 290.

[775] BFH v. 10.12.2020 – V R 14/20, BStBl II 2021, 739 (Rn. 11) = BFHE 271, 53.

[776] BFH v. 10.12.2020 – V R 14/20, BStBl II 2021, 739 (Rn. 37) = BFHE 271, 53; *Becker*, DStR 2010, 953 (954 f.): Im Einzelfall sei zu prüfen, ob die Aberkennung der Steuerbegünstigung dem Grundsatz der Verhältnismäßigkeit entspreche.

[777] *Hüttemann*, in: Hüttemann, Gemeinnützigkeitsrecht und Spendenrecht, Rn. 4.231 ff.; ebenso *Seer*, in: Tipke/Kruse, AO/FGO, § 63 AO Rn. 12: Bei der Bandbreite von leichten, gewichtigen bis hin zu grundlegenden Verstößen sei die Steuervergünstigung (nur) bei kleineren Verstößen nicht zu versagen.

(§ 63 Abs. 1 AO). Die Förderung der Allgemeinheit findet nicht mehr respektive nicht mehr auf die vom Gesetzgeber vorgegebene Art und Weise statt,[778] sodass eine Versagung der Gemeinnützigkeit für den jeweiligen Besteuerungszeitraum interessengemäß ist.[779] Die Gewährung der Steuerbefreiung ist letzten Endes der Förderung der Allgemeinheit geschuldet, durch die der Staat von seiner eigenen Gemeinwohlverpflichtung entlastet wird.[780] Schließlich spricht auch der strukturelle Charakter der Verstöße für die Aberkennung der Gemeinnützigkeit. Die Qualität und die Quantität sind zwar zunächst getrennt voneinander zu betrachten, um einen vorschnellen Rückschluss von der Häufigkeit auf die Schwere zu verhindern. Bei der Bestimmung der Rechtsfolge müssen jedoch zwingend beide Kriterien Berücksichtigung finden.

BB) BESCHLUSS DES BFH V. 18.08.2021 – V B 25/21 (ADV) – CORONA-BESCHLUSS

(1) **Sachverhalt**

In das Feld politischer Betätigungen reiht sich der Beschluss des BFH vom 18.08.2021 ein.[781] Eine Körperschaft verfolgte nach ihrer Satzung die gemeinnützigen Zwecke der Förderung des öffentlichen Gesundheitswesens und der öffentlichen Gesundheitspflege (§ 52 Abs. 2 S. 1 Nr. 3 AO) sowie die allgemeine Förderung des demokratischen Staatswesens (§ 52 Abs. 2 S. 1 Nr. 24 AO).[782] Tatsächlich wurden Dokumente auf der Internetseite hochgeladen, in denen die Effektivität von Masken zum Virenschutz bezweifelt und auf gesundheitsschädliche Nebenwirkungen beim Tragen von Masken und Verwenden von Desinfektionsmittel hingewiesen wurde.[783] Zudem wurden die Bundesregierung und die Landesregierungen aufgefordert, die Maßnahmen zur Bekämpfung der Corona-Pandemie aufzuheben. Daneben verlangte die Körperschaft für den Fall der Weiterführung der Maßnahmen die Einsetzung

---

[778] Das Gemeinnützigkeitsrecht stellt nämlich keinen reinen steuerlichen Subventionstatbestand dar, vielmehr unterliegen die gemeinnützigen Körperschaften erheblichen Einschränkungen, *Hüttemann*, in: Hüttemann, Gemeinnützigkeitsrecht und Spendenrecht, Rn. 1.9.

[779] *Bott*, in: Schauhoff/Kirchhain, Handbuch der Gemeinnützigkeit, § 10 Rn. 100; *Seer*, in: Tipke/Kruse, AO/FGO, § 63 AO Rn. 12.

[780] *Hüttemann*, in: Hüttemann, Gemeinnützigkeitsrecht und Spendenrecht, Rn. 1.80; *Isensee*, FS Dürig, 33 (61).

[781] BFH v. 18.08.2021 – V B 25/21 (AdV), BStBl II 2021, 931 = BFH/NV 2021, 1533.

[782] BFH v. 18.08.2021 – V B 25/21 (AdV), BStBl II 2021, 931 (Rn. 3) = BFH/NV 2021, 1533.

[783] BFH v. 18.08.2021 – V B 25/21 (AdV), BStBl II 2021, 931 (Rn. 4) = BFH/NV 2021, 1533.

eines Untersuchungsausschusses und zitierte in diesem Zusammenhang Art. 20 Abs. 4 GG, wonach „[g]egen jeden, der es unternimmt, diese Ordnung zu beseitigen, (…) alle Deutschen das Recht zum Widerstand [haben], wenn andere Abhilfe nicht möglich ist“.[784] Der Vorsitzende wandte sich darüber hinaus in Videos auf der Internetseite gegen die Maßnahmen zur Eindämmung der Corona-Pandemie.[785] Dies führte dazu, dass das Finanzamt die Gemeinnützigkeit wegen unzulässiger politischer Betätigung anstelle der Förderung der satzungsmäßigen gemeinnützigen Zwecke durch die tatsächliche Geschäftsführung aberkannte.[786]

(2) Rechtsprechung

Der BFH rekurriert in seinem Beschluss vom 18.08.2021 auf die ständige Rechtsprechung zu politischen Betätigungen gemeinnütziger Körperschaften. Es stehe der Gemeinnützigkeit nicht entgegen, wenn eine nach § 52 Abs. 2 AO begünstigte Tätigkeit im Einzelfall zwangsläufig mit einer gewissen politischen Zielsetzung verbunden sei.[787] Die Grenze der zulässigen politischen Betätigung sei jedoch überschritten, wenn die Beschäftigung mit politischen Vorgängen nicht mehr im Rahmen dessen liege, was das Eintreten für die steuerbegünstigten satzungsmäßigen Ziele und deren Verwirklichung erfordere.[788] Die Körperschaft gehe mit ihren politischen Aktivitäten über das zur Förderung des öffentlichen Gesundheitswesens Erforderliche hinaus. Denn sie trete in den politischen Wettstreit um die zutreffende Strategie zur Bekämpfung der Corona-Pandemie, indem undifferenzierte Forderungen nach sofortiger Aufhebung aller verhängten Maßnahmen und der Einsetzung eines Untersuchungsausschusses erhoben wurden.[789] Auch die Aufforderung

---

784 BFH v. 18.08.2021 – V B 25/21 (AdV), BStBl II 2021, 931 (Rn. 5) = BFH/NV 2021, 1533.

785 BFH v. 18.08.2021 – V B 25/21 (AdV), BStBl II 2021, 931 (Rn. 7) = BFH/NV 2021, 1533.

786 BFH v. 18.08.2021 – V B 25/21 (AdV), BStBl II 2021, 931 (Rn. 8) = BFH/NV 2021, 1533.

787 BFH v. 18.08.2021 – V B 25/21 (AdV), BStBl II 2021, 931 (Rn. 24) = BFH/NV 2021, 1533 Bezug nehmend auf BFH v. 10.01.2019 – V R 60/17, BStBl II 2019, 301 (Rn. 18 und 20) = BFHE 263, 290.

788 BFH v. 18.08.2021 – V B 25/21 (AdV), BStBl II 2021, 931 (Rn. 24) = BFH/NV 2021, 1533 Bezug nehmend auf BFH v. 10.01.2019 – V R 60/17, BStBl II 2019, 301 (Rn. 21) = BFHE 263, 290.

789 Insbesondere eine Auseinandersetzung mit den medizinischen, virologischen und epidemiologischen Gründen für die verhängten Maßnahmen unterbleibe, BFH v.

zum Widerstand – gemeint ist das Widerstandsrecht aus Art. 20 Abs. 4 GG – stehe in keinem Zusammenhang mit der Förderung des öffentlichen Gesundheitswesens.[790] Gleiches gelte für die Äußerungen des Vorsitzenden zu den Maßnahmen zur Eindämmung der Corona-Pandemie, welche in der Abhängigkeit von „andere[n] Mächte[n]", die die Pandemie geplant hätten, getroffen worden seien.[791] Diese Aktivitäten seien auch nicht von dem Zweck der Förderung des demokratischen Staatswesens erfasst, da es an einer objektiven und neutralen Würdigung mangele.[792]

(3) Literatur

Im Schrifttum wird dieser konsequenten Fortführung der Rechtsprechung zur politischen Betätigung von gemeinnützigen Körperschaften zugestimmt.[793] Insbesondere die saubere Vorgehensweise des BFH, welcher in aller Gründlichkeit darstellt, dass die Information der Bevölkerung über die Bekämpfung von Krankheiten, also auch die Aufklärung über die Maßnahmen zur Eindämmung der Corona-Pandemie, vom Zweck der Förderung des öffentlichen Gesundheitswesens gedeckt sei,[794] wird gelobt. Auch die anschließende Subsumtion, nach der die politischen Aktivitäten des Vereins weder von der Förderung des Gesundheitswesens noch von der des demokratischen Staatswesens erfasst seien, wird begrüßt.[795]

(4) Bewertung

(a) Zurechnung zur tatsächlichen Geschäftsführung

Eingedenk der Tatsache, dass Handlungen der Körperschaft nur unter bestimmten Voraussetzungen zuzurechnen sind,[796] werden die Ausführungen des

---

18.08.2021 – V B 25/21 (AdV), BStBl II 2021, 931 (Rn. 29) = BFH/NV 2021, 1533.

[790] BFH v. 18.08.2021 – V B 25/21 (AdV), BStBl II 2021, 931 (Rn. 30) = BFH/NV 2021, 1533.

[791] BFH v. 18.08.2021 – V B 25/21 (AdV), BStBl II 2021, 931 (Rn. 31) = BFH/NV 2021, 1533.

[792] BFH v. 18.08.2021 – V B 25/21 (AdV), BStBl II 2021, 931 (Rn. 35) = BFH/NV 2021, 1533.

[793] *Hüttemann*, FR 2021, 1131 (1135); *Schauhoff*, in: Schauhoff/Kirchhain, Handbuch der Gemeinnützigkeit, Grundlegung Rn. 21; *Strahl*, NWB 2021, 3237 (3239); *Vielwerth*, ZStV 2022, 65 (66 f.).

[794] BFH v. 18.08.2021 – V B 25/21 (AdV), BStBl II 2021, 931 (Rn. 27) = BFH/NV 2021, 1533.

[795] *Hüttemann*, FR 2021, 1131 (1135 f.); *Schauhoff*, in: Schauhoff/Kirchhain, Handbuch der Gemeinnützigkeit, Grundlegung Rn. 21; *Strahl*, NWB 2021, 3237 (3239); *Vielwerth*, ZStV 2022, 65 (67).

[796] Die Entwicklung eines solchen Zurechnungsmodells erfolgte unter 3. Kapitel C.

BFH betreffend die Zurechnung zuerst beleuchtet. Anderenfalls droht unter Umständen eine überflüssige Prüfung der Grundsätze der Gemeinnützigkeit. Der BFH führt aus, dass die Äußerungen des Vorsitzenden dem Verein zuzurechnen seien, da es sich um Äußerungen eines Organs der Körperschaft unter Verwendung des Vereinszeichens bzw. um auf der Internetseite der Körperschaft abrufbare Videos handelt.[797] Es sei nicht ersichtlich, dass die Körperschaft das Verhalten trotz Kenntnis unterbunden habe oder dass es sich um eigenmächtiges Handeln des Vorsitzenden handele.[798]

Die Äußerungen des Vorsitzenden sind dem Verein wahrlich zuzurechnen. Entweder stellen diese Handlungen dar, die vom Organ autorisiert wurden, sodass es sich um Tätigkeiten der Körperschaft selbst handelt (§ 31 BGB), oder es liegen eigenmächtige Handlungen des Organmitglieds vor, welche nach den Grundsätzen der Anscheins- und Duldungsvollmacht zugerechnet werden. Es ist – wie der BFH richtigerweise feststellt – von der Kenntnis der übrigen Organmitglieder auszugehen. Jedenfalls wäre die Unkenntnis aber grob fahrlässig, da die Videos auf der eigenen Homepage hochgeladen worden sind. Folglich sind die Tätigkeiten der Körperschaft zuzurechnen, sodass eine Prüfung der Verletzung der Gemeinnützigkeitsvorschriften stattfinden kann.

(b) Schädliche politische Betätigungen der Körperschaft

Das Gericht führt die Trennung von gemeinnützigen und politischen Zwecken konsequent fort. Da die Aktivitäten dem Sachzweck der Förderung des Gesundheitswesens dienen sollen, sind diesbezüglich die Grundsätze aus dem BUND-Urteil anwendbar. Problematisch ist dabei vor allem, dass die politischen Äußerungen stets vom Satzungszweck der Körperschaft gedeckt sein und dabei parteipolitisch neutral bleiben müssen.[799] Während die Information der Bevölkerung über die Bekämpfung von Krankheiten

---

[797] BFH v. 18.08.2021 – V B 25/21 (AdV), BStBl II 2021, 931 (Rn. 33) = BFH/NV 2021, 1533 unter Bezugnahme auf BFH v. 29.08.1984 – I R 215/81, BStBl II 1985, 106 (107) = BFHE 142, 243.

[798] BFH v. 18.08.2021 – V B 25/21 (AdV), BStBl II 2021, 931 (Rn. 33) = BFH/NV 2021, 1533 Bezug nehmend auf BFH v. 27.09.2001 – V R 17/99, BStBl II 2002, 169 (171) = BFHE 197, 314 sowie BFH v. 10.01.2019 – V R 60/17, BStBl II 2019, 301 (Rn. 36) = BFHE 263, 290.

[799] BFH v. 20.03.2017 – X R 13/15, BStBl II 2017, 1110 (Rn. 92) = BFHE 257, 486; BFH v. 10.01.2019 – V R 60/17, BStBl II 2019, 301 (Rn. 22) = BFHE 263, 290; *Hüttemann*, DB 2015, 821 (826 f.); *Hüttemann*, in: Hüttemann, Gemeinnützigkeitsrecht und

noch vom Satzungszweck gedeckt ist,[800] kann man dies von einer unter Außerachtlassung von medizinischen, virologischen oder epidemiologischen Aspekten und damit undifferenzierten Forderung nach der sofortigen Aufhebung aller Maßnahmen zur Eindämmung der Corona-Pandemie, die von Politikern in Abhängigkeit von „andere[n] Mächten" beschlossen worden sind, nicht behaupten.[801] Der Hinweis auf das aus Art. 20 Abs. 4 GG folgende „Recht zum Widerstand" (auf der Homepage hervorgehoben – ebenso die Worte „andere Abhilfe nicht möglich") verlässt den Bereich der Förderung des öffentlichen Gesundheitswesens vollends. Auch die Heranziehung des daneben satzungsmäßig verfolgten Zwecks der Förderung des demokratischen Staatswesens führt nicht zur Zulässigkeit dieser Aktivitäten. Bei einer zulässigen objektiven und neutralen Würdigung des demokratischen Grundprinzips hätte auffallen müssen, dass die Widerstandslage gerade nicht vorliegt. Dafür müsste das bekämpfte Unrecht nämlich offensichtlich sein und alle von der Rechtsordnung zur Verfügung gestellten Rechtsbehelfe so wenig Aussicht auf wirksame Abhilfe bieten, dass die Ausübung des Widerstands das letzte verbleibende Mittel zur Erhaltung oder Wiederherstellung des Rechts ist.[802] Die zahlreichen gerichtlichen Entscheidungen zu den Maßnahmen zeigen, dass Gegenteiliges der Fall ist.[803]

(c) Einstufung des Verstoßes

Der BFH stellt zutreffend fest, dass eine Versagung der Steuerbefreiung nicht aus Gesichtspunkten der Verhältnismäßigkeit ausscheidet, da es sich nicht um einmalige, geringfügige, sondern um fortwährend andauernde Verstöße

---

Spendenrecht, Rn. 3.68 f.; *Schütz*, npoR 2021, 137 (139); *Weitemeyer*, npoR 2019, 97 (104); *Winheller/Vielwerth*, DStR 2017, 2588 (2589).

800 BFH v. 18.08.2021 – V B 25/21 (AdV), BStBl II 2021, 931 (Rn. 27) = BFH/NV 2021, 1533; zustimmend *Schauhoff*, in: Schauhoff/Kirchhain, Handbuch der Gemeinnützigkeit, Grundlegung Rn. 21: Dabei sei es auch unschädlich, wenn von staatlichen Einschätzungen abgewichen werde.

801 *Schauhoff*, in: Schauhoff/Kirchhain, Handbuch der Gemeinnützigkeit, Grundlegung Rn. 21: Keine Förderung des öffentlichen Gesundheitswesens, wenn anstelle der Information über Risiken und Gefahren das bestehende politische System in Frage gestellt wird.

802 BFH v. 18.08.2021 – V B 25/21 (AdV), BStBl II 2021, 931 (Rn. 30) = BFH/NV 2021, 1533 mit Verweis auf BVerfG v. 17.08.1956 – 1 BvB 2/51, BVerfGE 5, 85 (377) = NJW 1956, 1393.

803 BFH v. 18.08.2021 – V B 25/21 (AdV), BStBl II 2021, 931 (Rn. 30) = BFH/NV 2021, 1533.

handelt.[804] Allerdings fällt auf, dass das Gericht zwar der möglicherweise unschädlichen Einmaligkeit die zum Verlust der Gemeinnützigkeit führende fortwährende Dauer gegenüberstellt. Eine ausdrückliche Auseinandersetzung mit der Qualität in Form einer Gegenüberstellung zur Geringfügigkeit der Verstöße unterbleibt indessen.

Es könnte sich zunächst um einen schwerwiegenden Verstoß handeln. Dies wäre der Fall, wenn die gesamte Tätigkeit der Körperschaft gegen einen der durch die Geschäftsführung einzuhaltenden Grundsätze des Gemeinnützigkeitsrechts verstößt.[805] Durch die politischen Betätigungen verstößt die Geschäftsführung gegen § 52 Abs. 2 AO. Indes verfolgt die Körperschaft auch die Förderung des öffentlichen Gesundheitswesens, indem herausgearbeitet und darauf aufmerksam gemacht wurde, dass es der Bekämpfung der Corona-Pandemie dient, wenn man Kranke isoliert. Folglich hat die Geschäftsführung nicht in ihrer Gesamtheit gegen § 52 Abs. 2 AO verstoßen, sodass kein schwerwiegender Verstoß vorliegt. Vielmehr sind einige Geschäftsführungsmaßnahmen als gemeinnützigkeitskonform anzusehen, während andere Tätigkeiten gegen eine Grundsatznorm verstoßen, was einen erheblichen Verstoß begründet.[806]

Hinsichtlich der Quantität ist eine Differenzierung in Bezug auf die unterschiedlichen Maßnahmen vorzunehmen. Die Videos sind dauerhaft abrufbar gewesen, während der „Hinweis" auf das Widerstandsrecht aus Art. 20 Abs. 4 GG nur zeitweise einzusehen war. Somit ist der strukturelle Charakter der Verstöße nur hinsichtlich der Videos zu bejahen. Aufgrund der Möglichkeit, die Videos von der Internetseite zu entfernen, handelt es sich um behebbare Verstöße. Hinsichtlich des Dokuments betreffend das Widerstandsrecht kann nicht von einem strukturellen Charakter gesprochen werden, da es alsbald von der Körperschaft entfernt wurde. Mithin liegt diesbezüglich ein punktueller Verstoß vor.

(d) Rechtsfolge

Es kann zunächst dahinstehen, ob der punktuelle Verstoß unter Rückgriff auf den Grundsatz der Verhältnismäßigkeit ein vom Verlust der Gemeinnützigkeit

---

[804] BFH v. 18.08.2021 – V B 25/21 (AdV), BStBl II 2021, 931 (Rn. 37) = BFH/NV 2021, 1533.
[805] Vgl. zu den schwerwiegenden Verstößen 3. Kapitel D. II.
[806] 3. Kapitel D. III.

abweichendes Ergebnis liefern würde,[807] da die Körperschaft daneben erhebliche Verstöße struktureller Natur begangen hat. Die Kombination aus Dauer (strukturell) und Schwere (erheblich) führt zum Verlust der Gemeinnützigkeit für den betreffenden Besteuerungszeitraum.

b) Zwischenergebnis

Sowohl im Attac-Urteil als auch im Corona-Beschluss hatte es der BFH mit erheblichen Verstößen gegen Grundsätze der Gemeinnützigkeit zu tun. In beiden Fällen wurden weniger die satzungsmäßigen gemeinnützigen Zwecke als vielmehr politische Ziele verfolgt. Die Geschäftsführung war jedoch jeweils nicht in ihrer Gesamtheit auf die politische Zweckverfolgung gerichtet, sodass es sich nicht um schwerwiegende Verstöße handelte. Aufgrund der anhaltenden Dauer der Verstöße ist von strukturellen Verstößen zu sprechen. Die Rechtsfolge ist richtigerweise der Verlust der Gemeinnützigkeit.

c) Der Fall Correctiv

Kaum ein aktuelles Geschehen hat in jüngster Vergangenheit so viel Aufmerksamkeit erregt wie die „Geheimplan gegen Deutschland“-Recherche des Correctiv-Teams. Das Ergebnis dieser Recherche war ein Bericht über ein Geheimtreffen hochrangiger AfD-Politiker, Neonazis und finanzstarker Unternehmer in einem Hotel bei Potsdam, bei dem die Vertreibung von Millionen von Menschen aus Deutschland geplant worden sei.[808] Von besonderem Interesse für diese Arbeit ist dabei, dass es sich bei Correctiv – wie die vollständige Bezeichnung „CORRECTIV – Recherchen für die Gesellschaft gemeinnützige GmbH“ schon erahnen lässt – um eine gemeinnützige GmbH handelt. Diese verfolgt laut eigenem Gesellschaftsvertrag zahlreiche gemeinnützige Zwecke wie die Förderung der Volks- und Berufsbildung, der Jugendhilfe und von Kunst und Kultur, die Förderung internationaler Gesinnung, der Toleranz auf allen Gebieten der Kultur und des Völkerverständigungsgedankens, der Verbraucherberatung und des Verbraucherschutzes sowie die allgemeine Förderung des demokratischen

---

[807] So auch BFH v. 18.08.2021 – V B 25/21 (AdV), BStBl II 2021, 931 (Rn. 37) = BFH/NV 2021, 1533.

[808] https://correctiv.org/aktuelles/neue-rechte/2024/01/10/geheimplan-remigration-vertreibung-afd-rechtsextreme-november-treffen/ (zuletzt abgerufen am 20.08.2024).

Staatswesens im Geltungsbereich der AO.[809] Bei diesem bunten Strauß an Gesellschaftszwecken handelt es sich zwar durchweg um gemeinnützige Zwecke i. S. d. § 52 Abs. 2 AO, sodass die formelle Satzungsmäßigkeit in Anbetracht des Vorliegens der übrigen Voraussetzungen gegeben ist. Fraglich ist jedoch, ob die tatsächliche Geschäftsführung der Gesellschaft auch gemäß § 63 Abs. 1 AO auf die ausschließliche Verwirklichung dieser Zwecke gerichtet ist oder ob sie mit ihrer Enthüllung sowie anderen journalistischen Tätigkeiten möglicherweise gemeinnützigkeitsrelevante Verstöße begangen hat. Dafür ist zunächst zu ermitteln, welche Zwecke Correctiv tatsächlich verfolgt.

AA) TATSÄCHLICHE GESCHÄFTSFÜHRUNG DER CORRECTIV – RECHERCHEN FÜR DIE GESELLSCHAFT GEMEINNÜTZIGE GMBH

(1) Investigativer Journalismus

> Im Zentrum von CORRECTIV steht der investigative Journalismus. Journalismus hat eine essenzielle Kritik- und Kontrollfunktion in unserer Gesellschaft. Wir recherchieren langfristig – im Sinne des öffentlichen Interesses, mit Sorgfalt und Ausdauer – und decken strukturelle Missstände, Korruption und unethisches Verhalten auf. Große Bekanntheit haben beispielsweise unsere Recherche zum CumEx-Steuerskandal, die Aufdeckung der AfD-Spendenaffäre und unsere Recherchen zu steigenden Mieten auf dem Wohnungsmarkt erlangt.[810]

Laut eigenen Angaben ist der investigative Journalismus das zentrale Anliegen der Correctiv-GmbH. Tatsächlich ist Correctiv in weiten Teilen der Bevölkerung vor allem aufgrund der investigativ-journalistischen Tätigkeit bekannt – insbesondere im Hinblick auf die eingangs erwähnte Offenbarung des Geheimtreffens in Potsdam. Bei einem Blick in den Zweckkatalog des § 52 Abs. 2 AO und in den Gesellschaftsvertrag von Correctiv fällt zunächst auf, dass es sich bei Journalismus nicht um einen (satzungsmäßigen) gemeinnützigen Zweck handelt.[811] Angesichts der übergeordneten Bedeutung des Zweckkatalogs des § 52 Abs. 2 AO für das gesamte Gemeinnützigkeitsrecht ist es überaus bedenklich, dass schwerpunktmäßig journalistisch tätige Körperschaften, die den Zweck des Journalismus sogar offen als Kern ihrer Tätigkeit ausweisen, als gemeinnützig anerkannt werden. Es ist ein offenes

---

[809] https://correctiv.org/wp-content/uploads/2021/01/170502_Satzung-der-Gesellschaft-Correctiv-gGmbH.pdf (zuletzt abgerufen am 20.08.2024).

[810] https://correctiv.org/ueber-uns/ (zuletzt abgerufen am 20.08.2024).

[811] *Harlan/Göbel*, npoR 2020, 253 (253); *Hüttemann/Stollenwerk*, StuW 2018, 384 (391).

Geheimnis, dass andere gemeinnützige Zwecke in die Satzung aufgenommen werden, um das eigentliche Ziel des Journalismus zu verfolgen.[812]

Die journalistischen Aktivitäten von Correctiv – insbesondere Recherche, Nachrichtenaufbereitung und Nachrichtenvermittlung – könnten jedoch gemeinnützigkeitsrechtlich unschädlich sein, wenn sich diese unter einen anderen satzungsmäßigen gemeinnützigen Zweck subsumieren lassen.[813] Im Folgenden ist zu klären, ob Correctiv diese gemeinnützigen Zwecke tatsächlich verfolgt. Angesichts der Konzentration auf den investigativen Journalismus liegt der Schwerpunkt der Untersuchung auf dieser Tätigkeit. Höchst problematisch ist dabei vor allem die Zulässigkeit politischer Aktivitäten.

(2) Förderung der Volksbildung und allgemeine Förderung des demokratischen Staatswesens

Einen ersten Anhaltspunkt liefert die gemeinnützige GmbH auf der eigenen Webseite selbst. Danach steht Correctiv nicht nur für investigative Recherche und unabhängigen Journalismus, sondern ebenso für Bildung und eine starke Demokratie. Die Gesellschaft möchte „nachhaltig zu einer aufgeklärten Zivilgesellschaft beitragen“ und schult Interessierte dafür in der eigenen „Reporterfabrik“. Außerdem können Jugendliche in der Jugendredaktion „Salon5“ Know-how erwerben, „um in der Gesellschaft medial mitzumischen“. Zudem bietet Correctiv das Programm „Reporter4You“ an, welches sich an Schüler und Lehrer richtet. Ferner steht die GmbH mit ihrer Arbeit „für eine offene und demokratische Gesellschaft ein“ und macht Steuerbetrug, illegale Parteienfinanzierung oder gezielte Falschmeldungen sowie andere Formen des Machtmissbrauchs sichtbar, um den öffentlichen Diskurs voranzubringen. Ein weiteres Ziel liegt darin, „dass sich Menschen sachkundig informieren und in Debatten einbringen können“.[814]

(a) Förderung der Volksbildung

Bildung i. S. d. § 52 Abs. 2 S. 1 Nr. 7 AO meint die Vermehrung der Kenntnisse und Fähigkeiten des Einzelnen.[815] Zu den zulässigen Aktionsformaten zählen

---

812 *Fischer/Fischer/Warlich*, Gemeinnütziger Journalismus, S. 34 f.

813 So auch *Hüttemann/Stollenwerk*, StuW 2018, 384 (391 f.).

814 https://correctiv.org/ueber-uns/ (zuletzt abgerufen am 20.08.2024).

815 *Hüttemann*, in: Hüttemann, Gemeinnützigkeitsrecht und Spendenrecht, Rn. 3.120; *Seer*, in: Tipke/Kruse, AO/FGO, § 52 AO Rn. 27.

insbesondere die Informationsverbreitung in gedruckter Form oder auf der eigenen Internetseite. Correctiv verweist auf der eigenen Webseite unter anderem auf die der gemeinnützigen GmbH zugehörige „Reporterfabrik", die wiederum auf ihrer Internetseite „journalistisches Wissen und Handwerk an interessierte Bürger" vermittelt.[816] Dort werden zahlreiche kostenlose Online-Workshops zu diversen Themen angeboten. Dass es hierbei im Kern um die Vermehrung von Kenntnissen und Fähigkeiten (Bildung) geht, präsentiert der Workshop 205 „Schreibregeln für gutes Deutsch" geradezu mustergültig:

> Starke Verben, überflüssige Adjektive, gute erste Sätze, Verhältnis von Hauptsatz und Nebensatz, gelungene Metaphern, Zeichensetzung – in drei Kursen führt [Wolf] Schneider die Teilnehmer elegant und unterhaltsam durch den Dschungel der deutschen Sprache. Mit vielen Beispielen, Aufgaben für die Teilnehmer und Downloads für intensives Lernen.[817]

Des Weiteren lässt sich der Workshop 261 „So macht die KI, was du willst" anführen, der den Einsatz von KI-Tools und die mit der Technologie einhergehende Gefahr für Jobs zum Gegenstand hat.[818] Die Handlungen der „Reporterfabrik" müssten der gemeinnützigen GmbH schließlich zugerechnet werden können. Dies ist der Fall, wenn die Voraussetzungen der Zurechnungsnorm des § 57 Abs. 1 S. 2 AO vorliegen. Da es sich um eine gemeinnützigkeitsfördernde Tätigkeit handelt, bedarf es lediglich einer willentlichen Einschaltung der „Reporterfabrik" durch Correctiv. Auf der eigenen Internetseite führt die „Reporterfabrik" aus, dass es sich um ein Angebot der CORRECTIV – Recherchen für die Gesellschaft gemeinnützige GmbH handelt. Zudem wird die „Reporterfabrik" auf der Webseite von Correctiv unter dem Punkt „Für Bildung" verlinkt. Darüber hinaus ist der Chief Executive Officer von Correctiv zugleich der Geschäftsführer der „Reporterfabrik".[819]

---

[816] https://reporterfabrik.org/uber-uns/ (zuletzt abgerufen am 20.08.2024).

[817] https://akademie.reporterfabrik.org/courses/course-v1:Reporterfabrik+Workshop205+2019/about?_ga=2.167282238.18898674.1713191237-153549559.1712767830 (zuletzt abgerufen am 20.08.2024).

[818] https://akademie.reporterfabrik.org/courses/course-v1:Reporterfabrik+261+2024/about?_ga=2.100172318.18898674.1713191237-153549559.1712767830 (zuletzt abgerufen am 20.08.2024).

[819] https://correctiv.org/ueber-uns/, https://reporterfabrik.org/uber-uns/ (beide zuletzt abgerufen am 20.08.2024).

Eine willentliche Einschaltung als Voraussetzung für die Zurechnung nach § 57 Abs. 1 S. 2 AO liegt vor, sodass es sich um Handlungen der Correctiv-GmbH handelt, die die Volksbildung fördern.[820]

(b) Allgemeine Förderung des demokratischen Staatswesens oder unzulässige politische Betätigung?

Fraglich ist jedoch, ob es auch zu einer Förderung des demokratischen Staatswesens – möglicherweise auch in Form der politischen Bildung (§ 52 Abs. 2 S. 1 Nr. 7 i. V. m. § 52 Abs. 2 S. 1 Nr. 24 AO) – kommt oder ob dieser Zweck im Gesellschaftsvertrag nur vorgeschoben ist, um journalistisch tätig werden zu können. In einem Gutachten zum gemeinnützigen Journalismus stellen die Autoren fest, dass journalistisch tätige Körperschaften Zwecke wie Bildung und die Förderung des demokratischen Staatswesens in die Satzung aufnehmen müssen, um ihr wirkliches Satzungsziel – Journalismus – unter den Vorzügen des Gemeinnützigkeitsrechts verfolgen zu können.[821] Es wird empfohlen, das tatsächliche Satzungsziel mit dem Vokabular aus dem Zweckkatalog zu ummanteln.[822] Bei der Correctiv-GmbH fällt auf, dass sich die Bereiche, in denen die Demokratie durch die eigene Tätigkeit gestärkt werden soll, insbesondere die Aufdeckung von Steuerbetrug und illegaler Parteienfinanzierung, mit den veröffentlichten Recherchearbeiten, die laut eigenen Angaben den Mittelpunkt der eigenen Aktivitäten ausmachen, überschneiden. Die Recherche zum Cum-Ex-Steuerskandal fällt unter das Kapitel der Aufdeckung von Steuerbetrügereien und die Aufdeckung der AfD-Spendenaffäre unter den Punkt der illegalen Parteienfinanzierung. Problematisch ist dabei im Hinblick auf die allgemeine Förderung des demokratischen Staatswesens, dass journalistische Tätigkeiten aufgrund der Anknüpfung an tagespolitische Themen häufig auch in den Bereich der politischen Betätigung fallen.[823] Da Journalismus keinen eigenständigen gemeinnützigen Zweck darstellt, gelten für die politischen Betätigungen von Correctiv somit nicht die im BUND-Urteil entwickelten Grundsätze. Vielmehr hat die mit der politischen Bildung verknüpfte Förderung des

---

[820] Im Ergebnis auch *Harlan/Göbel*, npoR 2020, 253 (254).
[821] *Fischer/Fischer/Warlich*, Gemeinnütziger Journalismus, S. 31, 35.
[822] *Fischer/Fischer/Warlich*, Gemeinnütziger Journalismus, S. 31.
[823] *Hüttemann/Stollenwerk*, StuW 2018, 384 (395).

demokratischen Staatswesens wie im Falle des Attac-Trägervereins in geistiger Offenheit zu erfolgen.[824] Zur Erinnerung: Maßgeblich für die mögliche Beeinträchtigung des Rechts des Bürgers auf gleiche Teilhabe an der politischen Willensbildung und die Chancengleichheit der Parteien ist nicht der parlamentarische Vertretungsanspruch der Körperschaft, sondern die machtgeleitete Einflussnahme auf die politische Willensbildung und die öffentliche Meinung. Machtgeleitet können auch journalistisch tätige Körperschaften handeln.[825] Dabei kommt es selbstverständlich nicht auf eine gezielte Steuerung durch bestimmte Parteien i. S. e. personellen, finanziellen oder organisatorischen Einflussnahme an. Ausreichend wäre es, wenn sich die Verantwortlichen der journalistisch tätigen Körperschaft bestimmte politische Zielrichtungen zu eigen machen.[826]

Im Hinblick auf Correctiv ist zu klären, ob die Recherchen und Veröffentlichungen der GmbH (noch) von geistiger Offenheit oder (schon) von einer Beeinflussung der öffentlichen Meinung gekennzeichnet sind. Konkret geht es dabei um die Frage, ob die „Geheimplan gegen Deutschland"-Recherche ein politisches Instrument gegen die AfD darstellt oder ob darin das (nicht politisierte) Eintreten für demokratische Grundwerte zur Förderung der politischen Bildung zu sehen ist.

(aa) Dramatische Förderung der demokratischen Grundwerte

Correctiv hat sich bei der Darstellungsform des Geheimtreffens in Potsdam für das Drama entschieden, sodass im Prolog zunächst über den Ort des Geschehens und die beteiligten Personen in verschiedenen Kategorien aufgeklärt wird. An dieser Stelle ist bereits zu erwähnen, dass eine ursprünglich unter der Kategorie „Umfeldorganisationen" aufgeführte Person nachträglich unter „Sonstige" eingeordnet worden ist, nachdem die betreffende Körperschaft sich nach Veröffentlichung des Berichts von dem damaligen Vorstandsmitglied distanziert hatte und dieses ausgetreten war.[827] Dieses kleine Detail ist bereits in die Beurteilung einzubeziehen, da die geistige Offenheit die kritische Beleuchtung eigener Argumente und die

---

[824] So auch *Seer*, in: Tipke/Kruse, AO/FGO, § 52 AO Rn. 27.

[825] *Hüttemann/Stollenwerk*, StuW 2018, 384 (395).

[826] Zutr. *Fischer/Fischer/Warlich*, Gemeinnütziger Journalismus, S. 127.

[827] https://correctiv.org/aktuelles/neue-rechte/2024/01/10/geheimplan-remigration-vertreibung-afd-rechtsextreme-november-treffen/ (zuletzt abgerufen am 20.08.2024).

Hinterfragung der eigenen Überzeugung beinhaltet.[828] Die nachträglich erfolgte Änderung im Rahmen der Personendarstellung stellt eine solche selbstkritische Vorgehensweise dar: Ist es vertretbar, einen Verein aufgrund der Teilnahme eines Vorstandsmitglieds an dem Treffen in Potsdam als (Umfeld-)Organisation darzustellen, die an einem „Geheimplan gegen Deutschland" beteiligt sein soll? Aufgrund der unmissverständlichen Distanzierung und des sofortigen Austritts des Vorstandsmitglieds kam Correctiv zu dem Schluss, dass dies nicht vertretbar ist, und hat eine entsprechende Änderung vorgenommen.[829]

Die zweite Szene des ersten Aktes beinhaltet den „Masterplan, um Zuwanderer loszuwerden". Skizziert wird der Vortrag eines Redners, in dem es um drei Zielgruppen der Migration, die Deutschland verlassen sollen, geht. Darunter fallen Asylbewerber, Ausländer mit Bleiberecht sowie „nicht assimilierte Staatsbürger". Correctiv kommt zu dem Schluss, dass die Verdrängung deutscher Staatsbürger „ein Angriff auf das Grundgesetz – auf das Staatsbürgerrecht und auf den Gleichheitsgrundsatz" darstellen würde.[830] Diese verfassungsrechtliche Einordnung spricht ebenfalls dafür, dass das Eintreten für demokratische Grundwerte im Vordergrund steht.

Die dritte Szene des ersten Aktes hat primär zum Gegenstand, dass – insbesondere von den anwesenden Politikern der AfD – keine Kritik geäußert wird, sondern ein Zuspruch erfolgt. Anschließend werden die Antworten präsentiert, die die Politiker auf nachträgliche Fragen zu dem Treffen (nicht) gaben. Es folgt eine kurze Darstellung der jüngsten Ereignisse um einige Landesverbände der AfD sowie der Jungen Alternative. Des Weiteren wird die Diskussion um das Verbot der Partei angesprochen, wobei auf eine entsprechende Petition hingewiesen wird.[831] Problematisch ist auf den ersten Blick, dass das Wort „Petition" verlinkt ist und man auf die Internetseite weitergeleitet wird. Dabei handelt es sich jedenfalls um einen Anhaltspunkt, dass die Recherche ein Instrument gegen die AfD und damit eine unzulässige

---

828 Dazu bereits im 3. Kapitel unter D. III. 1. a) aa) (3) (b).

829 https://correctiv.org/aktuelles/neue-rechte/2024/01/10/geheimplan-remigration-vertreibung-afd-rechtsextreme-november-treffen/ (zuletzt abgerufen am 20.08.2024).

830 https://correctiv.org/aktuelles/neue-rechte/2024/01/10/geheimplan-remigration-vertreibung-afd-rechtsextreme-november-treffen/ (zuletzt abgerufen am 20.08.2024).

831 https://correctiv.org/aktuelles/neue-rechte/2024/01/10/geheimplan-remigration-vertreibung-afd-rechtsextreme-november-treffen/ (zuletzt abgerufen am 20.08.2024).

politische Betätigung darstellen könnte. Allerdings kann der Link zu der Petition für ein Verbot der AfD nicht isoliert betrachtet werden. Dieser befindet sich nicht losgelöst auf der Webseite von Correctiv, sondern ist in den „Geheimplan gegen Deutschland"-Bericht, der sich aufgrund der personellen Beteiligung vor allem mit der AfD auseinandersetzt, eingebettet. Zudem werden in dem Bericht – wie es bei Correctiv nicht unüblich ist – eine Vielzahl von Worten mit Links versehen, sodass sich die Verlinkung der Petition keineswegs aufdrängt oder auf andere Weise visuell hervorgehoben wird. Abgeschlossen wird die Szene mit der Feststellung, dass sich die bei dem Treffen anwesenden Politiker der AfD zu den dort getroffenen Äußerungen bekennen, wobei explizit nicht von AfD-Politikern im Allgemeinen, sondern von den beim Treffen vertretenen Personen gesprochen wird.

Im zweiten Akt geht es dann um die Schilderung der praktischen Umsetzung des „Masterplans". Correctiv stellt zunächst den Plan dar, wonach mit Hilfe von Influencer-Projekten und Propaganda eine „rechtsextremistische Gegenöffentlichkeit" gebildet werden soll. Zudem sei eine Schwächung der Demokratie geplant, indem man Wahlen anzweifeln oder das Bundesverfassungsgericht diskreditieren wolle. Konkret wird über einen Redner berichtet, der für die kommenden Wahlen ein Musterschreiben zur Anzweiflung der Rechtmäßigkeit von Wahlen entwickeln möchte. Damit weist Correctiv auf mögliche Gefahren für das unmittelbar aus dem Demokratieprinzip folgende Wahlrecht hin, was durchaus als kritischer Beitrag für die Förderung des demokratischen Staatswesens angesehen werden kann.

Die „Geheimplan gegen Deutschland"-Recherche knüpft an vielen Stellen an die zu fördernden demokratischen Grundprinzipien an. Da es sich um eine investigative Recherche handelt, ist auch der damit einhergehende Beitrag für die Förderung der politischen Bildung zu betonen.[832] Der gemeinnützige Bildungsbegriff beschränkt sich nicht auf die Verbreitung bekannter Informationen, sondern umfasst auch die Vermittlung „unbekannter" Informationen.[833] Zum politischen Bildungsauftrag zählt vor allem die „Information und Aufklärung", um die politische Wahrnehmungsfähigkeit jedes Bürgers zu stärken.[834] Damit verfolgt auch die

[832] *Hüttemann/Stollenwerk*, StuW 2018, 384 (392).
[833] So auch *Hüttemann/Stollenwerk*, StuW 2018, 384 (392).
[834] *Hüttemann/Stollenwerk*, StuW 2018, 384 (392).

tatsächliche Geschäftsführung von Correctiv die allgemeine Förderung des demokratischen Staatswesens.

(bb) Zu dramatisch

Allein aus dem Umstand, dass Correctiv mit der Recherche einen Beitrag zur politischen Bildung leistet, folgt jedoch nicht automatisch die gemeinnützigkeitsrechtliche Zulässigkeit dieses Vorgehens. Fraglich ist, ob Correctiv bei der Recherche auch parteipolitisch neutral und geistig offen agiert hat. Dies ist insbesondere vor dem Hintergrund zu betrachten, dass sich journalistisch tätige Körperschaften – mit teilweise erheblichem Einfluss auf die Bevölkerung – politische Ansichten aneignen könnten.

Die Förderung der politischen Bildung hat objektiv und neutral zu erfolgen. Pointierte Darstellungen können dabei (noch) ein zulässiges Mittel darstellen.[835] Das besondere Hervorheben bestimmter Aussagen kann als eine solche Pointierung gewertet werden. Problematisch wird es jedoch, wenn sich der Sinngehalt der Aussage aus der Erläuterung des Kontextes (gänzlich) ändern würde, eine entsprechende Darstellung aber unterbleibt. Damit würde der Zweck der politischen Bildung, Zusammenhänge anhand verständlicher Darstellungen zu erläutern, um die politische Wahrnehmungsfähigkeit zu fördern, konterkariert.[836]

Die gezielte Falschdarstellung von Aussagen würde die Merkmale der Objektivität und Neutralität schließlich in erheblichem Maße verletzten. Auch würde dies die notwendige Ergebnisoffenheit von Correctiv in Frage stellen. Man würde von der eigenen politischen Auffassung abweichende Argumente nicht nur ausblenden, sondern die Diskussion durch unzulässige Methoden zu eigenen Gunsten in eine Richtung lenken. Dadurch würde sich die angesprochene Gefahr, dass sich journalistisch tätige Körperschaften politische Auffassungen zu eigen machen könnten, realisieren.

Eine mögliche Verletzung der Objektivität und Neutralität würde sich im Fall Correctiv nicht zugunsten, sondern zulasten einer bestimmten Partei auswirken. Es könnte sich um eine politische Beeinflussung der öffentlichen Meinung in Gestalt eines Aufrufs gegen die AfD handeln. Bereits die Hervorhebung der AfD unter der Nennung der Personen durch die

---

[835] 3. Kapitel D. III. 1. a) aa) (3) (a).

[836] *Hüttemann/Stollenwerk*, StuW 2018, 384 (392 f.).

Darstellung an erster Stelle[837] lässt vermuten, dass der gesamten Partei im Rahmen des Treffens eine übergeordnete Rolle zugewiesen werden soll. Die AfD wird durch die Reihenfolge der Auflistung sogar über die Organisatoren des Treffens gestellt.

Bei der Beurteilung der politischen Neutralität ist ebenfalls zu berücksichtigen, dass auch Mitglieder der CDU sowie Parteilose an dem Treffen teilnahmen.[838] Dies erwähnt Correctiv eingangs, weshalb es sich keineswegs um eine Falschdarstellung handelt. An einigen Stellen wird jedoch der Eindruck vermittelt, dass es sich um ein AfD-Treffen handele. So wird die AfD etwa als einzige Partei unter der Darstellung der teilnehmenden Personen aufgeführt. Zudem wird im Epilog festgehalten, dass unter anderem „ein Treffen von radikalen Rechtsextremen mit Vertreten der Bundes-AfD" zurückbleibe.

Eine weitere Passage des Berichts kann bereits isoliert betrachtet als verzerrte Darstellung gewertet werden, welche bei der Gesamtabwägung besonders ins Gewicht fällt. Direkt zu Beginn heißt es:

> Hochrangige AfD-Politiker, Neonazis und finanzstarke Unternehmer kamen im November in einem Hotel bei Potsdam zusammen. Sie planten nichts Geringeres als die Vertreibung von Millionen von Menschen aus Deutschland.[839]

Auf Nachfrage von dem Rechtsmagazin „Legal Tribune Online" hat Correctiv erklärt, dass damit nicht alle Teilnehmer gemeint seien, sondern „dieser Plan von Herrn Dr. Mörig und Herrn Sellner entwickelt und verfolgt"[840] wird und es bei dem Treffen darum gegangen sei, „um Unterstützung und Förderung des Masterplans zu werben und Schritte zu besprechen".[841] Aus der Formulierung von Correctiv ergibt sich indes keineswegs, dass es sich lediglich um das Werben zweier Personen für einen „Plan" handelt. Die hochrangigen AfD-Politiker, welche erneut an erster Stelle aufgeführt sind,

---

837 https://correctiv.org/aktuelles/neue-rechte/2024/01/10/geheimplan-remigration-vertreibung-afd-rechtsextreme-november-treffen/ (zuletzt abgerufen am 20.08.2024).

838 https://correctiv.org/aktuelles/neue-rechte/2024/01/10/geheimplan-remigration-vertreibung-afd-rechtsextreme-november-treffen/ (zuletzt abgerufen am 20.08.2024).

839 https://correctiv.org/aktuelles/neue-rechte/2024/01/10/geheimplan-remigration-vertreibung-afd-rechtsextreme-november-treffen/ (zuletzt abgerufen am 20.08.2024).

840 https://www.lto.de/recht/hintergruende/h/vosgerau-afd-correctiv-geheimplan-gegen-deutschland-olg-hamburg (zuletzt abgerufen am 20.08.2024).

841 https://uebermedien.de/97285/der-correctiv-bericht-verdient-nicht-preise-sondern-kritik-und-endlich-eine-echte-debatte/ (zuletzt abgerufen am 20.08.2024).

zählen durch die gewählte Formulierung („Sie planten [...]“) selbst zum Kreis der Planenden. Das Werben von zwei Personen wird zur Planung aller Teilnehmer[842] – allen voran zur Planung der AfD-Politiker. Diese Darstellung ist für den Leser schlicht irreführend und wirkt sich in der Gesamtschau des Berichts ganz erheblich zulasten der AfD aus.

Eine jedenfalls missverständliche Darstellung durch Correctiv, die letztlich auch die anwesenden AfD-Mitglieder betrifft, erfolgt im Rahmen des Hauptvorwurfs gegenüber den Beteiligten des Treffens. Im Epilog wird festgehalten, dass unter anderem „[...] ein ‚Masterplan‘ zur Ausweisung von deutschen Staatsbürgern, also ein Plan, um die Artikel 3, Artikel 16 und Artikel 21 des Grundgesetzes zu unterlaufen“, zurückbleibe. Correctiv hat jedoch im Hauptteil des Berichts gar nicht dargelegt und bewiesen, dass die Teilnehmer über eine grundgesetzwidrige Deportation deutscher Staatsbürger gesprochen haben.[843] Durch die Hervorhebung der AfD-Politiker und die irreführende Aufnahme in den Kreis der Planenden wirkt sich auch diese Darstellung zulasten der AfD aus. Da es sich um den Kernvorwurf der Recherche handelt, fällt auch dieser Punkt im Rahmen der Gesamtabwägung erheblich ins Gewicht.

Ein weiterer Aspekt, welcher Berücksichtigung finden muss, ist der spätere Umgang mit der eigenen Berichterstattung. Viele Sachverhaltspassagen in der Veröffentlichung sind nicht durch Tatsachenbehauptungen, sondern durch Wertungen von Correctiv gekennzeichnet. So erlitt die „Tagesschau“, die behauptet hatte, in Potsdam sei auch über die Ausweisung von deutschen Staatsbürgern diskutiert worden, eine juristische Niederlage: Das Hamburger OLG untersagte dem NDR die Behauptung, da der Sender sie nicht habe beweisen können, sondern „lediglich auf Zeitungsartikel und Mitteilungen von Correctiv“ verwiesen habe.[844] Correctiv versuchte währenddessen vergeblich,

[842] https://uebermedien.de/97285/der-correctiv-bericht-verdient-nicht-preise-sondern-kritik-und-endlich-eine-echte-debatte/ (zuletzt abgerufen am 20.08.2024).

[843] Laut Übermedien habe Correctiv in einem der zahlreichen Gerichtsverfahren sogar klargestellt, dass es „zutreffend“ sei, dass „die Teilnehmer*innen nicht über eine rechts-, insbesondere grundgesetzwidrige Verbringung oder Deportation deutscher Staatsbürger gesprochen haben“, https://uebermedien.de/97285/der-correctiv-bericht-verdient-nicht-preise-sondern-kritik-und-endlich-eine-echte-debatte/ (zuletzt abgerufen am 20.08.2024).

[844] https://uebermedien.de/97285/der-correctiv-bericht-verdient-nicht-preise-sondern-kritik-und-endlich-eine-echte-debatte/ (zuletzt abgerufen am 20.08.2024).

mehrere Passagen in einem Artikel des Magazins „Nius“ zu verbieten, unter anderem folgenden Satz: „Nach der Correctiv-Recherche wurde immer wieder die unwahre Behauptung von angeblich besprochenen Deportationsplänen verbreitet.“ Correctiv geht damit einerseits nicht gegen Fehlinterpretationen anderer Medien vor, wenn sie dem Kampf gegen die AfD und ihre rechtsextremen Verbündeten dienen. Andererseits wehrt sich Correctiv, wenn ein rechtes Magazin (zutreffend) auf die Diskrepanz zwischen der Correctiv-Recherche und ihrer fehlerhaften Weitererzählung hinweist.[845] Diese Vorgehensweise ist weniger Ausdruck einer Förderung der politischen Wahrnehmungsfähigkeit als vielmehr einer politischen Beeinflussung im eigenen Sinne.

In dieser Gesamtschau rückt die Verlinkung des AfD-Verbotsverfahrens, die isoliert betrachtet wohl als gemeinnützigkeitsrechtlich zulässig einzustufen wäre, in ein anderes Licht. Es verhärtet sich der Verdacht, dass die Verlinkung der Petition für ein Verbotsverfahren gegen die AfD und die damit einhergehende Förderung dieses Verbotsverfahrens zu den Motiven der Recherche zählen könnten.

Letztlich hat sich die tatsächliche Geschäftsführung in der „Geheimplan gegen Deutschland“-Recherche in erheblichem Maße politisch gegen eine Partei eingesetzt, was vor dem Hintergrund der verfassungsrechtlich gebotenen Trennung politischer Parteien und gemeinnütziger Körperschaften gemeinnützigkeitsrechtlich unzulässig ist. Hervorzuheben ist die verzerrte Darstellung in dem wesentlichen Aspekt, dass – nicht allein zwei um Unterstützung werbende Personen, sondern – allen voran die anwesenden AfD-Politiker für die Planung, also den „Geheimplan gegen Deutschland“, verantwortlich seien. Auch der Hinweis auf das AfD-Verbotsverfahren in Gestalt eines Links ist in der Gesamtschau der „Geheimplan gegen Deutschland“-Recherche, bei der die AfD stets hervorgehoben wird, als politische Handlung einzustufen.

BB) EINORDNUNG DES VERSTOSSES

Der investigative Journalismus stellt die Hauptaktivität von Correctiv dar. Die „Geheimplan gegen Deutschland“-Recherche unterfällt diesem Tätigkeitsfeld. Correctiv wird in der Gesamtschau jedoch nicht ausschließlich politisch tätig,

---

[845] https://uebermedien.de/97285/der-correctiv-bericht-verdient-nicht-preise-sondern-kritik-und-endlich-eine-echte-debatte/ (zuletzt abgerufen am 20.08.2024).

sondern leistet auch einen Beitrag zur Volksbildung und zur Förderung des demokratischen Staatswesens. Damit handelt es sich nicht um einen schwerwiegenden, wohl aber um einen erheblichen Verstoß gegen die Grundsätze des Gemeinnützigkeitsrechts. Da der Bericht auf der Internetseite von Correctiv dauerhaft abrufbar ist, liegt außerdem ein struktureller Verstoß vor. Dies führt zur Aberkennung der Gemeinnützigkeit in den betreffenden Veranlagungszeiträumen, wobei auf den Beginn der Recherchearbeiten abzustellen ist.

CC) DIE ABGRENZUNG DES GEMEINNÜTZIGEN JOURNALISMUS VOM KOMMERZIELLEN JOURNALISMUS

Da Journalismus nicht als gemeinnütziger Zweck in dem Katalog des § 52 Abs. 2 AO aufgeführt ist und journalistisch tätige Körperschaften wie Correctiv die Steuerbegünstigung nur deshalb erlangen können, weil sich ihre Tätigkeit auch unter andere Katalogzwecke subsumieren lässt, stellt sich die Frage, ob und in welcher Form sich der gemeinnützige Journalismus vom kommerziellen Journalismus unterscheidet respektive unterscheiden muss.

Zunächst sind selbstverständlich die Voraussetzungen der Gemeinnützigkeit (§§ 51 ff. AO) zu nennen. Hervorzuheben ist in diesem Zusammenhang der Grundsatz der Selbstlosigkeit (§ 55 AO). Dazu gehört vor allem, dass keine Gewinne an Gesellschafter oder Mitglieder ausgeschüttet werden dürfen (§ 55 Abs. 1 Nr. 1 S. 2 AO). Auch dürfen keine unverhältnismäßig hohen Vergütungen an Dritte gezahlt werden (§ 55 Abs. 1 Nr. 3 AO).[846] Dem Gemeinnützigkeitsrecht ist diese Einschränkung immanent, sodass sie ausnahmslos für journalistisch tätige Körperschaften gilt, die die Vorzüge der Gemeinnützigkeit genießen (wollen). Für kommerziellen Journalismus gilt dies nicht, sodass der zentrale Unterschied bereits in der Einhaltung der Vorschriften des Gemeinnützigkeitsrechts liegt. Dazu zählen auch die parteipolitische Neutralität und die geistige Offenheit, auf die bei der Förderung der politischen Bildung ein besonderes Augenmerk geworfen werden muss. Diese strengen Anforderungen gelten aufgrund des verfassungsrechtlichen Hintergrunds für journalistisch tätige Körperschaften, die sich im Gewand der Gemeinnützigkeit bewegen.

In inhaltlicher Hinsicht unterscheiden sich der kommerzielle und der gemeinnützige Journalismus nicht zwingend – dies ist auch nicht notwendig. Diese inhaltliche Überschneidung ist auch bei anderen Zwecken zu

---

[846] *Hüttemann/Stollenwerk*, StuW 2018, 384 (391).

beobachten: Die Mitglieder eines Golfvereins, der die Voraussetzungen der §§ 51 ff. AO erfüllt, üben die gleiche Tätigkeit aus wie Mitglieder eines Golfvereins, dem die Gemeinnützigkeit in Folge überhöhter Mitgliedsbeiträge versagt wurde.[847] Correctiv zeichnet sich in den veröffentlichten Recherchen vor allem durch das investigative Element aus. Die Aufklärung der Öffentlichkeit über unbekannte Fakten durch umfangreiche Untersuchungen ist somit ein besonderes Merkmal, das insbesondere gemeinnützige „Recherchenetzwerke" auszeichnet. Die ausschließliche Vermittlung unbekannter Informationen ist aber keineswegs zwingende Voraussetzung des gemeinnützigen Journalismus. Es ist ebenso als Beitrag zur politischen Bildung anzusehen, wenn ausführlich über Entwicklungen berichtet wird, die im kommerziellen Journalismus nur beiläufig Erwähnung finden.[848]

Die Grundsätze des Gemeinnützigkeitsrechts selbst stellen demnach das zentrale Abgrenzungskriterium zwischen gemeinnützigem und kommerziellem Journalismus dar.

DD) FOLGERUNG FÜR DEN GEMEINNÜTZIGEN JOURNALISMUS

Der Fall Correctiv liefert wichtige Anhaltspunkte für die Einordnung politischer Aktivitäten durch gemeinnützige Körperschaften. Insbesondere bei journalistisch tätigen Körperschaften ist zu beachten, dass missverständliche und verzerrte Darstellungen, die einen konkreten Bezug zu bestimmten politischen Parteien aufweisen, einen Anhaltspunkt für eine politische Einflussnahme darstellen können. Auch andere Berichte können im Hinblick auf die politische Betätigung nach den Grundsätzen des Attac-Urteils bewertet werden. Die Übertragung der Grundsätze zur politischen Betätigung aus dem Attac-Urteil zeigt, dass sich eine Begünstigung oder Belastung gleich welcher Partei als gemeinnützigkeitsschädlich erweisen kann.

EE) DER NEUE ANWENDUNGSERLASS ZU § 52 ABS. 2 S. 1 NR. 7 AO

Das BMF prüft derzeit eine Ergänzung des § 52 Abs. 2 S. 1 Nr. 7 AEAO im Hinblick auf journalistische Tätigkeiten. In dem Entwurf heißt es:

> Nicht gewinnorientierte Journalismus-Organisationen verfolgen in der Regel die Förderung der Bildung (Paragraf 52, Absatz 2, Nummer 7 AO), indem sie

[847] Dazu bereits unter D. II. 2.

[848] *Hüttemann/Stollenwerk*, StuW 2018, 384 (392).

> insbesondere durch Wissensvermittlung, Aufklärung sowie Nachrichtenaufbereitung oder -beschaffung der Allgemeinheit Informationen zur Verfügung stellen.

Dazu gehöre auch die parteipolitisch neutrale Mitwirkung an der Meinungsbildung.[849]

Das BMF will damit Rechtssicherheit für gemeinnützige Körperschaften schaffen, die im Kern journalistisch tätig sind. Bezogen auf den Fall Correctiv bedeutet dies, dass vor allem die Nachrichtenbeschaffung und -aufbereitung sowie die Aufklärung, die in der investigativen Arbeit der Körperschaft zum Ausdruck kommen, auch zukünftig als Bildung i. S. d. § 52 Abs. 2 S. 1 Nr. 7 AO eingestuft werden können. Die Betonung der parteipolitischen Neutralität zeigt, dass auch das BMF die Gefahr einer politischen Einflussnahme durch journalistisch tätige Körperschaften nicht verkennt. Die in Bezug auf Correctiv herausgearbeiteten Ergebnisse hinsichtlich der Zulässigkeit politischer Betätigungen bleiben somit auch nach Inkrafttreten des Anwendungserlasses von Bedeutung.

d) Der Fall Volksverpetzer

Schließlich ist noch ein Blick auf die Volksverpetzer gUG (haftungsbeschränkt) zu werfen. Dabei handelt es sich um einen „Anti-Fake-News-Blog", dessen Kerntätigkeit in der Aufdeckung von Falschbehauptungen („Fakten-Checking") liegt.[850] Mit einer Meldung vom 14.05.2024 hat die Organisation auf ihrer eigenen Internetseite verkündet, dass ihr die Gemeinnützigkeit entzogen wurde.[851]

AA) „FAKTEN-CHECKING" ALS GEMEINNÜTZIGER ZWECK

Nun könnte dies zunächst darauf zurückzuführen sein, dass das sogenannte „Fakten-Checking" nicht zu den gemeinnützigen Zwecken des § 52 Abs. 2 AO zählt. Jedoch kann das Aufdecken von „Fake News" in bestimmten Fällen unter den Zweck der politischen Bildung fallen.[852] Neben der poli-

---

[849] https://www.sonntagsblatt.de/artikel/medien/bundesregierung-will-den-weg-fuer-gemeinnuetzigen-journalismus-freimachen (zuletzt abgerufen am 20.08.2024).

[850] https://www.volksverpetzer.de/ueber-uns/ (zuletzt abgerufen am 20.08.2024).

[851] https://www.volksverpetzer.de/aktuelles/volksverpetzer-gemeinnuetzigkeit-entzogen/ (zuletzt abgerufen am 20.08.2024).

[852] So *Hüttemann/Stollenwerk*, StuW 2018, 384 (392 f.).

tischen Wahrnehmungsfähigkeit wird vor allem der kritische Umgang mit Medien gefördert.[853] Auch diese Verbesserung der Medienkompetenz kann durch einen „bildenden" Charakter gekennzeichnet sein.[854] Wenn man das „Fakten-Checking" nun also unter den gemeinnützigen Zweck der Bildung subsumiert, dann ist – ebenso wie bei Correctiv – Vorsicht im Hinblick auf die politische Betätigung geboten. Da das Aufdecken von sogenannten „Fake News" keinen eigenständigen gemeinnützigen Zweck, sondern eine besondere Form der Förderung politischer Bildung darstellt, gelten erneut die Grundsätze zur politischen Betätigung aus dem Attac-Urteil.

BB) GEMEINNÜTZIGKEITSSCHÄDLICHE POLITISIERUNG

Volksverpetzer behauptet von sich selbst, dass sie sich von Correctiv vor allem in puncto Neutralität unterscheiden: Correctiv und viele andere

> [...] setzen auf Sachlichkeit und größtmögliche Neutralität, was sehr sinnvoll ist. Der Ansatz von Volksverpetzer ist aber ein anderer: Wir versuchen auch mal emotional, mal satirisch, mal sachlich die Narrative von Extremist:innen und Verschwörungsideolog:innen zu entlarven.[855]

Ein besonderes Augenmerk hat Volksverpetzer auf die AfD gelegt. Dass die „Fakten-Checks" und andere Berichte vor allem bestimmte politische Akteure oder politisch umstrittene Themen betreffen, ist nicht per se schädlich.[856] Dies wird insbesondere darauf zurückzuführen sein, dass bestimmte Parteien in besonderem Maße durch die Verbreitung von „Fake News" in Erscheinung treten. Die Voraussetzungen der Objektivität und Neutralität sowie der geistigen Offenheit, auf die Volksverpetzer laut eigener Beschreibung weniger Wert legt, müssen jedoch zwingend eingehalten werden.

Geradezu mustergültig geht Volksverpetzer in dem Bericht „Die Wahrheit über die Briefwahl – So belügt dich die AfD über die Briefwahl! (so einfach geht das)" vor. Dort wird in mehreren Schritten erklärt, wie eine Briefwahl durchzuführen ist. Damit setzt sich die Organisation zunächst in allgemeiner Form mit einem der Wahlrechtsgrundsätze auseinander. Schließlich wird

---

853 *Hüttemann/Stollenwerk*, StuW 2018, 384 (392 f.).

854 *Hüttemann/Stollenwerk*, StuW 2018, 384 (393).

855 https://www.volksverpetzer.de/ueber-uns/ (zuletzt abgerufen am 20.08.2024).

856 *Hüttemann/Stollenwerk*, StuW 2018, 384 (395).

erklärt, aus welchem Grund eine Briefwahl auch sicher ist.[857] Die Grundsätze zur allgemeinen Förderung des demokratischen Staatswesens sind damit gewahrt. Auf die AfD wird nur aufgrund „ihrer Lüge, die Briefwahl sei unsicher“, Bezug genommen.[858]

Gemeinnützigkeitsrechtlich überaus problematisch ist dagegen etwa die Petition für ein Verbotsverfahren gegen die AfD. Während Correctiv im Rahmen der „Geheimplan gegen Deutschland“-Recherche (nur) subtil auf die Petition für ein AfD-Verbot verwies, hat Volksverpetzer diese Petition selbst ins Leben gerufen.[859] Damit positioniert sich die Organisation nicht nur gezielt gegen eine politische Partei, sondern ruft vielmehr zum Kampf gegen diese Partei auf. Die parteipolitische Neutralität wird damit in erheblichem Maße verletzt.

CC) EINSTUFUNG DES VERSTOSSES

Da die Petition dauerhaft im Internet abrufbar ist, handelt es sich um einen strukturellen Verstoß. Volksverpetzer fördert mit dem „Fakten-Checking“ und anderen Berichten zwar auch die politische Bildung, jedoch ist die tatsächliche Geschäftsführung daneben auch in erheblichem Maße politisch tätig. Dies kommt vor allem darin zum Ausdruck, dass Volksverpetzer eine Petition für ein Verbotsverfahren gegen die AfD ins Leben gerufen hat. Dabei handelt es sich um einen erheblichen Verstoß, der zum Verlust der Gemeinnützigkeit führen musste.

2. Punktuell

Ebenso wie im Rahmen der schwerwiegenden Verstöße ist es möglich, dass eine erhebliche Verletzung nur punktuell stattfindet. In diesem Zusammenhang ist auf die besondere Konstellation einzugehen, in der eine gemeinnützige Körperschaft Verstöße gegen die Rechtsordnung begeht.[860] Vor allem im

---

857 https://www.volksverpetzer.de/aktuelles/briefwahl-thueringen-waehlen/ (zuletzt abgerufen am 20.08.2024).

858 https://www.volksverpetzer.de/aktuelles/briefwahl-thueringen-waehlen/ (zuletzt abgerufen am 20.08.2024).

859 https://innn.it/afdverbot/ (zuletzt abgerufen am 20.08.2024).

860 Insgesamt zum Verlust der Gemeinnützigkeit aufgrund von Verstößen gegen die Rechtsordnung *Brill*, Der Verlust der Gemeinnützigkeit; zu den punktuellen, gewichtigen Verstößen gehören auch solche gegen die Rechtsordnung, *Seeck/Wackerbeck*, DStR 2022, 633 (637). Es ist ebenso denkbar, dass Verstöße gegen die Rechtsordnung struktureller Natur sind (BFH v. 27.09.2001 – V R 17/99, BStBl II 2002, 169 = BFHE 197, 314):

Hinblick auf die Rechtsfolge werden anschließend auch punktuelle Verstöße gegen Grundsatznormen des Gemeinnützigkeitsrechts dargestellt.

a) Verstöße gegen die Rechtsordnung

AA) RECHTSPRECHUNG

Nach Ansicht des BFH liegt ein Verstoß der tatsächlichen Geschäftsführung gegen den Grundsatz der Förderung der Allgemeinheit vor, wenn diese sich nicht im Rahmen der verfassungsmäßigen Ordnung i. S. d. Art. 2 Abs. 1 GG, also im Rahmen der allgemeinen Rechtsordnung, die die materiellen und formellen Normen der Verfassung beachtet, bewegt.[861] Dieses Verständnis der Rechtsprechung hat zur Folge, dass jedes rechtswidrige Verhalten der Körperschaft zum Verlust der Gemeinnützigkeit führen kann.[862]

Zur Veranschaulichung dient folgender Sachverhalt, der dem BFH-Urteil vom 29.08.1984[863] zugrunde liegt: Ein gemeinnütziger Verein verfolgte nach seiner Satzung „zum Zwecke des Umweltschutzes ausschließlich und

---

Die Fußballspieler eines gemeinnützigen Vereins (Mitglieder) haben eine vertraglich vereinbarte, monatliche Aufwandsentschädigung bezogen. Darüber hinaus haben sie in den Jahren 1992 bis 1997 insgesamt 820.000 DM erhalten, die die Sponsoren dem Manager und Obmann der Körperschaft zum Zwecke der Weiterleitung an die Spieler übergaben. Fraglich ist, ob darin ein Verstoß gegen den Grundsatz der Förderung der Allgemeinheit (§ 52 Abs. 1 AO) zu sehen ist. Nach Ansicht des BFH ist dafür jeder Verstoß gegen die Rechtsordnung ausreichend. Ein solcher Verstoß kann etwa in einer Lohnsteuerverkürzung zu sehen sein. Gemäß § 38 Abs. 3 S. 1 EStG hat der Arbeitgeber die Lohnsteuer für Rechnung des Arbeitnehmers einzubehalten. § 38 Abs. 1 S. 3 EStG ordnet an, dass der Lohnsteuer auch der im Rahmen des Dienstverhältnisses von einem Dritten gewährte Arbeitslohn unterliegt. Diese Pflicht hat die Körperschaft verletzt, wenn es sich bei den Geldzahlungen der Sponsoren um Lohnzahlungen Dritter handelt. Zudem hat der Verstoß über einen längeren Zeitraum dauerhaft stattgefunden und war damit struktureller Natur.

[861] BFH v. 13.12.1978 – I R 39/78, BStBl II 1979, 482 (487) = BFHE 127, 330; BFH v. 29.08.1984 – I R 215/81, BStBl II 1985, 106 (107) = BFHE 142, 243; BFH v. 13.07.1994 – I R 5/93, BStBl II 1995, 134 (136) = BFHE 175, 484; eine ausführliche Darstellung der Rechtsprechung befindet sich bei *Brill*, Der Verlust der Gemeinnützigkeit, S. 77 ff.

[862] *Brill*, Der Verlust der Gemeinnützigkeit, S. 102 f.; *Hüttemann*, in: Hüttemann, Gemeinnützigkeitsrecht und Spendenrecht, Rn. 3.91. In diesem Zusammenhang ist bereits auf das Zurechnungsmodell für die tatsächliche Geschäftsführung zu verweisen, wonach eine Vielzahl von Akteuren (rechtswidrige) Beiträge zur Geschäftsführung leisten kann.

[863] BFH v. 29.08.1984 – I R 215/81, BStBl II 1985, 106 = BFHE 142, 243.

unmittelbar gemeinnützige Ziele". In den Jahren 1977 und 1978 kam es neben klassischerweise den Umweltschutz fördernden Handlungen wie der Bepflanzung einer abgebrannten Waldfläche mit über 70.000 Bäumen zu der Aufklärung über die Gefahren eines nuklearen Entsorgungszentrums und schließlich – darauf kommt es an – auf die Ankündigung zu gewaltfreiem Widerstand gegen die Errichtung einer solchen Anlage.[864] Bereits mit der bloßen Ankündigung, dass die Körperschaft „[...] dem Beginn der Bohrungen notfalls gewaltfreien Widerstand entgegensetzen und möglicherweise Anordnungen der Polizei nicht befolgen werde", durchbreche sie die Bindung an die staatliche Rechtsordnung, sodass ein zur Versagung der Gemeinnützigkeit führender Verstoß gegen die Förderung der Allgemeinheit vorliege.[865]

BB) LITERATUR

Im Schrifttum wird zunächst zwischen Verstößen gegen die Rechtsordnung, die der Verwirklichung des Satzungszwecks dienen, und sonstigem rechtswidrigen Verhalten unterschieden.[866]

(1) Rechtsverstoß zur Zweckverfolgung

Unter Ersterem ist dabei der soeben geschilderte Fall des BFH zu verstehen, bei dem die Körperschaft den satzungsmäßigen Zweck des Umweltschutzes mittels rechtswidriger Maßnahmen umsetzen wollte.[867] Hinsichtlich dieser Konstellation besteht Einigkeit darüber, dass der gemeinnützige Zweck nicht illegale Mittel heiligt.[868] Teilweise wird sogar vertreten, dass die dau-

---

864 BFH v. 29.08.1984 – I R 215/81, BStBl II 1985, 106 (106) = BFHE 142, 243.

865 BFH v. 29.08.1984 – I R 215/81, BStBl II 1985, 106 (107) = BFHE 142, 243; kritisch, insbesondere im Hinblick auf die Folgen einer solchen Beurteilung, *Brill*, Der Verlust der Gemeinnützigkeit, S. 197 ff.

866 *Hüttemann*, in: Hüttemann, Gemeinnützigkeitsrecht und Spendenrecht, Rn. 3.93 f.; daneben besteht auch noch die Möglichkeit, dass der Satzungszweck selbst die Rechtsordnung verletzt, jedoch wird dies nicht erst im Rahmen der tatsächlichen Geschäftsführung, sondern bereits bei der Satzungsprüfung virulent, *Seer*, in: Tipke/Kruse, AO/FGO, § 63 AO Rn. 4.

867 *Hüttemann*, in: Hüttemann, Gemeinnützigkeitsrecht und Spendenrecht, Rn. 3.94; *Seer*, in: Tipke/Kruse, AO/FGO, § 63 AO Rn. 4.

868 *Hüttemann*, in: Hüttemann, Gemeinnützigkeitsrecht und Spendenrecht, Rn. 3.94; *Isensee*, FS Dürig 33 (45 f.); *Jäschke*, DStR 2009, 1669 (1671); *Seer*, in: Tipke/Kruse, AO/

erhafte Realisierung des Vereinszwecks gegen die Grundvorstellung des Grundgesetzes mittels ungesetzlicher Projekte einen Zweckwegfall i. S. d. § 55 Abs. 1 Nr. 4 AO bedeute, was eine zehnjährig rückwirkende Besteuerung auslösen würde.[869]

Unter diese Kategorie von Rechtsverstößen würde auch eine illegale Maßnahme der tatsächlichen Geschäftsführung der Correctiv-GmbH im Zusammenhang mit der „Geheimplan gegen Deutschland"-Recherche fallen. In Betracht kommt vor allem die Verwirklichung der Straftatbestände des § 201 StGB, des § 201a StGB sowie des § 33 Abs. 1 KunstUrhG.

(a) Bildaufnahmen durch Correctiv

Nach § 201a Abs. 1 Nr. 1 StGB wird bestraft, wer von einer anderen Person, die sich in einer Wohnung oder einem gegen Einblick besonders geschützten Raum befindet, unbefugt eine Bildaufnahme herstellt und dadurch den höchstpersönlichen Lebensbereich der abgebildeten Person verletzt. Da die Verletzung des höchstpersönlichen Lebensbereichs eng auszulegen ist,[870] erfüllen die Aufnahmen von der Gesellschaft im Hotel den Tatbestand zwar nicht, jedoch kommt eine Verletzung des § 33 Abs. 1 KunstUrhG in Betracht. Danach macht sich strafbar, wer entgegen den §§ 22, 23 KunstUrhG ein Bildnis verbreitet oder öffentlich zur Schau stellt. Eine Einwilligung nach § 22 KunstUrhG der Teilnehmer liegt nicht vor, da diese vor der Veröffentlichung in der „Geheimplan gegen Deutschland"-Recherche keine Kenntnis von der Anfertigung der Aufnahmen hatten. Indes könnte die Veröffentlichung der Bilder unter den Voraussetzungen des § 23 KunstUrhG auch ohne die Einwilligung der Abgebildeten zulässig sein, wenn es sich um Bildnisse aus dem Bereiche der Zeitgeschichte handeln würde (§ 23 Abs. 1 Nr. 1 KunstUrhG) und berechtigte Interessen der Abgebildeten nicht verletzt werden (§ 23 Abs. 2 KunstUrhG).[871] Die Abwägung

---

FGO, § 52 AO Rn. 15, § 63 AO Rn. 4; einschränkend AEAO zu § 63 Nr. 5: Gewaltfreier Widerstand – etwa in Form von Sitzblockaden – gegen geplante Maßnahmen des Staates verstoße grundsätzlich nicht gegen die verfassungsmäßige Ordnung.

869 *Wallenhorst*, DStR 2011, 698 (702).

870 BT-Drucks. 15/2466, 5; *Valerius*, in: Leipziger Kommentar StGB, § 201a Rn. 93 f.; a.A. *Fischer*, StGB, § 201a Rn. 32.

871 Dabei handelt es sich um das „neue" abgestufte Schutzkonzept des BGH, welches das Gericht in den Entscheidungen BGH v. 06.03.2007 – VI ZR 13/06, NJW 2007, 1981 =

zwischen den Rechten der Abgebildeten, namentlich Art. 2 Abs. 1 i. V. m. Art. 1 Abs. 1 GG sowie Art. 8 Abs. 1 EMRK und den Rechten der Presse aus Art. 5 Abs. 1 GG und Art. 10 Abs. 1 EMRK, ist schon bei der Beurteilung, ob es sich um ein Bildnis aus dem Bereich der Zeitgeschichte handelt, vorzunehmen.[872] Der Begriff des Zeitgeschehens umfasst alle Fragen von allgemeinem gesellschaftlichen Interesse.[873] Das Informationsinteresse wird jedoch nicht schrankenlos gewährleistet, sondern erfährt seine Begrenzung beim Einbruch in die persönliche Sphäre des Abgebildeten durch den Grundsatz der Verhältnismäßigkeit: „Nicht alles, wofür sich Menschen aus Langeweile, Neugier und Sensationslust interessieren, rechtfertigt dessen visuelle Darstellung in der breiten Medienöffentlichkeit."[874] Daraus folgt im Umkehrschluss: Je größer der Informationswert für die Öffentlichkeit ist, desto mehr muss das Schutzinteresse des Abgebildeten hinter den Informationsbelangen der Öffentlichkeit zurücktreten.[875]

Bei dem Treffen in Potsdam handelt es sich um ein Ereignis, bei dem über das Schicksal von Millionen von Menschen diskutiert wurde und dessen Kenntniserlangung für nahezu jeden Bürger der Bundesrepublik Deutschland von enormer Relevanz war. Dies ließe sich bereits aus den veröffentlichen Inhalten selbst schließen. Unterstrichen wird die Bedeutung dieses Beitrags zur Bildung der öffentlichen Meinung jedoch durch das enorme Medienecho sowie die Reaktion der Zivilgesellschaft in Form von (Massen-)Demonstrationen gegen die AfD. Der Inhalt des Treffens ergibt sich zwar ausschließlich aus den Textpassagen der Veröffentlichung, jedoch ergibt sich die besondere Brisanz der „Geheimplan gegen Deutschland"-Recherche vor allem aus der Teilnahme der abgebildeten AfD-Politiker. Es ging bei der Veröffentlichung der Bildaufnahmen weniger darum, die Aufmerksamkeit der Leser für den Wortbericht zu wecken, als vielmehr

---

VersR 2007, 697 und BGH v. 03.07.2007 – VI ZR 164/06, NJW 2008, 749 = VersR 2007, 1283 entwickelt hat; *Dreyer*, in: Dreyer/Kotthoff/Meckel/Hentsch, Urheberrecht, § 23 KunstUrhG Rn. 2, 8 f.

[872] BGH v. 10.03.2009 – VI ZR 261/07, NJW 2009, 1499 (1500) = VersR 2009, 843; *Dreyer*, in: Dreyer/Kotthoff/Meckel/Hentsch, Urheberrecht, § 23 KunstUrhG Rn. 10.

[873] BGH v. 10.03.2009 – VI ZR 261/07, NJW 2009, 1499 (1500) = VersR 2009, 843; BGH v. 22.11.2011 – VI ZR 26/11, NJW 2012, 763 (766) = VersR 2012, 192; *Dreyer*, in: Dreyer/Kotthoff/Meckel/Hentsch, Urheberrecht, § 23 KunstUrhG Rn. 10.

[874] BGH v. 28.10.2008 – VI ZR 307/07, NJW 2009, 757 (758) = VersR 2009, 268.

[875] BGH v. 28.10.2008 – VI ZR 307/07, NJW 2009, 757 (759) = VersR 2009, 268.

um den Beweis, dass die abgebildeten Personen tatsächlich an dem Treffen teilgenommen haben. Damit unterstreichen die Bilder die Authentizität der Berichterstattung.[876] Da der Informationswert in diesen Fällen im Kontext der dazu gehörenden Wortberichterstattung zu ermitteln ist,[877] kann auch das Informationsinteresse an den veröffentlichten Bildern als besonders hoch eingestuft werden.

Für die Gewichtung der Belange des Persönlichkeitsschutzes sind jedoch auch die Umstände der Bildgewinnung zu berücksichtigen, sodass sich die Ausnutzung der Heimlichkeit ebenfalls auf die Beurteilung auswirkt.[878] Die Situation, in der die Betroffenen abgebildet werden, spricht dagegen nicht für eine erhöhte Beeinträchtigung des Persönlichkeitsrechts. Die visuelle Darstellung bei dem Treffen berührt thematisch nicht die Privatsphäre durch Ausbreitung von üblicherweise der öffentlichen Erörterung entzogenen Einzelheiten des privaten Lebens, wie es etwa bei Auseinandersetzungen mit sich selbst in Tagebüchern, bei vertraulicher Kommunikation unter Eheleuten, im Bereich der Sexualität, bei sozial abweichendem Verhalten oder bei Krankheiten der Fall ist.[879] Denn allein die Behauptung, dass man als Privatperson bei dem Treffen anwesend gewesen sei,[880] genügt nicht für die Begründung einer privaten Verhaltensweise, die sich in die zuvor genannten Beispiele einreiht. Die Berichterstattung erfasst die Betroffenen auch nicht in Momenten der Entspannung oder des Sich-Gehen-Lassens außerhalb der Einbindung in die Pflichten des Berufs und Alltags.[881] Das betreffende Landhotel in Potsdam ist zwar grundsätzlich dazu geeignet, einen entsprechenden Rückzugsbereich zu begründen, jedoch mussten die abgebildeten Personen im konkreten Fall sehr wohl darauf achten, wie sie

---

876 BVerfG v. 09.02.2017 – 1 BvR 967/15, NJW 2017, 1376 (1377) = AfP 2017, 147.

877 BVerfG v. 26.02.2008 – 1 BvR 1602/07, 1 BvR 1606/07, 1 BvR 1626/07, BVerfGE 120, 180 (206) = NJW 2008, 1793.

878 BGH v. 28.10.2008 – VI ZR 307/07, NJW 2009, 757 (760) = VersR 2009, 268; BVerfG v. 26.02.2008 – 1 BvR 1602/07, 1 BvR 1606/07, 1 BvR 1626/07, BVerfGE 120, 180 (207) = NJW 2008, 1793.

879 BVerfG v. 15.12.1999 – 1 BvR 653/96, BVerfGE 101, 361 (382) = NJW 2000, 1021.

880 https://correctiv.org/aktuelles/neue-rechte/2024/01/10/geheimplan-remigration-vertreibung-afd-rechtsextreme-november-treffen/ (zuletzt abgerufen am 20.08.2024).

881 BVerfG v. 15.12.1999 – 1 BvR 653/96, BVerfGE 101, 361 (382 f.) = NJW 2000, 1021; BVerfG v. 26.02.2008 – 1 BvR 1602/07, 1 BvR 1606/07, 1 BvR 1626/07, BVerfGE 120, 180 (207) = NJW 2008, 1793.

auf andere wirken und ob sie sich richtig verhalten. Eine Entbindung von den Pflichten des Berufs wird vor allem dann entkräftet, wenn man dort als Politiker um Direktspenden wirbt, die für den Wahlkampf genutzt werden sollen.[882]

Damit steht einzig die Heimlichkeit der Bildgewinnung einem überragenden öffentlichen Interesse gegenüber. Die überaus brisanten Inhalte des Geheimtreffens sowie die durch die Bildaufnahmen verifizierte Teilnahme mehrerer AfD-Politiker diente einem Großteil der Bevölkerung zur Meinungsbildung und stellt damit nicht nur ein bloßes Alltagsgeschehen zur Belustigung der Leser dar, sondern ein Ereignis von übergeordneter Bedeutung für die öffentliche Meinungsbildung. Somit handelt es sich um Bildnisse aus dem Bereich der Zeitgeschichte, die die berechtigten Interessen der Abgebildeten nicht verletzen, sodass kein Verstoß gegen § 33 Abs. 1 KunstUrhG vorliegt.

(b) Abhörmaßnahme durch Correctiv

Im Hinblick auf § 201 StGB ist zu konstatieren, dass die Äußerungen im Rahmen des Geheimtreffens in Potsdam nichtöffentlich gesprochene Worte einer anderen Person darstellen. § 201 Abs. 1 Nr. 1 StGB stellt das Aufnehmen dieser Worte auf einem Tonträger unter Strafe und gemäß § 201 Abs. 2 Nr. 1 StGB wird bestraft, wer unbefugt das nicht zu seiner Kenntnis bestimmte nichtöffentlich gesprochene Wort eines anderen mit einem Abhörgerät abhört. Angesichts der detaillierten Ausführungen innerhalb der „Geheimplan gegen Deutschland"-Recherche liegt es nahe, dass die tatsächliche Geschäftsführung von Correctiv einen solchen Rechtsverstoß begangen hat. Sowohl die Aufnahme auf einem Tonträger – etwa durch einen angewiesenen Teilnehmer – als auch das Abhören mittels Abhörgeräts begründet eine Strafbarkeit. Die Auswirkungen eines solchen Rechtsverstoßes für die Gemeinnützigkeit werden im Folgenden näher beleuchtet. Im Fall Correctiv liegt die Aberkennung der Gemeinnützigkeit – der Nachweis einer Straftat unterstellt – angesichts des prägenden Charakters des Rechtsverstoßes trotz der Einmaligkeit nahe. Der Großteil des gesamten Berichts beruht auf der möglicherweise erfolgten Abhörmaßnahme.

---

[882] https://correctiv.org/aktuelles/neue-rechte/2024/01/10/geheimplan-remigration-vertreibung-afd-rechtsextreme-november-treffen/ (zuletzt abgerufen am 20.08.2024).

(2) Sonstiger Rechtsverstoß

Sonstige Rechtsverstöße, die nicht der Verwirklichung des Satzungszwecks dienen, sondern in anderweitigem rechtswidrigen Verhalten bestehen, sind dagegen anzunehmen, wenn die Rechtsordnung nicht durch Zweckverwirklichungsmethoden, sondern durch sonstiges Verhalten wie Lohnsteuerverkürzungen verletzt wird.[883] Der Verlust der Gemeinnützigkeit würde in diesen Fällen als „Sonderstrafe" neben die Ahndung als Steuerstraftat bzw. -ordnungswidrigkeit treten und sei deshalb abzulehnen.[884]

Brill weist im Hinblick auf die fehlende gesetzliche Anordnung zunächst darauf hin, dass der Verlust der Gemeinnützigkeit jedenfalls keine Strafe i. S. d. Art. 103 Abs. 2 GG darstelle.[885] Eine völlige Umqualifizierung der Allgemeinwohlförderung durch punktuelle Verstöße gegen die Rechtsordnung sei dennoch keineswegs angezeigt,[886] vielmehr müsse man *de lege lata* eine Abwägung vornehmen, wonach einer Körperschaft die Förderung der Allgemeinheit solange nicht abgesprochen werden könne, wie die gemeinwohlfördernde Tätigkeit die gemeinwohlschädigende überwiege.[887]

---

[883] *Hüttemann*, in: Hüttemann, Gemeinnützigkeitsrecht und Spendenrecht, Rn. 3.93; *Seer*, in: Tipke/Kruse, AO/FGO, § 63 AO Rn. 4 „sachfremde Kopplung"; ebenso *Wolsztynski/Hüsgen*, BB 2000, 1809 (1816) Bezug nehmend auf die missbräuchliche Ausstellung von Zuwendungsbestätigungen.

[884] *Schauhoff*, DStJG 26 (2003), 133 (147); *Seer*, in: Tipke/Kruse, AO/FGO, § 63 AO Rn. 4; *Wolsztynski/Hüsgen*, BB 2000, 1809 (1816); differenzierend *Jansen*, FR 2002, 996 (998): Aberkennung nur bei Steuerhinterziehung in besonders schweren Fällen (§ 370 Abs. 3 AO); ähnlich *Musil*, in: Hübschmann/Hepp/Spitaler, AO/FGO, § 52 AO Rn. 34; *Krüger*, in: Schwarz/Pahlke/Keß, AO/FGO, § 63 AO Rn. 2: Nicht jeder Verstoß gegen die Rechtsordnung führe zum Verlust der Gemeinnützigkeit, vielmehr müsse dies nach dem Grundsatz der Verhältnismäßigkeit beurteilt werden; *Brill*, Der Verlust der Gemeinnützigkeit, S. 243 ff. liefert demgegenüber eine Vielzahl von Argumenten, welche gegen die Anwendung des Verhältnismäßigkeitsprinzips sprechen.

[885] *Brill*, der Verlust der Gemeinnützigkeit, S. 143.

[886] *Brill*, der Verlust der Gemeinnützigkeit, S. 159: Man könne *de lege ferenda* über die Versagung für ein entsprechendes Quartal nachdenken. Danach wird jedoch unmittelbar auf die damit einhergehenden Schwierigkeiten bei der Körperschaftsteuer verwiesen.

[887] *Brill*, der Verlust der Gemeinnützigkeit, S. 163.

CC) BEWERTUNG

Die differenzierende Vorgehensweise des Schrifttums ist grundsätzlich zu begrüßen. Insbesondere unter Beachtung der faktischen Doppelbestrafung[888] sowie des Verbots sachfremder Kopplung sollte bei sonstigen Rechtsverstößen nicht der Verlust der Gemeinnützigkeit folgen.[889] Zum einen tritt der Entzug der Gemeinnützigkeit als faktische Strafe neben die Sanktionen, welche die Rechtsordnung für den Verstoß ohnehin vorsieht.[890] Zum anderen wird gegen das Kopplungsverbot verstoßen, wenn das Gemeinnützigkeitsrecht dafür eingesetzt wird, ein rechtstreues Verhalten der Körperschaft zu erzwingen.[891] Das Gemeinnützigkeitsrecht steht nicht unter der Prämisse: Wer steuerliche Privilegien beansprucht, muss sich in besonderer Weise rechtstreu verhalten.[892] Sonstige Verstöße gegen die Rechtsordnung haben zudem einen Sondercharakter, da es sich gar nicht um Verstöße der tatsächlichen Geschäftsführung gegen Vorschriften des Gemeinnützigkeitsrechts handelt. Es existiert keine Vorschrift, nach der sich gemeinnützige Körperschaften in ihrer Satzung dazu verpflichten müssen, keinen Rechtsverstoß zu begehen.[893] Aus diesem Grund setzt der BFH voraus, dass dies einer jeden Satzung von gemeinnützigen Organisationen immanent sei. Ein Rechtsverstoß der tatsächlichen Geschäftsführung würde damit eine gemeinnützigkeitsschädliche

---

[888] Bei dem Verlust der Gemeinnützigkeit handelt es sich nicht um eine Strafe im rechtlichen Sinne (Art. 103 Abs. 2 GG). Wenn die Steuerpflicht keine Strafe darstellt, kann in ihrem Wiederaufleben ebenfalls keine Strafe gesehen werden, zutr. *Brill*, der Verlust der Gemeinnützigkeit, S. 143.

[889] *Schauhoff*, DStJG 26 (2003), 133 (147); *Seer*, in: Tipke/Kruse, AO/FGO, § 63 AO Rn. 4.

[890] Zutr. *Hüttemann*, in: Hüttemann, Gemeinnützigkeitsrecht und Spendenrecht: Es ist nicht ersichtlich, weshalb das Finanzamt im Falle der Nichtabgabe von Steuererklärungen die Möglichkeiten, die Erfüllung der Erklärungspflichten mit den gesetzlich vorgesehenen Mitteln zu erzwingen (§§ 152, 328 ff. AO) und die Geschäftsleiter persönlich in Haftung zu nehmen (§§ 34, 69 AO), überspringen sollte; ähnlich *Musil*, in: Hübschmann/Hepp/Spitaler, AO/FGO, § 63 AO Rn. 34.

[891] Ausführlich zum Verbot sachfremder Kopplung *Brill*, Der Verlust der Gemeinnützigkeit, S. 171 ff.: Im Ergebnis sei ein Verstoß gegen das Kopplungsverbot jedoch nur bei Rechtsverstößen anzunehmen, die in keinem Zusammenhang mit der Förderung der Allgemeinheit stünden.

[892] *Hüttemann*, in: Hüttemann, Gemeinnützigkeitsrecht und Spendenrecht, Rn. 3.93.

[893] Vgl. BFH v. 29.08.1984 – I R 215/81, BStBl II 1985, 106 (107) = BFHE 142, 243: Zur Einhaltung der verfassungsgemäßen Ordnung bedarf es keiner Satzungsbestimmung; *Brill*, Der Verlust der Gemeinnützigkeit, S. 167.

Abweichung darstellen.[894] Dieser Kunstgriff führt allerdings zu dem Problem, dass sich die Körperschaft an eine fiktive Satzungsregelung halten müsste, die das grundsätzlich erforderliche gesetzestreue Verhalten „aller Bürger sowie Vereine, Verbände oder (sonstiger) juristischer Personen" statuiert.[895] Dann kann es sich dabei aber nicht gleichzeitig um eine Regelung handeln, die gemäß § 63 Abs. 1 AO nur gemeinnützige Körperschaften bindet. Jedoch werden ausschließlich solche Verstöße gegen Bestimmungen, die die Satzung über die Voraussetzungen für Steuervergünstigungen enthält, mit dem Verlust der Gemeinnützigkeit sanktioniert.[896] Nach alledem sind sonstige Rechtsverstöße, die in keinem Zusammenhang mit der Verwirklichung des gemeinnützigen Zwecks stehen, schon aufgrund ihres speziellen Charakters gemeinnützigkeitsunschädlich.

Zu restriktiv ist jedoch die Annahme, dass sämtliche Rechtsverstöße, also auch solche ohne strafrechtliche Relevanz, zur Versagung der Gemeinnützigkeit führen sollen, wenn sie als Mittel zur Zweckverwirklichung eingesetzt werden.[897] Der Sonderstatus gilt für diese Verstöße zwar nicht; insbesondere handelt es sich in diesen Fällen nicht um sachfremde Kopplungen.[898] Zutreffend ist auch, dass der gemeinnützige Zweck nicht illegale Mittel heiligt. Zur Ermittlung der Qualität des Verstoßes sowie der damit einhergehenden Rechtsfolgen ist aber mangels Sondercharakters auf die Gesamtheit der der tatsächlichen Geschäftsführung zuzurechnenden Handlungen abzustellen. Auch diese Verstöße gegen die Rechtsordnung können schwerwiegender, erheblicher oder geringfügiger Natur sein. Um auf das Beispiel der Körperschaft zur Förderung des Umweltschutzes zu rekurrieren: Eine gemeinnützige Organisation nimmt über den gesamten Veranlagungszeitraum hinweg klassischerweise gemeinnützigkeitsfördernde Handlungen wie das Anpflanzen von Bäumen auf einer von ihr erworbenen Fläche vor. Allerdings verstößt sie in diesem Zusammenhang einmalig gegen das entsprechende Landeswaldgesetz – denkbar ist etwa der Beginn mit der Erstaufforstung ohne Genehmigung (vgl. etwa § 10 LWaldG SH).

---

[894] BFH v. 29.08.1984 – I R 215/81, BStBl II 1985, 106 (107) = BFHE 142, 243.

[895] BFH v. 29.08.1984 – I R 215/81, BStBl II 1985, 106 (107) = BFHE 142, 243.

[896] Zutr. *Brill*, Der Verlust der Gemeinnützigkeit, S. 167 f.; *Unger*, in: Gosch, AO/FGO, § 63 AO Rn. 20 Fn. 35.

[897] So insbesondere *Jäschke*, DStR 2009, 1669 (1671).

[898] Dazu ausführlich *Brill*, Der Verlust der Gemeinnützigkeit, S. 171 ff.

Zunächst ist zu konstatieren, dass die Geschäftsführung nicht in ihrer Gesamtheit auf die Verletzung der Norm gerichtet ist. Dies wäre allenfalls anzunehmen, wenn sämtliche Aktionen dadurch geprägt sind, dass diese ohne Rücksprachen oder Genehmigungen erfolgen.[899] Die eigentlich erforderliche Genehmigung stellt jedoch einen wesentlichen Aspekt im Rahmen der Aufforstung dar. In einem ersten Schritt ist die Fläche zu erwerben. Der zweite Schritt ist die Erlangung der Genehmigung und in einem dritten Schritt ist mit der Aufforstung zu beginnen. Betrachtet man den Vorgang der Aufforstung isoliert, so stellt der Rechtsverstoß einen gewichtigen Teil bei der Erreichung des Zwecks dar (Überschreiten der Bagatellgrenze). Prima facie liegt die Einstufung als geringfügig somit nicht nahe. Bei einer Gesamtbetrachtung verleiht der Verstoß der Geschäftsführung jedoch auch nicht das Gepräge, sodass diese weiterhin auch auf die ausschließliche und unmittelbare Verwirklichung des gemeinnützigen Zwecks gerichtet ist.[900] Außerdem ist zu berücksichtigen, dass es sich lediglich um einen einmaligen Verstoß handelt. Aus diesem Grund könnte man erwägen, der Körperschaft, vor allem bei punktuellem Fehlverhalten durch einzelne Personen, zunächst die Möglichkeit zu geben, den Verstoß etwa durch die Abbestellung des Vertreters zukünftig zu unterbinden.[901]

Folglich könnten einmalige Rechtsverstöße, auch wenn sie zur Verwirklichung des Zwecks eingesetzt werden, sanktionslos bleiben. Voraussetzung wäre jedoch, dass diese bei einer Gesamtbetrachtung der tatsächlichen Geschäftsführung über den gesamten Veranlagungszeitraum nicht ins Gewicht fallen. Handelt es sich dann überhaupt noch um erhebliche Verstöße? Es liegen einerseits keine eindeutig geringfügigen Verletzungen der Rechtsordnung vor.[902] In diesen Fällen wird die Absurdität einer Steuerversagung noch deutlicher. Man stelle sich vor, dass eine Körperschaft den

---

[899] Bei solch schwerwiegenden Verstößen ist die Gemeinnützigkeit richtigerweise zu versagen, *Musil*, in: Hübschmann/Hepp/Spitaler, AO/FGO, § 63 AO Rn. 34.

[900] Ähnlich *Schauhoff*, DStJG 26 (2203), 133 (147); zu einem vergleichbaren Ergebnis käme man wohl über eine Abwägungs- oder Saldolösung, vgl. *Brill*, Der Verlust der Gemeinnützigkeit, S. 155 ff.; auch wird man wohl nicht davon sprechen können, dass der Rechtsverstoß die materiell-gemeinwohlfördernde Wirkung der körperschaftlichen Tätigkeiten gänzlich kompensiert oder ausgeschlossen hätte, *Wolsztynski/Hüsgen*, BB 2000, 1809 (1816).

[901] *Wolsztynski/Hüsgen*, BB 2000, 1809 (1816).

[902] Zu geringfügigen Verstößen sogleich ausführlich unter 3. Kapitel D. IV.

Status der Gemeinnützigkeit verliert, weil ein von ihr beauftragtes Mitglied (§ 57 Abs. 1 S. 2 AO) im Rahmen einer Baumpflanzaktion falsch parkt. Andererseits handelt es sich auch nicht um eindeutig erhebliche Verstöße. Verdeutlicht wird das Problem bei einer Betrachtung sonstiger Verstöße gegen gemeinnützigkeitsrechtliche Grundsatznormen.

b) Behandlung sonstiger erheblicher Verstöße

Bei den übrigen Verstößen gegen Grundsätze des Gemeinnützigkeitsrechts, die lediglich punktuell stattfinden, ist ebenfalls fraglich, ob diese zwingend zum Verlust der Gemeinnützigkeit führen sollten oder nicht. Weisen sie eine Nähe zu den sogleich näher beschriebenen geringfügigen Verstößen auf, könnte man unter Anwendung des Grundsatzes der Verhältnismäßigkeit von einer Aberkennung absehen. Die Linie zwischen diesen zwei Stufen kann nämlich nicht immer trennscharf gezogen werden.

AA) MITTELFEHLVERWENDUNG

Wenn eine erhöhte Vergütung von 3.000 € als Verstoß gegen das Mittelverwendungsgebot des § 55 Abs. 1 Nr. 3 AO geringfügig ist und aus Gesichtspunkten der Verhältnismäßigkeit von einer Aberkennung der Gemeinnützigkeit abzusehen ist,[903] stellt eine überhöhte Vergütung von 6.000 € dann offensichtlich einen erheblichen Verstoß dar? Bei isolierter Betrachtung ist die Verletzung bereits doppelt so gewichtig, dennoch kommt es natürlich stets auf die Umstände des Einzelfalls an. Bei einem Jahresbudget von 10.000.000 € würde der fehlverwendete Betrag lediglich 0,06 % entsprechen.[904] Eindeutig erhebliche Verstöße haben dagegen in jedem Fall die Aberkennung der Gemeinnützigkeit zur Folge – man denke an eine überhöhte Vergütung von 100.000 €. Diese Fehlverwendung ist zum einen hinsichtlich des absoluten Betrags erheblich.[905] Zum anderen stellt eine solche Zahlung, die 1 % des gesamten Jahresbudgets entspricht, auch relativ, also im Verhältnis zur Gesamttätigkeit, eine erhebliche Fehlverwendung dar.

---

[903] BFH v. 12.03.2020 – V R 5/17, BStBl II 2021, 55 (Rn. 62) = BFHE 268, 415.

[904] Ähnlich wäre es bei einer Fehlverwendung von 8.000 €, vgl. *Hüttemann*, in: Hüttemann, Gemeinnützigkeitsrecht und Spendenrecht, Rn. 4.230.

[905] BFH v. 12.03.2020 – V R 5/17, BStBl II 2021, 55 (Rn. 64) = BFHE 268, 415 schon ab 10.000 €.

BB) POLITISCHE ÄUSSERUNG

Sollte eine Körperschaft mit ähnlicher Ausrichtung wie der Attac-Trägerverein nur ein einziges Mal das zulässige Maß an politischer Betätigung überschritten haben, könnte sich die Aberkennung auch in diesem Fall als unverhältnismäßig darstellen. So hat der BFH in einem Urteil aus dem Jahr 2011[906] entschieden, dass sich der Aufruf zur Wahl einer bestimmten Partei bei der Bundestagswahl 2005 zwar als Ausdruck des politischen Selbstverständnisses und als konsequente Umsetzung der politischen Zielvorstellungen erweise. Dies wurde aber nur im Zusammenspiel mit der Stellung politischer Forderungen und der Äußerung politischer Meinungen festgestellt. Der einmalige Aufruf zur Wahl sei für sich noch nicht als gemeinnützigkeitsschädlicher Verstoß zu werten.[907] Vor dem Hintergrund der neueren Rechtsprechung würde dies heute wohl anders beurteilt werden.[908] Nach den im BUND-Urteil entwickelten Grundsätzen ist direkte Werbung für oder gegen bestimmte Parteien zu unterlassen.

Folgende Kontrollüberlegung unterstreicht, dass es sich bei Wahlwerbung eindeutig um einen erheblichen Verstoß handelt, dessen Rechtsfolge die Aberkennung der Gemeinnützigkeit ist. Die Aberkennung verfolgt einen legitimen Zweck,[909] indem sichergestellt wird, dass die Körperschaft mit der ausschließlichen und unmittelbaren Verfolgung des gemeinnützigen Zwecks die Allgemeinheit fördert, was wiederum die Steuerbefreiungen rechtfertigt. Die Sanktion stellt die Einhaltung dieser Voraussetzungen sicher und schließt damit aus, dass Körperschaften, die die Allgemeinheit nicht auf die vom Gesetzgeber vorgesehene Weise fördern, steuerliche Vergünstigungen erhalten. Die Maßnahme fördert den Zweck und ist mithin geeignet.[910] Mildere Mittel würden etwa eine Ermahnung durch die Finanzverwaltung

---

906 BFH v. 09.02.2011 – I R 19/10, BFH/NV 2011, 1113 = juris.

907 BFH v. 09.02.2011 – I R 19/10, BFH/NV 2011, 1113 (Rn. 9 f.) = juris.

908 Vgl. nur *Buchna/Leichinger/Seeger/Brox*, Gemeinnützigkeit im Steuerrecht, § 52 Rn. 54: Bereits eine Wahlaussage/Wahlinformation aus Anlass einer bevorstehenden Wahl führt grundsätzlich zur Versagung der Gemeinnützigkeit.

909 Allgemein zur Prüfung der Verhältnismäßigkeit *Maurer/Waldhoff*, Allgemeines Verwaltungsrecht, § 10 Rn. 50 f.

910 BVerfG v. 16.03.1971 – 1 BvR 52/66, 1 BvR 665/66, 1 BvR 667/66, 1 BvR 754/66, BVerfGE 30, 292 (316) = NJW 1971, 1255; *Koch/Rubel/Heselhaus/Hofmann*, Allgemeines Verwaltungsrecht, § 5 Rn. 135; *Maurer/Waldhoff*, Allgemeines Verwaltungsrecht, § 10 Rn. 50 f.

oder die Zahlung einer Strafgebühr darstellen. Diese sind jedoch aufgrund ihrer schwächeren Wirkung nicht in gleichem Maße geeignet, den Zweck zu fördern (Erforderlichkeit).[911] Schließlich muss die Aberkennung der Gemeinnützigkeit angemessen sein. Sie darf also nicht erkennbar außer Verhältnis zu den mit dem Verlust einhergehenden Nachteilen stehen.[912] Die Nachteile sind vor allem für die Körperschaft erheblich. Neben dem Verlust der Steuerbefreiung droht ein enormer Reputationsverlust oder sogar die Existenzvernichtung der Körperschaft. Bei den Vorteilen muss aber berücksichtigt werden, dass die Einhaltung der verletzten Regelungen im Gemeinnützigkeitsrecht dem Schutz von Verfassungsgütern dient. Konkret geht mit der Werbung für bestimmte Parteien eine Verletzung der Chancengleichheit politischer Parteien und des Rechts des Bürgers auf gleiche Teilhabe an der politischen Willensbildung einher. Damit steht der Verlust der Gemeinnützigkeit nicht erkennbar außer Verhältnis zu den damit einhergehenden Nachteilen. Die Aberkennung der Gemeinnützigkeit infolge des Aufrufs zur Wahl einer bestimmten Partei ist damit nicht unverhältnismäßig.[913] Daraus lässt sich zunächst folgern, dass direkte Werbung für Parteien einen erheblichen Verstoß darstellt.

Selbst wenn man den Aufruf zur Wahl einer bestimmten Partei nun stets als erheblichen Verstoß qualifiziert, kann im Einzelfall unklar sein, ob ein solcher Wahlaufruf tatsächlich vorliegt. Organisiert eine Umweltschutzorganisation eine Demonstration, auf welcher zahlreiche Banner mit den Worten „Wählt die Grünen!“ zu sehen sind, dann ist dies eine unmissverständliche Aufforderung zur Wahl einer bestimmten Partei. Setzt sich die Körperschaft gegen die Errichtung eines Endlagers für hochradioaktive Abfälle ein und fällt in diesem Zusammenhang die Aussage, dass „das […] alles nicht passiert [wäre], wenn man grün gewählt hätte“, ist unklar, ob dies (noch) einen direkten Aufruf zur Wahl einer bestimmten Partei darstellt. Genau diese Grenzfälle

---

911 BVerfG v. 16.03.1971 – 1 BvR 52/66, 1 BvR 665/66, 1 BvR 667/66, 1 BvR 754/66, BVerfGE 30, 292 (316) = NJW 1971, 1255; *Koch/Rubel/Heselhaus/Hofmann*, Allgemeines Verwaltungsrecht, § 5 Rn. 141; *Maurer/Waldhoff*, Allgemeines Verwaltungsrecht, § 10 Rn. 50 f.

912 *Koch/Rubel/Heselhaus/Hofmann*, Allgemeines Verwaltungsrecht, § 5 Rn. 146; *Maurer/Waldhoff*, Allgemeines Verwaltungsrecht, § 10 Rn. 50 f.

913 Zur Prüfung der Verhältnismäßigkeit am Beispiel von Art. 12 GG BVerfG v. 03.11.1982 – 1 BvL 4/78, BVerfGE 61, 291 (312) = NJW 1983, 439 m. w. N.

sind höchst problematisch. Ob diese konkrete politische Handlung nun einen erheblichen oder doch nur einen geringfügigen Verstoß darstellt, lässt sich erneut durch eine von der Rechtsfolge ausgehende Prüfung bestimmen, wobei die sich die Abwandlung des Sachverhalts nur auf die Angemessenheit auswirkt. Die Nachteile sind weiterhin schwerwiegend. Die Vorteile wiegen abstrakt ebenfalls schwer. Erneut geht es um den Schutz von Verfassungsgütern. Allerdings ist in der konkreten Gewichtung zu beachten, dass die Aussage keinen eindeutigen Wahlaufruf darstellt. Es liegt natürlich nahe, dass mit „grün wählen" die Partei der Grünen gemeint ist, welche sich schon damals in erheblichem Maße für den Umweltschutz eingesetzt hat. Jedoch wird dazu gar nicht explizit aufgefordert. Vielmehr bezieht sich die Aussage auf die Vergangenheit („wenn man grün gewählt hätte"). Wahlwerbung kann sich natürlich auch dadurch auszeichnen, dass vergangene Taten oder Wahlprogramme gelobt werden. Dafür ist eine beiläufige Aussage, in der keine Partei konkret genannt wird, allerdings nicht in jedem Fall ausreichend. Dem Umweltschutz haben sich heutzutage zudem nahezu alle Parteien verschrieben, weshalb daraus auch keine klare Handlungsempfehlung für die Zukunft abgeleitet werden kann. Konkret sind die verfassungsrechtlichen Positionen der Chancengleichheit der Parteien und des Rechts des Bürgers auf gleiche Teilhabe an der politischen Willensbildung also nur in ganz geringem Maße berührt. Man könnte somit zu dem Ergebnis kommen, dass die Aberkennung für eine solche Aussage unverhältnismäßig wäre. Damit weist der erhebliche Verstoß (Vorwurf der Wahlwerbung) Nähe zu einem geringfügigen Verstoß auf.

Diese künstliche Aufspaltung von erheblichen Verstößen geht mit Rechtsunsicherheit einher. Wann weist ein erheblicher Verstoß im konkreten Fall Nähe zu geringfügigen Verstößen auf, wenn er doch nicht als solcher qualifiziert wurde? Um der Rechtssicherheit Willen sollte die Rechtsfolge bei erheblichen Verstößen stets der Entzug der Gemeinnützigkeit für den betreffenden Veranlagungszeitraum sein. Um unverhältnismäßige Folgen zu vermeiden, ist bei der Einstufung punktueller Verstöße als erheblich jedoch Vorsicht geboten. Die Einstufung als geringfügig sollte deshalb im Zweifelsfall großzügiger gehandhabt werden. Nun ist diesem Modell bis dato immanent, dass die Quantität und die Qualität zunächst getrennt voneinander zu betrachten sind. Im Falle der Abgrenzung von erheblichen und geringfügigen Verstößen ist von diesem Grundsatz nun allerdings eine Ausnahme vorzunehmen, da die Rechtssicherheit anderenfalls gerade verloren ginge. Die Einmaligkeit eines Verstoßes spricht somit im Zweifel für den geringfügigen Charakter. Damit würde es sich bei der zweiten Aussage unter Berücksichtigung der Einmaligkeit nicht mehr um einen erheblichen, sondern um einen geringfügigen Verstoß handeln. Diese werden im Folgenden näher beleuchtet.

IV. Geringfügige Verstöße

Zuletzt ist also auf die geringfügigen Verstöße einzugehen. In einem ersten Schritt sollen die Konturen dieses Begriffs gestärkt werden; sodann erfolgt eine Auseinandersetzung mit der bereits angesprochenen Rechtsfolge. Dafür ist zwischen strukturellen und punktuell auftretenden Verstößen zu unterscheiden.

1. Wann sind Verstöße geringfügig?

a) § 63 Abs. 4 AO

Eine einheitliche Definition eines geringfügigen Verstoßes existiert bislang nicht.[914] Einen ersten Anhaltspunkt liefert das Gesetz selbst mit der Regelung des § 63 Abs. 4 AO. Danach kann das Finanzamt der Körperschaft eine angemessene Frist für die Verwendung der Mittel setzen, wenn sie ohne Vorliegen der Voraussetzungen Mittel angesammelt hat (§ 63 Abs. 4 S. 1 AO). Gemäß § 63 Abs. 4 S. 2 AO gilt die tatsächliche Geschäftsführung als ordnungsgemäß, wenn die Körperschaft die Mittel innerhalb der Frist für steuerbegünstigte Zwecke verwendet. Hinsichtlich der Rechtsfolge wird darin teilweise ein gesetzlich geregelter Fall eines geringfügigen Verstoßes gesehen. Darüber hinaus sei aber stets eine Einzelfallentscheidung („dem Grunde und der Höhe nach") notwendig.[915]

---

914 *Becker*, DStR 2010, 953 (954): Welche Verstöße als geringfügig zu qualifizieren sind, „hängt im Einzelfall vom Verstoß dem Grunde und der Höhe nach ab".

915 *Becker*, DStR 2010, 953 (954); ähnlich *Seer*, in: Tipke/Kruse, AO/FGO, § 63 AO Rn. 12; a. A. *Brill*, Der Verlust der Gemeinnützigkeit, S. 249: Aus der Einführung des § 63 Abs. 4 AO folge, dass die Entscheidung nur in diesem speziell geregelten Fall im Ermessen der Behörde stehe.

b) *Kleinere und einmalige Verstöße*

AA) NACH DEM URTEIL DES BFH VOM 12.03.2020 – V R 5/17: MITTELFEHLVERWENDUNGEN

Vorgeschlagen wird auch, dass es sich um kleinere, zumal einmalige Verstöße handeln müsse.[916] Die Einmaligkeit eignet sich zwar zur näheren Konkretisierung, sie betrifft jedoch ausschließlich die Quantität. Zur Präzisierung der Qualität ist somit auf das Merkmal „klein" zurückzugreifen, welches in ähnlichem Maße unbestimmt ist wie das der Geringfügigkeit. Einen Anhaltspunkt liefert das jüngst ergangene Urteil des BFH zur Gemeinnützigkeit einer Körperschaft, die ihrem Geschäftsführer überhöhte Vergütungen zahlte.[917] Konkret stellte das Gericht einen geringfügigen Verstoß gegen das Mittelverwendungsgebot des § 55 Abs. 1 Nr. 3 AO fest, da das im Schätzungswege noch angemessene Gehalt um circa 3.000 € überschritten wurde. Sowohl hinsichtlich des absoluten Betrags als auch im Verhältnis zur Gesamttätigkeit der Körperschaft (Jahresumsatz von circa 8.000.000 €) seien die 3.000 € als geringfügig anzusehen.[918] Dagegen sei eine absolute Höhe der Mittelfehlverwendung von über 10.000 € nicht mehr geringfügig.[919] Hervorzuheben ist in diesem Zuge auch die Übertragung dieser Grundsätze auf andere Geschäftsbeziehungen mit gemeinnützigen Körperschaften (etwa Miet-, Pacht- oder Darlehensverträge).[920]

BB) NEGATIVABGRENZUNG FÜR GERINGFÜGIGE VERSTÖSSE GEGEN SÄMTLICHE GRUNDSÄTZE DES GEMEINNÜTZIGKEITSRECHTS

(1) Mittelfehlverwendungen

Der BFH muss sich nach seiner Entscheidung der Kritik von Teilen der Literatur ausgesetzt sehen, dass er sich bei der Konkretisierung der Bagatellgrenze äußerst zurückhaltend geäußert und die Bagatellgrenze damit

---

916 *Bartmuß/Werner*, in: Winheller/Geibel/Jachmann-Michel, Gesamtes Gemeinnützigkeitsrecht, 1. Aufl., § 63 AO Rn. 11; *Hüttemann*, in: Hüttemann, Gemeinnützigkeitsrecht und Spendenrecht, Rn. 4.231; *Seer*, in: Tipke/Kruse, AO/FGO, § 63 AO Rn. 12.

917 BFH v. 12.03.2020 – V R 5/17, BStBl II 2021, 55 = BFHE 268, 415.

918 BFH v. 12.03.2020 – V R 5/17, BStBl II 2021, 55 (Rn. 62) = BFHE 268, 415; diese Einstufung geschieht ausgehend von der Rechtsfolge, die Versagung der Gemeinnützigkeit als „qualitativer Sprung", welche unverhältnismäßig sei (Rn. 59), Bezug nehmend auf *Reimer/Waldhoff*, FR 2002, 318 (324).

919 BFH v. 12.03.2020 – V R 5/17, BStBl II 2021, 55 (Rn. 64) = BFHE 268, 415.

920 *Günther*, EStB 2020, 341 (341 f.); *Kirchhain/Kampermann*, npoR 2020, 303 (312).

selbst „bagatellisiert“ hat.[921] Es wird richtigerweise darauf hingewiesen, dass Überschreitungen zwischen 3.000 € und 10.000 € pro Jahr nicht per se einen geringfügigen (sanktionslosen) Verstoß darstellen würden.[922] Vielmehr werde man den fehlverwendeten Betrag stets in Relation zu den Umsatzerlösen respektive den Einnahmen des konkreten Jahres setzen müssen.[923] Dabei wird zutreffend festgestellt, dass dies nur im Hinblick „auf diese Fälle“, also Mittelfehlverwendungen, vorzunehmen sei.[924] Geringfügige Verstöße sind darüber hinaus aber auch bei der Verletzung anderer Grundsätze des Gemeinnützigkeitsrechts denkbar. Aus der Bejahung der Geringfügigkeit im Rahmen der Mittelfehlverwendung lässt sich ein *argumentum a fortiori* ziehen: Verstöße gegen § 55 Abs. 1 Nr. 1 bis 3 AO können nach Ansicht des BFH und Teilen der Literatur sogar zu einer zehnjährig rückwirkenden Nachversteuerung (die schwerwiegendste Rechtsfolge für gemeinnützige Körperschaften, § 63 Abs. 2 i. V. m. § 61 Abs. 3 AO) führen. Anders ist dies bei sonstigen schwerwiegenden Verstößen gegen Grundsatznormen des Gemeinnützigkeitsrechts, welche nur den Verlust der Gemeinnützigkeit für den betreffenden Veranlagungszeitraum auslösen können. Wenn also im Bereich der äußerst sensiblen Mittelfehlverwendung die Klassifizierung als geringfügig möglich ist, dann muss dies erst recht bei anderen Verstößen ohne Bezug zur Mittelfehlverwendung gelten.

(2) Negativabgrenzung

Über den speziellen Bereich der Mittelfehlverwendungen hinaus lässt sich der geringfügige Verstoß vor allem im Wege der Negativabgrenzung einschränken.[925] Zur Erinnerung: Ein schwerwiegender Verstoß ist gegeben, wenn die tatsächliche Geschäftsführung in ihrer Gesamtheit gegen eine Grundsatznorm des Gemeinnützigkeitsrechts verstößt (darauf gerichtet ist).

---

921 *Hüttemann*, in: Hüttemann, Gemeinnützigkeitsrecht und Spendenrecht, Rn. 4.232; zurückhaltender dagegen *Beyer*, ZStV 2020, 233 (240): Es sei noch zu klären, wie mit der verhältnismäßigen Geringfügigkeit im Detail umzugehen sei. *Seeck/Wackerbeck*, DStR 2022, 633 (637): Der BFH liefere wichtige Anhaltspunkte für eine zukünftige Anwendung seiner Grundsätze [im Hinblick auf das Verhältnismäßigkeitsprinzip].

922 *Kirchhain/Kampermann*, npoR 2020, 303 (312).

923 *Kirchhain/Kampermann*, npoR 2020, 303 (312).

924 *Kirchhain/Kampermann*, npoR 2020, 303 (312).

925 Zutr. *Seeck/Wackerbeck*, DStR 2022, 633 (637); ähnlich hinsichtlich der Rechtsfolge *Jäschke*, DStR 2009, 1669 (1672).

Ein erheblicher Verstoß liegt vor, wenn die Geschäftsführung nur teilweise auf die Verletzung eines Grundsatzes, also daneben auch auf die Verwirklichung des steuerbegünstigten Zwecks, gerichtet ist. In Abgrenzung dazu ist die Geschäftsführung der Körperschaft bei einem geringfügigen Verstoß bei einer Gesamtbetrachtung auf die ausschließliche und unmittelbare Erfüllung des gemeinnützigen Zwecks gerichtet, sodass der Verstoß im Vergleich zur fördernden Gesamttätigkeit kaum ins Gewicht fällt.

(3) Politische Äußerungen

Zur Exemplifizierung lässt sich die untergeordnete politische Betätigung einer Körperschaft anführen. Indem der BFH die Beschäftigung mit politischen Vorgängen für unschädlich hält, wenn sie im Rahmen dessen liegt, was das Eintreten der Körperschaft für ihre satzungsmäßigen Ziele und deren Verwirklichung erfordert und zulässt,[926] wird letztlich ein geringfügiger Verstoß der tatsächlichen Geschäftsführung gegen die §§ 52, 56 AO angenommen. Dieser fällt jedoch, sofern die grundsätzlich unzulässige politische Betätigung ausnahmsweise erforderlich ist, gegenüber bzw. aufgrund der damit einhergehenden Förderung des gemeinnützigen Zwecks nicht ins Gewicht. Anders als im Rahmen der Mittelfehlverwendung lässt sich bei politischen Aktivitäten keine klare Grenze ziehen, sodass geringfügige Verstöße in diesem Zusammenhang seltener als solche betitelt werden.[927] Vielmehr wird in diesen Fällen im Rahmen der tatsächlichen Geschäftsführung festgestellt, dass diese auf die ausschließliche Verwirklichung des gemeinnützigen Zwecks gerichtet ist (§ 63 Abs. 1 AO).[928]

---

926 BFH v. 23.11.1988 – I R 11/88, BStBl II 1989, 391 (392) = BFHE 155, 461.

927 Plakativ gesprochen: Eine gemeinnützige Körperschaft fördert satzungsmäßig den Umweltschutz und begeht einen geringfügigen Verstoß gegen § 52 Abs. 2 AO, wenn sie „kleine" politische Forderungen stellt, die in ihrem Ausmaß der lediglich 3.000 € überhöhten Geschäftsführervergütung aus dem Vergütungs-Urteil gleichstehen. Eine solche könnte man etwa in dem zuvor gebildeten Beispiel sehen, in dem darauf hingewiesen wurde, dass einige Probleme im Hinblick auf den Umweltschutz nicht bestünden, wenn man „grün gewählt hätte".

928 *Schauhoff*, DStJG 26 (2003), 133 (144); wohl zustimmend *Hüttemann*, in: Hüttemann, Gemeinnützigkeitsrecht und Spendenrecht, Rn. 4.231: „grundsätzlich geeignet"; ähnlich *Unger*, in: Gosch, AO/FGO, § 63 AO Rn. 56: Letztlich konvergieren beide Ansichten, wenn sie bei einem verhältnismäßig geringfügigen Verstoß den Verlust der Steuerbegünstigung ausschließen.

(4) Unmittelbare Zweckverfolgung

Gleiches gilt für Verletzungen des Unmittelbarkeitsgrundsatzes. Sollten fast sämtliche Handlungen der tatsächlichen Geschäftsführung den Anforderungen des § 57 AO entsprechen – entweder geschehen sie durch die Organe selbst (§ 57 Abs. 1 S. 1 AO) oder die Voraussetzungen des § 57 Abs. 1 S. 2 AO liegen vor –, dann stellt es einen geringfügigen Verstoß dar, wenn im Rahmen einer gemeinsamen Aktivität der Körperschaft bei einer von vielen Personen nicht sämtliche Voraussetzungen des § 57 Abs. 1 S. 2 AO erfüllt sind. Man denke an ein Vereinsmitglied, welches aufgrund einer der Körperschaft nicht zurechenbaren (unautorisierten) Einschaltung durch ein Vorstandsmitglied zur Erreichung des gemeinnützigen Zwecks tätig wird. Prima facie liegt erneut kein Verstoß vor, da die Handlungen dieser Person der tatsächlichen Geschäftsführung nicht zuzurechnen sind, wenn die Voraussetzungen von § 57 Abs. 1 S. 2 AO nicht vorliegen. Es wäre indes lebensfremd, Aktivitäten einer einzigen Person im Rahmen einer Veranstaltung, bei der mehrere Mitglieder zur Verfolgung des satzungsmäßigen Zwecks zusammenarbeiten, „herauszurechnen". Deshalb sind der Körperschaft sämtliche Handlungen zuzurechnen. Der Verstoß gegen den Grundsatz der Unmittelbarkeit fällt neben der unmittelbaren Zweckverfolgung dann aber nicht ins Gewicht, sodass man im Rahmen des § 63 Abs. 1 AO insgesamt von einer auf die unmittelbare Erfüllung des steuerbegünstigten Zwecks gerichteten Geschäftsführung sprechen muss. Mit anderen Worten: Der Verstoß gegen § 57 AO ist gemessen an Schwere und Ausmaß verhältnismäßig gering.

CC) STRUKTURELLE UND PUNKTUELLE VERSTÖSSE

Die Qualität und die Quantität werden im Rahmen der geringfügigen Verstöße häufig zusammen betrachtet (bei „kleineren, einmaligen" Verstößen).[929] Dabei besteht Einigkeit hinsichtlich der Rechtsfolge bei einmaligen Verstößen.[930] Strukturelle Verstöße könnten demgegenüber folgendermaßen ausgestaltet sein: Anders als im Vergütungs-Urteil, in dem

---

929 *Hüttemann*, in: Hüttemann, Gemeinnützigkeitsrecht und Spendenrecht, Rn. 4.231; *Seeck/Wackerbeck*, DStR 2022, 633 (636 ff.).

930 *Bartmuß/Werner*, in: Winheller/Geibel/Jachmann-Michel, Gesamtes Gemeinnützigkeitsrecht, 1. Aufl., § 63 AO Rn. 11; *Hüttemann*, in: Hüttemann, Gemeinnützigkeitsrecht und Spendenrecht, Rn. 4.231; *Seeck/Wackerbeck*, DStR 2022, 633 (638); *Seer*, in: Tipke/Kruse, AO/FGO, § 63 AO Rn. 12.

die überhöhte Geschäftsführervergütung lediglich in einem Jahr geringfügig überhöht war und das zulässige Maß in den anderen Jahren erheblich überschritten hat, zahlt die Körperschaft ihrem Geschäftsführer dauerhaft geringfügig überhöhte Vergütungen. Die Rechtsfolgen solcher strukturellen Verstöße bedürfen möglicherweise einer abweichenden Beurteilung.

2. Rechtsfolge geringfügiger Verstöße

a) Punktuelle Verstöße

Nachdem nun auch der BFH in seinem Vergütungs-Urteil den Grundsatz der Verhältnismäßigkeit herangezogen hat, besteht weitestgehend Einigkeit darüber, dass der Verlust der Gemeinnützigkeit bei (einmaligen) geringfügigen Verstößen ausscheidet.[931] Richtigerweise schließen sich die beiden Begründungsansätze dabei nicht aus.[932] Entweder erreicht man diese Rechtsfolge (erst) korrigierend unter Zugrundelegung des Verhältnismäßigkeitsprinzips.[933] Kritisiert wird daran teilweise, dass für eine solche Berücksichtigung von Gesichtspunkten der Verhältnismäßigkeit – dieses Vorgehen sei dem materiellen Steuerrecht außerhalb der engen Voraussetzungen des § 163 AO fremd – keine Rechtsgrundlage zu erkennen sei. Dies stehe wiederum nicht im Einklang mit der Tatbestandsmäßigkeit der Besteuerung (§ 3 Abs. 1 AO).[934] Oder man kommt bei einer Gesamtbetrachtung der Geschäftsführung zu dem Ergebnis, dass diese gemäß § 63 Abs. 1 AO auf die ausschließliche und unmittelbare Verwirklichung des gemeinnützigen Zwecks gerichtet ist.[935] Letztlich kann man in § 63 Abs. 1 AO auch den gesetzlichen Anknüpfungspunkt für die Anwendung des Verhältnismäßigkeitsprinzips

---

[931] BFH v. 12.03.2020 – V R 5/17, BStBl II 2021, 55 (Rn. 59 ff.) = BFHE 268, 415; *Hüttemann*, in: Hüttemann, Gemeinnützigkeitsrecht und Spendenrecht, Rn. 4.231; *Seeck/Wackerbeck*, DStR 2022, 633 (636 f.); *Seer*, in: Tipke/Kruse, AO/FGO, § 63 AO Rn. 12; *Unger*, in: Gosch, AO/FGO, § 63 AO Rn. 56.

[932] *Hüttemann*, in: Hüttemann, Gemeinnützigkeitsrecht und Spendenrecht, Rn. 4.231; *Unger*, in: Gosch, AO/FGO, § 63 AO Rn. 56.

[933] BFH v. 12.03.2020 – V R 5/17, BStBl II 2021, 55 (Rn. 59 ff.) = BFHE 268, 415; *Bartmuß/Werner*, in: Winheller/Geibel/Jachmann-Michel, Gesamtes Gemeinnützigkeitsrecht, § 63 AO Rn. 16; *Reimer/Waldhoff*, FR 2002, 318 (324); *Seer*, in: Tipke/Kruse, AO/FGO, § 63 AO Rn. 12.

[934] *Jäschke*, DStR 2009, 1669 (1672).

[935] *Schauhoff*, DStJG 26 (2003), 133 (144); beide Ansätze darstellend *Hüttemann*, in: Hüttemann, Gemeinnützigkeitsrecht und Spendenrecht, Rn. 4.231.

erblicken, also den Grundsatz gewissermaßen in die Auslegung der Norm hereinlesen.[936] Insbesondere bringen beide Ansichten angesichts der Bandbreite an denkbaren Verstößen ähnliche Schwierigkeiten mit sich. In welchem Fall ist ein Verstoß verhältnismäßig gering oder wann fällt er so wenig ins Gewicht, dass die Körperschaft weiterhin auf die Zweckerfüllung gerichtet ist (§ 63 Abs. 1 AO)? Die angeführten Beispiele dienen zwar der Orientierung, jedoch lässt sich die Rechtsunsicherheit nicht vollends beseitigen.[937] Sollte es sich um einen einmaligen Grenzfall handeln, bei dem nicht eindeutig ist, ob der Verstoß im Rahmen der tatsächlichen Geschäftsführung ins Gewicht fällt oder nicht, so muss das Pendel unter Berücksichtigung der Einmaligkeit zugunsten der Geringfügigkeit ausschlagen. Grundsätzlich sind Qualität und Quantität zwar voneinander zu trennen, ausnahmsweise dient Zweitere aber als einzig taugliches Hilfsmittel für die genauere Zuordnung.

b) Strukturelle Verstöße

Davon zu unterscheiden sind schließlich geringfügige Verstöße, welche strukturell angelegt sind, also solche, die dauerhaft stattfinden. Die Finanzverwaltung hat analog § 63 Abs. 4 S. 1 AO die Möglichkeit, der Körperschaft zunächst eine Frist zur Behebung der Verstoßpraxis zu setzen.[938] Die tatsächliche Geschäftsführung gilt dann als ordnungsgemäß, wenn die Körperschaft der Aufforderung des Finanzamts nachkommt (§ 63 Abs. 4 S. 2 AO).[939] Sollte dies jedoch nicht der Fall sein, ist die Steuervergünstigung selbst bei einer verhältnismäßig geringen Mittelfehlverwendung oder anderen geringfügigen Verstößen für die entsprechenden Veranlagungszeiträume zu versagen.

Diese von der strikten Aberkennung der Gemeinnützigkeit abweichende Rechtsfolge verdeutlicht, aus welchem Grund die Schwere und die

---

936 *Schauhoff*, DStJG 26 (2003), 133 (144); *Unger*, in: Gosch, AO/FGO, § 63 AO Rn. 56 Fn. 105.

937 So auch *Hüttemann*, in: Hüttemann, Gemeinnützigkeitsrecht und Spendenrecht, Rn. 4.231.

938 Zutr. *Seer*, in: Tipke/Kruse, AO/FGO, § 63 AO Rn. 12; ähnlich *Wolsztynski/Hüsgen*, BB 2000, 1809 (1816): Im Rahmen von Rechtsverstößen durch die gemeinnützige Körperschaft sei in teleologischer Extension des in § 63 Abs. 4 AO enthaltenen Rechtsgedankens zunächst eine Frist zur Abstellung des Fehlverhaltens zu setzen.

939 *Becker*, DStR 2010, 953 (954): Bei § 63 Abs. 4 AO handelt es sich hinsichtlich der Rechtsfolgen um einen gesetzlich geregelten Fall eines geringfügigen Verstoßes; *Seer*, in: Tipke/Kruse, AO/FGO, § 63 AO Rn. 12.

Häufigkeit zunächst isoliert zu betrachten sind. Begeht eine Körperschaft über einen längeren Zeitraum hinweg geringfügige Verstöße, so würde eine analoge Anwendung des § 63 Abs. 4 S. 1 AO dazu führen, dass die tatsächliche Geschäftsführung als ordnungsgemäß gilt, wenn die Körperschaft die Aufforderung des Finanzamts befolgt. Würde man das wiederholte Vorkommen der Verstöße jedoch in die Beurteilung der Qualität einfließen lassen, so droht die vorschnelle Annahme eines zum Entzug der Gemeinnützigkeit führenden Verstoßes. Die Rechtsfolge unterscheidet sich somit bei einem methodisch unsauberen Vermischen der beiden Kategorien und einer strikten Trennung von Qualität und Quantität, wobei sich erstere Vorgehensweise zulasten der gemeinnützigen Körperschaft auswirkt.

V. Fazit zu den Verstößen durch die tatsächliche Geschäftsführung

Die Verstöße der tatsächlichen Geschäftsführung gegen die Grundsätze des Gemeinnützigkeitsrechts sind vielfältig. Aufgrund der besonders gravierenden Rechtsfolge der zehnjährig rückwirkenden Nachversteuerung stehen Verstöße gegen den Grundsatz der Vermögensbindung an oberster Stelle. Darüber hinaus lassen sich sämtliche Verletzungen von Gemeinnützigkeitsgrundsätzen in die Kategorien schwerwiegend, erheblich oder geringfügig einordnen. Schwerwiegende Verstöße sind dadurch gekennzeichnet, dass die Geschäftsführung in ihrer Gesamtheit gegen den jeweiligen Grundsatz verstößt, was häufig bei der Förderung eines abgeschlossenen Personenkreises anzunehmen ist. Die Rechtsfolge ist der Verlust der Gemeinnützigkeit für den betreffenden Veranlagungszeitraum. Von einem erheblichen Verstoß ist zu sprechen, wenn dieser neben der Zweckverwirklichung begangen wird und bei einer Gesamtbetrachtung der Geschäftsführung dergestalt ins Gewicht fällt, dass die tatsächliche Geschäftsführung nicht mehr gemäß § 63 Abs. 1 AO auf die ausschließliche und unmittelbare Verwirklichung des satzungsmäßigen Zwecks gerichtet ist. Auch in diesem Fall ist die Gemeinnützigkeit zu versagen. Ein geringfügiger Verstoß fällt dagegen nicht ins Gewicht, sodass die tatsächliche Geschäftsführung weiterhin ausschließlich und unmittelbar auf die Zweckverwirklichung gerichtet ist. Diese Verstöße sind für den Status der Gemeinnützigkeit unschädlich.

Die Verstöße können entweder strukturell oder punktuell stattfinden. Strukturelle Verstöße sind durch die Dauerhaftigkeit gekennzeichnet und führen grundsätzlich zum Verlust der Gemeinnützigkeit. Einzig bei geringfügigen Verletzungen ist eine Frist zur Beseitigung der Verstoßpraxis zu setzen (§ 63 Abs. 4 AO analog). Bei punktuellen Verstößen ist die Gemeinnützigkeit bei schwerwiegendem sowie erheblichem Charakter zwingend zu versagen. Die Häufigkeit von Verstoßhandlungen ist grundsätzlich von der Schwere zu trennen, um einen vorschnellen Rückgriff auf das Merkmal der Quantität zu verhindern. Vor allem bei geringfügigen Verstößen wirkt sich diese Unterscheidung auf die Rechtsfolge aus. Bei der Abgrenzung von einmaligen erheblichen und geringfügigen Verstößen schlägt die Quantität jedoch ausnahmsweise zugunsten der Rechtssicherheit auf die Bestimmung der Qualität des Verstoßes durch.

Steuerrechtliche Pflichten und Haftung

Nachdem nun zahlreiche Möglichkeiten dargestellt wurden, welche zum Verlust der Gemeinnützigkeit führen können, sind nun die Aberkennung und die damit einhergehenden steuerrechtlichen Folgen für die Körperschaft sowie die handelnden Akteure genauer zu beleuchten.[940] Die Aberkennung erfolgt im Rahmen der Veranlagung zur Körperschaftsteuer, indem das Finanzamt für den betreffenden Veranlagungszeitraum einen Körperschaftsteuerbescheid erlässt.[941] Dies kann je nach Zeitpunkt des Verstoßes den aktuellen Veranlagungszeitraum betreffen oder es erfolgt eine Aufhebung oder Änderung eines bereits erlassenen Freistellungsbescheids (§§ 164 f., 172 ff. AO).[942] Daraus folgt zunächst die Körperschaftsteuerpflicht der Körperschaft nach allgemeinen Grundsätzen.[943]

---

940 Dabei werden sowohl rechtsformunabhängige Folgen als auch rechtsformabhängige Besonderheiten erörtert. Aufgrund der hohen praktischen Relevanz wird dabei vor allem auf die Rechtsform des Vereins, der Stiftung und der GmbH eingegangen.

941 *Buchna/Leichinger/Seeger/Brox*, Gemeinnützigkeit im Steuerrecht, Körperschaftsteuer Rn. 13; *Eversberg*, Non Profit Law Yearbook 2003, 59 (77); *Hüttemann*, in: Hüttemann, Gemeinnützigkeitsrecht und Spendenrecht, Rn. 7.32.

942 *Bott*, in: Schauhoff/Kirchhain, Handbuch der Gemeinnützigkeit, § 10 Rn. 117 f.; *Hüttemann*, in: Hüttemann, Gemeinnützigkeitsrecht und Spendenrecht, Rn. 7.32.

943 *Becker*, DStR 2010, 953 (956); *Bott*, in: Schauhoff/Kirchhain, Handbuch der Gemeinnützigkeit, § 10 Rn. 119; *Buchna/Leichinger/Seeger/Brox*, Gemeinnützigkeit im Steuerrecht, Körperschaftsteuer Rn. 12 f.

A. Steuerpflicht der Körperschaft

I. Körperschaftsteuer

1. Steuersubjekt

Begünstigungsfähige Rechtssubjekte können gemäß § 51 Abs. 1 S. 2 AO nur Körperschaften i. S. d. KStG sein.[944] Gemäß § 1 Abs. 1 KStG sind die dort aufgeführten Körperschaften mit Geschäftsleitung oder Sitz im Inland unbeschränkt körperschaftsteuerpflichtig. Die Steuerpflicht von gemeinnützigen Körperschaften ist der nach dem Verlust der Gemeinnützigkeit nicht mehr einschlägigen Befreiung des § 5 Abs. 1 Nr. 9 KStG zudem logisch vorgeschaltet[945]. Die betreffende gemeinnützige Organisation ist damit Steuersubjekt der Körperschaftsteuer.[946]

2. Steuerobjekt

Steuerobjekt der Körperschaftsteuer ist das zu versteuernde Einkommen. Darunter ist das Einkommen i. S. d. § 8 Abs. 1 KStG abzüglich der Freibeträge der §§ 24, 25 KStG zu verstehen (§ 7 Abs. 2 KStG). Die Einkommensermittlung richtet sich gemäß § 8 Abs. 1 S. 1 KStG nach den Vorschriften des EStG sowie einigen Spezialregelungen des KStG.[947] Mit dem Wegfall der Steuervergünstigung des § 5 Abs. 1 Nr. 9 KStG bemisst sich auch die Einkommensermittlung der betreffenden Körperschaft nach diesen Regeln.[948] Folglich umfasst das zu versteuernde Einkommen auch Einkünfte aus Vermögensverwaltung (§§ 20, 21 EStG) und selbstbewirtschafteten Forstbetrieben (§ 13 EStG).[949] Neben den bereits vor dem Entzug der Gemeinnützigkeit partiell steuerpflichtigen wirtschaftlichen

---

[944] 2. Kapitel A. I. 2. m. w. N.

[945] *Martini*, in: Winheller/Geibel/Jachmann-Michel, Gesamtes Gemeinnützigkeitsrecht, KStG Einführung Rn. 2.

[946] *Halaczinsky*, in: Wallenhorst/Halaczinsky, I Rn. 3; *Hüttemann*, in: Hüttemann, Gemeinnützigkeitsrecht und Spendenrecht, Rn. 7.52 f.; *Martini*, in: Winheller/Geibel/Jachmann-Michel, Gesamtes Gemeinnützigkeitsrecht, § 1 KStG Rn. 1 f., 19 ff.; allgemein zur persönlichen Steuerpflicht *Birk/Desens/Tappe*, Steuerrecht, Rn. 1226 ff.; *Fehrenbacher*, Steuerrecht, § 4 Rn. 12 ff.

[947] *Birk/Desens/Tappe*, Steuerrecht, Rn. 1251; *Fehrenbacher*, Steuerrecht, § 4 Rn. 25 f.; *Lehmann*, in: Frotscher/Drüen, KStG, § 8 Rn. 4.

[948] *Fischer*, npoR 2018, 156 (157).

[949] *Bott*, in: Schauhoff/Kirchhain, Handbuch der Gemeinnützigkeit, § 10 Rn. 121; *Fischer*, npoR 2018, 156 (157).

Geschäftsbetrieben sind nun auch die Einkünfte aus Zweckbetrieben i. S. d. §§ 65 ff. AO, die dem Grunde nach wirtschaftliche Geschäftsbetriebe (§ 14 AO) darstellen, bei Vorliegen einer Einkünfteerzielungsabsicht vom zu versteuernden Einkommen erfasst.[950] Bei Einkünften aus wirtschaftlicher Betätigung tritt mit dem Verlust der Gemeinnützigkeit die Besonderheit hinzu, dass die Regelung des § 64 Abs. 3 AO, wonach Einnahmen aus wirtschaftlichem Geschäftsbetrieb bis zur Höhe von 45.000 € von der Körperschaftsteuer freigestellt sind, keine Anwendung mehr findet. Folglich müssen auch diese Einkünfte nun voll versteuert werden.[951]

Darüber hinaus bestehen rechtsformabhängige Besonderheiten. Von Vereinen oder Stiftungen im ideellen Bereich vereinnahmte Mitgliederbeiträge bleiben als nichtsteuerbare Vermögensmehrungen im Rahmen der Einkommensermittlung gemäß § 8 Abs. 5 KStG außer Ansatz.[952] Damit korrespondierend dürfen Aufwendungen zur Erfüllung satzungsmäßiger Zwecke allerdings auch nicht abgezogen werden (§ 10 Nr. 1 KStG).[953] Die GmbH erzielt demgegenüber rechtsformbedingt nach § 8 Abs. 2 KStG ausschließlich gewerbliche Einkünfte, sodass sämtliche Vermögensmehrungen steuerbar sind.[954] Spiegelbildlich dazu wird jedoch auch die Vorschrift des § 10 Nr. 1 KStG überlagert, sodass hiervon zuvor erfasste Aufwendungen nun als Betriebsausgaben zu berücksichtigen sind.[955] Zudem ist die GmbH gemäß § 24 S. 2 Nr. 1 KStG von dem Freibetrag nach § 24 S. 1 KStG in Höhe von 5.000 € ausgeschlossen.[956]

---

950 *Bott*, in: Schauhoff/Kirchhain, Handbuch der Gemeinnützigkeit, § 10 Rn. 121.

951 *Bott*, in: Schauhoff/Kirchhain, Handbuch der Gemeinnützigkeit, § 10 Rn. 121.

952 *Birk/Desens/Tappe*, Steuerrecht, Rn. 1253; *Bott*, in: Schauhoff/Kirchhain, Handbuch der Gemeinnützigkeit, § 10 Rn. 121; *Fischer*, npoR 2018, 156 (158); *Hüttemann*, in: Hüttemann, Gemeinnützigkeitsrecht und Spendenrecht, Rn. 7.101; ausführlich zur Regelung des § 8 Abs. 5 KStG *Krüsmann*, in: Winheller/Geibel/Jachmann-Michel, Gesamtes Gemeinnützigkeitsrecht, § 8 Abs. 5 KStG Rn. 1 ff.

953 *Fischer*, npoR 2018, 156 (158); *Klempa*, in: Winheller/Geibel/Jachmann-Michel, Gesamtes Gemeinnützigkeitsrecht, 2. Aufl., § 8 Abs. 5 KStG Rn. 3; ausführlich dazu *Theuffel-Werhahn*, in: Winheller/Geibel/Jachmann-Michel, Gesamtes Gemeinnützigkeitsrecht, § 10 KStG Rn. 1 ff.

954 *Bott*, in: Schauhoff/Kirchhain, Handbuch der Gemeinnützigkeit, § 10 Rn. 121; *Fischer*, npoR 2018, 156 (157).

955 *Bott*, in: Schauhoff/Kirchhain, Handbuch der Gemeinnützigkeit, § 10 Rn. 121.

956 *Birk/Desens/Tappe*, Steuerrecht, Rn. 1312; kritisch zu dieser rechtsformbezogenen Einschränkung *Burwitz*, in: Herrmann/Heuer/Raupach, EStG/KStG, § 24 KStG Rn.

3. Steuersatz

Der Steuersatz beträgt 15 % (§ 23 Abs. 1 KStG). Durch Anwendung dieses Steuersatzes auf das zu versteuernde Einkommen ergibt sich die tarifliche Körperschaftsteuer.[957] Daneben wird ein Solidaritätszuschlag in Höhe von 5,5 % der festgesetzten Körperschaftsteuer erhoben, welcher zu einer zusätzlichen Belastung von 0,825 % (0,15 x 0,055) führt.[958]

4. Exkurs: Aufstellung einer Anfangsbilanz nach § 13 Abs. 4 KStG

Durch die Aberkennung der Gemeinnützigkeit wird die vormals gemeinnützige Körperschaft also unbeschränkt körperschaftsteuerpflichtig. Wird eine steuerbefreite Körperschaft, Personenvereinigung oder Vermögensmasse steuerpflichtig und ermittelt sie ihren Gewinn durch Betriebsvermögensvergleich, so hat sie auf den Zeitpunkt, in welchem die Steuerpflicht beginnt, eine Anfangsbilanz aufzustellen (§ 13 Abs. 2 KStG). Die Vorschrift gewährleistet, dass eventuelle stille Reserven, die während der Steuerbefreiung gebildet wurden, steuerfrei aufgedeckt werden, soweit die Wirtschaftsgüter vor Beginn der Steuerpflicht auch steuerbefreit waren.[959] Da die Regelung auch dann anzuwenden ist, wenn der Eintritt in die Steuerpflicht infolge eines Verstoßes nur vorübergehender Natur ist (nur für den betreffenden Veranlagungszeitraum), spielt sie auch im Rahmen des Verlusts der Steuerbefreiung des § 5 Abs. 1 Nr. 9 KStG bei den entsprechenden Körperschaften eine Rolle.[960] Jedoch ist in diesem Zusammenhang die Sonderregelung des § 13 Abs. 4 KStG zu beachten. Die Vorschrift enthält eine Ausnahme zum Bewertungsgrundsatz des § 13 Abs. 3 KStG (Ansetzen der Wirtschaftsgüter mit dem Teilwert).[961] Gemeinnützige

---

9; *Dremel*, in: Rödder/Herlinghaus/Neumann, KStG, § 24 Rn. 1, 5; *Hüttemann*, in: Hüttemann, Gemeinnützigkeitsrecht und Spendenrecht, Rn. 7.140.

957 *Fehrenbacher*, Steuerrecht, § 4 Rn. 76; *Rode*, in: Brandis/Heuermann, KStG, § 23 Rn. 1, 41, 43

958 *Birk/Desens/Tappe*, Steuerrecht, Rn. 1315; *Halaczinsky*, in: Wallenhorst/Halaczinsky, I Rn. 1; *Hüttemann*, in: Hüttemann, Gemeinnützigkeitsrecht und Spendenrecht, Rn. 7.142; *Rüsch*, in: Frotscher/Drüen, KStG, § 23 Rn. 13.

959 *Krüsmann/Klempa*, in: Winheller/Geibel/Jachmann-Michel, Gesamtes Gemeinnützigkeitsrecht, § 13 KStG Rn. 35.

960 *Kruschke*, in: Herrmann/Heuer/Raupach, EStG/KStG, § 13 KStG Rn. 22.

961 BT-Drucks. 7/1470, 346; *Drüen*, in: Frotscher/Drüen, KStG, § 13 Rn. 53; *Krüsmann/Klempa*, in: Winheller/Geibel/Jachmann-Michel, Gesamtes Gemeinnützigkeitsrecht, § 13 KStG Rn. 53.

Körperschaften setzen die Wirtschaftsgüter in der Anfangs- bzw. Schlussbilanz mit den Buchwerten an,[962] um Härten zu vermeiden und den Zweck der Steuerbefreiung nicht zu konterkarieren.[963] Der Ansatz der fortgeführten Buchwerte[964] in der Anfangsbilanz (§ 13 Abs. 4 S. 2 KStG) verhindert, dass die Körperschaft sich durch verschiedene Bewertungsmethoden ungerechtfertigte Steuervorteile verschafft.[965] In den Anwendungsbereich der Norm fallen Körperschaften, Personenvereinigungen und Vermögensmassen, die gemäß § 5 Abs. 1 Nr. 9 KStG von der Körperschaftsteuer befreit waren und nun wieder steuerpflichtig werden. Ungeschriebene Voraussetzung ist dabei, dass die Körperschaft vorher schon einmal steuerpflichtig war und deshalb bereits in den Anwendungsbereich des § 13 Abs. 4 S. 1 KStG fiel.[966] Folglich werden solche Körperschaften, die seit ihrer Gründung den Status der Gemeinnützigkeit besitzen und diesen zum ersten Mal verlieren, nicht erfasst. Unstreitig fallen Wirtschaftsgüter in den Anwendungsbereich des § 13 Abs. 4 S. 2 KStG, die bei Beginn der Steuerbefreiung bereits vorhanden waren. Umstritten ist dies hingegen bei solchen, die während der Steuerbefreiung angeschafft werden.[967] Der Wortlaut der Vorschrift spricht zwar zunächst dafür, dass auch Zweitere vom Anwendungsbereich der Vorschrift erfasst sind. Jedoch muss der Anfangsbilanz in jedem Fall eine Schlussbilanz i. S. d. § 13 Abs. 1 KStG vorangehen. Dies ist jedoch bei Wirtschaftsgütern, die erst während der Steuerbefreiung angeschafft worden sind, nicht der Fall, sodass § 13 Abs. 3 KStG gelten muss.[968]

---

[962] BFH v. 16.11.2011 – I R 31/10, BFH/NV 2012, 786 (Rn. 51) = juris; *Bott*, in: Bott/Walter, KStG, § 13 Rn. 156.

[963] BT-Drucks. 7/1470, 346; *Kruschke*, in: Herrmann/Heuer/Raupach, EStG/KStG, § 13 KStG Rn. 80; *Pfirrmann*, in: Brandis/Heuermann, KStG, § 13 Rn. 61.

[964] Wert, der sich bei ununterbrochener Körperschaftsteuerpflicht ergeben würde.

[965] *Kruschke*, in: Herrmann/Heuer/Raupach, EStG/KStG, § 13 KStG Rn. 80; *Pfirrmann*, in: Brandis/Heuermann, KStG, § 13 Rn. 66.

[966] *Drüen*, in: Frotscher/Drüen, KStG, § 13 Rn. 53; *Kruschke*, in: Herrmann/Heuer/Raupach, EStG/KStG, § 13 KStG Rn. 90.

[967] *Kruschke*, in: Herrmann/Heuer/Raupach, EStG/KStG, § 13 KStG Rn. 90.

[968] *Drüen*, in: Frotscher/Drüen, KStG, § 13 Rn. 53; *Kruschke*, in: Herrmann/Heuer/Raupach, EStG/KStG, § 13 KStG Rn. 90; *Pfirrmann*, in: Brandis/Heuermann, KStG, § 13 Rn. 66.

II. Gewerbesteuer

1. Steuergegenstand

Mit dem Verlust der Gemeinnützigkeit entfällt auch die Befreiung von der Gewerbesteuer nach § 3 Nr. 6 GewStG, sodass in dem betreffenden Veranlagungszeitraum eine Besteuerung stattfindet.[969] Steuergegenstand ist der inländische (stehende) Gewerbebetrieb (§ 2 Abs. 1 S. 1 GewStG).[970] Gemäß § 2 Abs. 2 S. 1 GewStG gilt die Tätigkeit von Kapitalgesellschaften (GmbH) stets und in vollem Umfang als Gewerbebetrieb. Der Gewerbebetrieb einer GmbH ist somit ein Gewerbebetrieb kraft Rechtsform.[971] Dies ist angesichts der Parallelregelungen des § 8 Abs. 2 KStG systematisch begründbar.[972]

Zudem gilt nach § 2 Abs. 3 GewStG auch die Tätigkeit der sonstigen juristischen Personen des privaten Rechts und der nichtrechtsfähigen Vereine als Gewerbebetrieb, soweit sie einen wirtschaftlichen Geschäftsbetrieb (ausgenommen Land- und Forstwirtschaft) unterhalten. Diese Gleichstellung des wirtschaftlichen Geschäftsbetriebs mit einem Gewerbebetrieb wird damit gerechtfertigt, dass die betreffenden juristischen Personen mit Gewerbebetrieben in Wettbewerb treten würden.[973] So entspreche beispielsweise die gewerbliche Tätigkeit einer Schankwirtschaft dem Ausschank von Getränken bei Mannschaftsabenden eines Sportvereins.[974] In systematischer Hinsicht ist jedoch zu konstatieren, dass eine dem § 8 Abs. 2 KStG entsprechende Regelung für Vereine und Stiftungen nicht existiert. Sie können

---

[969] *Bott*, in: Schauhoff/Kirchhain, Handbuch der Gemeinnützigkeit, § 10 Rn. 119.

[970] Durch die Anknüpfung an den Gewerbebetrieb und nicht die Person des Gewerbetreibenden kommt der Charakter als Objektsteuer zum Ausdruck, BFH v. 07.03.2007 – I R 60/06, BStBl II 2007, 654 (655) = BFHE 217, 100; *Birk/Desens/Tappe*, Steuerrecht, Rn. 1349; *Hawlitschek*, in: Winheller/Geibel/Jachmann-Michel, Gesamtes Gemeinnützigkeitsrecht, § 2 GewStG Rn. 2.

[971] *Birk/Desens/Tappe*, Steuerrecht, Rn. 1354; *Frotscher*, in: Frotscher/Drüen, GewStG, § 2 Rn. 53; *Hawlitschek*, in: Winheller/Geibel/Jachmann-Michel, Gesamtes Gemeinnützigkeitsrecht, § 2 GewStG Rn. 21; *Keß*, in: Lenski/Steinberg, GewStG, § 2 Rn. 3002 f.; *Orth*, FR 2007, 326 (332).

[972] *Birk/Desens/Tappe*, Steuerrecht, Rn. 1354; *Hüttemann*, in: Hüttemann, Gemeinnützigkeitsrecht und Spendenrecht, Rn. 7.166.

[973] *Keß*, in: Lenski/Steinberg, GewStG, § 2 Rn. 4002; *Pohl*, in: Hallerbach/Nacke/Rehfeld, GewStG, § 2 Abs. 3 Rn. 1, 8.

[974] Ähnlich *Keß*, in: Lenski/Steinberg, GewStG, § 2 Rn. 4002: Abgabe von Speisen und Getränken bei geselligen Veranstaltungen von Vereinen im Vergleich zur Gastwirtschaft.

aufgrund der Ermittlung des Einkommens nach § 8 Abs. 1 S. 1 KStG i. V. m. §§ 2 ff. EStG auch Einkünfte aus selbständiger Arbeit erzielen und nur dann der Körperschaftsteuer unterliegen, wenn sie mit Gewinn- bzw. Einkünfteerzielungsabsicht handeln.[975] § 2 Abs. 3 GewStG stellt damit im Normengefüge des Ertragsteuerrechts einen Fremdkörper dar (systematisch „unstimmig").[976] Darüber hinaus sind juristische Personen des öffentlichen Rechts mit einem Betrieb gewerblicher Art nur gewerbesteuerpflichtig, wenn dieser Betrieb einen gewerblichen Betrieb i. S. d. § 15 Abs. 2 EStG darstellt (vgl. § 2 Abs. 1 GewStDV).[977] Diese Privilegierung gegenüber juristischen Personen des privaten Rechts ist äußerst problematisch, da die Steuerpflicht der öffentlichen Hand gerade darauf abzielt, öffentliche Unternehmen im Wettbewerb zu Privaten nicht zu bevorzugen. Dieses Ziel wird mit der Regelung des § 2 Abs. 3 GewStG konterkariert.[978] Den Beitrag zur Wettbewerbsneutralität, welchen der Gesetzgeber mit der einen Hand (§ 2 Abs. 3 GewStG) im Verhältnis zwischen den juristischen Personen des Privatrechts im Ergebnis richtigerweise gibt, nimmt er mit der anderen Hand (Privilegierung von juristischen Personen des öffentlichen Rechts) wieder weg. Eine jedenfalls systematisch „stimmige" Prüfung der Gewerbesteuerpflicht von Vereinen und Stiftungen würde entgegen der Fiktion des § 2 Abs. 3 GewStG stets einen Gewerbebetrieb i. S. d. § 15 Abs. 2 EStG voraussetzen.[979]

---

[975] Vgl. BFH v. 15.01.2015 – I R 48/13, BStBl II 2015, 713 (Rn. 12) = BFHE 248, 535; *Hüttemann*, in: Hüttemann, Gemeinnützigkeitsrecht und Spendenrecht, Rn. 7.166; *Hüttemann*, npoR 2020, 198 (200); zustimmend *Hidien*, in: Lippross/Seibel, Basiskommentar Steuerrecht, GewStG, § 2 Rn. 616.

[976] *Hüttemann*, in: Hüttemann, Gemeinnützigkeitsrecht und Spendenrecht, Rn. 7.166; ebenso *Hidien*, in: Lippross/Seibel, Basiskommentar Steuerrecht, GewStG, § 2 Rn. 616.

[977] § 2 Abs. 3 GewStG spricht nur juristische Personen des Privatrechts an, sodass juristische Personen des öffentlichen Rechts für einen Gewerbebetrieb kraft wirtschaftlichen Geschäftsbetriebs nicht in Betracht kommen, *Pohl*, in: Hallerbach/Nacke/Rehfeld, GewStG, § 2 Abs. 3 Rn. 19.

[978] *Hüttemann*, in: Hüttemann, Gemeinnützigkeitsrecht und Spendenrecht, Rn. 7.166; *Hüttemann*, npoR 2020, 198 (200).

[979] So *Hüttemann*, in: Hüttemann, Gemeinnützigkeitsrecht und Spendenrecht, Rn. 7.166; zustimmend *Hidien*, in: Lippross/Seibel, Basiskommentar Steuerrecht, GewStG, § 2 Rn. 616; wohl auch *Bott*, in: Schauhoff/Kirchhain, Handbuch der Gemeinnützigkeit, § 8 Rn. 387; a. A. BFH v. 20.03.2019 – VIII B 81/18, npoR 2020, 198 (199 f.) = juris; *Buchna/Leichinger/Seeger/Brox*, Gemeinnützigkeit im Steuerrecht, Gewerbesteuer Rn. 152; *Wallenhorst*, in: Wallenhorst/Halaczinsky, J Rn. 2.

2. Steuerschuldner

Steuerschuldner der Gewerbesteuer ist gemäß § 5 Abs. 1 S. 1 GewStG der Unternehmer. Nach § 5 Abs. 1 S. 2 GewStG gilt wiederum derjenige als Unternehmer, für dessen Rechnung das Gewerbe betrieben wird.[980]

3. Bemessungsgrundlage

Die Bemessungsgrundlage ist der Gewerbesteuermessbetrag (§ 14 GewStG). Dieser ergibt sich aus der Anwendung der Steuermesszahl (§ 11 GewStG) auf den abgerundeten, um Freibeträge gekürzten Gewerbeertrag. Der Gewerbeertrag wird gemäß § 7 S. 1 GewStG ausgehend vom Gewinn des Gewerbebetriebs ermittelt und bestimmt sich damit nach dem KStG.[981]

4. Steuersatz

Die tatsächlich zu entrichtende Gewerbesteuer ergibt sich durch Anwendung des Hebesatzes (§ 16 Abs. 1 GewStG) auf den Gewerbesteuermessbetrag. Der Hebesatz wird von der betreffenden Gemeinde gemäß §§ 4, 35a GewStG per Satzung bestimmt.[982]

III. Sonstige Steuern

Neben dem Wegfall der Befreiung von der Körperschaftsteuer und der Gewerbesteuer wirkt sich der Verlust der Gemeinnützigkeit auch auf weitere Steuern aus. Zu nennen ist insbesondere die Umsatzsteuer, bei der gemeinnützige Körperschaften im Rahmen der Zweckbetriebe und der Vermögensverwaltung von dem ermäßigten Steuersatz (7 %) profitieren (§ 12 Abs. 2 Nr. 8 lit. a S. 1 UStG).[983] Wurde der Verstoß gegen die einzuhaltenden Grundsätze des Gemeinnützigkeitsrechts vor dem Zeitpunkt

---

980 Zum Steuerschuldner der Gewerbesteuer *Birk/Desens/Tappe*, Steuerrecht, Rn. 1369; *Fehrenbacher*, Steuerrecht, § 5 Rn. 22; *Hawlitschek*, in: Winheller/Geibel/Jachmann-Michel, GewStG, Einführung Rn. 9 f.

981 Ausführlich *Fehrenbacher*, Steuerrecht, § 5 Rn. 23 ff.; *Hawlitschek*, in: Winheller/Geibel/Jachmann-Michel, Gesamtes Gemeinnützigkeitsrecht, GewStG, Einführung Rn. 11.

982 *Birk/Desens/Tappe*, Steuerrecht, Rn. 1421; *Gosch*, in: Brandis/Heuermann, GewStG, § 16 Rn. 11; *Hawlitschek*, in: Winheller/Geibel/Jachmann-Michel, Gesamtes Gemeinnützigkeitsrecht, GewStG, Einführung Rn. 13; *Marx*, DStR 2021, 2720 (2723).

983 S. unter 2. Kapitel B. V.; *Hüttemann*, in: Hüttemann, Gemeinnützigkeitsrecht und Spendenrecht, Rn. 7.175: Die Umsatzsteuer dürfte für die gemeinnützigen Körperschaften sogar die wichtigste Einzelsteuer darstellen.

der Steuerentstehung – dies ist bei der Umsatzsteuer gemäß § 13 UStG der Ablauf des jeweiligen Voranmeldungszeitraums – begangen, so gilt wieder der reguläre Steuersatz von 19 % (§ 12 Abs. 1 UStG).[984]

IV. Ausstellerhaftung der Körperschaft (§ 10b Abs. 4 S. 2 Alt. 1 EStG)

Das Ausstellen einer unrichtigen Spendenbestätigung ist als Verstoß gegen die Rechtsordnung einzuordnen. Ein solcher führt zwar nicht zwingend zum Verlust der Gemeinnützigkeit.[985] Dennoch löst ein solcher Verstoß für die Körperschaft haftungsrechtliche Folgen aus, welche im Folgenden skizziert werden. Zudem wird die Ausstellerhaftung beim Verlust der Gemeinnützigkeit virulent, da die Körperschaft in diesem Fall gar nicht mehr empfangsberechtigt ist (vgl. § 10b Abs. 1 S. 2 Nr. 2 EStG).

Gemäß § 10b Abs. 1 EStG können Zuwendungen (Spenden und Mitgliedsbeiträge) an gemeinnützige Körperschaften beim Zuwendenden in erheblichem Umfang (20 % des Gesamtbetrags der Einkünfte oder vier Promille der Summe der gesamten Umsätze und der im Kalenderjahr aufgewendeten Löhne und Gehälter) von der ertragsteuerlichen Bemessungsgrundlage abgezogen werden.[986] Dieser Prozess erfährt eine verfahrensmäßige Vereinfachung, indem nach § 50 EStDV eine Bestätigung über die Zuwendung ausgestellt werden kann, auf deren Richtigkeit der Zuwendende Vertrauen kann (§ 10b Abs. 4 S. 1 EStG).[987] Mit diesem Vertrauensschutz korrespondiert der Haftungstatbestand des § 10b Abs. 4 S. 2 EStG.[988] Dadurch sollen Steuerausfälle kompensiert werden, die entstehen, weil dem gutgläubigen Spender trotz unrichtiger Zuwendungsbestätigung der gewährte Steuervorteil erhalten bleibt.[989]

---

[984] *Bott*, in: Schauhoff/Kirchhain, Handbuch der Gemeinnützigkeit, § 10 Rn. 130 f.

[985] 3. Kapitel D. III. 2. a); explizit zur Ausstellerhaftung *Kirchhain*, in: Schauhoff/Kirchhain, Handbuch der Gemeinnützigkeit, § 12 Rn. 178: nur in praktisch sehr seltenen Einzelfällen.

[986] *Möllmann*, DStR 2009, 2125 (2127); *Seer*, in: Kirchhof/Seer, EStG, § 10b Rn. 1: Lenkungsnorm.

[987] *Möllmann*, DStR 2009, 2125 (2127).

[988] BT-Drucks. 11/4176, 17; *Brandl*, in: Brandis/Heuermann, EStG, § 10b Rn. 145; *Kirchhain*, in: Schauhoff/Kirchhain, Handbuch der Gemeinnützigkeit, § 12 Rn. 175 f.

[989] BT-Drucks. 11/4176, 17; BFH v. 24.04.2002 – XI R 123/96, BStBl II 2003, 128 (129) = BFHE 199, 162; *Brandl*, in: Brandis/Heuermann, EStG, § 10b Rn. 145; *Möllmann*, DStR 2009, 2125 (2127).

Gemäß § 10b Abs. 4 S. 2 Alt. 1 EStG haftet für die entgangene Steuer, wer vorsätzlich oder grob fahrlässig eine unrichtige Bestätigung ausstellt. Eine Zuwendungsbestätigung ist unrichtig, wenn ihr Inhalt nicht der objektiven Sach- und Rechtslage entspricht.[990] Notwendig sind solche Angaben, die für den Sonderausgabenabzug nach § 10b EStG wesentlich sind, sodass eine Diskrepanz zwischen dem Inhalt der Bestätigung und der objektiven Sach- und Rechtslage bei der Höhe des zugewendeten Betrags, dem beabsichtigten Verwendungszweck oder dem Status als gemeinnützige und damit spendenempfangsberechtigte (vgl. § 10b Abs. 1 S. 2 Nr. 2 EStG) Körperschaft in Betracht kommt.[991] Vor allem der Status der Körperschaft erlangt im Zusammenhang mit dem Verlust der Gemeinnützigkeit Bedeutung. Wird einer bisher als gemeinnützig anerkannten Körperschaft der Status der Gemeinnützigkeit im Veranlagungsverfahren (rückwirkend) versagt, ist die Zuwendungsbestätigung in Folge des Verlusts unrichtig.[992] Dennoch führen nicht sämtliche Verstöße, die den Verlust der Gemeinnützigkeit nach sich ziehen, auch zwingend zur Spendenhaftung der Körperschaft.[993] Der subjektive Haftungstatbestand der Ausstellerhaftung setzt nämlich Vorsatz oder grobe Fahrlässigkeit voraus.[994] Es muss also stets ein der Körperschaft zuzurechnendes Fehlverhalten einer natürlichen Person vorliegen.[995]

---

[990] BFH v. 12.08.1999 – XI R 65/98, BStBl II 2000, 65 (66) = BFHE 190, 144; *Brandl*, in: Brandis/Heuermann, EStG, § 10b Rn. 145a; *Geserich*, in: Kirchhof/Söhn/Mellinghoff, EStG, § 10b Rn. E 41; *Seer*, in: Kirchhof/Seer, EStG, § 10b Rn. 72.

[991] BFH v. 12.08.1999 – XI R 65/98, BStBl II 2000, 65 (66 f.) = BFHE 190, 144; *Brandl*, in: Brandis/Heuermann, EStG, § 10b Rn. 145a; *Geserich*, in: Kirchhof/Söhn/Mellinghoff, EStG, § 10b Rn. E 41; *Gierlich*, FR 1991, 518 (519 f.).

[992] BFH v. 03.12.2001 – XI B 84/01, BFH/NV 2002, 482 (483) = juris; *Hüttemann*, in: Hüttemann, Gemeinnützigkeitsrecht und Spendenrecht, Rn. 8.161; *Gierlich*, FR 1991, 518 (520); a. A. *Kirchhain*, in: Schauhoff/Kirchhain, Handbuch der Gemeinnützigkeit, § 12 Rn. 179.

[993] BFH v. 03.12.2001 – XI B 84/01, BFH/NV 2002, 482 (483) = juris; *Gierlich*, FR 1991, 518 (520).

[994] BFH v. 24.04.2002 – XI R 123/96, BStBl II 2003, 128 (129) = BFHE 199, 162; *Brandl*, in: Brandis/Heuermann, EStG, § 10b Rn. 149; *Geserich*, in: Kirchhof/Söhn/Mellinghoff, EStG, § 10b Rn. E 49; *Seer*, in: Kirchhof/Seer, EStG, § 10b Rn. 74; *Teufel*, FR 1993, 772 (773).

[995] *Geserich*, in: Kirchhof/Söhn/Mellinghoff, EStG, § 10b Rn. E 43, E 49; *Gierlich*, FR 1991, 518 (519); *Teufel*, FR 1993, 772 (773).

Teilweise wird erwogen, dass diese tatsächlich ausstellende natürliche Person auch Aussteller i. S. d. § 10b Abs. 4 S. 2 Alt. 2 EStG und damit Haftungsadressat sei („wer ausstellt"). Aussteller einer Urkunde sei stets die unterzeichnende Person. Eine andere Bewertung ergebe sich selbst dann nicht, wenn sie nur als Vertreter unterschreibt.[996] Aussteller und damit Haftungsschuldner ist aber nach richtiger Ansicht nur der Zuwendungsempfänger, also die gemeinnützige Körperschaft. Die für die Körperschaft handelnde natürliche Person ist dagegen kein Aussteller.[997] Dies ergibt sich bereits ausdrücklich aus dem Wortlaut der Bestätigung, welche auf den Namen der Körperschaft lautet.[998] Insbesondere durch die Unterzeichnung als Vertreter bringt die natürliche Person zum Ausdruck, dass die Ausstellung für und gegen den Vertretenen, also die Körperschaft, wirken soll. Dieses Ergebnis steht im Einklang mit den zivilrechtlichen Stellvertretungsregelungen (§§ 164 ff. BGB). Ein Vertrag besteht aus zwei in Bezug aufeinander abgegebenen, inhaltlich übereinstimmenden Willenserklärungen,[999] wobei der Vertragsschluss auch durch die Einschaltung eines Stellvertreters erfolgen kann.[1000] Dieser gibt eine eigene Willenserklärung im fremden Namen ab.[1001] Auch in diesem Fall ergibt sich aufgrund des Offenkundigkeitsprinzips (§ 164 Abs. 1 BGB) grundsätzlich bereits aus dem Wortlaut des Vertrags, dass dieser „im

---

996 *Gierlich*, FR 1991, 518 (519).

997 BFH v. 24.04.2002 – XI R 123/96, BStBl II 2003, 128 (129) = BFHE 199, 162; FG Niedersachsen v. 15.01.2015 – 14 K 85/13, EFG 2015, 904 (Rn. 26) = juris; *Geserich*, in: Kirchhof/Söhn/Mellinghoff, EStG, § 10b Rn. E 43; *Seer*, in: Kirchhof/Seer, EStG, § 10b Rn. 73; eine Ausnahme zulassend *Brandl*, in: Brandis/Heuermann, EStG, § 10b Rn. 147; a. A. *Gierlich*, FR 1991, 518 (519): beide seien Aussteller.

998 BFH v. 24.04.2002 – XI R 123/96, BStBl II 2003, 128 (129) = BFHE 199, 162; FG Niedersachsen v. 15.01.2015 – 14 K 85/13, EFG 2015, 904 (Rn. 27) = juris; *Hüttemann*, in: Hüttemann, Gemeinnützigkeitsrecht und Spendenrecht, Rn. 8.163.

999 *Brox/Walker*, BGB AT, § 4 Rn. 9 ff., § 8 Rn. 1; *Musielak/Hau*, Grundkurs BGB, Rn. 48, 110 ff.

1000 *Boemke/Ulrici*, BGB AT, § 13 Rn. 3; *Brox/Walker*, BGB AT, § 23 Rn. 1; *Ellenberger*, in: Grüneberg, BGB, Vor § 164 Rn. 1, 3; *Schubert*, in: MüKo-BGB, § 164 Rn. 99.

1001 *Boemke/Ulrici*, BGB AT, § 13 Rn. 6, 7 ff.; *Brox/Walker*, BGB AT, § 24 Rn. 2 ff., 9 ff.; *Musielak/Hau*, Grundkurs BGB, Rn. 1159, 1162; *Schubert*, in: MüKo-BGB, § 164 Rn. 116 ff., 120 ff.; *Stadler*, BGB AT, § 30 Rn. 2 ff., 5 ff.

Namen des Vertretenen“ geschlossen wurde.[1002] Nach dem fehlerhaften Ausstellerverständnis müsste man jedoch zu dem unrichtigen Ergebnis gelangen, dass Vertragsparteien nur die beiden Personen sein können, welche den Vertrag durch die Abgabe ihrer Willenserklärung zustande bringen – und dies selbst dann, wenn der Stellvertreter ausdrücklich als solcher auftritt. Der Vertreter im Zivilrecht kann selbst bei einem entgegenstehenden Willen, der auf die eigene vertragliche Bindung abzielt, nicht Vertragspartner werden (§ 164 Abs. 1 S. 1 BGB).[1003] Ebenso ist eine natürliche Person (erst recht) nicht in der Lage, eine solche Bestätigung auszustellen (wenn sie dabei selbst gar nicht als Aussteller angesehen werden wollte). Dies obliegt einzig der spendenempfangsberechtigten Körperschaft (§ 10b Abs. 1 S. 2 Nr. 2 EStG).[1004] Folglich kann nur die Körperschaft Aussteller der Bestätigung und damit Haftungsschuldner sein.

Die entgangene Steuer ist gemäß § 10b Abs. 4 S. 3 EStG pauschal mit 30 % des zugewendeten Betrags anzusetzen.[1005] Dabei gilt derjenige Betrag als zugewendet, der aus der Zuwendungsbestätigung hervorgeht – selbst wenn die tatsächliche Höhe niedriger ist.[1006]

B. Haftung der natürlichen Personen

Aus dem Verlust der Gemeinnützigkeit folgt also zum einen die Steuerpflicht für die gemeinnützige Körperschaft. Zum anderen folgt daraus aber auch die

---

1002 Zum Offenkundigkeitsprinzip *Dörner*, in: HK-BGB, § 164 Rn. 5 ff.; *Schubert*, in: MüKo-BGB, § 164 Rn. 120 ff.

1003 BGH v. 05.10.1961 – VII ZR 207/60, BGHZ 36, 30 (33) = NJW 1961, 2251; *Dörner*, in: HK-BGB, § 164 Rn. 5; *Ellenberger*, in: Grüneberg, BGB, § 164 Rn. 16; *Schubert*, in: MüKo-BGB, § 164 Rn. 186.

1004 BFH v. 24.04.2002 – XI R 123/96, BStBl II 2003, 128 (129) = BFHE 199, 162; FG Niedersachsen v. 15.01.2015 – 14 K 85/13, EFG 2015, 904 (Rn. 27) = juris; *Geserich*, in: Kirchhof/Söhn/Mellinghoff, EStG, § 10b Rn. E 43; *Hüttemann*, in: Hüttemann, Gemeinnützigkeitsrecht und Spendenrecht, Rn. 8.163; *Seer*, in: Kirchhof/Seer, EStG, § 10b Rn. 22 f.

1005 *Achenbach*, in: Reichert, Vereins- und Verbandsrecht, Kapitel 6 Rn. 489; *Brandl*, in: Brandis/Heuermann, EStG, § 10b Rn. 151; *Geserich*, in: Kirchhof/Söhn/Mellinghoff, EStG, § 10b Rn. E 70.

1006 *Brandl*, in: Brandis/Heuermann, EStG, § 10b Rn. 152; *Geserich*, in: Kirchhof/Söhn/Mellinghoff, EStG, § 10b Rn. E 71.

persönliche Haftung der Vorstandsmitglieder bzw. Geschäftsführer. Diese haften gemäß §§ 34 Abs. 1, 69 S. 1 AO als gesetzliche Vertreter akzessorisch für die Steuerschuld der Körperschaft.[1007] Wenig Beachtung hat bislang die gegenüber sonstigen Haftungstatbeständen deutlich verschärfte Haftung des Steuerhinterziehers (§ 71 AO) gefunden,[1008] welche deshalb näher zu beleuchten ist. Darüber hinaus kommt auch bei den Organmitgliedern die steuerliche Spendenhaftung gemäß § 10b Abs. 4 S. 2 EStG in Betracht.[1009]

I. Haftung der gesetzlichen Vertreter gemäß §§ 34 Abs. 1, 69 S. 1 AO

1. Tatbestandsvoraussetzungen des § 69 S. 1 AO

Gemäß § 69 S. 1 AO haften die gesetzlichen Vertreter (§ 34 AO) persönlich, soweit Ansprüche aus dem Steuerschuldverhältnis (§ 37 AO) infolge vorsätzlicher oder grob fahrlässiger Verletzung der ihnen auferlegten Pflichten nicht oder nicht rechtzeitig festgesetzt oder erfüllt werden. § 69 S. 1 AO enthält damit fünf Tatbestandsvoraussetzungen: Der Haftende muss gesetzlicher Vertreter i. S. d. § 34 Abs. 1 AO sein. Er muss eine Pflichtverletzung begangen haben. Diese muss zu einem Haftungsschaden geführt haben und kausal für dessen Eintritt sein. Schließlich muss der Vertreter schuldhaft gehandelt haben.[1010]

a) Vertreter i. S. d. § 34 Abs. 1 AO

Der Personenkreis der nach § 69 S. 1 AO Haftenden umfasst unter anderem die gesetzlichen Vertreter i. S. d. § 34 Abs. 1 AO.[1011] Zu diesem Kreis zählen

---

[1007] Zu den gesetzlichen Vertretern i. S. d. § 34 AO *Boeker*, in: Hübschmann/Hepp/Spitaler, AO/FGO, § 34 AO Rn. 24 sowie *Loose*, in: Tipke/Kruse, AO/FGO, § 34 AO Rn. 6; *Lorenz*, in: Winheller/Geibel/Jachmann-Michel, Gesamtes Gemeinnützigkeitsrecht, § 69 AO Rn. 1; *Möllmann*, DStR 2009, 2125 (2125).

[1008] *Pflaum*, in: Wabnitz/Janovsky/Schmitt, Handbuch Wirtschafts- und Steuerstrafrecht, Kapitel 21 Rn. 337.

[1009] *Hüttemann/Herzog*, Non Profit Law Yearbook 2006, 33 (51); *Schießl/Küpperfahrenberg*, DStR 2006, 445 (445).

[1010] *Hick*, in: Krieger/Schneider, Handbuch Managerhaftung, Rn. 40.10; *Loose*, in: Tipke/Kruse, AO/FGO, § 69 AO Rn. 5; *Lorenz*, in: Winheller/Geibel/Jachmann-Michel, Gesamtes Gemeinnützigkeitsrecht, § 69 AO Rn. 6 ff.; *Neusel*, GmbHR 1997, 1129 (1129).

[1011] *Loose*, in: Tipke/Kruse, AO/FGO, § 69 AO Rn. 6; *Lorenz*, in: Winheller/Geibel/Jachmann-Michel, Gesamtes Gemeinnützigkeitsrecht, § 69 AO Rn. 7 f.

damit insbesondere der Vorstand beim Verein gemäß § 26 Abs. 2 BGB sowie bei der Stiftung nach § 84 Abs. 2 BGB und der Geschäftsführer bei der GmbH (§ 35 GmbHG).[1012]

b) Pflichtverletzung

Der gesetzliche Vertreter der Körperschaft muss zunächst eine ihm nach § 34 Abs. 1 AO obliegende Pflicht verletzt haben. Dazu gehört nach § 34 Abs. 1 S. 2 AO insbesondere das Entrichten der Steuern aus den von ihm verwalteten Mitteln.[1013] Dabei ist im Rahmen der Aberkennung der Gemeinnützigkeit zu beachten, dass es zu erheblichen steuerlichen Mehrforderungen kommen kann.[1014] Durch den (rückwirkenden) Verlust bezieht sich die Entrichtungspflicht auch auf diese Steuerforderungen. Eine Pflichtverletzung liegt aber nicht erst dann vor, wenn die Entrichtung der Steuer nach der förmlichen Aberkennung unterbleibt, sondern kann bereits dann anzunehmen sein, wenn pflichtwidrig nicht erkannt wird, dass die Voraussetzungen der Gemeinnützigkeit nicht mehr vorliegen.[1015] Daneben sind vor allem Buchführungs- und Aufzeichnungspflichten sowie die rechtzeitige Abgabe der Steuererklärung zu nennen.[1016] Eine Verletzung kann durch positives Tun oder Unterlassen begangen werden – etwa die Abgabe einer inhaltlich unrichtigen Steuererklärung oder die Nichtabgabe der Steuererklärung.[1017] In beiden Fällen wird die Steuererhebung erschwert oder kann nicht erfolgen (Verletzung der Pflicht).[1018]

[1012] *Boeker*, in: Hübschmann/Hepp/Spitaler, AO/FGO, § 34 AO Rn. 24; *Hüttemann/Herzog*, Non Profit Law Yearbook 2006, 33 (51); *Loose*, in: Tipke/Kruse, AO/FGO, § 34 AO Rn. 6; *Steeger*, Die steuerliche Haftung des Geschäftsführers, S. 78.

[1013] *Müller*, GmbHR 1984, 45 (46); zu den wichtigsten Pflichten in der Praxis *Schießl/Küpperfahrenberg*, DStR 2006, 445 (445); *Steeger*, Die steuerliche Haftung des Geschäftsführers, S. 87 ff.

[1014] *Hüttemann/Herzog*, Non Profit Law Yearbook 2006, 33 (51 f.).

[1015] BFH v. 12.06.2018 – VII R 2/17, BFH/NV 2019, 6 (Rn. 13 f.) = juris; *Hüttemann*, in: Hüttemann, Gemeinnützigkeitsrecht und Spendenrecht, Rn. 7.41.

[1016] *Lorenz*, in: Winheller/Geibel/Jachmann-Michel, Gesamtes Gemeinnützigkeitsrecht, § 69 AO Rn. 16, 22; *Möllmann*, DStR 2009, 2125 (2128); *Müller*, GmbHR 1984, 45 (46).

[1017] *Loose*, in: Tipke/Kruse, AO/FGO, § 69 AO Rn. 12; *Lorenz*, in: Winheller/Geibel/Jachmann-Michel, Gesamtes Gemeinnützigkeitsrecht, § 69 AO Rn. 28 f.

[1018] *Lorenz*, in: Winheller/Geibel/Jachmann-Michel, Gesamtes Gemeinnützigkeitsrecht, § 69 AO Rn. 29.

Fraglich ist, ob die steuerlichen Pflichten unter mehreren gesetzlichen Vertretern aufgeteilt werden können, sodass eine Pflichtverletzung nur bei dem jeweils zuständigen Vertreter vorliegen würde.[1019] Dabei wird erneut die Rechtsprechung des BFH zu den schriftlichen Geschäftsverteilungsplänen, welche bereits im Rahmen der Zurechnung zur tatsächlichen Geschäftsführung behandelt worden ist, virulent. Danach gilt im Grundsatz, dass im Falle der Bestellung mehrerer gesetzlicher Vertreter jedem von ihnen die Pflicht zur Geschäftsführung im Ganzen obliegt, das heißt auch die Erfüllung aller steuerlichen Pflichten der Körperschaft.[1020] Aus dem Grundsatz der Gesamtverantwortung folgt zwar eine solidarische Verantwortung aller Geschäftsführer für die ordnungsgemäße Erfüllung der steuerlichen Verpflichtungen, jedoch kann die Verantwortlichkeit bei einer Aufteilung der Geschäfte einer GmbH auf mehrere Geschäftsführer für die Erfüllung der steuerlichen Pflichten begrenzt werden.[1021] Dies setzt aber stets eine im Vorwege getroffene, eindeutige – und deshalb schriftliche – Klarstellung, welcher Geschäftsführer für welchen Bereich zuständig ist, voraus, damit im Haftungsfall nicht jeder Vertreter auf die Verantwortlichkeit eines anderen verweisen kann.[1022] Der BFH weitet die Möglichkeit einer Pflichtenbegrenzung durch schriftliche Geschäftsverteilungspläne auch auf

---

1019 *Möllmann*, DStR 2009, 2125 (2129); diese Formulierung lässt auf den ersten Blick vermuten, dass damit bloß eine möglichst weitreichende Entlastung erreicht werden soll; dies ist indes nicht der Fall. Dem Nachteil der Entlastung eines Vertreters steht der Vorteil gegenüber, dass die Geschäftsverteilung eine fachliche Spezialisierung der Geschäftsführer ermöglicht, sodass die Angelegenheiten innerhalb des Zuständigkeitsbereichs besonders gründlich bearbeitet werden können, zutr. *Medicus*, GmbHR 1998, 9 (16).

1020 BFH v. 11.05.1962 – VI 195/60 U, BStBl III 1962, 342 (343) = BFHE 75, 206; BFH v. 23.06.1998 – VII R 4/98, BStBl II 1998, 761 (763) = BFHE 186, 132; *Hüttemann*, in: Hüttemann, Gemeinnützigkeitsrecht und Spendenrecht, Rn. 7.43; *Schockenhoff*, NZG 2019, 281 (288); *Schießl/Küpperfahrenberg*, DStR 2006, 445 (446); *Steeger*, Die steuerliche Haftung des Geschäftsführers, S. 152 f.

1021 BFH v. 26.04.1984 – V R 128/79, BStBl II 1984, 776 (778) = BFHE 141, 443; BFH v. 23.06.1998 – VII R 4/98, BStBl II 1998, 761 (763) = BFHE 186, 132; *Hüttemann/Herzog*, Non Profit Law Yearbook 2006, 33 (52); *Schießl/Küpperfahrenberg*, DStR 2006, 445 (446); *Schockenhoff*, NZG 2019, 281 (288).

1022 BFH v. 26.04.1984 – V R 128/79, BStBl II 1984, 776 (778) = BFHE 141, 443; BFH v. 23.06.1998 – VII R 4/98, BStBl II 1998, 761 (763) = BFHE 186, 132; *Hüttemann/Herzog*, Non Profit Law Yearbook 2006, 33 (52); *Neusel*, GmbHR 1997, 1129 (1131); zur genaueren Ausgestaltung einer solchen Geschäftsverteilung *Medicus*, GmbHR 1998, 9 (15); *Schießl/Küpperfahrenberg*, DStR 2006, 445 (446).

die gesetzlichen Vertreter eines Vereins aus.[1023] Eine Pflichtverletzung kann somit im Einzelfall bei unmissverständlichen Aufgabenverteilungen nur beim zuständigen Vertreter anzunehmen sein, wenn die übrigen Organmitglieder ihre allgemeine Pflicht zur Geschäftsführung in Form der Überwachung des betreffenden Vertreters[1024] nicht verletzt haben. Denkbar ist also, dass insbesondere die steuerlichen Angelegenheiten primär einem bestimmten Geschäftsführer bzw. Vorstandsmitglied obliegen. Speziell für den Fall der steuerlichen Mehrforderungen aufgrund des Verlusts der Gemeinnützigkeit ist aber zu konstatieren, dass sämtliche Vertreter dafür Sorge zu tragen haben, dass die Grenzen der Gemeinnützigkeit nicht überschritten werden. Eine schriftliche Regelung, nach der eine bestimmte Person für die Einhaltung der Vorschriften des Gemeinnützigkeitsrechts zuständig sein soll, wird selten vorzufinden sein,[1025] sodass es bei der Gesamtverantwortung der Geschäftsführung für die infolge der Aberkennung des Gemeinnützigkeitsstatus nicht entrichteten Steuern bleibt.

Zudem ist es für das Vorliegen einer Pflichtverletzung unerheblich, ob der Vertreter entgeltlich und hauptamtlich oder nur ehrenamtlich für die gemeinnützige Körperschaft tätig ist.[1026] Insbesondere konnte sich der ursprüngliche Gesetzesentwurf betreffend das „Gesetz zur Begrenzung der Haftung von ehrenamtlich tätigen Vereinsvorständen", der Änderungen im Rahmen des § 34 AO sowie des § 69 AO vorsah, nicht durchsetzen.[1027] Nach einem neuen § 34 Abs. 1 Satz 3 AO sollte Folgendes gelten:

> Für ein ehrenamtlich und unentgeltlich tätiges Mitglied des Vorstandes eines nach § 5 Abs. 1 Nr. 9 des Körperschaftsteuergesetzes steuerbefreiten Vereins gilt dies

---

[1023] BFH v. 23.06.1998 – VII R 4/98, BStBl II 1998, 761 (763) = BFHE 186, 132; *Hüttemann*, in: Hüttemann, Gemeinnützigkeitsrecht und Spendenrecht, Rn. 7.43; *Schießl/Küpperfahrenberg*, DStR 2006, 445 (446).

[1024] Zur näheren Ausgestaltung dieser Überwachungspflichten in Form eines abgestuften Kontrollsystems *Schießl/Küpperfahrenberg*, DStR 2006, 445 (446 f.); dazu auch *Schockenhoff*, NZG 2019, 281 (288).

[1025] Die Möglichkeit, Haftungsrisiken teilweise zu begrenzen, wird bei gemeinnützigen Körperschaften regelmäßig daran scheitern, dass eine entsprechende, im Vorwege getroffene, schriftliche Vereinbarung mangels juristischer Kenntnisse der gesetzlichen Vertreter nicht vorliegt, *Möllmann*, DStR 2009, 2125 (2129).

[1026] BFH v. 23.06.1998 – VII R 4/98, BStBl II 1998, 761 (763) = BFHE 186, 132; *Hüttemann/Herzog*, Non Profit Law Yearbook 2006, 33 (52); *Hüttemann*, in: Hüttemann, Gemeinnützigkeitsrecht und Spendenrecht, Rn. 7.44; *Plewka/Söffing*, NJW 1999, 912 (914).

[1027] BR-Drucks. 399/08.

> [Pflichten i. S. d. § 34 Abs. 1 S. 1 und 2 AO] nicht, wenn das Mitglied nach vorweg schriftlich festgelegter Aufgabenverteilung für die Erfüllung steuerlicher Pflichten nicht verantwortlich ist.

Ein neuer § 69 Abs. 2 AO sollte zudem lauten:

> Vereinsmitglieder eines nach § 5 Abs. 1 Nr. 9 des Körperschaftsteuergesetzes steuerbefreiten Vereins, die gemäß § 34 Abs. 1 Satz 3 AO keine Steuerpflichten zu erfüllen haben, haften, soweit sie Kenntnis von der Pflichtverletzung i. S. des Abs. 1 Satz 1 haben.[1028]

Letztlich hätte dies für die Konstellation, in der die Körperschaft den Status der Gemeinnützigkeit verliert und die Vertreter infolgedessen haften, ohnehin keine Auswirkungen gehabt, da sie nicht mehr in den persönlichen Anwendungsbereich der Regelung gefallen wären. Der Umstand, dass ein gesetzlicher Vertreter nicht hauptamtlich für die gemeinnützige Körperschaft tätig wird, erlangt aber im Rahmen der Verschuldensprüfung Relevanz.[1029]

c) Haftungsschaden

Der Haftungsschaden besteht darin, dass Ansprüche aus dem Steuerschuldverhältnis nicht oder nicht rechtzeitig festgesetzt oder erfüllt worden sind[1030] – praktisch bedeutsam ist vor allem die Nichterfüllung des Steueranspruchs.[1031] Liegen die Voraussetzungen der Gemeinnützigkeit aufgrund von Verstößen der tatsächlichen Geschäftsführung nicht (mehr) vor, entfällt die Befreiung von der Körperschaftsteuerpflicht und den anderen Steuerpflichten (Gewerbesteuer, Erbschaft- und Schenkungsteuer, Grundsteuer). Die gesetzlichen Vertreter hätten korrekte Steuererklärungen einreichen und die entsprechenden Steuern entrichten müssen.[1032] Der Schaden liegt

---

1028 *Möllmann*, DStR 2009, 2125 (2131).

1029 BFH v. 23.06.1998 – VII R 4/98, BStBl II 1998, 761 (763) = BFHE 186, 132; *Hüttemann/Herzog*, Non Profit Law Yearbook 2006, 33 (52); *Hüttemann*, in: Hüttemann, Gemeinnützigkeitsrecht und Spendenrecht, Rn. 7.44.

1030 *Loose*, in: Tipke/Kruse, AO/FGO, § 69 AO Rn. 13; *Lorenz*, in: Winheller/Geibel/Jachmann-Michel, Gesamtes Gemeinnützigkeitsrecht, § 69 AO Rn. 102; *Steeger*, Die steuerliche Haftung des Geschäftsführers, S. 156.

1031 *Neusel*, GmbHR 1997, 1129 (1132).

1032 BFH v. 12.06.2018 – VII R 2/17, BFH/NV 2019, 6 (Rn. 14) = juris.

somit bereits darin, dass keine Festsetzung der geschuldeten Steuern erfolgt. Zudem unterbleibt auch die Erfüllung der Steueransprüche, was ebenfalls einen Haftungsschaden begründet. Bei gemeinnützigen GmbHs, welche ihre Einkünfte aus Zweckbetrieben erzielen, wird insbesondere die nicht festgesetzte und nicht entrichtete Körperschaftsteuer als Haftungsschaden ins Gewicht fallen. Die GmbH als Kapitalgesellschaft verfügt über keine außerbetriebliche Sphäre (§ 8 Abs. 2 KStG), sodass auch Spenden und andere Zuwendungen als Einkünfte aus Gewerbebetrieb zu qualifizieren sind.[1033] Da eine GmbH gemäß § 2 Abs. 2 S. 1 GewStG stets kraft Rechtsform einen Gewerbebetrieb führt, unterliegen auch sämtliche Einnahmen nach dem Wegfall der Befreiung des § 3 Nr. 6 S. 1 GewStG der Gewerbesteuer.[1034] Bei Vereinen, die ihre Tätigkeit überwiegend durch Mitgliedsbeiträge und Spendeneinnahmen finanzieren, spielt dies hingegen nur eine untergeordnete Rolle, da diese Einkünfte nicht steuerbar und damit nicht körperschaftsteuerpflichtig sind.[1035]

Bei allen gemeinnützigen Körperschaften kann ein bedeutender Haftungsschaden durch die nicht entrichtete Erbschaft- und Schenkungsteuer entstehen. Infolge des Verlusts der Gemeinnützigkeit ist die betreffende Körperschaft nicht mehr gemäß § 13 Abs. 1 Nr. 16 lit. b ErbStG von der Erbschaft- und Schenkungsteuer befreit und hat die Steuer damit zu entrichten. Der Steuersatz kann in diesen Fällen bis zu 50 % betragen und dementsprechend je nach zugewendeter Summe enorm ins Gewicht fallen.[1036] Hinzu kommt, dass für Lieferungen und Leistungen nach der Aberkennung der Gemeinnützigkeit nicht mehr der ermäßigte Steuersatz von 7 %, sondern der reguläre Umsatzsteuersatz von 19 % gilt, sodass insbesondere bei Körperschaften,[1037] die ihre

---

[1033] BFH v. 04.12.1996 – I R 54/95, BFHE 182, 123 (127) = NJW 1997, 2004; BFH v. 31.03.2004 – I R 83/03, BFHE 206, 58 (61) = BFH/NV 2004, 1482; BFH v. 22.08.2007 – I R 32/06, BFHE 218, 523 (526) = DB 2007, 2517; *Kümpel*, DStR 2001, 152 (157); *Thiel*, GmbHR 1997, 10 (13).

[1034] *Hüttemann*, in: Hüttemann, Gemeinnützigkeitsrecht und Spendenrecht, Rn. 2.26.

[1035] *Kirchhain*, in: Schauhoff/Kirchhain, Handbuch der Gemeinnützigkeit, § 7 Rn. 83; *Kümpel*, DStR 2001, 152 (157).

[1036] *Hüttemann*, in: Hüttemann, Gemeinnützigkeitsrecht und Spendenrecht, Rn. 1.33.

[1037] Jede gemeinnützige Körperschaft kann Unternehmer sein, soweit die weiteren Voraussetzungen dafür vorliegen, *Erdbrügger*, in: Schauhoff/Kirchhain, Handbuch der Gemeinnützigkeit, § 13 Rn. 118 ff.

Einnahmen im Wege eines Zweckbetriebs bezogen haben, ein Haftungsschaden entstehen kann.[1038]

Ansprüche aus dem Steuerschuldverhältnis sind alle Ansprüche i. S. d. § 37 Abs. 1 AO, also neben den Steueransprüchen auch Haftungsansprüche und Ansprüche auf steuerliche Nebenleistungen, welche beispielsweise Verspätungszuschläge und Zinsen umfassen.[1039] Aus § 69 S. 2 AO folgt nicht, dass sich die Haftung für Nebenleistungen auf Säumniszuschläge beschränkt, vielmehr stellt die Norm klar, dass der Vertreter hierfür unabhängig davon haftet, ob sie pflichtwidrig nicht entrichtet wurden.[1040] Zudem ist zu berücksichtigen, dass die Vertreter der gemeinnützigen Körperschaft zwar nicht selbst Aussteller i. S. d. § 10b Abs. 4 S. 2 Alt. 1 EStG sein können; bejaht man jedoch die Ausstellerhaftung der Körperschaft, so kann es im Rahmen des § 69 AO zu einer „Haftung für die Haftung" kommen.[1041] Denn: Die Spendenhaftung (Ausstellerhaftung) ist ein Haftungsanspruch i. S. d. § 37 AO[1042] und damit ein Anspruch aus dem Steuerschuldverhältnis i. S. d. § 69 AO.[1043] Der Schaden besteht in diesem Fall darin, dass der Haftungsanspruch aus § 10b Abs. 4 S. 2 Alt. 1 EStG nicht erfüllt wurde, und beläuft sich damit auf 30 % des in der Zuwendungsbestätigung angegebenen Betrags (§ 10b Abs. 4 S. 3 EStG).[1044]

[1038] Zweckbetriebsleistungen führen zu umsatzsteuerbaren Leistungsaustauschen, *Kirchhain*, in: Schauhoff/Kirchhain, Handbuch der Gemeinnützigkeit, § 7 Rn. 1.

[1039] Vgl. zu den Verspätungszuschlägen, BFH v. 22.02.1980 – VI R 185/79, BStBl II 1980, 375 (375) = BFHE 130, 128; *Boeker*, in: Hübschmann/Hepp/Spitaler, AO/FGO, § 69 AO Rn. 34; *Jatzke*, in: Gosch, AO/FGO, § 69 AO Rn. 16; *Loose*, in: Tipke/Kruse, AO/FGO, § 69 AO Rn. 13; *Steeger*, Die steuerliche Haftung des Geschäftsführers, S. 157.

[1040] BFH v. 22.02.1980 – VI R 185/79, BStBl II 1980, 375 (375 f.) = BFHE 130, 128; BFH v. 16.11.2004 – VII R 8/04, BFH/NV 2005, 494 (495) = GmbHR 2005, 501; *Boeker*, in: Hübschmann/Hepp/Spitaler, AO/FGO, § 69 AO Rn. 35; *Jatzke*, in: Gosch, AO/FGO, § 69 AO Rn. 17.

[1041] *Möllmann*, DStR 2009, 2125 (2127).

[1042] *Boeker*, in: Hübschmann/Hepp/Spitaler, AO/FGO, § 37 AO Rn. 16; *Gierlich*, FR 1991, 518 (522).

[1043] *Gierlich*, FR 1991, 518 (522) sieht den Vertreter der Körperschaft bereits als möglichen Aussteller i. S. d. § 10b Abs. 4 S. 2 Alt. 1 EStG an und kommt deshalb zu dem Ergebnis, dass die Haftungsvorschrift des § 69 AO nicht zur Anwendung kommt.

[1044] 4. Kapitel A. IV.

d) Kausalität der Pflichtverletzung

Die Pflichtverletzung muss zudem kausal für den Haftungsschaden sein („infolge").[1045] Der Schaden müsste also ohne die Pflichtverletzung ausgeblieben sein. Unter Zugrundelegung der zivilrechtlichen Adäquanztheorie ist von der Ursächlichkeit zwischen der Verletzung einer Pflicht und dem Haftungsschaden auszugehen, wenn die Verursachung des Schadens im Allgemeinen oder erfahrungsgemäß durch die begangene Pflichtverletzung erfolgen kann.[1046] Sofern sich die Pflichtverletzung in einem Unterlassen erschöpft, muss die unterbliebene Handlung hinzugedacht werden und dies zu dem Ergebnis führen, dass der Schaden ohne das Unterlassen nicht eingetreten wäre.[1047]

e) Verschulden

Die Haftung gemäß § 69 AO setzt voraus, dass die Pflichtverletzung schuldhaft begangen wurde, also die steuerlichen Pflichten vorsätzlich oder grob fahrlässig verletzt wurden.[1048] Vorsätzlich handelt, wer die Pflichten gekannt und ihre Verletzung gewollt (oder jedenfalls billigend in Kauf genommen) hat.[1049] Da im Rahmen des § 69 AO ein subjektiver Verschuldensmaßstab gilt, handelt grob fahrlässig, wer die Sorgfalt, zu der er nach seinen persönlichen Kenntnissen und Fähigkeiten und unter Berücksichtigung der konkreten Umstände verpflichtet und imstande ist, in ungewöhnlich hohem Maße verletzt.[1050] Dabei wird grobe Fahrlässigkeit angenommen, wenn keine

---

1045 *Lorenz*, in: Winheller/Geibel/Jachmann-Michel, Gesamtes Gemeinnützigkeitsrecht, § 69 AO Rn. 103; *Steeger*, Die steuerliche Haftung des Geschäftsführers, S. 173 f.

1046 BFH v. 17.11.1992 – VII R 13/92, BStBl II 1993, 471 (472) = BFHE 170, 295; *Boeker*, in: Hübschmann/Hepp/Spitaler, AO/FGO, § 69 AO Rn. 43; *Lorenz*, in: Winheller/Geibel/Jachmann-Michel, Gesamtes Gemeinnützigkeitsrecht, § 69 AO Rn. 103 f.; *Steeger*, Die steuerliche Haftung des Geschäftsführers, S. 175.

1047 BFH v. 17.11.1992 – VII R 13/92, BStBl II 1993, 471 (472) = BFHE 170, 295; *Jatzke*, in: Gosch, AO/FGO, § 69 AO Rn. 54; *Steeger*, Die steuerliche Haftung des Geschäftsführers, S. 175 f.

1048 *Loose*, in: Tipke/Kruse, AO/FGO, § 69 AO Rn. 23; *Lorenz*, in: Winheller/Geibel/Jachmann-Michel, Gesamtes Gemeinnützigkeitsrecht, § 69 AO Rn. 81 f.

1049 *Boeker*, in: Hübschmann/Hepp/Spitaler, AO/FGO, § 69 AO Rn. 58; *Loose*, in: Tipke/Kruse, AO/FGO, § 69 AO Rn. 24; *Lorenz*, in: Winheller/Geibel/Jachmann-Michel, Gesamtes Gemeinnützigkeitsrecht, § 69 AO Rn. 88; *Neusel*, GmbHR 1997, 1129 (1133).

1050 BFH v. 21.02.1989 – VII R 165/85, BStBl II 1989, 491 (493) = BFHE 156, 46; BFH v. 22.11.2005 – VII R 21/05, BStBl II 2006, 397 (399) = BFHE 211, 407; *Achenbach*, in:

Aneignung der erforderlichen steuerlichen Kenntnisse erfolgt.[1051] Besonders virulent wird der Vorwurf der groben Fahrlässigkeit, wenn die steuerlichen Pflichten, insbesondere die Abführung der Lohnsteuer, gänzlich unerfüllt bleiben. In diesen Fällen ist wohl stets grobe Fahrlässigkeit anzunehmen.[1052] Eine Entlastung vom Vorwurf der groben Fahrlässigkeit wird jedoch bei Heranziehung eines fachlich qualifizierten Beraters angenommen.[1053]

Ist der gesetzliche Vertreter nur ehrenamtlich als solcher tätig, muss dies im Rahmen der Verschuldensprüfung berücksichtigt werden. Die Annahme der groben Fahrlässigkeit kann nur unter Beachtung des lediglich eingeschränkten persönlichen Engagements des Vertreters erfolgen.[1054] Im Hinblick auf den Verlust der Gemeinnützigkeit der Körperschaft ist indes zu konstatieren, dass es sich nicht selten um Handlungen einzelner Organmitglieder handelt, welche die Grenzen der gemeinnützigkeitsrechtlich zulässigen Handlungsspielräume überschreiten. Diese unautorisierten Handlungen sind der tatsächlichen Geschäftsführung der Körperschaft nur dann zuzurechnen, wenn die übrigen Organmitglieder dieses Verhalten infolge grober Fahrlässigkeit nicht gekannt und unterbunden haben. Liegt die Pflichtverletzung nun darin, dass die Vorschriften des Gemeinnützigkeitsrechts nicht eingehalten und infolgedessen keine Steuern entrichtet wurden, so geht dies häufig auf ein grob fahrlässiges Verhalten sämtlicher Vertreter der Körperschaft zurück. Folglich ist es zwar vorteilhaft, dass das ehrenamtliche Tätigwerden bei der Verschuldensprüfung im Rahmen des § 69 AO Berücksichtigung findet. Bei

---

Reichert, Vereins- und Verbandsrecht, Kapitel 6 Rn. 478; *Loose*, in: Tipke/Kruse, AO/FGO, § 69 AO Rn. 25 f.; *Lorenz*, in: Winheller/Geibel/Jachmann-Michel, Gesamtes Gemeinnützigkeitsrecht, § 69 AO Rn. 89; *Möllmann*, DStR 2009, 2125 (2130).

1051 BFH v. 12.05.1992 – VII R 52/91, BFH/NV 1992, 785 (786) = juris; *Achenbach*, in: Reichert, Vereins- und Verbandsrecht, Kapitel 6 Rn. 480; *Lorenz*, in: Winheller/Geibel/Jachmann-Michel, Gesamtes Gemeinnützigkeitsrecht, § 69 AO Rn. 90.

1052 *Boeker*, in: Hübschmann/Hepp/Spitaler, AO/FGO, § 69 AO Rn. 64; *Loose*, in: Tipke/Kruse, AO/FGO, § 69 AO Rn. 40; *Lorenz*, in: Winheller/Geibel/Jachmann-Michel, Gesamtes Gemeinnützigkeitsrecht, § 69 AO Rn. 90, 92; *Möllmann*, DStR 2009, 2125 (2130).

1053 BFH v. 11.05.1962 – VI 195/60 U, BStBl III 1962, 342 (343) = BFHE 75, 206; BFH v. 04.05.2004 – VII B 318/03, BFH/NV 2004, 1363 (1364) = GmbHR 2004, 1244; *Möllmann*, DStR 2009, 2125 (2130); *Neusel*, GmbHR 1997, 1129 (1133).

1054 BFH v. 23.06.1998 – VII R 4/98, BStBl II 1998, 761 (763 f.) = BFHE 186, 132; *Hüttemann*, in: Hüttemann, Gemeinnützigkeitsrecht und Spendenrecht, Rn. 7.44.

ehrenamtlich besetzten Vertretungsorganen droht eine Haftung, die auf den Verlust der Gemeinnützigkeit zurückzuführen ist, aber ohnehin häufig nur in Fällen, in denen ein solch grob fahrlässiges Verhalten im Raum steht. Im Einzelfall kann es jedoch von Vorteil sein, dass sich das eingeschränkte persönliche Engagement auf die Verschuldensprüfung auswirkt.

2. Rechtsfolge: Haftung

Die Rechtsfolge des § 69 AO ist die Haftung des Vertreters für alle Ansprüche aus dem Steuerschuldverhältnis i. S. d. § 37 AO.[1055] Darunter fällt insbesondere die Haftung für Steueransprüche, welche aufgrund des Verlusts der Gemeinnützigkeit und der damit einhergehenden Körperschaftsteuer-, Gewerbesteuer-, Erbschaft- und Schenkungsteuer- sowie Grundsteuerpflicht der Körperschaft entstanden und nicht erfüllt worden sind. Während Vorstandsmitglieder gemeinnütziger Vereine vor allem für Schäden, die durch die Nichtentrichtung der Erbschaft- und Schenkungsteuer entstehen, haften müssen, kommt bei Geschäftsführern einer gemeinnützigen GmbH hinzu, dass diese für die nicht entrichtete Körperschaftsteuer und aufgrund der Rechtsform der Gesellschaft für die nach Aberkennung der Gemeinnützigkeit entstandene Gewerbesteuer haften. Dabei ist das Ziel indes nicht die Erfüllung der geschuldeten Steuern; vielmehr sollen Steuerausfälle ausgeglichen werden, die der Vertreter durch seine schuldhafte Pflichtverletzung verursacht hat (Schadensersatzcharakter).[1056] Die Körperschaft als Steuerschuldnerin und der Vertreter als Haftungsschuldner sind Gesamtschuldner i. S. d. § 44 Abs. 1 S. 1 AO.[1057]

II. Haftung des Steuerhinterziehers gemäß § 71 AO

1. Voraussetzungen der Haftung nach § 71 AO

Daneben kommt eine Haftung nach § 71 AO in Betracht.[1058] Voraussetzung für die Haftung ist, dass eine Steuerhinterziehung (§ 370 AO) oder eine

---

[1055] *Loose*, in: Tipke/Kruse, AO/FGO, § 69 AO Rn. 44; *Lorenz*, in: Winheller/Geibel/Jachmann-Michel, Gesamtes Gemeinnützigkeitsrecht, § 69 AO Rn. 136.

[1056] BFH v. 05.09.1989 – VII R 61/87, BStBl II 1989, 979 (980) = BFHE 158, 13; *Boeker*, in: Hübschmann/Hepp/Spitaler, AO/FGO, § 69 AO Rn. 7; *Loose*, in: Tipke/Kruse, AO/FGO, § 69 AO Rn. 2; *Specker*, in: BeckOK-AO, § 69 Rn. 2 f.

[1057] *Jatzke*, in: Gosch, AO/FGO, § 69 AO Rn. 4; *Loose*, in: Tipke/Kruse, AO/FGO, § 69 AO Rn. 3.

[1058] *Pohl*, npoR 2016, 209 (212); *Rüsken*, in: Klein, AO, § 71 Rn. 26.

Steuerhehlerei (§ 374 AO) begangen wurde.[1059] Gemäß § 71 AO haftet der Täter oder Teilnehmer einer solchen Straftat für die verkürzten Steuern und die zu Unrecht gewährten Steuervorteile.[1060] Wenig überraschend dürfte die Haftungssituation für Vorstandsmitglieder sein, die bewusst und aktiv durch unrichtige Angaben in der Steuererklärung (§ 370 Abs. 1 Nr. 1 AO) Steuern verkürzen.[1061] Indes kann der Tatbestand auch bei einem pflichtwidrigen Unterlassen erfüllt sein. Gemäß § 370 Abs. 1 Nr. 2 AO handelt tatbestandsmäßig, wer die Finanzbehörden pflichtwidrig über steuerlich erhebliche Tatsachen in Unkenntnis lässt.[1062] Besonders virulent wird die Steuerhinterziehung durch Unterlassen im Zusammenhang mit dem Verlust der Gemeinnützigkeit.

2. Steuerhinterziehung durch Unterlassen (§ 370 Abs. 1 Nr. 2 AO) bei Aberkennung der Gemeinnützigkeit

a) Objektiver Tatbestand

Zunächst müssten der Finanzbehörde steuerlich erhebliche Tatsachen unbekannt bleiben (§ 370 Abs. 1 Nr. 2 AO). Tatsachen sind steuerlich erheblich, wenn sie zur Ausfüllung eines Besteuerungstatbestands herangezogen

---

[1059] BFH v. 26.09.2012 – VII R 3/11, BFH/NV 2013, 337 (Rn. 16) = BeckRS 2013, 94203; *Lorenz*, in: Winheller/Geibel/Jachmann-Michel, Gesamtes Gemeinnützigkeitsrecht, § 71 AO Rn. 20; *Rüsken*, in: Klein, AO, § 71 Rn. 4; *Specker*, in: BeckOK-AO, § 71 Rn. 15.

[1060] BFH v. 26.09.2012 – VII R 3/11, BFH/NV 2013, 337 (Rn. 15) = BeckRS 2013, 94203; *Jatzke*, in: Gosch, AO/FGO, § 71 AO Rn. 1 ff.; *Loose*, in: Tipke/Kruse, AO/FGO, § 71 AO Rn. 1; *Lorenz*, in: Winheller/Geibel/Jachmann-Michel, Gesamtes Gemeinnützigkeitsrecht, § 71 AO Rn. 11.

[1061] *Pohl*, npoR 2016, 209 (210); *Specker*, in: BeckOK-AO, § 71 Rn. 20; ausführlich zum Begehungstatbestand *Krumm*, in: Tipke/Kruse, AO/FGO, § 370 AO Rn. 37 ff.; *Weidemann/Weidemann*, wistra 2005, 207.

[1062] BFH v. 07.11.1973 – I R 92/72, BStBl II 1974, 125 (126) = BFHE 111, 7; *Loose*, in: Tipke/Kruse, AO/FGO, § 71 AO Rn. 3; *Pohl*, npoR 2016, 209 (210); dabei ist umstritten, ob aus der expliziten Normierung eines Unterlassungstatbestands (§ 370 Abs. 1 Nr. 2 und 3 AO) neben der Begehungsvariante (§ 370 Abs. 1 Nr. 1 AO) ein abschließender Charakter dieses (echten) Unterlassungstatbestands folgt. Dies befürwortend *Gaede*, Der Steuerbetrug, S. 738 ff.; *Krumm*, in: Tipke/Kruse, AO/FGO, § 370 AO Rn. 59; *Reichling/Lange*, NStZ 2014, 311 (313); *Wulf*, Handeln und Unterlassen im Steuerstrafrecht, S. 129 ff.; a. A.: § 370 Abs. 1 S. 1 AO sei über § 13 StGB als unechtes Unterlassungsdelikt begehbar (Rückgriff auf die allgemeinen Lehren zur Garantenstellung) *Bülte*, BB 2010, 607 (610); *Ransiek*, in: Kohlmann, Steuerstrafrecht, § 370 AO Rn. 221 f., 272.

werden müssen, also Grund, Höhe oder Fälligkeit des Steueranspruchs oder des Steuervorteils beeinflussen.[1063] Die ausschließliche und unmittelbare Verwirklichung des gemeinnützigen Zwecks durch die tatsächliche Geschäftsführung (§ 63 Abs. 1 AO) ist Voraussetzung für die Steuerbefreiung gemeinnütziger Körperschaften gemäß § 5 Abs. 1 Nr. 9 KStG, sodass die Verletzung der gemeinnützigkeitsrechtlichen Grundsatznormen den der Körperschaft gewährten Steuervorteil beeinflusst (Begründung der Körperschaftsteuerpflicht). Damit handelt es sich um erhebliche Tatsachen, die der Finanzbehörde unbekannt bleiben.

Ein tatbestandsmäßiges Unterlassen liegt vor, wenn eine (mögliche) zur Aufklärung geeignete Handlung nicht vorgenommen wird.[1064] Dieses Unterlassen muss zudem pflichtwidrig sein, das heißt, es muss eine besondere Pflicht zur Aufklärung steuerlich erheblicher Tatsachen bestehen.[1065] In Bezug auf die Aberkennung der Gemeinnützigkeit ist die steuerliche Berichtigungspflicht des § 153 AO besonders relevant. Nach § 153 Abs. 2 AO (i. V. m. § 153 Abs. 1 S. 2 AO) sind die gesetzlichen Vertreter der Körperschaft zur Anzeige verpflichtet, wenn die Voraussetzungen für eine Steuerbefreiung wegfallen.[1066] Darunter ist unter anderem auch die Steuerbefreiung für gemeinnützige Körperschaften nach § 5 Abs. 1 Nr. 9 KStG zu verstehen.[1067] Können der Körperschaft also Handlungen zugerechnet werden, die zum Verlust der Gemeinnützigkeit führen, entfallen die Voraussetzungen für die Befreiung der Körperschaftsteuer (§ 5 Abs. 1 Nr. 9 KStG). Aufgrund des Wegfalls besteht für die Vorstandsmitglieder eine Anzeigepflicht gemäß § 153 Abs. 2 AO.[1068]

1063 BGH v. 27.09.2002 – 5 StR 97/02, NStZ-RR 2003, 20 (21) = wistra 2003, 20; *Grötsch*, in: Joecks/Jäger/Randt, Steuerstrafrecht, § 370 AO Rn. 200; *Krumm*, in: Tipke/Kruse, AO/FGO, § 370 AO Rn. 39.

1064 *Grötsch*, in: Joecks/Jäger/Randt, Steuerstrafrecht, § 370 AO Rn. 239, 245; *Ransiek*, in: Kohlmann, Steuerstrafrecht, § 370 AO Rn. 301.

1065 *Grötsch*, in: Joecks/Jäger/Randt, Steuerstrafrecht, § 370 AO Rn. 246; *Krumm*, in: Tipke/Kruse, AO/FGO, § 370 AO Rn. 64.

1066 *Dumke/Webel*, in: Schwarz/Pahlke/Keß, AO/FGO, § 370 AO Rn. 62 ff.; *Peters*, in: Hübschmann/Hepp/Spitaler, AO/FGO, § 370 AO Rn. 140; *Ransiek*, in: Kohlmann, Steuerstrafrecht, § 370 AO Rn. 352.

1067 *Schindler*, in: Gosch, AO/FGO, § 153 AO Rn. 31.

1068 *Dumke/Webel*, in: Schwarz/Pahlke/Keß, AO/FGO, § 370 AO Rn. 65; *Pohl*, npoR 2016, 209 (211).

Im Falle der Nichtanzeige handelt es sich um ein pflichtwidriges Unterlassen i. S. d. § 370 Abs. 1 Nr. 2 AO.[1069]

Infolge des pflichtwidrigen Unterlassens müssten Steuern verkürzt oder ein anderer nicht gerechtfertigter Steuervorteil erlangt worden sein.[1070] Eine Steuerverkürzung ist nach § 370 Abs. 4 S. 1 AO gegeben, wenn die Steuern nicht, nicht in voller Höhe oder nicht rechtzeitig festgesetzt werden.[1071] Ob eine Steuerverkürzung vorliegt, ergibt sich aus dem Vergleich zwischen der tatsächlich festgesetzten Steuer und der geschuldeten Steuer (festgesetzte Ist-Steuer und festzusetzende Soll-Steuer).[1072] Da für gemeinnützige Körperschaften wegen der Steuerbefreiung des § 5 Abs. 1 Nr. 9 KStG keine Körperschaftsteuer festgesetzt wird (Erlass eines Freistellungsbescheids gemäß § 155 Abs. 1 S. 3 AO im Rahmen der Steuerfestsetzung),[1073] liegt eine Steuerverkürzung vor, wenn die Voraussetzungen für die Steuerbefreiung (§ 5 Abs. 1 Nr. 9 KStG) infolge gemeinnützigkeitsschädlicher Handlungen tatsächlich nicht vorliegen und deshalb eine Körperschaftsteuerfestsetzung hätte erfolgen müssen.

b) Subjektiver Tatbestand

Neben dem (objektiv) pflichtwidrigen Unterlassen ist aber gemäß § 369 Abs. 2 AO i. V. m. § 15 StGB Vorsatz erforderlich.[1074] Dabei ist umstritten, ob zum Vorsatz der Steuerhinterziehung durch Unterlassen nur die Kenntnis der Tatsachen, die die Pflicht zur Erklärung gegenüber der Finanzbehörde begründen, gehört[1075] oder ob darüber hinaus die Anzeigepflicht selbst

---

1069 *Grötsch*, in: Joecks/Jäger/Randt, Steuerstrafrecht, § 370 AO Rn. 283; *Krumm*, in: Tipke/Kruse, AO/FGO, § 370 AO Rn. 64 f.

1070 *Schmitz/Wulf*, in: MüKo-StGB, § 370 AO Rn. 80.

1071 *Jäger*, in: Klein, AO, § 370 Rn. 80; *Pflaum*, in: Wabnitz/Janovsky/Schmitt, Handbuch Wirtschafts- und Steuerstrafrecht, Kapitel 21 Rn. 30; *Schmitz/Wulf*, in: MüKo-StGB, § 370 AO Rn. 93 ff.

1072 *Grötsch*, in Joecks/Jäger/Randt, Steuerstrafrecht, § 370 AO Rn. 49; *Jäger*, in: Klein, AO, § 370 Rn. 94; *Ransiek*, in: Kohlmann, Steuerstrafrecht, § 370 AO Rn. 391.

1073 *Hüttemann*, in: Hüttemann, Gemeinnützigkeitsrecht und Spendenrecht, Rn. 7.31.

1074 *Bülte*, in: Joecks/Jäger/Randt, Steuerstrafrecht, § 370 AO Rn. 501; *Lorenz*, in: Winheller/Geibel/Jachmann-Michel, Gesamtes Gemeinnützigkeitsrecht, § 71 AO Rn. 26; *Peters*, in: Hübschmann/Hepp/Spitaler, AO/FGO, § 370 AO Rn. 425.

1075 Hinsichtlich echter und unechter Unterlassungsdelikte im allgemeinen Strafrecht heute die herrschende Meinung, vgl. *Peters*, in: Hübschmann/Hepp/Spitaler, AO/

bekannt sein muss.[1076] Nach ersterem Verständnis wäre es im Rahmen des § 153 Abs. 2 AO ausreichend, dass ein Vorstandsmitglied um seine Vertreterstellung weiß und Kenntnis davon hat, dass die Voraussetzungen der Steuervergünstigung entfallen sind. Nach zweiterem Verständnis wäre darüber hinaus erforderlich, dass die Person um die aus diesen Umständen folgende Anzeigepflicht aus § 153 Abs. 2 AO weiß. Diese Kenntnis zur Anzeige folgt dabei aber keineswegs notwendig aus der Kenntnis vom Wegfall der Vergünstigung.[1077]

Das Argument aus dem allgemeinen Strafrecht, wonach die Handlungspflicht selbst nicht zum objektiven Tatbestand gehört, lässt sich für die Steuerhinterziehung nicht heranziehen.[1078] Denn: § 370 Abs. 1 Nr. 2 AO normiert die Verletzung der Pflicht ausdrücklich als Voraussetzung des objektiven Tatbestands. Folglich bezieht sich der Vorsatz auch auf das Bestehen der Aufklärungspflicht, sodass die Unkenntnis zum Vorsatzausschluss nach § 16 Abs. 1 S. 1 StGB führt.[1079] Kann einem Vorstandsmitglied die positive Kenntnis vom Wegfall der Steuervergünstigung nachgewiesen werden, so ist darüber hinaus erforderlich, dass der Vorsatz hinsichtlich der pflichtwidrig unterlassenen Anzeige (§ 153 Abs. 2 AO) bejaht werden kann.

Der Streit verliert aber immer dann an Bedeutung, wenn schon keine Kenntnis über die den Steueranspruch begründenden Umstände besteht – damit fehlt es bereits am Verkürzungsvorsatz. In diesem Fall beruht die Unkenntnis der Anzeigepflicht aus § 153 Abs. 2 AO auf der fehlenden Kenntnis der die Körperschaftsteuerpflicht begründenden Handlungen.[1080] Sollten unautorisierte Handlungen zum den Steueranspruch begründenden Verlust der Gemeinnützigkeit geführt haben, so ist den übrigen Organmitgliedern

---

FGO, § 370 AO Rn. 455; speziell im Kontext des § 370 AO *Jäger*, in: Klein, AO, § 370 Rn. 179.

[1076] OLG Bremen v. 24.04.1985 – Ws 111/84, 115/84, 116/84, StV 1985, 282 (283) = LSK 1985, 440112; *Bülte*, in: Joecks/Jäger/Randt, Steuerstrafrecht, § 370 Rn. 504; *Krumm*, in: Tipke/Kruse, AO/FGO, § 370 AO Rn. 129.

[1077] *Peters*, in: Hübschmann/Hepp/Spitaler, AO/FGO, § 370 AO Rn. 454.

[1078] Zutr. *Peters*, in: Hübschmann/Hepp/Spitaler, AO/FGO, § 370 AO Rn. 457.

[1079] *Bülte*, in: Joecks/Jäger/Randt, Steuerstrafrecht, § 370 Rn. 504a; *Krumm*, in: Tipke/Kruse, AO/FGO, § 370 AO Rn. 129; *Peters*, in: Hübschmann/Hepp/Spitaler, AO/FGO, § 370 AO Rn. 457.

[1080] *Bülte*, in: Joecks/Jäger/Randt, Steuerstrafrecht, § 370 Rn. 504b; *Krumm*, in: Tipke/Kruse, AO/FGO, § 370 AO Rn. 128.

häufig nur (grob) fahrlässige Unkenntnis in Bezug auf die gemeinnützigkeitsschädlichen Handlungen vorzuwerfen. Wenn schon keine positive Kenntnis über die Umstände besteht, die die Entziehung der Gemeinnützigkeit begründen, kann erst recht kein Vorsatz hinsichtlich der pflichtwidrigen Nichtanzeige bestehen. In Fällen der Duldungsvollmacht ist zunächst fraglich, ob aus der Kenntnis der Handlungen auch das Wissen folgt, dass diese zum Verlust der Gemeinnützigkeit führen. In einem weiteren Schritt wäre dann zu prüfen, ob die Kenntnis hinsichtlich der Anzeigepflicht aus § 153 Abs. 2 AO besteht. Bei den Vorstandsmitgliedern, die die gemeinnützigkeitsschädlichen Handlungen in Bewusstsein der damit einhergehenden Folgen begangen haben, liegt die Annahme, dass auch die Kenntnis um die daraus folgende Anzeigepflicht vorliegt, jedenfalls deutlich näher.

c) Rechtsfolge: Haftung

Unterlassen Vorstandsmitglieder oder Geschäftsführer gemeinnütziger Organisationen die Anzeige, dass die Voraussetzungen der Gemeinnützigkeit nicht mehr vorliegen, obwohl sie Kenntnis von diesem Umstand und der daraus folgenden Anzeigepflicht aus § 153 Abs. 2 AO haben, haften sie für die verkürzten Steuern, die zu Unrecht gewährten Steuervorteile und für Hinterziehungszinsen.[1081] Die Haftung erstreckt sich also insbesondere auf die Körperschaftsteuer, die Gewerbesteuer, die Erbschaft- und Schenkungsteuer sowie die Grundsteuer, welche infolge der Nichtanzeige aufgrund der Befreiungstatbestände – zu Unrecht – nicht entrichtet worden sind. Auch im Rahmen der Haftung des § 71 AO gilt, dass vor allem die Geschäftsführer einer gemeinnützigen GmbH im Falle der schuldhaften Verletzung der Anzeigepflicht für die zu Unrecht gewährleistete Befreiung von der Körperschaftsteuer sowie kraft Rechtsform der GmbH für die geschuldete Gewerbesteuer haften müssen. Die Haftung wegen Nichtentrichtung der Erbschaft- und Schenkungsteuer kann dagegen die Geschäftsleiter sämtlicher gemeinnütziger Körperschaften treffen.[1082]

1081 Zum Schadensersatzcharakter des § 71 AO, vgl. BFH v. 26.02.1991 – VII R 3/90, BFH/NV 1991, 504 (505) = juris; BFH v. 21.01.2004 – XI R 3/03, BStBl II 2004, 919 (922) = BFHE 205, 394; *Loose*, in: Tipke/Kruse, AO/FGO, § 71 AO Rn. 15.

1082 Zu den Gründen s. bereits oben in diesem Kapitel (§ 69 AO), B. I.

3. Zwischenergebnis

Die Haftung für verkürzte Steuern nach § 71 AO kann neben der Haftung aus § 69 AO für gesetzliche Vertreter einer gemeinnützigen Körperschaft relevant werden. Vor allem die Anzeigepflicht aus § 153 Abs. 2 AO betreffend den Wegfall von Voraussetzungen einer Steuervergünstigung kann unter Umständen zur Bejahung einer Steuerhinterziehung durch pflichtwidriges Unterlassen gemäß § 370 Abs. 1 Nr. 2 AO führen.

III. Veranlasserhaftung der natürlichen Personen gemäß § 10b Abs. 4 S. 2 Alt. 2 EStG

Nach § 10b Abs. 4 S. 2 Alt. 2 EStG haftet für eine entgangene Steuer auch, wer vorsätzlich oder grob fahrlässig veranlasst, dass Zuwendungen nicht zu den in der Bestätigung angegebenen steuerbegünstigten Zwecken verwendet werden. Dabei handelt es sich um einen eigenständigen Haftungstatbestand neben der Ausstellerhaftung.[1083] Zunächst muss eine Fehlverwendung der Zuwendung vorliegen. Eine solche liegt vor, wenn die Voraussetzungen des Sonderausgabenabzugs nach § 10b Abs. 1 S. 1 und § 10b Abs. 1a S. 1 EStG nicht vorliegen, da die Zuwendung nicht für steuerbegünstigte Zwecke verwendet wurde.[1084]

Fraglich ist, wie sich der Verlust der Gemeinnützigkeit einer Körperschaft auf die Veranlasserhaftung auswirkt. Dem Wortlaut der Vorschrift lässt sich nicht entnehmen, dass der Spenden(letzt)empfänger als gemeinnützig anerkannt sein muss.[1085] Maßgeblich ist allein, dass sich die tatsächliche Verwendung der Zuwendungen mit dem in der Bestätigung angegebenen steuerbegünstigten Zweck deckt.[1086] Folglich scheidet eine Haftung gemäß § 10b Abs. 4 S. 2 Alt. 2 EStG aus, wenn der Spendenempfänger die Zuwendung zu dem in der Bestätigung angegebenen steuerbegünstigten Zweck verwendet hat, auch wenn der Körperschaft ihr Gemeinnützigkeitsstatus aberkannt wurde.[1087]

1083 *Unger*, in: BeckOK-EStG, § 10b Rn. 454.

1084 *Geserich*, in: Kirchhof/Söhn/Mellinghoff, EStG, § 10b Rn. E 51; *Seer*, in: Kirchhof/Seer, EStG, § 10b Rn. 76; *Unger*, in: BeckOK-EStG, § 10b Rn. 459.

1085 BFH v. 10.09.2003 – XI R 58/01, BStBl II 2004, 352 (353) = BFHE 203, 445; *Gierlich*, FR 1991, 518 (520).

1086 BFH v. 10.09.2003 – XI R 58/01, BStBl II 2004, 352 (353) = BFHE 203, 445; *Brandl*, in: Brandis/Heuermann, EStG, § 10b Rn. 145b.

1087 BFH v. 10.09.2003 – XI R 58/01, BStBl II 2004, 352 (353) = BFHE 203, 445; *Brandl*, in: Brandis/Heuermann, EStG, § 10b Rn. 145b; *Geserich*, in: Kirchhof/Söhn/Mellinghoff, EStG, § 10b Rn. E 52; *Gierlich*, FR 1991, 518 (520); *Heinicke*, in: Schmidt, EStG, § 10b

Während die Ausstellerhaftung (Alt. 1) stets vorsätzliches oder grob fahrlässiges Handeln voraussetzte, enthielt die Veranlasserhaftung (Alt. 2) einen Fall der Gefährdungshaftung ohne Verschulden.[1088] Ein weiteres Argument im Rahmen der Aberkennung der Gemeinnützigkeit bestand deshalb darin, dass die verschuldensabhängige Ausstellerhaftung in Fällen, in denen die Körperschaft selbst Spendenbestätigungen ausstellte, ins Leere lief, da stets die Voraussetzungen der Gefährdungshaftung vorlagen.[1089] Nun setzen jedoch beide Haftungstatbestände ein Verschulden voraus,[1090] sodass das Problem entschärft wurde.[1091]

Haftungsschuldner des § 10b Abs. 4 S. 2 Alt. 2 EStG ist, wer die fehlerhafte Verwendung veranlasst hat.[1092] Im Unterschied zur Ausstellerhaftung kommt auch die natürliche Person, welche die Verwendung getätigt hat, als Haftungsschuldner in Betracht.[1093] Im Falle der Gesamtschuldnerschaft, also wenn die Körperschaft aufgrund der Zurechnung des Verhaltens ebenfalls Schuldner ist, haftet gemäß § 10b Abs. 4 S. 4 EStG vorrangig die Körperschaft. Dies soll verhindern, dass Personen aus Angst vor einer persönlichen Haftung ihr bürgerschaftliches Engagement nicht entfalten.[1094]

Rn. 58; *Kirchhain*, in: Schauhoff/Kirchhain, Handbuch der Gemeinnützigkeit, § 12 Rn. 183; *Unger*, in: BeckOK-EStG, § 10b Rn. 460; a. A. FG Hessen v. 14.01.1998 – 4 K 2594/94, EFG 1998, 757 (758) = BeckRS 1998, 14885: Wenn bereits eine Fehlverwendung bei Einsatz der Gelder für nicht gemeinnützige Zwecke einer steuerbegünstigten Körperschaft vorliege, müsse dies erst recht gelten, wenn eine Spende von einer Körperschaft verwendet wird, die im Verwendungszeitpunkt nicht gemeinnützig ist.

1088 *Brandl*, in: Brandis/Heuermann, EStG, § 10b Rn. 149a; *Heinicke*, in: Schmidt, EStG, § 10b Rn. 59; *Wallenhorst*, DB 1991, 1410 (1412).

1089 BFH v. 10.09.2003 – XI R 58/01, BStBl II 2004, 352 (353) = BFHE 203, 445; *Unger*, in: BeckOK-EStG, § 10b Rn. 460.

1090 Änderung durch das Gesetz zur Stärkung des Ehrenamtes vom 21.03.2013, BGBl I 2013, 556 (558); *Brandl*, in: Brandis/Heuermann, EStG, § 10b Rn. 149a; *Geserich*, in: Kirchhof/Söhn/Mellinghoff, EStG, § 10b Rn. E 59; *Heinicke*, in: Schmidt, EStG, § 10b Rn. 59; *Seer*, in: Kirchhof/Seer, EStG, § 10b Rn. 75.

1091 *Unger*, in: BeckOK-EStG, § 10b Rn. 460.

1092 *Geserich*, in: Kirchhof/Söhn/Mellinghoff, EStG, § 10b Rn. E 55; *Seer*, in: Kirchhof/Seer, EStG, § 10b Rn. 77.

1093 *Kirchhain*, in: Schauhoff/Kirchhain, Handbuch der Gemeinnützigkeit, § 12 Rn. 189 f.; *Seer*, in: Kirchhof/Seer, EStG, § 10b Rn. 77.

1094 *Geserich*, in: Kirchhof/Söhn/Mellinghoff, EStG, § 10b Rn. E 55, E 57; *Seer*, in: Kirchhof/Seer, EStG, § 10b Rn. 77.

C. Fazit zu den steuerlichen Pflichten und der steuerrechtlichen Haftung

Der Verlust der Gemeinnützigkeit führt zu einer Bandbreite an steuerrechtlichen Folgen. Durch den Wegfall der Steuerbefreiungen wegen Gemeinnützigkeit wird die Körperschaft körperschaftsteuer- sowie gewerbesteuerpflichtig. Neben den Auswirkungen auf sonstige Steuern – etwa die Geltung des regulären Umsatzsteuersatzes von 19 % – ist auch die Ausstellerhaftung der Körperschaft gemäß § 10b Abs. 4 S. 2 Alt. 1 EStG zu beachten.

Die gesetzlichen Vertreter laufen Gefahr, persönlich für nicht entrichtete Steuern, die durch den Verlust der Gemeinnützigkeit (nachträglich) anfallen, zu haften. Zu nennen sind vor allem die Haftungstatbestände des § 69 AO (Haftung der Vertreter) und des § 71 AO (Haftung des Steuerhinterziehers). Daneben kommt unter Umständen eine Haftung aus § 10b Abs. 4 S. 2 Alt. 2 EStG (Veranlasserhaftung) in Betracht.

Zivilrechtliche Haftung

Neben der steuerrechtlichen Haftung kann es durch den Verlust der Gemeinnützigkeit auch zur zivilrechtlichen Haftung der Beteiligten kommen. Sowohl die Körperschaft als auch die Organe können im Außenverhältnis von Dritten in Anspruch genommen werden. Des Weiteren kann es auch zur Innenhaftung kommen, wenn die Körperschaft gegen das handelnde Organmitglied vorgeht oder Mitglieder die Körperschaft in Anspruch nehmen. Diese zahlreichen zivilrechtlichen Haftungskonstellationen sollen im Folgenden näher beleuchtet werden. Dabei erfolgt eine Beschränkung auf die drei relevantesten Körperschaften, namentlich Verein, GmbH und Stiftung.

A. Zivilrechtliche Haftung der Körperschaft

I. Haftung des Vereins für den Vorstand (§ 31 BGB) und weitere den Verein treffende Rechtsfolgen

Nach § 31 BGB ist der Verein für den Schaden verantwortlich, den der Vorstand, ein Mitglied des Vorstands oder ein anderer verfassungsmäßig berufener Vertreter durch eine in Ausführung der ihm zustehenden Verrichtungen begangene, zum Schadensersatz verpflichtende Handlung einem Dritten zufügt.

Da § 31 BGB historisch als reine Organhaftung entworfen wurde, muss es sich bei den handelnden Personen um Vorstandsmitglieder oder sonstige verfassungsmäßig berufene Vertreter handeln.[1095] Die zum Schadensersatz ver-

[1095] BGH v. 30.10.1967 – VII ZR 82/65, BGHZ 49, 19 (21) = NJW 1968, 391; *Leuschner*, in: MüKo-BGB, § 31 Rn. 12; *Westermann*, in: Erman, BGB, § 31 Rn. 3.

pflichtenden Handlungen werden dem Verein als eigene zugerechnet, wenn der Vorstand oder das Vorstandsmitglied bei der schädigenden Handlung „in Ausführung der ihm zustehenden Verrichtungen", also als Organmitglied und nicht als Privatperson, tätig wird und zwischen seinem Aufgabenbereich und dem schädigenden Verhalten ein enger, objektiver Zusammenhang besteht – also sachlich, nicht bloß örtlich oder zeitlich.[1096] Dieser sachliche Zusammenhang kann bei verschiedenen Handlungen bestehen. Denkbar ist zunächst die vertragliche Haftung des Vereins gemäß § 280 BGB bei Pflichtverletzungen im Rahmen der vom Vorstand abgeschlossenen Rechtsgeschäfte.[1097] Daneben haftet der Verein für unerlaubte Handlungen des Vorstands (§§ 823 ff. BGB).[1098] Besonders virulent wird in diesem Zusammenhang die Verletzung von Verkehrssicherungspflichten.[1099] Es kommt aber auch eine Gefährdungshaftung des Vereins (§ 833 Abs. 1 S. 1 BGB, § 7 StVG)[1100] oder die Haftung für bloß tatsächliches Verhalten in Betracht.[1101] Die zivilrechtliche Haftung des Vereins wird im Zusammenhang mit dem Verlust der Gemeinnützigkeit vor allem im Hinblick auf erfolgte Zuwendungen, also Mitgliedsbeiträge und Spenden (§ 10b Abs. 1 S. 1 EStG), virulent.

1. Rückzahlungspflicht in Bezug auf geleistete Spenden gemäß § 527 Abs. 1 BGB

Volksverpetzer hat nach der Aberkennung der Gemeinnützigkeit angeboten, Spendern, denen keine Zuwendungsbestätigung mehr ausgestellt werden

---

[1096] BGH v. 30.10.1967 – VII ZR 82/65, BGHZ 49, 19 (20 f., 23) = NJW 1968, 391; *Burhoff*, Vereinsrecht, Rn. 208; *Ellenberger*, in: Grüneberg, BGB, § 31 Rn. 10; *Neudert/Waldner*, in: Der eingetragene Verein, Rn. 290; *Westermann*, in: Erman, BGB, § 31 Rn. 5.

[1097] *Ellenberger*, in: Grüneberg, BGB, § 31 Rn. 2; *Leuschner*, in: MüKo-BGB, § 31 Rn. 20; *Neudert/Waldner*, in: Der eingetragene Verein, Rn. 290.

[1098] *Achenbach*, in: Reichert, Vereins- und Verbandsrecht, Kapitel 6 Rn. 173; *Ellenberger*, in: Grüneberg, BGB, § 31 Rn. 2; *Leuschner*, in: MüKo-BGB, § 31 Rn. 20; *Neudert/Waldner*, in: Der eingetragene Verein, Rn. 290a.

[1099] *Leuschner*, in: MüKo-BGB, § 31 Rn. 21; zur Verletzung von Verkehrssicherungspflichten unter 5. Kapitel B. I. 2.

[1100] BGH v. 12.01.1982 – VI ZR 188/80, NJW 1982, 763 = BeckRS 1982, 101 zur Tierhalterhaftung des Vereins nach § 833 BGB. Die Norm des § 31 BGB spielt jedoch keine Rolle, wenn der Verein selbst Halter des Tieres oder Fahrzeugs ist, *Schöpflin*, in: BeckOK-BGB, § 31 Rn. 12; *Achenbach*, in: Reichert, Vereins- und Verbandsrecht, Kapitel 6 Rn. 192; *Neudert/Waldner*, in: Der eingetragene Verein, Rn. 290a.

[1101] BGH v. 06.12.1983 – VI ZR 60/82, NJW 1984, 921 = BB 1984, 432.

darf, ihre bereits geleistete Spende zurückzahlen.[1102] Möglicherweise ist die Körperschaft zivilrechtlich sogar zu einer entsprechenden Rückzahlung verpflichtet. Konkret ist fraglich, ob ein Spender seine Spende zurückverlangen kann, wenn die Empfängerkörperschaft den Status der Gemeinnützigkeit verliert. Spenden an gemeinnützige Organisationen stellen regelmäßig eine Schenkung (unter Auflage) dar.[1103] Gemäß § 527 Abs. 1 BGB kann der Schenker die Herausgabe des Geschenkes verlangen, wenn die Vollziehung der Auflage unmöglich wird (§ 326 Abs. 5 BGB) oder wenn die Auflage nicht erfüllt wird und die Voraussetzungen des § 323 BGB – regelmäßig in Form der erfolglosen Nachfristsetzung – gegeben sind.[1104] Es muss sich bei der Zuwendung also um eine Schenkung unter Auflage i. S. d. § 525 Abs. 1 BGB handeln. Gegenstand der Auflage kann jedes Tun oder Unterlassen sein.[1105] Verfolgt ein gemeinnütziger Verein mehrere Zwecke oder erfolgt die Verwirklichung eines Zwecks auf unterschiedliche Art und Weise, so kann der Schenker der Körperschaft auferlegen, mit dem Schenkungsgegenstand einen bestimmten Zweck in einer konkreten Form zu verfolgen.[1106] In diesem Fall fließt die (Geld-)Zuwendung gerade nicht in den allgemeinen Haushalt der Empfängerkörperschaft, sodass der Nachweis einer Fehlverwendung gelingen kann.[1107]

Kommt es nun infolge gemeinnützigkeitsschädlicher Handlungen durch den Vorstand zum Verlust der Gemeinnützigkeit, ist der Verein unter Umständen nicht mehr im Stande, den Schenkungsgegenstand für die konkret vorgesehene Verwirklichung des gemeinnützigen Zwecks zu verwenden.

1102 https://www.volksverpetzer.de/aktuelles/volksverpetzer-gemeinnuetzigkeit-entzogen/ (zuletzt abgerufen am 20.08.2024).

1103 BGH v. 10.12.2003 – IV ZR 249/02, NJW 2004, 1382 (1383) = NZG 2004, 971; *Brünkmans*, in: Schauhoff/Kirchhain, Handbuch der Gemeinnützigkeit, § 21 Rn. 159; *Hüttemann*, in: Hüttemann, Gemeinnützigkeitsrecht und Spendenrecht, Rn. 8.37; *Kirchhain*, in: Schauhoff/Kirchhain, Handbuch der Gemeinnützigkeit, § 12 Rn. 195; *Koch*, in: MüKo-BGB, § 516 Rn. 102.

1104 *Koch*, in: MüKo-BGB, § 527 Rn. 2; *Weidenkaff*, in: Grüneberg, BGB, § 527 Rn. 4.

1105 *Koch*, in: MüKo-BGB, § 525 Rn. 2.

1106 In diesem Fall handelt es sich auch nicht um die bloße Duldung einer ohnehin bestehenden gesetzlichen Einschränkung, dazu *Koch*, in: MüKo-BGB, § 525 Rn. 2. Ein Beispiel für eine solche gebundene Spende befindet sich bei *Muscheler*, ZEV 2002, 415 (417): Die Spende an eine Stiftung, die sich der Betreuung von Gefangenen widmet, soll nur zur Betreuung der Freigänger verwendet werden.

1107 *Kirchhain*, in: Schauhoff/Kirchhain, Handbuch der Gemeinnützigkeit, § 12 Rn. 195.

Fraglich ist dabei, ob eine Nichterfüllung der Auflage bereits dann angenommen werden kann, wenn der Verein den Status der Gemeinnützigkeit verliert.[1108] Teilweise wird vertreten, dass ein Spender seine Spende stets zurückfordern könne, wenn die tatsächliche Geschäftsführung der Körperschaft gegen Gemeinnützigkeitsrecht verstößt.[1109]

Richtigerweise ist eine differenzierende Herangehensweise angezeigt: Zunächst ist eine Unterscheidung zwischen Gemeinnützigkeitsverstößen, die zur Aberkennung führen, und solchen, die sich aufgrund der Geringfügigkeit nicht auf den Status der Gemeinnützigkeit auswirken, vorzunehmen. Letztere begründen keinen Rückforderungsanspruch des Spenders, da der Verein die Auflage weiterhin uneingeschränkt erfüllen kann. Bei erheblichen und schwerwiegenden Verstößen, die zwingend zum Verlust der Gemeinnützigkeit führen, ist wiederum zu differenzieren – nach dem Zeitpunkt der Auflagenerfüllung.

Findet die vorgeschriebene Verwendung der Spende vor der Begehung gemeinnützigkeitsschädlicher Tätigkeiten statt und wird die Gemeinnützigkeit nachträglich aberkannt, so ist dies unschädlich. Denn: Der Zweck der Vorschrift, wonach der Beschenkte mit dem zugewendeten Gegenstand eine konkrete Leistung erbringen soll,[1110] ist mit der Vollziehung der Auflage auch bei der nachträglichen Aberkennung der Gemeinnützigkeit verwirklicht. An dieser Stelle lässt sich auch eine Parallele zur Haftung nach § 10b Abs. 4 EStG ziehen, bei der vor Einführung des Verschuldenserfordernisses vertreten wurde, dass der Verlust der Gemeinnützigkeit unschädlich ist, wenn die Empfängerkörperschaft die gespendeten Beträge für die satzungsmäßigen gemeinnützigen Zwecke verwendet hat.[1111]

Wenn jedoch noch keine Verwendung des Schenkungsgegenstands entsprechend der Auflage stattgefunden hat und dies aufgrund der zwischenzeitlich erfolgten Aberkennung der Gemeinnützigkeit auch nicht mehr möglich ist, liegen die Voraussetzungen des § 527 Abs. 1 BGB vor. Hat etwa ein gemeinnütziger Verein eine Spende zur Durchführung einer Demonstration gegen fossile Brennstoffe für die effektive Förderung des Zwecks des Umweltschutzes

---

[1108] So wohl *Kirchhain*, in: Schauhoff/Kirchhain, Handbuch der Gemeinnützigkeit, § 7 Rn. 29.

[1109] *Kirchhain*, in: Schauhoff/Kirchhain, Handbuch der Gemeinnützigkeit, § 7 Rn. 29.

[1110] *Koch*, in: MüKo-BGB, § 525 Rn. 1.

[1111] Dazu *Brill*, Der Verlust der Gemeinnützigkeit, S. 341.

erhalten und ist die tatsächliche Geschäftsführung dazu übergegangen, sich durch eine Unterstützung der Partei Bündnis 90/Die Grünen politisch zu betätigen, kann die konkret vorgeschriebene ausschließliche Förderung des Umweltschutzes nicht mehr stattfinden.

Die Begehung gemeinnützigkeitsschädlicher Handlungen begründet somit nicht stets einen Rückforderungsanspruch des Spenders nach § 527 Abs. 1 BGB. Die Auflage kann erst dann nicht mehr erfüllt werden, wenn die konkrete vorgeschriebene Zweckverfolgung aufgrund der zur Aberkennung führenden Handlungen des Vereins unmöglich geworden ist.

Der Verein hat den Schenkungsgegenstand nach bereicherungsrechtlichen Regeln insoweit herauszugeben, als er zur Vollziehung der Auflage hätte verwendet werden müssen.[1112] Der Schenker trägt damit allerdings das Risiko der Entreicherung gemäß §§ 818 Abs. 3, 819 Abs. 1 BGB, wenn die Bereicherung wegfällt, bevor der Beschenkte von dem Rückforderungsverlangen Kenntnis erlangt hat.[1113] Die Rückforderung stellt ein rückwirkendes Ereignis (§ 175 Abs. 1 S. 1 Nr. 2 AO) dar, sodass der Spendenabzug beim Spender beseitigt wird. Dadurch entfällt wiederum die Spendenhaftung des Vereins.[1114]

2. Haftung des Vereins für entgangene Steuervorteile aufgrund des Verlusts der Gemeinnützigkeit

a) Vertragliche Haftung gemäß § 280 Abs. 1 BGB

Fraglich ist im Hinblick auf den Verlust der Gemeinnützigkeit, ob der Verein gegenüber seinen Mitgliedern gemäß § 280 Abs. 1 BGB haftet, wenn es aufgrund gemeinnützigkeitsschädlicher Handlungen des Vorstands zum Verlust der Gemeinnützigkeit kommt, sodass die Mitgliedsbeiträge und Spenden nicht mehr gemäß § 10b Abs. 1 S. 1 EStG als Sonderausgaben abzugsfähig sind. Für in der Vergangenheit entrichtete Beiträge wird die Frage nicht virulent, da der Steuerpflichtige gemäß § 10b Abs. 4 S. 1 EStG Vertrauensschutz genießt.[1115] Es könnte jedoch ein Anspruch aus § 280 Abs. 1 BGB aufgrund zukünftig zu zahlender Beiträge entstehen. Die Mitgliedschaft stellt das

---

1112 *Harke*, in: beckOGK-BGB, § 527 Rn. 6 f.; *Koch*, in: MüKo-BGB, § 527 Rn. 3; *Mansel*, in: Jauernig, BGB, §§ 525–527 Rn. 9.

1113 *Koch*, in: MüKo-BGB, § 527 Rn. 3.

1114 *Kirchhain*, in: Schauhoff/Kirchhain, Handbuch der Gemeinnützigkeit, § 12 Rn. 195.

1115 *Hüttemann*, in: Hüttemann, Gemeinnützigkeitsrecht und Spendenrecht, Rn. 8.148 ff.; ausführlich dazu *Seer*, in: Kirchhof/Seer, EStG § 10b Rn. 66 ff.

erforderliche Sonderrechtsverhältnis dar.[1116] Fraglich ist dagegen, ob eine dem Verein zurechenbare Pflichtverletzung gegeben ist. Eine Verletzung der Mitgliedschaft liegt vor, wenn es zur Nicht- oder Schlechterfüllung der aus dem Mitgliedschaftsverhältnis fließenden Pflichten durch den Verein, welcher das jedem Mitglied zustehende Recht auf gesetzes- und satzungsgemäße Behandlung zu beachten hat, kommt.[1117] So ist eine Verletzung der Mitgliedschaft insbesondere bei einem rechtswidrigen Beschluss, auf deren Beseitigung jedes Vereinsmitglied einen Anspruch hat, anzunehmen.[1118] Da die Satzung eines jeden gemeinnützigen Vereins die ausschließliche und unmittelbare Verfolgung gemeinnütziger Zwecke vorsieht, könnte auch der Verlust der Gemeinnützigkeit infolge gemeinnützigkeitsschädlicher Handlungen durch die Vorstandsmitglieder eine solche Pflichtverletzung darstellen. Indes ist zu beachten, dass der Anspruch auf richtige Amtsführung gegen die Organmitglieder, also bei gemeinnützigen Vereinen auch die Verfolgung der satzungsmäßigen gemeinnützigen Zwecke, nicht dem einzelnen Mitglied, sondern dem Verein zusteht.[1119] Das bedeutet auch, dass sich das Recht des Mitglieds auf gesetzes- und satzungsgemäße Behandlung durch den Verein grundsätzlich auf das Handeln der Mitgliederversammlung beschränkt.[1120] Folglich stellt die zum Verlust der Gemeinnützigkeit führende Aktivität der Vorstandsmitglieder keine Pflichtverletzung gegenüber dem einzelnen Mitglied dar, welches infolgedessen nicht mehr berechtigt ist, die Mitgliedsbeiträge als Sonderausgaben abzusetzen.

Zudem hat jedes Mitglied gemäß § 39 Abs. 1 BGB die Möglichkeit, den Austritt aus dem Verein zu erklären,[1121] weshalb die Nichtabsetzbarkeit der Mitgliedsbeiträge ohnehin zeitlich auf die Fortdauer der Mitgliedschaft beschränkt ist. Die Situation ist dann vergleichbar mit der von Nichtmitgliedern, die vor dem Verlust der Gemeinnützigkeit abzugsfähige Spenden

---

1116 BGH v. 12.03.1990 – II ZR 179/89, BGHZ 110, 323 (334) = NJW 1990, 2877; *Könen*, in: beckOGK-BGB, § 38 Rn. 150.

1117 *Leuschner*, in: MüKo-BGB, § 38 Rn. 16; *Westermann*, in: Erman, BGB, § 38 Rn. 9.

1118 *Könen*, in: beckOGK-BGB, § 38 Rn. 139; *Leuschner*, in: MüKo-BGB, § 38 Rn. 16; *Schwennicke*, in: Staudinger, BGB, § 38 Rn. 36.

1119 *Habersack*, Die Mitgliedschaft, S. 285 ff.; *Könen*, in: beckOGK-BGB, § 38 Rn. 139; *Leuschner*, in: MüKo-BGB, § 38 Rn. 16.

1120 *Könen*, in: beckOGK-BGB, § 38 Rn. 139; *Leuschner*, in: MüKo-BGB, § 38 Rn. 16.

1121 *Van Randenborgh*, in: Schauhoff/Kirchhain, Handbuch der Gemeinnützigkeit, § 2 Rn. 80; dazu sogleich noch ausführlich unter 3.

an den Verein geleistet haben. Da sie nicht verpflichtet sind, auch nach der Aberkennung der Gemeinnützigkeit weiterhin an den Verein zu spenden,[1122] stellt der Verlust gegenüber Dritten auch keine Pflichtverletzung dar. Eine vergleichbare Situation besteht bei Vereinsmitgliedern, die nach der Aberkennung der Gemeinnützigkeit aus dem Verein austreten (können).[1123]

Schließlich ist noch zu berücksichtigen, dass die Gemeinnützigkeit des Vereins in den folgenden Veranlagungszeiträumen wieder anerkannt werden kann, wenn die Verstöße der tatsächlichen Geschäftsführung beendet werden sollten. In diesen Fällen würde letztlich sogar der Schaden beim Vereinsmitglied entfallen, da die Mitgliedsbeiträge wieder gemäß § 10b Abs. 1 S. 1 EStG als Sonderausgaben abgezogen werden könnten.[1124]

Nach alledem haftet der Verein gegenüber seinen Mitgliedern nicht aus § 280 Abs. 1 BGB, weil die Möglichkeit der steuerlichen Absetzung der Mitgliedsbeiträge für die Zukunft aufgrund der Aberkennung der Gemeinnützigkeit entfallen ist.

b) Deliktische Haftung gemäß § 823 Abs. 1 BGB

Fraglich ist schließlich, ob eine deliktische Haftung des Vereins wegen des Verlusts der Abzugsmöglichkeit der Mitgliedsbeiträge in Betracht kommt. Auch Verletzungshandlungen des Vereins können geeignet sein, einen Anspruch des Mitglieds aus § 823 Abs. 1 BGB zu begründen.[1125] Voraussetzung ist jedoch, dass es sich um einen mitgliedschaftsbezogenen Eingriff handelt und die Mitgliedschaft dadurch in ihrem Kern beeinträchtigt ist.[1126] Nicht

---

[1122] Spenden zeichnen sich gerade dadurch aus, dass sie freiwillig geleistet werden, vgl. BFH v. 28.04.1987 – IX R 7/83, BStBl II 1987, 814 (815) = BFHE 150, 406; *Hüttemann*, in: Hüttemann, Gemeinnützigkeitsrecht und Spendenrecht, Rn. 8.37; *Kirchhain*, in. Schauhoff/Kirchhain, Handbuch der Gemeinnützigkeit, § 12 Rn. 41.

[1123] Zu der Frage, ob der Verlust der Gemeinnützigkeit einen wichtigen Grund zum außerordentlichen Austritt aus dem Verein darstellt, sogleich unter 3.

[1124] So auch *Brill*, Der Verlust der Gemeinnützigkeit, S. 352 zu Spendeneinnahmen der Körperschaft unter Verweis auf BFH v. 23.09.1998 – I B 82/98, BStBl II 2000, 320 = BFHE 186, 433.

[1125] BGH v. 12.03.1990 – II ZR 179/89, BGHZ 110, 323 (327 f.) = NJW 1990, 2877; *Förster*, in: BeckOK-BGB, § 823 Rn. 173; *Sprau*, in: Grüneberg, BGB, § 823 Rn. 21; a.A. *Voigt*, in: beckOGK-BGB, § 823 Rn. 204.

[1126] OLG Stuttgart v. 23.01.2006 – 14 U 64/05, NJOZ 2006, 2211 (2213) = GmbHR 2006, 759; OLG Düsseldorf v. 15.07.2015 – VI-U (Kart) 13/14, BeckRS 2015, 13307 (Rn. 86 f.)

ausreichend sind bloße Beeinträchtigungen reiner Vermögensinteressen, etwa in Gestalt einer Wertminderung des Geschäftsanteils infolge schlechter Geschäftsführung.[1127] Ebenso verhält es sich mit faktischen Beeinträchtigungen, welche die Mitgliedschaft in ihrem Rechtsbestand gar nicht betreffen.[1128]

Fraglich ist also, ob der Verlust der Gemeinnützigkeit einen Eingriff in den absolut geschützten Kernbereich der Mitgliedschaft darstellt oder ob es sich dabei um eine bloße Beeinträchtigung von Vermögensinteressen handelt. Der Adressat der Aberkennung ist zunächst stets der Verein, nicht das einzelne Mitglied. Die Mitgliedschaftsrechte in Gestalt von Teilnahme-, Stimm- oder Gewinnbezugsrechten bestehen auch nach der Aberkennung uneingeschränkt fort.[1129] Der Verlust der Gemeinnützigkeit macht sich beim einzelnen Mitglied nur dergestalt bemerkbar, dass die Möglichkeit des Sonderausgabenabzugs der Beiträge entfällt. Die Aberkennung berührt damit ausschließlich die Vermögensinteressen des Mitglieds. Die Mitgliedschaft selbst besteht in ihrem Rechtsbestand uneingeschränkt fort und erfährt keinerlei Beeinträchtigung.[1130] Besonders deutlich wird dies bei einem Vergleich mit den Fällen, in denen die Gemeinnützigkeit nachträglich aberkannt wird: Jedes Mitglied konnte seine Mitgliedschaftsrechte uneingeschränkt ausüben, obwohl die Körperschaft die Voraussetzungen der §§ 52 ff. AO bereits nicht mehr erfüllte und nach der förmlichen Aberkennung in Gestalt des Körperschaftsteuerbescheids für die betreffenden Veranlagungszeiträume auch formal nicht mehr gemeinnützig war. Der einzige Unterschied zu der in Frage stehenden Konstellation, in der es um zukünftige Veranlagungszeiträume geht, besteht darin, dass bei der nachträglichen Aberkennung aufgrund des Vertrauensschutzes des § 10b Abs. 4 EStG kein Schaden beim Mitglied entstanden ist. In beiden Fällen liegt indes keine Beeinträchtigung der Mitgliedschaftsrechte vor. Es handelt sich somit gerade nicht um einen mitgliedschaftsbezogenen Eingriff. Der Einfluss des Verlusts der Gemeinnützigkeit auf das Verhältnis zwischen dem Verein und dem einzelnen Mitglied ist somit nicht auf der Ebene der Schadensersatzansprüche anzusiedeln.

= WuW 2015, 1130; *Bork*, ZIP 1990, 1037 (1042); *Hager*, in: Staudinger, BGB, § 823 Rn. B 144; *Sprau*, in: Grüneberg, BGB, § 823 Rn. 21.

1127 *Förster*, in: BeckOK-BGB, § 823 Rn. 173; *Voigt*, in: beckOGK-BGB, § 823 Rn. 203.

1128 *Förster*, in: BeckOK-BGB, § 823 Rn. 173; *Voigt*, in: beckOGK-BGB, § 823 Rn. 203.

1129 *Voigt*, in: beckOGK-BGB, § 823 Rn. 203.

1130 *Voigt*, in: beckOGK-BGB, § 823 Rn. 203.

3. Austritt aus wichtigem Grund bei Verlust der Gemeinnützigkeit

a) Austritt gemäß § 39 BGB

Daran schließt sich jedoch die Frage an, ob der Verlust der Gemeinnützigkeit einen wichtigen Grund für den außerordentlichen Austritt aus dem Verein darstellt. § 39 Abs. 1 BGB sieht als *ultima ratio* die Möglichkeit des Austritts vor, wenn ein Mitglied mit der vom Verein eingeschlagenen Richtung oder der Verfolgung des Vereinszwecks nicht mehr einverstanden ist.[1131] Ein solcher Austritt mit sofortiger Wirkung kann ungeachtet einer Fristbestimmung in der Satzung jederzeit erfolgen.[1132] Die Mitgliedschaft muss für das Mitglied eine unzumutbare Belastung bedeuten, wobei alle Umstände des Einzelfalls für die Bewertung heranzuziehen sind.[1133] Die pauschale Annahme eines wichtigen Grundes beim Wegfall der Gemeinnützigkeit ist schon deshalb nicht angezeigt, weil eine Berücksichtigung der Umstände des Einzelfalls, also insbesondere der konkreten Verstoßhandlungen durch die tatsächliche Geschäftsführung, in diesem Fall gänzlich unterbleiben würde. Eine unzumutbare Belastung der Mitglieder wurde angenommen, nachdem eine ihrer Satzung nach parteipolitisch neutrale Gewerkschaft in der Öffentlichkeit den Eindruck enger Zusammenarbeit mit der Deutschen Kommunistischen Partei erweckt hatte.[1134] Eine im öffentlichen Auftritt der Körperschaft zutage tretende politische Haltung, die einem Vereinsmitglied nicht zusagt, kann also einen wichtigen Grund zum Austritt darstellen.[1135] Folglich können auch die politischen Aktivitäten einer gemeinnützigen Körperschaft, die nach ihrer Satzung die allgemeine Förderung des demokratischen Staatswesens verfolgt und deshalb dazu verpflichtet ist, sich parteipolitisch neutral zu verhalten, im Einzelfall zur Annahme eines wichtigen Grundes führen. Die politische Betätigung führt damit einerseits zum Verlust der Gemeinnützigkeit und eröffnet Mitgliedern andererseits die Möglichkeit, mit sofortiger Wirkung aus

---

1131 *Van Randenborgh*, in: Schauhoff/Kirchhain, Handbuch der Gemeinnützigkeit, § 2 Rn. 80.

1132 BGH v. 24.03.1954 – II ZR 33/53, BeckRS 1954, 105323 = DB 1954, 346; *D. U. Otto*, in: jurisPK-BGB, § 39 Rn. 12; *van Randenborgh*, in: Schauhoff/Kirchhain, Handbuch der Gemeinnützigkeit, § 2 Rn. 82.

1133 *D. U. Otto*, in: jurisPK-BGB, § 39 Rn. 13; *Schwennicke*, in: Staudinger, BGB, § 39 Rn. 14 f. mit Verweis auf § 314 BGB.

1134 AG Köln v. 18.07.1986 – 130 C 208/86, NJW 1987, 2450 = BeckRS 1986, 2681.

1135 AG Köln v. 18.07.1986 – 130 C 208/86, NJW 1987, 2450 (2450) = BeckRS 1986, 2681; *D. U. Otto*, in: jurisPK-BGB, § 39 Rn. 13.

dem Verein auszutreten. Der Verlust der Gemeinnützigkeit kann somit ein Recht zum sofortigen Austritt begründen, dies ist jedoch stets im Einzelfall anhand der gemeinnützigkeitsschädlichen Handlung des Vorstands zu ermitteln.

b) Vertragsanpassung und Kündigung gemäß § 313 BGB

Schließlich ist fraglich, ob die Aberkennung der Gemeinnützigkeit auch als Wegfall der Geschäftsgrundlage verstanden werden kann, sodass möglicherweise ein Recht auf Anpassung der die Mitgliedschaft betreffenden Satzungs- oder Nebenbestimmungen gemäß § 313 Abs. 1 BGB oder zur Kündigung gemäß § 313 Abs. 3 S. 2 BGB besteht. Der Vorschrift des § 313 BGB ist zwar grundsätzlich Vorrang vor § 314 BGB (Kündigung aus wichtigem Grund) einzuräumen.[1136] Denn: § 313 BGB ist primär auf die Aufrechterhaltung des Vertrags gerichtet und steht damit im Einklang mit dem Grundsatz „pacta sunt servanda".[1137] Entsprechendes ist beim Verein im Verhältnis zur Austrittsvorschrift des § 39 Abs. 1 BGB anzunehmen. Eine Ausnahme liegt jedoch vor, wenn es nicht um eine Vertragsanpassung, sondern um eine Vertragsauflösung geht.[1138]

Im Hinblick auf die Aberkennung der Gemeinnützigkeit ist deshalb Folgendes zu beachten: Gemäß § 313 Abs. 1 BGB ist eine schwerwiegende Veränderung der Umstände, die zur Grundlage des Vertrags geworden sind, erforderlich. Der Umstand muss so bedeutsam gewesen sein, dass unzweifelhaft zumindest eine Partei den Vertrag nicht abgeschlossen hätte, wenn sie den Wegfall der Vertragsgrundlage gekannt oder vorhergesehen hätte.[1139] Die pauschale Aussage, dass ein Mitglied dem Verein bei Kenntnis vom Verlust der Gemeinnützigkeit nicht beigetreten wäre, ist deshalb zu kurz gegriffen. Die Mitgliedschaftsrechte werden durch den Verlust der Gemeinnützigkeit nicht berührt und die faktische Mehrbelastung durch den Verlust der Abzugsmöglichkeit von Mitgliedsbeiträgen ist vergleichbar mit einer Erhöhung der Beiträge, welche grundsätzlich zulässig ist.[1140] Auch

---

[1136] *Stöber*, NJW 2022, 897 (899); eine Darstellung der Ansichten findet sich bei *Gaier*, in: MüKo-BGB, § 314 Rn. 33.

[1137] Zutr. *Stöber*, NJW 2022, 897 (899).

[1138] *Gaier*, in: MüKo-BGB, § 314 Rn. 33.

[1139] *Finkenauer*, in: MüKo-BGB, § 313 Rn. 58.

[1140] *Leuschner*, in: MüKo-BGB, § 38 Rn. 27 f.

im Rahmen des § 313 BGB wäre somit stets zu prüfen, ob ein Festhalten am unveränderten Vertrag aufgrund der konkreten Verstoßhandlungen des Vorstands im Einzelfall nicht zumutbar ist. Dies wäre insbesondere anzunehmen, wenn das Mitglied mit der Ausrichtung des Vereins infolge politischer Aktivitäten nicht mehr einverstanden ist. Die bloße Anpassung der Höhe des Mitgliedsbeitrags wird die Einstellung des Mitglieds gegenüber den Aktivitäten des Vereins jedoch nicht ändern, sodass es zur Kündigung nach § 313 Abs. 3 S. 2 BGB kommen muss.[1141] Somit geht es in den Fällen, welche eine schwerwiegende Änderung der Vertragsgrundlage darstellen, stets um die Vertragsauflösung. Folglich ist § 313 BGB im Rahmen gemeinnützigkeitsschädlicher Tätigkeiten, die zum Verlust der Gemeinnützigkeit führen, nicht anwendbar. Stattdessen besteht nach Maßgabe des § 39 Abs. 1 BGB die Möglichkeit zum Austritt aus dem Verein.[1142]

4. Haftung des Vereins bei Vereinsausschluss

Schließlich haftet der Verein, wenn der Vorstand die Mitgliedschaftsrechte in Form eines rechtswidrigen Vereinsausschlusses eines Mitglieds verletzt.[1143] Dies stellt einerseits eine Verletzung der aus dem Mitgliedschaftsverhältnis fließenden Pflicht zur gesetzes- oder satzungsmäßigen Behandlung dar (§ 280 BGB).[1144] Andererseits ist darin auch die Verletzung eines sonstigen Rechts i. S. d. § 823 Abs. 1 BGB zu sehen, da das Mitgliedschaftsrecht im Falle des Ausschlusses als Ganzes in seinem Bestand berührt wird.[1145]

Der Ausschluss eines Vereinsmitglieds kann aber auch im Rahmen des Verlusts der Gemeinnützigkeit eine Rolle spielen. Gemäß § 52 Abs. 1 S. 2 AO ist die feste Abgeschlossenheit des geförderten Personenkreises gemeinnützigkeitsschädlich. Darunter ist indes nicht jede Art von Beschränkung des

---

1141 Die Vertragsanpassung wäre in diesem Fall für das Mitglied sinnlos, *Finkenauer*, in: MüKo-BGB, § 313 Rn. 115.

1142 Dazu bereits oben unter 3. a).

1143 BGH v. 06.02.1984 – II ZR 119/83, BGHZ 90, 92 (95) = NJW 1984, 1884; *Ellenberger*, in: Grüneberg, BGB, § 31 Rn. 12; *Westermann*, in: Erman, BGB, § 31 Rn. 6.

1144 *Ellenberger*, in: Grüneberg, BGB, § 31 Rn. 12; *Schmidt*, JZ 1991, 157 (160); *Westermann*, in: Erman, BGB, § 38 Rn. 9.

1145 BGH v. 12.03.1990 – II ZR 179/89, BGHZ 110, 323 (334) = NJW 1990, 2877; *Habersack*, Die Mitgliedschaft, S. 248 ff.; *Schmidt*, JZ 1991, 157 (158 f.); *Westermann*, in: Erman, BGB, § 38 Rn. 9.

Personenkreises zu verstehen, sondern nur sachfremde Beschränkungen.[1146] Eine solche Beschränkung kann sich zum einen in der nicht erfolgten Aufnahme bestimmter Personen, aber zum anderen auch in dem ungerechtfertigten Ausschluss einzelner Mitglieder realisieren, welcher ohne sachliche Rechtfertigung einen Verlustgrund für die Gemeinnützigkeit darstellen kann. Zur Exemplifizierung dient der Ausschluss eines Vereinsmitglieds infolge verspäteter Beitragsleistungen. Bei zivilrechtlicher Betrachtung steht es einem Verein zwar offen, eine konkrete Ausschlussregelung in der Satzung zu treffen, wonach der Verzug mit der Beitragsleistung einen Ausschlussgrund darstellt.[1147] Besteht eine solche Regelung allerdings nicht, stellt der Verzug der Beitragszahlungen keinen wichtigen Grund zum Ausschluss dar.[1148] Kommt es nun zu einer Erhöhung der Mitgliedsbeiträge, welche das gemeinnützigkeitsrechtlich zulässige Maß überschreitet, da die Höhe der Beiträge die Mitgliedschaft nur für einen exklusiven Kreis möglich macht,[1149] und infolge dieser Erhöhung zum Ausschluss bestimmter Mitglieder ohne eine konkrete Satzungsregelung, so kann das Mitglied den Verein zivilrechtlich in Anspruch nehmen (§ 280 Abs. 1, § 823 Abs. 1 BGB). Gleichzeitig führt ein solcher Ausschluss zum Verlust der Gemeinnützigkeit, da der Verein im Falle der Forderung überhöhter Mitgliedsbeiträge nicht mehr die Allgemeinheit fördert.

5. Unterlassungsanspruch des Vereinsmitglieds

Schließlich ist zu klären, ob dem einzelnen Mitglied ein Beseitigungs- und Unterlassungsanspruch analog § 1004 BGB gegen den Verein wegen gemeinnützigkeitsschädlicher Aktivitäten des Vorstands zusteht.[1150] Nach teilweise vertretener Ansicht soll jedes Mitglied von dem Verein verlangen können, dass dieser auf die Einhaltung der Organpflichten, also auch auf eine

---

[1146] *Buchna/Leichinger/Brox/Seeger*, Gemeinnützigkeit im Steuerrecht, § 52 AO Rn. 39; *Hüttemann*, in: Hüttemann, Gemeinnützigkeitsrecht und Spendenrecht, Rn. 3.48.

[1147] Vgl. *Neudert/Waldner*, in: Der eingetragene Verein, Rn. 110; allgemein zum Ausschlussrecht *van Randenborgh*, in: Schauhoff/Kirchhain, Handbuch der Gemeinnützigkeit, § 2 Rn. 84.

[1148] *Neudert/Waldner*, in: Der eingetragene Verein, Rn. 110.

[1149] Dazu ausführlich *Buchna/Leichinger/Seeger/Brox*, Gemeinnützigkeit im Steuerrecht, § 52 AO Rn. 41; *Hüttemann*, in: Hüttemann, Gemeinnützigkeitsrecht und Spendenrecht, Rn. 3.54 ff.

[1150] Dazu *Schmidt*, Gesellschaftsrecht, § 21 V 1.

gemeinnützigkeitskonforme tatsächliche Geschäftsführung, hinwirkt.[1151] Ein solcher Anspruch soll dem Mitglied unter drei Voraussetzungen zugebilligt werden: Erstens bedürfe es einer bestehenden oder bevorstehenden Rechtswidrigkeit. Zweitens sei eine Zurechnung des Organhandelns gegenüber dem Verband notwendig. Drittens müsse das Mitglied subjektivrechtlich betroffen sein.[1152] Die Rechtswidrigkeit kann sich aus den Aktivitäten des Vorstands ergeben, die gegen die Satzung verstoßen und zum Verlust der Gemeinnützigkeit führen. Diese Handlungen sind dem Verein sowohl zivilrechtlich (§ 31 BGB) als auch steuerrechtlich zuzurechnen. Fraglich ist jedoch die subjektivrechtliche Betroffenheit des Mitglieds. Die Mitgliedschaft ist zwar ein absolutes Recht, jedoch wurde aufgezeigt, dass der Verlust der Gemeinnützigkeit die Mitgliedschaft nicht in ihrem Kern verletzt.[1153] Damit würde es bereits an einer der Voraussetzungen des Unterlassungsanspruchs mangeln.

Zudem liefe der Beseitigungs- und Unterlassungsanspruch, den das Mitglied dann auch im Wege einer Abwehrklage (*actio negatoria*) gegen den Verein geltend machen könnte,[1154] letztlich auf eine Kontrolle des Vorstands durch das einzelne Mitglied hinaus. Dagegen spricht wiederum die Grundentscheidung des Gesetzgebers in den §§ 26, 27 BGB, wonach die Geschäftsführungsbefugnis beim Vorstand liegt und der Vorstand ausschließlich von der Mitgliederversammlung kontrolliert wird, nicht jedoch vom einzelnen Mitglied.[1155] Die Zulassung einer Einzelklagebefugnis gegen Vorstandshandlungen, welche eine Gefahr für den Status der Gemeinnützigkeit darstellen, ist mit dieser Entscheidung nicht vereinbar, da das Recht auf Einhaltung von Gesetz und Satzung von der Mitgliederversammlung als Organ auf die Mitglieder des Vereins übergehen würde.[1156] Das einzelne Vereinsmitglied hat damit keinen Anspruch auf Unterlassung gemeinnützigkeitsschädlicher Handlungen durch ein Vorstandsmitglied.

[1151] *Könen*, in: beckOGK-BGB, § 38 Rn. 139; a.A. *Leuschner*, in: Müko-BGB, § 38 Rn. 16; OLG Celle v. 12.12.2017 – 20 W 20/17, npoR 2018, 164 (166 f.) = BeckRS 2017, 138245.

[1152] *Schmidt*, Gesellschaftsrecht, § 21 V 1.

[1153] 5. Kapitel A. I. 2. b).

[1154] *Schmidt*, Gesellschaftsrecht, § 21 V 1.

[1155] Zutr. *Schwennicke*, in: Staudinger, BGB, § 38 Rn. 37.

[1156] OLG Celle v. 12.12.2017 – 20 W 20/17, npoR 2018, 164 (166 f.) = BeckRS 2017, 138245; *Schwennicke*, in: Staudinger, BGB, § 38 Rn. 37.

Konsequenterweise kann ein Vereinsmitglied gegen eine als Vorstand des Vereins tätige Person auch keine einstweilige Verfügung auf Unterlassung einer Tätigkeit, die dem Verein Schaden zufügt, erwirken.[1157]

Ein Unterlassungsanspruch gegen den Vorstand steht nur dem Verein in seiner Gesamtheit zu.[1158] Die Mitgliederversammlung entscheidet über die Durchsetzung dieses Anspruchs unter Abwägung der Vor- und Nachteile.[1159] Der Verein kann einen vorläufigen Rechtsschutz durch richterliche Entscheidung jedoch nur unter bestimmten Voraussetzungen herbeiführen. Sieht die Satzung ein vereinsinternes Verfahren vor, muss dieses grundsätzlich abgeschlossen sein. Die Körperschaft kann eine einstweilige Verfügung auf Unterlassung der Tätigkeit ausnahmsweise erwirken, wenn ein Abwarten unzumutbar ist.[1160] So kann es sich im Falle von Vorstandstätigkeiten verhalten, die existenzbedrohende Folgen für den Verein nach sich ziehen könnten. Der Anspruch, welcher auf die Unterlassung der gemeinnützigkeitsschädlichen Handlungen gerichtet ist, stellt einen Verfügungsanspruch i. S. d. § 935 ZPO dar.[1161] Der Verfügungsgrund besteht in der Besorgnis, dass die Handlungen des Vorstandsmitglieds zum Verlust der Gemeinnützigkeit führen und der Unterlassungsanspruch infolgedessen vereitelt wird.[1162] Insbesondere ist zu beachten, dass gemeinnützigkeitsschädliche Handlungen nur in seltenen Fällen rückwirkend beseitigt werden können,[1163] sodass ein unverzügliches Vorgehen unerlässlich ist. Der Inhalt der Verfügung besteht sodann darin, dass dem betreffenden Vorstandsmitglied die gemeinnützigkeitsschädliche Handlung untersagt wird (§ 938 Abs. 2 ZPO).

II. Haftung der GmbH für den Geschäftsführer

§ 31 BGB findet nach allgemeiner Meinung auf die übrigen juristischen Personen des Privatrechts, also insbesondere auch die GmbH, analoge

---

1157 OLG Düsseldorf v. 02.12.1982 – 18 U 220/82, MDR 1983, 488 (488) = LSK 1983, 440001; *Neudert/Waldner*, in: Der eingetragene Verein, Rn. 264.

1158 OLG Düsseldorf v. 02.12.1982 – 18 U 220/82, MDR 1983, 488 (488) = LSK 1983, 440001; *Leuschner*, in: MüKo-BGB, § 38 Rn. 16.

1159 OLG Celle v. 12.12.2017 – 20 W 20/17, npoR 2018, 164 (166 f.) = BeckRS 2017, 138245.

1160 OLG Düsseldorf v. 02.12.1982 – 18 U 220/82, MDR 1983, 488 (488) = LSK 1983, 440001.

1161 Zum Verfügungsanspruch *Vollkommer*, in: Zöller, ZPO, § 935 Rn. 6.

1162 Zum Verfügungsgrund *Vollkommer*, in: Zöller, ZPO, § 935 Rn. 10.

1163 Zur Möglichkeit der rückwirkenden Beseitigung in Ausnahmefällen bereits im 3. Kapitel unter C. I. 4. a) cc).

Anwendung.[1164] Folglich haftet auch die GmbH für das Handeln eines Organs „in Ausführung der ihm zustehenden Verrichtungen".[1165]

1. Rückzahlungspflicht der GmbH gemäß § 527 Abs. 1 BGB

Auch eine gemeinnützige GmbH kann sich im Falle des Verlusts der Gemeinnützigkeit der aus § 527 Abs. 1 BGB folgenden Rückzahlungspflicht ausgesetzt sehen, wenn es durch eine Spende zu einer Schenkung unter Auflage (§ 525 Abs. 1 BGB) gekommen ist und diese Auflage aufgrund der Aberkennung der Gemeinnützigkeit nicht mehr erfüllt werden kann.[1166]

2. Keine Haftung der GmbH für entgangene Steuervorteile

Die Haftung der GmbH im Zusammenhang mit dem Verlust der Gemeinnützigkeit ist hinsichtlich der entgangenen Steuervorteile weniger relevant als beim Verein. Die zuvor angesprochene – im Ergebnis ohnehin nicht bestehende – Haftung der Körperschaft für die Nichtabzugsfähigkeit von Mitgliedsbeiträgen ist schon deshalb von geringer Bedeutung, weil gemeinnützige GmbHs die Verfolgung ihrer gemeinnützigen Zwecke nicht durch Mitgliedsbeiträge,[1167] sondern in erster Linie durch die Einnahmen aus Zweckbetrieben und Spenden finanzieren.[1168] Spender sind jedoch nicht dazu verpflichtet, nach der Aberkennung der Gemeinnützigkeit weiterhin an die GmbH zu spenden, sodass der Verlust der Abzugsfähigkeit der Spende keinen Schadensersatzanspruch der GmbH gegenüber dem Spender begründet. Hinsichtlich bereits geleisteter Zuwendungen besteht ebenso wie beim Verein gemäß § 10b Abs. 4 EStG Vertrauensschutz, sodass kein Schaden auf Seiten des Zuwendenden entsteht.

[1164] BGH v. 13.01.1987 – VI ZR 303/85, BGHZ 99, 298 (299 ff.) = NJW 1987, 1193; statt vieler *Leuschner*, in: MüKo-BGB, § 31 Rn. 3.

[1165] BGH v. 13.01.1987 – VI ZR 303/85, BGHZ 99, 298 (300) = NJW 1987, 1193; *Lieder*, in: Michalski/Heidinger/Leible/J. Schmidt, GmbH-Gesetz, § 13 Rn. 30, 32 ff.; *Verse*, in: Henssler/Strohn, Gesellschaftsrecht, § 13 GmbHG Rn. 14.

[1166] Dazu bereits im 5. Kapitel unter A. I. 1.

[1167] Denn: Mitgliedsbeiträge sind Abgaben, die die Mitglieder eines Vereins aufgrund der Vereinssatzung schulden, *Kirchhain*, in: Schauhoff/Kirchhain, Handbuch der Gemeinnützigkeit, § 7 Rn. 78.

[1168] Zu den verschiedenen Finanzierungsmöglichkeiten s. 2. Kapitel A. VI.

3. Exkurs: Ausschluss und Austritt eines Gesellschafters beim Verlust der Gemeinnützigkeit

a) Ausschluss eines Gesellschafters

Der Ausschluss eines Gesellschafters aus der GmbH ist im GmbHG zwar nicht geregelt. Jedoch ist der Ausschluss aus wichtigem Grund seit langer Zeit anerkannt.[1169] Dieser setzt voraus, dass die Mitgliedschaft des betreffenden Gesellschafters für die Gesellschaft aufgrund seines Verhaltens oder in seiner Person liegender Umstände im Einzelfall völlig untragbar geworden ist.[1170] Einen verhaltensbedingten Ausschließungsgrund begründet etwa ein der Gesellschaft schädigendes öffentliches Auftreten oder die Vornahme krimineller Handlungen.[1171] Es sind viele Konstellationen denkbar, in denen das den Ausschluss begründende Verhalten des Gesellschafters zum Verlust der Gemeinnützigkeit der GmbH führt. Neben politischen Betätigungen kommen insbesondere Rechtsverstöße als Grund für die Aberkennung in Betracht, wenn die Aktivitäten des Gesellschafters der GmbH steuerrechtlich zugerechnet werden können. Sofern es sich bei dem Gesellschafter nicht auch um ein Organ der Gesellschaft handelt, findet das Zurechnungsmodell für Nichtorganmitglieder Anwendung. Im Falle der steuerrechtlichen Zurechnung des Verhaltens gefährdet der Gesellschafter den Gesellschaftszweck – die ausschließliche Verfolgung des gemeinnützigen Zwecks – in erheblichem Maße.[1172] Der (rechtmäßige) Ausschluss eines Gesellschafters aus wichtigem Grund kann also in engem Zusammenhang mit dem Verlust der Gemeinnützigkeit der GmbH stehen.

Im Falle des Ausschlusses eines Gesellschafters ist zu beachten, dass sich die GmbH und der Verein bei der (personellen) Ausgestaltung der Verfolgung ihrer Zwecke unterscheiden. Während der Verein meist durch eine Vielzahl von Mitgliedern gekennzeichnet ist, die als Ausschnitt der Allgemeinheit selbst

---

1169 Vgl. nur BGH v. 01.04.1953 – II ZR 235/52, BGHZ 9, 157 (159, 162 f.) = NJW 1953, 780.

1170 BGH v. 01.04.1953 – II ZR 235/52, BGHZ 9, 157 (159) = NJW 1953, 780; *Sosnitza*, in: Michalski/Heidinger/Leible/J. Schmidt, GmbH-Gesetz, Anhang § 34 Rn. 8.

1171 *Sosnitza*, in: Michalski/Heidinger/Leible/J. Schmidt, GmbH-Gesetz, Anhang § 34 Rn. 10; *Stefanink/Punte*, GWR 2018, 403 (405).

1172 BGH v. 10.06.1991 – II ZR 234/89, GmbHR 1991, 362 (362) = BeckRS 1991, 1970; *Kleindiek*, in: Lutter/Hommelhoff, GmbH-Gesetz, § 34 Rn. 111; *Sosnitza*, in: Michalski/Heidinger/Leible/J. Schmidt, GmbH-Gesetz, Anhang § 34 Rn. 8.

Nutznießer der Förderung sind, ist die GmbH meist in Form eines kleineren Personenkreises organisiert und fördert nicht die eigenen Gesellschafter.[1173] Der Ausschluss eines Gesellschafters hat deshalb – anders als der rechtswidrige Ausschluss eines Vereinsmitglieds – häufig keine Auswirkungen auf den Status der Gemeinnützigkeit, da weiterhin eine Förderung der Allgemeinheit durch die GmbH stattfindet.

b) Außerordentliches Austrittsrecht eines Gesellschafters beim Verlust der Gemeinnützigkeit

Das GmbHG sieht kein allgemeines Austrittsrecht, also das Recht freiwillig gegen Abfindung aus der Gesellschaft auszuscheiden, vor.[1174] Das Gesetz geht in § 15 Abs. 1 GmbHG davon aus, dass sich der Austritt durch eine Übertragung der Geschäftsanteile vollzieht.[1175] Eingedenk der Einschränkungsmöglichkeit der Übertragbarkeit von Geschäftsanteilen in der Satzung (§ 15 Abs. 5 GmbHG) sowie der unter Umständen fehlenden tatsächlichen Übertragbarkeit besteht jedoch Einigkeit über die Existenz eines außerordentlichen Austrittsrechts aus wichtigem Grund.[1176] Ein wichtiger Grund liegt vor, wenn dem Gesellschafter der weitere Verbleib in der Gesellschaft nicht mehr zuzumuten ist.[1177] Für die Feststellung des wichtigen Grundes bedarf es einer umfassenden Abwägung der betroffenen Interessen und der Umstände des Einzelfalls.[1178] Der Verlust der Gemeinnützigkeit stellt – ebenso wie beim Austritt aus dem Verein – per se keinen wichtigen Grund für den Austritt dar. Dies ergibt sich schon aus der Notwendigkeit einer Einzelfallbetrachtung. Nichtsdestoweniger können Umstände aus der Sphäre der Gesellschaft einen wichtigen Grund bilden. Dies wird insbesondere angenommen, wenn es zu einer wesentlichen

---

1173 In diesem Fall würde nämlich regelmäßig keine Anerkennung der Gemeinnützigkeit erfolgen, vgl. *Eifert*, in: Winheller/Geibel/Jachmann-Michel, Gesamtes Gemeinnützigkeitsrecht, 3.4 gGmbH Rn. 43.

1174 *Kleindiek*, in: Lutter/Hommelhoff, GmbH-Gesetz, § 34 Rn. 144; *Schindler*, in: BeckOK-GmbHG, § 34 Rn. 160.

1175 *Schindler*, in: BeckOK-GmbHG, § 34 Rn. 160.

1176 BGH v. 01.04.1953 – II ZR 235/52, BGHZ 9, 157 (162 f.) = NJW 1953, 780; *Schindler*, in: BeckOK-GmbHG, § 34 Rn. 160.

1177 BGH v. 16.12.1991 – II ZR 58/91, BGHZ 116, 359 (369) = NJW 1992, 892; *Kleindiek*, in: Lutter/Hommelhoff, GmbH-Gesetz, § 34 Rn. 145 ff.; *Sosnitza*, in: Michalski/Heidinger/Leible/J. Schmidt, GmbH-Gesetz, Anhang § 34 Rn. 50.

1178 *Schindler*, in: BeckOK-GmbHG, § 34 Rn. 171.

Änderung des Unternehmensgegenstandes kommt.[1179] Ein Verstoß der tatsächlichen Geschäftsführung der GmbH gegen das Ausschließlichkeitsverbot (§ 56 AO) durch die Verfolgung nicht gemeinnütziger Zwecke, die in der Gesamtbetrachtung zu einer erheblichen Abweichung vom ursprünglichen (gemeinnützigen) Unternehmenszweck führt, kann im Einzelfall einen wichtigen Grund für den Austritt eines Gesellschafters darstellen. Bei der Feststellung der Unzumutbarkeit ist also stets das konkrete Handeln der tatsächlichen Geschäftsführung, welches zum Verlust der Gemeinnützigkeit führt, zu untersuchen. Dies kann auch dazu führen, dass das Austrittsrecht nur bei einem von mehreren Gesellschaftern begründet wird. Ein pauschales Austrittsrecht wegen der Aberkennung der Gemeinnützigkeit für sämtliche Gesellschafter existiert damit nicht.

Grundsätzlich ist auch § 313 BGB im Gesellschaftsrecht anwendbar, soweit die Änderung der Verhältnisse oder Abweichung von Erwartungen keine gesellschaftsrechtliche Regelung erfahren hat und andere Besonderheiten des Gesellschaftsrechts nicht entgegenstehen.[1180] Die soeben dargestellten Grundsätze zum Austritt eines Gesellschafters aus wichtigem Grund dürfen also nicht unterlaufen werden, sodass der Verlust der Gemeinnützigkeit auch keinen pauschalen Wegfall der Geschäftsgrundlage begründen kann. Indes werden die Umstände des Einzelfalls – ebenso wie beim Austritt eines Vereinsmitglieds – stets ergeben, dass nur eine Kündigung gemäß § 313 Abs. 3 S. 2 BGB bzw. als spezifisch gesellschaftsrechtliches Instrument ein Austritt sinnvoll ist, sodass der Austritt aus wichtigem Grund einer Anwendbarkeit des § 313 BGB entgegensteht.[1181]

III. Haftung der Stiftung für den Vorstand

Da § 31 BGB gemäß § 84 Abs. 5 BGB entsprechend Anwendung findet, haftet auch die Stiftung für schädigende Handlungen ihrer Organe.[1182] Geschädigter Dritter kann dabei auch ein anderes Organmitglied der Stiftung sein.[1183]

1179 *Kleindiek*, in: Lutter/Hommelhoff, GmbH-Gesetz, § 34 Rn. 147; *Sosnitza*, in: Michalski/Heidinger/Leible/J. Schmidt, GmbH-Gesetz, Anhang § 34 Rn. 53.

1180 *Finkenauer*, in: MüKo-BGB, § 313 Rn. 47; *Pfeiffer*, in: jurisPK-BGB, § 313 Rn. 103.

1181 5. Kapitel A. I. 3. b).

1182 *Burgard*, in: Burgard, Stiftungsrecht, § 84 Rn. 91 ff.

1183 *Burgard*, in: Burgard, Stiftungsrecht, § 84 Rn. 97; zum Verein BGH v. 06.02.1984 – II ZR 119/83, BGHZ 90, 92 (95) = NJW 1984, 1884; *Leuschner*, in: MüKo-BGB, § 31 Rn. 23; *Schöpflin*, in: BeckOK-BGB, § 31 Rn. 23.

1. Rückzahlungspflicht der Stiftung gemäß § 527 Abs. 1 BGB

Bei Zuwendungen an eine gemeinnützige Stiftung gilt die Besonderheit, dass es sich entweder um eine Spende oder um eine Zustiftung (§ 83b Abs. 2 Nr. 2 BGB) handeln kann.[1184] Zustiftungen sind zur Erhöhung des unantastbaren Grundstockvermögens der Stiftung (§§ 83b Abs. 2, 83c Abs. 1 BGB) gedacht, sodass die Kapitalsubstanz nicht für die satzungsmäßigen Zwecke verwendet werden darf.[1185] Ist die Zuwendung dagegen zum zeitnahen Einsatz für die Stiftungszwecke bestimmt, spricht dies für die Einordnung als Spende.[1186] Eine Schenkung unter Auflage, die bei Aberkennung der Gemeinnützigkeit und der daraus folgenden Nichterfüllung der Auflage einen Herausgabeanspruch nach § 527 Abs. 1 BGB nach sich ziehen kann, liegt allerdings nur vor, wenn es sich um eine gebundene Spende handelt.[1187]

2. Keine Haftung der Stiftung für entgangene Steuervorteile

Der Verlust der Gemeinnützigkeit wirkt sich bei der Stiftung weniger auf die Haftung der Körperschaft aus als im Falle des Vereins. Eine Stiftung hat keine Mitglieder,[1188] sodass sich die Frage nach einer Haftung aufgrund des Verlusts der Abzugsmöglichkeit von Mitgliedsbeiträgen nicht stellt. Für Spenden gilt, dass hinsichtlich bereits geleisteter Zuwendungen – ebenso wie beim Verein und bei der GmbH – gemäß § 10b Abs. 4 EStG Vertrauensschutz besteht mit der Folge, dass kein Schaden auf Seiten des Zuwendenden entsteht. Im Übrigen ist keine Pflicht der Stiftung gegenüber dem Zuwendenden anzuerkennen,[1189] die eine Haftung in Höhe der nicht erlangten steuerlichen Vorteile durch die entfallene Abzugsfähigkeit begründen könnte.

B. Zivilrechtliche Haftung der Leitungsorgane

Neben der Haftung der Körperschaft ist vor allem die zivilrechtliche Haftung der Leitungsorgane gemeinnütziger Organisationen zu betrachten. Es kommen zahlreiche Anspruchsgrundlagen für diverse Konstellationen in Betracht.

[1184] *Koch*, in: MüKo-BGB, § 516 Rn. 101.
[1185] *Koch*, in: MüKo-BGB, § 516 Rn. 101.
[1186] *Koch*, in: MüKo-BGB, § 516 Rn. 101; *Muscheler*, ZEV 2002, 415 (417).
[1187] Dazu bereits oben im 5. Kapitel unter A. I. 1.
[1188] *Burgard/Heimann*, in: Krieger/Schneider, Handbuch Managerhaftung, Rn. 7.153.
[1189] BFH v. 28.04.1987 – IX R 7/83, BStBl II 1987, 814 (815) = BFHE 150, 406; *Kirchhain*, in: Schauhoff/Kirchhain, Handbuch der Gemeinnützigkeit, § 12 Rn. 41.

Der Übersicht halber wird im Folgenden zwischen den drei Leitungsorganen differenziert. Innerhalb dessen erfolgt eine weitere Untergliederung in Innen- und Außenhaftung. Dabei liegt der Schwerpunkt jeweils auf den für die Geschäftsleiter gemeinnütziger Körperschaften besonders relevanten Gesichtspunkten, insbesondere im Hinblick auf den Verlust der Gemeinnützigkeit.

I. Vorstandsmitglieder des Vereins

1. Innenhaftung

a) Vertragliche Haftung

Mangels spezialgesetzlicher Regelung einer Innenhaftung für eine pflichtwidrige Geschäftsführung im Vereinsrecht kommt als Anspruchsgrundlage nur die allgemeine schuldrechtliche Haftungsnorm des § 280 Abs. 1 BGB in Betracht.[1190] Dafür müssten ein Schuldverhältnis, eine Pflichtverletzung, ein Verschulden und ein Schaden vorliegen.[1191]

AA) SCHULDVERHÄLTNIS

Erste Voraussetzung für eine Schadensersatzhaftung nach § 280 Abs. 1 BGB ist das Vorliegen eines Schuldverhältnisses, welches im Falle des Vereinsvorstands das vom Auftragsrecht geprägte organschaftliche Rechtsverhältnis (§ 27 Abs. 3 i. V. m. §§ 664 ff. BGB) darstellt.[1192] Sollte ein Anstellungsvertrag abgeschlossen worden sein, wäre vorrangig auf diesen abzustellen (§ 280 Abs. 1 i. V. m. § 611 BGB).[1193] Die beiden Verhältnisse der Bestellung und der Anstellung sind dabei strikt voneinander zu trennen (Trennungstheorie).[1194]

1190 *Burgard/Heimann*, in: Krieger/Schneider, Handbuch Managerhaftung, Rn. 7.7; *Leuschner*, in: MüKo-BGB, § 27 Rn. 64; *Westermann*, in: Erman, BGB, § 27 Rn. 7.

1191 *Burgard/Heimann*, in: Krieger/Schneider, Handbuch Managerhaftung, Rn. 7.8; *Leuschner*, in: MüKo-BGB, § 27 Rn. 65.

1192 *Arnold*, Non Profit Law Yearbook 2009, 89 (90 f.); *Hüttemann/Herzog*, Non Profit Law Yearbook 2006, 33 (34, 36); *Leuschner*, in: MüKo-BGB, § 27 Rn. 64, 66; *Westermann*, in: Erman, BGB, § 27 Rn. 7.

1193 *Hüttemann/Herzog*, Non Profit Law Yearbook 2006, 33 (36); *Leuschner*, in: MüKo-BGB, § 27 Rn. 64; ein solcher wird regelmäßig geschlossen, wenn die Tätigkeit aufgrund der Größe des Vereins oder der übernommenen Verantwortung besonders vergütet werden soll, vgl. *van Randenborgh*, in: Schauhoff/Kirchhain, Handbuch der Gemeinnützigkeit, § 2 Rn. 142.

1194 BGH v. 07.12.1961 – II ZR 117/60, BGHZ 36, 142 (143) = NJW 1962, 340; *Hüttemann/Herzog*, Non Profit Law Yearbook 2006, 33 (34).

BB) PFLICHTVERLETZUNG

(1) Gemeinnützigkeitsverstöße als Sorgfaltspflichtverletzung

Eine Pflichtverletzung ist gegeben, wenn das Vorstandsmitglied gegen Geschäftsführungspflichten oder die Treuepflicht verstoßen hat.[1195] Im Zusammenhang mit dem Verlust der Gemeinnützigkeit sind dabei vor allem die Geschäftsführungspflichten hervorzuheben. Die Pflicht zur ordnungsgemäßen Geschäftsführung verlangt, dass der Vereinszweck bestmöglich verwirklicht und Schäden vom Verein abgewendet werden (Sorgfaltspflicht).[1196] Bei gemeinnützigen Körperschaften ist im Hinblick auf die Sorgfaltspflicht zu beachten, dass gemeinnützige Organisationen verpflichtet sind, den gemeinnützigen Satzungszweck sowie die Art und Weise der Verwirklichung möglichst konkret zu fassen (§§ 59, 60 Abs. 1 AO). Verstößt der Vorstand mit der tatsächlichen Geschäftsführung gegen die besonderen Anforderungen des Gemeinnützigkeitsrechts, kann dies zum Verlust der Gemeinnützigkeit führen. Der gemeinnützige Vereinszweck wird dann nicht mehr satzungsgemäß verwirklicht. Zudem kann es durch den Verlust zu erheblichen Steuernachzahlungen kommen, welche dem Verein wiederum enorm schaden.[1197] Verstöße des Vorstands gegen den satzungsmäßigen gemeinnützigen Zweck führen somit zum einen zur Aberkennung der Gemeinnützigkeit. Zum anderen stellt dies aufgrund der Verankerung in der Satzung und des damit einhergehenden Schadens für die Körperschaft in zivilrechtlicher Hinsicht eine Sorgfaltspflichtverletzung dar.[1198] Ferner ist zu beachten, dass gemeinnützigkeitsschädliche Handlungen eines Vorstandsmitglieds, die zum Verlust der Gemeinnützigkeit führen, Spendern unter Umständen die Möglichkeit eröffnen, die Zuwendung vom Verein zurückzufordern.[1199]

[1195] *Leuschner*, in: MüKo-BGB, § 27 Rn. 68; *van Randenborgh*, in: Schauhoff/Kirchhain, Handbuch der Gemeinnützigkeit, § 2 Rn. 145; ausführlich zu den Pflichten *Burgard/Heimann*, in: Krieger/Schneider, Handbuch Managerhaftung, Rn. 7.10 ff., 7.23 ff.

[1196] *Achenbach*, in: Reichert, Vereins- und Verbandsrecht, Kapitel 6 Rn. 369; *Burgard/Heimann*, in: Krieger/Schneider, Handbuch Managerhaftung, Rn. 7.10; *Leuschner*, in: MüKo-BGB, § 27 Rn. 40.

[1197] *Hüttemann/Herzog*, Non Profit Law Yearbook 2006, 33 (37).

[1198] In diesem Fall war die Verpflichtung zur Einhaltung des satzungsmäßigen Zwecks mit den Mitteln des Zivilrechts nicht ausreichend, dazu *Hüttemann*, in: Hüttemann, Gemeinnützigkeitsrecht und Spendenrecht, Rn. 1.13.

[1199] 5. Kapitel A. I. 1.

(2) Verletzung der Überwachungspflicht sowie der Folgepflichten

Auch bei der Prüfung zivilrechtlicher Schadensersatzansprüche spielen die Geschäftsverteilungspläne eines Kollegialorgans eine Rolle. Es ist danach zulässig, jedem Organmitglied einen gewissen Fachbereich zuzuweisen.[1200] Jedoch haftet das jeweilige Organmitglied, in dessen Ressort die Pflichtverletzung fällt, nur dann alleine, wenn die übrigen Organwalter die gesetzliche Gesamtverantwortung, welche sich auf die Überwachung der übrigen Organmitglieder beschränkt, nicht missachtet haben.[1201] Im Hinblick auf Vorstandsaktivitäten, die eine Gefahr für den Status der Gemeinnützigkeit darstellen, hat jedes Vorstandsmitglied – auch bei einer wirksamen Ressortaufteilung – eine Überwachungspflicht gegenüber den anderen Organmitgliedern. Denn: Die mit dem Verlust der Gemeinnützigkeit einhergehenden existenzbedrohenden Folgen können irreversible Schäden bei der Körperschaft verursachen.[1202] Eine Verletzung dieser Überwachungspflicht führt somit zur Haftung des betreffenden Vorstandsmitglieds.[1203]

Unter Beachtung des Grundsatzes der Verhältnismäßigkeit ist zunächst auf eine pflichtgemäße Aufgabenerfüllung durch das zuständige Organmitglied hinzuwirken.[1204] Ist dies nicht zielführend, müssen die übrigen Vorstandsmitglieder die betreffenden Geschäfte selbst vornehmen.[1205] Zeigt sich das Vorstandsmitglied uneinsichtig, kann gemäß § 27 Abs. 2 S. 1 BGB der Widerruf der Vorstandsbestellung erfolgen.[1206] Die Widerruflichkeit der Bestellung soll verhindern, dass die Verfolgung des Vereinszwecks in

---

1200 *Burhoff*, Vereinsrecht, Rn. 161: Bei Großvereinen ist die Aufteilung nach Sachgebieten regelmäßig sogar geboten.

1201 *Achenbach*, in: Reichert, Vereins- und Verbandsrecht, Kapitel 6 Rn. 401; *Arnold*, Non Profit Law Yearbook 2009, 89 (96); *Hüttemann/Herzog*, Non Profit Law Yearbook 2006, 33 (40); kritisch gegenüber einer generellen Überwachungspflicht *Unger*, NJW 2009, 2369 (2371).

1202 4. Kapitel B. I. 1. b).

1203 BFH v. 23.06.1998 – VII R 4-98, BStBl II 1998, 761 (763) = BFHE 186, 132; *Schöpflin*, in: BeckOK-BGB, § 31 Rn. 28.

1204 *Heermann*, NJW 2016, 1687 (1688); ähnlich *Schwennicke*, in: Staudinger, BGB, § 27 Rn. 74.

1205 BGH v. 15.10.1996 – VI ZR 319/95, BGHZ 133, 370 (379) = NJW 1997, 130; *Heermann*, NJW 2016, 1687 (1689); *Hüttemann*, Non Profit Law Yearbook 2006, 33 (41); *Schöpflin*, in: BeckOK-BGB, § 31 Rn. 29.

1206 *Neudert/Waldner*, in: Der eingetragene Verein, Rn. 268.

bedenklicher Weise gefährdet wird.[1207] Diese Gefahr besteht beim drohenden Verlust der Gemeinnützigkeit. Der Widerruf obliegt grundsätzlich dem Vereinsorgan, das für die Bestellung des Vorstands zuständig ist.[1208] Falls die Bestellungskompetenz nicht gesondert geregelt ist, bleibt es bei der Zuständigkeit der Mitgliederversammlung gemäß § 27 Abs. 1 BGB.[1209] Der Vorstand kann dagegen nicht selbst eines seiner Mitglieder abberufen.[1210] Folglich haben die übrigen Vorstandsmitglieder die Pflicht, dem für den Widerruf zuständigen Vereinsorgan die gemeinnützigkeitsschädlichen Tätigkeiten des Vorstandsmitglieds anzuzeigen, sodass ein entsprechender Widerruf erfolgen kann, um den Verlust der Gemeinnützigkeit zu verhindern.

In besonders eilbedürftigen Fällen hat zudem eine Anzeige gegenüber der außerordentlich einzuberufenden Mitgliederversammlung zu erfolgen,[1211] die einen Unterlassungsanspruch – erforderlichenfalls im Wege einer einstweiligen Verfügung – gegen das uneinsichtige Vorstandsmitglied geltend machen kann.[1212] Die Mitgliederversammlung ist außerordentlich einzuberufen, wenn es das Interesse des Vereins erfordert (§ 36 BGB).[1213] Dies ist im Falle des drohenden Verlusts der Gemeinnützigkeit aufgrund der existenzbedrohenden Folgen der Fall. Die Benachrichtigungspflicht ergibt sich zudem aus § 27 Abs. 3 i. V. m. § 666 BGB.[1214] Nach § 666 Fall 1 BGB ist eine Benachrichtigung der Mitgliederversammlung geboten, wenn dies erforderlich ist, um sie in den Stand zu versetzen, von den ihr zugewiesenen Befugnissen Gebrauch zu machen oder wenn ihre Interessen gefährdet

---

1207 *Neudert/Waldner*, in: Der eingetragene Verein, Rn. 268.

1208 OLG München v. 23.11.2020 – 31 Wx 405/20, NZG 2021, 79 (80) = NJW 2021, 558; eine abweichende Satzungsbestimmung ist zulässig, vgl. *Leuschner*, in: MüKo-BGB, § 27 Rn. 24.

1209 *Leuschner*, in: MüKo-BGB, § 27 Rn. 24; *Neudert/Waldner*, in: Der eingetragene Verein, Rn. 268.

1210 *Neudert/Waldner*, in: Der eingetragene Verein, Rn. 268; seine Kenntnisnahme ist dagegen für die Wirksamkeit des Widerrufs der Bestellung notwendig, BGH v. 11.05.2021 – II ZB 32/20, NJW 2021, 2360 (Rn. 12) = DStR 2021, 2085; *Mansel*, in: Jauernig, BGB, § 27 Rn. 2.

1211 *Achenbach*, in: Reichert, Vereins- und Verbandsrecht, Kapitel 6 Rn. 369.

1212 Dazu 5. Kapitel A. I. 5.

1213 *Achenbach*, in: Reichert, Vereins- und Verbandsrecht, Kapitel 6 Rn. 369.

1214 *Burgard/Heimann*, in: Krieger/Schneider, Handbuch Managerhaftung, Rn. 7.22.

sind.[1215] Die Verletzung der Informations- bzw. Einberufungspflicht kann im Falle der Aberkennung der Gemeinnützigkeit zur Haftung der Vorstandsmitglieder führen, die neben die Haftung des handelnden Vorstandsmitglieds tritt.

(3) *Business judgement rule*

Zudem ist auch bei Vorständen gemeinnütziger Vereine die sogenannte *business judgement rule* zu beachten.[1216] Danach steht den Organmitgliedern im Rahmen ihrer zweckverwirklichenden Tätigkeit entsprechend § 93 Abs. 1 S. 2 AktG ein gerichtlich nicht überprüfbarer Ermessensspielraum zu. Damit soll – im Ursprung bei wirtschaftlichen Unternehmen – verhindert werden, dass geringe Risiken bei unternehmerischen Entscheidungen, die sich wirtschaftlich positiv auf die Zweckerreichung auswirken würden, nicht aus Angst vor einer persönlichen Haftung vermieden werden.[1217] Eine Pflichtverletzung liegt deshalb nicht vor, wenn das Vorstandsmitglied bei einer unternehmerischen Entscheidung vernünftigerweise annehmen durfte, auf der Grundlage angemessener Informationen zum Wohle der Organisation zu handeln.[1218] Gleiches gilt bei gemeinnützigen Körperschaften im Rahmen der §§ 51 ff. AO. Die gesetzlichen Voraussetzungen stecken für die tatsächliche Geschäftsführung durch den Vorstand nur eine äußere Grenze ab; bei der Einhaltung dieser Vorschriften besteht jedoch ein gewisser Ermessensspielraum.[1219] Führt die Entscheidung aber zu einer Verletzung der Voraussetzungen der Gemeinnützigkeit, so stellt diese aufgrund der existenzbedrohenden Folgen eine unverhältnismäßig risikoreiche Entscheidung dar, welche nicht in den Anwendungsbereich der *business judgement rule* fällt.[1220]

[1215] *Burgard/Heimann*, in: Krieger/Schneider, Handbuch Managerhaftung, Rn. 7.22.

[1216] *Arnold*, Non Profit Law Yearbook 2009, 89 (95 f.); *Burgard/Heimann*, ZStV 2019, 161 (164); *Heermann*, NJW 2016, 1687 (1689 ff.); *Leuschner*, in: MüKo-BGB, § 27 Rn. 70.

[1217] *Burgard/Heimann*, ZStV 2019, 161 (164); *Hüttemann/Herzog*, Non Profit Law Yearbook 2006, 33 (37 f.).

[1218] *Arnold*, Non Profit Law Yearbook 2009, 89 (95 f.); *Hüttemann/Herzog*, Non Profit Law Yearbook 2006, 33 (39); *Leuschner*, in: MüKo-BGB, § 27 Rn. 70; *Unger*, NJW 2009, 2369 (2372).

[1219] *Hüttemann/Herzog*, Non Profit Law Yearbook 2006, 33 (38).

[1220] *Heermann*, NJW 2016, 1687 (1690).

(4) Weisungen der Mitgliederversammlung

Haftungsausschließend und damit beachtlich sind indes wirksame Weisungen bzw. Beschlüsse der Mitgliederversammlung. Gemäß §§ 27 Abs. 3, 665 BGB ist der Vorstand zur Befolgung von Anweisungen und Beschlüssen der Mitgliederversammlung verpflichtet, sodass es rechtsmissbräuchlich wäre, die Vorstandsmitglieder für die Befolgung der erteilten Weisung in Anspruch zu nehmen (Rechtsgedanke des § 93 Abs. 4 S. 1 AktG).[1221]

CC) VERSCHULDEN

Gemäß § 280 Abs. 1 S. 2 BGB müssen die Vorstandsmitglieder die Pflichtverletzung auch zu vertreten haben. Maßstab für das Verschulden sind dabei grundsätzlich die §§ 276 ff. BGB.[1222] Ein Entlastungsbeweis gelingt damit grundsätzlich nur, wenn die Pflichtverletzung weder vorsätzlich noch fahrlässig begangen wurde.[1223] Bei Vorstandsmitgliedern gemeinnütziger Körperschaften[1224] erlangt jedoch die Regelung des § 31a BGB Bedeutung. Sind Organmitglieder unentgeltlich tätig oder erhalten sie für ihre Tätigkeit eine Vergütung, die 840 € jährlich nicht übersteigt, haften sie dem Verein für einen bei der Wahrnehmung ihrer Pflichten verursachten Schaden nur bei Vorliegen von Vorsatz oder grober Fahrlässigkeit. Gemäß § 31a Abs.1 S. 2 BGB gilt dies auch für die Haftung gegenüber den Mitgliedern des Vereins. Dabei wird jedoch nur der Haftungsmaßstab und nicht der Pflichtenkreis modifiziert. Folglich bleibt auch die Überwachungspflicht bei Geschäftsverteilungsplänen dem Grunde nach unberührt.[1225]

Bei Pflichtverletzungen, welche zum Verlust der Gemeinnützigkeit führen, ist erneut zu beachten, dass diese häufig auf ein vorsätzliches oder grob fahrlässiges Verhalten der Organmitglieder zurückzuführen sind. Denn unautorisierte, gemeinnützigkeitsschädliche Handlungen einzelner

---

1221 *Achenbach*, in: Reichert, Vereins- und Verbandsrecht, Kapitel 6 Rn. 403 ff.; *Hüttemann/Herzog*, Non Profit Law Yearbook 2006, 33 (41); *Unger*, NJW 2009, 3269 (3272).

1222 *Arnold*, Non Profit Law Yearbook 2009, 89 (91 f.); *Burgard/Heimann*, in: Krieger/Schneider, Handbuch Managerhaftung, Rn. 7.32; *Schulze*, in: HK-BGB, § 280 Rn. 14.

1223 *Grüneberg*, in: Grüneberg, BGB, § 276 Rn. 10 ff.

1224 Die Gemeinnützigkeit ist keine Voraussetzung für die Haftungsbegrenzung nach § 31a BGB, *Arnold*, Non Profit Law Yearbook 2009, 89 (105); *Leuschner*, NZG 2014, 281 (284); *Unger*, NJW 2009, 2369 (2371).

1225 *Arnold*, Non Profit Law Yearbook 2009, 89 (109).

Vorstandsmitglieder werden der tatsächlichen Geschäftsführung nur zugerechnet, wenn die übrigen Organwalter diese kannten und geduldet haben. Bei ehrenamtlichen Vorständen erfolgt eine Zurechnung ferner, wenn die schädliche Handlung infolge grober Fahrlässigkeit nicht erkannt und deshalb nicht unterbunden wurde. Pflichtverletzungen des Vorstands im Zusammenhang mit der Aberkennung der Gemeinnützigkeit führen somit häufig auch zur zivilrechtlichen Haftung, da der Vorwurf des Vorsatzes oder der groben Fahrlässigkeit in vielen Konstellationen nicht entkräftet werden kann. Fraglich war zudem, ob eine solche Entkräftung überhaupt notwendig ist. Mit anderen Worten: Bei wem liegt die Beweislast? Nach der Grundkonzeption des § 280 Abs. 1 S. 2 BGB hatte das Vorstandsmitglied zu beweisen, dass ihm weder Vorsatz noch Fahrlässigkeit zur Last fällt.[1226] Konsequenterweise wäre im Rahmen des § 31a BGB zu beweisen gewesen, dass weder vorsätzlich noch grob fahrlässig gehandelt wurde.[1227] Allerdings ist mit § 31a Abs. 1 S. 3 BGB eine gesetzliche Beweislastregel eingefügt worden, nach der die Beweislast beim Verein liegt.[1228]

Schließlich ist noch zu klären, welcher Sorgfaltsmaßstab für die Vorstandsmitglieder des Vereins gilt. Anders als im Aktienrecht, wo die Vorstandsmitglieder bei ihrer Geschäftsführung gemäß § 93 Abs. 1 S. 1 AktG die Sorgfalt eines ordentlichen und gewissenhaften Geschäftsleiters anzuwenden haben (ebenso im Genossenschaftsrecht, vgl. § 34 Abs. 1 GenG), existiert im Vereinsrecht keine ausdrückliche Regelung. Teilweise wird für eine entsprechende Anwendung plädiert.[1229] Ein gesetzlicher Anhaltspunkt für den Sorgfaltsmaßstab wird zum Teil auch in dem Verweis des § 27 Abs. 3 BGB auf das Auftragsrecht gesehen. Aus der entsprechenden Anwendung der §§ 664 bis 670 BGB folge, dass die Sorgfalt eines „ordentlichen Beauftragten" anzuwenden sei.[1230] Daneben wird auch von der Sorgfalt, die eine gewissenhafte und ihrer Aufgabe gewachsene Person anzuwenden pflegt, gesprochen.[1231] Insbesondere unter Berücksichti-

---

[1226] *Arnold*, Non Profit Law Yearbook 2009, 89 (110).

[1227] *Ellenberger*, in: Grüneberg, BGB, § 31a Rn. 6; *Reuter*, NZG 2009, 1368 (1371).

[1228] *Burgard/Heimann*, in: Krieger/Schneider, Handbuch Managerhaftung, Rn. 7.68; *Ellenberger*, in: Grüneberg, BGB, § 31a Rn. 6; *Reuter*, npoR 2013, 41 (44).

[1229] *Linnenbrink*, SpuRt 2000, 55 (56).

[1230] BGH v. 26.11.1985 – VI ZR 9/85, NJW-RR 1986, 572 (574) = BeckRS 1985, 2378; *Burgard/Heimann*, in: Krieger/Schneider, Handbuch Managerhaftung, Rn. 7.34.

[1231] *Neudert/Waldner*, in: Der eingetragene Verein, Rn. 278.

gung der verschiedenen Erscheinungsformen eines Vereins im Hinblick auf die Mitgliederzahl oder den verfolgten Zweck ist der objektiv zu bestimmende Sorgfaltsmaßstab jedoch stets von den Umständen des Einzelfalls, also insbesondere der Art und Größe des Vereins sowie dem Vereinszweck, abhängig.[1232] Im Ergebnis ist damit unabhängig von der konkreten Bezeichnung stets auf die Sorgfalt eines ordentlichen und gewissenhaften Vorstandsmitglieds eines gemeinnützigen Vereins der jeweiligen Art und Größe abzustellen.[1233]

DD) SCHADEN

Schließlich muss dem Verein durch die schuldhafte Pflichtverletzung des Vorstandsmitglieds ein Schaden entstanden sein.[1234] Dieser ist nach den allgemeinen Grundsätzen (§§ 249 ff. BGB) zu berechnen.[1235] Nach der sogenannten Differenzhypothese ist das Vereinsvermögen infolge der schädigenden Handlung mit dem hypothetischen Vereinsmögen zu vergleichen, welches bestehen würde, wenn die Handlung hinweggedacht wird.[1236] Ohne das schädigende Ereignis wäre der Verein weiterhin im Besitz der Vorzüge des Gemeinnützigkeitsrechts. Insbesondere hätten die entsprechenden Steuern aufgrund der zahlreichen Befreiungstatbestände in den Einzelsteuergesetzen nicht entrichtet werden müssen. Infolge der gemeinnützigkeitsschädlichen Handlungen sind die Steuern durch den Verein zu entrichten. Darüber hinaus ist der Verein unter Umständen verpflichtet, Spendern ihre Zuwendungen zurückzuzahlen.[1237] Ein solcher Rückforderungsanspruch der Spender gegen den Verein gemäß § 527 Abs. 1 BGB würde ohne die gemeinnützigkeitsschädlichen Handlungen des Vorstandsmitglieds dagegen nicht bestehen. Auch die zurückzuzahlenden Spenden stellen damit einen Schaden dar. Für zukünftige Spendenmindereinnahmen ist zu konstatieren, dass diese nur dann

---

1232 *Achenbach*, in: Reichert, Vereins- und Verbandsrecht, Kapitel 6 Rn. 365; *Leuschner*, in: MüKo-BGB, § 27 Rn. 77; *Neudert/Waldner*, in: Der eingetragene Verein, Rn. 278; *Unger*, NJW 2009, 3269 (3270).

1233 Allgemein auf Vereinsvorstände bezogen findet sich eine ähnliche Formulierung bei *Heermann*, NJW 2016, 1687 (1689).

1234 *Leuschner*, in: MüKo-BGB, § 27 Rn. 79.

1235 Dazu *Oetker*, in: MüKo-BGB, § 249 Rn. 1 ff.

1236 BGH v. 29.04.1958 – VI ZR 82/57, BGHZ 27, 181 (183 f.) = NJW 1958, 1085; *Brand*, in: beckOGK-BGB, § 249 Rn. 12; *Flume*, in: BeckOK-BGB, § 249 Rn. 37; *Leuschner*, in: MüKo-BGB, § 27 Rn. 79.

1237 Dazu 5. Kapitel A. I. 1.

eine Schadensposition des Vereins darstellen, wenn die Wahrscheinlichkeit der Spendeneinnahme hinreichend konkret bestand.[1238] In Anlehnung an § 252 S. 2 BGB ist dies nur anzunehmen, wenn die Spende nach dem gewöhnlichen Lauf der Dinge oder nach den besonderen Umständen, insbesondere nach den getroffenen Anstalten und Vorkehrungen, mit Wahrscheinlichkeit erwartet werden konnte.[1239] Der Verein hat gegen das Vorstandsmitglied einen Anspruch auf Schadensersatz in Höhe der dargelegten Differenz. Bei der Verantwortlichkeit mehrerer Vorstandsmitglieder haften diese als Gesamtschuldner (§§ 421 ff. BGB).[1240]

b) Deliktische Haftung

Daneben haften Vorstandsmitglieder dem Verein selbstverständlich wegen unerlaubter Handlungen. Besondere Bedeutung kann in diesem Zusammenhang die Haftung aus § 823 Abs. 2 BGB i. V. m. § 266 StGB erlangen.[1241]

AA) SCHUTZGESETZ

Gesetz i. S. d. § 823 Abs. 2 BGB meint jede Rechtsnorm (§ 2 EGBGB).[1242] Schutzgesetz ist wiederum eine Rechtsnorm, die nach Zweck und Inhalt zumindest auch dazu dienen soll, den Einzelnen oder einzelne Personenkreise gegen die Verletzung eines bestimmten Rechtsguts zu schützen.[1243] § 266 StGB stellt nach ganz herrschender Meinung ein solches Schutzgesetz dar.[1244]

1238 Zutr. *Brill*, Der Verlust der Gemeinnützigkeit, S. 352 f.

1239 So auch *Brill*, Der Verlust der Gemeinnützigkeit, S. 353.

1240 *Achenbach*, in: Reichert, Vereins- und Verbandsrecht, Kapitel 6 Rn. 411; *Burgard/Heimann*, in: Krieger/Schneider, Handbuch Managerhaftung, Rn. 7.35; *Leuschner*, in: MüKo-BGB, § 27 Rn. 83; zur GmbH *Kleindiek*, in: Lutter/Hommelhoff, GmbH-Gesetz, § 43 Rn. 47; zur Stiftung *Segna*, ZIP 2015, 1561 (1562 f.); *Werner*, ZWH 2015, 296 (301).

1241 *Burgard/Heimann*, in: Krieger/Schneider, Handbuch Managerhaftung, Rn. 7.6.

1242 RG v. 18.02.1932 – VIII 537/31, RGZ 135, 242 (245); *Förster*, in: BeckOK-BGB, § 823 Rn. 268; *Sprau*, in: Grüneberg, BGB, § 823 Rn. 57; *Wilhelmi*, in: Erman, BGB, § 823 Rn. 154.

1243 BGH v. 18.11.2003 – VI ZR 385/02, NJW 2004, 356 (357) = JuS 2004, 545; *Förster*, in: BeckOK-BGB, § 823 Rn. 276; *Sprau*, in: Grüneberg, BGB, § 823 Rn. 58.

1244 BGH v. 14.01.1953 – VI ZR 8/52, BGHZ 8, 276 (284) = NJW 1953, 457; BGH v. 17.03.1987 – VI ZR 282/85, BGHZ 100, 190 (192) = NJW 1987, 2008; *Förster*, in: BeckOK-BGB, § 823 Rn. 291; *Wagner*, in: MüKo-BGB, § 823 Rn. 690.

BB) VERLETZUNG DES SCHUTZGESETZES

(1) Missbrauch der Vermögensbetreuungspflicht

Im Rahmen der Verletzung des § 266 StGB erlangt der Verlust der Gemeinnützigkeit besondere Virulenz. Zunächst müssten die handelnden Organmitglieder eine Vermögensbetreuungspflicht haben.[1245] Mitglieder des Leitungsorgans einer juristischen Person, also auch die Vorstandsmitglieder eines gemeinnützigen Vereins, sind vermögensbetreuungspflichtig.[1246] Darüber hinaus müssten die Vorstandsmitglieder ihre Verfügungs- oder Verpflichtungsbefugnis missbraucht haben,[1247] also die gemeinnützige Körperschaft nach außen wirksam verpflichtet oder über deren Vermögen verfügt haben,[1248] im Innenverhältnis aber pflichtwidrig gehandelt haben (Missbrauchstatbestand).[1249] Bei Vereinen haben die Vorstandsmitglieder die satzungsmäßigen gemeinnützigen Zwecke der Körperschaft zu beachten, anderenfalls handeln sie pflichtwidrig.[1250] Ein Missbrauch der Verpflichtungs- oder Verfügungsbefugnis liegt also vor, wenn Verpflichtungen oder Verfügungen, die dem Satzungszweck zuwider laufen, getätigt werden.[1251]

1245 *Dierlamm/Becker*, in: MüKo-StGB, § 266 Rn. 41; *Krause*, in: Krieger/Schneider, Handbuch Managerhaftung, Rn. 46.26.

1246 *Krause*, in: Krieger/Schneider, Handbuch Managerhaftung, Rn. 46.26; zum Vorstand einer Stiftung *Gräwe/Frhr. v. Maltzahn*, BB 2013, 329 (331).

1247 Die Befugnis kann sich aus der Satzung oder der Organstellung in einem rechtsfähigen Verein ergeben, vgl. BGH v. 27.02.1975 – 4 StR 571/74, NJW 1975, 1234 (1234) = BeckRS 1975, 107832; *Heger*, in: Lackner/Kühl/Heger, StGB, § 266 Rn. 5a; *Perron*, in: Schönke/Schröder, StGB, § 266 Rn. 8; *Saliger*, in: Esser/Rübenstahl/Saliger/Tsambikakis, Wirtschaftsstrafrecht, § 266 StGB Rn. 21.

1248 BGH v. 02.12.2005 – 5 StR 119/05, BGHSt 50, 299 (313) = NJW 2006, 925; *Dierlamm/Becker*, in: MüKo-StGB, § 266 Rn. 139.

1249 *Dierlamm/Becker*, in: MüKo-StGB, § 266 Rn. 138, 142; *Heger*, in: Lackner/Kühl/Heger, StGB, § 266 Rn. 5 ff.; *Lassmann*, NStZ 2009, 473 (475).

1250 BGH v. 27.02.1975 – 4 StR 571/74, NJW 1975, 1234 (1234 f.) = BeckRS 1975, 107832; OLG Hamm v. 29.04.1999 – 2 Ws 71/99, wistra 1999, 350 (353) = PStR 1999, 129.

1251 BGH v. 27.02.1975 – 4 StR 571/74, NJW 1975, 1234 (1234 f.) = BeckRS 1975, 107832; BGH v. 05.02.1991 – 1 StR 623/90, BeckRS 1991, 31085583 = juris; *Perron*, in: Schönke/Schröder, StGB, § 266 Rn. 18; *Saliger*, in: Esser/Rübenstahl/Saliger/Tsambikakis, Wirtschaftsstrafrecht, § 266 StGB Rn. 23.

(2) Vermögensnachteil

(a) Zweckwidrige Mittelverwendungen

Der Missbrauchstatbestand des § 266 StGB setzt des Weiteren voraus, dass dem zu betreuenden Vermögen durch das pflichtwidrige Handeln ein Nachteil zugefügt worden ist.[1252] Dabei ist unerheblich, dass gemeinnützige Vereine im Non-Profit-Sektor tätig sind. Ideell zweckgebundenes Vermögen ist strafrechtlich ebenso geschützt wie gewinnorientiert eingesetztes Vermögen.[1253] Die Feststellung eines Vermögensnachteils erfolgt durch einen Vergleich des Vermögens, das der Geschädigte ohne den Befugnismissbrauch oder ohne die Pflichtverletzung hätte, mit dem Vermögen, über das er infolge einer dieser Handlungen oder Unterlassungen verfügt.[1254] Unstreitig entsteht dem Verein ein solcher Vermögensnachteil, wenn es zu zweckwidrigen Mittelverwendungen durch den Vereinsvorstand kommt.[1255] Werden also Mittelfehlverwendungen durch den Vereinsvorstands getätigt, so stellt dies einerseits den für § 266 StGB notwendigen Vermögensnachteil für die Körperschaft dar, andererseits folgt daraus der Verlust der Gemeinnützigkeit. Damit besteht bereits ein enger Zusammenhang zwischen der Aberkennung und § 266 StGB.

(b) Drohender Verlust der Gemeinnützigkeit

Fraglich ist aber, ob bereits der drohende Verlust der Gemeinnützigkeit selbst einen solchen Vermögensnachteil darstellt.[1256]

(aa) Gemeinnützigkeit als wirtschaftlich wertvolle Rechtsposition

Nach Ansicht des OLG Hamm stellt die Gemeinnützigkeit einer Körperschaft eine Rechtsposition dar, der ein hoher wirtschaftlicher Wert beigemessen werde und die somit vom wirtschaftlichen Vermögensbegriff umfasst sei.[1257] Im Hinblick auf die steuerlichen Privilegien gewähre der Status der Gemeinnützigkeit der Körperschaft einen „handfesten monetären Vorteil".[1258] Auch sei der faktische Verlust der Berechtigung zum Bezug öffent-

---

[1252] *Heger*, in: Lackner/Kühl/Heger, StGB, § 266 Rn. 16; *Krause*, in: Krieger/Schneider, Handbuch Managerhaftung, Rn. 46.36; *Lassmann*, NStZ 2009, 473 (476 f.).

[1253] *Lassmann*, NStZ 2009, 473 (474).

[1254] BGH v. 16.12.1960 – 4 StR 401/60, BGHSt 15, 342 (343 f.) = NJW 1961, 685.

[1255] So auch *Lassmann*, NStZ 2009, 473 (477).

[1256] Ausführlich *Lassmann*, Stiftungsuntreue, S. 206 ff.; *Lassmann*, NStZ 2009, 473 (477).

[1257] OLG Hamm v. 29.04.1999 – 2 Ws 71/99, wistra 1999, 350 (354) = PStR 1999, 129.

[1258] *Lassmann*, Stiftungsuntreue, S. 207.

licher Mittel in die Betrachtung hineinzuziehen. Viele Richtlinien setzen für eine öffentliche Förderung voraus, dass die betreffende Körperschaft ausschließlich gemeinnützige Zwecke i. S. d. §§ 51 ff. AO verfolgt.[1259] Durch den drohenden Verlust der Gemeinnützigkeit und die damit einhergehenden existenzbedrohenden Nachteile sei eine konkrete Vermögensgefährdung – so das OLG Hamm – nicht ausgeschlossen. Damit stelle die drohende Aberkennung einen wirtschaftlichen Schaden dar.[1260]

(bb) Fehlende Unmittelbarkeit

Lassmann stimmt dem OLG Hamm zwar darin zu, dass es sich bei der Gemeinnützigkeit um eine wirtschaftlich wertvolle Rechtsposition handele,[1261] dennoch sei in dem drohenden Verlust kein Vermögensnachteil i. S. d. § 266 StGB zu sehen.[1262] So müsse die Vermögensgefährdung unmittelbar in den endgültigen Schaden übergehen können, um bloß abstrakte Vermögensgefährdungen vom Tatbestand des § 266 StGB fernzuhalten.[1263] Dies sei bei dem drohenden Verlust der Gemeinnützigkeit indes nicht der Fall. Es bedürfe zunächst noch des Erlasses eines Körperschaftsteuerbescheids (die Aberkennung der Gemeinnützigkeit durch das Finanzamt) als zwischengeschaltetes Element.[1264] Zudem könne die behördliche Entscheidung mit Rechtsbehelfen angegriffen werden, was zu einer erheblichen zeitlichen Verzögerung führen würde.[1265] Von einer Unmittelbarkeit könne somit auch aus diesem Grund nicht mehr gesprochen werden.[1266]

1259 *Lassmann*, Stiftungsuntreue, S. 208 Fn. 904 mit einem entsprechenden Beispiel.

1260 OLG Hamm v. 29.04.1999 – 2 Ws 71/99, wistra 1999, 350 (354) = PStR 1999, 129.

1261 *Lassmann*, Stiftungsuntreue, S. 207 ff.; *Lassmann*, NStZ 2009, 473 (477).

1262 *Lassmann*, Stiftungsuntreue, S. 219; ebenso *Heger*, in: Lackner/Kühl/Heger, StGB, § 266 Rn. 16.

1263 *Lassmann*, Stiftungsuntreue, S. 211 f.; *Lassmann*, NStZ 2009, 473 (477); eine Darstellung der Rechtsprechung zum Unmittelbarkeitserfordernis befindet sich bei *Solka/Altenburg*, NZWiSt 2016, 212 (213 f.), die sich ebenfalls für ein Unmittelbarkeitserfordernis aussprechen (214 ff.); ebenso *Saliger*, NStZ 2007, 545 (549).

1264 OLG Celle v. 23.08.2012 – 1 Ws 248/12, npoR 2012, 202 (208) = BeckRS 2012, 20313; *Lassmann*, NStZ 2009, 473 (477).

1265 Zum Zeitablauf als Unterbrechungsgrund *Solka/Altenburg*, NZWiSt 2016, 212 (218); die zeitliche Nähe im Hinblick auf die Rechtssicherheit berücksichtigend *Matt*, NJW 2005, 389 (391).

1266 *Lassmann*, Stiftungsuntreue, S. 214 f.; *Lassmann*, NStZ 2009, 473 (477).

(cc) Stellungnahme

Wahrlich sprechen gewichtige Gründe gegen die Annahme eines Vermögensnachteils durch die drohende Aberkennung der Gemeinnützigkeit infolge gemeinnützigkeitsschädlicher Handlungen. Dennoch kann der Ansicht in dieser Absolutheit nicht zugestimmt werden. Zu sachgerechten Ergebnissen führt vielmehr die Berücksichtigung der in dieser Arbeit entwickelten Verstoßstufen. Vor allem bei punktuellen, geringfügigen Verstößen, bei denen eine Anwendung des Grundsatzes der Verhältnismäßigkeit geboten ist, kann der bloß drohende Verlust der Gemeinnützigkeit nicht per se als Vermögensnachteil qualifiziert werden.[1267] Es ist aus verfassungsrechtlichen Gründen nicht ausreichend, dass eine Vermögensgefährdung nur nicht ausgeschlossen werden kann.[1268] Um eine verfassungswidrige Überdehnung des Untreuetatbestands in Fällen des Gefährdungsschadens zu vermeiden, ist es notwendig, Gefährdungsschäden in wirtschaftlich nachvollziehbarer Weise festzustellen.[1269] Eine solche Feststellung kann aber im Zeitpunkt der Verstoßhandlung nicht erfolgen, sodass auch mit den damit einhergehenden wirtschaftlichen Nachteilen noch nicht ernstlich zu rechnen ist. Eine konkrete Vermögensgefährdung liegt damit noch nicht vor.[1270]

Selbst wenn man im Rahmen des § 266 StGB voraussetzt, dass die Tathandlung den Vermögensnachteil unmittelbar bewirken muss,[1271] kann eine zwischengeschaltete Ermessensentscheidung der Qualifizierung als Vermögensnachteil aber auch nicht stets entgegenstehen.[1272] Unschädlich ist diese aber nur dann, wenn aufgrund der tatsächlichen Umstände hinreichend sicher feststeht, dass es zu einer entsprechenden Ausübung des Ermessens kommt.[1273] Bei dem Entzug der Gemeinnützigkeit handelt es sich nicht einmal um eine Ermessensentscheidung der Finanzverwaltung;

1267 OLG Celle v. 23.08.2012 – 1 Ws 248/12, npoR 2012, 202 (208) = BeckRS 2012, 20313; *Lassmann*, Stiftungsuntreue, S. 216; *Lassmann*, NStZ 2009, 473 (477).

1268 OLG Celle v. 23.08.2012 – 1 Ws 248/12, npoR 2012, 202 (209) = BeckRS 2012, 20313.

1269 BVerfG v. 23.06.2010 – 2 BvR 2559/08, 2 BvR 105/09, 2 BvR 491/09, BVerfGE 126, 170 (229) = NJW 2010, 3209.

1270 Zur konkreten Vermögensgefährdung *Krause*, in: Krieger/Schneider, Handbuch Managerhaftung, Rn. 46.38 m. w. N.

1271 So die Tendenz in der jüngeren Rechtsprechung, vgl. BGH v. 07.09.2011 – 2 StR 600/10, NJW 2011, 3528 (3529) = NStZ 2012, 151; BGH v. 26.11.2015 – 3 StR 17/15, BGHSt 61, 48 (Rn. 90) = NJW 2016, 2585.

1272 *Dierlamm/Becker*, in: MüKo-StGB, § 266 Rn. 227.

1273 *Dierlamm/Becker*, in: MüKo-StGB, § 266 Rn. 227.

das Verhältnismäßigkeitsprinzip stellt lediglich ein unverzichtbares Korrektiv dar.[1274] Vor allem bei schwerwiegenden Verstößen kommt es auf Rechtsfolgenseite aber nicht zur besonderen Berücksichtigung des Verhältnismäßigkeitsgrundsatzes, sodass die gesetzlich vorgesehene Entziehung der Gemeinnützigkeit in diesen Fällen die einzige Option darstellt. Die Sanktion tritt damit zwar rechtlich nicht gänzlich automatisch ein. Jedoch erfolgt die offizielle Aberkennung durch den Erlass eines entsprechenden Körperschaftsteuerbescheids bei schwerwiegenden Verstößen und bei Verletzungen des Grundsatzes der Vermögensbindung (§ 55 Abs. 1 Nr. 4 AO) zwingend, sodass auch der Verlust der Gemeinnützigkeit in einer Weise sicher feststeht, die einer automatisch eintretenden Sanktion gleicht.[1275] Die damit einhergehenden finanziellen Belastungen in Form von Steuernachzahlungen können zu diesem Zeitpunkt bereits bestimmt werden. In diesen Fällen liegt der Vermögensverlust nicht nur nahe, er ist vielmehr gesichert. Mit wirtschaftlichen Nachteilen ist nicht nur ernstlich zu rechnen, ihr Eintritt steht faktisch bereits fest.[1276] Dass der Erlass eines entsprechenden Körperschaftsteuerbescheids keine zeitliche Nähe zur Verletzungshandlung aufweist, ist dabei unerheblich. Bei der Prüfung des Unmittelbarkeitserfordernisses im Rahmen einer Bürgschaftsvergabe hatte der BGH festgestellt, dass es unschädlich sei, wenn der erst mit Eintritt des Bürgschaftsfalls anfallende Erfüllungsschaden keine sachliche und zeitliche Nähe zur Pflichtverletzung aufweise. Bereits die aufgrund der Eintrittswahrscheinlichkeit mit dem Eingehen der Verbindlichkeit bewirkte Vermögensminderung sei unmittelbar.[1277] Ebenso verhält es sich bei den Verstößen durch die tatsächliche Geschäftsführung, welche den Verlust der Gemeinnützigkeit nach sich ziehen. Die damit einhergehende Vermögensminderung ist aufgrund der sicheren Erwartung, dass die Gemeinnützigkeit aberkannt wird, unmittelbar.

Es ist somit verfehlt, den drohenden Verlust der Gemeinnützigkeit unter Hinweis auf das umstrittene Unmittelbarkeitserfordernis stets nicht als Vermögensnachteil anzuerkennen. Das Vorliegen einer konkreten Vermögensgefährdung ist vielmehr abhängig von der Qualifizierung des Verstoßes durch die tatsächliche Geschäftsführung der Körperschaft.

1274 BFH v. 12.03.2020 – V R 5/17, BStBl II 2021, 55 (Rn. 61) = BFHE 268, 415.

1275 *Dierlamm/Becker*, in: MüKo-StGB, § 266 Rn. 227.

1276 *Krause*, in: Krieger/Schneider, Handbuch Managerhaftung, Rn. 46.38.

1277 BGH v. 26.11.2015 – 3 StR 17/15, BGHSt 61, 48 (Rn. 90) = NJW 2016, 2585.

Schwerwiegende Verstöße und Verstöße gegen den Grundsatz der Vermögensbindung begründen deshalb einen Vermögensnachteil; sie erfüllen zudem die Voraussetzung der Unmittelbarkeit. Der drohende Verlust der Gemeinnützigkeit kann damit einen Vermögensnachteil i. S. d. § 266 StGB darstellen.

(3) Subjektiver Tatbestand: Vorsatz

§ 266 StGB setzt ein vorsätzliches Handeln voraus, wobei *dolus eventualis* ausreichend ist.[1278] Ein Verschulden i. S. d. § 823 Abs. 2 BGB muss in diesen Fällen nicht mehr geprüft werden. Ebenso verhält es sich mit dem Schaden, welcher deckungsgleich mit dem im Rahmen des § 266 StGB erforderlichen Vermögensnachteil ist.[1279]

2. Außenhaftung

Neben die Innenhaftung der Vorstandsmitglieder gegenüber dem Verein tritt die Außenhaftung nach den allgemeinen Regeln. In besonderen Fällen kommt eine rechtsgeschäftliche Haftung bei Missachtung des Offenkundigkeitsprinzips[1280] oder einem Handeln ohne Vertretungsmacht nach § 179 BGB in Betracht – Letzteres vor allem in Fällen der Gesamtvertretung.[1281] Zu denken ist auch an eine Haftung aus § 311 Abs. 3 S. 2 BGB, wenn der Vertreter in besonderem Maße auf seine Person bezogenes Vertrauen in Anspruch genommen und dadurch die Vertragsverhandlungen oder den Vertragsschluss erheblich beeinflusst hat.[1282]

a) Zivilrechtliche Haftung für Spenden und Mitgliedsbeiträge

AA) HAFTUNG GEMÄSS § 311 ABS. 3 S. 2 BGB

Die Vorstandsmitglieder haften zwar nicht gegenüber Spendern, falls es infolge des Verlusts der Gemeinnützigkeit zur Rückforderung der Spende kommt, da der Verein als Zuwendungsempfänger Schuldner des Anspruchs

---

[1278] BGH v. 27.02.1975 – 4 StR 571/74, NJW 1975, 1234 (1236) = BeckRS 1975, 107832; *Dierlamm/Becker*, in: MüKo-StGB, § 266 Rn. 316; *Saliger*, in: Esser/Rübenstahl/Saliger/Tsambikakis, Wirtschaftsstrafrecht, § 266 StGB Rn. 128.

[1279] *Leuering*, in: Krieger/Schneider, Handbuch Managerhaftung, Rn. 3.59 f.

[1280] *Altmeppen*, in: Krieger/Schneider, Handbuch Managerhaftung, Rn. 8.8.

[1281] *Altmeppen*, in: Krieger/Schneider, Handbuch Managerhaftung, Rn. 8.9 f.

[1282] *Altmeppen*, in: Krieger/Schneider, Handbuch Managerhaftung, Rn. 8.19 f.

ist.[1283] In Ausnahmefällen kommt jedoch eine Haftung des Vorstandsmitglieds gemäß § 311 Abs. 3 S. 2 BGB in Betracht, wenn es in besonderem Maße ein auf seine Person bezogenes Vertrauen in Anspruch genommen und dadurch den Vertragsschluss erheblich beeinflusst hat.[1284] Eine Spende kann eine Schenkung unter Auflage darstellen und setzt deshalb den Abschluss eines Vertrags voraus.[1285] Das Vorstandsmitglied muss darüber hinaus beim potenziellen Spender den Eindruck erweckt haben, dass er eine zusätzliche, persönliche Gewähr für die Durchführung des Vertrags biete.[1286] Dies wird indes nur in besonderen Fällen anzunehmen sein, in denen das Vorstandsmitglied den Abschluss des Schenkungsvertrags zwischen dem Spender und dem Verein nicht nur initiiert, sondern darüber hinaus gewährleistet hat, dass die Körperschaft die Auflage in jedem Fall erfüllen wird und dass keine Gefahr für den Status der Gemeinnützigkeit besteht. Liegen diese Voraussetzungen vor, haftet das Vorstandsmitglied persönlich, wenn der Verein die Auflage infolge des Verlusts der Gemeinnützigkeit nicht mehr erfüllen kann und es deshalb zur Rückforderung kommt. Die Höhe der Haftung bemisst sich nach dem zugewendeten Betrag. Dies gilt ebenso für die Geschäftsführer einer GmbH und die Vorstandsmitglieder einer Stiftung.

BB) HAFTUNG FÜR ZUKÜNFTIGE MITGLIEDSBEITRÄGE

Eine Haftung gegenüber Mitgliedern, die ihre Beiträge aufgrund der Aberkennung der Gemeinnützigkeit nicht mehr als Sonderausgaben von der Steuer abziehen können, kommt dagegen nicht in Betracht. Für eine vertragliche Haftung fehlt es bereits an einer Sonderrechtsbeziehung zwischen den Vorstandsmitgliedern und dem einzelnen Mitglied des Vereins.[1287] Denn: Vorstandsmitglieder stehen zwar in einer vertraglichen Beziehung zu ihrem

---

[1283] Der Verein hat den dadurch verursachten Schaden im Innenverhältnis zum Vorstandsmitglied geltend zu machen, vgl. 5. Kapitel B. I. 1. a).

[1284] BGH v. 05.04.1971 – VII ZR 163/69, BGHZ 56, 81 (84 f.) = NJW 1971, 1309; *Altmeppen*, in: Krieger/Schneider, Handbuch Managerhaftung, Rn. 8.19; *Emmerich*, in: MüKo-BGB, § 311 Rn. 207, 212.

[1285] *Gehrlein*, in: BeckOK-BGB, § 525 Rn. 2.

[1286] BGH v. 05.04.1971 – VII ZR 163/69, BGHZ 56, 81 (84 f.) = NJW 1971, 1309; BGH v. 04.07.1983 – II ZR 220/82, BGHZ 88, 67 (69) = NJW 1983, 2696; BGH v. 17.06.1991 – II ZR 171/90, NJW-RR 1991, 1241 (1242) = DStR 1991, 1089.

[1287] OLG Düsseldorf v. 02.12.1982 – 18 U 220/82, MDR 1983, 488; BGH v. 12.03.1990 – II ZR 179/89, BGHZ 110, 323 (334) = NJW 1990, 2877; *Grunewald*, ZIP 1989, 962 (965);

Verein, jedoch nicht zu den Mitgliedern.[1288] Eine deliktische Haftung der Vorstandsmitglieder kommt ebenfalls nicht in Betracht, da die Gemeinnützigkeit nicht zum absolut geschützten Kernbereich der Mitgliedschaft gehört.[1289]

b) Deliktische Haftung

Des Weiteren erlangt die unmittelbare Durchgriffshaftung gegenüber Dritten aus den §§ 823 ff. BGB Bedeutung.[1290] Verletzt ein Vorstandsmitglied rechtswidrig und schuldhaft ein in § 823 Abs. 1 BGB genanntes Recht oder Rechtsgut und führt dies zur Schädigung eines Dritten, ist es diesem gegenüber schadensersatzpflichtig.[1291] Eine Außenhaftung des Vorstands kommt auch in Betracht, wenn dieser gegen ein an ihn adressiertes Schutzgesetz verstößt (§ 823 Abs. 2 BGB).[1292] So führt etwa die Nichtabführung von Sozialversicherungs- und Rentenbeiträgen zu einer Haftung nach § 823 Abs. 2 BGB i. V. m. § 266a StGB.[1293] Kein Schutzgesetz stellt dagegen die Norm des § 370 AO dar.[1294] Indes ist in diesem Zusammenhang die steuerrechtliche Haftung des Steuerhinterziehers gemäß § 71 AO zu beachten.[1295]

Könen, in: beckOGK-BGB, § 38 Rn. 150; *Neudert/Waldner*, in: Der eingetragene Verein, Rn. 264.

1288 OLG Düsseldorf v. 02.12.1982 – 18 U 220/82, MDR 1983, 488; BGH v. 12.03.1990 – II ZR 179/89, BGHZ 110, 323 (334) = NJW 1990, 2877; *Grunewald*, ZIP 1989, 962 (965); *Könen*, in: beckOGK-BGB, § 38 Rn. 150.

1289 S. 5. Kapitel A. I. 2. b).

1290 *Ehlers*, NJW 2011, 2689 (2690); *Hüttemann/Herzog*, Non Profit Law Yearbook 2006, 33 (50); vgl. zum Geschäftsführer einer GmbH BGH v. 05.12.1989 – VI ZR 335/88, BGHZ 109, 297 (302) = NJW 1990, 976.

1291 *Achenbach*, in: Reichert, Vereins- und Verbandsrecht, Kapitel 6 Rn. 213; *Altmeppen*, in: Krieger/Schneider, Handbuch Managerhaftung, Rn. 8.29; *Arnold*, Non Profit Law Yearbook 2009, 89 (97); *Küpperfahrenberg*, Haftungsbeschränkungen für Verein und Vorstand, S. 163.

1292 *Heil/Russenschuck*, BB 1998, 1749 (1749); *Hüttemann/Herzog*, Non Profit Law Yearbook 2006, 33 (50); *Küpperfahrenberg*, Haftungsbeschränkungen für Verein und Vorstand, S. 164.

1293 BGH v. 15.10.1996 – VI ZR 319/95, BGHZ 133, 370 (375) = NJW 1997, 130; *Hüttemann/Herzog*, Non Profit Law Yearbook 2006, 33 (51); zum GmbH-Geschäftsführer *Haas*, Geschäftsführerhaftung und Gläubigerschutz, S. 196 f.

1294 BFH v. 24.10.1996 – VII R 113/94, BStBl II 1997, 308 (312 f.) = BFHE 181, 552; BFH v. 19.08.2008 – VII R 6/07, BStBl II 2008, 947 (948) = BFHE 222, 199; *Förster*, in: BeckOK-BGB, § 823 Rn. 291; *Jäger*, in: Klein, AO, § 370 Rn. 2.

1295 Zur Haftung nach § 71 AO bereits ausführlich unter 4. Kapitel B. II.

Die deliktische Haftung wird vor allem im Bereich der Verkehrssicherungspflichten virulent.[1296] Dort ist umstritten, ob der Vorstand auch dann nach § 823 Abs. 1 BGB haftet, wenn er eine dem Verein obliegende Verkehrssicherungspflicht verletzt hat.[1297] Da es sich bei einer Vielzahl der gemeinnützigen Körperschaften um Sportvereine handelt und Verkehrssicherungspflichten im Rahmen von Sportveranstaltungen ein besonderes Gewicht zukommt,[1298] erfolgt eine kurze Darstellung der Problematik, welche sodann im Hinblick auf ehrenamtliche Vorstandsmitglieder genauer untersucht werden soll.

AA) RECHTSPRECHUNG

In seinem „Baustoff"-Urteil[1299] zur persönlichen Haftung eines Geschäftsführers einer GmbH nach § 823 Abs. 1 BGB hat der BGH entschieden, dass die Verkehrssicherungspflicht gegenüber Dritten zwar grundsätzlich die Gesellschaft treffe und nicht ihr Organ. Eine Ausnahme gelte jedoch, wenn mit den Pflichten aus der Organstellung gegenüber der Gesellschaft Pflichten einhergehen, die von dem Geschäftsführer nicht mehr nur für die Gesellschaft als deren Organ zu erfüllen sind, sondern die ihn auch persönlich gegenüber dem Dritten treffen.[1300] Dies sei anzunehmen, wenn Dritte ihre Schutzgüter i. S. d. § 823 BGB der Einflusssphäre der Gesellschaft dergestalt anvertraut haben, dass daraus für den Geschäftsführer eine Garantenstellung zum Schutz dieser Güter erwachse.[1301] Eine Begrenzung der Außenhaftung sei vor allem durch den Aufgabenbereich des Geschäftsführers gegeben.[1302]

[1296] *Ehlers*, NJW 2011, 2689 (2690); *Keßler*, GmbHR 1994, 429 (432).

[1297] Die Grundsätze zum Geschäftsführer einer GmbH gelten auch für Vereinsvorstände, *Arnold*, Non Profit Law Yearbook 2009, 89 (97); *Kleindiek*, in: Lutter/Hommelhoff, GmbH-Gesetz, § 43 Rn. 82; *Küpperfahrenberg*, Haftungsbeschränkungen für Verein und Vorstand, S. 166 ff.

[1298] BGH v. 16.02.1960 – VI ZR 85/59, VersR 1960, 421 (423): Verletzung eines Dritten beim Diskuswerfen mit einem vereinseigenen Diskus auf einem öffentlich zugänglichen Sportplatz; BGH v. 26.11.1974 – VI ZR 164/73, NJW 1975, 533 = MDR 1975, 391: Verletzung eines Zuschauers eines Autorennens infolge eines Unfalls; *Burgard/Heimann*, in: Krieger/Schneider, Handbuch Managerhaftung, Rn. 7.75.

[1299] BGH v. 05.12.1989 – VI ZR 335/88, BGHZ 109, 297 = NJW 1990, 976.

[1300] BGH v. 05.12.1989 – VI ZR 335/88, BGHZ 109, 297 (303) = NJW 1990, 976.

[1301] BGH v. 05.12.1989 – VI ZR 335/88, BGHZ 109, 297 (303) = NJW 1990, 976.

[1302] BGH v. 05.12.1989 – VI ZR 335/88, BGHZ 109, 297 (304) = NJW 1990, 976; ausführlich zur Rechtsprechung *Altmeppen*, in: Krieger/Schneider, Handbuch Managerhaftung, Rn. 8.39.

Konkret ging es in dem Fall um Baumaterialien, die die Klägerin unter erweitertem Eigentumsvorbehalt an eine GmbH lieferte.[1303] Diese verarbeitete die Materialien entgegen der getroffenen Abrede. Der Geschäftsführer der GmbH war an den Verträgen zwischen der Klägerin und der GmbH nicht beteiligt, nichtsdestoweniger war er der deliktischen Haftung ausgesetzt.[1304]

BB) LITERATUR

In der Literatur wird diese weitreichende persönliche Außenhaftung für Verkehrssicherungspflichten, die dem Verein obliegen, kritisch betrachtet.[1305] Neben einzelnen Stimmen, welche die Garantenstellung des Organwalters innerhalb seines Zuständigkeitsbereichs annehmen,[1306] lehnt ein Großteil die persönliche Haftung der Vorstandsmitglieder in diesen Fällen gänzlich ab[1307] – teils in drastischer Unmissverständlichkeit („bahnbrechend-abwegige Entscheidung").[1308] Andere versuchen die Rechtsfolge anhand einzelner Faktoren der Baustoff-Entscheidung (Rechtsgut, Verschulden, Verkehrssicherungspflicht gegenüber der Allgemeinheit) einzuschränken. So wird teilweise eine Differenzierung hinsichtlich des Verschuldens oder der betroffenen Rechtsgüter erwogen. Eine persönliche Haftung solle etwa nur bei vorsätzlichen Rechtsgutverletzungen einschlägig sein.[1309] Andere

---

1303 BGH v. 05.12.1989 – VI ZR 335/88, BGHZ 109, 297 (298) = NJW 1990, 976.

1304 BGH v. 05.12.1989 – VI ZR 335/88, BGHZ 109, 297 (302 f.) = NJW 1990, 976.

1305 *Heil/Russenschuck*, BB 1998, 1749 (1750 f.); *Kiethe*, DStR 1993, 1298 (1300); *Kleindiek*, in: Lutter/Hommelhoff, GmbH-Gesetz, § 43 Rn. 86; *Küpperfahrenberg*, Haftungsbeschränkungen für Verein und Vorstand, S. 169; *Lutter*, GmbHR 1997, 329 (335); zur Außenhaftung bei Vorstandsmitgliedern der AG *Spindler*, in: MüKo-AktG, § 93 Rn. 387; eine Darstellung des Meinungsstands im Schrifttum befindet sich bei *Altmeppen*, in: Krieger/Schneider, Handbuch Managerhaftung, Rn. 8.40 ff. sowie *Altmeppen*, ZIP 1995, 881 (886 f.).

1306 *Brüggemeier*, AcP 191 (1991), 33 (64 f.); *Brüggemeier*, Prinzipien des Haftungsrechts, S. 140 f.; *Nölle*, Eigenhaftung des GmbH-Geschäftsführers, S. 95 ff., 176 f.; wohl auch *Stöber/Otto*, Handbuch zum Vereinsrecht, Rn. 746.

1307 *Beurskens*, Noack/Servatius/Haas, GmbHG, § 43 Rn. 144; *Haas*, Geschäftsführerhaftung und Gläubigerschutz, S. 239 ff.; *Kiethe*, DStR 1993, 1298 (1300); *Küpperfahrenberg*, Haftungsbeschränkungen für Verein und Vorstand, S. 169; *Lutter*, GmbHR 2000, 301 (310).

1308 *H.-J. Mertens/G. Mertens*, JZ 1990, 488 (489).

1309 *Rottkemper*, Deliktische Außenhaftung, S. 187 f.; ähnlich *Heil/Russenschuck*, BB 1998, 1749 (1753).

meinen wiederum, dass eine Haftung vor allem bei den Rechtsgütern Leib und Leben in Betracht komme.[1310] Schließlich sei eine Außenhaftung nicht bei Verkehrssicherungspflichten anzunehmen, die mit einer Vertragsdurchführung zusammenhängen. Vielmehr müsse sich die deliktische Haftung des Vorstands auf Verkehrssicherungspflichten beschränken, die gegenüber der Allgemeinheit bestehen.[1311]

CC) FOLGEN FÜR DEN VORSTAND EINES GEMEINNÜTZIGEN VEREINS

Die Diskussion hat ihren Ursprung im GmbH-Recht, indes sind die Grundsätze zur deliktischen Haftung für Verkehrssicherungspflichten der Körperschaft auch auf gemeinnützige Vereine übertragbar.[1312] Unabhängig von den Einschränkungsversuchen ist zu konstatieren, dass sich Vorstandsmitglieder von gemeinnützigen Körperschaften in der Praxis auch dieser Haftungsgefahr ausgesetzt sehen müssen. Handelt es sich bei der verletzten Person um ein Vereinsmitglied, ist bei ehrenamtlich tätigen Vorstandsmitgliedern die Haftungsbeschränkung des § 31a Abs. 1 S. 2 BGB zu beachten, sodass eine Haftung nur bei Vorsatz und grober Fahrlässigkeit in Betracht kommt.[1313] Zudem ist die Haftungsbefreiung des § 31a Abs. 2 BGB im Rahmen der Verletzung von Verkehrssicherungspflichten zu beachten.[1314] Hiernach kann ein ehrenamtlich tätiges Vorstandsmitglied von dem Verein Befreiung von der Verbindlichkeit verlangen, wenn er einem anderen zum Ersatz eines in Wahrnehmung seiner Vorstandspflichten verursachten Schadens verpflichtet. Dies gilt gemäß § 31a Abs. 2 S. 2 BGB nicht, wenn der Schaden vorsätzlich oder grob fahrlässig verursacht wurde. Im Falle der Insolvenz ist dieser Freistellungsanspruch wahrlich wertlos.[1315]

Zwar beschränkt § 31a BGB die Haftung gerade nicht gegenüber Dritten, sondern gegenüber dem Verein (Innenverhältnis).[1316] Jedoch ist bei der Haf-

---

1310 OLG Rostock v. 16.02.2007 – 8 U 54/06, BeckRS 2007, 4321 = GmbHR 2007, 762 (Ls).

1311 *Grunewald*, ZHR 157 (1993), 451 (456 ff.).

1312 *Arnold*, Non Profit Law Yearbook 2009, 89 (97); *Küpperfahrenberg*, Haftungsbeschränkungen für Verein und Vorstand, S. 166 ff.

1313 *Burgard/Heimann*, in: Krieger/Schneider, Handbuch Managerhaftung, Rn. 7.76.

1314 Der praktisch wohl wichtigste Anwendungsfall, vgl. *Burgard/Heimann*, in: Krieger/Schneider, Handbuch Managerhaftung, Rn. 7.86.

1315 *Burgard/Heimann*, in: Krieger/Schneider, Handbuch Managerhaftung, Rn. 7.86.

1316 *Ellenberger*, in: Grüneberg, BGB, § 31a Rn. 4; *Leuschner*, in: MüKo-BGB, § 31a Rn. 9.

tung des Vorstands für Verkehrssicherungspflichten, die dem Verein obliegen, zu beachten, dass diese auf der internen Zuständigkeit des Vorstandsmitglieds beruht – die Schutzgüter des Dritten werden der Gesellschaft anvertraut und eine Begrenzung ergibt sich aus der internen Zuständigkeit des Organmitglieds.[1317] Wenn daraus nun schon eine Außenhaftung folgen soll, dann sollte jedenfalls bei ehrenamtlich tätigen Vorstandsmitgliedern zu berücksichtigen sein, dass der Ursprung dieser Haftung vereinsintern ist. Wünschenswert wäre deshalb, dass der Rechtsgedanke des § 31a BGB ausnahmsweise auch im Rahmen der Außenhaftung zur Geltung kommt und der Haftungsmaßstab des § 823 Abs. 1 BGB auf Vorsatz und grobe Fahrlässigkeit modifiziert wird. Die Idee einer solchen am Zweck des § 31a BGB orientierten Ausdehnung der Reduzierung des Sorgfaltsmaßstabs für unentgeltliche Vorstandsmitglieder auf das Verhältnis zu Gläubigern ist dabei keine Neuheit. *Grunewald/Hennrichs* plädieren für eine analoge Anwendung des § 31a BGB im Außenverhältnis in Fällen der Insolvenzverschleppungshaftung nach § 42 Abs. 2 S. 2 BGB.[1318] Freilich ist die Ausgangslage in diesen Fällen für ehrenamtlich tätige Vorstandsmitglieder noch misslicher. Denn: Der auch in diesem Fall einschlägige Freistellungsanspruch gegen den Verein aus § 31a Abs. 2 BGB läuft im Falle der Insolvenz regelmäßig ins Leere.[1319] Insbesondere in Konstellationen, in denen eine Aberkennung der Gemeinnützigkeit droht, kann die Situation aber vergleichbar sein. Ob das Leerlaufen des Freistellungsanspruchs aus der Insolvenz des Vereins oder den unter Umständen existenzbedrohenden Steuernachforderungen infolge des Verlusts der Gemeinnützigkeit herrührt, macht für das haftende Vorstandsmitglied keinen Unterschied. Indes steht keineswegs bei sämtlichen Vereinen, deren Vorstandsmitglieder nach § 823 Abs. 1 BGB haften, ein Gemeinnützigkeitsverlust im Raum. Auch eine Differenzierung zwischen deliktischen Ansprüchen gegen Vorstandsmitglieder von Vereinen, denen die Gemeinnützigkeit entzogen wird, und anderen gemeinnützigen Vereinen ist angesichts der damit einhergehenden Rechtsunklarheit, ob nun für (Vorsatz und) grobe oder leichte Fahrlässigkeit gehaftet wird, schwer handhabbar. Folglich bleibt es bei der Beschränkung des Anwendungsbereichs des § 31a BGB auf das Innenverhältnis, sodass

---

[1317] BGH v. 05.12.1989 – VI ZR 335/88, BGHZ 109, 297 (303 f.) = NJW 1990, 976.

[1318] *Grunewald/Hennrichs*, FS Hopt, 93 (106 f.).

[1319] *Grunewald/Hennrichs*, FS Hopt, 93 (107).

ehrenamtliche Vorstandsmitglieder eines gemeinnützigen Vereins allein auf den Freistellungsanspruch des § 31a Abs. 2 BGB angewiesen sind.[1320]

3. Insbesondere: Haftung für Insolvenzverschleppung

Die Haftung des Vorstands eines gemeinnützigen Vereins beschränkt sich nicht auf vertragliche und deliktische Ansprüche. Gemäß § 42 Abs. 2 S. 1 BGB hat der Vereinsvorstand im Falle der Überschuldung oder Zahlungsunfähigkeit die Eröffnung des Insolvenzverfahrens zu beantragen.[1321] Verzögert sich die Stellung des Antrags, haften die Vorstandsmitglieder, denen ein Verschulden zur Last fällt, gegenüber den Gläubigern für den daraus entstehenden Schaden (§ 42 Abs. 2 S. 2 BGB).[1322] Der Verlust der Gemeinnützigkeit kann aufgrund der damit einhergehenden Folgen ein Katalysator für den Eintritt der Überschuldung oder Zahlungsunfähigkeit sein. Die Haftung wegen Insolvenzverschleppung kann somit auch im Zusammenhang mit der Aberkennung der Gemeinnützigkeit stehen und bedarf deshalb – vor allem bei ehrenamtlichen Vorstandsmitgliedern – einer genaueren Betrachtung.

Darüber hinaus endet die Körperschaftsteuerbefreiung einer Körperschaft wegen der Verfolgung gemeinnütziger Zwecke, wenn die satzungsmäßige gemeinnützige Tätigkeit eingestellt und über das Vermögen der Körperschaft

---

1320 Hinzu kommt, dass die analoge Anwendung des § 31a BGB bereits im Rahmen des § 42 Abs. 2 S. 2 BGB keinesfalls unstreitig ist, vgl. *Mielke/Lägler*, ZStV 2021, 173 (175); *Stöber*, FS Smid, 319 (327); *Stöber*, in: beckOGK-BGB, § 42 Rn. 42.

1321 *Stöber*, in: beckOGK-BGB, § 42 Rn. 5 f., 38: Bei § 42 Abs. 2 BGB handelt es sich um eine vereinsspezifische Sonderregelung: Wird eine juristische Person – also auch der Verein als Urform juristischer Personen – zahlungsunfähig oder überschuldet, verpflichtet § 15a Abs. 1 S. 1, 2 BGB die Mitglieder des Vertretungsorgans oder die Abwickler der juristischen Person, ohne schuldhaftes Zögern einen Insolvenzantrag zu stellen. § 42 Abs. 2 BGB verdrängt diese allgemeine Regelung für die Rechtsform des Vereins; § 15a Abs. 7 InsO stellt zudem klar, dass § 15a InsO insgesamt nicht auf den Verein anwendbar ist [dazu auch *Stö*ber, FS Smid, 319 (321)]; *Mock*, in: Gottwald/Haas, Insolvenzrechts-Handbuch, § 93 Rn. 15.

1322 *Achenbach*, in: Reichert, Verein- und Verbandsrecht, Kapitel 6 Rn. 422; *Stöber*, in: beckOGK-BGB, § 42 Rn. 6, 41: Konsequenterweise haften die Vorstandsmitglieder des Vereins wegen Insolvenzverschleppung somit nicht nach § 823 Abs. 2 BGB i. V. m. § 15a Abs. 1 InsO.

das Insolvenzverfahren eröffnet wird.[1323] Die Begleichung von Schulden gehört nämlich nur dann weiterhin zur ideellen Tätigkeit, wenn die Befriedigung der Gläubiger nicht zum ausschließlichen Zweck der Körperschaft wird.[1324]

a) Haftungsvoraussetzungen

Erste Voraussetzung für eine Haftung nach § 42 Abs. 2 S. 2 BGB ist die Verzögerung bei der Stellung des Antrags auf Eröffnung des Insolvenzverfahrens.[1325] Dafür ist zunächst zu klären, in welchen Fällen ein solcher Antrag überhaupt zu stellen ist. Die Insolvenzantragspflicht nach § 42 Abs. 2 S. 1 BGB besteht bei Zahlungsunfähigkeit (§ 17 InsO) – aber nicht schon bei drohender Zahlungsunfähigkeit (§ 18 InsO) – und Überschuldung (§ 19 InsO).[1326] Eine verzögerte Antragstellung liegt zweifelsfrei vor, wenn überhaupt kein Insolvenzantrag gestellt wird.[1327] Darüber hinaus ist eine Verzögerung zu bejahen, wenn die Antragstellung nicht unverzüglich, also ohne schuldhaftes Zögern (§ 121 Abs. 1 S. 1 BGB), erfolgt.[1328] Anders als § 15a Abs. 1 S. 1, 2 InsO sieht § 42 Abs. 2 S. 2 BGB zwar keine Höchstfrist von drei Wochen nach Eintritt der Zahlungsunfähigkeit und sechs Wochen nach Eintritt der Überschuldung vor – die Anwendung dieser Fristen verbietet sich aufgrund der ausdrücklichen Regelungen des § 15a Abs. 7 InsO.[1329] Dennoch kann daraus nicht gefolgert werden, dass es überhaupt keine Antragsfrist gibt.

[1323] BFH v. 16.05.2007 – I R 14/06, BStBl II 2007, 808 (810) = BFHE 217, 381; *Krüger*, in: Runkel/Schmidt, Insolvenzrecht, § 14 Rn. 216. Dies wäre bei einer Einstellung der satzungsmäßigen gemeinnützigen Zwecke jedoch auch ohne die hinzutretende Eröffnung des Insolvenzverfahrens der Fall und bedarf deshalb keiner gesonderten Untersuchung.

[1324] *Krüger*, in: Runkel/Schmidt, Insolvenzrecht, § 14 Rn. 216.

[1325] *Stöber*, in: beckOGK-BGB, § 42 Rn. 42.

[1326] *Leuschner*, in: MüKo-BGB, § 42 Rn. 26; *Rugullis*, NZI 2007, 323 (325); *Stöber*, in: beckOGK-BGB, § 42 Rn. 39.

[1327] *Stöber*, FS Smid, 319 (327); *Stöber*, in: beckOGK-BGB, § 42 Rn. 42.

[1328] Eine Herleitung der Unverzüglichkeit aus der Normstruktur des § 42 Abs. 2 BGB findet sich bei *Rugullis*, NZI 2007, 323 (325); *Arnold*, Non Profit Law Yearbook 2009, 89 (97 f.); *Mielke/Lägler*, ZStV 2021, 173 (174 f.); *Schöpflin*, in: BeckOK-BGB, § 42 Rn. 9; *Stöber*, in: beckOGK-BGB, § 42 Rn. 42.

[1329] *Mielke/Lägler*, ZStV 2021, 173 (174); *Schmidt/Herchen*, in: Schmidt, InsO, § 15a Rn. 31; *Schöpflin*, in: BeckOK-BGB, § 42 Rn. 9; einen Vorschlag zur Gesetzesänderung des § 42 BGB unterbreiten *Lenger/Finsterer*, NZI 2016, 571 (574): „[…] (2) Der Vorstand hat im Falle der Zahlungsunfähigkeit oder der Überschuldung *ohne schuldhaftes Zögern*,

Eine Verzögerung läge niemals vor, da man nur verzögern kann, wofür es auch eine Frist gibt.[1330] Überzeugend ist dagegen die Unverzüglichkeit als Anhaltspunkt, weil sich aus § 42 Abs. 2 S. 2 BGB sowohl das Merkmal der Schuldhaftigkeit („denen ein Verschulden zur Last fällt") als auch das des Zögerns („Wird die Stellung des Antrags verzögert") ergibt.[1331]

Der Verlust der Gemeinnützigkeit kann sich in unterschiedlicher Form auf den Eintritt der Zahlungsunfähigkeit oder der Überschuldung auswirken. Bei gemeinnützigen Vereinen spielen vor allem die Spendenmindereinnahmen eine wichtige Rolle. Da viele Spender großen Wert auf die steuerliche Abzugsfähigkeit gemäß § 10b Abs. 1 S. 1 EStG legen, führt ein Nachlassen bzw. Ausbleiben der Spenden unter Umständen dazu, dass der Verein keine Einnahmen mehr vorzuweisen hat.[1332] Spender werden sich mit ihren Zuwendungen an Körperschaften mit einer ähnlichen Zweckausrichtung wenden, bei denen die Abzugsfähigkeit der Spende nicht ungewiss ist.[1333] Selbst wenn die Gemeinnützigkeit in zukünftigen Veranlagungszeiträumen wieder anerkannt werden sollte, kann sich die mit der Aberkennung einhergehende Schädigung des Ansehens negativ auf die Spendenbereitschaft auswirken,[1334] sodass der Verein unter Umständen nicht mehr in der Lage ist, die fälligen Zahlungspflichten zu erfüllen.

Die Verzögerung muss schuldhaft erfolgen, also vorsätzlich oder fahrlässig geschehen. Bei gemeinnützigen Körperschaften ist fraglich, ob aus der Haftungsprivilegierung des § 31a Abs. 1 S. 1 BGB bei unentgeltlich tätigen Vorstandsmitgliedern möglicherweise etwas anderes folgt. Teilweise wurde dies unter Verweis auf den leerlaufenden Freistellungsanspruch des § 31a Abs. 2 BGB bejaht.[1335] Die herrschende Meinung geht jedoch zu Recht davon aus, dass sich die Haftungsprivilegierung des § 31a Abs. 1 S. 1 BGB nur auf das Innenverhältnis (Vorstandsmitglied gegenüber Verein) beschränkt und sich deshalb nicht

---

spätestens aber drei Wochen nach Eintritt der Zahlungsunfähigkeit oder Überschuldung, die Eröffnung des Insolvenzverfahrens zu beantragen.".

1330 Zutr. *Rugullis*, NZI 2007, 323 (325).

1331 *Rugullis*, NZI 2007, 323 (325); ähnlich *Mielke/Lägler*, ZStV 2021, 173 (174 f.); ausführlich zur Berücksichtigung einer Sanierungsprüfung *Stöber*, in: beckOGK-BGB, § 42 Rn. 44 f.

1332 BFH v. 23.09.1998 – I B 82/98, BStBl II 2000, 320 (322) = BFHE 186, 433.

1333 BFH v. 23.09.1998 – I B 82/98, BStBl II 2000, 320 (322) = BFHE 186, 433.

1334 *Brill*, Der Verlust der Gemeinnützigkeit, S. 352.

1335 So *Grunewald/Hennrichs*, FS Hopt, 93 (106 f.).

im Rahmen der Außenhaftung des § 42 Abs. 2 S. 2 BGB auswirken kann.[1336] Selbst der Freistellungsanspruch gemäß § 31a Abs. 2 S. 1 BGB steht den Vorstandsmitgliedern gegenüber dem Verein nach Teilen des Schrifttums nicht zu, da es sich um eine höchstpersönliche Pflicht handele, für deren Verletzung der Verein nicht in die Verantwortung gezogen werden könne.[1337] Selbst wenn man eine Anwendung des § 31 Abs. 2 BGB bejaht, so ist dieser Anspruch aufgrund der Insolvenz des Vereins jedenfalls wertlos.[1338] Zu beachten ist allerdings, dass mehrere Vorstandsmitglieder nach § 42 Abs. 2 S. 2 BGB als Gesamtschuldner haften (§ 421 BGB), sodass dem in Anspruch genommenen Organwalter ein Ausgleichsanspruch aus § 426 Abs. 1 BGB zusteht und der Anspruch des Gläubigers aus § 42 Abs. 2 S. 2 BGB gemäß § 426 Abs. 2 BGB kraft Gesetzes im Umfang des Ausgleichsanspruchs auf das zahlende Vorstandsmitglied übergeht.[1339] Unentgeltlich tätige Vorstandsmitglieder gemeinnütziger Vereine werden damit gegenüber hauptamtlich und entgeltlich tätigen Vorstandsmitgliedern nicht privilegiert. Ein Verschulden liegt aber regelmäßig nicht vor, wenn eine fachliche Beratung erfolgte,[1340] was somit zur Abwendung einer Haftung nach § 42 Abs. 2 S. 2 BGB zu empfehlen ist.

b) Rechtsfolge

Liegen die Haftungsvoraussetzungen vor, so haftet das Vorstandsmitglied sowohl gegenüber den Altgläubigern des Vereins (Forderungserwerb liegt vor dem Eintritt der Überschuldung respektive Zahlungsunfähigkeit) als auch gegenüber Neugläubigern (Begründung der Forderung nach dem Zeitpunkt, in dem der Insolvenzantrag hätte gestellt werden müssen).[1341]

1336 *Mock*, in: Gottwald/Haas, Insolvenzrechts-Handbuch, § 93 Rn. 18; *Müller*, ZIP 2010, 153 (156); *Schwennicke*, in: Staudinger, BGB, § 42 Rn. 42; *Stöber*, in: beckOGK-BGB, § 42 Rn. 42.

1337 *Leuschner*, in: MüKo-BGB, § 42 Rn. 28; *Müller*, ZIP 2010, 153 (156); a. A. wohl *Ehlers*, NJW 2011, 2689 (2693): Der Freistellungsanspruch nach § 31a Abs. 2 BGB gehe wegen der Insolvenz des Vereins ins Leere. Ähnlich *Mock*, in: Gottwald/Haas, Insolvenzrechts-Handbuch, § 93 Rn. 18.

1338 *Ehlers*, NJW 2011, 2689 (2693); *Grunewald/Hennrichs*, FS Hopt, 93 (107); *Mock*, in: Gottwald/Haas, Insolvenzrechts-Handbuch, § 93 Rn. 18; *Stöber*, in: beckOGK-BGB, § 42 Rn. 49.

1339 *Stöber*, FS Smid, 319 (330); *Stöber*, in: beckOGK-BGB, § 42 Rn. 49.

1340 *Müller*, ZIP 2010, 153 (157).

1341 *Leuschner*, in: MüKo-BGB, § 42 Rn. 29; *Stöber*, in: beckOGK-BGB, § 42 Rn. 46.

Eine Haftung gegenüber Gläubigern, die ihren Anspruch nach Eröffnung des Insolvenzverfahrens erworben haben, scheidet demgegenüber aus.[1342]

II. Geschäftsführer einer GmbH

Vereine stellen zwar einen Großteil der gemeinnützigen Körperschaften dar; nichtsdestoweniger soll auch die zivilrechtliche Haftung des Vertretungsorgans der GmbH – des Geschäftsführers – beleuchtet werden. Vor allem die spezielle Haftung des Geschäftsführers nach § 43 Abs. 2 GmbHG ist in diesem Zusammenhang von Bedeutung.

1. Innenhaftung

a) Haftung nach § 43 Abs. 2 GmbHG

Die Haftung gemäß § 43 Abs. 2 GmbHG hat fünf Voraussetzungen: Der Haftungsadressat muss Geschäftsführer sein. Es muss eine Pflichtverletzung vorliegen, welche schuldhaft begangen wurde. Schließlich muss ein Schaden vorliegen und die Pflichtverletzung müsste hierfür kausal gewesen sein.[1343]

AA) PFLICHTVERLETZUNG DES GESCHÄFTSFÜHRERS

Der Pflichtenkreis eines GmbH-Geschäftsführers umfasst vor allem die Sorgfaltspflicht sowie die Treuepflicht. Die in § 43 Abs. 1 GmbHG zum Ausdruck kommende Sorgfaltspflicht lässt sich wiederum in eine Legalitätspflicht, eine Sorgfaltspflicht im engeren Sinne und eine Überwachungspflicht aufgliedern.[1344] Dabei gibt § 43 Abs. 1 GmbHG einen streng objektiven Verhaltensstandard vor (die Sorgfalt eines ordentlichen Geschäftsmanns).[1345] Weder die ideelle (gemeinnützige) Zwecksetzung der GmbH noch das ehrenamtliche Tätigwerden eines Geschäftsführers führen zu einer Änderung dieses strikten Verhaltensstandards,[1346] sodass ehrenamtliche Geschäftsführer gemeinnütziger Gesellschaften sich im Falle der Haftung nicht auf ihren „besonderen Status" – der somit tatsächlich nämlich gar nicht existiert – berufen können. Eine Pflichtverletzung kann aber nur bei organbezogenen Handlungen

---

1342 BGH v. 19.02.1990 – II ZR 268/88, BGHZ 110, 342 (361) = NJW 1990, 1725; *Leuschner*, in: MüKo-BGB, § 42 Rn. 29; *Stöber*, in: beckOGK-BGB, § 42 Rn. 46.

1343 *Fleischer*, in: MüKo-GmbHG, § 43 Rn. 266.

1344 *Fleischer*, in: MüKo-GmbHG, § 43 Rn. 298.

1345 *Paefgen*, in: Habersack/Casper/Löbbe, GmbHG, § 43 Rn. 36.

1346 *Paefgen*, in: Habersack/Casper/Löbbe, GmbHG, § 43 Rn. 40.

angenommen werden, also Tätigkeiten, die im Zusammenhang mit seinen dienstlichen Pflichten stehen („in den Angelegenheiten der Gesellschaft").[1347]

(1) Gemeinnützigkeitsverstöße als Pflichtverletzung

Die Verletzung von Gemeinnützigkeitsvorschriften geht in vielen Fällen mit einer Pflichtverletzung des Geschäftsführers einher. So stellt etwa eine unangemessen hohe Vergütung eine Pflichtverletzung gegenüber der GmbH dar.[1348] Zugleich verstößt der Geschäftsführer damit gegen das Mittelverwendungsgebot des § 55 Abs. 1 Nr. 3 AO und begeht einen gemeinnützigkeitsrechtlichen Verstoß.[1349] Verlässt der Geschäftsführer die Grenzen der Rechtsordnung, verletzt er damit die strikte Legalitätspflicht.[1350] Fördert er durch die Rechtsverletzung die Verwirklichung des gemeinnützigen Zwecks, kann auch dies einen gemeinnützigkeitsrechtlichen Verstoß der tatsächlichen Geschäftsführung darstellen, der zur Aberkennung der Gemeinnützigkeit führen kann.[1351] Darüber hinaus ist zu konstatieren, dass der Geschäftsführer gemäß § 43 Abs. 1 GmbHG verpflichtet ist, die Gesellschaft im Rahmen des Gesellschaftsvertrags zu fördern, also ihre Vorteile zu wahren und Schaden von ihr abzuwenden.[1352] Dabei stellt der im Gesellschaftsvertrag festgelegte Unternehmensgegenstand für den Geschäftsführer eine starre Grenze der unternehmerischen Aktivität nach innen dar.[1353] Dieser darf weder ausgeweitet noch verlagert werden.[1354] Eine Zuwiderhandlung ist grundsätzlich pflichtwidrig.[1355] Erfolgt eine Ausweitung oder Verlagerung des Unternehmensgegenstands durch die Verfolgung

---

[1347] *Fleischer*, in: MüKo-GmbHG, § 43 Rn. 300; *Paefgen*, in: Habersack/Casper/Löbbe, GmbHG, § 43 Rn. 29.

[1348] *Altmeppen*, GmbHG, § 43 Rn. 28.

[1349] Die Einordnung des Verstoßes ist dabei abhängig von der Höhe der Vergütung, vgl. 3. Kapitel D. IV. 1. b) aa).

[1350] *Altmeppen*, GmbHG, § 43 Rn. 6.

[1351] Dazu bereits im 3. Kapitel unter D. III. 2. a).

[1352] *Ziemons*, in: Michalski/Heidinger/Leible/J. Schmidt, GmbH-Gesetz, § 43 Rn. 55.

[1353] BGH v. 05.10.1992 – II ZR 172/91, BGHZ 119, 305 (332) = NJW 1993, 57; BGH v. 15.01.2013 – II ZR 90/11, NJW 2013, 1958 (1960) = NZG 2013, 293; *Beurskens*, in: Noack/Servatius/Haas, GmbHG, § 37 Rn. 26; *Ziemons*, in: Michalski/Heidinger/Leible/J. Schmidt, GmbH-Gesetz, § 43 Rn. 111.

[1354] *Fleischer*, in: MüKo-GmbHG, § 43 Rn. 28; *Ziemons*, in: Michalski/Heidinger/Leible/J. Schmidt, GmbH-Gesetz, § 43 Rn. 112.

[1355] BGH v. 15.01.2013 – II ZR 90/11, NJW 2013, 1958 (1960) = NZG 2013, 293; *Ziemons*, in: Michalski/Heidinger/Leible/J. Schmidt, GmbH-Gesetz, § 43 Rn. 112.

anderer Zwecke, die nicht im Gesellschaftsvertrag niedergelegt sind und möglicherweise gar nicht im Katalog des § 52 Abs. 2 AO aufgeführt sind, so stellt auch dies eine Verletzung von Grundsätzen des Gemeinnützigkeitsrechts (§§ 52, 56 AO) dar.[1356] Die ausschließliche und unmittelbare Verfolgung des gemeinnützigen Zwecks gehört damit zum Unternehmensgegenstand einer jeden gemeinnützigen GmbH, sodass gemeinnützigkeitsschädliche Handlungen des Geschäftsführers zugleich eine Pflichtverletzung im Innenverhältnis zur Gesellschaft darstellen.

(2) Verletzung der Überwachungspflicht

Schließlich hat jeder Geschäftsführer einer gemeinnützigen GmbH – ebenso wie die Vorstandsmitglieder eines Vereins – eine Überwachungspflicht gegenüber den anderen Geschäftsführern im Hinblick auf die Verletzung von Gemeinnützigkeitsvorschriften.[1357] Eine Verletzung der Überwachungspflicht führt im Falle des Verlusts der Gemeinnützigkeit zur Haftung der Geschäftsführer.[1358] Zudem hat im Falle der fruchtlosen Intervention eine Anzeige gegenüber der Gesellschafterversammlung zu erfolgen, welche gemäß § 46 Nr. 5 GmbHG für die ggf. erforderliche Abberufung des Geschäftsführers zuständig ist.[1359] Darüber hinaus ist die Gesellschafterversammlung nach § 46 Nr. 8 GmbHG dafür zuständig, Ersatzansprüche der Gesellschaft gegen die Geschäftsführer geltend zu machen. Dies gilt ebenso für Unterlassungsansprüche, soweit sich diese auf die Verletzung von Geschäftsführungspflichten beziehen.[1360] Folglich steht der Gesellschafterversammlung gegen den Geschäftsführer, der seine Geschäftsführungspflichten durch die Vornahme gemeinnützigkeitsschädlicher Handlungen verletzt, ein Unterlassungsanspruch zu, welcher auch im Wege einer einstweiligen Verfügung geltend gemacht werden kann.[1361] Für die Durchsetzung eines solchen Anspruchs

---

1356 Vgl. 3. Kapitel D. III. 1.

1357 Allgemein zur Überwachungspflicht, vgl. BGH v. 15.10.1996 – VI ZR 319/95, BGHZ 133, 370 (377 f.) = NJW 1997, 130; *Beurskens*, in: Noack/Servatius/Haas, GmbHG, § 43 Rn. 48; *Hoffmann-Becking*, NZG 2021, 93 (94).

1358 *Hoffmann-Becking*, NZG 2021, 93 (94).

1359 *Beurskens*, in: Noack/Servatius/Haas, GmbHG, § 38 Rn. 29.

1360 *Noack*, in: Noack/Servatius/Haas, GmbHG, § 46 Rn. 58; *Römermann*, in: Michalski/Heidinger/Leible/J. Schmidt, GmbH-Gesetz, § 46 Rn. 416.

1361 S. dazu bereits im Rahmen der Ausführungen zum Vereinsvorstand, 5. Kapitel B. I. 1. a) bb) (2).

bedarf es ebenfalls der Benachrichtigung der Gesellschafterversammlung durch die überwachungspflichtigen Geschäftsführer. Bleiben die übrigen Geschäftsführer untätig, stellt dies wiederum eine Pflichtverletzung gegenüber der Gesellschaft dar.

BB) VERSCHULDEN

Die Pflichtverletzung müsste zudem schuldhaft erfolgen. Verschulden meint dabei Vorsatz und Fahrlässigkeit (§ 276 Abs. 1 BGB).[1362] Das ehrenamtliche und unentgeltliche Bekleiden der Geschäftsführerposition wirkt sich zwar nicht auf den Pflichtenkreis aus, möglicherweise könnte dies aber im Rahmen des Verschuldens eine Rolle spielen. So haften Vorstandsmitglieder eines Vereins gemäß § 31a Abs. 1 S. 1 BGB gegenüber dem Verein nur für Vorsatz und grobe Fahrlässigkeit. § 31a BGB ist zwar eine Regelung im Vereinsrecht, welche als *lex generalis* für alle juristischen Personen gilt (Verein als Urform).[1363] Jedoch besteht für die Innenhaftung mit § 43 Abs. 2 GmbHG gerade eine spezialgesetzliche Bestimmung, welche auch leichte Fahrlässigkeit erfasst und die direkte Anwendung der allgemeinen Vorschriften (§§ 27 Abs. 3, 31a Abs. 1 S. 1, 280 Abs. 1, 664 ff. BGB) sperrt.[1364]

(1) Analoge Anwendung des § 31a Abs. 1 S. 1 BGB?

Denkbar wäre aber eine analoge Anwendung des § 31a Abs. 1 S. 1 BGB im Rahmen der Organhaftung des § 43 Abs. 2 GmbHG. Dafür bedürfte es aber zunächst einer planwidrigen Regelungslücke für unentgeltlich tätige Geschäftsführer im GmbH-Recht.[1365] Der Gesetzgeber hat das problematische Verhältnis von Haftungsrisiko und nicht vorhandener Gegenleistung bei den Organmitgliedern gemeinnütziger Körperschaften, also auch bei der GmbH, durchaus erkannt,[1366] hat mit § 31a BGB aber explizit nur Klarheit hinsicht-

---

1362 *Fleischer*, in: MüKo-GmbHG, § 43 Rn. 309; *Paefgen*, in: Habersack/Casper/Löbbe, GmbHG, § 43 Rn. 167.

1363 *Noack*, GmbHR 2010, R 81; *Piper*, WM 2011, 2211 (2214).

1364 *Noack*, GmbHR 2010, R 81.

1365 *Burgard*, ZIP 2010, 358 (362).

1366 Die Bundesregierung merkte an, dass vergleichbare Haftungsrisiken auch bei der unentgeltlichen Bekleidung anderer privater Ämter bestünden, gleichwohl wurde die Haftungsmilderung nur auf ehrenamtliche Stiftungsvorstände erweitert, *Burgard*, ZIP 2010, 358 (362); *Leuschner*, NZG 2014, 281 (287).

lich der viel diskutierten Anwendung der arbeitsrechtlichen Grundsätze zum innerbetrieblichen Schadensausgleich bei unentgeltlich tätigen Vereinsvorständen schaffen wollen.[1367] Damit fehlt es bereits an der für eine analoge Anwendung des § 31a BGB notwendigen planwidrigen Regelungslücke.[1368]

(2) Analoge Anwendung bei unentgeltlich tätigen, ehrenamtlichen Geschäftsführern gemeinnütziger GmbHs?

Eine gewisse Unzufriedenheit mit diesem Ergebnis ist Teilen des Schrifttums dennoch zu entnehmen. Leider verbiete sich eine analoge Anwendung des § 31a BGB auf gemeinnützige GmbHs, in denen ehrenamtliche Geschäftsführer – anders als in manchen Vereinen – tatsächlich „unschätzbar wichtige Arbeit für Sport, Kultur und Soziales" leisten.[1369] Vorgeschlagen wird etwa eine Differenzierung zwischen unentgeltlich tätigen, ehrenamtlichen Geschäftsführern und solchen, die zwar unentgeltlich tätig werden, den Posten aber dennoch hauptamtlich bekleiden.[1370] Verzichtet etwa ein hauptamtlicher Geschäftsführer nur aus symbolischen Gründen auf sein Gehalt – man stelle sich vor, *Steve Jobs* wäre bei Apple für ein Gehalt von 1 $ leitend tätig gewesen[1371] –, so könne man die Regelung des § 31a BGB natürlich nicht heranziehen.[1372] Eine andere Beurteilung liegt jedoch im Falle der Ehrenamtlichkeit nahe. Vor allem bei gemeinnützigen GmbHs sei es nur sachgerecht, § 31a BGB ebenfalls auf die Haftung des Geschäftsführers anzuwenden. Es könne keinen Unterschied machen, ob eine Senioren karitativ betreuende gemeinnützige Organisation sich für die Rechtsform des Vereins oder die der GmbH entscheide.[1373]

Ungeachtet der nicht vorhandenen planwidrigen Regelungslücke sprechen *de lege lata* viele Gründe gegen die Anwendung des § 31a BGB bei ehrenamtlich tätigen Geschäftsführern einer gemeinnützigen GmbH. Der Vergleich zwischen einer karitativ tätigen GmbH und einem Verein geht in jedem Fall fehl.

1367 Zutr. *Oetker*, in: Henssler/Strohn, Gesellschaftsrecht, § 43 GmbHG Rn. 14; BT-Drucks. 16/10120, 7.

1368 *Burgard*, ZIP 2010, 358 (362); *Leuschner*, NZG 2014, 281 (287); ebenso *Vetter*, GmbHR 2012, 181 (187).

1369 *Reuter*, NZG 2009, 1368 (1369 f.); ähnlich *Noack*, GmbHR 2010, R 81.

1370 *Fleischer*, in: MüKo-GmbHG, § 43 Rn. 311.

1371 Angenommen es handelt sich bei Apple um eine deutsche GmbH, *Noack*, GmbHR 2010, R 81.

1372 *Fleischer*, in: MüKo-GmbHG, § 43 Rn. 311 Fn. 1522.

1373 *Piper*, WM 2011, 2211 (2214).

Wird bei der Begründung primär auf das Merkmal der Gemeinnützigkeit abgestellt, wäre dies der offensichtlich falsche Begründungsansatz. Wenn nämlich der gemeinnützige Zweck schon im Rahmen der direkten Anwendung bei Vereinen keine Rolle spielt, dann kann diesem Umstand bei der GmbH erst recht keine Bedeutung beigemessen werden.[1374] Zudem ist die Insolvenzwahrscheinlichkeit bei Vereinen erheblich geringer als bei einer GmbH, sodass die Belastung der Gläubiger, die mit § 31a BGB einhergeht, für diese zumutbar ist.[1375] Daran vermag auch die Gemeinnützigkeit einer GmbH nichts zu ändern. Diese kann sich im Lichte des § 64 AO in erheblichem Umfang wirtschaftlich betätigen.[1376] Soll tragendes Element der Begründung die ehrenamtliche Wahrnehmung der Geschäftsführerposition sein, führt auch dies nicht zu einer vergleichbaren Interessenlage zwischen Verein und GmbH. Der bereits angesprochene strukturelle Unterschied zwischen Verein und GmbH schlägt auf diesen Begründungsansatz durch. Es ist bei der GmbH unabhängig von der Haupt- oder Ehrenamtlichkeit ihres Geschäftsführers nicht mit der Gläubigerschutzfunktion der speziellen Organhaftung des § 43 Abs. 2 GmbHG vereinbar, dass sich die Haftung auf Vorsatz und grobe Fahrlässigkeit beschränkt.[1377]

Gegen die Analogiefähigkeit spricht schließlich, dass es im Falle einer Anwendung auf den ehrenamtlichen und unentgeltlichen GmbH-Geschäftsführer zu einer Ausuferung des Anwendungsbereichs kommen würde. Neben einer Ausweitung der betreffenden Körperschaften (die GmbH) müsste die Regelung auch in ihrem persönlichen Anwendungsbereich andere (ehrenamtlich und unentgeltlich tätige) Organmitglieder sowie leitende Mitarbeiter umfassen.[1378]

(3) Entlastung auf anderem Wege

Letztlich ist der methodisch falsche Weg eines Analogieschlusses für eine Entlastung ehrenamtlich und unentgeltlich tätiger Geschäftsführer aber auch nicht notwendig. Zunächst ist zu konstatieren, dass die Haftung des

1374 *Noack*, GmbHR 2010, R 81; *Reuter*, NZG 2009, 1368 (1369 f.).

1375 *Leuschner*, NZG 2014, 281 (287).

1376 *Leuschner*, NZG 2014, 281 (287).

1377 *Fleischer*, in: MüKo-GmbHG, § 43 Rn. 311.

1378 *Burgard*, ZIP 2010, 358 (362); im Ergebnis ebenfalls gegen eine analoge Anwendung *Reuter*, NZG 2009, 1368 (1369 f.).

Geschäftsführers aus § 43 Abs. 2 GmbHG weitgehend disponibel ist.[1379] Von dieser Flexibilität können auch gemeinnützige GmbHs Gebrauch machen. Einen anderen Weg stellt die Heranziehung des § 34 Abs. 2 S. 3 GenG dar. Ist ein Vorstandsmitglied einer Genossenschaft im Wesentlichen unentgeltlich tätig, muss dies bei der Beurteilung seiner Sorgfalt zu seinen Gunsten berücksichtigt werden. Der Rechtsgedanke dieser Vorschrift kann als Anhaltspunkt für den Sorgfaltsmaßstab des § 43 Abs. 2 GmbHG bei Geschäftsführern gemeinnütziger Einrichtungen dienen.[1380]

CC) KAUSALER SCHADEN

Ferner muss der Gesellschaft ein Schaden entstanden sein. Der Schadensbegriff im Rahmen des § 43 Abs. 2 GmbHG ist nicht unumstritten. So soll nach Teilen des Schrifttums ein spezieller gesellschaftsrechtlicher Schadensbegriff gelten. Ein Schaden sei danach „jede dem Unternehmenszweck widersprechende Beeinträchtigung des Vermögens, der Tätigkeit oder der Organisation der Gesellschaft und des von ihr betriebenen Unternehmens“, also nur solche negativen Entwicklungen, die typischerweise auf ein pflichtwidriges Verhalten der Mitglieder des Geschäftsführungsorgans hindeuten.[1381] Dieses Verständnis ist jedoch vor allem unter dem Aspekt abzulehnen, dass Gesichtspunkte der Pflichtwidrigkeit mit dem Schadensbegriff vermengt werden.[1382] Maßgeblich sind deshalb die §§ 249 ff. BGB. Die Berechnung des Schadens erfolgt nach der Differenzhypothese. Der Schaden ist durch den Vergleich der tatsächlichen Lage infolge der Pflichtverletzung mit der hypothetischen Lage bei pflichtgemäßem Verhalten des Geschäftsführers zu ermitteln.[1383] Der Schaden muss zudem

---

1379 BGH v. 16.09.2002 – II ZR 107/01, NJW 2002, 3777 (3777 f.) = DStR 2002, 2046 hinsichtlich der Abkürzung der Verjährungsfrist; *Altmeppen*, GmbHG, § 43 Rn. 118; *Noack*, GmbHR 2010, R 81; *Paefgen*, in: Habersack/Casper/Löbbe, GmbHG, § 43 Rn. 8.

1380 So *Oetker*, in: Henssler/Strohn, Gesellschaftsrecht, § 43 GmbHG Rn. 15.

1381 *Mertens*, in: Hachenburg, GmbHG, 7. Aufl. 1979, § 43 Rn. 60; *Mertens*, in: Kölner Kommentar AktG, 2. Aufl., § 93 Rn. 23; *Mertens*, FS Lange, 561 (561 ff.).

1382 *Hopt/Roth*, in: Großkommentar AktG, § 93 Rn. 408; *Koch*, AktG, § 93 Rn. 86; *Paefgen*, in: Habersack/Casper/Löbbe, GmbHG, § 43 Rn. 180; *Spindler*, in: MüKo-AktG, § 93 Rn. 212.

1383 *Fleischer*, in: MüKo-GmbHG, § 43 Rn. 316; *Leuering*, in: Krieger/Schneider, Handbuch Managerhaftung, Rn. 3.32; *Paefgen*, in: Habersack/Casper/Löbbe, GmbHG, § 43 Rn. 177 f.

durch die Pflichtverletzung verursacht worden sein. Nach der Adäquanztheorie scheiden Schadensfolgen aus, die außerhalb aller Wahrscheinlichkeit liegen.[1384] Ohne die Pflichtverletzung des Geschäftsführers, die zum Entzug der Gemeinnützigkeit geführt hat, wäre die GmbH weiterhin von der Körperschaftsteuer und der Gewerbesteuer befreit. Infolge des schädigenden Ereignisses sind diese Steuern von der GmbH zu entrichten.[1385] Bei der GmbH spielen die genannten Steuern eine gewichtige Rolle, da mangels außerbetrieblicher Sphäre sämtliche Einkünfte als Einkünfte aus Gewerbebetrieb bzw. als Gewerbeertrag zu qualifizieren sind.[1386] Darüber hinaus stellen Spendenmindereinnahmen, die nach dem gewöhnlichen Lauf der Dinge oder nach den besonderen Umständen, insbesondere nach den getroffenen Anstalten und Vorkehrungen, mit Wahrscheinlich erwartet werden konnten, eine Schadensposition der GmbH dar.[1387]

b) Deliktische Haftung

Besonders virulent wird auch beim Geschäftsführer einer GmbH die Haftung aus § 823 Abs. 2 BGB i. V. m. § 266 StGB. Dies ist auf den Umstand zurückzuführen, dass die gesellschaftsrechtlichen Sorgfaltsgeneralklauseln (Sorgfalt eines ordentlichen Geschäftsmannes, § 43 Abs. 1 GmbHG) als Anknüpfungspunkt zur Bestimmung einer Vermögensbetreuungspflicht i. S. d. § 266 StGB geeignet sind, sodass mit der Pflichtverletzung eines Organs unter Umständen die Verwirklichung des § 266 StGB einhergeht.[1388] Zu denken ist insbesondere an die bereits behandelten Fälle der überhöhten Organvergütung. Diese können – je nach Höhe – einen geringfügigen oder erheblichen Verstoß gegen das Mittelverwendungsgebot des § 55 Abs. 1 Nr. 3 AO darstellen. Zugleich verwirklicht die Zahlung einer

---

[1384] *Fleischer*, in: MüKo-GmbHG, § 43 Rn. 329; *Leuering*, in: Krieger/Schneider, Handbuch Managerhaftung, Rn. 3.33; *Paefgen*, in: Habersack/Casper/Löbbe, GmbHG, § 43 Rn. 193; *Ziemons*, in: Michalski/Heidinger/Leible/J. Schmidt, GmbH-Gesetz, § 43 Rn. 488.

[1385] S. *Brill*, Der Verlust der Gemeinnützigkeit, S. 351 zum Verein.

[1386] S. 4. Kapitel B. I. 1. c).

[1387] *Brill*, Der Verlust der Gemeinnützigkeit, S. 352 f.

[1388] BGH v. 27.08.2010 – 2 StR 111/09, BGHSt 55, 266 (Rn. 28) = NStZ 2010, 700; *Leuernig*, in: Krieger/Schneider, Handbuch Managerhaftung, Rn. 3.56 f.; *Perron*, in: Schönke/Schröder, StGB, § 266 Rn. 18.

überhöhten Provision eines GmbH-Geschäftsführers an sich selbst unter Umständen den Straftatbestand des § 266 StGB.[1389]

2. Außenhaftung

a) Deliktische Haftung des GmbH-Geschäftsführers

Neben der Innenhaftung gegenüber der Gesellschaft haftet auch der Geschäftsführer einer GmbH gegenüber Dritten vor allem für unerlaubte Handlungen.[1390] Unproblematisch ist insoweit die Haftung nach § 823 Abs. 1 BGB bei rechtswidrigen und schuldhaften Rechts- oder Rechtsgutverletzungen durch eigene Handlungen.[1391] Gleiches gilt für die Haftung nach § 823 Abs. 2 BGB i. V. m. Schutzgesetzen (beispielsweise § 263 StGB).[1392] In gleichem Maße problematisch wie bei den Vorstandsmitgliedern eines Vereins ist dagegen die Haftung des Geschäftsführers wegen Verkehrspflichtverletzungen.[1393] Nach dem „Baustoff"-Urteil soll der Geschäftsführer auch dann haften, wenn eine der GmbH obliegende Verkehrssicherungspflicht verletzt wird. Da die Ausführungen im Rahmen der Vereinsvorstandshaftung wesentlich auf dieser Entscheidung beruhen, ergeben sich grundsätzlich keine Unterschiede. Zu beachten ist, dass die Milderung des Verschuldensmaßstabs auf Vorsatz und grobe Fahrlässigkeit in doppelt analoger Anwendung des § 31a Abs. 1 S. 1 BGB bei der Haftung des GmbH-Geschäftsführers erst recht nicht in Betracht kommt. Sowohl die Ausdehnung des § 31a Abs. 1 S. 1 BGB auf das Außenverhältnis[1394] als auch die Erweiterung des Anwendungsbereichs auf die Rechtsform der GmbH konnten nicht überzeugen.[1395]

1389 *Saliger*, in: Esser/Rübenstahl/Saliger/Tsambikakis, Wirtschaftsstrafrecht, § 266 StGB Rn. 23.

1390 *Altmeppen*, in: Krieger/Schneider, Handbuch Managerhaftung, Rn. 8.29; *Kleindiek*, in: Lutter/Hommelhoff, GmbH-Gesetz, § 43 Rn. 79; zur Außenhaftung des Geschäftsführers auf vertraglicher Grundlage *Kleindiek*, in: Lutter/Hommelhoff, GmbH-Gesetz, § 43 Rn. 71 ff.

1391 *Kleindiek*, in: Lutter/Hommelhoff, GmbH-Gesetz, § 43 Rn. 79.

1392 BGH v. 09.07.1979 – II ZR 211/76, NJW 1979, 1829 (1832) = DB 1979, 1694 zu § 823 Abs. 2 BGB i. V. m. § 263 StGB; *Kleindiek*, in: Lutter/Hommelhoff, GmbH-Gesetz, § 43 Rn. 80.

1393 *Altmeppen*, in: Krieger/Schneider, Handbuch Managerhaftung, Rn. 8.38.

1394 Vgl. 5. Kapitel B. I. 2. c).

1395 S. 5. Kapitel B. II. 1. a) bb).

b) Insbesondere: Haftung wegen Insolvenzverschleppung

Der Geschäftsführer einer GmbH haftet gemäß § 823 Abs. 2 BGB i. V. m. § 15a Abs. 1 InsO, wenn er seiner Insolvenzantragspflicht nicht bzw. verspätet nachkommt und Gläubigern der Gesellschaft daraus ein Schaden entsteht.[1396] § 15a Abs. 1 InsO ist nach herrschender Meinung Schutzgesetz i. S. d. § 823 Abs. 2 BGB zugunsten aller Gläubiger (ausgenommen die Gesellschaft und ihre Gesellschafter).[1397] § 15a Abs. 1 InsO verpflichtet den Geschäftsführer einer GmbH, die zahlungsunfähig oder überschuldet ist, ohne schuldhaftes Zögern, spätestens aber drei Wochen nach Eintritt der Zahlungsunfähigkeit oder sechs Wochen nach Eintritt der Überschuldung, einen Insolvenzantrag zu stellen.[1398] Im Unterschied zu der besonderen Regelung des § 42 Abs. 2 BGB statuiert § 15a Abs. 1 InsO damit eine Höchstfrist.[1399] Die Frist beginnt sowohl im Fall der Zahlungsunfähigkeit als auch im komplizierten Fall der Überschuldung mit dem objektiven Eintritt des jeweiligen Ereignisses.[1400] Zahlungsunfähigkeit und Überschuldung können im Falle der Aberkennung der Gemeinnützigkeit vor allem aufgrund der (nachträglich) zu entrichtenden Körperschaft- sowie Gewerbesteuer eintreten. Hinzu kommt, dass auch die Spendeneinnahmen infolge des Verlusts der Gemeinnützigkeit deutlich geringer ausfallen könnten. Selbst wenn die GmbH im folgenden Veranlagungszeitraum wieder Spendenbescheinigungen ausstellen kann, ist möglicherweise das Vertrauen der Spender in die Gesellschaft erschüttert, sodass weitere Zuwendungen unterbleiben.[1401] Aufgrund dieser Kombination aus erheblichen Nachzahlungen und geminderten Einnahmen

---

[1396] *Kleindiek*, in: Lutter/Hommelhoff, GmbH-Gesetz, § 15a InsO Rn. 85; *Stöber*, in: beckOGK-BGB, § 42 Rn. 5, 41.1 m. w. N.; rechtsvergleichend zur Insolvenzverschleppungshaftung *Stöber*, ZHR 176 (2012), 326 (337 ff.).

[1397] *Casper*, in: Habersack/Casper/Löbbe, GmbHG, §§ 63, 64 Rn. 210; *Gehrlein*, BB 2008, 846 (847); *Kleindiek*, in: Lutter/Hommelhoff, GmbH-Gesetz, § 15a InsO Rn. 89; *Schmidt*, GmbHR 2007, 1072 (1078); *Schmidt/Herchen*, in: Schmidt, InsO, § 15a Rn. 33; *Stöber*, in: beckOGK-BGB, § 42 Rn. 5, 41.1.

[1398] *Hirte*, in: Uhlenbruck, InsO, § 15a Rn. 6; *Stöber*, in: beckOGK-BGB, § 42 Rn. 5.

[1399] *Schmidt/Herchen*, in: Schmidt, InsO, § 15a Rn. 31; *Stöber*, in: beckOGK-BGB, § 42 Rn. 42.

[1400] Umstritten, vgl. *Hirte*, in: Uhlenbruck, InsO, § 15a Rn. 14; *Schmidt/Herchen*, in: Schmidt, InsO, § 15a Rn. 32; a. A. *Mönning*, in: Nerlich/Römermann, InsO, § 15a Rn. 18.

[1401] *Brill*, Der Verlust der Gemeinnützigkeit, S. 352.

kann der Verlust der Gemeinnützigkeit wie ein Katalysator für den Eintritt der Zahlungsunfähigkeit der GmbH wirken. Ebenso wie bei der Prüfung des § 42 Abs. 2 BGB spielt es im Rahmen des § 823 Abs. 2 BGB i. V. m. § 15a Abs. 1 InsO für das Verschulden keine Rolle, wenn der GmbH-Geschäftsführer unentgeltlich tätig wird.

III. Vorstandsmitglieder der Stiftung

Die Vorstandsmitglieder einer (gemeinnützigen) Stiftung haften zivilrechtlich sowohl gegenüber der Stiftung im Innenverhältnis als auch gegenüber Dritten im Außenverhältnis. Im Folgenden sollen die stiftungsrechtlichen Besonderheiten unter besonderer Berücksichtigung der durch das Gesetz zur Vereinheitlichung des Stiftungsrechts[1402] eingeführten Regelungen dargestellt werden.

1. Innenhaftung

a) Haftung der Vorstandsmitglieder nach §§ 84a Abs. 1 S. 1, 280 Abs. 1, 664–670 BGB

AA) BESONDERHEITEN BEI DER PFLICHTVERLETZUNG

Gemäß § 84a Abs. 1 S. 1 BGB finden die §§ 664 bis 670 BGB auf die Tätigkeit eines Organmitglieds für die Stiftung entsprechend Anwendung. Stiftungsvorstände sind danach mit der nachhaltigen und dauernden Verwirklichung des (gemeinnützigen) Stiftungszwecks beauftragt.[1403] Eine Zweckverfolgung kann grundsätzlich nur dauerhaft erfolgen, wenn die Vorstandsmitglieder die Erhaltung des Stiftungsvermögens sicherstellen.[1404] Allerdings haften die Vorstandsmitglieder einer Stiftung somit auch für Pflichtverletzungen im Rahmen ihrer Geschäftsführungstätigkeit gemäß §§ 84a, 280 Abs. 1, 664 ff. BGB.[1405] Eine Pflichtverletzung kommt in Betracht,

---

[1402] BGBl I 2021, 2947.

[1403] *Hüttemann*, npoR 2009, 27 (28); *Reuter*, Non Profit Law Yearbook 2002, 157 (159 f., 164 f.); *Wiese*, in: Erman, BGB, § 84a Rn. 2, 5.

[1404] *Reuter*, Non Profit Law Yearbook 2002, 157 (159 f.); *Stürner*, DStR 2015, 1628 (1628); ausführlich zum Begriff des Stiftungsvermögens *Burgard/Heimann*, in: Krieger/Schneider, Handbuch Managerhaftung, Rn. 7.157 ff.

[1405] *Baßler/Stöffler/Blecher*, GmbHR 2021, 1125 (1130); *Hüttemann*, npoR 2009, 27 (27); *Hüttemann/Rawert*, in: Staudinger, BGB, § 86 Rn. 67; *Mehren*, in: Schauhoff/Kirchhain, Handbuch der Gemeinnützigkeit, § 3 Rn. 114; *Wiese*, in: Erman, BGB, § 84a Rn. 6.

wenn gegen Sorgfaltspflichten, welche sich auf die Vermögensverwaltung beziehen, verstoßen wird.

Bei gemeinnützigen Stiftungen spielt in diesem Zusammenhang der Verlust der Gemeinnützigkeit eine wichtige Rolle. Durch den Wegfall der steuerlichen Begünstigungen und unter Umständen drohende Steuernachzahlungen für die rückwirkende Aberkennung wird das Stiftungsvermögen bedroht.[1406] Dabei ist wiederum zu beachten, dass die bloße Verursachung eines Vermögensschadens durch den Vorstand nicht ausreichend ist.[1407] Nach § 84a Abs. 2 S. 2 BGB liegt eine Pflichtverletzung nämlich nicht vor, wenn das Organmitglied bei der Geschäftsführung unter Beachtung der gesetzlichen und satzungsmäßigen Vorgaben vernünftigerweise annehmen durfte, auf der Grundlage angemessener Informationen zum Wohle der Stiftung zu handeln.[1408] Eine Pflichtverletzung erfordert also darüber hinaus, dass das Vorstandsmitglied gegen zwingende gesetzliche Vorschriften oder Regelungen in der Stiftungssatzung verstößt.[1409]

Haftungsbegründend sind damit natürlich satzungswidrige Mittelfehlverwendungen.[1410] Sowohl die Betroffenheit des Stiftungsvermögens als auch die Satzungswidrigkeit lassen sich in diesen Fällen bejahen. Indes ist dies auch bei anderen gemeinnützigkeitsschädlichen Handlungen der Fall. Diese beziehen sich im Falle des Verlusts der Gemeinnützigkeit aufgrund der mitunter existenzbedrohenden Steuernachzahlungen auf das ordnungsgemäß zu verwaltende Vermögen.[1411] Darüber hinaus sind die strengen Voraussetzungen

---

1406 *Stürner*, DStR 2015, 1628 (1631).

1407 *Hüttemann*, npoR 2009, 27 (28); *Mehren*, in: Schauhoff/Kirchhain, Handbuch der Gemeinnützigkeit, § 3 Rn. 114; *Schwake*, in: Münchener Handbuch GesR V, § 79 Rn. 303.

1408 Die Einführung dieser im Aktienrecht bereits bekannten *business judgement rule* erfolgte durch das Gesetz zur Vereinheitlichung des Stiftungsrechts, welches am 01.07.2023 in Kraft trat; *Baßler/Stöffler/Blecher*, GmbHR 2021, 1125 (1130); *Wiese*, in: Erman, BGB, § 84a Rn. 8; kritisch *Uffmann*, ZIP 2021, 1251 (1259), die befürchtet, dass die Entwicklung von Anforderungen an eine professionelle Stiftungsgeschäftsführung, die für sämtliche Vorstandsmitglieder gelten würden, zu einem Leerlauf des § 31a BGB für ehrenamtliche Vorstandsmitglieder führen wird.

1409 *Kiethe*, NZG 2007, 810 (811).

1410 *Mehren*, in: Schauhoff/Kirchhain, Handbuch der Gemeinnützigkeit, § 3 Rn. 114; *Schwake*, in: Münchener Handbuch GesR V, § 79 Rn. 303.

1411 In Bezug auf eine Zweckänderung, die einen Verstoß gegen den Grundsatz der Vermögensbindung auslöst und damit die zehnjährig rückwirkende Besteuerung nach sich zieht *Happ*, Stifterwille und Zweckänderung, S. 129 f.

der Gemeinnützigkeit in der Satzung genau zu bestimmen (§§ 59, 60 AO), sodass Verstöße der betreffenden Vorstandsmitglieder gegen die gemeinnützigkeitsrechtlichen Grundsätze auch satzungswidrig sind. Damit handelt es sich bei gemeinnützigkeitsschädlichen Handlungen, die den Verlust der Gemeinnützigkeit nach sich ziehen, regelmäßig um Pflichtverletzungen des Stiftungsvorstands.[1412]

BB) VERSCHULDEN

(1) Haftungsbeschränkung auf Vorsatz und grobe Fahrlässigkeit

Grundsätzlich haften die Vorstandsmitglieder für Vorsatz und leichte Fahrlässigkeit.[1413] Problematisch war vor Inkrafttreten des Gesetzes zur Vereinheitlichung des Stiftungsrechts, dass die Rechtszersplitterung des Stiftungszivilrechts in Landes- und Bundesrecht Rechtsunsicherheit befeuerte.[1414] So wurde die Haftung für leichte Fahrlässigkeit in einigen Landesstiftungsgesetzen ausgeschlossen.[1415] Dabei war umstritten, ob ein solcher Ausschluss durch landesgesetzliche Regelungen zulässig sein soll.[1416] Wenn dies teilweise unter Verweis auf den vom Bundesgesetzgeber eingeräumten Spielraum bejaht wurde,[1417] ist dies jedenfalls seit Inkrafttreten des Gesetzes zur Vereinheitlichung des Stiftungsrechts im Hinblick auf die abschließenden Regelungen zur Organhaftung abzulehnen.[1418] Mit diesem Verständnis geht aber keineswegs eine Schlechterstellung der

---

1412 Ähnlich *Stürner*, DStR 2015, 1628 (1631): Man könne von einer jedenfalls „faktischen Pflicht zur Erhaltung der Gemeinnützigkeit" sprechen; *Happ*, Stifterwille und Zweckänderung, S. 129 f. zur Zweckänderung; *Schwake*, in: Münchener Handbuch GesR V, § 79 Rn. 303.

1413 *Mehren*, in: Schauhoff/Kirchhain, Handbuch der Gemeinnützigkeit, § 3 Rn. 114.

1414 BT-Drucks. 19/28173, 28; *Schmitz*, in: Hidien/Jürgens, Die Besteuerung der öffentlichen Hand, § 13 Rn. 419; *Willy*, VersR 2022, 79 (80).

1415 Art. 7 S. 2 BayStG: „Soweit nicht die Stiftungssatzung ein anderes bestimmt, sind ehrenamtlich tätige Organmitglieder nur bei vorsätzlicher oder grob fahrlässiger Verletzung ihrer Obliegenheiten der Stiftung zum Schadensersatz verpflichtet." Art. 7 BayStG wurde allerdings mit Wirkung vom 01.08.2023 aufgehoben.

1416 *Hüttemann/Herzog*, Non Profit Law Yearbook 2006, 33 (36); *Kiethe*, NZG 2007, 810 (812 f.); *Mehren*, in: Schauhoff/Kirchhain, Handbuch der Gemeinnützigkeit, § 3 Rn. 114.

1417 *Kiethe*, NZG 2007, 810 (812 f.).

1418 So bereits zuvor *Arnold*, Non Profit Law Yearbook 2009, 89 (91); *Hüttemann/Herzog*, Non Profit Law Yearbook 2006, 33 (36); *Hüttemann/Rawert*, in: Staudinger, BGB, §

Vorstandsmitglieder einher. Vielmehr kann eine Haftungsbeschränkung auf Vorsatz und grobe Fahrlässigkeit in der Stiftungssatzung erfolgen.[1419] Darüber hinaus findet gemäß § 84a Abs. 3 BGB die Regelung des § 31a BGB auch auf Stiftungsvorstände Anwendung, sodass unentgeltlich tätige Organwalter nach § 31a Abs. 1 S. 1 BGB gegenüber der Stiftung auch ohne explizite Satzungsregelung nur für Vorsatz und grobe Fahrlässigkeit haften.[1420]

(2) Die Frage nach dem (neuen) Sorgfaltsmaßstab

(a) Der Meinungsstand in der Literatur

Neu ist der für Stiftungsorganmitglieder geltende Sorgfaltsmaßstab. Gemäß § 84a Abs. 2 S. 1 BGB haben sie bei der Führung der Geschäfte der Stiftung die Sorgfalt eines ordentlichen Geschäftsführers anzuwenden. Darin wird teilweise eine Verschärfung des Sorgfaltsmaßstabs erblickt. In Anlehnung an die Vorschriften der § 93 Abs. 1 S. 1 AktG, § 43 Abs. 1 GmbHG und § 34 Abs. 1 GenG würden nun professionelle Kenntnisse und Fähigkeiten sowie ein entsprechendes Handeln erwartet – und dies auch von einem ehrenamtlich und unentgeltlich tätigen Stiftungsvorstand.[1421] Nach anderen Teilen des Schrifttums soll es nicht zu einer Veränderung des Sorgfaltsmaßstabs kommen. Vor der Einführung des § 84a Abs. 2 S. 1 BGB hatten die Vorstandsmitglieder ihre Pflichten gemäß § 86 Abs. 1 S. 1 a. F. i. V. m. § 27 Abs. 3 S. 1 BGB wie ein Beauftragter zu erfüllen. Maßgeblich war damit der allgemeine Sorgfaltsmaßstab des § 276 Abs. 2 BGB, welcher sich bereits

---

86 Rn. 67; *Mehren*, in: Schauhoff/Kirchhain, Handbuch der Gemeinnützigkeit, § 3 Rn. 114.

[1419] *Burgard*, Gestaltungsfreiheit im Stiftungsrecht, S. 596; *Hüttemann/Herzog*, Non Profit Law Yearbook 2006, 33 (45 f.); *Hüttemann/Rawert*, in: Staudinger, BGB, § 86 Rn. 70.

[1420] *Baßler/Stöffler/Blecher*, GmbHR 2021, 1125 (1131); *Burgard/Heimann*, in: Krieger/Schneider, Handbuch Managerhaftung, Rn. 7.179; *Mehren*, in: Schauhoff/Kirchhain, Handbuch der Gemeinnützigkeit, § 3 Rn. 114; *Wiese*, in: Erman, BGB, § 84a Rn. 9.

[1421] *Burgard*, in: Burgard, Stiftungsrecht, § 84a Rn. 121 ff.; *Burgard/Heimann*, in: Krieger/Schneider, Handbuch Managerhaftung, Rn. 7.180; *Burgard*, npoR 2021, 1 (4); die Vergütungsgrenze des § 31a Abs. 1 S. 1 BGB hat keinen Einfluss auf die aus § 84a Abs. 2 S. 1 BGB abgeleiteten Sorgfaltsanforderungen, *Scholz*, ZIP 2021, 1937 (1939 ff.), der allerdings keine Änderung zur vorherigen Rechtslage annimmt (§ 276 BGB); ebenfalls a. A. im Hinblick auf die Verschärfung des Sorgfaltsmaßstabs *Uffmann*, ZIP 2021, 1251 (1256).

objektiv an dem Verkehrskreis der stiftungsrechtlichen Leitungsorgane ausrichtete. Die Neuregelung stelle lediglich eine Normierung dessen dar, was ohnehin schon galt.[1422]

(b) Stellungnahme

Aufschlussreich ist zunächst der Vergleich mit dem Sorgfaltsmaßstab des Vereinsrechts, welcher zuvor entsprechend für das Stiftungsrecht galt. Dort existiert zwar keine dem § 84a Abs. 2 S. 1 BGB ähnelnde Regelung, teilweise wird aber eine entsprechende Anwendung der *business judgement rule* befürwortet.[1423] Selbst wenn der Begriff im Rahmen des Sorgfaltsmaßstabs nicht ausdrücklich verwendet wird, besteht aber Einigkeit, dass bei der Anwendung des allgemeinen Sorgfaltsmaßstabs (§ 276 Abs. 2 BGB) auf die Sorgfalt eines ordentlichen und gewissenhaften Vorstandsmitglieds eines gemeinnützigen Vereins der jeweiligen Art und Größe abzustellen ist,[1424] welche den Sorgfaltsanforderungen der von der *business judgement rule* betroffenen Geschäftsleitern einer AG oder GmbH entsprechen kann.[1425] Dieser zuvor aufgrund der Verweisung in § 86 a. F. BGB auch für Stiftungsvorstände geltende Sorgfaltsmaßstab – Sorgfalt eines ordentlichen und gewissenhaften Stiftungsvorstandsmitglieds – unterscheidet sich damit in gewissem Maße von der *business judgement rule* i. S. e. stets professionellen Geschäftsführung. Die Konkretisierung im Rahmen des § 276 Abs. 2 BGB erfolgte nämlich nach dem Verkehrskreis. Es kam also auf das Maß an Fähigkeiten, Umsicht und Sorgfalt an, das den Mitgliedern eines Stiftungsvorstands bei der Führung der Stiftungsgeschäfte typischerweise abverlangt werden konnte.[1426] Dabei waren vor allem Art, Umfang und Struktur des Stiftungsvermögens sowie der Stiftungszweck zu berücksichtigen.[1427] Folglich konnten die Sorgfaltsanforderungen beim Stiftungsvorstand denjenigen eines Leitungsorgans einer Kapitalgesellschaft, bei der die *business*

1422 *Arnold*, npoR 2021, 84 (86); *Scholz*, npoR 2022, 50 (51); *Scholz*, ZIP 2021, 1937 (1939); *Uffmann*, ZIP 2021, 1251 (1256); *Willy*, VersR 2022, 79 (81 f.).

1423 *Linnenbrink*, SpuRt 2000, 55 (56).

1424 S. 5. Kapitel B. I. 1. a) cc).

1425 *Burgard/Heimann*, in: Krieger/Schneider, Handbuch Managerhaftung, Rn. 7.34; zum Stiftungsvorstand *Burgard*, Gestaltungsfreiheit im Stiftungsrecht, S. 601 f.

1426 *Scholz*, ZIP 2021, 1937 (1939).

1427 *Uffmann*, ZIP 2021, 1251 (1256).

judgement rule unmittelbar gilt, entsprechen; dies war aber im Einzelfall von vielen Faktoren abhängig.[1428] Nach der aktuellen Rechtslage befindet sich nun eine den § 93 Abs. 1 S. 1 AktG, § 43 Abs. 1 GmbHG entsprechende Regelung im Stiftungsrecht. Fraglich ist, ob sich der Sorgfaltsmaßstab in jedem Fall an den Regelungen im Aktien- bzw. GmbH-Recht zu orientieren hat, also vom Stiftungsvorstand stets professionelle Kenntnisse und Fähigkeiten erwartet werden können.[1429]

Uffmann fordert für die Abmilderung einer solchen Verschärfung die Berücksichtigung des Umstands, dass Stiftungsvorstände – anders als im Recht der Kapitalgesellschaften, wo sich der professionelle Leistungsstandard an der betreffenden Berufsgruppe bestimmen lässt – schon nach dem gesetzlichen Modell unentgeltlich tätig sind (§ 84a Abs. 1 S. 2 BGB).[1430] Die „verfassungsprägende Unentgeltlichkeit" des Vorstandsamts müsse sich wie im Recht der Genossenschaften auf den Sorgfaltsmaßstab auswirken.[1431] Dieser Vorschlag begegnet wiederum Zweifeln. Gemäß § 34 Abs. 2 S. 3 GenG muss „bei der Beurteilung seiner Sorgfalt zu seinen Gunsten berücksichtigt werden", wenn ein Vorstandsmitglied tatsächlich im Wesentlichen unentgeltlich tätig ist. Es kommt damit auf die konkrete Unentgeltlichkeit an, sodass die verfassungsprägende Unentgeltlichkeit, also das gesetzliche Modell, nach dem Vorstandsmitglieder unentgeltlich tätig werden, nicht per se im Rahmen der Sorgfaltspflicht berücksichtigt werden kann. Es sind keineswegs sämtliche Vorstandsmitglieder von Stiftungen unentgeltlich tätig,[1432] sodass dies auch zu einer unbilligen Privilegierung führen würde.[1433] Aber auch eine analoge Anwendung des § 34 Abs. 2 S. 3 GenG, also eine Berücksichtigung nur in Fällen der tatsächlichen Unentgeltlichkeit, ist im Hinblick auf den nunmehr abschließenden Charakter der §§ 80 ff. BGB problematisch. Es erfolgte gerade keine Aufnahme eines solchen Passus, vielmehr hat die Unentgeltlichkeit

---

1428 *Burgard*, Gestaltungsfreiheit im Stiftungsrecht, S. 601 ff.

1429 So *Burgard*, in: Burgard, Stiftungsrecht, § 84a Rn. 123 f.; *Burgard/Heimann*, in: Krieger/Schneider, Handbuch Managerhaftung, Rn. 7.180; *Burgard*, npoR 2021, 1 (4).

1430 *Uffmann*, ZIP 2021, 1251 (1256).

1431 *Uffmann*, ZIP 2021, 1251 (1256).

1432 Dies trifft tatsächlich „nur" auf 2/3 der Stiftungsvorstände zu, *Uffmann*, ZIP 2021, 1251 (1255).

1433 *Scholz*, ZIP 2021, 1937 (1940).

ausdrücklich nur in § 84a Abs. 3 S. 1 BGB unter Verweis auf § 31a BGB Berücksichtigung gefunden.[1434]

Auf den ersten Blick spricht somit zwar einiges für eine Verschärfung des Sorgfaltsmaßstabs. Die „Sorgfalt eines ordentlichen Geschäftsführers“ bedarf jedoch einer die Eigenart der Stiftung berücksichtigende Konkretisierung. Überzeugend ist dabei die Vorgehensweise von *Scholz*, welcher einen Blick auf die Entstehungsgeschichte der Parallelregelungen wirft. So gehen § 93 AktG, § 43 GmbHG und § 34 GenG auf die Regelung des Art. 241 ADHGB 1884 zurück, welcher damals die Kodifizierung der nach den allgemeinen Rechtsgrundsätzen für die betreffenden Geschäftsleiter bestehende Haftung bezweckte.[1435] An dieser Ursprungsregelung, nach der „[d]ie Mitglieder des Vorstandes [...] bei ihrer Geschäftsführung die Sorgfalt eines ordentlichen Geschäftsmanns anzuwenden [haben]“, orientierten sich sowohl die Regelung im Aktienrecht und GmbH-Recht als auch im Genossenschaftsrecht, ohne dabei Änderungen des Sorgfaltsmaßstabs in der Sache vorzunehmen.[1436] Damit liegt es bereits nahe, dass der Gesetzgeber mit der *business judgement rule* des § 84a BGB nichts anderes für die Vorstandsmitglieder der Stiftung bezwecken wollte. Dafür spricht aber nicht nur der Vergleich mit der Entstehungsgeschichte der Parallelregelungen. Die Begründung des Gesetzesentwurfs unterstreicht diese Annahme:

> § 84a Absatz 2 BGB-neu enthält besondere Regelungen für Organmitglieder, die Geschäftsführungsaufgaben für die Stiftung wahrnehmen. Sie *konkretisiert* den Sorgfaltsmaßstab für die Wahrnehmung der Geschäftsführungsaufgaben und die Pflichten bei der Wahrnehmung von Geschäftsführungsaufgaben.[1437]

Eine Konkretisierung stellt aber schon nach dem Wortsinn keine Verschärfung dar, sondern die präzisere Formulierung eines bereits grob entwickelten Konzepts. Der Sorgfaltsmaßstab für Stiftungsvorstandsmitglieder wurde im Rahmen des § 276 Abs. 2 BGB entwickelt und hat nun eine Kodifizierung erfahren. Die Tatsache, dass das Grundkonzept in der Entwicklung bereits weit fortgeschritten war, führt zwangsläufig dazu, dass dieses wiederum

---

1434 *Burgard*, in: Burgard, Stiftungsrecht, § 84a Rn. 121; *Scholz*, ZIP 2021, 1937 (1940).
1435 *Scholz*, ZIP 2021, 1937 (1940).
1436 *Scholz*, ZIP 2021, 1937 (1940 Fn. 21) m. w. N.
1437 BT-Drucks. 19/28173, 61; die Kursivierung erfolgte durch den Autor.

für die Anwendung der neuen *business judgement rule* des § 84a Abs. 2 BGB heranzuziehen ist. Dieses Ergebnis ist im Hinblick auf die vielen kleinen Stiftungen, deren Vorstände meist ehrenamtlich tätig sind, auch sachgerecht. Man kann nun zwar ein professionelles Agieren des Vorstands fordern, diese Verschärfung des Sorgfaltsmaßstabs wäre dann aber rein terminologischer Natur. Bei der Ermittlung der für Stiftungsvorstandsmitglieder gebotenen Sorgfalt ist weiterhin zu fragen, wie ein pflichtbewusster Geschäftsführer einer Stiftung der konkreten Art zu handeln hat.[1438] Dabei wird stets zu berücksichtigen sein, dass Vorstandsmitglieder kleinerer Stiftungen, die häufig ehrenamtlich tätig sein werden, weder ein so hohes Maß an Professionalität an den Tag zu legen haben wie Leitungsorganmitglieder großer Stiftungen noch wie Stiftungsvorstände von Aktiengesellschaften oder die Geschäftsführer einer GmbH.[1439] Realiter unterscheidet sich der Sorgfaltsmaßstab damit nicht von der vorherigen Rechtslage.

b) Keine Haftung nach den Landesstiftungsgesetzen

Im Gegensatz zu Vorstandsmitgliedern eines Vereins mussten die Mitglieder eines Stiftungsvorstands auch die Landestiftungsgesetze beachten. Diese enthielten eigene Haftungstatbestände. So lautete etwa § 8 HessStiftG:

> Die Mitglieder der Stiftungsorgane sind zur ordnungsgemäßen Verwaltung des Stiftungsvermögens verpflichtet. Bei einer vorsätzlichen oder grobfahrlässigen Verletzung ihrer Obliegenheiten sind sie unbeschadet von Haftungsvorschriften in anderen Gesetzen der Stiftung gegenüber zum Schadensersatz verpflichtet.

Die Regelung ist jedoch mit Wirkung zum 30.06.2023 außer Kraft getreten. Zurückzuführen ist dies auf die Reform des Stiftungsrechts. Durch das Gesetz zur Vereinheitlichung des Stiftungsrechts hat der Bundesgesetzgeber von seiner konkurrierenden Gesetzgebungsbefugnis Gebrauch gemacht, sodass der Landesgesetzgeber keine Kompetenz mehr hat (Art. 72 Abs. 1 GG).[1440] Eine Ausnahme sieht § 83c Abs. 3 BGB vor, wonach durch Landesrecht

---

[1438] Zutr. *Scholz*, npoR 2022, 50 (51).

[1439] Die Ehrenamtlichkeit selbst spielt – wie schon ausgeführt wurde – keine direkte Rolle, da bereits die Haftungsbeschränkung des § 31a Abs. 1 S. 1 BGB zu einer Privilegierung führt, *Scholz*, npoR 2022, 50 (52); *Scholz*, ZIP 2021, 1937 (1940); a. A. *Uffmann*, ZIP 2021, 1251 (1256).

[1440] *Alvermann/Cremers*, DStR 2023, 1667 (1670).

vorgesehen werden kann, dass die nach Landesrecht zuständigen Behörden auf Antrag einer Stiftung für einen bestimmten Teil des Grundstockvermögens eine zeitlich begrenzte Ausnahme von § 83c Abs. 1 S. 1 BGB zulassen können, wenn dadurch die dauernde und nachhaltige Erfüllung des Stiftungszwecks nicht beeinträchtigt wird. So sind beispielsweise in Hessen und weiteren Bundesländern neue Landesstiftungsgesetze mit Wirkung zum 01.07.2023 in Kraft getreten,[1441] jedoch enthalten diese keine Haftungstatbestände mehr.

c) Deliktische Haftung

Die deliktische Haftung bringt ähnliche Probleme wie bei den Vorstandsmitgliedern des Vereins mit sich. Insbesondere im Rahmen der Haftung aus § 823 Abs. 2 BGB i. V. m. § 266 StGB stellt sich erneut das Problem um den drohenden Verlust der Gemeinnützigkeit als Vermögensnachteil.[1442] Nach richtiger Ansicht ist hinsichtlich der Qualifizierung des Verstoßes durch das Vorstandsmitglied zu differenzieren.[1443]

2. Außenhaftung

Hinsichtlich der Außenhaftung besteht weitestgehend ein Gleichlauf mit den Vorstandsmitgliedern eines gemeinnützigen Vereins. So kommt vor allem eine deliktische Haftung nach § 823 Abs. 2 BGB i. V. m. einem Schutzgesetz (beispielsweise § 266a StGB) in Betracht.[1444] Die Grundsätze zur Verletzung von Verkehrssicherungspflichten der Körperschaft durch die Mitglieder des Leitungsorgans und die damit einhergehende persönliche Haftung aus § 823 Abs. 1 BGB aus der Baustoff-Entscheidung lassen sich ebenso auf den Stiftungsvorstand übertragen.[1445] Die Haftung wegen Insolvenzverschleppung richtet sich aufgrund des Verweises in § 84 Abs. 5 BGB nach § 42 Abs. 2 BGB.[1446]

1441 Eine Übersicht befindet sich bei *Alvermann/Cremers*, DStR 2023, 1667 (1671).

1442 Ausführlich *Lassmann*, Stiftungsuntreue, S. 206 ff.; allgemein zur Strafbarkeit des Stiftungsvorstands wegen Untreue *Gräwe/Frhr. v. Maltzahn*, BB 2013, 329.

1443 S. zu den Gründen einer solchen Differenzierung 5. Kapitel B. I. 1. b) bb) (2) (b) (cc).

1444 *Hüttemann/Rawert*, in: Staudinger, BGB, § 86 Rn. 79; *Uffmann*, ZIP 2021, 1251 (1253).

1445 *Arnold*, Non Profit Law Yearbook 2009, 89 (97).

1446 *Burgard*, in: Burgard, Stiftungsrecht, § 84 Rn. 100 ff.; *Uffmann*, ZIP 2021, 1251 (1253).

Fazit

A. Zusammenfassung der Thesen

Die Darstellung der Grundlagen des Gemeinnützigkeitsrechts hat bereits gezeigt, dass mit dem Status der Gemeinnützigkeit ein strenges Pflichtenprogramm für die Körperschaft einhergeht. Die erste große Hürde stellt die Satzung einer gemeinnützigen Körperschaft dar. Fehler bei der konkreten Ausgestaltung können dazu führen, dass die Gemeinnützigkeit gar nicht erst anerkannt wird oder im Falle der nachträglichen Änderung der Satzung aberkannt wird.

Im Fokus stehen aber die Verstöße der tatsächlichen Geschäftsführung gegen Grundsätze des Gemeinnützigkeitsrechts. Um einen solchen Verstoß der tatsächlichen Geschäftsführung feststellen zu können, bedarf es zunächst der Zurechnung des potenziell gemeinnützigkeitsschädlichen Verhaltens zur Geschäftsführung der Körperschaft. Klarheit schafft ein differenziertes steuerrechtliches Zurechnungsmodell, bei dem zunächst die Leitungsorgane der Körperschaft zu betrachten sind. Handelt es sich um eine Tätigkeit, die im Zuständigkeitsbereich des Organs liegt und mit dessen Willen vorgenommen wird, so erfolgt eine Zurechnung des Verhaltens in jedem Fall, also unabhängig von internen Beschränkungen gegenüber der Körperschaft oder der Wirksamkeit der Stellvertretung im Außenverhältnis.

Problematisch sind demgegenüber unautorisierte Handlungen einzelner Organmitglieder. Diese müssen zunächst dem Organ zugerechnet werden, um dann im Rahmen der tatsächlichen Geschäftsführung der Körperschaft Berücksichtigung finden zu können. Für sämtliche Handlungen (rechtsgeschäftlich oder nichtrechtsgeschäftlich) sind die zivilrechtlichen Grundsätze zur Anscheins- und Duldungsvollmacht heranzuziehen. Dabei ist einerseits zwischen ehrenamtlich und hauptamtlich tätigen Organmitgliedern und andererseits zwischen gemeinnützigkeitsschädlichen und -fördernden Handlungen zu unterscheiden. Eine eigenmächtige Aktivität wird also grundsätzlich zugerechnet, wenn die übrigen Organmitglieder Kenntnis von der vorgenommenen Handlung haben und diese dulden. Im Einzelfall kann die Möglichkeit einer Beseitigung bestehen, sodass die Zurechnungswirkung *ex tunc* entfällt. Eine Zurechnung erfolgt ferner, wenn eine solche Kenntnis nicht bestand, aber bei Anwendung der im Verkehr erforderlichen Sorgfalt hätte bestehen und eine Verhinderung des Handelns hätte erfolgen müssen. Erforderlich ist dabei grundsätzlich ein wiederholtes Auftreten. Bei ehrenamtlichen Organmitgliedern gilt dies jedoch nur dann, wenn ihnen grobe Fahrlässigkeit vorgeworfen werden kann. Eine Rückausnahme gilt wiederum bei Tätigkeiten, welche den satzungsmäßigen gemeinnützigen Zweck fördern. Denn: Solche Handlungen entsprechen grundsätzlich dem Willen des Organs einer gemeinnützigen Körperschaft und sind deshalb unter einfacheren Voraussetzungen zuzurechnen. Diese Differenzierung wirkt sich auch bei hauptamtlichen Organwaltern aus. So erfolgt eine Zurechnung bereits beim erstmaligen Auftreten des unautorisiert handelnden Organmitglieds.

Neben den Leitungsorganmitgliedern spielen auch sonstige für die Körperschaft tätige Personen eine Rolle. Vor allem Personen, die eine maßgebliche Position innerhalb der Körperschaft bekleiden, sind in diesem Zusammenhang hervorzuheben. Eine solche Position wird durch eine qualifizierte Beauftragung begründet. Grundsätzlich ist dies zu bejahen, wenn der Akteur mit einer wesentlichen Aufgabe über einen längeren Zeitraum beauftragt wird, wobei es sich um einen rechtsgeschäftlichen Auftrag i. S. d. § 662 BGB handeln muss. Allerdings kann diese Position auch durch eine entsprechende Bestellung per Beschluss begründet werden.

Schließlich kann sich eine gemeinnützige Körperschaft bei der Verfolgung des gemeinnützigen Zwecks auch Hilfspersonen bedienen. Zu nennen sind insbesondere Vereinsmitglieder, welche willentlich von der Körperschaft eingeschaltet werden müssen. Die bereits vorgenommene Differenzierung zwischen schädlichen und fördernden Handlungen wird erneut virulent. So werden Zweckverwirklichungsmaßnahmen stets zugerechnet, während gemeinnützigkeitsschädliche Handlungen nur als tatsächliche Geschäftsführung der Körperschaft gewertet werden können, wenn die

Körperschaft eine ausdrückliche Weisung zur Vornahme dieser Handlung erteilt hat. Gleiches gilt für vereinsfremde Dritte, welche von der Körperschaft eingeschaltet werden.

Nachdem festgestellt wurde, dass ein Handeln als tatsächliche Geschäftsführung der Körperschaft anzusehen ist, muss bewertet werden, ob es einen Verstoß gegen Grundsätze des Gemeinnützigkeitsrecht darstellt und die Gemeinnützigkeit deshalb abzuerkennen ist. Abhängig von der Schwere und Dauer, die grundsätzlich getrennt voneinander geprüft werden, lässt sich jeder Verstoß in folgendes Modell einordnen: Auf oberster Stufe stehen Verstöße gegen den Grundsatz der Vermögensbindung. Solche Verletzungen des § 55 Abs. 1 Nr. 4 (unter Umständen auch des § 55 Abs. 1 Nr. 1 bis 3 AO) führen zur Aberkennung der Gemeinnützigkeit und zehnjährig rückwirkenden Versteuerung. Schwerwiegende Verstöße sind anzunehmen, wenn die Geschäftsführung in ihrer Gesamtheit gegen einen Gemeinnützigkeitsgrundsatz verstößt. Diese Verstöße können strukturell angelegt sein oder punktuell stattfinden und führen in jedem Fall zur Versagung der Gemeinnützigkeit für den betreffenden Besteuerungszeitraum, nicht aber zur zehnjährig rückwirkenden Versteuerung.

Erhebliche Verstöße der tatsächlichen Geschäftsführung unterscheiden sich von schwerwiegenden Verletzungen dadurch, dass die Geschäftsführung der Körperschaft nicht in ihrer Gesamtheit auf die Verletzung eines Grundsatzes gerichtet ist, sondern daneben auch auf die Erfüllung des satzungsmäßigen gemeinnützigen Zwecks. Hervorzuheben ist in diesem Zusammenhang der Fall des Attac-Trägervereins, in dem auch eine unzulässige politische Betätigung in erheblichem Umfang stattgefunden hat. Die zulässige Förderung des demokratischen Staatswesens zeichnet sich durch eine objektive und neutrale Würdigung demokratischer Grundprinzipien aus, welche nicht in einer Politisierung dieser Prinzipien enden darf. Diese Grundsätze lassen sich auch auf den Fall Correctiv und andere journalistisch tätitge Körperschaften übertragen. Correctiv hat mit der Investigativrecherche über das Geheimtreffen in Potsdam („Geheimplan gegen Deutschland") zwar einen Beitrag zur Förderung der politischen Bildung geleistet. Die Grenzen der gemeinnützigkeitsrechtlichen Zulässigkeit wurden jedoch aufgrund der damit verbundenen politischen Betätigung überschritten. Solche erheblichen Verstöße von dauerhafter Natur führen stets zum Verlust der Gemeinnützigkeit für den betreffenden Veranlagungszeitraum.

Davon zu unterscheiden sind die geringfügigen Verstöße. Bei einer Gesamtbetrachtung der tatsächlichen Geschäftsführung ist diese weiterhin auf die ausschließliche und unmittelbare Verfolgung des satzungsmäßigen Zwecks gerichtet (§ 63 Abs. 1 AO), sodass der Verstoß neben der Zweckverfolgung überhaupt nicht ins Gewicht fällt. Die Gemeinnützigkeit ist mangels Verstoßes gegen § 63 Abs. 1 AO bei einmaligem Auftreten nicht zu versagen. Begeht eine Körperschaft dagegen strukturell geringfügige Verstöße, so findet § 63 Abs. 4 S. 1 AO analog Anwendung. Nur wenn die Körperschaft der Aufforderung der Finanzbehörde nachkommt, gilt die tatsächliche Geschäftsführung als ordnungsgemäß. Aufgrund dieser Rechtsfolge wird besonders deutlich, aus welchem Grund die Qualität und die Quantität des Verstoßes grundsätzlich zu trennen sind. Eine Berücksichtigung der Dauer im Rahmen der Qualität birgt die Gefahr der Annahme eines erheblichen Verstoßes, welcher den Verlust der Gemeinnützigkeit begründen würde. Die saubere Trennung von Dauer und Gewicht führt zur analogen Anwendung des § 63 Abs. 4 S. 1 AO, sodass der Erhalt des Gemeinnützigkeitsstatus in der Hand der Körperschaft liegt.

Die Einmaligkeit ist jedoch aus Gründen der Rechtssicherheit ausnahmsweise im Rahmen der Verstoßqualität zu würdigen, wenn unklar ist, ob es sich noch um einen geringfügen oder schon um einen erheblichen Verstoß handelt. Liegt nur ein einmaliger Fehltritt der Körperschaft vor, so führt dies im Zweifel zur Annahme der Geringfügigkeit. Die Gemeinnützigkeit ist dann nicht zu versagen.

Der Verlust der Gemeinnützigkeit zieht schließlich eine Reihe von haftungsrechtlichen Folgen nach sich. Durch den Wegfall der Steuerbefreiung gemäß § 5 Abs. 1 Nr. 9 KStG wird die betreffende Körperschaft körperschaftsteuerpflichtig. Gleiches gilt für die Befreiung von der Gewerbesteuer (§ 3 Nr. 6 GewStG) und andere Steuern, auf die sich der Status der Gemeinnützigkeit ausgewirkt hat. Die Aberkennung der Gemeinnützigkeit kann zudem eine Ausstellerhaftung der Körperschaft nach § 10b Abs. 4 S. 2 Alt. 1 EStG begründen.

Daneben ist vor allem die steuerrechtliche Haftung der Mitglieder des Leitungsorgans von Bedeutung. So haften die gesetzlichen Vertreter gemäß § 69 S. 1 AO, soweit Ansprüche aus dem Steuerschuldverhältnis infolge vorsätzlicher oder grob fahrlässiger Verletzung der ihnen auferlegten Pflichten nicht oder nicht rechtzeitig festgesetzt oder erfüllt werden. Der

Körperschaft zurechenbare Handlungen, die sich in das Verstoßmodell einordnen lassen und zum Verlust der Gemeinnützigkeit führen, können eine solche Pflichtverletzung begründen. Denn ein pflichtwidriges Handeln der Vertreter im Zusammenhang mit dem Verlust der Gemeinnützigkeit kann bereits dann anzunehmen sein, wenn die Gemeinnützigkeit noch nicht offiziell im Rahmen der Festsetzung der Körperschaftsteuer aberkannt wurde. Wird die Position ehrenamtlich bekleidet, so ist dies im Rahmen des Verschuldens zu berücksichtigen. Zudem kommt eine Haftung nach § 71 AO (Haftung des Steuerhinterziehers) in Betracht. Unterlässt ein Organmitglied im Falle des Wegfalls der Voraussetzungen für die Steuerbefreiung wegen Gemeinnützigkeit eine Anzeige nach § 153 Abs. 2 AO, kann dies eine Steuerhinterziehung durch Unterlassen (§ 370 Abs. 1 Nr. 2 AO) darstellen. Zuletzt kommt eine Veranlasserhaftung (§ 10b Abs. 4 S. 2 Alt. 2 EStG) der Organwalter in Betracht, da diese auch natürliche Personen treffen kann.

Darüber hinaus haften die gemeinnützigen Körperschaften für zurechenbare Handlungen ihrer Leitungsorgane nach § 31 BGB. Von besonderer Bedeutung ist in diesem Zusammenhang die Pflicht der Körperschaft, erhaltene Spenden nach § 527 Abs. 1 BGB herauszugeben, wenn die Erfüllung der Auflage infolge des Verlusts der Gemeinnützigkeit unmöglich geworden ist. Ein Verein haftet zwar weder vertraglich noch deliktisch gegenüber seinen Vereinsmitgliedern aufgrund des Verlusts der steuerlichen Abzugsmöglichkeit von Mitgliedsbeiträgen. Jedoch begründet die Aberkennung der Gemeinnützigkeit unter Umständen ein Austrittsrecht aus wichtigem Grund. Gleiches gilt für die Gesellschafter einer GmbH. Die Haftung des Vereins wegen der Verletzung des Mitgliedschaftsrechts durch einen rechtswidrigen Ausschluss kommt wiederum in Betracht.

Von besonderer Bedeutung ist zudem die zivilrechtliche Haftung der Leitungsorganmitglieder. Vorstandsmitglieder eines Vereins haften dem Verein gegenüber im Innenverhältnis vor allem nach § 280 Abs. 1 BGB, wobei die Haftungsbeschränkung des § 31a BGB bei unentgeltlich tätigen Vorstandsmitgliedern zu beachten ist. Hervorzuheben ist die Verpflichtung der Vorstandsmitglieder, gemeinnützigkeitsschädliche Handlungen durch die Einberufung der Mitgliederversammlung zu unterbinden. Die Mitgliederversammlung kann entweder die Bestellung des betreffenden Vorstandsmitglieds widerrufen oder einen Unterlassungsanspruch gegen das handelnde Organmitglied – auch im Wege des Eilrechtsschutzes – geltend machen.

Daneben wird insbesondere die deliktische Haftung aus § 823 Abs. 2 BGB i. V. m. § 266 StGB virulent. Der drohende Verlust der Gemeinnützigkeit stellt dabei aber nur einen für den Straftatbestand der Untreue erforderlichen Vermögensnachteil dar, wenn es sich um einen Verstoß handelt, bei dem der Verlust der Gemeinnützigkeit sicher folgen wird. Maßgeblich hierfür ist das bereits erörterte Verstoßmodell. Im Rahmen der Außenhaftung ist zu beachten, dass auch Vorstandsmitglieder gemeinnütziger Vereine gemäß § 823 Abs. 1 BGB für die Verletzung von Verkehrssicherungspflichten der Körperschaft haften. Dabei ist die Haftungsbeschränkung des § 31a BGB im Ergebnis nicht anzuwenden, da eine Ausweitung auf das Außenverhältnis unzulässig ist. Die Haftung wegen Insolvenzverschleppung richtet sich nach § 42 Abs. 2 BGB und die Haftungsbeschränkung des § 31a BGB ist ebenfalls nicht einschlägig.

Die Haftung des GmbH-Geschäftsführers im Innenverhältnis richtet sich primär nach § 43 Abs. 2 GmbHG. Verstöße gegen Gemeinnützigkeitsvorschriften stellen aufgrund der damit einhergehenden Missachtung des Unternehmensgegenstands regelmäßig eine Pflichtverletzung dar. Auch die Untätigkeit der anderen Geschäftsführer kann in diesem Zusammenhang eine Pflichtverletzung begründen. Eine analoge Anwendung des § 31a BGB verbietet sich aus verschiedenen Gründen. Neben dem Fehlen einer planwidrigen Regelungslücke ist die Interessenlage aufgrund der Gläubigerschutzfunktion des § 43 Abs. 2 GmbHG nicht vergleichbar. Eine Entlastung ehrenamtlicher Geschäftsführer ist zudem auf anderem Wege möglich. Im Außenverhältnis kommt insbesondere die Haftung nach § 823 Abs. 1 BGB und nach § 823 Abs. 2 BGB i. V. m. § 15a Abs. 1 InsO wegen Insolvenzverschleppung in Betracht.

Die Innenhaftung der Vorstandsmitglieder gemeinnütziger Stiftungen richtet sich nach §§ 84a Abs. 1 S. 1, 280 Abs. 1, 664 bis 670 BGB. Handlungen, die zum Verlust der Gemeinnützigkeit führen, können auch bei Anwendung der *business judgement rule* eine Pflichtverletzung darstellen, da dieses Handeln regelmäßig satzungswidrig sein wird und das Stiftungsvermögen tangiert. Gemäß § 84a Abs. 3 BGB findet die Haftungsbeschränkung des § 31a BGB Anwendung. Die Neuregelung des § 84a Abs. 2 S. 1 BGB (Sorgfalt eines ordentlichen Geschäftsführers) wirkt sich indes nicht auf den Sorgfaltsmaßstab aus.

Für Leitungsorganmitglieder gemeinnütziger Körperschaften ergibt sich daraus, dass das Unterlassen potenziell gemeinnützigkeitsschädlicher

Handlungen ebenso wichtig ist wie die aufmerksame Kontrolle der weiteren Organmitglieder. Der Verlust der Gemeinnützigkeit, welcher eingedenk der strengen Vorgaben der §§ 51 ff. AO aus ganz verschiedenen Gründen drohen kann, wirkt sich nicht nur zulasten der Körperschaft aus, sondern kann auch zu einer persönlichen Haftung führen. Die unentgeltliche und ehrenamtliche Bekleidung der Position kann sich dabei begünstigend auswirken. Häufig droht aber ein Gleichlauf mit entgeltlich und hauptamtlich tätigen Geschäftsleitern.

Den in dieser Arbeit erfolgten Darstellungen der Verstöße und Folgen lag dabei stets der Leitgedanke zugrunde, einen Beitrag für ein risikoärmeres Führen der Geschäfte einer gemeinnützigen Körperschaft zu leisten. Vor allem durch die genauere Betrachtung der verschiedenen Verstöße und der damit einhergehenden Rechtsfolgen wurde aufgezeigt, welche Schritte zum folgenreichen Verlust der Gemeinnützigkeit führen. Innerhalb dieser äußersten Grenzen eröffnet sich damit ein wertvoller Handlungsspielraum für die Akteure der gemeinnützigen Körperschaften, welcher für die immens wichtige Förderung gemeinnütziger Zwecke auf ganz unterschiedliche Art und Weise mit Leben gefüllt werden kann.

B. Keine Erweiterung des Zweckkatalogs

Die aufgezeigte Unterscheidung zwischen gemeinnützigen und politischen Zwecken sollte *de lege ferenda* beibehalten werden. Diese Differenzierung dient einerseits der Chancengleichheit politischer Parteien und andererseits dem Recht des Bürgers auf gleiche Teilhabe an der politischen Willensbildung. Insbesondere die Einführung eines neuen Katalogzwecks, der eine allgemeinpolitische Betätigung ausdrücklich zulässt, ist vor diesem Hintergrund abzulehnen. Einkommensstarke Bürger könnten ihrer Stimme durch Spenden an allgemeinpolitisch tätige gemeinnützige Einrichtungen ein enormes Gewicht verleihen. Dabei käme es nicht auf die Einflussnahme durch bestimmte Parteien an. Denn: Vor allem journalistisch tätige Körperschaften können einen erheblichen Einfluss auf die öffentliche Meinungsbildung ausüben und sich politische Ansichten zu eigen machen. Sollte es zu einer Erweiterung des Katalogs um den Zweck des Journalismus kommen, würde dies auch nicht zu mehr Rechtssicherheit für die betreffenden Körperschaften führen. Journalistisch tätige Körperschaften, die sich der allgemeinen Förderung des demokratischen Staatswesens und der Förderung der Bildung verschrieben haben und diese Zwecke auch tatsächlich verfolgen, handeln nicht zwangsläufig machtgeleitet und können deshalb bereits *de lege lata* als gemeinnützig anerkannt werden, sodass in diesem Fall keine Notwendigkeit für die Erweiterung des Zweckkatalogs besteht. Körperschaften, die diese Voraussetzungen nicht erfüllen, da sie zu politisch tätig sind, könnten ihre politischen Ziele auch nicht unter dem Zweck des Journalismus verfolgen. Die verfassungsrechtlich gebotene Trennung zwischen gemeinnütziger und politischer Betätigung würde auch bei der Förderung des Journalismus dazu führen, dass die Verfolgung des Zwecks objektiv und neutral zu erfolgen hätte, sodass die Förderung einer politischen Partei stets zum Verlust der Gemeinnützigkeit führen würde. Die Schaffung von Rechtssicherheit für gemeinnützigen Journalismus – so wie es ausdrücklich im Koalitionsvertrag steht[1447] – kann also nicht durch eine Erweiterung des Zweckkatalogs, sondern nur durch die konsequente Nichtanerkennung der Gemeinnützigkeit im Falle der politischen Betätigung erfolgen. Denkbar wäre zudem eine Erweiterung des AEAO zu § 52 um einen Beispielkatalog mit unzulässigen politischen Betätigungen, zu denen etwa die Förderung eines Verbotsverfahrens gegen eine konkrete Partei zählen könnte. Ferner müssten dort gezielte Falschdarstellungen, die im Zusammenhang mit einer konkreten Partei erfolgen, als Beispiele für eine gemeinnützigkeitsschädliche Betätigung aufgeführt werden. Darunter würden einerseits falsche Darstellung zugunsten einer Partei, die das Wahlverhalten der Bürger i. S. e. Stimmabgabe für die Partei beeinflussen, zählen. Andererseits müssten auch Falschdarstellungen zulasten einer Partei, die die Bürger von einer Wahl der Partei abhalten (sollen), erfasst sein. Abschließend lässt sich daher sagen, dass der Zweckkatalog des § 52 AO ausreichend ist.

C. Gemeinnützigkeitsrechtliche *business judgement rule*

Es existiert eine Vielzahl an steuer- und zivilrechtlichen Vorschriften, die im Falle des Verlusts der Gemeinnützigkeit zur Haftung der gemeinnützigen Körperschaft führen können. Gleiches gilt für die Leitungsorganmitglieder der Körperschaft. Denkbar wäre die Einführung einer gemeinnützigkeitsrechtlichen

[1447] Koalitionsvertrag 2021–2025 v. 07.12.2021, S. 97.

business judgement rule in § 63 Abs. 1 AO. Diese würde den Verlust der Gemeinnützigkeit in Fällen verhindern, in denen die Organe der Körperschaft „vernünftigerweise annehmen durften, auf der Grundlage angemessener Informationen zum Wohle der Körperschaft zu handeln".[1448] Damit würde den Haftungstatbeständen der gemeinsame Anknüpfungspunkt – der Verlust der Gemeinnützigkeit – entzogen werden, wenn die Geschäftsleiter bei ihrer Handlung die Voraussetzungen einer solchen *business judgement rule* erfüllen. Eingedenk des Umstands, dass die rückwirkende Beseitigung gemeinnützigkeitsschädlicher Handlungen nur in Ausnahmefällen erfolgen kann, wäre eine entsprechende Änderung des § 63 Abs. 1 AO zur Abfederung der dargestellten Haftungsfolgen zu begrüßen. Die *business judgement rule* ließe sich bei der Gesamtbetrachtung der tatsächlichen Geschäftsführung jeweils im Rahmen der schädlichen Handlung prüfen und könnte unter Umständen Einfluss auf die Qualifizierung des Verstoßes haben. Hat die tatsächliche Geschäftsführung der Körperschaft in einem Veranlagungszeitraum zwei erhebliche Gemeinnützigkeitsverstöße begangen und stellt sich bei einem der Verstöße heraus, dass die Geschäftsführung annehmen durfte, auf der Grundlage angemessener Informationen zum Wohle der Gesellschaft zu handeln, so könnte dies nach stets zu erfolgender Einordnung in das vorgeschlagene Verstoßmodell dazu führen, dass die Gemeinnützigkeit nicht zu versagen wäre. Die zahlreichen Haftungstatbestände im Zusammenhang mit dem Verlust der Gemeinnützigkeit wären nicht mehr zu prüfen. Die Einführung einer gemeinnützigkeitsrechtlichen *business judgement rule* würde sich jedoch in erster Linie auf die Vermögensanlage und die Zahlung von Entgelten im Zusammenhang mit Organvergütungen auswirken.[1449] Eine entsprechende Änderung des § 63 Abs. 1 AO hätte damit auf den Großteil der dargestellten Gemeinnützigkeitsverstöße, insbesondere das breite Feld der politischen Betätigung durch Organmitglieder, keinen Einfluss.

1448 So *Kirchhain/Unger*, DStR 2023, 1281 (1288).

1449 *Kirchhain*, DStR 2021, 129 (139).

Literaturverzeichnis

Altmeppen, Holger: Gesetz betreffend die Gesellschaften mit beschränkter Haftung Kommentar, 11. Aufl., München 2023 (zit.: *Altmeppen*, GmbHG).

Altmeppen, Holger: Haftung der Geschäftsleiter einer Kapitalgesellschaft für Verletzung von Verkehrssicherungspflichten, ZIP 1995, 881–891.

Alvermann, Jörg/*Cremers*, Oliver: Das neue Stiftungsrecht – Ein Überblick für die steuerliche Beratungspraxis, DStR 2023, 1667–1671.

Arnold, Arnd: Die Organhaftung in Verein und Stiftung (unter besonderer Berücksichtigung des neuen § 31a BGB), Non Profit Law Yearbook 2009, 89–113 (zit.: *Arnold*, Non Profit Law Yearbook 2009).

Arnold, Arnd: Teil 3: Die Rechtsstellung der Organe und das Stiftungsregister, npoR 2021, 84–89.

Austermann, Philipp: Wahlrechtsreform mit gleichheitswidriger Zweitstimmendeckung, NVwZ 2023, 625–628.

Austermann, Philipp: Warum und wie unser Bundestagswahlrecht geändert werden muss, ZRP 2021, 226–228.

Baßler, Johannes/*Stöffler*, Ann-Sophie/*Blecher*, Eva: Die unternehmensverbundene Familienstiftung nach dem Gesetz zur Vereinheitlichung des Stiftungsrecht – Neuerungen und Handlungsempfehlungen für bestehende Stiftungen, GmbHR 2021, 1125–1134.

Bauer, Karl-Heinz M.: Die Steuerpflicht gemeinnütziger Körperschaften nach der Rechtsprechung des Bundesfinanzhofs, FR 1989, 61–71.

Baum, Michael/*Buse*, Johannes W./*Brandl*, Harald/*Szymczak*, Manfred: AO – eKommentar, Bonn 2024 (zit.: *Bearbeiter*, in: AO – eKommentar).

Beck'scher Online-Kommentar AO (Hrsg.: *Pfirrmann*, Volker/*Rosenke*, Torsten/*Wagner*, Klaus J.), 26. Edition, Stand: 01.10.2023, München 2023 (zit.: *Bearbeiter*, in: BeckOK-AO).

Beck'scher Online-Kommentar BGB (Hrsg.: *Hau*, Wolfgang/*Poseck*, Roman), 70. Edition, Stand: 01.05.2024, München 2024 (zit.: *Bearbeiter*, in: BeckOK-BGB).

Beck'scher Online-Kommentar GmbHG (Hrsg.: *Ziemons*, Hildegard/*Jaeger*, Carsten/*Pöschke*, Moritz), 60. Edition, Stand: 01.05.2024, München 2024 (zit.: *Bearbeiter*, in: BeckOK-GmbHG).

Beck'scher Online-Kommentar Grundgesetz (Hrsg.: *Epping*, Volker/*Hillgruber*, Christian), 58. Edition, Stand: 15.06.2024, München 2024 (zit.: *Bearbeiter*, in: BeckOK-GG).

Beck'sches Formularbuch Bürgerliches, Handels- und Wirtschaftsrecht (Hrsg.: *Gebele*, Alexander/*Scholz*, Kai-Steffen), 14. Aufl., München 2022 (zit.: *Bearbeiter*, in: Beck'sches Formularbuch Bürgerliches, Handels- und Wirtschaftsrecht).

Becker, Alexander: Der Wegfall des gemeinnützigkeitsrechtlichen Status – Eine Bestandsaufnahme und Hilfestellung für die Praxis, DStR 2010, 953–960.

Becker, Enno/*Riewald*, Alfred/*Koch*, Carl: Reichsabgabenordnung mit Nebengesetzen Kommentar, Band 1 §§ 1–159 Reichsabgabenordnung, Steueranpassungsgesetz und Steuersäumnisgesetz, 9. Aufl., Köln u. a. 1963.

beck-online.GROSSKOMMENTAR BGB (Hrsg.: *Gsell*, Beate/*Krüger*, Wolfgang/*Lorenz*, Stephan/*Reymann*, Christoph), Stand: 01.07.2024, München 2024 (zit.: *Bearbeiter*, in: beckOGK-BGB).

Beyer, Benjamin: Anmerkung zu BFH, Urt. v. 12.03.2020 – V R 5/17, ZStV 2020, 233–241.

Beyer, Thomas: Rechtsbegriff und Rechtsverhältnis der ehrenamtlichen Tätigkeit, ZStV 2019, 172–182.

Birk, Dieter/*Desens*, Marc/*Tappe*, Henning: Steuerrecht, 26. Aufl., Heidelberg 2023.

Boemke, Burkhard/*Ulrici*, Bernhard: BGB Allgemeiner Teil, 2. Aufl., Heidelberg 2014 (zit.: *Boemke/Ulrici*, BGB AT).

Bork, Reinhard: Aktuelle Probleme des Aktienrechts, ZIP 1990, 1037–1044.

Bork, Reinhard: Allgemeiner Teil des Bürgerlichen Gesetzbuchs, 4. Aufl., Tübingen 2016 (zit.: *Bork*, BGB AT).

Bott, Harald/*Walter*, Wolfgang: Körperschaftsteuergesetz Kommentar, 177. Lieferung, 5/2024, Bonn 2024 (zit.: *Bearbeiter*, in: Bott/Walter, KStG).

Bott, Harald: JStG 2020: Reform des Gemeinnützigkeitsrechts – Teil I, BB 2021, 414–421.

Bott, Harald: JStG 2020: Reform des Gemeinnützigkeitsrechts – Teil II, BB 2021, 479–485.

Brandis, Peter/*Heuermann*, Bernd: Ertragsteuerrecht – Kommentar zum Einkommensteuergesetz, Körperschaftsteuergesetz, Gewerbesteuergesetz, Außensteuergesetz, Investmentsteuergesetz, Umwandlungssteuergesetz und Nebengesetze
· Band 2: §§ 9–25 EStG, Stand: März 2024 (171. Ergänzungslieferung), München 2024
· Band 3: §§ 26–126 EStG, Stand: März 2024 (171. Ergänzungslieferung), München 2024
· Band 4: §§ 1–40 KStG – §§ 27–54a KStG a. F. – §§ 1–37 GewStG, Stand: März 2024 (171. Ergänzungslieferung), München 2024
(zit.: *Bearbeiter*, in: Brandis/Heuermann).

Brill, Mirko Wolfgang: Der Verlust der Gemeinnützigkeit aufgrund von Verstößen gegen die Rechtsordnung und aufgrund des Verzichts, Hamburg 2006 (zit.: *Brill*, Der Verlust der Gemeinnützigkeit).

Brox, Hans/*Walker*, Wolf-Dietrich: Allgemeiner Teil des BGB, 47. Aufl., München 2023 (zit.: *Brox/Walker*, BGB AT).

Brüggemeier, Gert: Prinzipien des Haftungsrechts – Eine systematische Darstellung auf rechtsvergleichender Grundlage, Baden-Baden 1999 (zit.: *Brüggemeier*, Prinzipien des Haftungsrechts).

Bruschke, Gerhard: Förderung der Allgemeinheit im Gemeinnützigkeitsrecht, DStR 2017, 2416–2419.

Buchna, Johannes/*Leichinger*, Carina/*Seeger*, Andreas/*Brox*, Wilhelm: Gemeinnützigkeit im Steuerrecht – Die steuerlichen Begünstigungen für Vereine, Stiftungen und andere Körperschaften – Steuerliche Spendenbehandlung, 11. Aufl., Achim 2015 (zit.: *Buchna/Leichinger/Seeger/Brox*, Gemeinnützigkeit im Steuerrecht, 11. Aufl.).

Buchna, Johannes/*Leichinger*, Carina/*Seeger*, Andreas/*Brox*, Wilhelm: Gemeinnützigkeit im Steuerrecht – Die steuerlichen Begünstigungen für Vereine, Stiftungen und andere Körperschaften – Steuerliche Spendenbehandlung, 12. Aufl., Achim 2023 (zit.: *Buchna/Leichinger/Seeger/Brox*, Gemeinnützigkeit im Steuerrecht).

Bülte, Jens: Die neuere Rechtsprechung des BGH zur Strafbewehrung von § 153 AO: Prüfstein für Strafrechtsdogmatik und Verfassungsrecht im Steuerstrafrecht, BB 2010, 607–614.

Bunjes, Johann: Umsatzsteuergesetz Kommentar, 23. Aufl., München 2024 (zit.: *Bearbeiter*, in: Bunjes, UStG).

Burgard, Ulrich/*Heimann*, Carsten: Haftungsrisiken von Vereins- und Stiftungsvorständen – Haftung von Vereinsvorständen, ZStV 2019, 161–169.

Burgard, Ulrich: Das Gesetz zur Begrenzung der Haftung von ehrenamtlich tätigen Vereinsvorständen, ZIP 2010, 358–365.

Burgard, Ulrich: Die Kritik an dem Referentenentwurf eines Gesetzes zur Vereinheitlichung des Stiftungsrechts im Überblick mit Fallstudien, npoR 2021, 1–11.

Burgard, Ulrich: Gestaltungsfreiheit im Stiftungsrecht – Zur Einführung korporativer Strukturen bei der Stiftung, Köln 2006 (zit.: *Burgard*, Gestaltungsfreiheit im Stiftungsrecht).

Burgard, Ulrich: Stiftungsrecht – Kommentierung der §§ 80–88 BGB, Berlin 2023 (zit.: *Bearbeiter*, in: Burgard, Stiftungsrecht).

Burhoff, Detlef: Vereinsrecht – Ein Leitfaden für Vereine und ihre Mitglieder, 1. *Aufl.*, Herne/Berlin 1989 (zit.: *Burhoff*, Vereinsrecht).

Claßen, Rüttger: Besteuerung des Unrechts: das Wirklichkeitsprinzip des § 40 AO im Lichte der Einheit der Rechtsordnung, 1981 (zit.: *Claßen*, Besteuerung des Unrechts).

Cremers, Oliver: Steuerliche Gemeinnützigkeit und allgemeine Rechtsordnung, Baden-Baden 2022.

Cremers, Oliver: Steuerliche Gemeinnützigkeit und allgemeine Rechtsordnung, npoR 2023, 126–128.

Diefenbach-Trommer, Stefan: Nötige Unterscheidungen zur politischen Betätigung gemeinnütziger Körperschaften: Zweck, Mittel, Haltung und Tagespolitik, ZStV 2021, 152–157.

Döring, Steffen/*Fischer*, Matthias: Steuer- und gemeinnützigkeitsrechtliche Behandlung von Gewinnausschüttungen unter Beteiligung gemeinnütziger Körperschaften am Beispiel eines Krankenhauskonzerns, DB 2007, 1831–1836.

Dreier, Horst: Grundgesetz-Kommentar
- Band I Präambel, Vorbemerkungen, Artikel 1–19 (Hrsg.: *Brosius-Gersdorf*, Frauke), 4. Aufl., Tübingen 2023
- Band II Artikel 20–82 (Hrsg.: *Dreier*, Horst), 3. Aufl., Tübingen 2015

(zit.: *Bearbeiter*, in: Dreier, GG).

Dreyer, Gunda/*Kotthoff*, Jost/*Meckel*, Astrid/*Hentsch*, Christian-Henner: Heidelberger Kommentar zum Urheberrecht, 4. *Aufl.*, Heidelberg 2018 (zit.: *Bearbeiter*, in: Dreyer/Kotthoff/Meckel/Hentsch, Urheberrecht).

Droege, Michael: Gemeinnützigkeit im offenen Steuerstaat, Tübingen 2010.

Dürig, Günter/*Herzog*, Roman/*Scholz*, Rupert: Grundgesetz Kommentar, 103. Lieferung, 1/2024, München 2024
- Band I: Texte · Art. 1–5

· Band III: Art. 17–28
· Band IV: Art. 29–67
(zit.: *Bearbeiter*, in: Dürig/Herzog/Scholz, GG).

Ehlers, Harald: Die persönliche Haftung von ehrenamtlichen Vereinsvorständen, NJW 2011, 2689–2694.

Eisolt, Dirk: Gemeinnützige Empfängerkörperschaften als Hilfspersonen iSd § 57 Abs. 1 S. 2 AO, DStR 2020, 1417–1421.

Engel, Julian: Die Gemeinnützigkeit im Lichte der neuen Rechtsprechung des Bundesfinanzhofes in Sachen „Attac", ZStV 2019, 130–135.

Erman, *Walter*: Bürgerliches Gesetzbuch Kommentar mit Nebengesetzen (AGG, BVersTG, EGBGB, ErbbauRG, ProdhaftG, VBVG, VersAusglG, WEG – teils in Auszügen) und Internationalem Privatrecht (Hrsg.: *Westermann*, Harm Peter/*Grunewald*, Barbara/*Maier-Reimer*, Georg), 17. Aufl., Köln 2023 (zit.: *Bearbeiter*, in: Erman, BGB).

Esser, Robert/*Rübenstahl*, Markus/*Saliger*, Frank/*Tsambikakis*, Michael: Wirtschaftsstrafrecht – Kommentar mit Steuerstrafrecht und Verfahrensrecht, Köln 2017 (zit.: *Bearbeiter*, in: Esser/Rübenstahl/Saliger/Tsambikakis, Wirtschaftsstrafrecht).

Eversberg, Horst: Besonderheiten des Ausstiegs bzw. Teilausstiegs aus dem Dritten Sektor, Non Profit Law Yearbook 2003, 59–84 (zit.: *Eversberg*, Non Profit Law Yearbook 2003).

Eversloh, Udo: Im Blickpunkt, BB 2019, 533.

Exner, Markus: Aktuelles zum Gemeinnützigkeitsrecht aus Sicht der Finanzverwaltung, npoR 2022, 77–85.

Fehrenbacher, Oliver: Steuerrecht, 8. *Aufl.*, Baden-Baden 2023 (zit.: *Fehrenbacher*, Steuerrecht).

Felix, Günther/*Streck*, Michael: Inhalte und Tragweite der Reform der ertragsteuerlichen Abzugsfähigkeit staatspolitischer und staatsdemokratischer Ausgaben aufgrund der Novelle 1983 des Parteiengesetzes, DStZ 1984, 79–84.

Felix, Günther: Förderung der Allgemeinheit als Voraussetzung der Gemeinnützigkeit, FR 1961, 236–238.

Fischer, Daniel J.: Zur Besteuerung des nicht steuerbegünstigten eingetragenen Vereins, npoR 2018, 156–159.

Fischer, Daniel J./*Fischer*, Peter/*Warlich*, Anke: Gemeinnütziger Journalismus – Gutachten zur steuerlichen Anerkennung der Gemeinnützigkeit von Journalismus unter Einbeziehung des freien Wettbewerbs auf dem Medienmarkt, Bonn 2018 (zit.: *Fischer/Fischer/Warlich*, Gemeinnütziger Journalismus).

Fischer, Thomas: Strafgesetzbuch mit Nebengesetzen, 71. *Aufl.*, München 2024 (zit.: *Fischer*, StGB).

Flume, Werner: Allgemeiner Teil des Bürgerlichen Rechts, Das Rechtsgeschäft, Zweiter Band, 4. Aufl., Berlin/Heidelberg/New York 1992 (zit.: *Flume*, BGB AT).

Formularbuch Recht und Steuern – Gesellschaftsverträge – Sonstige Verträge – Besteuerungsverfahren – Rechtsmittelverfahren – Steuerstrafverfahren (Hrsg.: *Alvermann*, Jörg/*Bahns*, Jochen/*Beckert*, Manuela), 10. *Aufl.*, München 2021 (zit.: *Bearbeiter*, in: Formularbuch Recht und Steuern).

Fornefeld, Sebastian/*Kahf*, Christian/*Kamp*, Florian/*Lienicke*, Clara/*Plate-Godeffroy*, Emily/*Stemplewski*, Niclas/*Wrede*, Kathrin/*Röcken*, Michael: Persönliche Haftung des bestellenden Fußballobmanns der Fußballabteilung, npoR 2013, 138.

Fröschl, K.-Jürgen: Anmerkung zu BFH, Urt. v. 27.09.2001 – V R 17/99, HFR 2002, 371–374.

Frotscher, Gerrit/*Drüen*, Klaus-Dieter: Körperschaftsteuer Gewerbesteuer Umwandlungssteuer Kommentar
· Band *1*: §§ 1 bis 8 KStG, 173. Lieferung, 4/2024, Freiburg 2024
· Band 2: §§ 8a bis 40 KStG, 173. Lieferung, 4/2024, Freiburg 2024
· Band *3*: §§ 1 bis 37 GewStG, §§ 1 bis 28 UmwStG, 173. Lieferung, 4/2024, Freiburg 2024
(zit.: *Bearbeiter*, in: Frotscher/Drüen, KStG).

Früh, Andreas: Juristisch auslegen, argumentieren und überzeugen, JuS 2021, 905–913.

Gaede, Karsten: Der Steuerbetrug – Eine Untersuchung zur Systematisierung der europäisierten Deliktsfamilie des Betruges und zur legitimen Reichweite des notwendig normgeprägten Betrugsunrechts der Steuerhinterziehung – Zugleich ein Beitrag zum Verhältnis von Strafrecht und Verfassungsrecht, Baden-Baden 2016 (zit.: *Gaede*, Der Steuerbetrug).

Gast-de Haan, Brigitte: Die Förderung der „Allgemeinheit" als Voraussetzung für die steuerliche Anerkennung der Gemeinnützigkeit von Vereinen, DStR 1996, 405–408.

Gehrlein, Markus: Die Behandlung von Gesellschafterdarlehen durch das MoMiG, BB 2008, 846–854.

Gierlich, Michael: Vertrauensschutz und Haftung bei Spenden, FR 1991, 518–522.

Gmach, Gertlieb: Freizeitaktivitäten und Gemeinnützigkeit, FR 1996, 308–313.

Gmach, Gertlieb: Neuere Rechtsprechung zum Recht der steuerbegünstigten Zwecke – Anschluss an FR 1992, 313 bzw. FR 1989, 61, FR 1995, 85–100.

Gmach, Gertlieb: Neuere Rechtsprechung zum Recht der steuerbegünstigten Zwecke, FR 1992, 313–327.

Gosch, Dietmar: Abgabenordnung Finanzgerichtsordnung Kommentar, 184. Lieferung, 7/2024, Bonn 2024 (zit.: *Bearbeiter*, in: Gosch, AO/FGO).

Gosch, Dietmar: Körperschaftsteuergesetz Kommentar, 4. Aufl., München 2020 (zit.: *Bearbeiter*, in: Gosch, KStG).

Gottwald, Peter/*Haas*, Ulrich: Insolvenzrechts-Handbuch, 6. *Aufl.*, München 2020 (zit.: *Bearbeiter*, in: Gottwald/Haas, Insolvenzrechts-Handbuch).

Gräwe, Daniel/*Frhr. v. Maltzahn*, Ruprecht: Die Untreuestrafbarkeit von Stiftungsvorstand und -beirat: Vermeidungsstrategien bei stiftungstypischen Maßnahmen, BB 2013, 329–336.

Großkommentar Aktiengesetz, (Hrsg.: *Hirte*, Heribert/*Mülbert*, Peter O./ *Roth*, Markus), Band *4/2* §§ 92–94, 5. *Aufl.*, Berlin 2015 (zit.: *Bearbeiter*, in: Großkommentar AktG).

Grüneberg, Christian: Bürgerliches Gesetzbuch mit Nebengesetzen, 83. Aufl., München 2024 (zit.: *Bearbeiter*, in: Grüneberg, BGB).

Grunewald, Barbara: Auskunftserteilung und Haftung des Vorstandes im bürgerlich-rechtlichen Verein, ZIP 1989, 962–967.

Grunewald, Barbara: Die Haftung von Organmitgliedern nach Deliktsrecht, ZHR 157 (1993), 451–463.

Grzeszick, Bernd: Gleichheit der Wahl und Wahlrechtssystem – Die „verbundene Mehrheitsregel“ des Gesetzesentwurfs zur Wahlrechtsreform als verfassungsrechtliches Problem, NVwZ 2023, 286–292.

Günther, Karl-Heinz: Anmerkung zu BFH, Urt. v. 12.03.2020 – V R 5/17, EStB 2020, 341–342.

Haaf, Philipp: Konsilleistungen wider die Unmittelbarkeit im Gemeinnützigkeitsrecht? Erlösausweitung durch Konsilleistungen im Lichte der Steuerrechtsprechung, DStR 2012, 159–163.

Haas, Ulrich: Geschäftsführerhaftung und Gläubigerschutz – Unternehmerische Verhaltenspflichten des GmbH-Geschäftsführers zum Schutz Dritter, München 1997 (zit.: *Haas*, Geschäftsführerhaftung und Gläubigerschutz).

Habersack, Mathias/*Casper*, Matthias/*Löbbe*, Marc: Gesetz betreffend die Gesellschaften mit beschränkter Haftung (GmbHG) Großkommentar · Band *1*: Einleitung; §§ 1–28 GmbHG, 3. *Aufl.*, Tübingen 2019

· Band 2: §§ 29–52 GmbHG, 3. *Aufl.*, Tübingen 2020
(zit.: *Bearbeiter*, in: Habersack/Casper/Löbbe, GmbHG).

Habersack, Mathias: Die Mitgliedschaft – subjektives und „sonstiges“ Recht, Tübingen 1996.

Hachenburg, Max: Gesetz betreffend die Gesellschaften mit beschränkter Haftung (GmbHG) Großkommentar, Band 2: §§ 13–52, 7. *Aufl.*, Berlin 1979 (zit.: *Bearbeiter*, in: Hachenburg, GmbHG).

Hallerbach, Dorothee/*Nacke*, Alois Th./*Rehfeld*, Lars: Gewerbesteuergesetz Kommentar, Stand: 10/2023, Herne 2023 (zit.: *Bearbeiter*, in: Hallerbach/Nacke/Rehfeld, GewStG).

Hammer, Felix: Die Gemeinnützigkeitsregelungen des Steuerrechts im Spiegel der deutschen Staats- und Verfassungsentwicklung, StuW 2001, 19–25.

Happ, Annette: Stifterwille und Zweckänderung – Möglichkeiten und Grenzen einer Änderung des Stiftungszwecks durch Organbeschluss, Köln 2007 (zit.: *Happ*, Stifterwille und Zweckänderung).

Harlan, Lukas/*Göbel*, Tim: Medienvielfalt für die Demokratie, npoR 2020, 253–254.

Heermann, Peter W.: Haftung des Vereinsvorstands bei Ressortaufteilung sowie für unternehmerische Entscheidungen, NJW 2016, 1687–1692.

Heil, Ulf/*Russenschuck*, Viola: Die persönliche Haftung des GmbH-Geschäftsführers – Im Blickpunkt: Grundsätze der sogenannten „Managerprodukthaftung“, BB 1998, 1749–1755.

Henssler, Martin/*Strohn*, Lutz: Gesellschaftsrecht BGB · PartGG · HGB · GmbHG · AktG · DCGK · GenG · UmwG · InsO · AnfG · IntGesR, 6. *Aufl.*, München 2024 (zit.: *Bearbeiter*, in: Henssler/Strohn, Gesellschaftsrecht).

Herberger, Maximilian/*Martinek*, Michael/*Rüßmann*, Helmut/*Weth*, Stephan/*Würdinger*, Markus (Gesamthrsg.): juris Praxiskommentar BGB
· Band 1 – Allgemeiner Teil (Hrsg.: *Vieweg*, Klaus), 10. Aufl., Saarbrücken 2023
· Band 2 – Schuldrecht (Hrsg.: *Junker*, Markus/*Beckmann*, Roland Michael/*Rüßmann*, Helmut), 10. Aufl., Saarbrücken 2023
(zit.: *Bearbeiter*, in: jurisPK-BGB).

Herbert, Ulrich: Die Mittel- und Vermögensbindung gemeinnütziger Körperschaften, BB 1991, 178–190.

Herdegen, Matthias/*Masing*, Johannes/*Poscher*, Ralf/*Gärditz*, Klaus Ferdinand: Handbuch des Verfassungsrechts – Darstellung in transnationaler Perspektive, München 2021 (zit.: *Bearbeiter*, in: Herdegen/Masing/Poscher/Gärditz, Handbuch des Verfassungsrechts).

Herrmann, Carl/*Heuer*, Gerhard/*Raupach*, Arndt: Kommentar zum Einkommen- und Körperschaftsteuergesetz, 326. Lieferung, 6/2024, Köln 2024 (zit.: *Bearbeiter*, in: Herrmann/Heuer/Raupach, EStG/KStG).

Hettlage, Manfred C.: Gutachten zur Reform des Wahlrechts – Für die Beantragung und Begründung einer Verfassungsbeschwerde nach Art. 93 GG, NJOZ 2023, 608–614.

Hettlage, Manfred C.: Mehr Stücke als Kuchen: die Überhangmandate – Also ist das Parlament kleiner als die Summe seiner Mitglieder, ZRP 2012, 87–89.

Heuermann, Bernd: Anmerkung zu BFH, Urt. v. 17.05.2017 – V R 52/15, DStR 2017, 1749–1754.

Heuermann, Bernd: Steuerfragen politischer Bewegungen – Das Attac-Urteil vom 10. Januar 2019 – V R 60/17 und die Folgen, npoR 2020, 6–11.

Hidien, Jürgen W./*Jürgens*, Andreas: Die Besteuerung der öffentlichen Hand – Verwaltungs- und Steuerrecht der öffentlichen Unternehmen und der juristischen Personen des öffentlichen Rechts, 2. Aufl., München 2023 (zit.: *Bearbeiter*, in: Hidien/Jürgens, Die Besteuerung der öffentlichen Hand).

Hilgendorf, Eric/*Hörnle*, Tatjana/*Nestler*, Nina: Leipziger Kommentar Strafgesetzbuch, Band 10 · §§ 174–210, 13. *Aufl.*, Berlin 2023 (zit.: *Bearbeiter*, in: Leipziger Kommentar StGB).

Hippel, Thomas von/*Walz*, W. Rainer: Rechtspolitische Optionen zum deutschen Gemeinnützigkeits- und Spendenrecht von A bis Z, Spenden- und Gemeinnützigkeitsrecht in Europa (Hrsg.: *Walz*, W. Rainer/*Auer*, Ludwig von/ *Hippel*, Thomas von), Tübingen 2007, 215–280.

Hoffmann-Becking, Michael: Haftungsbeschränkung durch Geschäftsverteilung in Geschäftsführung und Vorstand, NZG 2021, 93–95.

Holland, Ludger: Kooperationen zwischen gemeinnützigen Organisationen – Neues zur Hilfsperson, DStR 2010, 2057–2060.

Holt, Thomas von: Gemeinnützigkeitsrechtliche Hürden für Betriebskindergärten und das Ehrenamt – Zugleich Anmerkung zu BFH v. 1.2.2022 – V R 1/20 sowie zu den laufenden Verfahren am FG Düsseldorf, Az. 6 K 2794/20 AO und 6 K 882/21 AO, DStR 2022, 2250–2253.

Honsell, Heinrich/*Mayer-Maly*, Theo: Rechtswissenschaft – Eine Einführung in das Recht und seine Grundlagen, 7. Aufl., Baden-Baden/ Wien/Bern 2017 (zit.: *Honsell/Mayer-Maly*, Rechtswissenschaft).

Hornung, Philipp/*Vielwerth*, Alexander: Wie viel Politik verträgt das Gemeinnützigkeitsrecht? Anmerkungen zum Urteil des BFH v. 10.1.2019 – V R 60/17, DStR 2019, 1497–1502.
Hübschmann, Walter/*Hepp*, Ernst/*Spitaler*, Armin: Abgabenordnung Finanzgerichtsordnung Kommentar, 279. Lieferung, 4/2024, Köln 2024 (zit.: *Bearbeiter*, in: Hübschmann/Hepp/Spitaler, AO/FGO).
Hüttemann, Rainer/*Herzog*, Rainer: Organhaftung bei Non Profit Organisationen, Non Profit Law Yearbook 2006, 33–55 (zit.: *Hüttemann/Herzog*, Non Profit Law Yearbook 2006).
Hüttemann, Rainer/*Schauhoff*, Stephan: Die „unmittelbare Gemeinnützigkeit" – eine unmittelbare Gefahr für gemeinnützige Körperschaften – Anmerkungen zum BFH-Urteil v. 7.3.2007 – I R 90/04, FR 2007, 931, FR 2007, 1133–1139.
Hüttemann, Rainer/*Stollenwerk*, Ralf: Gemeinnütziger Journalismus in den USA und in Deutschland, StuW 2018, 384–397.
Hüttemann, Rainer: „Betriebsnahe" Kindergärten und Förderung der Allgemeinheit – Kritische Anmerkungen zum BFH-Urteil vom 01.02.2022 – V R 1/20 –, DB 2022, 2433–2438.
Hüttemann, Rainer: Änderungen des Gemeinnützigkeits- und Spendenrechts durch das Jahressteuergesetz 2020, DB 2021, 72–81.
Hüttemann, Rainer: Anmerkung zu BFH, Beschl. v. 18.08.2021 – V B 25/21 (AdV), FR 2021, 1131–1136.
Hüttemann, Rainer: Anmerkung zu BFH, Beschl. v. 20.03.2019 – VIII B 81/18, npoR 2020, 198–201.
Hüttemann, Rainer: Anmerkung zu BFH, Beschl. v. 26.05.2021 – V R 31/19, GmbHR 2021, 1277–1282.
Hüttemann, Rainer: Der geänderte Anwendungserlass zur Gemeinnützigkeit – BMF-Schreiben vom 31.1.2014, DB0648945 –, DB 2014, 442–448.
Hüttemann, Rainer: Der neue Anwendungserlass zum Abschnitt „Steuerbegünstigte Zwecke", DB 2012, 250–257.
Hüttemann, Rainer: Gemeinnützigkeitsrecht und Spendenrecht, 5. Aufl., Köln 2021 (zit.: *Bearbeiter*, in: Hüttemann, Gemeinnützigkeitsrecht und Spendenrecht).
Hüttemann, Rainer: Gesetz zur weiteren Stärkung des bürgerschaftlichen Engagements und seine Auswirkungen auf das Gemeinnützigkeits- und Spendenrecht, DB 2007, 2053–2059.
Hüttemann, Rainer: Grundprinzipien des steuerlichen Gemeinnützigkeitsrechts, DStJG 26 (2003), 49–75.

Hüttemann, Rainer: Interorganisationelle Strukturen und Gemeinnützigkeitsrecht, Non Profit Law Yearbook 2003, 85–111 (zit.: *Hüttemann*, Non Profit Law Yearbook 2003).

Hüttemann, Rainer: Kein allgemeinpolitisches Mandat für gemeinnützige Körperschaften – Anmerkungen zum Attac-Urteil des BFH vom 10.01.2019, DB 2019, 744–753.

Hüttemann, Rainer: Steuerliche Gemeinnützigkeit und politische Betätigung, DB 2015, 821–831.

Hüttemann, Rainer: Wirtschaftliche Betätigung und steuerliche Gemeinnützigkeit, Köln 1990 (zit.: *Hüttemann*, Wirtschaftliche Betätigung).

Hüttemann, Rainer: Zehn Thesen zur Haftung des Stiftungsvorstandes für Anlageverluste des Stiftungsvermögens, npoR 2009, 27–29.

Intemann, Jens: Anmerkung zu BFH, Beschl. v. 12.10.2010 – I R 59/09, StBW 2011, 66–67.

Ipsen, Jörn: Eine erneute Reform des Wahlrechts, NVwZ 2023, 218–221.

Isensee, Josef: Gemeinnützigkeit und Europäisches Gemeinschaftsrecht, DStJG 26 (2003), 93–132.

Isensee, Josef: Gemeinwohl und Bürgersinn im Steuerstaat des Grundgesetzes, in: *Maurer*, Hartmut (Hrsg.), Das akzeptierte Grundgesetz: Festschrift für Günter Dürig zum 70. Geburtstag, München 1990, 33–66 (zit.: *Isensee*, FS Dürig).

J. von Staudingers Kommentar zum Bürgerlichen Gesetzbuch mit Einführungsgesetz und Nebengesetzen
- Buch 1. Allgemeiner Teil, §§ 21–79 (Hrsg.: *Roth*, Herbert), Berlin 2019
- Buch 1. Allgemeiner Teil, §§ 80–89 (Hrsg.: *Roth*, Herbert), Berlin 2017
- Buch 1. Allgemeiner Teil, §§ 164–240 (Hrsg.: *Herrler*, Sebastian), Berlin 2019
- Buch 2. Recht der Schuldverhältnisse, §§ 255–304 (Hrsg.: *Löwisch*, Manfred), Berlin 2019
- Buch 2. Recht der Schuldverhältnisse, §§ 662–675b (Hrsg.: *Rieble*, Volker), Berlin 2017
- Buch 2. Recht der Schuldverhältnisse, § 823 A–D (Hrsg.: *Mansel*, Heinz-Peter), Berlin 2017

(zit.: *Bearbeiter*, in: Staudinger, BGB).
- Eckpfeiler des Zivilrechts (Hrsg.: *Herresthal*, Carsten/*Kaiser*, Dagmar/ *Stoffels*, Markus), 8. Aufl., Berlin 2022

(zit.: *Bearbeiter*, in: Staudinger, Eckpfeiler des Zivilrechts).

Jachmann-Michel, Monika/*Liebl*, Klaus: Gemeinnützigkeitsrecht kompakt – Grundlagen und aktuelle Entwicklungen für die Praxis – Teil II, BB 2022, 599–604.

Jachmann-Michel, Monika: Keine verdeckte Parteipolitik im Gewand der Gemeinnützigkeit – Zugleich eine Anmerkung zu BFH, Beschl. v. 10.12.2020 – V R 14/20, jM 2021, 247–252.

Jansen, Rudolf: Verlust der Gemeinnützigkeit bei Verstoß gegen die Rechtsordnung, insbesondere bei Steuerverkürzungen? FR 2002, 996–999.

Jarass, Hans D./*Pieroth*, Bodo: Grundgesetz für die Bundesrepublik Deutschland Kommentar, 18. Aufl., München 2024 (zit.: *Bearbeiter*, in: Jarass/Pieroth, GG).

Jäschke, Dirk: Verstöße gegen die Rechtsordnung und Extremismus im Gemeinnützigkeitsrecht – Zur neuen Regelung des § 51 Abs. 3 AO, DStR 2009, 1669–1677.

Jauernig Bürgerliches Gesetzbuch mit Rom-I-VO, Rom-II-VO, Rom-III-VO, EG-UnthVO/HUntProT und EuErbVO Kommentar (Hrsg.: *Stürner*, Rolf), 19. Aufl., München 2023 (zit.: *Bearbeiter*, in: Jauernig, BGB).

Joecks, Wolfgang/*Jäger*, Markus/*Randt*, Karsten: Steuerstrafrecht Kommentar – §§ 369–412 AO; § 32 ZollVG; §§ 26a, 26c UStG; §§ 73 *ff.*, § 261 StGB, 9. *Aufl.*, München 2023 (zit.: *Bearbeiter*, in: Joecks/Jäger/Randt, Steuerstrafrecht).

Kahlert, Günter/*Eversberg*, Horst: Insolvenz und Gemeinnützigkeit, ZIP 2010, 260–263.

Kampermann, Mathis: Organvergütung in gemeinnützigen Körperschaften, Hamburg 2018 (zit.: *Kampermann*, Organvergütung).

Kapp, Reinhard/*Ebeling*, Jürgen: Erbschaftsteuer- und Schenkungsteuergesetz Kommentar, 101. Lieferung, 7/2024, Köln 2024 (zit.: *Bearbeiter*, in: Kapp/Ebeling, ErbStG).

Karsten, Klaus: Der Geschäftsbericht nach § 63 AO – Hinweise zur Erstellung des Geschäftsberichts für eine gemeinnützige Einrichtung, BB 2006, 1830–1832.

Keßler, Jürgen: Die deliktische Eigenhaftung des GmbH-Geschäftsführers, GmbHR 1994, 429–437.

Kiethe, Kurt: Die deliktische Eigenhaftung des Geschäftsführers der GmbH gegenüber Gesellschaftsgläubigern, DStR 1993, 1298–1302.

Kiethe, Kurt: Die Haftung des Stiftungsvorstands, NZG 2007, 810–814.

Kirchhain, Christian/*Kampermann*, Mathis: Anmerkung zu BFH, Urt. v. 12.03.2020 – V R 5/17, npoR 2020, 303–312.

Kirchhain, Christian/*Unger*, Sebastian: Mehr Fortschritt wagen – was der Gesetzgeber im Gemeinnützigkeitsrecht reformieren sollte, DStR 2023, 1281–1291.

Kirchhain, Christian: Der neue Anwendungserlass zur Abgabenordnung: viel Licht, ein großer Schatten – Finanzverwaltung erschwert Kooperation durch die Hintertür, npoR 2021, 235–242.
Kirchhain, Christian: Im zweiten Anlauf durch die Hintertür: Umfassende Änderungen für gemeinnützige Organisationen und deren Förderer durch das JStG 2020, DStR 2021, 129–139.
Kirchhain, Christian: Ist die ertragsfinanzierte Versorgung der Stifterfamilie durch eine gemeinnützige Stiftung über die Ein-Drittel-Grenze des § 58 Nr. 5 AO hinaus unschädlich?, ZEV 2006, 534–539.
Kirchhain, Christian: Privatnützige Zuwendungen gemeinnütziger Körperschaften – Möglichkeiten und Grenzen vor dem Hintergrund des Gebots der Vermögensbindung – *Überlegungen im Anschluss an BFH v. 12.10.2010* – I R 59/09, FR 2011, 317, FR 2011, 640–648.
Kirchhof, Paul/*Seer*, Roman: Einkommensteuergesetz Kommentar, 23. Aufl., Köln 2024 (zit.: *Bearbeiter*, in: Kirchhof/Seer, EStG).
Kirchhof, Paul/*Söhn*, Hartmut/*Mellinghoff*, Rudolf: Einkommensteuergesetz Kommentar, 343. Lieferung, 5/2024, Heidelberg 2024 (zit.: *Bearbeiter*, in: Kirchhof/Söhn/Mellinghoff, EStG).
Klein, Franz: Abgabenordnung einschließlich Steuerstrafrecht, 17. Aufl., München 2023 (zit.: *Bearbeiter*, in: Klein, AO).
Kluckert, Sebastian: Das Grabenwahlrecht auf dem Prüfstand der Verfassung, NVwZ 2020, 1217–1223.
Koch, Hans-Joachim/*Rubel*, Rüdiger/*Heselhaus*, Sebastian/*Hofmann*, Ekkehard: Allgemeines Verwaltungsrecht, 4. Aufl., München 2023.
Koch, Jens: Aktiengesetz, 18. *Aufl.*, München 2024.
Koenig, Ulrich: Abgabenordnung §§ 1 bis 368, 5. Aufl., München 2024 (zit.: *Bearbeiter*, in: Koenig, AO).
Kohlmann, Günter: Steuerstrafrecht mit Ordnungswidrigkeitenrecht und Verfahrensrecht – Kommentar zu den §§ 369–412 AO, 83. Lieferung, 5/2024, Köln 2024 (zit.: *Bearbeiter*, in: Kohlmann, Steuerstrafrecht).
Kölner Kommentar zum Aktiengesetz, Band 2: §§ 76–117 AktG und Mitbestimmung im Aufsichtsrat (Hrsg.: *Zöllner*, Wolfgang), 2. *Aufl.*, Köln/Berlin/Bonn/München 1996 (zit.: *Bearbeiter*, in: Kölner Kommentar AktG).
Krieger, Gerd/*Schneider*, Uwe H.: Handbuch Managerhaftung – Vorstand · Geschäftsführer · Aufsichtsrat – Pflichten und Haftungsfolgen – Typische Risikobereiche, 4. *Aufl.*, Köln 2023 (zit.: *Bearbeiter*, in: Krieger/Schneider, Handbuch Managerhaftung).

Kümpel, Andreas: Anforderungen an die tatsächliche Geschäftsführung bei steuerbegünstigten (gemeinnützigen) Körperschaften, DStR 2001, 152–158.

Küpperfahrenberg, Jan: Haftungsbeschränkungen für Verein und Vorstand – unter besonderer Berücksichtigung von Sportvereinen, Berlin 2005.

Lackner, Karl/*Kühl*, Kristian/*Heger*, Martin: Strafgesetzbuch Kommentar, 30. Aufl., München 2023 (zit.: *Bearbeiter*, in: Lackner/Kühl/Heger, StGB).

Lademann, Fritz: Kommentar zum Körperschaftsteuergesetz, 84. Aktualisierung, 7/2023, Stuttgart 2023 (zit.: *Bearbeiter*, in: Lademann, KStG).

Lassmann, Tom: Stiftungsuntreue, Berlin 2008.

Lassmann, Tom: Untreue zu Lasten gemeinnütziger Stiftungen – Strafbarkeitsrisiken im Non-Profit-Bereich, NStZ 2009, 473–478.

Leisner-Egensperger, Anna: Politische Betätigung auf dem Minenfeld des Gemeinnützigkeitsrechts, NJW 2019, 964–968.

Leisner-Egensperger, Anna: Shrinking spaces für den Dritten Sektor: Reformbedarf zur Abgabenordnung, ZStV 2019, 205–210.

Leisner-Egensperger, Anna: Verfassungsrecht der steuerlichen Gemeinnützigkeit, in: *Depenheuer*, Otto (Hrsg.), Staat im Wort: Festschrift für Josef Isensee, Heidelberg 2007, 895–909 (zit.: *Leinser-Egensperger*, FS Isensee).

Leisner-Egensperger, Anna: Zweckkollisionen im steuerlichen Gemeinnützigkeitsrecht, in: *Kirchhof*, Ferdinand/*Papier*, Hans-Jürgen/*Schäffer*, Heinz (Hrsg.), Rechtsstaat und Grundrechte: Festschrift für Detlef Merten zum 70. Geburtstag, Heidelberg 2007, 277–290 (zit.: *Leisner-Egensperger*, FS Merten).

Lenger, Norman/*Finsterer*, Daniel: Die Insolvenzantragspflicht von Stiftungen und Vereinen – Schlechterstellung durch Privilegierung?!, NZI 2016, 571–574.

Lenski, Edgar/*Steinberg*, Wilhelm: Gewerbesteuergesetz Kommentar, 152. Lieferung, 7/2024, Köln 2024 (zit.: *Bearbeiter*, in: Lenski/Steinberg, GewStG).

Lenz, Christofer: Grundmandatsklausel und Überhangmandate vor dem Bundesverfassungsgericht, NJW 1997, 1534–1537.

Leuschner, Lars: Das Haftungsprivileg der §§ 31a, 31b BGB, NZG 2014, 281–287.

Linnenbrink, Sebastian: Der Vorstand als Geschäftsführungsorgan des eingetragenen Vereins (2), SpuRt 2000, 55–58.

Lippross, Otto-Gerd/*Seibel*, Wolfgang: Basiskommentar Steuerrecht – AO · *AStG* · *BewG* · *ErbStG* · *EStG* · *FGO* · *GewStG* · *GrEStG* · GrStG · *InvZulG* · *KraftStG* · *KStG* · *SolZG* · *UmwStG* · *UStG*, 144. Lieferung, 6/2024, Köln 2024.
Lutter, Marcus/*Hommelhoff*, Peter: GmbH-Gesetz Kommentar, 21. *Aufl.*, Köln 2023 (zit.: *Bearbeiter*, in: Lutter/Hommelhoff, GmbH-Gesetz).
Lutter, Marcus: Haftung und Haftungsfreiräume des GmbH-Geschäftsführers – 10 Gebote an den Geschäftsführer, GmbHR 2000, 301–312.
Lutter, Marcus: Haftungsrisiken des Geschäftsführers einer GmbH, GmbHR 1997, 329–335.
Mangoldt, Hermann von/*Klein*, Friedrich/*Starck*, Christian (Hrsg.: *Huber*, Peter M./*Voßkuhle*, Andreas): Grundgesetz Kommentar, Band 2, 8. Aufl, München 2024 (zit.: *Bearbeiter*, in: von Mangoldt/Klein/Starck, GG).
Marx, Franz Jürgen: Möglichkeiten und Grenzen der Gestaltung von Gewerbesteuerhebesätzen, DStR 2021, 2720–2726.
Matt, Holger: Missverständnisse zur Untreue – Eine Betrachtung auch zum Verhältnis von (Straf-)Recht und Moral, NJW 2005, 389–392.
Maurer, Hartmut/*Waldhoff*, Christian: Allgemeines Verwaltungsrecht, 21. *Aufl.*, München 2024.
Medicus, Dieter/*Petersen*, Jens: Allgemeiner Teil des BGB, 12. Aufl., Heidelberg 2024 (zit.: *Medicus/Petersen*, BGB AT).
Medicus, Dieter: Die interne Geschäftsverteilung und die Außenhaftung von GmbH-Geschäftsführern, GmbHR 1998, 9–16.
Mertens, Hans-Joachim/*Mertens*, Georg: Anmerkung zu BGH, Urt. v. 05.12.1989 – VI ZR 335/88, JZ 1990, 488–490.
Mertens, Hans-Joachim: Schadensfragen im Kapitalgesellschaftsrecht, in: *Medicus*, Dieter/*Mertens*, Hans-Joachim/*Nörr*, Knut Wolfgang/*Zöllner*, Wolfgang (Hrsg.), Festschrift für Hermann Lange zum 70. Geburstag am 24. Januar 1992, 1992, 561–582, (zit.: *Mertens*, FS Lange).
Michalski, Lutz/*Heidinger*, Andreas/*Leible*, Stefan/*Schmidt*, Jessica: Kommentar zum Gesetz betreffend die Gesellschaften mit beschränkter Haftung (GmbH-Gesetz)
· Band *1*: Systematische Darstellungen, §§ 1–34 GmbHG, 4. *Aufl.*, München 2023
· Band 2: §§ 35–88 GmbHG, EGGmbHG, 4. *Aufl.*, München 2023
(zit.: *Bearbeiter*, in: Michalski/Heidinger/Leible/J. Schmidt, GmbH-Gesetz).
Mielke, Sebastian/*Lägler*, Ulrich: Der Verein in der Krise – Das Restrukturierungsverfahren als Alternative zum Insolvenzplan, ZStV 2021, 173–181.

Möllers, Thomas M. J.: Juristische Methodenlehre, 5. Aufl. München 2023.
Möllmann, Peter: Haftungsfalle Ehrenamt – Persönliche Haftung des ehrenamtlichen Vereinsvorstands für Steuerschulden des gemeinnützigen Vereins, DStR 2009, 2125–2132.
Müller, Arnold: Die steuerrechtliche Haftung des GmbH-Geschäftsführers, GmbHR 1984, 45–50.
Müller, Hans-Friedrich: Haftung des Stiftungsvorstands wegen Insolvenzverschleppung, ZIP 2010, 153–159.
Münch, Ingo von/*Kunig*, Philip (Hrsg.: *Kämmerer*, Jörn-Axel/*Kotzur*, Markus): Grundgesetz Kommentar, Band 1, 7. Aufl., München 2021 (zit.: *Bearbeiter*, in: von Münch/Kunig, GG).
Münchener Handbuch des Gesellschaftsrechts (Hrsg.: *Beuthien*, Volker/*Gummert*, Hans/*Schöpflin*, Martin), Band 5 Verein · *Stiftung bürgerlichen Rechts, 5. Aufl.*, München 2021 (zit.: *Bearbeiter*, in: Münchener Handbuch GesR V).
Münchener Kommentar zum Aktiengesetz (Hrsg.: *Goette*, Wulf/*Habersack*, Mathias/*Kalss*, Susanne), Band *2* §§ 76–117, MitbestG · DrittelbG, 6. *Aufl.*, München 2023 (zit.: *Bearbeiter*, in: MüKo-AktG).
Münchener Kommentar zum Bürgerlichen Gesetzbuch (Hrsg.: *Säcker*, Franz Jürgen/*Rixecker*, Roland/*Oetker*, Hartmut/*Limperg*, Bettina)
- Band 1 Allgemeiner Teil §§ 1–240 AllgPersönlR · ProstG · AGG, 9. Aufl., München 2021
- Band 2 Schuldrecht – Allgemeiner Teil I, 9. Aufl., München 2022
- Band 3 Schuldrecht – Allgemeiner Teil II, 9. Aufl., München 2022
- Band 4/2 Schuldrecht – Besonderer Teil I/2 §§ 481–534, Finanzierungsleasing, 9. Aufl., München 2023
- Band 5 Schuldrecht – Besonderer Teil II §§ 535–630h, BetrKV, HeizkostenV, WärmeLV, EFZG, TzBfG, KSchG, MiLoG, 9. Aufl., München 2023
- Band 6 Schuldrecht – Besonderer Teil III §§ 631–704, 9. Aufl., München 2023
- Band 7 Schuldrecht – Besonderer Teil IV §§ 705–853, Partnerschaftsgesellschaftsgesetz, Produkthaftungsgesetz, 9. Aufl., München 2024

(zit.: *Bearbeiter*, in: MüKo-BGB).
Münchener Kommentar zum GmbHG (Hrsg.: *Fleischer*, Holger/*Goette*, Wulf)
- Band *1* §§ 1–34, 4. *Aufl.*, München 2022
- Band 2 §§ 35–52, 4. *Aufl.*, München 2023

(zit.: *Bearbeiter*, in: MüKo-GmbHG).

Münchener Kommentar zum Strafgesetzbuch (Hrsg.: *Erb*, Volker/*Schäfer*, Jürgen)
· Band 5 §§ 263–297 StGB, 4. *Aufl.*, München 2022
· Band 8 Nebenstrafrecht II Strafvorschriften aus: MarkenG · UrhG · UWG · GeschGehG · AO · SchwarzArbG · AÜG · BetrVG · AktG · AWG · BauFordSiG · BörsG · DepotG · GenG · GewO · GmbHG · HGB · InsO · KWG · SanktDG · WpHG · TTDSG · TMG, 4. *Aufl.*, München 2023
(zit.: *Bearbeiter*, in: MüKo-StGB).
Muscheler, Karlheinz: Keine Schenkung bei Zuwendung an juristische Person zur Förderung eines gemeinnützigen Zwecks – Anmerkung zu OLG Dresden, Urteil vom 02.05.2002 – 7 U 2905/01, ZEV 2002, 415–418.
Musielak, Hans-Joachim/*Hau*, Wolfgang: Grundkurs BGB – Eine Darstellung zur Vermittlung von Grundlagenwissen im bürgerlichen Recht mit Fällen und Fragen zur Lern- und Verständniskontrolle sowie mit Übungsklausuren, 18. *Aufl.*, München 2023 (zit.: *Musielak/Hau*, Grundkurs BGB).
Musil, Andreas: Reformbedarf bei der wirtschaftlichen Betätigung gemeinnütziger Körperschaften, DStR 2009, 2453–2459.
Nerlich, Jörg/*Römermann*, Volker: Insolvenzordnung Kommentar, 49. Ergänzungslieferung, Stand: Januar 2024, München 2024 (zit.: *Bearbeiter*, in: Nerlich/Römermann, InsO).
Neuner, Jörg: Allgemeiner Teil des Bürgerlichen Rechts, 13. Aufl., München 2023 (zit.: *Neuner*, BGB AT).
Neusel, Tibet: Die persönliche Haftung des Geschäftsführers für Steuern der GmbH, GmbHR 1997, 1129–1134.
Noack, Ulrich/*Servatius*, Wolfgang/*Haas*, Ulrich: Gesetz betreffend die Gesellschaften mit beschränkter Haftung, 23. Aufl., München 2022 (zit.: *Bearbeiter*, in: Noack/Servatius/Haas, GmbHG).
Noack, Ulrich: Haftungsmilderung für ehrenamtliche GmbH-Geschäftsführer?, GmbHR 2010, R 81.
Nölle, Jens-Uwe: Die Eigenhaftung des GmbH-Geschäftsführers für Organisationspflichtverletzungen, Regensburg 1995 (zit.: *Nölle*, Eigenhaftung des GmbH-Geschäftsführers).
Nomos Kommentar BGB (Gesamthrsg.: *Dauner-Lieb*, Barbara/*Heidel*, Thomas/*Ring*, Gerhard)
· Band 1 Allgemeiner Teil | EGBGB (Hrsg.: *Heidel*, Thomas/*Hüßtege*, Rainer/*Mansel*, Heinz-Peter/*Noack*, Ulrich), 4. Aufl., Baden-Baden 2021

· Band 2/1: §§ 241–487 Schuldrecht (Hrsg.: *Dauner-Lieb*, Barbara/*Langen*, Werner), 4. Aufl., Baden-Baden 2021
· Band 2/3: §§ 662–853 Schuldrecht ProdHaftG | UKlaG (Hrsg.: *Dauner-Lieb*, Barbara/*Langen*, Werner), 4. Aufl., Baden-Baden 2021
(zit.: *Bearbeiter*, in: NK-BGB).

Offerhaus, Klaus/*Söhn*, Hartmut/*Lange*, Hans-Friedrich: Umsatzsteuer Kommentar, 360. Lieferung, 8/2024, Heidelberg 2024 (zit.: *Bearbeiter*, in: Offerhaus/Söhn/Lange, UStG).

Orth, Manfred: Einkünfte von wirtschaftlichen Geschäftsbetrieben und Betrieben gewerblicher Art ohne Gewinnerzielungsabsicht, FR 2007, 326–334.

Orth, Manfred: Finanzierung und Mittelverwendung gemeinnütziger Organisationen, DStJG 26 (2003), 177–228.

Osterkorn, Martin: Zur Fassung des Satzungszwecks steuerbegünstigter Körperschaften, DStR 2002, 16–18.

Piper, Bernd: Die Haftung von ehrenamtlich tätigen Organen und § 31a BGB – Anwendungsbereich und Regelungsgehalt der Vorschrift –, WM 2011, 2211–2216.

Plewka, Harald/*Söffing*, Matthias: Die Entwicklung des Steuerrechts, NJW 1999, 912–921.

Pohl, Dirk: Haftung des Vorstands wegen Steuerhinterziehung nach § 71 AO, npoR 2016, 209–212.

Prinz, Ulrich/*Winkeljohann*, Norbert: Beck'sches Handbuch der GmbH Gesellschaftsrecht – Steuerrecht, 6. Aufl., München 2021 (zit.: *Bearbeiter*, in: Beck'sches Handbuch der GmbH).

Prütting, Hanns/*Wegen*, Gerhard/*Weinreich*, Gerd: Bürgerliches Gesetzbuch Kommentar, 18. Aufl., München 2023 (zit.: *Bearbeiter*, in: Prütting/Wegen/Weinreich, BGB).

Rau, Günter/*Dürrwächter*, Erich: Umsatzsteuergesetz Kommentar, 210. Lieferung, 6/2024, Köln 2024 (zit.: *Bearbeiter*, in: Rau/Dürrwächter, UStG).

Raupach, Arndt: Einführung in die Möglichkeiten der Rechtsformwahl, Umwandlung und Kooperation anhand einer Fallstudie – Umgestaltung der »Aktion Sonnenschein – Hilfe für das mehrfach behinderte Kind« –, Non Profit Law Yearbook 2003, 195–234 (zit.: *Raupach*, Non Profit Law Yearbook 2003).

Reichert, Bernhard: Handbuch Vereins- und Verbandsrecht (Hrsg.: *Schimke*, Martin/*Dauernheim*, Jörg/*Schiffbauer*, Björn), 15. *Aufl.*, München 2024 (zit.: *Bearbeiter*, in: Reichert, Vereins- und Verbandsrecht).

Reichling, Tilman/*Lange*, Moritz: Der Täterkreis der Steuerhinterziehung durch Unterlassen – zugleich Bespr. BGH Urt. v. 9.4.2013 – 1 StR 586/12, NStZ 2014, 311–314.
Reimer, Ekkehart/*Waldhoff*, Christian: Mitgliedervergünstigungen bei gemeinnützigen Kapitalgesellschaften, FR 2002, 318–326.
Reiß, Wolfram/*Kraeusel*, Jörg/*Langer*, Michael: Umsatzsteuergesetz – UStG mit Nebenbestimmungen – Gemeinschaftsrecht – Kommentar, 193. Lieferung, 6/2024, Bonn 2024 (zit.: *Bearbeiter*, in: Reiß/Kraeusel/Langer, UStG).
Reuter, Dieter: Änderungen des Vereins- und Stiftungsrechts durch das Ehrenamtsstärkungsgesetz, npoR 2013, 41–47.
Reuter, Dieter: Die Haftung des Stiftungsvorstands gegenüber der Stiftung, Dritten und dem Fiskus, Non Profit Law Yearbook 2002, 157–178 (zit.: *Reuter*, Non Profit Law Yearbook 2002).
Reuter, Dieter: Zur Vereinsrechtsreform 2009, NZG 2009, 1368–1373.
Rödder, Thomas/*Herlinghaus*, Andreas/*Neumann*, Ralf: Körperschaftsteuergesetz Kommentar, 2. Aufl., Köln 2023 (zit.: *Bearbeiter*, in: Rödder/Herlinghaus/Neumann, KStG).
Roth, Gerald: Mit drei Direktmandaten in den Bundestag? Zur Verfassungswidrigkeit der Grundmandatsklausel, NJW 1994, 3269–3272.
Rottkemper, Michael: Deliktische Außenhaftung der Leitungsorganmitglieder rechtsfähiger Körperschaften, Frankfurt am Main 1996 (zit.: *Rottkemper*, Deliktische Außenhaftung).
Rugullis, Sven: Die Insolvenzantragspflicht beim Verein – Eine Interpretation des § 42 II BGB, NZI 2007, 323–327.
Runkel, Hans P./*Schmidt*, Jens M., Anwalts-Handbuch Insolvenzrecht, 4. *Aufl.*, Köln 2022 (zit.: *Bearbeiter*, in: Runkel/Schmidt, Insolvenzrecht).
Sachs, Michael: Grundgesetz Kommentar, 9. Aufl., München 2021 (zit.: *Bearbeiter*, in: Sachs, GG).
Saliger, Frank: Parteienuntreue durch schwarze Kassen und unrichtige Rechenschaftsberichte, NStZ 2007, 545–552.
Sauter, Eugen/*Schweyer*, Gerhard/*Waldner*, Wolfram: Der eingetragene Verein – Gemeinverständliche Erläuterung des Vereinsrechts unter Berücksichtigung neuester Rechtsprechung mit Formularteil (Hrsg.: *Waldner*, Wolfram/*Neudert*, Anka/*Schweyer*, Gerhard), 21. Aufl. München 2021 (zit.: *Bearbeiter*, in: Der eingetragene Verein).
Schäfer, Peter: Parteispenden: Steuerliche Folgen auf Spenderebene bei Zuwendungen in Geld, StB 2022, 10–16.

Schäfers, Dominik: Einführung in die Methodik der Gesetzesauslegung, JuS 2015, 875–880.
Schauhoff, Stephan/*Kirchhain*, Christian: Handbuch der Gemeinnützigkeit Verein · Stiftung · GmbH · Recht · Steuern · Personal, 4. Aufl., München 2023 (zit.: *Bearbeiter*, in: Schauhoff/Kirchhain, Handbuch der Gemeinnützigkeit).
Schauhoff, Stephan/*Kirchhain*, Christian: Steuer- und zivilrechtliche Neuerungen für gemeinnützige Körperschaften und deren Förderer – Zum Gesetz zur Stärkung des Ehrenamtes, FR 2013, 301–314.
Schauhoff, Stephan: Begründung und Verlust des Gemeinnützigkeitsstatus, DStJG 26 (2003), 133–153.
Schießl, Harald/*Küpperfahrenberg*, Jan: Steuerrechtliche Haftung der Vorstände von Vereinen und Verbänden – Risiko, Vermeidungsstrategie, Versicherbarkeit, DStR 2006, 445–450.
Schlüter, Andreas: Die gemeinnützige GmbH (I) – Gründungsverfahren, Satzungsgestaltung und steuerliche Anerkennung, GmbHR 2002, 535–541.
Schlüter, Andreas: Die gemeinnützige GmbH (II) – Gründungsverfahren, Satzungsgestaltung und steuerliche Anerkennung, GmbHR 2002, 578–584.
Schmidt, Karsten: Die Vereinsmitgliedschaft als Grundlage von Schadensersatzansprüchen – Positive „Vertragsverletzung" und „sonstiges Recht" im Innenrecht des Vereins –, JZ 1991, 157–162.
Schmidt, Karsten: Gesellschaftsrecht, 4. *Aufl.*, Köln 2002
Schmidt, Karsten: Insolvenzordnung – InsO mit EuInsVO, 20. *Aufl.*, München 2023 (zit.: *Bearbeiter*, in: Schmidt, InsO).
Schmidt, Karsten: Reform der Kapitalsicherung und Haftung in der Krise nach dem Regierungsentwurf des MoMiG – Sechs Leitsätze zu § 30 GmbHG-E, § 64 GmbHG-E und § 15 a InsO-E, GmbHR 2007, 1072–1080.
Schmidt, Ludwig: Einkommensteuergesetz (Hrsg.: *Weber-Grellet*, Heinrich), 43. *Aufl.*, München 2024 (zit.: *Bearbeiter*, in: Schmidt, EStG).
Schockenhoff, Martin: Compliance im Verein, NZG 2019, 281–291.
Scholz, Philipp: Die Haftung der Stiftungsorgane nach neuem Recht – Pflichtenkreis, Business Judgment Rule, Darlegungs- und Beweislast, npoR 2022, 50–54.
Scholz, Philipp: Vorstandshaftung in der Stiftung und Gesellschaftsrechtsdogmatik: Rezeption und Reflexion, ZIP 2021, 1937–1950.

Schönberger, Sophie: Sturm im Wasserglas: Das neue Bundeswahlgesetz auf dem Prüfstand der Verfassung, NVwZ 2023, 785–791.
Schönke, Adolf/*Schröder*, Horst: Strafgesetzbuch Kommentar, 30. *Aufl.*, München 2019 (zit.: *Bearbeiter*, in: Schönke/Schröder, StGB).
Schröder, Friedrich: Die steuerpflichtige und steuerbegünstigte GmbH im Gemeinnützigkeitsrecht, DStR 2008, 1069–1077.
Schulze, Reiner: Bürgerliches Gesetzbuch Handkommentar, 12. Aufl., Baden-Baden 2024 (zit.: *Bearbeiter*, in: HK-BGB).
Schunk, Martin: Das organisationsgebundene Förderkonzept im steuerlichen Gemeinnützigkeitsrecht – Aufgabe im Rahmen der Hilfe für Flüchtlinge, DStR 2017, 1748–1749.
Schunk, Martin: Das Unmittelbarkeitsgebot nach § 57 AO – Änderungen durch das JStG 2020 im Hinblick auf Kooperationen, DStR 2022, 176–182.
Schunk, Martin: Das Unmittelbarkeitsgebot nach § 57 AO – Stand der Forschung –, npoR 2016, 53–57.
Schunk, Martin: Kooperationen zwischen gemeinnützigen Körperschaften und § 57 AO – Das BFH-Urteil zur Ausgliederung von Laborbetrieben vom 6.2.2013, DStR 2014, 934–938.
Schürnbrand, Jan: Organschaft im Recht der privaten Verbände, Tübingen 2007.
Schütz, Robert: Politische Betätigung gemeinnütziger Organisationen – Fürchtet euch nicht!, npoR 2021, 137–140.
Schwarz, Bernhard/*Pahlke*, Armin/*Keß*, Thomas: Abgabenordnung Finanzgerichtsordnung Kommentar
- Band *1* Stichwortverzeichnis AO, §§ 1 bis 77 AO, 221. Lieferung, Stand: Juli 2024, Freiburg 2024
- Band *5* §§ 355 bis 415 AO, Nebengesetze, 221. Lieferung, Stand: Juli 2024, Freiburg 2024

(zit.: *Bearbeiter*, in: Schwarz/Pahlke/Keß, AO/FGO).
Seeck, Björn/*Wackerbeck*, Alexander: Aberkennung der Gemeinnützigkeit – Wenn die rote Linie überschritten ist, DStR 2022, 633–640.
Seer, Roman: Gemeinwohlzwecke und steuerliche Entlastung, DStjG 26 (2003), 11–48.
Segna, Ulrich: Organhaftung und (gestörte) Gesamtschuld – Zugleich Besprechung BGH v. 20.11.2014 – III ZR 509/13, ZIP 2015, 166, ZIP 2015, 1561–1568.
Soergel, Hans Theodor (Begr.): Bürgerliches Gesetzbuch mit Einführungsgesetz und Nebengesetzen Band 2 Allgemeiner Teil 2

§§ 104–240 (Hrsg.: *Wolf*, Manfred), 13. Aufl., Stuttgart 1999 (zit.: *Bearbeiter*, in: Soergel, BGB, 13. Aufl.).
Soergel, Hans Theodor (Begr.): Kommentar zum Bürgerlichen Gesetzbuch mit Einführungsgesetz und Nebengesetzen Band 2/2 Allgemeiner Teil 2/2 §§ 158–240 (Hrsg.: *Harke*, Jan Dirk), 14. Aufl., Stuttgart 2023 (zit.: *Bearbeiter*, in: Soergel, BGB).
Solka, Peter-Jan/*Altenburg*, Johannes: Staatliche Sanktionen als Untreuenachteil?, NZWiSt 2016, 212–219.
Stadie, Holger: Umsatzsteuergesetz Kommentar, 3. Aufl., Köln 2015 (zit.: *Bearbeiter*, in: Stadie, UStG).
Stadler, Astrid: Allgemeiner Teil des BGB, 21. *Aufl.*, München 2022 (zit.: *Stadler*, BGB AT).
Steeger, Thomas: Die steuerliche Haftung des Geschäftsführers – Zur Haftung nach § 69 AO 1977 –, Köln 1998 (zit.: *Steeger*, Die steuerliche Haftung des Geschäftsführers).
Stefanink, Richard/*Punte*, Jan-Henric M.: Der Ausschluss eines Gesellschafters aus der GmbH, GWR 2018, 403–407.
Stenger, Alfons/*Loose*, Matthias: Bewertungsrecht – Kommentar zum BewG, ErbStG und GrStG, 171. Lieferung, 8/2024, Köln 2024 (zit.: *Bearbeiter*, in: Stenger/Loose, Bewertungsrecht – BewG, ErbStG, GrStG).
Stern, Klaus/*Sodan*, Helge/*Möstl*, Markus: Das Staatsrecht der Bundesrepublik Deutschland im europäischen Staatenverbund, Band II, 2. Aufl., München 2022 (zit.: *Bearbeiter*, in; Stern/Sodan/Möstl, Staatsrecht).
Stöber, Kurt/*Otto*, Dirk-Ulrich: Handbuch zum Vereinsrecht, 12. *Aufl.*, Köln 2021 (zit.: *Stöber/Otto*, Handbuch zum Vereinsrecht).
Stöber, Michael: Die analoge Anwendung der §§ 171, 172 BGB am Beispiel der unbefugten Benutzung fremder Internet- oder Telekommunikationszugänge (§§ 171, 172 BGB), JR 2012, 225–231.
Stöber, Michael: Die Insolvenzverschleppungshaftung in Europa, ZHR 176 (2012), 326–363.
Stöber, Michael: Die vereinsrechtliche Insolvenzantragspflicht, in: *Pannen*, Klaus/*Riedemann*, Susanne/*Zeuner*, Mark (Hrsg.), Prozess als Wirklichkeit des Rechts: Festschrift für Stefan Smid zum 65. Geburtstag, München 2022, 319–334 (zit.: *Stöber*, FS Smid).
Stöber, Michael: Fitnessstudio-Verträge in Zeiten von Corona, NJW 2022, 897–902.
Stöber, Michael: Kurzkommentar zu BGH v. 11.05.2011 – VIII ZR 289/09, EWiR 2011, 551–552.

Streckenbach, Philipp: Die Förderung der Allgemeinheit als gemeinnütziger Zweck nach § 52 Abs. 1 AO – Zur Begrenzung des Kreises der Geförderten anhand personenbezogener Merkmale, Berlin 2021 (zit.: *Streckenbach*, Die Förderung der Allgemeinheit).

Stürner, Johannes: Die Haftung des Stiftungsvorstands bei der Vermögensverwaltung, DStR 2015, 1628–1634.

Teufel, Klaus-Thomas: Zur Haftung bei falsch ausgestellten Spendenbescheinigungen bzw. zweckwidriger Mittelverwendung, FR 1993, 772–774.

Thiel, Jochen: Die gemeinnützige GmbH – Wesensmerkmale und körperschaftsteuerrechtliche Struktur, GmbHR 1997, 10–16.

Thomale, Chris: Leistung als Freiheit – Erfüllungsautonomie im Bereicherungsrecht, Tübingen 2012 (zit.: *Thomale*, Leistung als Freiheit).

Thomale, Chris/*Schüßler*, Marc: Das innere System des Rechtsscheins, ZfPW 2015, 454–488.

Tipke, Klaus/*Kruse*, Heinrich Wilhelm: Abgabenordnung Finanzgerichtsordnung Kommentar, 181. Lieferung, 5/2024, Köln 2024 (zit.: *Bearbeiter*, in: Tipke/Kruse, AO/FGO).

Tipke, Klaus/*Lang*, Joachim: Steuerrecht, 24. Aufl., Köln 2021 (zit.: *Bearbeiter*, in: Tipke/Lang, Steuerrecht).

Trossen, Nils: Rückwirkende Aberkennung der Gemeinnützigkeit – Anmerkung zu BFH, Beschl. v. 12.10.2010 – I R 59/09, GmbH-StB 2011, 39–40.

Uffmann, Katharina: Haftung des Stiftungsvorstands – auch nach der geplanten Stiftungsrechtsreform herausfordernd, ZIP 2021, 1251–1261.

Uhlenbruck, Wilhelm: Insolvenzordnung Kommentar, Band 1 (Hrsg.: *Hirte*, Heribert/*Vallender*, Heinz), 15. Aufl., München 2019 (zit.: *Bearbeiter*, in: Uhlenbruck, InsO).

Unger, Sebastian: Rechtsgutachten erstattet im Auftrag der Gesellschaft für Freiheitsrechte e. V. zum Thema Politische Betätigung gemeinnütziger Körperschaften, 2020 (zit.: *Unger*, Politische Betätigung gemeinnütziger Körperschaften).

Unger, Ulrike: Neue Haftungsbegrenzungen für ehrenamtlich tätige Vereins- und Stiftungsvorstände, NJW 2009, 3269–3273.

Vetter, Eberhard: Zur Haftung im fakultativen Aufsichtsrat der GmbH, GmbHR 2012, 181–188.

Vielwerth, Alexander: Anmerkung zu BFH, Beschl. v. 18.08.2021 – V B 25/21 (AdV), ZStV 2022, 65–67.

Vielwerth, Alexander: Anmerkung zu BFH, Urt. v. 01.02.2022 – V R 1/20, Cui bono Betriebs-KiTas? – Zur fehlenden Gemeinnützigkeit betrieblicher Kinderbetreuungseinrichtungen, npoR 2023, 28–30.

Vielwerth, Alexander: Kindeswohl versus Gemeinwohl – zur Gemeinnützigkeit betrieblicher Kinderbetreuungseinrichtungen – Zugleich Anmerkung zu FG Düsseldorf, Urt. v. 28.10.2019 – 6 K 94/16 K, DStR 2021, 773–776.

Voßkuhle, Andreas/*Wischmeyer*, Thomas: Grundwissen – Öffentliches Recht: Das Sozialstaatsprinzip, JuS 2015, 693–695.

Wabnitz, Heinz-Bernd/*Janovsky*, Thomas/*Schmitt*, Lothar: Handbuch Wirtschafts- und Steuerstrafrecht, 5. *Aufl.*, München 2020 (zit.: *Bearbeiter*, in: Wabnitz/Janovsky/Schmitt, Handbuch Wirtschafts- und Steuerstrafrecht).

Wackerbeck, Alexander: Anmerkung zu BFH, Urt. v. 01.02.2022 – V R 1/20, GmbHR 2023, 149–155.

Wäger, Christoph: Umsatzsteuergesetz Kommentar, 3. Aufl., Köln 2024 (zit.: *Bearbeiter*, in: Wäger, UStG).

Wahl, Rainer: Das Wahlrecht in der Sondersituation der deutschen Einigung, NJW 1990, 2585–2593.

Waldhoff, Christian: Regelungsstrukturen des deutschen Gemeinnützigkeits- und Spendenrecht – Kritik und Reform, Non Profit Law Yearbook 2005, 75–94 (zit.: *Waldhoff*, Non Profit Law Yearbook 2005).

Wallenhorst, Rolf/*Halaczinsky*, Raymond: Die Besteuerung gemeinnütziger und öffentlich-rechtlicher Körperschaften – Verein – Stiftung – gGmbH – Regie- und Eigenbetriebe – Handbuch für Beratung und Praxis, 7. Aufl., München 2017 (zit.: *Bearbeiter*, in: Wallenhorst/Halaczinsky).

Wallenhorst, Rolf: Die Nachversteuerung in § 61 Abs. 3 AO bei Verstößen gegen die Vermögensbindung durch die tatsächliche Geschäftsführung – Konsequenzen aus dem Urteil des BFH vom 12. 10. 2010, I R 59/09, DStR 2011, 698–702.

Wallenhorst, Rolf: Die neue Haftung bei Fehlverwendung von Spenden, DB 1991, 1410–1414.

Wallenhorst, Rolf: Mitgliederbeiträge der Sportvereine und die Förderung der Allgemeinheit nach § 52 AO – Zur neuen Investitionsumlage und zu allgemeinverbindlichen Beitragsgrenzen im Gemeinnützigkeitsrecht –, DStR 1997, 479–482.

Weidemann, Jürgen/*Weidemann*, Anja: Handeln und Unterlassen im Steuerstrafrecht – Warum der Begehungstatbestand der Steuerhinterziehung (§ 370 Abs. 1 Nr. 1 AO) fast leer läuft –, wistra 2005, 207–211.

Weitemeyer, Birgit: Zur Zulässigkeit politischer Betätigungen von gemeinnützigen Organisationen nach dem Attac-Urteil des BFH, npoR 2019, 97–106.

Weitemeyer, Birgit/*Kamp*, Florian: Zulässigkeit politischer Betätigungen durch Gemeinnützige, ZRP 2015, 72–75.

Weitemeyer, Birgit/*Kamp*, Florian: Zulässigkeit politischer Betätigungen durch gemeinnützige Organisationen, DStR 2016, 2623–2628.

Wendt, Michael/*Suchanek*, Markus/*Möllmann*, Peter/*Heinemann*, Peter: Gewerbesteuergesetz Kommentar, 2. Aufl., Köln 2022 (zit.: *Bearbeiter*, in: Wendt/Suchanek/Möllmann/Heinemann, GewStG).

Werner, Rüdiger: Die Haftung des Stiftungsvorstands für die ordnungsgemäße Verwaltung des Stiftungsvermögens, ZWH 2015, 296–302.

Wertenbruch, Johannes: BGB Allgemeiner Teil, 5. Aufl., München 2021 (zit.: *Wertenbruch*, BGB AT).

Willy, Kirstin U.: Die Stiftungsreform 2021 – Überblick und haftungsrechtliche Fragestellungen, VersR 2022, 79–85.

Winheller, Stefan/*Geibel*, Stefan J./*Jachmann-Michel*, Monika: Gesamtes Gemeinnützigkeitsrecht – AO | KStG | GewStG | EStG | UmwStG | ErbStG | GrStG | GrEStG | UStG | MwStSystRL | Rechnungslegung | Nebengesetze, 1. Aufl., Baden-Baden 2017 (zit.: *Bearbeiter*, in: Winheller/Geibel/Jachmann-Michel, Gesamtes Gemeinnützigkeitsrecht, 1. Aufl.).

Winheller, Stefan/*Geibel*, Stefan J./*Jachmann-Michel*, Monika: Gesamtes Gemeinnützigkeitsrecht – AO | KStG | GewStG | EStG | UmwStG | ErbStG | GrStG | GrEStG | UStG | MwStSystRL | Rechnungslegung | Nebengesetze, 2. Aufl., Baden-Baden 2020 (zit.: *Bearbeiter*, in: Winheller/Geibel/Jachmann-Michel, Gesamtes Gemeinnützigkeitsrecht).

Winheller, Stefan/*Geibel*, Stefan J./*Jachmann-Michel*, Monika: Gesamtes Gemeinnützigkeitsrecht – AO | KStG | GewStG | EStG | UmwStG | ErbStG | GrStG | GrEStG | UStG | MwStSystRL | Rechnungslegung | Nebengesetze, 3. Aufl., Baden-Baden 2024 (zit.: *Bearbeiter*, in: Winheller/Geibel/Jachmann-Michel, Gesamtes Gemeinnützigkeitsrecht).

Winheller, Stefan/*Vielwerth*, Alexander: Politische Betätigung durch Gemeinnützige: Was ist zulässig, was nicht? Anmerkungen zum BFH-Urteil v. 20.3.2017 – X R 13/15, DStR 2017, 2588–2590.

Wolsztynski, Christian/*Hüsgen*, Thomas: Kritische Anmerkungen zur Reform des Spenden- und des Stiftungssteuerrechts, BB 2000, 1809–1817.

Wulf, Martin: Handeln und Unterlassen im Steuerstrafrecht – Eine Untersuchung zum Verhaltensunrecht der Steuerhinterziehung,

Baden-Baden 2001 (zit.: *Wulf*, Handeln und Unterlassen im Steuerstrafrecht).

Zimmermann, Klaus/*Raddatz*, Stefan: Die Entwicklung des Stiftungsrechts 2019, NJW 2020, 517–522.

Zöller, Richard: Zivilprozessordnung mit FamFG (§§ 1–150, 231–270) und Gerichtsverfassungsgesetz, den Einführungsgesetzen, mit Internationalem Zivilprozessrecht, EuGVVO und weiteren EU-Verordnungen, Kostenanmerkungen, 35. *Aufl.*, Köln 2024 (zit.: *Bearbeiter*, in: Zöller, ZPO).

www.ingramcontent.com/pod-product-compliance
Ingram Content Group UK Ltd.
Pitfield, Milton Keynes, MK11 3LW, UK
UKHW021831290926
8980IPUK00004B/394

9 783631 938881